U0137769

老科学家学术成长资料采集工程
老科学家资料长编丛书

谢家荣

年谱长编 上卷

张立生 编著

上海交通大学出版社
SHANGHAI JIAO TONG UNIVERSITY PRESS

本书由上海文化发展基金图书出版专项基金资助出版

内容提要

谢家荣(1897—1966),中国科学院学部委员、中国矿床学的主要奠基人、中国经济地质学的先驱和泰斗、中国石油地质学的先驱和功臣、中国土壤学的开拓者和奠基人、中国煤岩学和矿相学的奠基人。本书是一部较为完整准确辑录谢家荣生平事迹的年谱长编。书中广采档案、信件、专著、论文、口述、照片等各种资料,以年代为序,从学习生活、教学科研、中国矿产测勘事业奠基与发展、社会交往等方面记录了谢家荣的一生。书后附谱后、年表、著译目录、参考文献和人名索引。全书取材广阔,考订细致、叙述公允,收录近百幅图片,是研究谢家荣较为完整的年谱资料,对当代中国地质事业和中国矿业的发展均有重要的学术价值和史料价值。

本书可供广大地学工作者、地质学史研究者及高等院校相关专业师生学习和参考。

图书在版编目(CIP)数据

谢家荣年谱长编 / 张立生编著. —上海:上海交通大学出版社,2022.12
ISBN 978 - 7 - 313 - 24294 - 5

Ⅰ.①谢… Ⅱ.①张… Ⅲ.①谢家荣(1898—1966)—年谱 Ⅳ.①K826.14

中国版本图书馆 CIP 数据核字(2022)第 140030 号

老科学家资料长编丛书
谢家荣年谱长编
XIEJIARONG NIANPU CHANGBIAN

编 著:张立生				
出版发行:上海交通大学出版社		地 址:上海市番禺路 951 号	
邮政编码:200030		电 话:021 - 64071208	
印 制:上海盛通时代印刷有限公司		经 销:全国新华书店	
开 本:710 mm×1000 mm 1/16		印 张:78.25	
字 数:1444 千字			
版 次:2022 年 12 月第 1 版		印 次:2022 年 12 月第 1 次印刷	
书 号:ISBN 978 - 7 - 313 - 24294 - 5			
定 价:500.00 元(上、下卷)			

华夏地学拓荒人：不朽的谢家荣

老科学家学术成长资料采集工程
领导小组专家委员会

主　任：杜祥琬
委　员：（以姓氏拼音为序）

巴德年　　陈佳洱　　胡启恒　　李振声

王礼恒　　王春法　　张　勤

老科学家资料长编
丛书组织机构

主　编：张　藜
副主编：罗兴波　　王传超　　张佳静

谢家荣学术成长资料采集项目组

编　　著　张立生

参与人员　谢渊如　谢渊洁

编著及参与人员对本项目的贡献

　　　　张立生　　采集和整理各类史料;联系访谈对象,拟订访谈提纲,
　　　　　　　　　主持访谈;整理各种采集成果;撰写年谱长编
　　　　谢渊如　　史料采集与整理;做访谈;拍摄视频并整理素材
　　　　谢渊洁　　史料采集与整理;做访谈;录制音频并整理音频文字

杰出的全方位地质学家谢家荣（1897—1966）

农商部地质研究所部分学生（我国自己培养的第一批地质学家）1915年留影（右二为谢家荣）

第一个被派赴海外留学的地质研究所毕业生：
留学斯坦福大学的谢家荣（1918年）

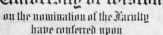

谢家荣的威斯康星大学硕士文凭（1920年）

翁文灏（左）与谢家荣（右）做海原大地震的科学考察（1921年）

谢家荣参加（一排左三）地质调查所图书馆陈列馆开幕典礼（1922年）

燕尔新婚（1922年）

中国第一本煤地质学专著《煤》
（1923 年）

中国人编著的第一本《普通地质学》教科书
《地质学 上编》（1924 年）

现代中国第一篇石油地质考察报告
《甘肃玉门石油报告》（1922 年）

PRELIMINARY NOTES ON THE COMPOSITION AND STRUCTURE OF THE FIRST SPECIMEN OF METEORIC STONE RECEIVED BY THE GEOLOGICAL SURVEY OF CHINA.

开中国现代陨石学研究先河的
《有关中国地质调查所收到的第一块陨石的成分和构造的初步研究》
（1923 年）

GEOLOGY OF CHUNG SHAN AND ITS BEARING ON THE SUPPLY OF ARTESIAN WATER IN NANKING.

C. Y. Hsieh (謝家榮).

(Associate Professor, Central University, Nanking)

WITH 4 PLATES AND 2 FIGURES

I. INTRODUCTION.

Chung Shan or as more popularly known, Tzu Chin Shan (紫金山) is situated to the east of Nanking about 5-15 li outside of the city gate, Chao Yang Men (朝陽門). The range has an extension from east to west of about seven kilometers, and from north to south of three kilometers. It is a place rich in scenery and relics, most popular among which is the Ming Ling (i. e. the Tomb of the Emperor of Ming Dynasty). The tomb of the late Dr. Sun Yat Sen (or Sun Ling) is now nearly completed, and after its completion, it will add, of course, still more beauty and interest to this famous mountain.

During the spring of 1928, while leading a group of students of the Central University on geological excursions, I had opportunity to study, in some detail, the geology of this region. Several discoveries of both plant and animal fossils were made and a section was taken across the mountain. The result of this work not only offers some new fact on the age and succession of the Chung Shan formation, but also throws some light on the possibility of the supply of artesian water in Nanking.

I wish to express my thanks to Messrs. C. Y. Wang and S. Y. Shen, assistants of the University, for their valuable help rendered in this work.

II. PREVIOUS WORKS.

The first one to study the geology of Chung Shan, was Baron Von Richthofen, who in 1868 came to visit this region and gave the name "Nanking Sandstein" which was supposed by him to be of Upper Carboniferous age. In 1913, Mr. Ishū, a Japanese geologist, came across this region again, but he believed the age of the "Nanking Sandstein" to be of Sinian, much older than what Richthofen supposed.

The National Geological Survey of Peking started, in 1919, a systematic mapping work in the Province of Kiangsu. This work was undertaken by Messrs. C. C. Liu and J. C. Chao*. On the ground of structural relations, they believed the formation to be of Lower Jurassic, although no fossils of any sort

---

* Preliminary report on the geology and mineral resources of Kiangsu Mem. Geol. Surv China, Ser. A. No. 4.

现代中国水文地质学的开篇之作
《南京钟山地质与南京之井水关系》
（1928 年）

在德国访学的谢家荣（1929 年）

中国第一篇矿相学论文
《中国几种铜矿之地质的及显微镜的研究》
（1929 年）

百科小叢書

石油

第十四輯第一百六十一種

版權所有 翻印必究

中華民國十八年三月初版

著　者　謝家榮

編輯主幹　王雲五

發行兼印刷者　上海　商務印書館

發行所　上海及各埠　商務印書館

本冊定價大洋貳角

全輯定價大洋壹元伍角

外埠酌加運費匯費

一三三七毛

中国第一本石油地质专著《石油》

（1929 年）

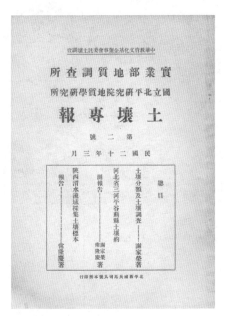

SOME NEW METHODS IN COAL PETROGRAPHY

By C. Y. HSIEH* 谢家荣

(Contribution from the Sin Yuan Fuel Laboratory,
Geological Survey of China No. 8)

1. INTRODUCTION.

The microscopical study of coal either by thin section or by polished section has formed now a special branch of geological science which is called in Germany "Kohlenpetrographie." This name is not at all a satisfactory one as, so far as I know, it has been followed neither in America nor in European countries outside Germany. However as there exists now no better term than this, I can only use it until some better one be created.

The coal petrography is a science which has been developed only within recent ten years. Thanks to the pioneer works of Jeffrey, Thiessen and Winter and followed afterwards by Duparque, Seyler, Gothan, Stach, Potonie, Bode etc., this science has made such remarkable progress that its practical value as well as theoretical significance have now been fully recognized.

For the technique part of the petrographical study of coal we should mention first of all the name of Jeffrey (1), whose ingenious method in cutting coal thin slice by a microtome was indeed a marvelous invention. The improvement of grinding method (the same as in making a thin section of rock) by Lomax (2) and Thiessen (3) has made possible the making of coal thin section in a simpler and quicker way than required in the method of Jeffrey. In spite of all these invention and improvement, the preparation of coal thin section transparent enough to show every detail and permitting microphotography under higher magnification still remains a difficult task for most of the coal investigators. In the case of anthracite, however, no method is yet known as to its preparation of thin and even translucent section.

On account of the difficulties involved in the preparation of transparent thin section of coal, most investigators have now turned their attention to polished section, a method well known in metallography and mineragraphy but first adopted to coal investigation by Winter as late as in 1913. This was

* Geologist in charge of the Sin Yuan Fuel Laboratory of the Geological Survey of China.

311

煤岩学自诞生以来的一次革命性的飞跃、震撼世界
煤岩学界的《煤岩学研究之新方法》（1930年）

中国学者的第一篇土壤学论文《土壤分类及土壤调查》
和第一篇土壤调查报告《河北省三河平谷蓟县土壤约测报告》
（1931年）

中国地质科学的奠基者摄于北京葛利普寓所（1933年）

欢送北京大学地质系 1937 届毕业生，
谢家荣（左九）时任北京大学地质系主任

谢家荣（后排左二）与同仁在湖南省江华锡矿进行
野外调查时小憩（1939年）

顾桥矿（1946年谢家荣主导发现淮南八公山新煤田，
而今淮南煤田是中国八大煤炭基地之一，总储量达444亿吨。
此为新开发的亚洲最大现代化煤矿——顾桥煤矿，设计年产量1000万吨，
最高年产量曾达1200万吨）

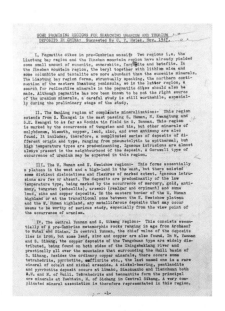

中国铀矿地质学研究的起点《铀矿浅说》和《广西钟山县黄羌坪铀矿苗简报》（1948 年）

中国铀钍矿找矿远景区（1947 年）。截至 2011 年，中国已探明铀矿储量的 74% 位于
谢家荣所划第二个远景区内，中国发现的世界级铀矿（大营铀矿）则位于第一个远景区内

谢家荣（四排左二）参加中央研究院 20 周年纪念会和第一届院士会议留影（1948 年）

第一届政协全国委员会代表证（1949 年）

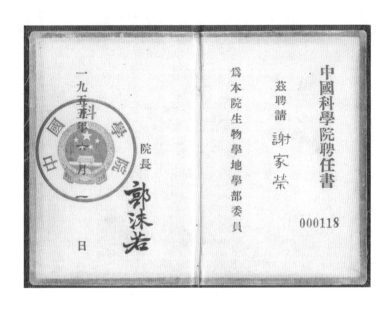

中国科学院生物学地学部委员聘书（1955年）

中國的產油區和可能含油區

谢家荣

從前曾有人提出中國是否含油的問題，由於事實的證明，特別是解放以來，石油地質工作大規模展開後所搜集的許多事實，這個問題已不攻自破了。中國肯定是有油的，並且其儲量一定是相當豐富的。

從另一觀點說明中國有油。蘇聯中亞細亞的佛幹那和可達葛海相的第三紀地層中都產油。還兩個地區，與中國新疆的塔里木盆地相鄰，相距不過數百公里。蒙古人民共和國庫倫以南，最近開發了一個新油田，這是位於二疊紀地槽之內，而後中生代大陸沉積中產油的。從蘇聯的庫頁島，向南至日本中部的東西兩岸，海相第三紀地層中都蘊藏石油。雲南西部與緬甸相鄰，緬甸的伊洛瓦底江流域，從北到南，可分爲三個油田，最重要的是中部的仁安羌油田，產油層都是第三紀砂岩層，與西藏交界印度境內加拉海灣北端，有狄葛博油田。與新疆西南端相近的巴基斯坦境內，有三個油田，其中之一還是一九四四到一九四六年才發現的。印巴油田的地層時代，也都屬第三紀。

從上所述，可知中國的四週，都有油田。如果說被包圍在中間的這塊大陸，沒有石油，除非它是一塊前寒武紀的古陸，或是爲各種火成岩和結晶變質岩所組成的什岩區，否則就無從理解說它沒有油。事實證明，我們的大陸，包含有許多地槽，許多盆地，它曾經過複雜的地質歷史，滄海桑田，山麓起伏，以致地面上出露了大片的沉積岩層，造成了很多顯著的構造，因之，我們可以斷定中國有油，並且可以推測它的分佈是很廣泛的。

依據石油地質的理論，石油都產在沉積岩層中，絕大部份產在富有生物的淺海相地層。由於沉積愈迅速，則其中所包括的有機物質就不容易遭受氧化；沉積愈厚，則有機物質堆積的數量也就愈多。因之，爲形成石油的有利地質環境是地槽或地台的邊緣凹地，這種地同，不斷下降，不斷沉積，就能迅速地堆積了巨厚的但仍然是屬於海相的富於有機體的沉積，倘使後天的地質作用，不使有機質毀滅，那末，就可以造成石油的母岩。但石油的儲積，不一定屬於原生海相層，它可遷移到附近的陸相層中，特別是粗細相間，有足夠滲透性和孔隙度的蓄油層，並且上面還要有結構緊密足以阻止油質流散的蓋層。因此，產油地帶，大都在從前地槽的邊緣，或內陸大盆地的陸相沉積中。因爲從前的地槽，現在常變爲高山，而內陸盆地經過後期的褶皺，又常成爲大山前的前山帶，所以在這個前山帶中尋找石油，最爲有望。

在中國有好幾個內陸大盆地，其中堆積了第三紀的或中生代的巨厚沉積。第三紀的大盆地從西往東有：準噶爾盆地，塔里木盆地，柴達木盆地，甘肅河西走廊盆地等。中生代地層最重要的爲陝北與伊克昭盟盆地和四川盆地。在這些盆地的邊緣，都是高山，也就是從

指导 20 世纪中国石油普查的历史文献
《中国的产油区和可能含油区》（1954 年）

指导 20 世纪中国石油普查和中国石油大发现的文献
《石油地质的现状、趋势及今后在中国勘探石油的方向》（1956 年）

指导 20 世纪中国石油普查和中国石油大发现的文献
《石油地质论文集》（1957 年）

全家福（1962 年）

黄山花岗岩讨论会期间与孟宪民（右）合影（1965 年）

老科学家学术成长资料采集工程简介

老科学家学术成长资料采集工程(以下简称"采集工程")是根据国务院领导同志的指示精神,由国家科教领导小组于 2010 年正式启动,中国科协牵头,联合中组部、教育部、科技部、工信部、财政部、文化部、国资委、解放军总政治部、中国科学院、中国工程院、国家自然科学基金委员会等 11 部委共同实施的一项抢救性工程,旨在通过实物采集、口述访谈、录音录像等方法,把反映老科学家学术成长历程的关键事件、重要节点、师承关系等各方面的资料保存下来,为深入研究科技人才成长规律,宣传优秀科技人物提供第一手资料和原始素材。按照国务院批准的《老科学家学术成长资料采集工程实施方案》,采集工程一期拟完成 300 位老科学家学术成长资料的采集工作。

采集工程是一项开创性工作。为确保采集工作规范科学,启动之初即成立了由中国科协主要领导任组长、12 个部委分管领导任成员的领导小组,负责采集工程的宏观指导和重要政策措施制定,同时成立领导小组专家委员会负责采集原则确定、采集名单审定和学术咨询,委托中国科学技术史学会承担具体组织和业务指导工作,建立专门的馆藏基地确保采集资料的永久性收藏和提供使用,并研究制定了《采集工作流程》、《采集工作规范》等一系列基础文件,作为采集人员的工作指南。截至 2016 年 6 月,已启动 400 多位老科学家的学术成长资料采集工作,获得手稿、书信等实物原件资料 73 968 件,数字化资料 178 326 件,视频资料 4 037 小时,音频资料 4 963 小时,具有重要的史料价值。

采集工程的成果目前主要有三种体现形式,一是建设一套系统的"老科学家学术成长资料数据库"(本丛书简称"采集工程数据库"),提供学术研究和弘扬科学精神、宣传科学家之用;二是编辑制作科学家专题资料片系列,以视频形式播出;三是研究撰写客观反映老科学家学术成长经历的研究报告,以学术传记的形式,与中国科学院、中国工程院联合出版。随着采集工程的不断拓展和深入,将有更多形式的采集成果问世,为社会公众了解老科学家的感人事迹,探索科技人才成长规律,研究中国科技事业的发展历程提供客观翔实的史料支撑。

序

中国有着悠久灿烂的文明。但近代以来，由于封建制度和旧式教育的桎梏，中国的科学技术远远落在了世界的后面。20世纪初，延续了两千多年的封建帝制终于被辛亥革命的熊熊烈火埋葬，西方的科学技术得以逐渐传入中国。先有留学日本、欧洲的章鸿钊和丁文江积极筹划创办了地质研究所，后有留学欧洲归来的翁文灏加入其中，培养了我国自己的第一批地质学家，其中贡献最为突出的有谢家荣、王竹泉、叶良辅、李捷、谭锡畴、朱庭祜和李学清等，进而建立起了中国地质调查所。由于师生的共同努力，地质科学走在了中国科学事业的最前列，成为旧中国科学的一枝奇葩，担当了现代科学学科在中国本土化的先锋。地质调查所的成立开启了中国现代科学的发展。以章鸿钊、丁文江、翁文灏、谢家荣、李四光、孙云铸、杨钟健、裴文中、尹赞勋、黄汲清、李春昱为代表的为数不多的地质学家，为着祖国的富强，在极其艰苦恶劣的环境中，奋力拼搏，用他们的智慧与血汗，取得了世界公认的优秀成果，创造了中华民族那段历史上的辉煌。

中国地质调查所最初的地质调查工作一开始就有谢家荣的加入——他从地质研究所毕业当年就被任命为地质调查所的调查员，同叶良辅等人一起进行了北京西山的地质调查。正是由于他的出色表现，工作一年多后（在地质研究所毕业的学生中第一个）被派赴美留学，先进斯坦福大学，后转入威斯康星大学，并于1920年获理学硕士学位。丁文江称赞谢家荣是"中国地质学界最肯努力的青年"。正是由于勤奋与努力，他在50年的地质生涯中取得了丰硕的成果，为中国地质事业做出了堪称伟大的贡献。

谢家荣一生从事地质调查，创办了江华矿务局，开创了我国的矿产测勘事业，又做过地质矿产的科学研究工作，其涉猎面之广，在中国地质界独一无二：普通地质学、区域地质学、地层学、构造地质学、大地构造学、矿物学、岩石学、古生物学、陨石学、水文地质学与工程地质学、地震学、岩相古地理学、地文学与地貌学、土壤学、煤岩学、煤地质学、石油地质学、矿相学、矿床学、经济地质学、岩心钻探学、地球物理学和地球化学等。所有这些学科，他都有过研究或应用，取得了令人瞩目的成就，并在许多方面都居于第一和开拓者的地位，是现代中国地质学领域当之无愧的拓荒者。

谢家荣对于中国矿产地质的研究迄今无人能够与之比肩。他一生中亲自勘查研究与指导勘查研究过的矿产资源包括燃料、黑色和有色金属、稀有金属、贵金属，主要的非金属资源和水资源，涉及煤、石油、天然气、铁、锰、铝、铜、铅、锌、锡、钨、锑、金、汞、银、稀土金属、水泥原料、耐火黏土、陶土、石墨、膨润土、蛭石、地下水等矿种和沉积、接触变质、区域变质、岩浆分异、岩浆热液、热水、风化淋滤、残坡积与冲积等成因类型。

谢家荣一生从事地质教育多年。中华人民共和国成立前，他曾在中国几所著名大学的地学系担任过教授和系主任，培养了众多人才。中国很多老一辈的著名地质学家，像黄汲清、程裕淇、李春昱、王鸿祯、杨遵仪、张文佑、王嘉荫、卢衍豪、叶连俊、董申保、郭文魁、赵家骧、袁见齐、朱熙人等，都是他的学生。南延宗赞誉谢家荣"桃李植盈千"实在是非常贴切的。中华人民共和国成立后，全国各省区地质部门有将近一半是由他培养出来的学生担任地质勘探工作重任的；他培养的众多专家分别被任命为地质部系统黑龙江（王承祺）、吉林（董南庭）、辽宁（沙光文、马子骧）、河北（申庆荣）、山东（曹国权）、山西（王植）、江苏（周泰昕、刘汉）、浙江（朱安庆）、湖北（杨庆如）、贵州（燕树檀）、青海（王万统）、陕西（张有正）、宁夏（胡信姬）等省区地质局的总工程师或主要技术负责人；石油、冶金、煤炭与核工业等系统的骨干地质力量有许多也都是他的学生。他们都曾经是中国地质界的脊梁，为民族的振兴、祖国的繁荣昌盛贡献了自己一生。南京刚一解放，谢家荣在随大军进入上海协助接收的途中，就急国家之所急，与中共华东区领导商定创办南京地质探矿专科学校，任校务委员会主任并授课，为国家培养急需的地质人才——包括刘广润、袁道先、闵豫、张文昭等在内的共110名学生。

因此，中国地质学家毕庆昌先生在谢家荣百年诞辰时评价谢家荣："中国有地质学迄今大约九十年，在前半期的四五十年间，对中国地质学术有直接、具体、多方面的贡献的真学者应以谢先生为第一人。"这是非常恰当的。

但由于众所周知的原因，谢家荣在相当一段时间内，几乎被人遗忘了。他对现代中国土壤科学，尤其是铀矿地质与勘查的大量开拓与奠基性工作更是被人遗忘得一干二净。

已故中国科学院院士孙枢先生生前曾经中肯地指出"中国地学界欠谢（家荣）先生一个公道，对谢先生没有给予充分的肯定"。2019年9月30日，自然资源部中国地质调查局主管主办的《中国矿业报》以头版整版和第2版五分之四的篇幅发表巨著《中国矿业与新中国一起成长》，以资纪念。文章在说道在中华人民共和国的地质工作和中国社会主义建设事业中有着重大意义的石油普查和大庆等油田的发现时，却不可思议地将谢家荣彻底"忘记"了。这应该是中国地学界欠谢家荣一个公道的最新表现。

谢家荣的一生与直到20世纪60年代的现代中国地质事业密不可分。谢家荣不应该被忘记。少了谢家荣，"忘记"了他的成就与贡献，中国地质学史就会变为一部不够完整的历史。

中国不少老一辈科学家都有传记或年谱，这是好事。但谢家荣没有，这非常遗憾；有传记或年谱歪曲历史，很不应该。这是作者当初提议将谢家荣纳入老科学家采集工程项目的初衷之一。作者原本打算为谢家荣撰写一部传记作为谢家荣资料采集的成果，但采集工程专家委员会要求编撰谢家荣的年谱长编。这实在是太好了！这本长编从资料采集到编撰完成，断断续续持续8年多，由于可以访谈的对象只有谢学锦院士、宋天锐研究员、陶惠亮（教授级）高工等极少的几位，谢家荣一生留下的真实足迹，即各地档案馆保存的原始档案资料、谢家荣当年发表的文章或虽未发表却保存在全国地质资料馆等地的油印本，谢家荣自己保存的日记、手稿便成为本谱基本的素材和依据。有人瞧不起这些被称为"故纸堆"里的东西，但恰恰是它们有助于还原和正确书写历史，澄清那些受到歪曲的真相，还历史的本来面目。读者从这本长编中，不仅可以了解谢家荣的家庭生活、求学经历、献身中国地质事业的精神及重要贡献，还可以从中了解地质学在中国的产生与发展脉络，了解与他同时代的中国地质学的先驱们为国家的富强、学科的进步而不断求索的献身精神。

金无足赤，人无完人。谢家荣亦然。编写这本年谱长编，作者始终遵循尊重历史的原则，对于那些对谢家荣本人有所谓"负面"影响的文字，也都纳入而不愿舍弃，目的只有一个，就是真实地反映历史，不做文学创作。

谢家荣不但是一位杰出的全方位地质学家，为开拓与发展中国的地质科学与地质事业做出了巨大贡献，还非常热心于中国地质学会的工作与活动。一百年前，正是谢家荣联络袁复礼共同提出了成立中国地质学会的动议，并受委托起草了《中国地质学会章程》；学会成立后，谢家荣担任了中国地质学会的首任秘书长、两任理事长，并在大部分时间里担任理事，还与葛利普等人设计了中国地质学会的会徽，为中国地质的学术交流与发展做出了莫大的贡献。中国地质学会成立100周年之际，谨将这本《谢家荣年谱长编》献给中国地质学会百年大庆，祝愿中国地质事业欣欣向荣，蒸蒸日上，为祖国的繁荣富强创造更加伟大的辉煌！

2021年11月21日于成都高新西区

导　言

(一)

谢家荣(Chia Yung Hsieh,通常缩写为 C. Y. Hsieh),字季骅(季华),1897 年 8 月生于上海。1948 年当选中央研究院首届院士,1955 年被聘为中国科学院学部委员。国内外知名经济地质学家、矿床学家。他是中国矿床学的主要奠基人,中国矿相学的创始人,中国煤田地质学的开拓者和奠基人之一,世界煤岩学先驱之一和中国煤岩学的奠基人,中国石油地质学的先驱,陆相生油理论的倡导者,中国土壤学的开拓者和奠基人之一,中国现代陨石学研究的先驱,中国水文地质学与工程地质学及中国地貌学与地文学的开创者之一,中国矿产测勘事业的开拓者与奠基人,经济地质学的先驱,中国地质钻探事业的先驱和倡导者,20 世纪 50 年代中国石油普查的主要指导者,发现大庆油田和中国石油大发现的大功臣,迄今为止中国发现矿床最多的矿床学家和经济地质学家。

1913 年,谢家荣进入由我国地质事业和地质科学的奠基人章鸿钊、丁文江、翁文灏创办的地质研究所攻读地质学,并于 1916 年毕业,成为农商部地质调查所的调查员,是史称我国地质界的"十八罗汉"之一。1917 年进入美国斯坦福大学地质系,1919 年转入美国威斯康星大学地质系,并于 1920 年获威斯康星大学理学硕士学位。回国前夕,即在《科学》杂志发表系列论文《矿床学大意》,第一次在中国系统阐述了矿床学的理论与实践,开我国矿床学研究的先河。

1921 年春回国后,谢家荣重入地质调查所工作,旋即与翁文灏等人一起进行了现代中国的第一次地震考察——甘肃大地震考察,随即又进行了现代中国的第一次石油地质考察,撰写了中国第一篇地震地质考察报告《民国九年十二月甘肃地震报告》和中国第一篇石油地质调查报告《甘肃玉门石油报告》。1923 年,谢家荣所著中国第一部煤地质学专著《煤》由商务印书馆出版。该书系统地论述了煤之成因与分类,煤之地质,采煤、选煤及炼焦方法,中国煤矿说略与世界煤矿之储量、产额、运销等情况。在《科学》第 8 卷第 8 期发表《中国陨石之研究》,对甘肃导河陨石的矿物成分和结构进行了显微镜研究,开中国现代陨石学研究的先河。1924 年商务印书馆出版其《地质学(上编)》——中国第一部普通地质学教科书,丁文江为该书作序,称谢家荣"又好读书,能文章,所以他做的这一部教科书……不能不算是教科书中的创著了"。1923—1925 年,谢家荣和刘季辰、赵亚曾一起,进行了湖北全省的地质调查,发表了一系列湖北地质矿产调查的文章。1925 年,他与同学叶良辅合著的《扬子江流域巫山以下之地质构造及地文史》对长江三峡的成因和鄂西地文期有独创的见解,明确提出长江三峡的形成,首先由于河流的袭夺,而后是复幼深切的论断,并倡议建立鄂西期准平面、山原期壮年地面和峡谷期的三个著名地文期,此文是我国地貌学和地文学的名著和奠基作之一。1924—1927 年,谢家荣任教于北京大学地质系,黄汲清、李春昱都是这一时期的学生。1927 年 7 月,谢家荣奉派前往广州中山大学,协助筹备两广地质调查所,进行广东省的第一次地质调查。

1928 年春,谢家荣离开广州前往南京,任教于中央大学地质系,调查南京钟山地质与南京城市供水的关系,开我国城市供水地质的先河。1928 年 8 月—1930 年 5 月,谢家荣以研究员的身份到德国和法国做访问学者,从事煤岩学和矿相学研究工作,开创了我国的煤岩学和矿相学。他拍摄的中国铜矿的精美显微镜照片被著名矿产学家史奈德洪收入其《矿相学教程》中,被国际矿相学大师兰姆多尔收入其名著《矿物学教程》(其英文版更名为《金属矿物及其共生》)中。

1929 年,谢家荣发表我国第一部石油地质专著《石油》,全书共 11 章,论及石油地质的各个方面,并第一次从理论上阐述了陆相生油理论,论述了各种陆相沉积生油的可能性,指出三角洲沉积区域之内,"海陆二相之地层,往往相间而生,于石油之积聚,最为适宜""产油地层,当以浅海或三角洲沉积最为适合。"

1930 年 5 月,谢家荣回到中国。7 月,地质调查所土壤研究室成立。谢家荣不仅与翁文灏一起筹建了土壤研究室,负责土壤研究室的管理,发表了中国人第一篇系统的土壤学论文《土壤分类与土壤调查》,还进行了中国人的第一次土壤调查,撰写了中国人第一篇土壤调查报告《河北省三河平谷蓟县土壤约测报告》,为中国土壤科学安放了第一块奠基石。同年 10 月,地质调查所沁园燃料研究室成立,谢家荣任室主任,继续做煤岩学的研究工作。此前所有人的煤岩学研究都是在常光下进行的。谢家荣将偏光显微镜引入煤岩学研究,先后发表了《国产煤之显微镜研究》《华煤中之植物组织及其在地质上之意义》《煤岩学之研究新方法》等,国际煤岩学的早期研究者盛赞他的研究工作,法国的迪帕克、美国的特纳、英国赛勒、德国的哥登等纷纷来信索要他的煤岩学论文,由此奠定了他作为世界煤岩学先驱之一和中国煤岩学先驱与奠基人的地位。

1931—1937 年,谢家荣先后任教于清华大学、北京师范大学和北京大学地质系,并担任各校地质系的主任,程裕淇、杨遵仪、王鸿祯、张文佑、王嘉荫、卢衍豪、叶连俊、董申葆、郭文魁、赵家骧等中国著名地质学家是他这一时期的学生。这个时期,谢家荣还被聘为北京大学的研究教授,先后赴长江中下游地区调查铁矿,赴湖南调查湘中铅锌矿,编著《扬子江下游铁矿志》,将中国铁矿划分为4大类17型,成为长江中下游找矿工作的重要参考资料;他编著的《湖南中部铅锌矿地质》和《华南湘中水口山铅锌矿》,是中国铅锌矿地质的经典文献。1936年,他发表《中国之矿产时代及矿产区域》和《中生代末第三纪初之造山运动火成岩活跃及与矿产造成之关系》,在翁文灏《中国矿产区域论》和《中国矿床生成之时代》的基础上,将中国成矿学向前推进了一大步。抗日战争全面爆发前夕,谢家荣还开始着手重测北京西山地质、重修《西山地质志》的工作,发表了《北平西山地质构造概说》。

抗日战争全面爆发后,为了抗日大业的需要,为国家赚取外汇,直接支持抗战,谢家荣离开长期从事的地质教学与地质调查的岗位,到湖南筹建江华矿务局并担任江华矿务局的经理,凭着对砂锡矿的深入研究,创立了湖南唯一用机器采锡的矿厂。在江华矿务局走上正轨之后,谢家荣又奔赴云南筹建叙昆铁路沿线探矿工程处,担任该探矿工程处的总工程师,紧接着任(西南)矿产测勘处处长,直到中华人民共和国成立后中国地质工作计划指导委员会成立。抗战期间,从昆明到昭通,从昭通到贵阳,从贵阳到重庆,在不断迁徙的动荡环境中,在穷乡僻壤的恶劣环境中,在匪徒出没的崇山峻岭中,谢家荣就兢兢业业开创着中国的矿产测勘事业,率领只有区区几十人的矿产测勘处,急国家之所急,调查了滇、黔各地的许多煤矿,贵州赫威水的铁矿,东川的铜矿,调查和发现了黔、滇的铝土矿和富铝矿,完成了《叙昆铁路沿线昆明威宁间地质矿产》《云南祥云宾川弥渡蒙化间地质矿产》《贵州水城观音山赫章铁矿山铁矿报告》《贵州中部铝土矿采样报告》《贵阳西部煤田简报》《贵州都匀独山煤田说略》等地质矿产调查报告,发表了《广西西湾煤田地质》《云南矿产概论》《湘桂交界富贺钟江砂锡矿纪要并泛论中国锡带之分布》《滇黔康三省金属矿产述要并特论其分布与地质时代》《中国之煤田及煤矿业概况》《中国铝土矿之成因》《云南鲁甸乐马厂铅银矿之研究》《贵州煤田研究并特论其与古地理及地质构造之关系》等重要论文。

谢家荣是我国地质学家中最早提倡运用地质理论找矿,强调开展应用研究、成矿预测,倡导使用综合勘探方法进行勘探的地质学家,是我国矿产勘查事业的开拓者与奠基人、经济地质学的先驱。他一生研究与指导研究的矿产涉及能源、黑色、有色、贵重与稀有、稀土金属及主要非金属和地下水等。他对所有这些矿产都有渊博的知识和丰富的现场工作经验,他发现或指导发现了许多重要矿床,成为著名的矿床学和经济地质学大师。抗日战争胜利后,谢家荣先后发现或指导发现了淮南新煤田、福建漳浦三水型铝土矿、安徽凤台磷矿等一批重要矿床,在中国第一次使用勘探网勘探了淮南煤田。淮南煤田的发现是中国地质学史上的佳话,他是谢家荣运用地质理论找矿的经典案例。他并依据其对这些矿床的研究,写出著名论文《古地理为探矿工作之指南》,成为指导沉积矿产分布预测和普查勘探的箴规,在中华人民共和国成立后的沉积矿产普查勘探中起了重要的指导作用,例如地质部地质矿产司非金属矿产处部署磷矿普查时就曾称其为"箴规依据和导引"。

20 世纪 40 年代后半期,谢家荣还特别关注中国铀(钍)矿地质与勘查的研究:不仅收集国外铀矿资料并加以传播,还在 1946 年 11 月指示张宗潢研制成功了中国自己制造的铀矿物检测仪器——盖革计数器,并于同年 12 月在南京组织通俗科学讲演会,演示该仪器的效果,利用该仪器检测采自南岭和东北的铀矿化标本。1946 年 5 月派出张兆瑾、霍学海动用槽探实施了黄羌坪铀矿化的初步测勘。1948 年 3 月前往调查与研究黄羌坪铀矿化,认定其值得勘探并布置了钻孔,同时考察了富贺钟地区的独居石砂矿并计算了储量。1947 年派员考察了辽宁海城的铀钍矿。1948 年著文《铀矿浅说》,概述了铀的主要矿物,铀矿物的检测、识别,铀矿的勘探方法,世界铀矿地质,铀的应用和铀矿矿业,开启了中国的铀矿地质研究。1947 年 11 月,谢家荣著文《中国铀钍矿的找矿远景区》(*Some promising regions for searching uranium and thorium deposits in China*),提出了 7 个铀钍矿找矿远景区:辽东湾、阴山及山东半岛前寒武纪地块中的伟晶岩脉,南岭地区(从赣南到滇南),湘西黔东,滇中康南地区,玄武岩铜矿区,西南和新疆的中生代红盆以及海滩砂和海岸沉积,指出了中国铀钍矿的找矿方向。1949 年 6 月制定了中国 1950 年的铀钍矿探矿计划,拟定并派出 15 人前往黑龙江、辽东、台湾和广西等相关地点,分别进行铀钍矿踏勘、详测或钻探。1954 年著文《铀钍矿的找矿须知》,指导铀钍矿产的普查。谢家荣是中国铀矿地质与勘查的名副其实的开拓者与奠基人。

在领导矿产测勘处、开创中国矿产测勘事业的征程中,谢家荣成为最早把地质学与经济学结合起来的地质学家。他将地质知识、地质理论、地质技术和科学方法运用于生产实践,为找矿服务,为社会服务,同时在这种服务中融入经济学,进行成本核算,按照经济规律办事。谢家荣是中国地质矿产经济学的真正先驱。

南京解放前夕,谢家荣毅然放弃了奉派前往新西兰参加太平洋学术会议的机会,留下来积极组织矿产测勘处资料和财产的保护工作,保证了矿产测勘处完好无损地移交到新生的人民政权手中。

南京解放前后,谢家荣又发现了南京栖霞山铅锌银锰矿,指导发现了甘肃白银厂铜、铅、锌多金属矿。在中国地质工作计划指导委员会副主任委员兼计划处处长的任上,积极参与中华人民共和国成立后的地质工作计划,尤其是重点矿区勘探的部署,调集了程裕淇、严坤元、王曰伦、路兆洽、郭文魁、宋叔和、王植、李春昱等分别担任湖北大冶铁矿、白云鄂博铁矿、河北庞家堡铁矿、贵州水城观音山铁矿、甘肃白银厂铜矿、山西中条山铜矿和陕西渭北煤田的总工程师,对第一、二个五年计划的矿产勘查任务的完成起了决定性作用。

谢家荣一生从事地质教育多年,不仅在北大、清华、北师大、中央大学等地质系的教学中培养了众多地质学家,更在开创中国矿产测勘事业的征程中培养了一批地质人才:中华人民共和国成立之初,全国过半省份的地质局总工程师都是由他培养的专家担任的,冶金、石油、煤炭与核工业系统的骨干地质力量也大都是他的学生。南京刚一解放,他就感觉到了国家建设的新气息,深感地质人员的缺乏,主动向华东方面的领导提出开办地质培训班,为国家培养地质人才的建议,得到领导的大力支持,创办了中华人民共和国第一所高等地质学校——南京地质探矿专修学校,为中华人民共和国培养了 110 名急需的地质人员——相当于当时全国地质人员总数的三分之一强。

谢家荣是我国煤田地质的先驱。中华人民共和国成立后,他以对煤田地质的长期研究和对中国煤田地质勘探的丰富经验,连续发表了一系列煤田地质文章,对20 世纪 50 年代中国煤田地质勘探起了非常重要的作用,例如《煤地质的研究》《关于煤地质方面的一些重要知识》《勘探中国煤田的若干地质问题》《中国的煤田》《煤的成因类型及其意义》《关于煤田类型》《中国煤田类型及煤质变化问题》等。

20 世纪 40 年代末到 50 年代,谢家荣特别关注对中国石油地质的研究。1948年他第一次指出黑龙江可能有油。1949 年他更指出"中国石油的分布,决不只限于西北一隅""依据地质理论,并为解决中国石油问题计,我们应该扩大范围,在中国各地普遍探油""东北还没有发现的矿产,最重要的是石油……在锦州和扎赉诺尔二区对于石油的钻探,虽然没有成功,却是很有理由的,我们将来还应该继续做,并且要扩大范围,彻底钻探""从区域方面讲,我们将来的测勘工作,要特别注意北满,因为北满到现在为止,还是一个处女地……可能有发现油田的希望",最早将找油的目标指向大庆地区。1949 年,谢家荣更制定了中华人民共和国的第一个石油勘探计划。

中华人民共和国成立后,在地质部总工程师和地质部普查委员会常委、总工程师的任上,谢家荣更全力以赴地担负起了石油普查主要技术指导的责任,提出"在全国含油区和可能含油区内进行大规模的全面的地质普查是十分必要的""我们必须全力以赴,要有只许成功,不许失败的精神,在祖国广大地区内找出石油资源的基地,以保证社会主义工业化的圆满完成。"1954 年,谢家荣发表《中国的产油区和可能含油区》,此文成为即将开展的全国大规模石油普查的纲领性文献,为石油勘探战略重点东移和大庆油田的发现,为以大庆油田的发现为开端的中国石油大发现奠定了理论基础。谢家荣全力以赴地指导了3年石油大普查的工作。1954和1955年,在中华人民共和国的第一个五年计划建设期间进行的大规模普查工作中,谢家荣与黄汲清一起编写《普查须知》,指导了普查工作的开展。

1956年,谢家荣任新建的地质部地质矿产研究所副所长,主导制定了地质部地质矿产研究所12年(1956—1967)科学发展远景规划,积极参加了12年全国科学发展远景规划的制定工作,在规划的第九(我国矿产分布规律和矿产的预测)和第十(地球物理、地球化学和其他地质勘探方法的掌握及新方法的研究)两项规划中发挥了重要作用。

1958—1959年,谢家荣潜心研究中国的矿产资源,撰写了《中国矿产分布规律的初步研究及今后找矿方向的若干意见》《长江流域地质总论 矿产篇》《对于福建矿产的若干看法和意见》《云南省成矿区及构造成矿带的研究》《江苏省找矿指南》《大地构造与找矿》等重要论文。

进入20世纪60年代,谢家荣担任了新建的地质部地质科学研究院第五研究室的副主任,深入研究了中国的钨锡矿床、现代成矿理论、花岗岩化和中国大地构造问题,冲破岩浆万能论,与著名矿床学家孟宪民一起提倡矿床同生说,撰写了《中国大地构造问题》《成矿理论与找矿》《近代成矿理论的几个基本问题》《中国锡矿研究》《让花岗岩及花岗岩化的研究为区测与找矿工作服务》《论矿床的分类》和《同生成矿理论在我国的运用》等重要论文。

晚年,谢家荣任地质部地质科学研究院第二研究室主任,潜心从事《中国矿床学》的研究与总结。遗憾的是,最终只完成了《中国矿床学》第一篇《总论》的写作。

谢家荣还十分热心地质学会的工作。他和袁复礼在1921年冬向丁文江、翁文灏提出建立中国地质学会的建议,得到丁、翁的赞同,并受命起草《中国地质学会章程》,与章鸿钊、葛利普、杨钟健一起设计了中国地质学会会徽,建议创办了《地质论评》并任编辑部主任多年,担任了学会的首任书记和第11届及第23届理事长,为学会的发展与壮大,为学会会志和论评的出版做出了重大贡献。

(二)

按照老科学家学术成长资料采集工程项目原来的设想,谢家荣并不在采集工程项目之内。项目专家委员会决定将谢家荣纳入采集工程,是专家委员会对我们的高度信任和厚爱。采集小组决心不负专家委员会的这份信任与厚爱,竭尽全力做好这份工作。

由于曾经与谢家荣共事的许多人已经过世,还在世的人也大多年事已高,能接受采访的人屈指可数,曾经与谢家荣有过长期交往与共事的闻广先生,则表示虽然有许多可以谈的,但已经体力不支,无力接受采访,并且很快就告别人世了,因而最终只采访了谢家荣的长子谢学锦、谢家荣逝世前的秘书陶惠亮以及与谢家荣在20世纪50年代有过交往的宋天锐研究员等共三位,访谈时长共174分钟,所得信息非常有限。

虽然如此,但通过我们的努力,主要由于谢家荣与谢学锦先生为我们保存了大量历史资料,使我们还是获得了一套相对完整的史料,足以见证中国地质学早期的发展历程。这些重要的历史资料包括以下几种。

① 证书类:23件,其中谢家荣1920年所获威斯康星大学硕士文凭、1928年赴德国做访问学者的护照和1930年从中国驻法国大使馆领取的临时护照、1949年出席第一届全国政协会议的代表证、1955年中国科学院学部委员聘书等,可称珍品。

② 手稿类(日记):共38本,日记时间跨度为1921—1966年,这些日记虽然并不十分完整,但重要历史时期的日记都在。其中1921年的《旅甘日记》上下两册,毛笔书写,内容完整,堪称珍品。

③ 手稿类(论文):谢家荣1930年所写(未刊)英文手稿"华煤显微结构的初步报告"及其全部图版说明,中国科学家出席国际地质大会的第一篇石油论文手稿(*The Petroleum Resources of China*,1937年);1958年所写《中国矿产分布规律的初步研究及今后找矿方向的若干意见》和《长江流域地质总论 矿产篇》;1965年的《花岗岩化与成矿》;谢家荣一生中所写的最后一篇论文《大地构造与找矿》(1966年)等。

④ 手稿类(笔记):地质部地质矿产研究所1956—1957年研究工作计划(草案);矿床研究室在3个五年计划中的发展轮廓及方向;大量读书笔记或工作笔记等。

⑤ 信件类:由谢家荣和谢学锦精心保存至今的181封信件,包括中文信件48封,英文信件133封(大部分为20世纪30年代),时间跨度1919—1966年。

⑥ 档案类:谢家荣在威斯康星大学的注册表和硕士论文《某些叶状变质岩的成因》(Origin of some metamorphic foliated rocks),这是委托在美国的谢家荣的儿媳和孙子查到的;北京师范大学、清华大学、北京大学档案;湖南省档案馆保存的大量江华矿务局档案;云南省档案馆保存的叙昆铁路沿线探矿工程处的有关档案;中国地质科学院的文书和人事档案。

⑦ 著作类:已经出版的《谢家荣文集》1—6卷;《矿测近讯》铅印本实物全套(仅缺第64期,但有扫描件);《矿产测勘处年报》全套(扫描件)、1919年《中国东南部地质总论》仿真本、1923年《中国铁矿志》下册原版、1926年《第二次中国矿业纪要》原版、1927年《湖北西南部地质矿产》原版、1930年《石油》原版(以及1929年版扫描件)等。

⑧ 论文类：1928年《南京钟山地质与首都之井水关系》原版、《土壤专报》第二号原版、1930年《燃料研究专报第一号》英文原版、1931年《首都之井水供给》(摘印1930年10月《地质汇报》第十六号)原版、1931年《安徽南部铁矿之研究》英文原版、1932年《南京雨花台砂砾层及其地文之意义》英文原版、1932年《江西东部之一陨石》英文原版、1932年《江苏铜山县贾汪煤田地质(《地质汇报》第十八号)原版、1934年《陕北盆地和四川盆地》原版、1935年《河流之袭夺及其实例》原版、1935年《福建安溪永春永泰等县矿产报告》原版、1936年《近年来中国经济地质学之进步》原版、1949年《东北地质矿产概况和若干意见》原版、1952年《煤地质的研究》原版和《从中国矿床的若干规律提供今后探矿方面的意见》原版、1957年《中国油气区和可能油气区的划分与评价》原版、1962年《中国大地构造问题》原版、1963年《中国东南部的主要大地构造特征》原版、1964年《论矿床的分类》原版。

⑨ 照片类：采集照片364张,有地质研究所15位学生1915年的合影、谢家荣留学美国时的照片、结婚照、在德国做访问学者的照片以及许多谢家荣的工作照、生活照等珍贵照片。谢家荣在德国工作或生活地方的照片是委托谢家荣的长孙谢渊泓和长孙媳姚建拍摄的。

此外,采集小组还去了谢家荣曾经工作或生活过的湖南江华、广西八步、安徽淮南、南京、重庆、云南昆明和昭通、贵州贵阳等地,采集了相关资料。

所采集到的传记资料共15件,可以分为4类。第1类是已经出版的各种科学家传记资料,例如吴凤鸣为《中国现代科学家传记》写的《谢家荣》和郭文魁、潘云唐合写的《中国科学技术专家传略 理学编 地学卷1》中的《谢家荣》和一些报刊上刊登的谢家荣的简介,着重学术经历;本谱作者为《20世纪中国知名科学家学术成就概览》撰写的《谢家荣》可以归在此类中,是此类资料中最为详细和错误最少的;第2类是纪念文集,包括谢家荣先生诞生90周年、100周年和110周年的纪念文集,其中除有对谢家荣生平的介绍外,还有众多回忆和评价的文章,两本110周年纪念文集更有对谢家荣的详细介绍和谢家荣对中国石油地质贡献的叙述;可以列为第3类的是由本谱作者和李学通、潘云唐合编的很不完善并有若干错误的《谢家荣年谱》,虽然是到目前为止最为完善的年谱;第4类是谢家荣长孙谢渊泓所写谢家荣20世纪20年代在柏林的情况。

上述各种传记资料中都存在不少错误。诸如谢家荣出生的时间,谢家荣进入威斯康星大学和赴德国做访问学者的时间,谢家荣是否考察了甘肃地震,谢家荣1930年代初期赴陕北考察的确切日期,谢家荣在"七七事变"后离开北平的时间,叙昆铁路沿线探矿工程处正式成立的时间等,过去的资料都有着错误的记述,通过此次资料采集,对这些问题都以确凿的资料给出了正确的回答。

凡　例

本谱凡例说明如下。

一、采用公历纪年，同时标明干支。1913 年以前，在干支之后以括号注明清朝帝号，1913—1948 年注明民国纪年。1949 年后用公元纪年。在纪年后标明谱主年龄，出生当年记为一岁。为查阅方便，从 1913 年起，每年起始处均有提要，列出谱主当年住地和主要活动的摘要。

二、正文按照年、月、日的顺序编排。凡知其月份而无日可考者，标以月份或"是月"，列于当月之末。凡知其年份而无月可考者，标明年份或"是年"，列于当年之末。凡知其年，不知其月，而能定其季节者，则标明"春""夏""秋""冬"或"春夏"等。

三、对谱主活动的记录，通常省略主语，或用"谱主"代称。需要指出谱主名字时，则直呼其名，所涉其他人物亦然。

四、与谱主关系密切的名人名家，或关系虽不甚密切，但其为同时代之名地质学家者，以及谱主的家庭成员，均撰小传，在首次出现时附于其后。这些小传是本谱作者依据《中国现代科学家传记》《中国科学技术专家传略 理学编》《我为祖国献宝藏——国土资源系统院士画册》等著作中的资料编撰而成的，不引用现成资料。

五、本谱所选用的资料，凡属文稿、函电等未曾发表而又较为重要者，全文录入，早期发表于《矿测近讯》等报刊的文稿以及在某些场合所作有记录保存的学术报告，凡能反映谱主思想、学术观点或政治立场的，大多全录或节录。谱主的长篇论文或专著则摘录其主要内容。

六、谱主的来往信件，择其重要者全文录入，其余只述其大致内容。以谱主日记为依据的活动，按日记内容做概述，而不录日记原文。

七、所有录入本谱的资料出处，凡原文录入或节录的均列于引文之末，加括号注明之；非照原文录入的，以脚注注明之。对有关内容的考证或必须加以说明者，以脚注注明之。

八、引文中难以辨认的字，以□标识，引文中原有的误字或显然因印刷排版造成的误字在其后的括号中勘正。引文的标点符号原则上以原文为准，只对明显错误者予以调整,不另加说明。原文没有标点符号的,例如《谢母孙太夫人赴告》及《江华矿务局组织章程》等,为阅读方便,加以标点,断句及标点如有不当的,由编撰者负责。

九、反映谱主学习、工作和生活的各种照片及相关档案资料的扫描件等,一律插入正文中的相应位置。

十、尊重历史,尊重事实,实事求是,为读者提供真正的信史,是本谱遵循的基本原则。对于所引文献资料,一律只做客观记录,即便原文有语意不清或逻辑混乱时,也不加删改,以存原貌。本谱经过严密的考证,纠正了过去许多资料对谱主生平中许多时间节点的错误,其准确的主要日期为:

1897年8月19日(农历7月22日)出生,1913年入工商部地质研究所学习,1916年毕业于农商部地质研究所,1917年入斯坦福大学,1919年转入威斯康星大学,1920年毕业于威斯康星大学,获理学硕士学位,1921年春回国,1927年7月赴广州参与筹建两广地质调查所,1928年2月从广州到南京,任教于中央大学,1928年8月—1930年5月赴德国和法国做访问学者,1937年秋离开北平南下,1939年5月11日正式就任江华矿务局经理,1940年5月15日叙昆铁路沿线探矿工程处正式成立,就任总工程师,1940年10月11日,西南矿产测勘处成立,1942年10月1日,西南矿产测勘处改为矿产测勘处。

本谱所引用的若干档案资料(包括谱主自己填写的一些登记表)中,上述时间节点多有错误。对这些错误,本谱也都保留原貌,未予改动,敬请读者注意。

对于谱主的重要著作,原则上只引用名家述评。对谱主的思想言行及相关历史,特别是在历次运动中的相关文字,一律原文照录。

目　　录

一八九七年　丁酉(清光绪二十三年)　一岁

八月十九日(农历七月二十二日)[①]　谢家荣,字季骅(季华),出生于上海市一个职员家庭。

谢家荣《干部履历书》(中央人民政府政务院财政经济委员会):1897年7月出生,家庭出身职员。(**中国地质科学院组织人事处:谢家荣人事档案,档号1-5**)

谢家荣《干部履历表》(燃料工业部石油管理总局):1897年7月22日出生,家庭出身职员。(**中国地质科学院组织人事处:谢家荣人事档案,档号1-6**)

祖籍江西,大约200年前(清初)先祖由江西迁上海南市区(今已撤并)。祖父是县官。

---

①　关于谢家荣出生的时间,现在查到的最早资料是谢家荣1919年和1920年在威斯康星大学所填的两份注册表:1919年10月2日的注册表上填的出生时间是1896年7月21日,其中的1896年还是从1895年改过来的,而1920年10月19日所填的注册表中,其出生日期是7月22日,并且22日是从21日改过来的,没有填年份。中央研究院1948年6月编印的《国立中央研究院院士录》第1辑中,"根据本人填注"的记载,谢家荣出生于1896年。谢家荣档案中华人民共和国成立后填的表至少有6份(其中①和⑥非谢家荣本人笔迹):① 1950年8月11日谢家荣的《干部简历登记表》中填写的出生年月为1897年,没有填月份;② 1951年4月20日谢家荣自己填写的《干部履历书》(中央人民政府政务院财政经济委员会)中,出生日期填的是1897年7月,没有填日;③ 任燃料工业部石油管理总局顾问时,于1951年3月14日所填的《干部履历表》中,谢家荣填的出生日期是1897年7月22日;④ 1951年8月9日填写的北京地质调查所工会入会志愿书,谢家荣又填写的是1899年7月22日;⑤ 1952年4月15日,谢家荣在《地质委员会勘探局工会会员登记表》中填写的出生日期是1897年7月22日。⑥ 1956年的《干部履历表》中填的是1897年7月,没有填。

1947年9月,《矿测近讯》第78、79合期出《谢季骅先生五十寿辰特刊》,该特刊的《编辑后记》中说"九月七号适逢本处谢处长五十寿辰",但特刊中刊发的杨博泉先生文章《七年来对于谢师工作生活的杂忆》却说:"九月六日(农历七月二十二日),为余师亦即本处处长谢季骅先生五十寿辰。"经查,杨博泉所说的"九月六日(农历七月二十二日)"是指1947年的9月6日是农历7月22日。谢家荣50寿辰留下的照片上也清楚地写为9月6日。由此得出的结论是,杨博泉的说法是正确的,特刊《编辑后记》中说的9月7号似乎是"不对"的。这就是说,谢家荣在上述注册表和履历表中所填的出生日期是农历,其准确的日期当是7月22日。

但出生年却是个问题。经查,如果按照中国人祝五十寿辰的习惯,男性祝进不祝满,则其出生应当是1898年,而1898年的农历7月22日正好就是特刊《编辑后记》中说的公历9月7日。如此说来,谢家荣就应该是公元1898年9月7日出生的。这大概也就是后来谢家荣诞生90周年、100周年和110周年时所采用的日期。但是,如果按照祝满说,则谢家荣应该是1897年出生,到1947年时满50岁,然而,1897年的农历7月22日则是公历的8月19日,与《矿测近讯》特刊说的9月7日或6日相差甚远。虽然如此,在谢家荣的人事档案中,前述中华人民共和国成立后所填写的多达6份的工作履历表或登记表中,除了1951年8月9日的工会入会志愿书填为1899年外,其余5份都填的是1897年。在威斯康星大学填的注册表中也没有1898年的记录。就是说,在谢家荣自己亲笔填写的所有履历表或注册表中,其出生年有1896年、1897年、1899年,但却从来没有出现过1898年,而谢家荣档案中组织上给出的出生日期则是1897年7月。

因此,本谱作者认为,谢家荣的出生时间应当是1897年即清光绪二十三年(丁酉年)农历7月22日(公历8月19日)。

张以诚、王仰之《谢家荣教授年谱》：谢家荣祖籍江西省，大约200年前(清初)先祖由江西迁上海南市区。祖父是县官。(郭文魁等主编：《谢家荣与矿产测勘处——纪念谢家荣教授诞辰100周年》，石油工业出版社，2004年，第263页)

谢学锦访谈录(2013年8月26日)：他的父亲是一个秀才，后来就再也考不取了。(谢家荣学术成长资料采集工程资料，存于采集工程数据库，档号KS-001-001)

父亲谢简庭，曾服务上海文报局，祖父去世后，父亲辞去文报局职务，衣食奔走二十余年，备尝艰苦；母亲孙太夫人为梅溪公之三女。谢家荣共有兄弟姐妹8人，他排行第八。家境贫寒，父亲去世后，全仗母亲辛勤劳作，分别儿辈的不同情况，安排教育。

谢家宾、谢家荣《谢母孙太夫人赴告》：

先妣孙太夫人，外王父梅溪公之三女也，气体素强，习劳耐苦，夙娴闺训，能明大义。二十一来归先考简庭府君，仰事翁姑，备尽妇道，与诸姒娌尤极融洽，戚辈咸称道之。越二年，生大姐杏姑。次年，生大兄家实、不孝家宾。时先考服务上海文报局，与先伯父母等合居一宅，同侍先王父母膝下，此时家庭之乐，固怡怡如也。数年后，先王母弃养。越年，先考辞文报局职业，家非素封，衣食奔走，历二十余年，辄少成就，于是备尝艰苦矣。讵在此艰难困苦之时期，先王父又去世。摒挡丧葬，家

图1　谢家荣的父亲谢简庭

图2　谢家荣的母亲孙太夫人

计益窘。先妣继又生女本韫、男家赟、家贵、家赏及不孝家荣。贵、赏俱早殇。当此时也，先考虽多方筹划，而时艰运拙，所谋辄左，赖先妣十指勤劳之所入，艰苦撑持。尤为不幸者为大姊杏姑之夭亡。由是家事之操劳，悉由先妣一人任之。迨本韫长成，始略分其劳焉。顾先妣虽处万分艰困之时代，但对于儿辈之教育仍不稍懈怠，并能量其才智，分筹出路，除五弟家赟早嗣先外舅少卿公外，乃先使大兄家实入江南制造局工艺学堂，习机器绘图之学。继又送不孝家宾入布业，学习贸迁。至光绪季年，大兄家实毕业于工艺学堂，被派在制造局任事，月得微薪，以济家用，垂危之局始得更生。然转危为安虽赖大兄，要非先妣之教勉有方预为擘画，亦曷克臻此哉。后大兄家实历任兵工学校及沪上各学校教职。不孝家宾亦在商界略能自立。于是家计渐宽。不孝家荣始得专力学业。

（谢家宾、谢家荣：《谢母孙太夫人赴告》，谢家荣学术成长资料采集工程资料，存于采集工程数据库，档号 QT-001-009）

一九〇四年　甲辰(清光绪三十年)　八岁

是年　进入公立上海西城小学读书。

张以诚、王仰之《谢家荣教授年谱》：入上海西城小学读书。(郭文魁等主编：《谢家荣与矿产测勘处——纪念谢家荣教授诞辰100周年》，第264页)

一九一〇年　庚戌（清宣统二年）　十四岁

是年　小学毕业,考入设于上海高昌庙的江南机器制造总局兵工学堂附属中学读初中。

谢家荣《干部履历书》(中央人民政府政务院财政经济委员会):1910年,上海西城小学毕业,入制造局兵工学堂附属中学。(中国地质科学院组织人事处:谢家荣人事档案,档号1-5)

张以诚、王仰之《谢家荣教授年谱》:小学毕业,考入上海制造局兵工学堂附属中学读初中。(郭文魁等主编:《谢家荣与矿产测勘处——纪念谢家荣教授诞辰100周年》,第264页)

一九一三年　癸丑(民国二年)　十七岁

提要　考入地质研究所,从上海到北京。

七月一日　初中毕业,因家贫而辍学。在上海参加地质研究所入学考试。共有 36 名学生榜上有名,最后确定正选 27 名,备取 9 名。谢家荣为正选 27 名之一。

谢家荣《干部履历书》(中央人民政府政务院财政经济委员会):1913 年,入农商部地质研究所。(中国地质科学院组织人事处:谢家荣人事档案,档号 1-5)

谢家宾、谢家荣《谢母孙太夫人赴告》:"不孝家荣始得专力学业,于民国二年考入北京农商部地质研究所。"(谢家荣学术成长资料采集工程资料,存于采集工程数据库,档号 QT-001-009)

谢学锦访谈录(2013 年 8 月 26 日):"他读完初中,家里生活也困难,也没有钱再去读书,所以他父亲要他去当学徒,但他不愿意。他在报纸上看到地质研究所招生的消息,是招高中毕业的,他虽然只是个初中毕业生,但还是跑去报名。章(鸿钊)、丁(文江)、翁(文灏)破格准许他考,结果他考取了[①]。是正取生。"(谢家荣学术成长资料采集工程资料,存于采集工程数据库,档号 KS-001-001)

李学通《农商部地质研究所始末考》:地质研究所的学生,是工商部于 1913 年"7 月 1 日在京、沪分别招考"的……经过文化知识考试及面试,实际共有 36 名学生榜上有名,最后确定正选 27 名,备取 9 名。其中 27 名正选为:徐乃豪、叶良辅、吴承洛、潘衡芬、吴肇桢、陈平云、周赞衡、耿调元、金铸、乐文照、刘季辰、谢家荣、李学清、徐渊摩、徐韦曼、高子黎、唐在勤、赵志新、王竹泉、赵汝钧、马秉铎、徐振楷、刘世才、全步瀛、王景祯、李捷、谭锡畴。9 名备取是:祁锡祉、张蕙、陈树屏、张昱昌、佟敦朴、陈庶惠、邢进元。[②](《中国科技史料》第 22 卷第 2 期,第 140 页)

---

①　过去曾有许多谢家荣的传记性文章说谢家荣是被录取的考生中唯一的初中毕业生,但据朱庭祜的文章,除谢家荣外,地质研究所录取的考生中只具有初中学历的还有谢家荣的中学同班同学刘季辰、朱庭祜、唐在勤(朱庭祜口述,周世林记录整理:《我的地质生涯》,《中国科技史杂志》2012 年第 4 期,第 399 页)。

②　这里只列出了 7 名备取生。在宋广波的《丁文江年谱》中给出了另外两名备取生的名字:马起尘和康鸿翥。但李学通的文章和《丁文江年谱》给出的录取名单中都没有朱庭祜的名字。张尔平和商云涛的《兵马司 9 号——中国地质调查所旧址考》(地质出版社,2022 年)依据朱庭祜的口述透露,当年考试时,"朱庭祜因脚疾发作不能行走,未赴考""后听说学生尚未满额,约已考进清华大学的叶企孙,随他父亲叶理闻赴清任教,一同到北京,经补考终于被录取"。

郭文魁、潘云唐《谢家荣》：1913年，他在上海制造局兵工学堂附属中学毕业后来到北京，考入了农商部地质研究班(后改名地质研究所)，他后来回忆那次应试时的动机时说："一个国家要富强，离不开工业的发达，而搞工业，离不开矿业的开发，因此我选择了地质科学作为我终生的事业。"(中国科学技术协会编：《中国科学技术专家传略 理学编 地学卷 1》，河北教育出版社，1996年，第205—206页)

郭文魁(1915—1999)，字光甫，生于河南安阳。矿床地质学家。郭文魁1930年考入北平市立第二中学，选上英文理科班。1933年考入北京大学地质系，自二年级起一直是优秀生。1937年他以《北京西山玄武岩》的论文毕业，获理学学士学位，留校任助教。不久，抗日战争全面爆发，他随校辗转迁移，经长沙临时大学到西南联合大学。1940—1945年，郭文魁进入叙昆铁路沿线探矿工程处和资源委员会(西南)矿产测勘处工作。1945—1947年赴美国进修，先入联邦地质调查所金属矿产部实习金属矿的地质找矿，曾在普林斯顿大学地质系参加铁铜矿床野外调查与室内研究，后继续留美研究坝基工程地质、混凝土岩石学与土壤力学。1949年春南京解放后，郭文魁被任命为矿产测勘处经济地质科长和中国地质工作计划指导委员会委员，同时担任中国科学院专门委员。中华人民共和国成立后，历任地质部321地质队队长，地质部地质矿产司有色金属处工程师兼副处长，地质部资源计划司总工程师，地质部矿床地质研究所区域地质与矿产综合研究室、成矿规律研究室、第一研究室主任，地质部地质科学研究院矿床地质研究所所长，地质研究所领导小组组长，中国地质科学院地质研究所名誉所长，中国科学院自然科学基金委员会委员，北京地质学会理事长。1951年加入九三学社。1980年当选为中国科学院学部委员(院士)。1987年当选美国纽约科学院院士。主要著作有《论安徽铜官山铜矿成因》(Geology of Eastern Yunnan)、《某些金属矿的原生分带问题》《中国主要矿产成矿条件的基本特征》《中国主要类型铜矿成矿与分布的某些问题》《西华山钨矿床的金属矿化作用——一个与岩浆后期渗浸联系的热液矿脉之实例》《中国内生金属矿床成矿图(1∶4 000 000)说明书》等。

十月一日　位于景山东街马神庙北京大学预科的地质研究所正式开学，谢家荣自上海来北京，进入第一学年第一学期的学习。

李学通《农商部地质研究所始末考》：地质研究所于1913年8月5日在《政府公报》公布了录取名单，并分别函告考取诸生，开学时间是9月10日。但是，由于袁世凯镇压南方革命力量，7月爆发了孙中山领导的"二次革命"，南北交火，道路阻隔。唯恐前次函告或有遗失，地质研究所又特意在报纸上公布了录取名单，并将报到日期推迟至 9 月 26 日,开学日期改为 10 月 1 日。(《中国科技史料》第 22 卷第 2 期,第 141 页)

每年分三学期,自九月起至年终为第一期,正月至三月为第二期,四月至六月为第三期。每年放暑假两月,年假十日,其日期由所长临时酌定 7、8 月为暑假,另外还有 10 天年假。除星期日或国庆纪念日外,因事离所,须向所长请假,惟每月缺课不得过六小时,其因病请假或因家事请假,由父兄亲笔致书所长者不在此例考试分学期试验、毕业试验两种。学期试验,每年三次,于每学期之终行之。毕业试验于第九学期之终行之,惟必须地质旅行报告经审定及格者,方能与试。(《农商部地质研究所一览》,京华印书局,1916 年,第 16 页)

不取学费。宿舍由所供给。膳费由学生自备。修学旅行时,其旅费由所给拨。(《农商部地质研究所一览》,第 15 页)

在地质研究所读书期间半工半读,干抄写讲义等杂活,向一些报刊投稿挣稿费,以补贴生活费用之不足。

谢学锦访谈录(2013 年 8 月 26 日):在这个阶段他没有钱,就是靠工读,去刻蜡板、刻讲义去赚一点钱,另外在报纸上写一些小品文赚一点钱,家里没有给他钱。(谢家荣学术成长资料采集工程资料,存于采集工程数据库,档号 KS - 001 - 001)

是年 地质研究所成立。1912 年南京临时政府成立后,留学日本回国的章鸿钊担任实业部矿政司地质科长,他提出创办一个专门的地质教育机构地质讲习所以培养中国地质学专门人才,并起草了具体的章程及课程表。此事后来由于政治局势的变化而搁浅。1913 年初,在英国格拉斯哥大学动物学和地质学双科毕业的丁文江,接替章鸿钊出任北洋政府工商部地质科长。他和章鸿钊一样认为,欲发达国家事业,必须先从事于地质调查。丁文江认为:由于中国缺乏地质人才,必须先设立一个培养地质调查人才的教育机构,“招中学毕业学生学业优异、体力健强者,期于三年内造就技士若干人”,然后从第四年开始,展开大规模的国土地质调查。丁文江给这个地质教育机构取名为地质研究所,并就开办地质研究所必需的经费、校舍、图书、仪器等,多方筹措,完成了必要的政府公文程序。地质研究所借用北京大学地质科的一切图书仪器,校舍设于北京大学的预科旧址,于 1913 年秋正式开学,学制三年,学生不收学费,但膳食费自理,教学实习的旅费由研究所负担。

章鸿钊(1877—1951),字演群(后改为爱存),笔名半粟。浙江省湖州荻港人,地质学家、地质教育家、地质科学史专家。中国近代地质学奠基人之一。1882 年进入父亲章蔼士所开的蒙馆读书,由父亲授读“四书”“五经”六七年,奠定了坚实的国学基础。17 岁时,自习算学,到 21 岁时便辑成《初步综合算草》一册。1899 年考取秀才,1905 年东渡日本,在日本京都第三高等学校学习,1908 年入东京帝国大学理学部地质学系留学,1911 年从东京帝国大学理学部地质系毕业,成为中国选学地质学并获理学士学位的第一人,后立即回国开展工作。1911 年 9 月,京师学部举行留学生考试,他赴京参考,以最优等成绩而得"格致科进士"。章鸿钊是中国人在大学讲授地学的第一人。1912 年任中华民国临时政府(南京)实业部矿务司地质科科长,后任北洋政府农林部技正。1913 年地质研究所正式在北京成立,章鸿钊任所长。1916 年出任地质调查所地质股股长,从事地质矿产的综合研究工作。1922 年,中国地质学会成立,章鸿钊是 26 名创始会员之一,并被推选为首任会长。1946 年,受聘南京国立编译馆;编《岩石学名词》和《地质学论丛》;获中国地质学会授予的金质葛利普奖章。1949 年 9 月,出任浙江省财政经济处地质研究所顾问;1950 年 6 月 12 日,被中国科学院聘任为专门委员;1950 年 8 月 25 日,中国地质工作计划指导委员会成立,李四光出任主任委员,周恩来总理任命章鸿钊为该委员会顾问。1969 年,李四光选章鸿钊《石雅》一书给毛泽东主席参阅,英国大英图书馆将《石雅》存入档案。章鸿钊为我国培育了第一批地质学家,他从近代地质科学的角度研究了中国古籍中有关古生物、矿物、岩石和地质矿产等方面的知识,撰写了《三灵解》《石雅》《古矿录》《六六自述》《宝石说》等 32 部主要著作,开我国地质科学史研究之先河。1951 年 9 月 6 日章鸿钊因患肝癌不治,逝于南京。为纪念我国地质学家章鸿钊,将 1957 年在大柴旦湖新发现的一种含硼酸镁盐矿物($MgO \cdot 2B_2O_3 \cdot 9H_2O$)命名为章氏硼镁石或鸿钊石(Hungchsaoite)。1951 年,在中国地质学会召开的章鸿钊追悼会上,李四光说:"章先生为人正直而有操守,始终不和恶势力妥协;他站在中国人民一边,多次拒绝和日人合作,对于中国地质事业的开创贡献尤大。因此中国地质事业的创始人不是别人而是章先生。"

丁文江(1887—1936),字在君,江苏泰兴黄桥镇人,地质学家、地质教育家。中国近代地质学奠基人之一。1902 年秋(15 岁)东渡日本留学。1904 年夏,由日本远渡重洋前往英国。1906 年秋在剑桥大学学习。1907—1911 年在格拉斯哥大学攻读动物学及地质学,获双学士。1911 年 5 月离英回国,回国后在滇、黔等省调查地质矿产。1911—1912 年在上海南洋中学讲授生理学、英语、化学等课程,并编著动物学教科书。1911 年 9 月应京师学部留学生考试,与中国早期地质事业的创始人章鸿钊相识。1913 年 2 月再次赴北京,担任工商部矿政司地质科科长,其后不久,与章鸿钊等创办工商部地质研究所,培养地质人才,并任所长,1914 年辞去所长职务,再度于 1914 年 2 月—1915 年 1 月赴云南进行野外调查。1916 年与章鸿钘、翁文灏一起组建农商部地质调查所,担任首任所长。1917 年丁文江随梁启超赴欧洲考察,并列席巴黎和会。丁文江向北京大学校长蔡元培建议聘请美国地质学家葛利普及当时在英国留学的李四光到该校任教。1921 年丁文江辞去地质调查所所长一职后,兼任名誉所长,担任北票煤矿总经理。1922 年与胡适等人创办《努力周报》,发表大量文章,力促"好人"出来从政。1929 年春负责对西南诸省的地质调查,并开始兼任地质调查所新生代研究室名誉主任。1931 年任北京大学地质学教授。1933 年 6 月丁文江离上海赴华盛顿出席第 16 届国际地质大会,与葛利普、德日进同行。其后再次到欧洲考察,9—10 月访问苏联。丁文江在创办及担任地质调查所所长期间,非常重视野外地质调查,提倡出版物的系列化,积极与矿冶界协作和配合,并热心于地质陈列馆及图书馆的建设。他担任《中国古生物志》主编长达 15 年,在地学界极有影响。丁文江的著作收入《丁文江文集》全 7 卷,第 1卷收入《中央研究院的使命》《我国的科学研究事业》《我们的政治主张》《中国官办矿业史料》《外资矿业史资料》等,其地质调查报告收入第 2、3 卷,第 4 卷收入《动物学》、《民国军事近纪》(上编)、《徐霞客先生年谱》,第 5 卷收入《爨文丛刻》,第 6 卷收入《梁任公先生年谱长编初稿》,第 7 卷收入游记、书信、诗歌等。丁文江为中国地质学会 26 名创立会员之一,并于 1923 年当选为第 2 届会长。1936 年 1 月 5 日,时任中央研究院总干事的丁文江在湖南谭家山煤矿考察时因煤气中毒逝世。

一九一四年　甲寅(民国三年)　十八岁

提要　北京。在地质研究所学习。

是年初　农林部与工商部合并为农商部,章鸿钊遂正式任地质研究所所长。
四月　翁文灏到地质研究所任教。

翁文灏(1889—1971),字咏霓,又字永年,号君达,又号悫士。浙江省鄞县石塘(今宁波市鄞州区高桥镇石塘村)人,近代重要政治人物,著名学者,辅仁大学教授,是中国最早期的地质学家之一,中国地质事业的开拓者和奠基人之一。1902年13岁时通过乡试中秀才。18岁前往上海入学震旦公学,1年后得到浙江官费补助,前往欧洲留学。1912年在比利时鲁汶大学获地质学博士学位。同年回到中国,在北洋政府农商部任事,并在地质研究所任讲师、主任教授,中国第一代地质工作者多出自其门下。同时亦于北京大学、清华大学任教授,曾为清华地质学系主任、兼任代理校长,1948年,当选为中央研究院院士。对中国地质学教育、矿产勘探、地震研究等多方面有杰出贡献。曾任行政院副院长、院长、总统府秘书长等职。曾任中国人民政治协商会议第二届、第三届全国委员会委员等职。翁文灏原是一位爱国地质学家,因感于蒋介石知遇之恩而步入政坛,成为蒋的高级幕僚,直至行政院长之职。不过在任期间推出金圆券,引起金融混乱和恶性通胀,声名大坏而下台。1948年12月被中国共产党列为第12号战犯。在对国民党彻底失望后,于1951年回到祖国怀抱,成为第一位从海外归来的国民党高级人士。1971年1月27日,翁文灏在北京逝世。翁文灏对中国地质学各方面研究皆有贡献。他曾任北洋政府矿产股长、国民政府农矿部地质调查所所长,研究中国各种矿产分布。翁文灏首创多个中国第一:第一位地质学博士、第一个撰写中国矿产志、编成第一张全国地质图、第一位代表中国出席国际地质会议的地质学者、第一位对中国煤炭按其化学成分进行分类的学者、燕山运动及与之有关的岩浆活动和金属矿床形成理论的首创者、主导开采中国第一个油田——玉门油田。1920年甘肃发生8.5级地震,翁文灏亦偕谢家荣、王烈等前往考察,事后出版中国地震区分布图——中国首张地震区划图;中国第一个现代地震台在翁的主事下,于 1930 年在北平西山建立。翁文灏最早指出陕北油田是陆相生油的。此外翁文灏对构造地质学、历史地质学都有贡献。翁文灏是中国地质学会的创立会员之一,亦是中国地理学会第一至十届会长,在国外学术界享有盛誉,英国伦敦地质学会授予其荣誉会员,美国、德国、加拿大各地大学及研究机构亦授予他荣誉学位或职位。

七月二一六日 与全体同学一起赴北京西山参加第一学年末实习。

翁文灏自 4 月,即地质研究所第一学年第三学期(4—6 月)始,在该所教授岩石学课程……7 月 2 日至 6 日,与地质研究所全体学生赴北京西山实习。

(李学通:《翁文灏年谱》,山东教育出版社,2005 年,第 17 页)

九月 地质研究所第二学年第一学期开学。本学期内所习课程为:地质通论、地史学、岩石学、古生物学、化学、植物学、测量学、德文、图画实习。

表 1 第二学年第一学期科目、课时及教员名单*

科目	每周授课时间	担任教员
地质通论	四小时	翁文灏
地史学	三小时	章鸿钊
岩石学	讲义四小时 实习四小时	翁文灏
古生物学		丁文江
化学	讲义二小时 实验四小时	王季点
植物学	二小时	钱燧孙
测量学	讲义二小时 实习三小时	孙瑞林
德文	三小时	王 莹
图画实习	二小时	李彝荣

* 南京第二历史档案馆,全宗号一〇三八,案卷号 2582。

(李学通:《中国地质事业初期若干史实考》,《中国科技史杂志》第 27 卷第 1 期,第 70 页)

十月三日　与全体同学一同赴宛平玉泉山实习。

10月3日与地质研究所全体学生赴北京玉泉山实习。

(李学通:《翁文灏年谱》,第17页)

十二月十六日　16—22日举行学期末考试,自24日放冬假。

　　是年　在地质研究所学习。年初,工商部与农林部合并,地质研究所改为农商部地质研究所。第一学年第二学期所习课程为:中国地理、矿物学、化学、动物学、三角、微积分、物理学、德文、图画实习,第三学期所习课程为地质通论、岩石学、化学分析、地理学、测量学、植物学、物理学、微积分、德文、矿物实验、图画实习。

表2　第一学年第二学期科目、课时及教员名单* ①

科目	每周授课时间	担任教员
中国地理	二小时	邢端
矿物学	讲义二小时 实验四小时	章鸿钊
化学	讲义二小时	王季点
实验四小时		王季点
动物学	讲义三小时 实验二小时	冯庆桂
三角	一小时	冯祖荀
微积分	二小时	冯祖荀
物理学	三小时	王莹
德文	三小时	王莹
图画实习	二小时	李彝荣

* 南京:中国第二历史档案馆,全宗号一〇三八,案卷号2581

①　据《农商部地质研究所一览》,第一学年第一学期和第二学期的课程设置相同。

表3　第一学年第三学期科目、课时及教员名单[*]

科目	每周授课时间	担任教员
地质通论	四小时	虞锡晋
岩石学	六小时	梭尔格
化学分析	六小时	王季点
地理学	二小时	项大任
测量学	五小时	沈瓒
植物学	三小时	章祖纯
物理学	二小时	王莹
微积分	一小时	冯祖荀
德文	三小时	王莹
矿物实验	随时。梭尔格博士未回京以前拟随时授之	章鸿钊
图画实习	二小时	李彝荣

[*] 南京：中国第二历史档案馆，全宗号一〇三八，案卷号 2582

（李学通：《中国地质事业初期若干史实考》，《中国科技史杂志》第 27 卷第 1 期，第 69 页）

一九一五年　乙卯(民国四年)　十九岁

提要　北京。在地质研究所学习。初秋赴直隶龙关,12月下旬赴江西实习。

一月九日　地质研究所第二学年第二学期开学。

李学通《翁文灏年谱》:1月9日,地质研究所第二学年第二学期开学,11日正式上课。(第18页)

四月三—十二日　与6名同学一起由章鸿钊率领前往房山实习。

民国四年四月初三日早九时许,余等同学七人及所长章先生共乘京汉路支线至周口店与翁教员会于北庙。午餐后登山调查周口店以东一带地质,则有冀州石层、浑河层,并见花岗岩焉。明晨八时许,复等向西之山,所见一如昨日。初五晨乃往北行,穿花岗岩而观其与浑河层之接触处。顺道并瞻仰金国陵寝焉。

初六日余等乃分道行往易州安子、长沟峪、南窖等处。余与陈树屏、李捷二君往长沟峪,赁村口老庙为宿所。下午登北向之山,观浑河层与清水层之接触处。明日循旧道行北欲穷清水层,顾山高路崎,天又将昏,遂折归,所见地层乃不及半焉。初八日早发向东北行,此行目的在观清水层与花岗岩之接触处,惟路行太远(至上店村),按图索之,似已至冀州石层,故所得结果遂大谬。是日行路最多,来回约七十余里。初九日上午,在长沟峪附近采集水晶,晶形完满者殊鲜然,亦灿然可玩。初十晨结束行李往万佛堂,一时许始至,未几往南窖,安子者亦相继来。明日候翁教员未来,午餐后登山至王禅洞,所经皆冀州石层。十二日早起,天阴风劲,相迟不敢发,至十时始登山,往东南行,过冀州石层、浑河层而至清水层,于时风刮殊厉烈,山巅尤摇,不能立,遂中道折归。十三日早晨乃雇骡肩行李,徒步至坨里,乘十一时三十分车至长辛店换车,登一时五十分车至北京。(谢家荣:《河北房山一带地质调查报告书》,全国地质资料馆,档号9289)

四月十六日　进入第二学年第三学期的学习。本学期学习的课程为:古生物学、构造地质学、岩石学、高等矿物学、采矿学、冶金学、化学分析、德文。

4 月 16 日　第二学年第三学期开学……

4 月　与章鸿钊、丁文江参酌缓急,对地质研究所课程进行较大规模的调整。章鸿钊本月 3 日呈报农商部,次日即获批准。其中废除原矿物学与古生物学分科的设置,增加采矿、冶金等应用科学课程,同时增加学生赴野外实习时间,规定实习由所长及各教员分途督率指导,而且与正课并重。还专门订立了学生撰写实习报告的章程。(李学通:《翁文灏年谱》,第 19 页)

李学通《中国地质事业初期若干史实考》:

表 4　第二学年第三学期课程设置及任课教师[*]

科目	每星期时间	担任教员
古生物学	讲义二小时 实习三小时	丁文江
构造地质学	讲义三小时	王烈
岩石学	讲义三小时 实习三小时	翁文灏
高等矿物学	讲义二小时 实习三小时	翁文灏
采矿学	讲义三小时	张景光(张景光出差期内暂由李善甫补授图画)
冶金学	讲义二小时	张轶欧
化学分析	实习六小时	王季点
德文	讲义三小时	王烈

[*] 南京:中国第二历史档案馆,全宗号一〇三八,案卷号 2581

(《中国科技史杂志》第 27 卷第 1 期,第 70—71 页)

五月二日　与上海高昌庙江南制造局附设兵工学堂同学在万牲园聚会。

1915 年 5 月 2 日,星期日

上午作生理札记,下午与其峻赴万牲园同学会[①]之约,到会者共十四人:沈渊儒、葛敬钧、张嘉桦、汪桂馨、项镇藩、刘季人、谢家荣、陈仁忠、余久恒、唐在勤、凌其

[①]　同学会指"旅京兵工学校同学会"。万牲园,即今北京动物园。

峻、叶企孙……先候于齿风堂。待同学齐集后,即至畅观楼之来远楼茶叙。

寄题至美(四次)。

(叶铭汉、戴念祖、李艳平编:《叶企孙文存》[①],首都师范大学出版社,2013年,第345页)

六月　完成实习报告《河北房山一带地质调查报告书》,报告描述了在周口店、长沟峪、万佛堂所见的地层、岩性、构造兼及煤矿的特征,还叙述了花岗岩出露情况、接触关系、组成以及断裂发育等特征。

七月　在《科学》杂志第1卷第7期上发表《质射性元质概论》。所谓"质射性元质"即"放射性元素",指铀、钍、镭。文章论述了放射性元素的性质及其3种射线(α,β,γ)及放射性衰变的产物。

是月　地质研究所第二学年年终考试结束,共有6位学生平均分数80分以上(谢家荣名列其中),被授以仪器一副,派赴河北野外实习。

7月19日第二学年年终考试结束以后,地质研究所"择成绩最优,平均分数在80分以上者,每人授以仪器一付,责其分赴直省各煤铁矿附近,单独调查,详细测量,以为毕业成绩",规定其余学生三二人为一组,于暑假中在所居地附近练习,来年春再从事毕业报告,其中平均分数皆在60分以下者(陈树屏、张蕙、李捷、祁锡祉、杨培纶、唐在勤),旅费自行负担。

(李学通:《中国地质事业初期若干史实考》,《中国科技史杂志》第27卷第1期,第63页)

表5　地质研究所第二学年各科平均成绩及总平均成绩单[*]

学生姓名	学　科　科　目								总数	总平均分数
	地史学平均分数	古生物学平均分数	高等矿物学平均分数	岩石学平均分数	地质学平均分数	分析化学平均分数	德文平均分数	植物、测量、图画平均分数		
叶良辅	84.5	73.0	88.0	81.7	78.0	92.3	81.0	87.3	665.8	83.2
赵志新	87.0	75.5	86.0	85.7	81.3	83.3	71.7	82.0	652.8	81.6
徐韦曼	78.0	82.0	79.5	82.5	80.7	85.8	72.0	88.7	649.2	81.2

---

①　叶企孙1912—1913年与谢家荣同在上海高昌庙的江南制造总局兵工学堂附属中学读书。1913年兵工学堂停办,叶企孙进清华学校,谢家荣等另外一些同学进了农商部地质研究班。《叶企孙文存》记录了叶企孙与这些同学的往来。

学生姓名	学 科 科 目								总数	总平均分数
	地史学平均分数	古生物学平均分数	高等矿物学平均分数	岩石学平均分数	地质学平均分数	分析化学平均分数	德文平均分数	植物、测量、图画平均分数		
王竹泉	80.0	84.5	78.0	82.5	82.3	83.3	77.3	78.7	646.6	80.8
谢家荣	80.0	84.0	82.5	86.0	76.0	95.0	59.3	79.0	641.8	80.2
刘季辰	78.5	83.0	79.5	83.2	79.7	90.0	62.7	85.0	641.6	80.2
周赞衡	80.0	70.0	80.0	80.0	81.0	80.0	78.0	81.7	630.7	78.8
卢祖荫	80.0	66.5	84.5	72.2	76.6	92.5	72.3	82.0	626.6	78.3
李学清	73.0	74.5	70.0	79.7	82.3	73.8	64.3	83.0	600.6	75.1
谭锡畴	82.5	61.0	71.5	71.5	74.7	71.3	74.0	84.0	590.5	73.8
徐渊摩	70.0	67.5	70.0	76.0	82.3	73.8	63.3	83.7	586.6	73.3
朱庭祜	66.5	68.0	64.0	72.5	67.0	84.3	47.7	84.3	554.3	69.3
赵汝钧	57.5	52.0	78.5	77.0	71.3	81.3	55.0	74.7	547.3	68.4
马秉铎	56.5	75.5	67.5	75.0	71.7	58.7	53.3	79.3	537.5	67.2
刘世才	70.0	60.5	56.0	69.5	72.3	59.3	40.0	79.7	507.3	63.4
仝步瀛	69.0	56.5	57.0	55.2	60.7	64.5	48.3	85.3	496.5	62.1
陈树屏	64.5	41.0	58.5	63.0	57.7	69.0	49.7	75.7	479.1	59.9
张蕙	59.0	46.5	52.0	57.2	58.7	58.8	49.0	75.7	456.9	57.1
李捷	59.5	54.0	53.5	45.5	58.0	58.3	38.7	68.7	436.2	54.5
祁锡祉	57.5	40.0	51.5	56.7	50.3	59.5	43.0	58.7	417.2	52.2
听讲生										
杨培纶	44.0	37.5	65.5	52.7	42.3	60.5	36.3	68.7	407.5	50.9
唐在勤				43.7	48.7			30.7	123.1	17.7
备考	表中所列各科分数均由三学期之考分平均而得。植物测量图画第一学期已经讲毕，此表故将三科合并计算，理合声明									

* 南京：中国第二历史档案馆，全宗号一〇三八，李学通提供。

八月二十五日—九月十一日　赴直隶龙门县①实习,归作卒业报告:《直隶龙门县附近地质报告》和《龙关西南之岩石》(The Petrology of Southwestern Lung-Men Hsien)。

"1915 年 8 月 21 日至 9 月 10 日,学生分组赴河北、山东、浙江等地调查实习。其中叶良辅赴北京宛平县②门头沟,赵志新赴直隶临城,徐韦曼、谢家荣赴直隶龙关县,刘季辰赴直隶磁县,王竹泉赴山东峄县,周赞衡、卢祖荫、李学清赴浙江西湖,赵汝钧、谭锡畴赴山东张夏县,刘世才、马秉铎、全步瀛赴直隶获鹿,徐渊摩、朱庭祜赴北京三河、蓟县实习。"(李学通:《中国地质事业初期若干史实考》,《中国科技史杂志》第 27 卷第 1 期,第 63 页)

"民国四年八月,家荣与韦曼以暑假休暇,奉校派往龙门县附近,调查地质、铁矿,乃于是月二十五号乘京张火车至宣化县。二十六号由县赴汤池口,晚宿于白庙。二十七号抵汤池口,即调查铁矿。二十八号测量附近一带山地。二十九号至九月二号调查附近之地质。唯屡阻于雨,故费日久而所得不多。二号由汤池口至三仙庙,调查该处之磁铁矿。六号乃由三仙庙至蔡家庄,该处亦有铁矿。至九号调查完毕,乃由蔡家庄回汤池口。十号由汤池口回宣化县。十一号由县回京,共计调查十有九日。"(谢家荣:《直隶龙门县附近地质报告》,全国地质资料馆,档号 240)

《直隶龙门县附近地质报告》讲述了龙门县附近的地层和构造,重点叙述铁矿、含铁矿产地的位置、铁矿的地质特征、铁矿石的矿物成分和结构构造以及铁矿石的质量(铁含量和有害杂质)和储量。

章鸿钊、丁文江、翁文灏都对这篇卒业报告给予了较高的评价,是其他报告中很少见的。章鸿钊的评价是:"参考精详,述铁矿处颇多,可采岩石一篇亦复巨细不遗,大非敷衍塞责者可比。"丁文江评价:"颇有研究,叙述亦条理井然,惟铁矿成因之说尚觉不甚圆满,此问题固未易言也。"翁文灏则评价:"读书颇多,观察太少,故于本题往往略而不详,殊为可惜,岩石报告研究颇有心得,惜各岩石实地关系多不明了。"③

《龙关西南之岩石》(The Petrology of Southwestern Lung-Men Hsien)描述了区内花岗岩类岩石(粗面岩、斑状正长岩、二长岩和正长斑岩)宏观和微观特征,矿物组成和结构,角闪片麻岩、角闪石-辉石片麻岩、黑云母片麻岩、花岗片麻岩和杏儿山绿帘石岩的矿物组成及结构构造,讨论上述岩石的产状模式及成因。文后附有 7 幅显微镜下岩石结构素描图。

---

① 龙门县于 1914 年已改为龙关县。
② 宛平当时应属河北省。
③ 章鸿钊、丁文江、翁文灏的评语在《直隶龙门县附近地质实习报告》最后,均用毛笔写成。存于全国地质资料馆,档号 240。

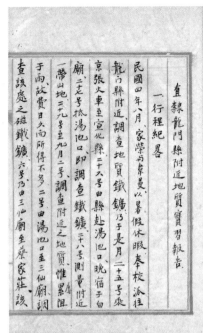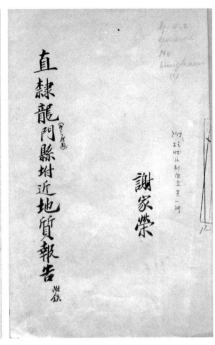

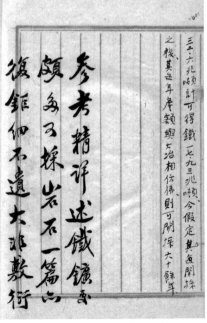

图3　卒业报告《直隶龙门县附近地质报告》封面（上右）、首页（上左），以及章鸿钊、丁文江、翁文灏的评语（下）。（全国地质资料馆，档号240）

九月二十三日　在江南机器制造总局兵工学堂附属中学的同学叶企孙来访。

1915 年 9 月 23 日,星期四,中秋节

同幼华进城访地质诸君。悉季人①将赴南口,绥之②将赴三家店,家荣将赴西山,皆调查地质也。

（叶铭汉、戴念祖、李艳平编:《叶企孙文存》,第 378 页）

九月二十三—二十六日　与赵志新、王竹泉、徐韦曼、刘季辰、赵汝钧一起,由安特生率领赴西山(宛平卧佛寺)地质实习。

九月　进入在地质研究所第三学年的学习。本学期学习的课程有:地文学、矿床学、采矿学、冶金学、制图学、岩石学实习、德文、地质旅行报告。

表6　第七学期修改后科目及授课时间(自民国四年九月起至十二月止)*

科目	每周授课时间(小时)
地文学	三
矿床学	三
采矿学	讲义三,实习不定期
冶金学	讲义三,实习不定期
制图学	三
岩石学实习	三
德文	三
地质旅行报告	二

* 南京:中国第二历史档案馆,全宗号一〇三八,案卷号 2581;《农商部地质研究所一览》,北京,京华印书局,1916 年

（李学通:《中国地质事业初期若干史实考》,《中国科技史杂志》第 27 卷第 1 期,第 71 页）

十一十一月　分别由丁文江、翁文灏(或丁文江与翁文灏一起)率领,赴宛平杨家屯、香山碧云寺、南口及山东泰安进行地质实习。

---

① 季人,即刘季辰。
② 绥之,疑似有误,或为左之,即叶良辅。

表 7　地质研究所学生 1915 年 9—11 月野外实习情况表[*]

实习次数及日期	实习事项	指导者	实习学生	地点
9 月 23—26 日	地质实习	安特生	赵志新、王竹泉、谢家荣、徐韦曼、刘季辰、赵汝钧	西山（宛平县卧佛寺）
		章鸿钊	谭锡畴、仝步瀛、唐在勤、马秉铎、张蕙	南口
		丁文江	叶良辅、祁锡祉、杨培纶、李捷、陈树屏	门头沟
	测量实习	无	卢祖荫、朱庭祜、徐渊摩	三家店
10 月 1—3 日	地质实习	翁文灏	叶良辅、赵志新、李捷、朱庭祜、徐韦曼、赵汝钧、祁锡祉、杨培纶	磨石口
		丁文江	刘季辰、徐渊摩、唐在勤、张蕙、谢家荣、王竹泉、卢祖荫、仝步瀛	杨家屯
	测量实习	无	周赞衡、马秉铎、谭锡畴、刘世才、李学清、陈树屏	三家店
10 月 8—10 日	地质实习	章鸿钊	叶良辅、赵志新、祁锡祉、谭锡畴、徐渊摩、李捷、陈树屏、卢祖荫	坨里
		翁文灏	张蕙、马秉铎、朱庭祜、杨培纶、刘世才、谢家荣、赵汝钧、李学清	碧云寺
	测量实习	无	周赞衡、王竹泉、刘季辰、徐韦曼、仝步瀛、唐在勤	三家店
10 月 14—17 日	地质实习	章鸿钊	叶良辅、刘季辰	潭柘寺
		丁文江	赵汝钧、徐韦曼、朱庭祜、仝步瀛、张蕙、李捷	
		翁文灏	徐渊摩、刘世才、祁锡祉、唐在勤、周赞衡、卢祖荫、陈树屏、杨培纶	
	测量实习	无	赵志新、王竹泉、谭锡畴、马秉铎、李学清、谢家荣	南口
11 月 13—23 日	地质实习	丁文江翁文灏	叶良辅、卢祖荫、刘世才、赵志新、李学清、仝步瀛、徐韦曼、谭锡畴、陈树屏、王竹泉、徐渊摩、刘季辰、朱庭祜、谢家荣、赵汝钧、周赞衡、马秉铎	山东泰安

续表

实习次数及日期	实习事项	指导者	实习学生	地点
11月13—23日	地质实习	无	李捷、杨培纶	王平村
		无	祁锡祉、张蕙、唐在勤	长沟峪

* 南京:中国第二历史档案馆,全宗号一○三八,案卷号2582;《农商部地质研究所一览》,京华印书局,1916年

(李学通:《中国地质事业初期若干史实考》,《中国科技史杂志》第27卷第1期,第72—73页)

1915年11月13日至23日,与翁文灏率17名学生赴山东,曾到泰山和徂徕山一带。(宋广波:《丁文江图传》,湖北人民出版社,2007年,第66页)

十二月十九一二十三日　第三学年第一学期期末考试。

十二月二十四日　本日开始放冬假,即由翁文灏率领,与叶良辅一起离京赴江西,调查余干、乐平、鄱阳等地煤田及地质。

民国四年十二月三十号,由九江动身行三十余里至金鸡头,即铁矿所在地,寓于近村人家。三十一号分途研究测量。(谢家荣、翁文灏、叶良辅:《江西德化县西境矿产报告书》,全国地质资料馆,档号382)

是年　继续在地质研究所学习。第二学年第二学期所习课程为:地史学、古生物学、构造地质学、岩石学、高等矿物学、化学分析、植物学、德文、地质实习。

表8　第二学年第二学期科目、课时及教员名单*

科目	每星期时间	担任教员
地史学	三小时	章鸿钊
古生物学	讲义二小时 实习三小时	丁文江
构造地质学	三小时	王烈
岩石学	讲义三小时 实习三小时	翁文灏
高等矿物学	讲义二小时 实习三小时	翁文灏

续表

科目	每星期时间	担任教员
化学分析	六小时	王季点
植物学	二小时	钱燧孙
德文	三小时	王烈
地质实习	无定期	各教员分任

* 南京：中国第二历史档案馆，全宗号一〇三八，案卷号 2581

（李学通：《中国地质事业初期若干史实考》，《中国科技史杂志》第 27 卷第 1 期，第 70 页）

图 4　1915 年地质研究所部分学生合影（自左至右：卢祖荫、叶良辅、徐渊摩、周赞衡、徐韦曼、朱庭祜、刘季辰、李学清、谢家荣、赵志新）

一九一六年　丙辰(民国五年)　二十岁

提要　北京。从地质研究所毕业,任地质调查所调查员。

一月二十日　第三学年第二学期开学。本学期学习的课程有:地文学、矿床学、特种冶金学、岩石学实习、德文、照相术。

表9　第八学期修改后科目及授课时间 *

修改科目	每周授课时间(小时)
地文学	三
矿床学	三
采矿学	讲义三,实习不定期
特种冶金学	讲义三,实习不定期
岩石学实习	三
德文	三
照相术	二

* 南京:中国第二历史档案馆,全宗号一〇三八,案卷号2581。《农商部地质研究所一览》,1916年

(李学通:《中国地质事业初期若干史实考》,《中国科技史杂志》第27卷第1期,第71页)

一月　继续在江西的地质调查,于1月26日回到北京。著《江西丰城县煤矿报告书》(叶良辅、谢家荣)和《江西进贤县东北煤矿报告书》(谢家荣、叶良辅),报告丰城煤矿、进贤东北煤矿的地理位置、交通状况、地质构造、储量及开采情况等。与翁文灏、叶良辅合著《江西德化县城门山铁矿报告书》(翁文灏、叶良辅、谢家荣)、

《江西德化县西境地质矿产报告书》(叶良辅、翁文灏、谢家荣)、《江西鄱阳湖附近地质概论》(叶良辅、翁文灏、谢家荣)等。此行为中国地质工作者在江西从事地质调查之始。

五年一月一号乃顺刘家河南行进城门口,历观杨家桥、高家墩、桂家墩等处煤矿,寓于王毛堰村。二号由村向东经枫树根煤窑,计行三十里而至沙河车站,乃乘车返九江。(叶良辅、翁文灏、谢家荣:《江西德化县西境地质矿产报告书》,全国地质资料馆,档号382)

民国五年一月五日离南昌后,次日即抵丰城,八日至矿地调查,十日返县,即往进贤调查。(叶良辅、谢家荣:《江西丰城县煤矿报告书》,全国地质资料馆,档号405)

民国五年一月十一日调查丰城煤矿事毕,十二日抵进贤县治,十四日往矿地调查。十七日事毕返县。十八日即起程返南昌。(谢家荣、叶良辅:《江西进贤县东北煤矿报告书》,全国地质资料馆,档号404)

此次调查自民国四年十二月三十日起,至民国五年一月二十日止。始由文灏、良辅、家荣三人,会同调查德化县城门山铁矿及城门以西一带煤田。德化事毕后,乘车至南昌,即行分途调查。良辅、家荣担任丰城、进贤二县;文灏则自余干而万年而乐平,至鄱阳乃涉湖而返。二组合计,共经七县,于鄱阳湖南岸一带及其西北一角之地质,尚能窥其梗概。凡各地之地质状况、矿务情形,均已立说绘图,另编报告。兹先就各地地质,略其细点,综其大凡,比较贯通,以为科学之研究。所定化石种类,系良辅、家荣暂为拟定,俟古生物专家鉴正后,自为印布。(叶良辅、翁文灏、谢家荣:《江西鄱阳湖附近地质概论》,全国地质资料馆,档号9298)

《江西德化县西境地质矿产报告书》概述了行程、所见石炭系地层和石炭纪的煤系,认为所见砂岩当属中生代,报告叙述了考察所见背斜、向斜和断层构造。区内所产煤为无烟煤,3个煤窑中有2个已经停业。报告指出,由于现有煤井大半废弃,考察所及又大多地低多水,露头过少,故煤层厚薄,煤质优劣,俱无从判断。

《江西德化县城门山铁矿报告书》概述矿区的位置和地形、矿床地质、铁矿石的成分与大致的矿量。报告认为矿区地层时代应属中生代而非日本人所定之古生代,铁矿脉似可分为两支,均略与火成岩接触,但与湖北、安徽、河南所见之接触带所产矿床不同之处是没有接触交代矿物出现,且矿体走向与砂岩平行,因而将来可能有人以水成成因解释,但又指出其与火成岩接触的事实不可不考虑。报告将这里的铁矿石分为3等,总计储量近620万吨。由于易于开采,交通便利,应为长江沿岸的重要铁矿之一。

《江西鄱阳湖附近地质概论》认为鄱阳湖附近的千枚岩应属寒武纪或更老，德化县西境的石灰岩当属石炭系上部，所见煤系定为乐平煤系，城门砂岩系的时代应属于中生代，但早于侏罗纪。此外简述了鄱阳湖附近的地质构造。

叶良辅（1894—1949），字左之，浙江杭州人。地质学家、岩石学家、地貌学家、地学教育家，我国第一批地质学家之一。早年就读南洋中学。1916 年毕业于农商部地质研究所，成绩居全班之冠。毕业后入同年成立的农商部地质调查所任调查员。1920 年 1 月留学美国，1922 年 6 月在哥伦比亚大学获理学硕士学位，回国后仍在地质调查所工作，曾兼北京大学地质系教授。1927 年任广州中山大学地质系主任，1928 年任中央研究院地质研究所研究员。1937 年迁回杭州。1949 年 5 月杭州解放，任浙江大学地理系主任。其成名作《北京西山地质志》（地质研究所师生的实习结晶与总结）和与谢家荣合著的《扬子江流域巫山以下地质构造与地文史》是我国区域地质研究的典范。其《宁镇山脉火成岩发育史》是中国最好的火成岩论文之一。1949 年 9 月 14 日年未过花甲而早逝于杭州，为同窗中最早辞世者。叶良辅是中国地质学会 26 位创立会员之一，也是永久会员。任第 1 届评议会编辑，第 2、3 届编辑主任，自第 2—6 届（1923—1928 年）任评议会评议员，第 7 届（1929 年）评议会副会长，第 9—15 届（1938 年）理事，并担任第 12 届（1935 年）理事长。

二月十日 农商部将原矿政司地质调查所改为部直辖的地质调查局，并任命各职员，与叶良辅、赵志新、王竹泉、刘季辰等一起被任命为地质调查局学习员。

《本部纪事》：饬丁文江充地质矿产博物馆馆长（二月）十日。饬章鸿钊充地质调查局地质股股长兼编译股股长 十日。饬翁文灏充地质调查局矿产股股长兼地形股股长 十日。饬叶良辅、赵志新、王竹泉、刘季辰、谢家荣等充地质调查局学习员 十日。（《农商公报》第 20 期第 2 卷第 8 册《选载门》，第 15 页）

四月一一十日 在翁文灏率领下，与地质研究所全体学生赴直隶滦县、唐山一带实习。

四月 第三学年第三学期开学。本学期学习的课程有：矿床学、采矿学、特种冶金学、岩石学实习、地质旅行、报告。

表 10　第九学期修改后科目及授课时间 *

修改科目	每周授课时间（小时）
矿床学	三
采矿学	讲义三,实习不定期
特种冶金学	讲义三,实习不定期
岩石学实习	三
地质旅行	
报告	

* 南京：中国第二历史档案馆，全宗号一〇三八，案卷号 2581。《农商部地质研究所一览》,1916 年

　（李学通：《中国地质事业初期若干史实考》,《中国科技史杂志》第 27 卷第 1
期，第 72 页）

图 5　1916 年,地质研究所全体学生在唐山滦县野外进行地质实习(前排右二为谢家荣,李学通
　　　提供)

　　是月　在安特生(J. G. Anderson)的率领下,赴赵各庄煤矿实习。归作《赵各
庄煤矿报告》(Report on Chao-Ko-Chwang Coal Mine)。报告简述了赵各庄煤矿
的地层层序,并依据在煤系中找到的植物化石,定煤系的时代为晚石炭世到早二叠

世,依据观察和公司的钻孔记录描述了煤系的组成和特征,并对采矿坑道和设备作了记述,1916 年 3 月的煤产量为 7 956 298 吨。

Report on Chao-Ko-Chwang Coal Mine

The Chao-Ko-Chwang coal mine was established at 1900, it formerly belonged to Lan-chow coal mine administration, but recently(at 1913,) it was combined with those of Tong-Shan, Ma-Chia-Kou *ect.*, altogether called the Kai-Lan coal mining administration. I visited here in April, 1916, for a geological excursion of the geological institute. Led by Dr. Andersson, the adviser of the Agricultural and Commercial Ministry.

In this paper, I shall describe a general geologic sequence at this place and some technical view in this mine; it is very briefly because the time is limited.

My thanks are due to Mr. O. Browet, Mr. Valenton, and Mr. G. Y. Mah, who are so kindly to show me very much important and valuable things. (全国地质资料馆,档号 307)

七月十四日　从地质研究所毕业,出席地质研究所毕业典礼,获毕业证书。农商部次长李国珍以下众多官员及外国顾问安特生等出席典礼。所长章鸿钊向 18 名毕业生颁发毕业证书。章鸿钊、翁文灏、农商部顾问安特生及新常富(Erik Nyström)等发表演说。典礼结束以后,举行了毕业生成绩汇报陈列展览,展品为地质研究所师生数年来所采集的岩石、矿产标本、照片、地质图表等。

地质研究所毕业记

本所于七月十四日上午十时举行毕业礼,并开成绩展览会。是日,农商总长张干若氏因事未到,由次长李国珍氏偕全体部员临场演说,中西来宾数十人,颇极一时之盛。兹略记之如下:

初摇铃,卒业生先入席,次长及来宾以次入席。卒业生起立,行一鞠躬礼。

所长章鸿钊氏起立报告,曰:"地质"两字,自民国以后,方始发生。调查地质,自今日以后,方可实行。何则民国以前无人谈及"地质"两字? 自民国元年南京临时政府实业部初置地质科,是为"地质"两字产出于政界之始。其后,前工商部成立,仍于矿政司内设一地质科。惟鸿钊始终主张先办一地质讲习所,以造就调查人员。盖无调查之人,即不能讲到调查之事也。后鸿钊转职农林部,关与地质事务,乃由丁在君先生主持。民国二年夏,前工商部颁布地质研究所章程,即由丁先生兼代所长,鸿钊担任教务,于十月内开办,是为本所成立之始。

惟当时政府厉行减政,本所预算经费悉无着落,仅于北京大学内,假得校舍数间,仪器若干,书籍若干,标本若干,以勉强维持。十一月,丁先生离京,遂由鸿钊专理所务。凡事创始,其困难情形,概可想见。而尤感困惑者,即聘请教员一事。初聘德人梭尔格博士为教员,因欧战发生,不能就职。幸部中张翼后司长及诸位先生热心扶助,又得留比博士翁咏霓先生归国,允任教务,于是各种重要科学得以循序渐进。翁先生实本所最有功之教员也。四年春,丁先生回京,亦任本所教务。书籍、仪器,亦陆续添置。自四年至今,实为本所全盛之时也。

至本所功课,大概第一学年注重普通方面,第二学年注重根本方面,第三学年则注重应用方面,亦可谓应有尽有矣。其尤为本所最注重者,即实地练习是也。计前后实习共数十次,所至之处,近者如畿辅一带,方数百里之间,无所不至。远者如山东、山西、江苏、浙江、安徽、江西等省,亦均略涉其藩。故于我国南北地质概略,该产生等均已研究及之,大可为将来调查之助。

本所学生初招三十人,其后因事、因病而去者九人,今共有毕业生二十一人,得卒业证书者十八人,修业证书者三人。该班学生毕业之后,方可讲到"调查地质"四字,亦即地质调查局之所由成立也。

次为次长训词。略谓今日为地质研究所毕业之日,亦即为诸君负责任之日。中国号称地大物博,何以不能收其利?因利遗于地,无人探而出之,以供诸实用。诸君既得卒业于地质研究所,则启发地利,实为第一责任。地利何以不能启发?因无人才!西人之来中国者,往往考察一地之矿产如何富饶,或笼络奸商,窃购以去,或要求政府,政府不知利害,往往难以对付。诸君今日之成绩极佳,平日之研究可知,举西人探矿之能力,诸君尽有之矣。望将来实心办事,报效政府,使政府免除一层困难,此为第二责任。今日毕业学生仅二十一人,以中国幅员之大,即欲借此侈言调查,势亦极难。不过,为国家财政所限,不能扩充,然终望诸君能以少数胜多数,调查之时,务有毅力,有忍心,尽所学以发挥之,则亦必有一线光明。此为本次长所切望于诸君者,亦即为诸君第三责任焉。犹有言者,学问无止境,诸君以后当随时随地加以极深之研究,则学问可蒸蒸日上,成国家最高等有用之人才,是为诸君第四责任。

次由所长给证书。卒业生捧证书,行一鞠躬礼,退就原位。

次为所长训词,略云诸君今日虽与地质研究所一时脱离关系,断不能与研究两字脱离关系。诸君将来调查之时,当知三年间之研究尚不满足,即能回顾研究两字,此即诸君学问进步之时矣。至于调查地质,在形式上亦颇艰苦,然总望诸君能以精神上之快乐抵制形式上之痛苦,方能胜任。至于精神上之快乐亦极多。中国地大物博,调查者尚极少,故诸君出外,常有新发现之事。前此三年中已屡有之。

诸君将来调查日久,发明日多,于学问上极有价值,而于精神上则极快乐。又我国现在贫窭以极,欲图补救,非从实业着手不可;欲兴实业,非从调查地质着手不可。是诸君于研究学理之外,又可以富国,可以利民,此非至快乐之事乎!所以今日希望诸君者两事:一学问上之研究,不可忘记,而形式上之痛苦,总要忘记才好。次教师训词,丁在君先生略谓诸君自今日以后,离开学校,与社会接近,余有数言,可为诸君忠告。第一,不可染留学生习气。大凡欧美之生活,程度甚高,其国家之财政又富,故其办事之经费与办事员之薪水,大致极丰。留学生在外多年,习为故常,养成一种与吾国国情不合之生活程度,是以回国后,往往以为薪水不多,不能生活,经费不充,不能办事。诸君当观吾国下等社会每日所得几何,自问比此种人又能高几等?国家全体财政,每年收入何若?吾辈所做事应占全体几分?则对于个人薪水,对于办事经费,自然能随处而安,无怨天尤人之心理矣。第二,不可染官僚之习气。夫做官者,不患不聪明,而患不忠实、不安分。夫饮食男女,何尝不是人生之大欲。但做官者,往往以为饮食男女之外,他无欲望之可言,且只知饮食男女之乐,而不肯拿出良心做一番事业,以为享受饮食男女之代价,此其弊也。故诸君当以勤俭自励,不可有侥幸心,不可以肉体欲望为人生唯一之目的。然则诸君生活之趣味安在?一可以看山水之乐。吾国自北宋以来,士大夫习于文弱,除一二奇特之士,如徐霞客、顾亭林外,鲜有能知天然之乐趣者。学地质者,以职务所在,游览之机会,自远胜于常人。即如吾辈,亦已曾登泰山,游徂徕,此中佳景,虽南面王亦何以易!况吾国西部诸山脉,如昆仑,如南山,皆坐待诸君之游展,他日登绝顶,揽奇胜,则泰山不过一小阜,西湖不过一泥沼耳。一可以恢复吾民族之名誉。吾国之积弱,其大原因,在一般上流社会,无近世国民之能力,至如教育之不普及,民智之幼稚,犹其次焉者也。故如诸君能尽出其所学,实心做去,使吾国对于此种学问,此种事业,有一班真有能力之人,则国家之兴,未始不可以此为嚆矢。要之,吾人处于现世,如能与所处之境遇相合,而又不为境遇所限,则诸君可以不负所学;而吾辈做教员者,亦不虚此两三年之牺牲矣!翁咏霓先生略谓科学研究虽有一定范围,然亦随时变迁,此变迁之趋向即可为学者研究之方针。地质为极新之科学。十七世纪时虽有研究,尚不成为一种科学。十八九世纪之间,逐渐昌明,进而与诸科学伍,各大学中皆以为理科中重要科学之一。至近数十年来,则地质一科,不特专寓理科,其与工科及实业关系亦渐密切。欧洲各大学采矿科中,不特地质课逐渐增加,且多另立地质专科。美国亦有此议。欧美各国皆有地质调查专局,每年经费往往甚巨,不特为奖励学术,亦实为辅助实业。可见趋向所及地质之应用日著。虽地质学范围甚广,不专以矿产为目的。然大势所趋,研究矿产者,不得不利用地质,研究地质者,亦遂不得不注重矿产。诸君于地质研究,既已具有基础,此后各就所长,益求精进,一方面发挥学理,以增吾人科学之知识,一方面尤须留心实用,尽科学之能事,以发明吾国之地利、矿质,庶不负诸君励学之辛勤耳。

次为来宾演说。农商部顾问、前瑞典国地质调查局局长安迭生博士演说,略谓此次卒业生之成绩极佳,其程度甚高,余尝偕往唐山实习一次,考其程度,实与欧美各大学三年毕业生无异云。继由农商部技师新常富博士及北京大学教习亚达姆司相继演说,皆谓成绩甚佳,为中国科学上第一次光彩云云。

次由卒业生致答词,略云生等求学于兹三年矣,在平日,蒙诸师长循循善诱,获益良多,今当毕业之期,又蒙所长给与证书,(总)次长莅赐训词,仰负隆恩,曷胜感激。惟生等今日之学问有限,而未来之事业无穷,任重道远,非群策群力,共谋进步,何以副诸师长培植之苦心并(总)次长训诲之盛意。语曰:业精于勤,荒于嬉,又曰:学,然后知不足。生等虽当毕业之日,仍怀歉然之思,况调查地质,事属创举,筹设维艰,成就匪易。然观于诸师长之热心培植与(总)次长之期望殷勤,生等知恩必报,愿效驰驱,使他日本其所学,俾东亚地质,日以昌明。此皆大部栽培之赐与诸先生教育之恩也。

次由所长宣告散会,遂展览成绩,至午后一时,使各散归。

(《农商部地质研究所一览》,第101—108页)

地质研究所结业时,共有学生22名,经翁文灏等认真考评,其中叶良辅、王竹泉、谢家荣、刘季辰、赵志新、周赞衡、徐渊摩、徐韦曼、谭锡畴、朱庭祜、李学清、卢祖荫、马秉铎、李捷、仝步瀛、刘世才、陈树屏、赵汝钧等18人获毕业证书,杨培纶、祁锡祉、张蕙等3人获修业证书,唐在勤1人未获证书。(李学通:《翁文灏年谱》,第22页)

胡适在《丁文江传》中曾经这样评价地质研究所的这期毕业生:"这个地质研究所是民国三年开办的,民国五年毕业。毕业的学生就在地质调查所担任各地的调查工作。其中成绩最好的人,逐渐被挑选送到国外去留学。中国地质学界的许多领袖人才,如谢家荣、王竹泉、叶良辅、李捷、谭锡畴、朱庭祜、李学清诸先生,都是地质研究所出来的。"(《胡适文集》第7卷,北京大学出版社,1998年,第419页)

八月 谢家荣等地质研究所师生历年所作地质调查报告等成果由章鸿钊、翁文灏编纂成《农商部地质研究所师弟修业记》一册。这是我国首次正式出版的地质工作成果,中国的地质情况主要由外国人调查和论述的局面从此结束。

翁文灏《回忆一些我国地质工作初期情况》记:"地质研究所结束时,印行了一本《地质研究所师弟修业记》,由章鸿钊和我两人主编。这是我国最早的地质刊物。"(《中国科技史杂志》第22卷第3期,第199页)

是月 与卢祖荫、马秉铎赴房山千军台、金鸡台、百花山一带调查地质,历时整一个月。归作《京西千军台煤窝百花山等处地质报告书》。报告书指在千军台、煤窝、金鸡台、百花山、黄安和大鞍山至坨里之间所见地层，其时代从石炭纪至侏罗纪，地层构造殊为简单，其产状大致皆向北西倾斜，辉绿岩产出于侏罗纪煤系与石炭纪煤系之间。

谢家荣、卢祖荫、马秉铎《京西千军台、煤窝、百花山等处地质报告书》记："民国五年八月二十八号，家荣、祖荫、秉铎由北京搭京门支路至门头沟。自此西北行至王平村。二十九号，由王平村西奔千军台。三十号至九月一号，测量附近地质。二号由千军台西奔煤窝。七号，由煤窝至金鸡台。八号，由金鸡台至刘家台。十二号，调查局派秉铎来与祖荫易地调查，祖荫遂回王平村。十三号家荣与秉铎乃由金鸡台至百花山。十七号，至黄安。廿二号，至斋堂。廿三号，由斋堂至大鞍山。廿六号，自大鞍山至黑龙关。廿七号，由黑龙关至坨里，乃乘京汉车回京。"（全国地质资料馆，档号 9437）

叶良辅《北京西山地质志》引言称："一九一六年夏，辅等任事于地质调查所，所长丁文江首令完成五万分之一西山地质图，即今日缩成十万分之一者是也。是年八月，乃用平板测量法，分队测量，一月图成。惟其中一二区域，至一九一八年春季始行补就。调查者十三人：刘君季辰、陈君树屏测琉璃渠、门头沟、大灰厂等处，王君竹泉、朱君庭祜测斋堂、清水河沿岸一带，谭君锡畴测周口店、长沟峪、红煤厂、柳林水等处，又妙峰山涧沟一带，谢君家荣、马君秉铎测煤窝、大鞍山等处，卢君祖荫、李君捷测清水尖、髽鬏山、王平村等处，徐君渊摩、仝君步瀛测坨里、万物堂等处，赵君汝钧与辅测温泉寺、羊坊、杨家屯、三家店、磨石口及清白口、田家庄、高崖口等处。全图面积约 1 880 000 平方基米。本图不独较梭氏之图较为精确，且可证明西山地质构造并未为格外复杂，有如梭氏所设想之甚也。"（《地质专报》甲种第一号，农商部地质调查所，1920 年，第 3—4 页）

十月十五日　在《农商公报》第 27 期（第 3 卷第 3 册《著译门》，第 1—6 页）发表(编)译作《论美国之石油》（〔美〕阿诺尔特著）。是篇为作者一生第一篇涉石油之作品，其文之始曰："是篇为美国阿诺尔特原著，载于《经济地质》第十卷第八号。虽其标题限于美国，然中论石油产额增减之原因一节，颇足为国人之借镜，因亟为译述，以供众览。"文章节录了美国著名油田的分布，以列表方式比较美、俄等十数个国家 1857—1914 年之总产额及 1914 年之产额，简述石油产额增减的诸多人为原因（包括地质及油价、交通、采油技术等），指出此后石油乃有供不应求之患。

十一月一日　被农商部任命为地质调查所调查员。本年 10 月地质调查局裁撤，恢复矿政司地质调查所之名，并对人员重新任命，其中，原地质研究所学生中同时被任命为调查员的还有叶良辅、赵志新、王竹泉、刘季辰。此外，周赞衡、徐渊摩、徐韦曼、谭锡畴、朱庭祜、李学清、卢祖荫任学习调查员;马秉铎、李捷、仝步瀛、刘世才、陈树屏、赵汝钧仍留所学习。

农商部令 第一二六号:

现在地质调查局业经呈准改为地质调查所,所有办事、学习人员自应按照修正章程另行分配。

兹派丁文江充该所所长兼地质股股长,翁文灏充矿产股股长,章鸿钊充编译股股长,丁格兰、新常富、王臻善充技师,曹树声、张景澄、叶良辅、赵志新、王竹泉、刘季辰、谢家荣充调查员,李彝荣、耿善工充测绘员,张祖耀充事务员,周赞衡、徐渊摩、徐韦曼、谭锡畴、朱庭祜、李学清、卢祖荫充学习调查员,其马秉铎、李捷、仝步瀛、刘世才、陈树屏、赵汝钧仍着留所学习。所有各该员俸薪津贴均仍照现支额数给发。

此令。

十一月一日

（《农商公报》第 3 卷第 29 期第 5 册,第 1 页）

是年 和朱庭祜一道调查湘东、湘中的一些矿场。

朱庭祜(1895—1984),字仲翔,江苏川沙(今上海浦东新区)人。1916 年毕业于农商部地质研究所,是我国第一批地质学家之一。1919 年经丁文江向威斯康星大学校长利恩推荐进入威斯康星大学学习,1922 年获威斯康星大学硕士学位。1923 年回国后曾任浙江省地质调查所、云南省地质调查所技师,两广地质调查所副所长兼中山大学地质学教授,贵州省地质调查所所长,重庆盐务管理局盐业研究所研究员兼中央大学教授,浙江大学教授兼总务长。中华人民共和国成立后继任浙江大学教授兼浙江省地质调查所所长,华东地质局筹备处工程师,地质部水文地质工程地质局总工程师,浙江省地质局总工程师等职。1928 年调查过西沙群岛的鸟粪层。20 世纪 30 年代完成了河南和江西若干地区的地下水调查。1949 年后参加了中国第一座自行设计和建造的浙江黄坛口水电站的坝址勘察工作和新安江水电站的选址调查以及治淮工程等诸多水利工程的地质调查工作。主要论著有《河北井陉铁矿》、《西沙群岛鸟粪》、《浙江西北部地质》(合著)、《河南安阳林县汤阴湛县等地区的地下水》《自贡市盐层构造》和《浙江衢县黄坛口坝址附近地质勘探报告》等。

一九一七年 丁巳(民国六年) 二十一岁

提要 北京—加利福尼亚斯坦福。奉派赴美留学,入斯坦福大学地质系。父亲去世。

一月 著《湖南省资兴县瑶冈仙钨矿报告》。报告介绍了瑶冈仙钨矿的位置和自民国三年发现以来的开采历史及地形地质。瑶冈仙钨矿是产于花岗岩及砂岩中的脉状矿床。黑钨矿是主要的矿石矿物,其他矿物有毒砂、黄铁矿、黄铜矿、石英、云母等。已经开采的较富的矿区4个,约计储量近400吨,有11个公司在开采,略述了各公司的矿业情况,包括运输、产量、销价等。

三月 与朱庭祜赴湖南调查耒阳东乡煤田地质。除调查地质之外,二人又在煤田区域以内作二万分之一地形图。朱庭祜归作《湖南耒阳东乡煤田地质》。

朱庭祜《湖南耒阳东乡煤田地质》:

一、引言

余与谢君家荣于民国六年三月初,先后至耒阳县境。耒阳处耒水下游,四时可通舟楫,又当湘粤往来孔道,交通甚便。余等夙闻耒阳产煤之多,冠于湘省。此次入耒目的,即欲考察煤田之范围、煤层之厚度,矿产之盛衰,煤系生成之时期及构造状况等。耒阳东乡数十里间,以至南与永兴、东兴、安仁交界之地,莫不产煤。此行遂从与安仁交界处之东湖、三都等处着手,渐向西南进。谢君从耒阳东门外龙潭铺等处着手,渐向东北进。二人于中途相接。大约耒阳出煤区域经余等足迹所经者,已得十之八九矣。余等于调查地质之外,在煤田区域以内,又作二万分之一地形图。惟调查时适在春季,淫雨为苦,其困难情形,有非他处所能比拟者。余等在煤田中测勘共一月,计所至之地约一千余方里,测有详地图者约八九百方里。余所测者约占五百方里。兹就余所详察各地论列于后。

二、调查范围

余旅行之路线乃自安仁入耒阳境,先至东湖地方,即从该处着手。其次南移至三都,在该处知煤层向东发展甚远,遂向东勘测至高马头、马迹坑等处,东北至汤火泉相近处。煤层自此东南延长入永兴县界。余以该处交通不便,矿业不易发达,乃改向西,测至上板桥、下板桥,北至土山里,南北均以煤层与他地层之界限为止。又西至大邱塘,北至通水铺。自通水铺东北,煤层乃绵延不绝,然已由谢君详为测勘,故改向南,进至于夏塘。又北至栏板桥相近处,南至元发冲、水积冲等处,煤层自此西南与相去十里许之肥江铺、白沙铺等处者连结。因彼处当耒阳与永兴大道之冲,由谢君往永兴时测勘,故余未测入焉。

（《地质汇报》第 3 号,农商部地质调查所,1921 年,第 73 页)

是年　奉派赴美国深造,进斯坦福大学。

谢家宾、谢家荣《谢母孙太夫人赴告》:"毕业后于民国六年被派赴美留学。"(谢家荣学术成长资料采集工程资料,存于采集工程数据库,档号 QT－001－009)

是年　父亲谢简庭去世。

谢家宾、谢家荣《谢母孙太夫人赴告》:"先妣至是始愁怀稍解,有庶景渐甘之乐,惟勤劳如昔,未尝稍息。民国六年,先考又弃养,先妣哀毁逾恒,衷心致痛,故年事未高,而慈颜已垂垂老矣。"(谢家荣学术成长资料采集工程资料,存于采集工程数据库,档号 QT－001－009)

一九一八年　戊午(民国七年)　二十二岁

提要　美国斯坦福。在斯坦福大学地质系学习。

九月　所著《自然硫矿之成因》一文,刊《科学》第3卷第9期。本文指出,通常认为,自然硫矿是火山成因的,但世界主要硫矿与火山无关;世界主要硫矿床皆为水成成因的,其时代多为中新世。硫黄的沉积多与硫化氢有关,而硫化氢的由来或因有机物的腐烂,或由于无机物之还原。摘录如下:

凡火山尚在喷发或喷发熄去未久之地,常有自然硫沉淀于火山口之边墙上,而其发出之水汽及气体中,亦常有硫黄气味。于是科学家论硫黄之成因者,即以此为据。及至今日,知此论殊不确实,世界主要硫矿,常另有他因,即本篇所论是也。其属于火山者,实不多见。且亦无重大价值,惟日本硫矿则颇属要紧耳。

火山口内硫黄结晶之变化,昔者曾谓硫化氢与氧化硫相作用而成硫黄及水,后由孛沦(Brun),详细考察,知尚有他种作用,较为近似。孛沦氏知硫化氢与氧化硫二气不能同穴喷发,倘如上述,则必有二穴,然往往不能办到。据孛沦氏在 Pico de Teyde,Canary Islands,Java 等处之观察,则硫黄似成一种气体,或为显微镜检查难及之硫尘,杂于碳酸气流中。设以此硫气通过百度以下之水中,则将凝结而成硫黄乳,若气流中稍含水汽,即能结晶,其温度约在一二百度左右,结于喷穴之边墙上。在稍高温度时(190°—270°),硫黄即能熔融,流出而盖于岩石之上。日本硫矿大半可以此说解之。

然世界著名硫矿,常与火山无关,而为水成矿床者,实居大半,且常有石膏泥土层石灰岩或泥灰岩及沥青质等物之共生。论其地质年代,则以新生中系(Miocene)为最普通。

硫矿之与火山无关者,其沉积时之化学作用,可以下式表之。

$$H_2S+O=H_2O+S$$

至论硫化氢之由来,则或由于有机物质之腐蚀,或由于无机物质之还原,而无机物质之还原,有时且可与含硫地层之沉淀同时。

(《科学》第3卷第9期,第959页)

是年　继续在美国斯坦福大学留学。

谢家荣《干部履历书》(中央人民政府政务院财政经济委员会):

1917—1918 年,美国士丹佛大学(Stanford University)(私立)学地质。

(中国地质科学院组织人事处:谢家荣人事档案,档号 1-5)

 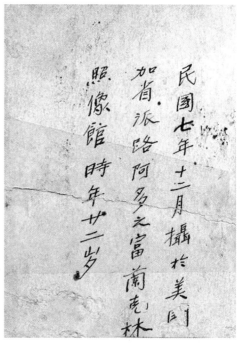

图 6　1918 年 12 月,赴美求学留影

一九一九年 己未（民国八年） 二十三岁

提要　加利福尼亚斯坦福—威斯康星麦迪逊。从斯坦福大学转入威斯康星大学。

春　在美国亚利桑那州考察铜矿，历时两月有半。

谢家荣《考察美国阿里桑那省铜矿记》：

民国八年春，余以考察矿产地质事，赴阿里梭那省（Arizona），历时二月有半，经葛绿勃（Globe）、马伦西（Morensi）、皮士皮（Bisbee）、阿华（Ajo）、圣太里太（Santa Rita）及土霜（Tucson）附近。后二地矿务尚属萌芽，故无足记。据最近统计，全省铜产额以米阿米之因斯波万兴公司为最多，杰龙（Gerom）次之。惟二十年前，则固以皮士皮为首屈一指也。旅行匆促，益以学识浅陋，所见颇不详备。既返土霜，小息征尘。遂濡笔记此。大雅之讥，知不免焉。

（《农商公报》第 6 卷第 2 册《著译门》，第 1 页）

七月十四日　美国铁路局联合售票处致函尚在斯坦福大学的谢家荣前往美国谷（Yosemite）和黄石。

San Francise，calif.

July 14th，1919.

Mr. C. Y. Hsieh，

P.O.Box 1025，

Stanford University，

California

Dear Sir：

Replying to your letter of the 13th inset., beg to advise that the fares to Yosmite are ＄21.06 for a round trip ticket limited to 15days, going on Friday or

Saturday and ＄22.41 the round trip, with 90 day limit going any day; and to Yellowstone—＄59.40 the round trip, going and returning via Ogden, ＄64.80 the round trip, going via Ogden and returning via Portland, (the Northern Route).

Under separate cover, I am sending you the latest U. S. R. A. publications on both National Parks.

Yours truly

Jur. B.Duffy

Agent

九一十月 在《农商公报》第6卷第2册第62期和第6卷第3册第63期发表《考察美国阿里桑那省铜矿记》(连载)。署名地质调查所调查员谢家荣。记述了亚利桑那州的地质概况、铜矿类型及分布、铜矿业略史、铜矿的采矿方法、选矿和冶铜方法。

十月二日 前往欧洲考察并兼任中国出席巴黎和会的会外顾问的丁文江在巴黎结识了参加和会的美国总统威尔逊的随行人员、美国威斯康星大学地质系主任利恩，

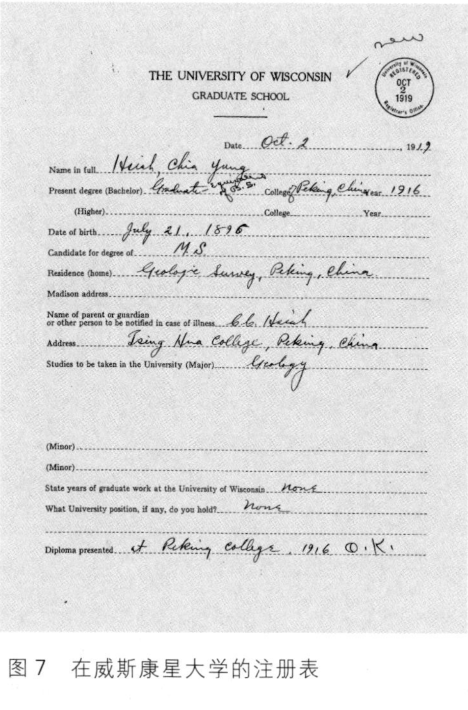

THE UNIVERSITY OF WISCONSIN
GRADUATE SCHOOL

University of Wisconsin REGISTERED OCT 2 1919 Registrar's Office

new

Date Oct. 2, 1919

Name in full Hsieh, Chia Yung

Present degree (Bachelor) Graduate equivalent of B.S. College of Peking, China Year 1916

(Higher) College Year

Date of birth July 21, 1896

Candidate for degree of M.S.

Residence (home) Geologic Survey, Peking, China

Madison address

Name of parent or guardian or other person to be notified in case of illness C.C. Hsieh

Address Tsing Hua College, Peking, China

Studies to be taken in the University (Major) Geology

(Minor)

(Minor)

State years of graduate work at the University of Wisconsin None

What University position, if any, do you hold? None

Diploma presented at Peking College, 1916 O.K.

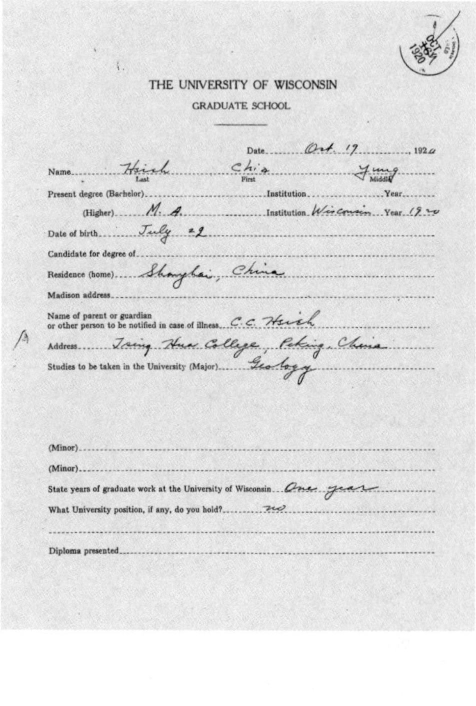

THE UNIVERSITY OF WISCONSIN
GRADUATE SCHOOL

OCT 19 1920

Date Oct. 19, 1920

Name Hsieh (Last) Chia (First) Yung (Middle)

Present degree (Bachelor) Institution Year

(Higher) M. A. Institution Wisconsin Year 1920

Date of birth July 21

Candidate for degree of

Residence (home) Shanghai, China

Madison address

Name of parent or guardian or other person to be notified in case of illness C.C. Hsieh

Address Tsing Hua College, Peking, China

Studies to be taken in the University (Major) Geology

(Minor)

(Minor)

State years of graduate work at the University of Wisconsin One year

What University position, if any, do you hold? no

Diploma presented

图7 在威斯康星大学的注册表

经丁文江征得利恩的同意后，谢家荣从斯坦福大学转入威斯康星大学学习①。

---

① 张以诚、王仰之所编《谢家荣年谱》称：（1918）"年底，地质调查所所长丁文江，与梁启超、蒋百里等去欧洲考察，并兼任中国出席巴黎和会的会外顾问，在此期间，丁文江结识了参加和会的美国总统威尔逊随行人员、美国威斯康星大学地质系主任利恩，并征得同意，将谢家荣、朱庭祜、王竹泉等介绍去该系进修。于是，谢家荣由斯坦福大学转入威斯康星大学就读"（郭文魁等主编：《谢家荣与矿产测勘处》，第264页）。经查，巴黎和会是1919年1月18日—6月28日开的。梁启超、蒋百里等5人于1918年12月28日在上海乘日本横滨丸南行，经印度洋、红海抵达欧洲，而丁文江等则因船位不足，经太平洋、大西洋而去，他们到达伦敦时已经是1919年2月了。而这时的谢家荣正在进行为期两个多月的亚利桑那州铜矿考察，显然是以一位斯坦福大学留学生的身份进行考察的，且1919年7月14日美国铁路局还给尚在斯坦福大学的谢家荣写信，通知他往返美国谷和黄石的旅费价格。谢家荣在威斯康星大学所填的注册表也反映出他是1919年10月2日才进入该校的。他1919年10月所填注册表中在威斯康星大学做研究工作的时间填的是无（none），而1920年10月19日的注册表则填的是一年（one year），因此，谢家荣进入威斯康星大学的时间应该就是1919年10月2日。

一九二〇年　庚申(民国九年)　二十四岁

　　提要　美国威斯康星麦迪逊。从威斯康星大学毕业,获理学硕士学位。发表《矿床学大意》,开创中国矿床学研究先河。

　　五月二十一——三十日　在利思(C. K. Leith)教授带领下赴苏必利尔湖地区实习,以下是野外记录本上留下的此次实习的日程安排,包括每天观察的主要内容。Lake Superior Trip:

Friday, May 21. Leave Madison (C. & N. W. Ray) at 9:30 P. M. (Leave Chicago 5:30 P. M.)

Saturday, May 22. Arrive Superior, Wis., 7:55 A. M.

　　　　　　Leave Superior (Gt. Northern) for carlton 9:00 A.M. arriving 10:05 (Folds and cleavage in st. Lois slates.

　　　　　　Leave for Duluth 12:21 P.M. (Gt. Northern), arriving 1:40

　　　　　　Leave Duluth at 3:15 P.M. for Tower, Vermillion Range, arriving 7:20 P.M. (D. & I.R.)

Sunday, May 23. At Tower, Vermillion Range (Keewatin and Lower Huroian, jaspers, ores, structures)

Monday, May 24. Leave Tower (D. & I.R.) 2:03 P.M. for Biwabik, Mesabi Range.

Tuesday, May 25. Forenoon Mesabi Range. Afternoon to Duluth (Duluth gabbro, red rock, raised beaches, etc.)

　　　　　　Leave for Ironwood, Mich., Gogebic Range 6:30 P.M. (D. S. S. & A.), arriving 11:40 P.M.

　　　　　　Route: Take st. car to near port mine, change bus to

　　　　　　Walked town to Besserner. Lunch.

　　　　　　Take bus to Wakerfield. See limonth open pit. Study......

Wednesday，May 26. Gogebic Range（Keweenawa, Upper Huronian, Lower Huronian, Archean, ores, structures).

　　　　　　Leave Ironwood（C. & N. W. and D. S. S.& A）10∶10 P.M.，arriving Houghton，Mich.，5∶40 A.M.

Thursday，May 27. Houghton (Keweenawa series and copper ores).

　　　　　　Leave Houghton 2∶40 P.M.，arriving Negaunee 6∶20

Friday，May 28. Marquette Range（Upper, Middle, and Lower Huronian, Archean, ores, structures）

Saturday，May 29. Marquette Range. Leave Negaunee 6∶25 P.M.（C. & W.N.）or 4∶30 P.M. for home (arrive 12∶30，May 30)

　　　　　　　　　　　（北京大学档案馆,档号 1RW0172002 - 0032）

六月十六日　毕业论文通过。论文题目为"某些叶状变质岩石的成因"(Origin of Some Metamorphic Foliated Rocks),导师文切尔（A. N. Winchell）。获理学硕士学位。

　　文切尔(A. N. Winchell，1874—1958)，美国矿物学家、岩石学家,1896 年毕业于美国明尼苏达大学,1898 年赴法国巴黎大学进修矿物学和岩石学,并于 1900 年获博士学位,1908 年任威斯康星大学教授,1934 年任威斯康星大学地质系主任直到 1944 年退休。1932 年当选为美国矿物学会主席和美国地质学会副主席,1955 年获美国矿物学会最高奖罗布尔奖章。和父亲(N. H. Winchell)合作,从 1909 年起陆续出版了 3 卷集的《旋光性矿物学原理》并多次再版,在世界上享有盛誉。此书详细讨论了矿物晶体的光学性质和物理性质与成分的关系,并编制了近百种图解用以说明这种关系,发表了 100 多篇论文讨论这种关系。研究过美国基维诺半岛火成岩及其与矿产的关系,并提出岩石的图表分类法。

　　文切尔的父亲(N. H. Winchell,1839—1914),美国著名地质学家,自 1872 年起任密歇根州立大学地质系教授和博物馆馆长达 28 年之久,1873 年明尼苏达科学院成立,他是创建人之一,并任 3 期院长,1881 年积极推动成立美国地质学会,并于 1902 年当选为美国地质学会主席。1888 年创办了美国第 1 份地质刊物《美国地质学家》并任编辑 18 年,1905 年,该刊物扩大更名为《经济地质学》(*Economic Geology*),发行至今,是世界上最有影响的地质刊物。

　　六月　在《科学》第 5 卷第 6 期发表《黏土》一文。本文讨论了黏土的成因及其

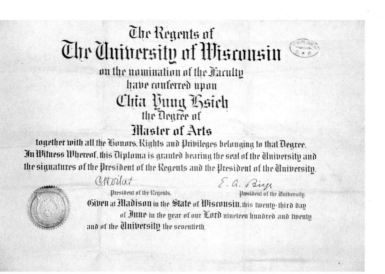

图8　在威斯康星大学的硕士文凭

地质情形、黏土的化学性质、黏土的物理性质、黏土的种类、黏土的探采以及黏土的用途及其工业。作者在文前的绪言中写道：

　　黏土之为物，分布广而价值贱，故人多忽视之，不知其用途之广，为它物所不及。吾人细察日用各物，与夫建筑材料，各种工程，黏土之产品，常为不可少之物。据1916年统计，美产黏土2 932 590吨，价值5 751 774元。其值亦可观矣。吾国江西陶瓷之精，环球著名，皆因所产黏土质地佳美之故。西人所称高岭土者，即首先发现于饶州府附近。吾人既拥此天然美产，而晚近瓷业反一落千丈，彼东西舶来品且日多一日，良可叹也。不特此也，吾民生活程度日高一日，各种工业亦逐渐发达，则黏土需要之亟，不言而喻。若不急起直追，仍不免仰给于外洋，则其损失不可胜计。吾国实业家其亦有闻风兴起者乎。

（《科学》第5卷第6期，第565页）

　　九一十二月　所著《矿床学大意》在《科学》第5卷第9至12期连载。文章分为三篇：第一篇地质述要，述及与矿床有关的矿物和各类岩石及地层与地层变动；第二篇矿床概论，述及矿床成因、矿床分类、矿床形状及其共生物、矿床之剥蚀与变质、矿床学之研究；第三篇矿床各论，述及铁、铜、金、银、铅锌、锡、锑、汞、钼、钨、锰、镍钴、铂、砒、铝和石炭、石油、建筑石料、石灰、水泥、黏土、硫黄、肥料、盐类矿物、研磨石、宝石等矿种的矿物、矿床、产额、用途等内容。《矿床学大意》在中国第一次系统地阐述了矿床学的理论与实践,开了我国矿床学研究的先河。

《矿床学大意》绪言云:

著者尝服务于农商部之地质调查所,旅行所及,遍六七省,国内矿厂,略事考察。每与本地矿业家相晋接,谈矿床学理用途等,听者颇津津。因国人于矿学研究,渐增兴趣,而若无通俗之论文,以尽指道,欲握管供一得之凭,而东西奔逐,无一刻暇。自去岁奉部命赴美,炫于彼邦学校之宏大、设备之周密,旦夕肆意书籍,此念浸忘,适尔耶稣诞假节,若无消遣,忽忆前事,遂振笔疾求,历一星期而稿成,颜曰矿床学大意;亦以所述务期实用,不尚高深,所以便国人之参考云尔。兹篇首地质,次矿床学理,终则略论各元质之矿床用途,及世界产额等,附表凡四,插图二十二。匆卒从事,乖误自知不免,幸诸君子亮察而垂教焉。

鄞县翁文灏博士,著者之受业师也。著矿床学讲义(未刊)一书,精神渊博,著者采用之甚多。又同学刘君季辰,于此篇匡正襄校者不少,用志数语,以鸣谢悃。

(《科学》第 5 卷第 9 期,第 909 页)

十二月十六日　海原发生 8.5 级强烈地震,死亡 23.4 万人(震中海原,今属宁夏回族自治区)。

一九二一年　辛酉(民国十年)　二十五岁

提要　北京。任职地质调查所。与翁文灏等赴甘肃进行中国第一次地震地质考察。进行中国第一次石油地质考察。编译的《中国铁矿志》上册出版。倡议成立中国地质学会。

一月　到华盛顿参观美国地质调查局,了解美国地质调查局的机构设置及各部门的工作内容。

谢家荣《记美国之国立地质调查局》:

著者旅美三载,除学校肄业外,曾实习于彼国地质调查局之测量队,民国十年正月,又至华盛顿参观地质调查局,于该局之事业及组织情形略事咨询。局长斯密士及地质部长白氏皆不吝指教,并授以各种出版物,为参观之资料,其他职员亦无不竭诚相向,各尽指导之义务。

(《科学》第 6 卷第 9 期,第 889 页)

二月十六日前　从美国返国,重入农商部地质调查所工作①。

二月十六日　上海《申报》报道,农商部派翁文灏与谢家荣赴甘肃考察地震:

北京电　农部派佥事翁文灏、技师谢家荣赴甘勘地震,采地质标本(十五日下午一钟)

(《申报》1921 年 2 月 16 日第 4 版)

四月十五日—八月十五日　因上年 12 月 16 日海原地区发生 8.5 级强烈地震,

---

①　谢家荣自美国回国和重返地质调查所的确切时间,经查阅相关资料,未落实。通常认为他是 1920 年回国的,如他 1951 年自己填写的《干部履历书》(中央人民政府政务院财政经济委员会)和 1937 年的《谢母孙太夫人赴告》都是这样记载的。不过这两份资料距其回国的时间短则超过 16 年,长则超过 30 年,不能保证没错,因为他 1920 年 10 月还在威斯康星大学填了注册表,而 1921 年 9 月他在《科学》第 6 卷第 9 期上发表的《记美国之国立地质调查局》又说他这年 1 月在华盛顿参观访问美国地质调查局,如是说来,其回国时间就当在 1921 年 1 月之后了。

由内务、教育、农商三部组成的甘肃地震灾区调查团,以翁文灏为团长,谢家荣、王烈等为团员赴灾区调查。调查团从北京乘车至归绥(今呼和浩特)后,改骑骡马,经包头、隆兴长(五原)、银川,翻越贺兰山到兰州。谢家荣与翁文灏一道自兰州出发向东行,经会宁、静宁、隆德、固原、平凉诸地震区域,进行地震地质调查,在实地调查的同时,他们还采用给灾区各县知事发调查表的方式,进行函调,广泛搜集灾情及各种宏观现象,共收回调查表三四十份①。考察归来作:《民国九年十二月甘肃地震报告》和《民国九年十二月十六日甘肃及其他各省之地震情形》。

王烈(1887—1957),浙江萧山(今杭州市萧山区)人。1909年入京师大学堂理科地质门,1911年公费赴德留学,习地质,1913年归国,任北京高等师范学校博物系教授。1914—1916年,兼任地质研究所教员,教授德语及构造地质学等课程。一生长期从事高等地质教育,桃李满天下,曾任北京大学地质系主任及教授。对旋光性矿物学有开拓性研究。

《民国九年十二月甘肃地震报告》长逾4万字,是记录此次甘肃大地震的最为详细的地震地质调查报告,也是我国最早的地震地质调查报告。它包括4部分:第一章"河南修武博爱县地震资料",第二章"通论",第三章"各县地震情形",第四章"甘肃地质概略及其与地震震中之关系"。报告正文之后另附9个图版共39张地震破坏的珍贵照片。报告详细记述了海原大地震的各种地震现象,包括地震发生时的气象、各地发震的时间、地震发出的鸣声、余震、人口死伤与房屋牲畜的损

---

①　王仰之的《中国地质调查所史》说"他们从北京出发,乘车到归绥(现呼和浩特)后改骑骡马前进,行程甚缓,从归绥向西,经包头抵宁夏、银川,再西上贺兰山南行到兰州。在考察阿干镇煤田后即分三路:谢家荣向西由青海越过祁连山至玉门,王烈向南经秦岭达汉水,翁文灏向东考察震中地区,经定西至会宁、隆德,再北至海原、固原,再越六盘山抵平凉至镇远"(第109页)。《翁文灏年谱》也说,"调查组经绥远、包头、隆兴长(五原)、银川到兰州。在兰州稍驻,并往观阿干镇煤田后,调查组即分三路:谢家荣向西由青海,越祁连山至玉门油田,然后经肃、甘、凉三州而返;王烈南行,越秦岭而达汉水;翁文灏则自半垣东行,查察地震中心区域。"(第32页)。但这种说法与事实不符。据谢家荣考察归来后所著《民国九年十二月甘肃地震报告》(存于全国地质资料馆,档号7754)中所载图件有:1920年12月16日甘肃固原县嵩艾里地震山崩略图(谢家荣1921年6月测,一万分之一)、1920年12月16日甘肃静宁县七里铺至土工寨地震山崩略图(翁文灏、谢家荣1921年6月测,一万分之一)、1920年12月16日甘肃会宁县青家驿五里桥地震山崩略图(翁文灏、谢家荣1921年6月测,一万分之一)。翁文灏、谢家荣共同测制的这些图件表明,谢家荣和翁文灏一同去了震中地区。而谢家荣《民国九年十二月十六日甘肃及其他各省之地震情形》一文所述,其考察行踪为"由皋兰而固原,而平凉,复由平凉经天水而返兰州。震灾重要之地点,几以遍览无遗矣"。谢家荣发表在《科学》第9卷第10期上的《甘肃北部地形地质简说》对于考察路线也有基本上同样的叙述,更明确指出"民国十年奉地质调查所之命,随同翁咏霓、王霖之诸先生,调查甘肃地震区域。地震调查完后,余仍留甘肃继续调查地质。计足迹所经,北自宁夏,由中卫至于兰州,复自兰东行,历经会宁、静宁、隆德、固原、平凉诸地震区域。以上为与翁先生会同调查之地"。谢家荣向西由青海,越祁连山至玉门油田,然后经肃、甘、凉而返的时间是与翁文灏一起地震考察结束之后,即1921年8月16日—11月底的事。详见谢家荣《旅甘日记》。

失、山崩、河道拥塞及井泉涨缩、地面裂缝、建筑物损伤研究等，以及地震烈度的分布，甘肃 59 个县地震情况的调查，以及陕西、河南、山西、直隶、山东、湖北、安徽、察哈尔及绥远等地此次地震的情况。

谢家荣《民国九年十二月十六日甘肃及其他各省之地震情形》：

民国九年十二月十六日，晚七时许，甘肃及其他各省发生地震，颇为猛烈，其中尤以甘肃为最。人口死亡者，据云有二十余万之多，牲畜、房屋之损失不计其数，亦可谓亘古稀有之奇灾矣。政府闻讯后，一方面急筹款项，以备赈济，一面由内务、教育、农商三部同派委员六人，驰赴被灾地点，实地调查，以明真相。余膺农商部之命，因得随诸委员之后，躬与其事。于十年四月十五号搭京绥车至绥远。乃由绥取道宁夏，而达皋兰。继由皋兰而固原，而平凉，复由平凉经天水而返兰州。震灾重要之地点，几以遍览无遗矣。此行目的，不仅为普通之调查，尤注意于科学之研究，故除调查震灾状况，勘察山崩地裂诸现象外，复从事于地质之考察，俾明此次震波之起源及其与地壳之关系焉。嗣余复奉部命，留甘肃测地质，遂于是年八月由皋兰西至西宁，继乃越祁连山而北，经张掖、肃州，出嘉峪关，而抵玉门，复由玉门循大道返皋兰。是役也，前后共历八月有余，足迹几遍全省，故甘省地质，亦得略窥大概。兹篇所述，乃余呈地质调查所最后报告中之节要，凡关于此次地震情形，皆一一叙述。至于地质详情，因限于篇幅，不及备述，俟地质调查所报告出版后，阅者可复按焉。惟调查时间既万分局促，而旅行区域复迂曲辽远，遗误之处，自知不免，未决问题，亦诸待商榷，所望博雅君子，加以匡正，则幸甚焉。

余师翁君咏霓、王君霖之皆为赴甘之委员，同行时，对于调查资料，互相讨论，获教之处实多。此外同行者尚有苏君本如、易君受楷及杨君警吾，皆得指臂之助，用志之，以表谢悃。

（《地学杂志》第 13 卷第 8—9 期，第 1—2 页）

谢家荣《甘肃北部地形地质简说》：

民国十年奉地质调查所之命，随同翁咏霓、王霖之诸先生，调查甘肃地震区域。地震调查完后，余仍留甘肃继续调查地质。计足迹所经，北自宁夏，由中卫至于兰州，复自兰东行，历经会宁、静宁、隆德、固原、平凉诸地震区域。以上为与翁先生会同调查之地。平凉少住后，余复独行，经华亭、秦安、通渭、狄道而返于兰州。复自兰州起程向西，至西宁，入青海境，循大通河，横越祁连山，经张掖、酒泉，出嘉峪关，抵于玉门。是行调查所得，关于地震者已另述专篇，刊地学杂志，及散见翁先生关于地震诸著作,关于矿产者,另有报告,呈农商部。关于地质图者,另有图稿,存地质调查所,以待汇编。关于古生物者,已承葛利普博士,精细研究,散见其所著之中国地质史……

(《科学》第 9 卷第 10 期,第 1232 页)

八月十六日—十一月二十一日　地震考察结束之后,奉农商部命,留甘肃继续考察地质,乃自兰州出发,沿窑街煤矿—乐都—西宁—大通—金羌滩金矿—门源—民乐—张掖—高台—盐池堡—酒泉—嘉峪关—玉门—玉门油田—嘉峪关—酒泉—张掖—山丹—永昌—武威—天祝—永登—皋兰—兰州,考察甘肃地质和石油(详见谢家荣《旅甘日记》)。这次石油考察,是中国地质学家进行的第一次石油地质考察。考察甘肃地质和玉门油矿后,除著前述《甘肃北部地形地质简说》外,还著《调查甘肃地质矿产纪略》和《甘肃玉门石油报告》。

王育林、石宝珩《谢家荣对中国石油事业的贡献》:

我国最早的石油调查者

早在二十年代,谢家荣就开始了对我国石油资源的调查工作。1921 年,他奔赴大西北,到达河西走廊,对历代有石油记载的玉门地区,作了实地野外调查。这是我国地质学家最早的石油地质勘查活动。关于玉门石油,早在西晋人司马彪著的《续汉书·郡国志》中就有记载:"《博物记》曰:县南有山,石出泉水,大如筥箦,注地为沟。其水有肥,如煮肉洎,羕羕永永,如不凝膏,燃之极明,不可食,县人谓之石漆"。此后,历代史书对玉门油田大都有记载,但都十分简略。唐朝人李吉甫所著的《元和郡县图志》一书比较具体地记载了石油的产地:石脂水在县东南一百八十里。清朝光绪年间,比利时人林辅臣曾调查过玉门油矿,但是没有留下任何地质资料。谢家荣对玉门石油的调查,是我国地质学家对玉门石油的首次调查。这次调查的意义是重大的,它向国人介绍了玉门油矿的地理环境、自然条件及产油地质,引起了国内各界对玉门油矿的重视。同时谢先生以其实际行动,身体力行,为我国石油地质调查活动作了一次示范,对以后地质界陆续开展的全国规模的石油地质普查,无疑起了一定的推动作用。

通过这次调查,他首次提出了玉门油田有开采价值:(一)石油泉附近地质构造为一不对称的背斜层;(二)地层富于松质砂岩,厚达数米,"足能蕴蓄油量";(三)在松质砂岩之上下,"时有致密质红色页岩,亦足以阻止油液之渗透"。

对于野外地质调查与勘探石油的关系,谢家荣在报告中作了精辟的论述。他指出:"研究其地质岩层变质之浅深,地形之经过,皆与勘探石油有莫大关系,故自石油地质原理发明后,石油工业不啻一新纪元。盖从前探油,盲人瞎马,无标识之可寻,往往虚费金钱,毫无所得,今则凡辟一油田,须经无数地质专家之考察,然后从事施工。"在六十多年前,能有如此深刻的认识,足以说明谢家荣先生的远见卓识。

(石宝珩、王仰之、刘炳义主编:《中国石油史研究》,石油工业出版社,1992年,第235—236页)

九月 在《科学》第 6 卷第 9 期上发表《记美国之国立地质调查局》,介绍美国国立地质调查局的机构设置及各个机构的工作内容。其机构设置为 6 个部,总计22 个股:

地质部:普通地质股、阿拉斯加地质股、矿产统计股、理化股。

地形部:东北即中部地形股、西部地形股、地形稽核股。

水利部:地面水利股、潜水股、水质化验股、水力股、农牧调查股。

矿农业土地调查部:矿地调查股、农地调查股。

出版部:校订书报股、校订地图股、刊印股、分发股。

总务部:执行股、会计股、仪器股、图书股。

十月 编译丁格兰(F. R. Tegengren)所著《中国铁矿志》(上册),该书列入《地质专报》甲种第 2 号,由地质调查所印行。2011 年 7 月出版的《谢家荣文集》第五卷收入此文,张立生为此文所写《编者的话》对其内容和特点做了介绍。

张立生《编者的话》:

The Iron Ores and Iron Industry of China(《中国的铁矿与铁业》),作者丁格兰(F. R. Tegengren),是中国矿床学特别是经济地质学界的经典著作之一,在 20世纪 20—30 年代的中国地质界享有盛誉。谢家荣先生将其翻译为中文,书名《中国铁矿志》,由原农商部地质调查所以《地质专报》(Memoires of the Geological Survey of China)甲种(Serie A)第二号的形式分上、下两册将中、英文同时刊印发表。上册(Part Ⅰ)发表于 1921 年 10 月,下册(Part Ⅱ)发表于 1923 年 12 月。上册包括"铁矿床之分类与其分布"、"各省重要铁矿分论"中的直隶省(今河北省)、东三省、山东省、山西省、河南省;下册包括四大部分:"各省重要铁矿分论"的后续部分(含湖北省、安徽省、江苏省、浙江省、福建省、广西及广东省、江西省、湖南省、贵州省、四川省、云南省)、矿量总论、中国之铁业以及太平洋沿岸各国铁业大势。中国之铁业包括旧式铁业和新式铁业以及中国铁业之经济三个方面的内容,对中国铁业的发展历史作了弥足珍贵的记述;太平洋沿岸各国铁业大势则囊括了当时整

个太平洋沿岸国家与地区的铁业。

《中国铁矿志》通篇文章不仅依据当时的资料和认识水平对中国铁矿床的性质和特征等进行了详尽论述,而且更对铁矿石和铁的经济意义进行了细致入微的描述和评估。这对于从事矿床研究与开发、特别是从事经济地质工作的人来说,不啻为一可仿效之榜样。

《中国铁矿志》并不单纯是对"The Iron Ores and Iron Industry of China"的翻译。译者省去了英文原文中的不少内容,同时又酌情增加了一些新的资料,在不少地方是综合英文原文的意思表述的。在记叙上世纪初期中国铁业的发展历史时,译者对外国列强对中国铁矿资源的掠夺和经济侵略的愤懑之心充满了字里行间,其爱国情怀溢于言表。严格说来,译者所做的是编译兼综述,而不是一般意义上的翻译。

(《谢家荣文集》第五卷,地质出版社,2011年,第77页)

冬　与袁复礼一起向翁文灏建议,为了加强国内地质工作者间的联系,便于同外国地质学会进行学术交流和交换刊物,成立中国地质学会。两人的建议得到翁文灏、丁文江的支持,并委托他二人担任筹备工作、负责草拟《中国地质学会章程》。章程起草后由葛利普(A. W. Grabau)修改,再由翁文灏定稿。

杨光荣、陈宝国、袁扬、袁鼎《袁复礼生平大事年谱》:

据袁复礼回忆:"为了加强国内地质工作者之间的联系,为了与外国的地质学会进行学术交流和交换刊物,我和谢家荣于1921年冬提议成立地质学会,当时我和谢都是地质调查所技师,丁文江任所长,翁文灏任副所长,于是丁、翁委托我和谢担任筹备工作,用英文起草《中国地质学会章程》,起草后由

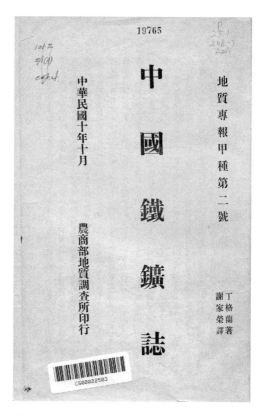

图9　1921年10月农商部地质调查所印行的
　　　《中国铁矿志》封面

葛利普教授修改,交翁文灏译成中文。"

（杨遵仪主编：《桃李满天下——纪念袁复礼教授百年诞辰》,中国地质大学出版社,1993 年,第 288 页）

张尔平《中国地质学会成立了》：

20 世纪 20 年代初,中国总共只有 30 位左右的地质学者。为什么要成立中国地质学会? 是谁最早提出的建议? 这段历史的当事人几乎没有留下记载。常年记日记的丁文江,或许应该留下遗墨。1936 年他去世以后,家人以为日记保留在地质调查所,而地质调查所仅保存了丁文江野外调查的手稿和草图,日记竟散失了。人们遍寻不到关于发起学会的酝酿过程,唯一可作见证的是袁复礼先生晚年的回忆,原来提出这项动议的竟是两位年轻人：谢家荣和袁复礼。

（《中国国土资源报》2006 年 7 月 7 日第 6 版）

一九二二年　壬戌（民国十一年）　二十六岁

　　提要　北京。任职地质调查所。参与筹建中国地质学会。结婚。发表中国第一篇石油地质考察报告。

　　一月二十七日　参加中国地质学会筹备会议。与会者：章鸿钊、翁文灏、李四光、谢家荣、李学清、安特生、董常、丁文江、王庞佑、王烈、葛利普、叶良辅、袁复礼、赵汝钧、钱声骏、周赞衡、朱焕文、朱庭祜、李捷、卢祖荫、麦美德(L. Miner，女)、孙云铸、谭锡畴、仝步瀛、王绍文、王竹泉、共26人，均为中国地质学会创立会员。

　　丁文江在《中国地质学会志》创刊号(1922年)发表的题为《中国地质学会组织的历史》的社论说，中国地质学会是由26名创立会员(charter member)于1922年1月27日在北京组成的。

Editorial The Geological Society of China History of Organization：

The Geological Society of China is organized in Peking on Jan. 27, 1922, with twenty-six charter members.

V. K. TING

[*Bulletin of the Geological Society of China*, Vol.1, (1-4), p.1]

　　二月三日　中国地质学会在北京地质调查所举行成立大会，通过了用英文写成、总计17条的《中国地质学会章程》(刊于《中国地质学会志》第一卷，时无中文版)，选举章鸿钊为会长，翁文灏、李四光为副会长，谢家荣为书记，李学清为会计。

　　李四光(1889—1971)，字仲拱，原名李仲揆，湖北黄冈人，蒙古族，地质学家、教育家、社会活动家，地质力学的创立者、中华人民共和国地质工作的主要领导人。1907—1910年，在日本大阪高等工业学校学习造船，并在日本加入孙中山的同盟会；1911年，出任湖北军政府实业部长，1913—1919年入英国伯明翰大学，先学采矿，后改学地质，获硕士学位。1920年，应蔡元培先生的邀请，到北京大学地质系

图 10　1922 年 1 月 27 日中国地质学会成立(前排左一章鸿钊、左二丁文江、左三翁文灏,第二排右一葛利普,第三排右二谢家荣)

任教,先后任教授、系主任。1928 年 1 月,任中央研究院地质研究所所长,1932 年任中央大学代理校长;1934—1936 年,先后在英国伦敦、剑桥、伯明翰等 8 所大学讲授其代表作之一《中国地质学》;1948 年,当选为中央研究院院士,1944—1946年,任重庆大学教授;1950 年任中国地质工作计划指导委员会主任委员、中国科学院副院长、中华全国自然科学专门学会联合会主席;1951 年当选为世界科学工作者协会执行委员会副主席;1952 年任中华人民共和国地质部部长;1955 年被选聘为中国科学院学部委员;1958 年任中国科协主席;1969 年被选为中国共产党第九届中央委员会委员;1970 年任国务院科教组组长。1923 年,李四光提出了蜓科鉴定方法,创立了鉴定蜓科的 10 项标准,并一直被中国及其他国家蜓科学者所采用。李四光用这个方法,鉴定了大量的化石标本,写成其第一部科学巨著《中国北方之蜓科》,获得了伯明翰大学的科学博士学位。20 世纪 20 年代初,开始研究中国第四纪冰川,并于 1947 年出版专著《冰期之庐山》,推动了中国第四纪地质学的研究。李四光将力学理论引入地质学,用力学观点研究地壳构造和地壳运动规律,创立了地质力学,建立了"构造体系"的概念。1954 年,他在燃料工业部石油管理总局所作《从大地构造看我国石油勘探远景》的报告,是全面预测中国石油远景的重要文章之一,指导了 20 世纪 50 年代的石油普查,为中国石油工业的发展做出了重要贡献。在 1966 年邢台发生强震之后,李四光深感地震灾害对国家和人民生命财产造成的损失之严重,在他生命最后的几年里,用了很大的精力投入地震的预测、预报研究工作,开创了活动构造研究与地应力观测相结合的预报地震途径。

五月　考察玉门油矿后所著《甘肃玉门石油报告》在湖南《实业杂志》第 54 号发表。这是中国地质学家所著的第一份石油考察报告。报告在略述了石油的性质与成因、产状及勘探石油的地质原理之后,记述了玉门石油产地的交通位置,产油地点的地层、岩性、构造等地质特征及采油的方法等,并依据地质情况和石油地质的学理,指出玉门石油有探采价值。

王仰之《谢家荣——勘查中国石油地质的先驱》:

早在 1921 年,谢家荣就和翁文灏一起,调查了玉门的石油。[①] 他写的《甘肃玉门油矿报告》一文,刊于 1922 年出版的湖南《实业杂志》第 54 号。报告中说,玉门石油泉附近地质构造确是一背斜层,地层中属于疏松砂岩,厚者达数米,足能蕴蓄油量;在疏松质砂岩上下,夹有致密质红色页岩,足以阻止油液之渗漏。从而第一次肯定玉门的石油有开采价值。在这份报告之中,谢家荣还论述了野外地质调查和勘探石油的关系,指出"研究其地质岩层变质之浅深,地形之经过,皆与勘探石油有莫大之关系,故自石油地质原理发明后,石油工业不啻辟一新纪元。盖从前探油,盲人瞎马,无标识之可寻,往往虚费金钱,毫无所得,今则凡辟一油田,须经无数地质专家之考察,然后从事施工。"

(《中国科技史料》1991 年第 3 期,第 55 页)

是月　所著《调查甘肃地质矿产纪略》在《农商公报》第 8 卷第 10 册第 94 期《报告门》发表,署名地质调查所技师谢家荣。文章分 4 部分:第 1 部分地形,分北、中、南三区叙述;第 2 部分矿产,主要述及煤,次为金,再次为盐和石膏;第 3 部分地质,略述了太古界、元古界、古生界、侏罗系的岩性及分布以及岩浆岩;第 4 部分"玉门石油报告"。此第四部分与发表在湖南《实业杂志》第 54 号上的《甘肃玉门石油报告》的内容基本相同。

---

① 1921 年对玉门石油的调查是谢家荣一人执行的,翁文灏没有参与。所写的报告是《甘肃玉门石油报告》而不是《甘肃玉门油矿报告》。

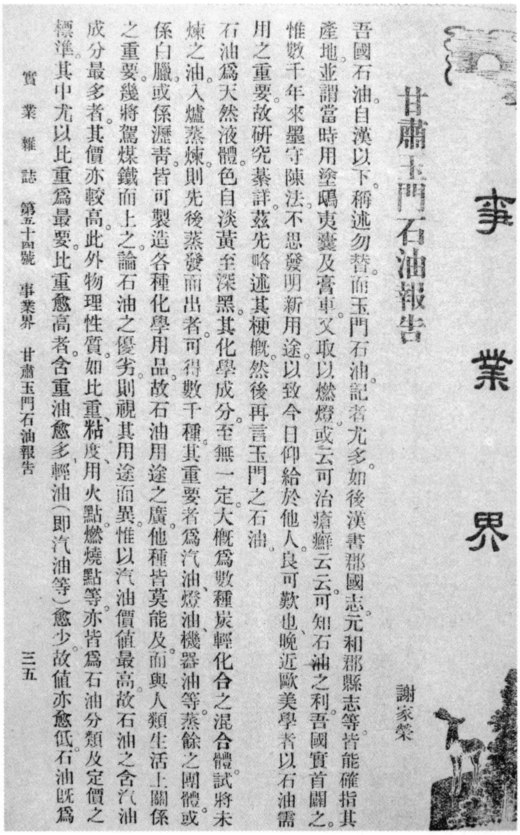

事業界

甘肅玉門石油報告

謝家榮

吾國石油自漢以下稱述勿替而玉門石油記者尤多如後漢書郡國志元和郡縣志等皆能確指其產地並謂當時用塗鴟夷囊及膏車又取以燃燈或云可治瘡癬云云可知石油之利吾國實首闢之惟數千年來墨守陳法不思發明新用途以致今日仰給於他人良可歎也晚近歐美學者以石油需用之重要故研究綦詳茲先略述其梗概然後再言玉門之石油

石油爲天然液體色自淡黃至深黑其化學成分至無一定大概爲數種炭輕化合之混合體試將未煉之油入爐蒸煉則先後蒸發而出者可得數千種其重要者爲汽油燈油機器油等蒸餘之固體或係白臘或係瀝青皆可製造各種化學用品故石油用途之廣他種皆莫能及而與人類生活上關係之重要幾將駕煤鐵而上之論石油之優劣則視其用途而異惟以汽油價值最高故石油之含汽油成分最多者其價亦較高此外物理性質如比重粘度用火點燃燒點等亦皆爲石油分類及定價之標準其中尤以比重爲最要比重愈高者含重油愈多輕油(即汽油等)愈少故値亦愈低石油既爲

實業雜誌 第五十四號 事業界 甘肅玉門石油報告 三五

图 11　载于湖南《实业杂志》第 54 号的《甘肃玉门石油报告》

六月　与在香山慈幼院担任教师的吴镜侬结为伉俪。婚后，与大哥家宾同返上海，庆祝母亲 60 寿诞，事后与大哥一起将母亲接至北京奉养三年。

谢家宾、谢家荣《谢母孙太夫人赴告》：

民国十一年，不孝家荣在北京完婚，婚后与大兄等相偕返沪，为先妣庆祝六十寿诞。事后乃与大兄共奉先妣赴京侍养，时大兄供职清华学校，不孝家荣供职农商部地质调查所，京寓分居城郊二处，先妣往来其间，颇引为乐。

（谢家荣学术成长资料采集工程资料，存于采集工程数据库，档号 QT－001－009）

吴镜侬（1901—1966），安徽泾县人。曾用名吴醒民。其父吴炼百在芜湖有一条街的商铺，后毁于火灾：黎元洪时代做了教育部佥事，与鲁迅为同事。与妻张氏生有一子一女。其二舅张国淦（1876—1959），湖北蒲圻（今赤壁）人，在袁世凯和黎

图 12 1922 年与吴镜侬于北京完婚(右一为袁复礼)

元洪时代曾任国务院铨叙局局长、国务院秘书长,后历任总统府秘书长、内务次长、教育总长、农商总长、司法总长、水利局总裁等职。1926 年后去职居天津,潜心史地调查。中华人民共和国成立后,任北京市政协委员、全国政协委员。其三舅张海若(1877—1943,一说 1879—1949),原名国溶、国蓉,号修丞、侑丞。光绪三十年甲辰(1904 年)进士,著名书法家和画家,中国地质学会会徽即由他所绘。吴镜侬毕业于北京女子师范大学,后在熊希龄创办的香山慈幼院任教 2 年。擅长绘画,爱好音乐,风琴弹得很好。喜欢刺绣、针织。吴镜侬衣着得体,举止娴雅,有才貌名。与谢家荣结婚后,辞去公职,相夫教子。与谢家荣育有四男一女。1929 年 4 月—1930 年 5 月曾伴随在德国和法国做访问学者的谢家荣。抗日战争时期随谢家荣辗转于上海、云南、贵州和重庆。1947 年 11 月陪同谢家荣赴台湾参加中国地质学会第 23 届年会。1951 年从南京到北京后积极参加街道工作,曾于 1962 年被选为北京市妇女委员会代表,区妇女委员。1966 年 8 月在谢家荣服安眠药辞世后不久以同样的方式离世。

七月十七日　出席在北京丰盛胡同 3 号举行的农商部地质调查所图书馆陈列馆开幕典礼。同时出席此开幕典礼并合影的还有大总统黎元洪及中国地质界的著名人物章鸿钊、丁文江、葛利普、袁复礼、谭锡畴、王竹泉、周赞衡、邢端等。

图 13　出席农商部地质调查所图书馆陈列馆开幕典礼(坐者自左至右第一排：李捷、李学清、谢家荣、王竹泉、袁复礼。第二排：葛利普、谭锡畴、□□□、林大闾、丁文江、章鸿钊、卢祖荫。第三排：□□□、张国淦、黎元洪、□□□、王乃斌。站在王乃斌旁边者为邢端)

葛利普(A. W. Grabau, 1870—1946)，美国地质学家，近代地层学的创建人之一。祖籍德国。因家境贫寒，曾当报童和装订工人。经业余勤奋自学，获麻省理工学院旁听生资格，后正式考入该院地质系，苦读 9 年，获理学博士学位。1905 年受聘为哥伦比亚大学教授，并当选为纽约科学院院士，不久出任副院长。1920 年应邀来华担任中国农商部地质调查所顾问、北京大学地质系教授。葛利普是一专多能的地质学家，一生发表近 300 种学术著作，涉及古生物学、古人类学、地层学、地史学、古地理学、地貌学、生态学、矿物学、沉积岩石学、构造地质学、矿床学、石油地质学等方面，特别对珊瑚、腕足动物和软体动物化石研究有很深的造诣。他是古生态学的创始人之一，认为古生物形态与其生活方式、生活环境密切相关，古生物化石分类应当重视所在岩石的堆积特征和环境。他还提出：对沉积岩的分类既要重视其成分、结构特点，又要重视其成因。1913 年出版《地层学原理》一书，按地球圈层予以论述,包括广泛的地质学领域。他与夏默于 1909—1910 年合作出版的《北美标准化石》科学地论述了种的发生和个体发育,是当时的重要工具书。葛利普把自己的后半生完全贡献给了中国古生物学、地层学奠基的伟大事业。中国最早一批地层古生物学者大都出自葛利普门下。1922 年他协助丁文江创办了《中国古生物志》,于 1922—1936 年撰写发表了 8 部《中国古生物志》专著,内容主要涉及珊瑚、腕足类、瓣鳃类、腹足类等各门类化石,为我国古生物学研究奠定了坚实的基础。所著《中国地质史》(直译应为《中国地层学》,1924 年第 1 卷,1928 年第 2 卷)和 36 幅亚洲古地理图,是对中国地层和亚洲古地理的系统总结。他于 20 世纪 30 年代提出脉动学说,认为地层发育、古地理变迁和古生物演化有一定的周期性。这方面的主要著作有:《年代的韵律——脉动理论,地球历史的新观点》(1933 年)、《由脉动学说论古生代地层之分类》(1932—1938 年)和《中国地层学上间脉动期的意义》(1938 年)等。

九月　考察甘肃大地震后所著论文《民国九年十二月甘肃及其他各省地震情形》在《地学杂志》第 13 卷第 8—9 合期发表。本文是前述《民国九年十二月甘肃地震报告》的节要,记述了此次大地震发生在甘肃的各种地震现象和所造成的损失以及此次地震在陕西、河南、山西、直隶、山东、湖北、安徽、察哈尔及绥远等地的情况,文章还讨论了此次地震的烈度分布,并附一张地震烈度分布图。

十一月　在《科学》第 7 卷第 11 期上发表《地质学教学法》,论述地质学的应用及分类,分地质学为动力地质学、构造地质学、历史地质学、经济地质学和地质学发展史;提出中学应教授地质学;对于教材的选择,分别列出了中学和高等学校不同专业所用教材。最后讨论了教学方法,指出研究地质首重实地调查,尤当注意于野外旅行;采用外国课本有诸多不便,应自编教材;课的讲授应首重实验,矿物、岩石、古生物及构造地质。

一九二三年　癸亥(民国十二年)　二十七岁

　　提要　北京。任职地质调查所。发表中国第一本煤地质学专著《煤》。赴湖北调查地质。

　　一月六一八日　中国地质学会第1届年会在北京地质调查所举行。谢家荣做年会记录(发表在《中国地质学会志》第2卷第1—2期),并在6日上午的开幕式上(章鸿钊主持会议)报告会务,在下午的会议上宣读论文《甘肃的红层》(Notes on the Red Beds in Gansu)。该文后刊《中国地质学会志》(Bull. Geol. Soc. China)第2卷第1—2期。文章简要介绍了甘肃红层的分布范围和时代,指出其成分主要是红色或棕色的砂岩和黏土质页岩、夹灰色或白色的砂岩和砾岩,其时代可能为侏罗纪到第三纪。

图14　中国第一本煤地质学专著《煤》
　　　(商务印书馆,1923年1月)

　　一月　所著中国第1部煤地质学专著《煤》作为百科小丛书第10种,由上海商务印书馆出版。全书共6章,论及煤之沿革性质,煤之成因与分类,煤之地质,采煤、选煤及炼焦等法,中国煤矿说略与世界煤矿之储量、产额、运销等情况。

　　四月　农商部以地质调查关系重要,通令各省筹办地质调查分所,以辅助农商部地质调查所早日完成全国地质总图。通令拟具的办法中指出,各省有因经费不足缓设地质调查分所者,由实业农商借部所人员定期测制全省地质总图。湖北实业厅即依此部分执行。经由部所与湖北实业厅商洽,湖北省实业厅邀请刘季辰、谢家荣前往湖北调查全省地质。接到邀请后,即与刘季辰开始准备调查事宜并拟订调查计划。

刘季辰(1895—?),号寄人,安徽淮北人。谢家荣在江南机器制造总局兵工学堂附属中学和地质研究所的同学。他在地质研究所的实习报告为《直隶滦县唐山石炭纪石灰岩》(英文),卒业报告为《直隶磁县地质》。1916 年毕业后入地质调查所任职。除与谢家荣一起调查湖北地质,著有多篇湖北地质矿产的文章外,还与赵亚曾合撰《浙江西部之地质》,与王竹泉合撰《安徽安庆贵池太湖宿松四县煤矿》,与朱庭祜等合撰《京兆宛平怀来县间地质报告》,与赵汝钧等人合作发表论文多篇。1962 年后不知所终。

刘季辰、谢家荣《调查湖北全省地质计划书》之"办法大纲"云:

此事自经杨厅长呈奉省长令准照办后,所有办事规则当由部所与实业厅商洽妥定,嗣后季辰、家荣斟酌损益,拟就办事规则十一条,兹开列于后:

第一条。湖北实业厅依部定各省调查地质办法大纲第十三条之规定,暂行借用农商部地质调查所技师二人为调查员,测制全省地质总图,兼查矿产等项。

第二条。调查员仍支部薪,概无津贴。但调查期间得由实业厅就近垫拨,于解部款内扣还。

调查经费,预算每年二千元,三年为限,连同调查报告、图说、绘制印刷等费二千元,均已由实业厅呈奉省长令准拨发。

第三条。全省地质总图缩尺暂定为五十万分之一,重要矿产区域及其他特别地点须详细测勘者,其办法临时定之。

第四条。全省应行调查区域划分六区(表附后),每年调查二区,于春秋二季行之。除实地调查时间外,仍回部所研究标本,编制图说。

第五条。如有临时重要事件,得由实业厅随时知照调查员提前办理。

第六条。调查员每期出发前,应由实业厅呈请督军省长令行地方官及各属驻军保护照料。

第七条。调查途中调查员应作简明日记,将调查业务每十日报告一次。

第八条。每期调查竣事,应暂编简明图说,由部所出版之地质汇报刊印之,另印单行本二百份,为实业厅分送各机关之用。此项单行本之印费得于第二条规定之印刷费项内核支。

第九条。遇有重要矿产,调查员应随时绘具简明图说报告实业厅。

调查时采集各种标本应具二份,实业厅及部所各存一份。但专关科学研究之标本如化石等类,得先归部所研究陈列。

第十条。调查完竣后,调查员应制地质矿产全图,加具说明书,呈送实业厅考核印行。

第十一条。调查员关于技术上测勘方法及成绩得由部所指挥考核。

表 11   调查全省地质分区说明表

分区	地点	面积(公里²)	调查时间
第一区	鄂东大江以南阳新、大冶、通山一带	64 000	十二年秋
第二区	鄂东襄阳以东、大江以北,自枣阳至应山、麻城、罗田一带	132 000	十三年春
第三区	鄂西之鹤峰、宜都、巴东等处	68 000	十三年秋
第四区	鄂西江北诸县暨鄂北南漳、保康以南一带	84 000	十四年春
第五区	鄂北之房县、竹山、郧县、郧西等处	84 000	十四年秋
第六区	鄂西之来凤、恩施、建始、利川等处	64 000	十五年春

(《科学》第 8 卷第 10 期,第 1058—1060 页)

五月二十一日 长子谢学锦在北京出生。

谢学锦(1923—2017),1923 年 5 月 21 日生于北平。国际著名的勘查地球化学家,中国勘查地球化学的开拓者和奠基人。1980 年当选为中国科学院学部委员。1941—1945 年就读于浙江大学物理系、化学系,1947 年毕业于重庆大学化学系。历任地质部化探室主任、地矿部物化探所副所长、中国地质科学院物化探所名誉所长、中国地质学会理事、勘查地球化学专业委员会主任委员、国际《地球化学勘查杂志》副主编、国际地质标准通讯区域编辑、UNESCO 国际地质对比计划(IGCP)执行局委员、国际地科联全球地球化学填图工作组指导委员会委员、分析技术委员会主席、国际《地球化学 勘查·环境·分析》杂志编委、国际《地球化学勘查杂志》编委。1951 年与徐邦梁一起赴安徽安庆月山进行中国勘查地球化学的首次实验,发现了铜矿指示植物海州香薷。20 世纪 50—60 年代进行热液矿床原生晕研究,取得了与苏联学者并驾齐驱的国际领先水平成果。20 世纪 70—80 年代,从事地球化学填图理论与方法的研究,提出并系统指导了中国的区域化探全国扫面计划,使中国的矿产勘查,尤其是金矿勘查发生了革命性的变化。与学生王学求合著的《金的勘查地球化学 理论与方法·战略与战术》是世界金矿地质理论与勘查技术的经典之作。主持的"环境地球化学监控网络与全国动态地球化学图"研究为全球地球化学填图采样介质的选择提供了范例。其"*Some Problems，Strategical and Tactical in International Geochemical Mapping*""*Analytical Requirements in International Geochemical Mapping*"等论著，对国际地球化学填图方法的标准化产生了重大影响。UNESCO 出版的与他人合著的 *A Global Geochemical Database* 中，对分析的要求全盘接受了他的思想与规定。20 世纪 90 年代提出了地球化学块体理论，发展了深穿透地球化学的理论与方法技术，制定了"迅速掌握全局，逐步缩小靶区"的矿产勘查新战略。21 世纪初又进行了全国 76 种元素的地球化学填图这一人类历史上空前的工程，晚年竭力推动全球地球化学填图，并最终促成在中国廊坊建立了全球尺度的地球化学国际研究中心。发表论文百余篇、专著 3 部。获何梁何利基金 2002 年度科学与技术进步奖、国家科技进步二等奖、2007 年国际应用地球化学家协会金质奖章。谢家荣、谢学锦是中国的一对父子院士。谢家荣对谢学锦言传身教，影响至深，使谢学锦从小就立志成为一名科学家。谢学锦少年时，博览群书，养成开阔活跃的思路；在大学阶段，谢家荣让谢学锦报考浙江大学，那里有谢家荣的好友竺可桢校长，后来因为参加学运被迫转学时，谢家荣又通过好友俞建章将他转入重庆大学。谢学锦自重庆大学毕业后，又通过竺可桢介绍进入永利化学厂工作。在谢学锦进入矿产测勘处工作后，谢家荣更指引谢学锦进入新兴的地球科学学科勘查地球化学，开拓发展，终成大器，而他"be not lost in details"(不要迷失在细节中)的教诲，更让谢学锦终身受益。

五月　在《科学》第 8 卷第 5 期发表《中国铁矿床之分类与其分布》。本文根据当时已经有的资料，将中国铁矿划分为 7 个类型：主要分布于河北东北部和东三省的太古界铁矿，见于河北西北部的元古界之层形铁矿(宣龙式)，中国北部及中部以及华南和西南都有分布的水成岩中呈结核状或乳状之赤铁矿、褐铁矿及菱铁矿(山西式)，主要分布在湘赣边界地区的石炭纪(?)变质砂岩中之赤铁矿层(萍乡式)，主要分布在中国东部及中部的与花岗岩有直接关系之赤铁矿及磁铁矿(接触变质矿床)，仅见于云南的次生矿床和主要见于闽浙一带的铁砂。

六月十五日　中国地质学会举行第六次全体会议，翁文灏主持会议。谢家荣在会上宣读了论文《关于中国地质调查所收到的第一块陨石的成分和结构》(On the Composition and Structure of the First Specimen of Meteoric Stone Received by the Geological Survey of China)，后刊于《中国地质学会志》第 2 卷第 3—4 期)。文章略述了中国两千多年来有陨石记载但无标本存留的情况。详述了坠落在甘肃导河的石质陨石的显微镜研究结果：矿物成分为顽火辉石(enstatite)、橄榄石

(peridotite)、铁镍合金(nickel iron)、磷铁石(sohreibersite)、少量磁黄铁矿(pyrrhotite)及磁铁矿(magnetite)等,具球粒状结构。经化学分析得出其化学成分为 50.16％ SiO_2、26.01％ MgO、15.71％ FeO、2.25％ S、2.15％ CaO、1.58％ Ni、0.63％ Cr_2O、0.49％ Al_2O_3、0.21％ P、0.17％ Co。文章附 4 幅陨石的显微照片。本文和其他几篇有关中国陨石研究的论文奠定了谢家荣作为我国现代陨石学研究先驱的地位。

六月　在《农商公报》第 107 期(第 9 卷第 11 册)发表两篇文章,一篇是署名翁文灏、谢家荣的《说地质图》,一篇是《美国之研究地质事业》。《说地质图》一文论述了地质图的应用、地质图的发展史、地质图的测制、世界各国测制地质图的计划与成绩和中国测制地质图的计划与成绩。

《美国之研究地质事业》一文说,作者旅美有年,专攻地质,曾遍览其国立地质调查局、博物馆、科学院等,故对于美国地质研究机关及其组织有详细的了解,我国地质研究方在萌芽,称美国的研究地质事业可为借鉴。文章将美国地质研究机关(包括局、所、学校等数百个),别为六类:"一、国立机关,二、私人捐资的研究院,三、博物院,四、大学,五、学会,六、矿业公司。"分别介绍了各类机关的组织及所从事的工作。作者文末感叹道:

(美国)夫以年约三百万美金,以研究调查地质事业。政府为之提倡,实业家为之资助,人民又协力鼓吹,以观其成,而担任研究者,又就就业业。几若此中另有世界:矿之不发达,国民教育之不普及,得乎? 回顾吾国,则争政于上,民吁于下。欲分余力以从事此项事业,困难良多,故以年费只四万元之地质调查所,犹且经费支绌,而难扩充。以如是之代价,而欲求灿烂之结果,讵可得乎? 我国有施密松、卡南奇[①]其人乎? 著者不禁渴望之也。

(《农商公报》第 9 卷第 107 期第 11 册)

八月二十六日　晚与李捷夫妇同车离开北京,于 28 日抵达汉口。依照调查湖北全省地质计划,与刘季辰前往湖北,进行第一区的地质调查[②],调查范围为武昌、鄂城、大冶、阳新、通山、咸宁、蒲圻、崇阳、通城一带。

李捷(1894—1977),字月三,号大鼻,中国地质学家。河北成安县人,1916 年

---

① 施密松,英国人,毕业于牛津大学化学系,毕生从事科学研究,终身不娶,以其遗产捐资美国,在华盛顿建立施密松研究院。卡南奇,美国钢铁大王,前后捐资 2 200 余万美元,建立卡南奇研究院。
② 调查湖北地质的日程据谢家荣 1923 年的日记。

毕业于农商部地质研究所。曾任中央研究院地质研究所研究员,湖北省矿产调查队队长,河北建设厅厅长,地质部水文地质工程地质局总工程师,水利部勘测设计管理局地质总工程师,水电建设总局副总工程师等职。早年李捷在华北、鄂北、豫南、陕南从事区域地质矿产调查。他是周口店北京猿人发掘工作最早的主持人,1927 年著有《周口店之化石层》等文。20 世纪 30 年代他先后在湖南、广西、贵州、湖北和江西等省进行地质矿产调查,为中国早期地质事业的发展作出了贡献。他在《鄂西第四纪冰川初步研究》(1940)一文中划分了鄂西山区的冰期,至今仍被沿用。1949 年以后,他主要从事水利电力建设中的工程地质工作,为国内众多水库、水坝、水电站的建设作出了贡献。他的主要著作有:《直隶易、唐、蔚等县地质矿产》(1919)、《秦岭中段南部地质》(合著,1931)、《广西罗城黄金寺附近地质》(合著,1936)和《河南陕县三门峡第四纪冰川遗迹》(1960)等。

八月　在《科学》第 8 卷第 8 期发表《中国陨石之研究》,开中国现代陨石学研究的先河。

谢家荣《中国陨石之研究》绪言:

中国陨石自春秋以来,载诸史乘,见诸笔记者,不可胜记。春秋记宋五陨石,谓之陨星,实为世界陨石记载中之最古者。且当时已知陨石为地球以外之物,尤为难能可贵。盖陨石之成因,欧洲学者至十八世纪而始论定,则去春秋记陨石之年已阅二千四百余载矣。惟古时每以陨石与流星相混,史家记载流陨合一者尤多,欧洲亦然。书有陨石出于流星之说,实则二者大有异也。

吾国于陨石发明最早。然后人笃守旧闻,不加研究,且往往杂以神怪祥异之说,以致二千年来,迄少进步。惟其中亦有一二作精详之记载者,如沈括梦溪笔谈,记常州陨石(参阅章鸿钊著《石雅》第三三〇页)则颇合科学家言。且以陨石与铁并论亦自沈氏始。其启发之功,尤足多焉。

本篇首列中国历代陨星陨石之统计,详加讨论。次则略述近年来所发现确实可靠之中国陨石二则。所望国内学者群起研究,未来发明源源不竭,亦吾国学术界之幸也。

(《科学》第 8 卷第 8 期,第 823 页)

谢家荣《中国陨石之研究》"现知之陨石":

以号称为发明陨石之始祖之中国,历二千余年而至今日,不特于陨石之科学上无所贡献,即真正之陨石标本亦多转再遗失,渺不可得。以著者今日所知,可确信

为中国之陨石者,仅有二。一在甘肃,一在内蒙古。兹略述如下:

一、甘肃导河县陨石。当著者于民国十年赴甘肃调查地震时,即闻导河陨石事。顾求其石而不可得。乃致书导河县知事阎君,得覆书如下:——"陨石地点为县治南六十里南阳坡,于民国六年七月十一日正午,忽闻大声如炮,瓦屋震动,嗣声渐低,如击鼓,历时五六分钟。同时空中有白光一道。附近居民惊骇奔视。陨石处为黄土地。石陷入尺余,状如牛头,黑色,叩之,有金属声。似含铁。重八十七斤(一一七磅)。其石现在甘肃督军署云云。"归京后有袁君涤庵适藏有该石小块,蒙赠为地质调查所陈列之用。余遂得磨为薄片,置显微镜下研究。查得该石为石质陨石,含矿物五种,即顽火石(enstatite)、橄榄石(peridotite)、铁镍合金(nickel iron)、磷铁石(sohreibersite)及磁铁矿等是也。其中以顽火石、橄榄石为最多,成圆球状组织。其余三种,为金属矿物,成鳞片,散浸全体。石之表面有黑色皮一层厚一公厘许。面粗不平。石之内部现淡灰色,质坚密,圆球清切可见。击之不易碎。以石片磨光,则金属质散浸全体,闪烁发光。此石现正化验未竣。他日当另作专论及之。

二、蒙古陨石。此石于民国九年九月在内蒙古林西(巴林)北三百里兴安山脉中乌珠穆沁地方发现。为郑家屯大来农场日人薄守次氏所藏。其陨落年月不可考。嗣经南满铁道地质调查所员青地乙治及小泽贵二研究,断为铁质陨石一类。该石长一尺四寸一分,宽八寸一分,高七寸,重六八.八六公斤。含铁百分之一六。报告原文载支那矿业时报第五十四号。

(《科学》第 8 卷第 8 期,第 827—828 页)

九月三日　在武汉参加由湖北地质调查所所长召集的会议,讨论调查地质事宜。

九月二十四—二十六日　从武昌经王家店、华容道鄂城,沿途考察地质。

九月二十七—二十九日　住鄂城,赴西雷二山考察铁矿,考察象鼻山等地,抵达大冶。

九月　在《科学》第 8 卷第 9 期发表《中国陨石之研究附表》。

十月一—十日　考察碳山湾地质,汉顺公司金子坊、罗汉山等处煤矿,陈家湾煤矿,碳山湾与黄石港之间地质,青山湾等,并至汉冶萍冶炼厂参观。

十月十一—二十日　考察谭家桥铁矿,铜绿山铁矿,龙角山、欧阳山、刘许山、牛头山铜矿,大冶至姜桥间沿途煤矿。

十月十二日　在中国科学社第八次年会上,由人代读论文《中国坠石考》。①

---

① 《科学》第 8 卷第 10 期(1923 年 10 月发行),第 1105—1112 页。

十月二十一—二十三日　自阳新行 30 里至陶港镇,取道铜铛寺,继至蔡家湾,翻越千尺高之大山,共行 40 余里至黄颡口,再自黄颡口搭划子至篁士儿,寓官矿局炼厂。

十月二十四—三十一日　赴南山调查,采得甚多化石。赴银山调查锰矿。赴排市南山找得甚多三叶虫化石。赴辛潭铺、龙潭港、大畈市考察地质,赴北山采化石。

十月　在《科学》第 9 卷第 10 期上发表《甘肃北部地形地质简说》[*Preliminary Notes on the Topography and Geology of Northern Gansu (Kansu)*]。文章分北、中、南三区讨论了甘肃的地形,以 8 幅剖面图讨论了甘肃的地层和构造,将甘肃出露的地层自下而上划分为:太古界的片麻岩系,元古界的南山系千枚岩、石灰岩、石英岩及变质页岩等,下部古生界陇山系砂页岩和石灰岩,石炭纪煤系,二叠纪煤系,侏罗纪—第三纪的红层,黄土和近代地层。此外还有元古代和石炭纪以前的花岗岩出露。

十一月三—八日　抵咸宁。在县署内绘图,编写调查简报,撰写概说。

十一月九—十三日　赴蒲圻县孤竹桥考察广丰公司煤矿,赴崇阳县东白霓桥考察地质。

十一月十四—十七日　自崇阳经石城湾、大沙坪,抵通城,在通城附近观察地质,再返回大沙坪。

十一月十八—十九日　由士兵 8 人护送至羊楼峒,往新店考察地质。

十一月二十一—二十一日　经赵李桥、蒲圻,至神山。

十一月二十二—二十四日　至嘉鱼县属游家山煤矿及开源公司调查,再至土地塘,到离土地塘 8 里外之仙人山煤矿调查,后乘火车返回武汉。

十一月二十五日　编写第 2 号简报。

十一月二十六日　赴官矿局见刘叔光,晤杨所长,晚过江候车,离开汉口返北平。

十一月二十八日　9 时半抵达北平,结束了历时 3 个月的湖北地质考察工作,完成十万分之一大新铜矿地质图一幅和调查区五十万分之一地质全图一幅。

是日　加入中国科学社①。

中国科学社理事会第 7 次会议记录(1923 年 12 月 28 日):第七次理事会十二月廿八日在山东馆举行。到会者:任叔永、秉农山、柳翼谋、王季梁、杨杏佛②、过探

①　1951 年 4 月 20 日谢家荣填写的《干部履历书》(中央人民政府政务院财政经济委员会)中填写为:1922 年加入中国科学社。

②　会议记录中"到会者"中有杨杏佛,但会议签到簿中无。

先、竺可桢。通过高鲁、查德利、谢家荣三君为本社普通社员。（上海市档案馆，档号 Q546－1－63－48）

十二月 与刘季辰在《农商公报》第 113 期上发表《调查湖北全省地质简报》第一区第一号、第二号。两期简报概述了调查的路线和范围，调查区内的地形和地质概况及矿产概况，矿产则主要叙述区内的煤矿。

是月 编译的《中国铁矿志》下册（丁格兰著）出版。

是年 刘季辰依据地质学原理，发现安徽宿县雷家沟煤田。谢家荣在《矿测近讯》1947 年 1 月号第 71 期的《如何发现新煤田》一文中说：

现在我们看看民国以来有没有依据地质学理发现新煤田的例子。我的答案是属于正的，并且已经有三个彰明的例子：

第一个例子是安徽宿县的雷家沟煤田，这是刘季辰先生在民国十二年发现的。雷家沟的东边有一座山叫烈山，沿着山坡一带，老窑密布，后来由普益公司用机器开采，每日产量二三百吨，所产的都是无烟煤。烈山的主体是由奥陶纪石灰岩组成的，但是它的位置却是在煤系之上，因为这儿一带的地层都向东南倾斜，倾角甚平。这种层位倒置的现象，可能有二个解说，一是逆掩断层，一是倒转褶曲。研究各地层的详细层序，证明逆掩断层是最合理的解说。烈山之西是濉河的平原，南北延绵数十里，东西宽展十余里。刘先生在平原的谷沟中仔细搜寻，发现了一些类似煤系的页岩，它向西北倾斜，倾角较陡，这与烈山西坡的煤系，造成了一个不对称的背斜层。刘氏依据这项事实，推想煤层有向平原延展的可能，乃建议公司，施行钻探，一共打了十三个钻眼，发现了厚达一公尺至六公尺的煤层五六层，总厚达十公尺左右。据刘氏报告，这新煤田的煤是烟煤并且还能炼焦，但是分析表竟告遗失，煤样更难寻觅，后来实业部为复证煤质，续施钻探，不幸未竟全功，即行结束。翁文灏先生在地质汇报第十八号有一篇详尽的报告，对于这新煤田的构造，研讨颇精，凡是对于煤田地质有兴味的人，俱应一读。

一九二四年　甲子(民国十三年)　二十八岁

　　提要　北京。任职地质调查所,赴湖北调查地质。著中国第一本普通地质学教科书。

　　一月五日　中国地质学会第2届年会在北京地质调查所开幕。会长丁文江主持会议,副会长翁文灏报告工作。谢家荣报告会务。下午谢家荣代表因故缺席的章鸿钊宣读论文《杭州西湖成因一解》(The Origin of His Ho or the Western Lake of Hangchow)。

　　一月七日　下午在年会上宣读论文《鄂东南的古生代地层》(The Palaeozoic Formation of Southeastern Hubei),讨论时丁文江和葛利普作了发言。

　　一月八日　第2次年会选举翁文灏为会长,李四光、王宠佑为副会长,丁文江、谢家荣、王烈、章鸿钊、叶良辅、安特生、何杰为评议员。

　　一月　在《科学》第9卷第1期发表《陨石浅说》。介绍了陨石的定义、颜色、形状、分类、化学成分、矿物成分、鉴别方法以及国内外陨石简况。

　　二月　在《中国地质学会志》第3卷第2期发表《湖北东南部地层系统》(Stratigraphy of southeastern Hubei),湖北实业厅将其列入《湖北地质矿产专刊》第二号,于同年二月印行。它是湖北第一区地质调查的成果之一。此前,日本地质学会的野田征尔罗(Seijirro Noda)于1912年考察过湖北东南部的地层,他将该区的地层自下而上划分为4层:

　　1. 蕲州层:由黏土板岩、砂岩、石英岩夹薄层石灰岩和煤层组成,有晚石炭世化石发现。

　　2. 兴国层:由厚层石灰岩、黏土板岩和砂岩与煤层的互层组成,有石炭二叠纪的化石发现。

　　3. 黄石层:主要由砂岩、黏土板岩和煤层组成,时代为二叠纪到侏罗纪。

　　4. 红色砂岩和砾岩及页岩。

　　谢家荣、刘季辰1923年秋进行的地质调查有了巨大的进展,发现了大量从奥陶纪到侏罗纪的化石,据此纠正了野田征尔罗的错误,将湖北东南部的地层重新划分为8层(自下而上):

1. 奥陶纪的大畈石灰岩

2. 志留-泥盆纪的富池口页岩砂岩

3. 下石炭统的阳新石灰岩

4. 下-中二叠统的炭山湾煤系

5. 二叠纪-三叠纪的大冶石灰岩

6. 侏罗纪的武昌煤系

7. 上侏罗统的灵乡砂砾岩层

8. 红层

此外在调查区内还发现了两种火成岩：闪长岩或花岗闪长岩，斑状流纹岩。

是月　发表论文《湖北地质矿产概说》（与刘季辰合著），刊于《湖北地质矿产专刊》第一号，是1923年秋考察湖北第一区地质的成果之一。文章列出了日本地质学家野田势次郎、美国地质学家威烈士、奥地利地质学家洛川氏、德国地质学家李希霍芬等人调查湖北地质的相关成果，指出本期鄂东调查所得比之前人有较多的校正。将湖北铁矿别为4类（接触铁矿、水成铁矿、太古界变质铁矿和砂铁矿），铜矿别为3类（接触铜矿、溶液沉淀铜矿、水成铜矿），鄂东煤矿别为3大类（侏罗纪煤系、二叠纪煤系和石炭纪灰岩内的煤系）以及锑、金、硫、云母、绿松石、盐等矿产的分布。文末有各矿业公司的详细列表。

是月　依据1915年地质调查所调查的绥远地质矿产，作者1921年考察海原大地震后对甘肃、宁夏的地质矿产调查和早年有关人员对陕西石油地质调查，著文《西北矿产概说》[①]。全文分为"新疆矿产""甘肃矿产""陕西矿产"和"蒙古矿产"四个部分，涉及上述四个地区的金、铜、煤、石油等矿产。

三月二十二日　农商部布告第二号，给予包括谢家荣在内的14人以矿业技师合格证书，节录如下：

为布告事案，照本部订定技师甄录章程举行技师甄录，业将合格人员陆续分别呈报公布在案。兹续查有王在农等五十八人均经本部技师甄录委员会照章审查合格，除分别给予技师合格证书并呈报大总统备案外，合将姓名科目列表公布如左，特此布告。

部印

中华民国十三年三月二十二日　农商总长颜惠庆

---

①　本文原件存全国地质资料馆，有两个文档，档号989、990。依据其内容，显然为同一份资料被人拆分成了两份资料。前一文档的封面上用铅笔加上"石油"二字和"1924"。后一文档则在首行下注"十三年二月谢家荣编"。

农商部技师甄录合格人员姓名表(十二年十月至十二月)

姓　名	年岁	籍　贯	毕业学校名称	技师名称	科目	给证年月	现任职务
……							
桂步骏	三三	安徽石埭	江南高等实业学堂	矿业	采矿科	十二年十月	
王恒源	二八	直隶南宫	北洋大学	同右	同右	十二年十一月	
朱焕文	三五	直隶定县	同右	同右	同右	同右	地质调查所调查员
杜景芳	三五	吉林宾县	美国米西干大学	同右	同右	同右	吉林实业厅技士
李锡麒	三五	山东	日本大阪高等工业学校	同右	采矿冶金科	十二年十月	
叶良辅	三〇	浙江杭县	美国哥伦比亚大学	同右	应用地质科	同右	地质调查所技师
谢家荣	二六	江苏上海	美国威斯康星大学	同右	同右	同右	同右
谭锡畴	三二	直隶吴桥	农商部地质研究所	同右	同右	同右	同右
董　常	三二	江苏江阴	日本东京帝国大学	同右	同右	同右	地质调查所调查员
孙云铸	二八	江苏高邮	北京大学	同右	同右	十二年十月	同右
钱声骏	二九	浙江上虞	同右	同右	同右	同右	同右
刘季辰	三〇	江苏嘉定	农商部地质研究所	同右	同右	十二年十一月	地质调查所技师
仝步瀛	三二	直隶永年	同右	同右	同右	同右	地质调查所调查员
李　捷	三〇	直隶成安	同右	同右	同右	同右	同右

　　以上十四名合于章程第一条第一项及第三条第三款之规定,应给予矿业技师合格证书。

　　(《政府公报》布告第二千八百八十号,三月二十八日,第206册,第439页)

　　四一五月　和刘季辰赴湖北,调查全省地质计划的第二区调查,调查地区为鄂东襄阳以东、长江以北,自枣阳至应山、麻城、罗田一带。调查分为三个阶段:第一阶段为 4 月 9 日至 4 月 24 日,调查武穴至广济田家镇以及圻春、浠水、黄冈等处的地质及煤矿;第二阶段为 4 月 27 日至 5 月 10 日,调查横店、黄陂至占店、黄安、蔡店、河溪、王家店、应城等地的地质矿产及膏盐矿;第三阶段为 5 月 14—31 日,调查皂市至京山、宋河、安陆、应山、广水、东篁店等地的地质矿产。

谢家荣、刘季辰《调查湖北全省地质第二区简报 第一号》之"行程纪略":

民国十三年四月九日由汉口搭轮至武穴,翌日抵埠。十一日至广济县,十二日调查县北地质。十三日至田家镇,调查煤矿。十五日至蕲春,调查迎山一带煤矿地质。十九日至圻水。廿二日至黄冈,研究赤壁一带地质。廿四日回汉口。

(《农商公报》第 120 期《报告门》,第 6 页)

谢家荣、刘季辰《调查湖北全省地质第二区简报 第二号》之"行程纪略":

民国十三年四月二十七日,自汉口搭京汉车至横店,再二十里,驻黄陂县。二十八日至占店。二十九日至黄安。三十日至蔡店。五月一日至河溪。二日至王家店。三日由王家店搭火车至孝感。四日至应城。五日至十日赴西北二山,调查膏盐矿产。

(《农商公报》第 120 期《报告门》,第 9 页)

谢家荣、刘季辰《调查湖北全省地质第二区简报 第三号》之"行程纪略":

五月十四日自应城出发,经皂市至京山。十六日至十八日在京山附近调查。十九日自京山越扶儿岭至宋河,二十日至二十一日在宋河附近调查。二十三日至安陆,二十四日至二十六日在安陆附近调查。二十八日至应山,二十九日在应山附近调查。三十号抵广水。三十一号赴东篁店考察铜矿。

(《农商公报》第 120 期《报告门》,第 17 页)

七月 第二区的考察结束后,在《农商公报》第 10 卷第 120 期发表了《调查湖北全省地质第二区简报》第一号、第二号和第三号,署名谢家荣、刘季辰。简报除记述三个阶段的行程外,报道了考察所得区内的地质概况(即地层的分布与岩性)。区内出露的地层有太古界片麻岩系、元古界片岩及千枚岩系、志留泥盆系的武穴石灰岩及砂页岩、京山县城北至扶儿岭之间的寒武奥陶纪地层、武穴-蕲春之间的下石炭统阳新石灰岩和二叠纪的炭山湾煤系、武穴与田家镇间构成京山山脉主干的二叠三叠纪大冶石灰岩以及出露于低洼地区的侏罗纪红层。简报还记述了区内的矿产，主要是煤和铜，特别详细地记述了应城的石膏矿，包括矿区的地质情况、石膏矿的沿革、采膏情况、煮盐、开支、运输、交易、税捐和产额。

八月　与刘季辰合著的《振兴湖北矿业意见书》在《农商公报》（第 11 卷第 1 册第 121 期）发表。文章根据业已进行的调查湖北全省地质工作，拟具了振兴湖北矿业的四点意见：第一为设法开采大冶、阳新二县的铜矿，以应国内之需，论述了二县铜矿具有勘探价值；第二是探采武嘉蒲三县的煤矿，以应武汉一带重镇之需要；第三，推广应城石膏矿的用途；第四是建议筹设湖北全省勘矿事务所，以指导矿商促进矿业。

十月　所著《地质学（上编）》（中国科学社丛书之一）由商务印书馆出版发行①。此为中国地质学家编著的第一本普通地质学教科书。丁文江作序道：

十三年前我在上海教书。最使我奇怪的事，是中学校以上的科学，都是用外国语教授。校长以此为条件，学生以此为要求，教员以此相夸耀。还有许多不通的留学生，说中国话不适用于教授科学！我起初还以为这种风气只是在上海通行，以后到了北京才知道北京的学校也是如此。清华学校的算学，先用国文教一年，第二年把同样的算学用英文再教一年！内地学校的科学却多是用国文教的，但这不是他们开通，却是因为请不到这许多会说外国语的教习。内地学校的程度，因为种种的原因，自然不如上海、北京，所以上海、北京的教员，往往拿这种事实来证明教授科学非用外国语不可。结果科学教员不是教科学，是教英文；程度差一点的学生，固然是丝毫不能领会，就是好学生也不免把教授的语言当作教授的本旨，又何怪卒业的学生只知道 abc，不懂得 xyz 呢？

要改革这种恶风气，第一是要有几部用本国文做的科学教科书。有了相当的课本，只会说外国话的教员，就失去了护身符。只会说中国话的教员，就有了指南针。

但是做一部好的科学教科书，谈何容易！做一部好的地质学教科书，尤其困

①　此前有关谢家荣的传记性资料都说《地质学（上编）》是竺可桢在东南大学（今南京大学前身）创办地学系，1921 年聘任谢家荣担任该系教授，讲授普通地质学等课程，其讲课所用教材几经修改后，1924 年由上海商务印书馆出版，名为《地质学》（上册）；其依据大概是张祖还的《谢家荣先生对中国早期地质教育的贡献》中所述。但查阅竺可桢的资料，并无 1921 年聘谢家荣到东南大学任教的记录，同时谢家荣在《科学》第 6 卷第 9 期发表的《记美国之国立地质调查局》又说他 1921 年 1 月"又至华盛顿参观地质调查局"，1921 年 4—12 月都在甘肃进行地质考察，也不可能任教于东南大学。再看丁文江给《地质学（上编）》所作的序，也称截至该书出版时"他生平没有教过书"，可见关于《地质学（上编）》是谢家荣在东南大学任教时所用教材修改而成的说法是不正确的。此外，原本拟定由徐韦曼续撰的本书下编最终未能问世，所以这本《地质学》教科书迄今也就只有上编而无下编。

难。数学、物理、化学,没有地理的关系,无论哪一国,材料都是一样的。做教科书的人,不会做,也会偷。动物、植物,已经不能不取材于本国,然而究竟只要举几种标本,比较还有办法。惟有地质学,同地理的关系太密切了;不知道本国地质学的人,竟自无从下笔,偷也没有地方偷。加之本国的学生对于世界地理的知识太幼稚了,看见外国的地名一百个中认不得一个。把美国或是英国的地质学教科书译成中文,满纸是面生可疑的地名,如何可以引起他们的兴味?

欲做好的教科书,还有一种困难。教科书越是浅近,越是不容易做。做书的人不但是要对于本门的学问有专门的知识,而且:(一)要曾经自己做过许多独立的研究;(二)要有过许多教书的经验。不然不是对于本科没有清切的发挥,就是不知道学生的苦处。所以美国的标准地质教科书,是张伯伦同沙尔士伯利 Chamberlain & Salisbury,法国的是奥格(Haug),德国的是凯撒(Kayser)。这几位都是大学校的老教授、地质学的大明星,所以他们的书不但风行本国,而且世界皆知。在中国,目前地质学者备这两种的资格的人本来是极少数,有这种资格、又不一定有功夫去做这种书。万不得已,与其仅有教书的经验,不如单有研究的资格。因为教书一半是天才,做过独立研究而有几分天才的人就是没有教书的经验,还能想象教书的需要;若是没有独立工作过的人,教的书是死的,不是活的,做出来的教科书自然也带几分死气。英国的纪器(Geikie)就是一个绝好的例。纪氏生平没有教过书,但是他是英国地质调查所老所长,对于地质学的贡献很多,所以他的地质学教科书,A Text Book of Geology,地质学课本 A Class Book of Geology 都是英国科学界的名著。

谢家荣先生是中国地质学界最肯努力的青年。他生平没有教过书,但是自从民国五年以来,除去在美国留学的三年之外,每年总有四个月在野外研究地质。他的足迹,东北到独石口,西北出嘉峪关,东到山东、江西,西到湖北、四川的交界,南到湖南的郴州宜章江华。又做过中国地质学会的书记,熟闻中外师友的发明,饱受地质学界老将葛利普先生的指导,所以他至少有了做中国地质教科书一大半的资格。他又好读书,能文章,所以他做的这一部教科书,虽不敢说是理想的著作,然而其中的条理分明,次序井井,所举的例都是中国的事实,如地震的原因、矿产的分布、河流的变迁,都采入最近的研究以引起读者的兴趣,不能不算是教科书中的创著了。全书分两部:上部是谢君自己做了,下部将由徐君韦曼续做。徐君是谢君的同学,在东南大学教授地质。若是他能把这几年教书的经验来补正谢君的缺点,成功一部中国的标准教科书,谢徐二君就是中国科学教育界的功臣了。

十三、八、九
丁文江

谢家荣《地质学上编例言》：

一、本书分上下二编，上编论地质学之原理方法，下编专论地史，归徐君韦曼续撰。

二、本书体裁仿照美国葛利普氏最近出版之地质学教科书 A. W. Grabau's Text Book of Geology，先论地球之组织成分、矿物岩石之性质分类，然后详考各种动力之现象，与所生之结果，终乃述地质构造及矿床概论。循序而进，期易了解。

三、地史学为地质学之基础，而尤必以古生物学为之基础。在非专攻地质之学生，既无暇习古生物学，自未易骤习地史学。本书为便利一般读者起见，末附地史浅释一章，庶几于地球发育之端、生物进化之迹，得以略窥大凡焉。

四、研究地质，理论与实习并重。寻常地质教科书只有理论而无方法，学者病之。本书欲补此缺，特附地质测量及中国地层表二章于后，略述调查方法及中国地质概况，俾野外旅行者览此，可得参考之助。

图 15　中国人编著的第一本普通地质学教科书《地质学（上编）》（商务印书馆，1924 年 10 月）

五、地质教科书之教材，理论之外，尤重实例。实例之选择，首重本国材料，盖既便读者记忆，且足以鼓励研究之兴趣。我国地质调查，方在萌芽，搜集材料，颇不易易，乃就目下所知，而足为教材之用者，咸为采入；其为本国所无或犹未发见者，如火山、喷泉等等，则仍不得不取材于异国。惟编辑时间，万分局促，遗漏之处，尚望阅者谅之。

六、本书所用专门名辞，悉照地质调查所出版董常君所著之地质矿物岩石及地质名词辑要，以昭统一。

七、本书所列关于国内地质之照片插图等，大半系地质调查所历年研究之成绩，蒙所长许以择尤刊印，曷胜感谢。又安特生、叶左之、谭寿田、王云卿、周柱臣诸君，亦各以所摄影片见赠，合并致谢。

八、本书编辑之时，承我师丁在君、翁咏霓、章演群诸先生及葛利普、安特生二君殷殷指导，时加匡正；及全书脱稿，又承章演群、翁咏霓二先生悉心校阅，作者感激之余，用志数语，以鸣谢悃。

民国十三年八月谢家荣谨识

十—十一月 与赵亚曾赴湖北进行地质调查，范围为鄂西宜昌、兴山、秭归、巴东、恩施等 12 县，此行所建立的地层系统较之前人更为完善。

谢家荣、赵亚曾《湖北宜昌、兴山、秭归、巴东等县地质矿产》：

民国十三年十月，荣等继续调查湖北全省地质。本区范围为鄂西宜昌、兴山、巴东、施南等十二县。刘君季辰因病未能出发，乃由地质调查所另派赵君亚曾共同调查。于十月二十一日由汉口搭轮至宜昌，二十六日开始调查。先至宜昌北行，经黄家场、罗惹坪等处，该处地层完备，化石丰富，故研究稍详。预定计划本拟东至远安，更绕道北行，经通城河后坪、段家坪等处而达兴山，乃因后坪一带匪氛极炽，旅行不便，不得已改由雾渡河沿川汉路赴兴山，复自兴山而秭归、巴东。是时适北京政变，全国骚然，川鄂之间军事布置尤形严重。荣等本定由巴东赴施南，再由施南取道北大路返宜昌。至是因种种障碍，无法进行，不得已遂搭民船返宜昌。计前后调查约一月有半。

（《地质汇报》第七号，第 5 页）

谢家荣、赵亚曾《调查湖北全省地质第三区第一号简报》之"行程纪略"：

民国十三年十月二十六日，自宜昌北行五十里，驻黄家场。二十七日至罗惹坪，廿八、廿九二日研究附近地质。三十日驻白庙子。三十一日驻雾渡河。十一月一日驻观音堂。二日驻学堂坪。三日驻两河口。四日驻黄狼坪。五日至兴山县。

（《农商公报》第 11 卷第 127 期《报告门》，第 24 页）

谢家荣、赵亚曾《调查湖北全省地质第三区第二号简报》之"行程纪略"：

民国十三年十一月八日，自兴山县南行，驻大峡口，九日至十日在大峡口附近考察。十一日驻秭归县，十二日休息。十三日自县西行，驻石门。十四日驻巴东。十五日西行驻楠木园。十六日上午沿江上行至距四川交界约二十里之地，下午复返巴东。

（《农商公报》第 11 卷第 127 期《报告门》，第 33 页）

赵亚曾(1899—1929),字予仁。河北蠡县人。古生物学家、地层学家、区域地质学家。1917 年考入北京大学,1919 年入地质系,1923 年毕业后,旋即进入农商部地质调查所任调查员,同时兼任北京大学地质系古生物学助教。1923—1927 年间,他跑遍了大半个中国,在六大行政区的若干地域作了大量工作,在区域地质、矿产地质、地层学、古生物学、大地构造学等方面都有建树,受到国内外地质界的好评。1928 年升任农商部地质调查所技师兼古生物学研究室主任。1929 年 2 月,在中国地质学会第 6 届年会上,当选为学会评议员(理事)。同年,在中国古生物学会成立大会上,当选为首届评议员(理事)。1928 年升任地质调查所技师。1929 年与黄汲清到陕西秦岭及四川作地质调查。9 月前往云南东北部调查。11 月 15 日在昭通县闸心场被持枪行劫的土匪杀害,年仅 30 岁。丁文江悼诗"三十书成已等身,赵生才调更无伦"代表了科学界的公论。主要论著有《中国北部太原系之瓣鳃类化石》《中国长身贝科化石》《中国石炭纪及二叠纪石燕化石》《栖霞石灰岩之腕足类化石》《山东章邱(丘)煤田中之海成地层》《中国北部太原系之时代》《南满石炭纪地层之研究》《南京栖霞石灰岩之地质时代》《开平盆地附近地质》(赵亚曾,侯德封,李春昱)、《湖北宜昌兴山秭归巴东等县地质矿产》(谢家荣,赵亚曾)等。

十一月二十一日 中国科学社第 33 次理事会议决将商务印书馆所出谢家荣著《地质学》10 本送谢家荣。

中国科学社理事会第 33 次会议记录(1924 年 11 月 21 日):

(二)"科学丛书"第一种谢家荣君所著之《地质学》已出版,商务依照合同送本社念本,惟著者谢家荣君虽已将版权售与本社,本社仍应酌送该书若干份作为报酬。

当议决:酌送谢君十本。

(上海市档案馆,档号 Q546-1-63-127)

一九二五年　乙丑(民国十四年)　二十九岁

　　提要　北京。任职地质调查所,赴湖北调查地质。与叶良辅合作发表《扬子江流域巫山以下之地质构造及地文史》,代授北京大学地质系二、三年级经济地质学。

　　一月三一五日　出席中国地质学会在地质调查所举行的第 3 届年会,并于 3 日下午在会上宣读了与赵亚曾合著的论文《湖北宜昌罗惹坪志留纪地层之研究》(The Silurian Stratigraphy of Lo Jo Ping, I Chang),全文刊于《中国地质学会志》第 4 卷第 1 期,第 39—44 页(*A Study of the Silurian Section at Lo Jo Ping, I Chang District, W. Hubei*),在 5 日下午的会议上宣读了和赵亚曾合著的论文《扬子江峡谷的中生代地层》(The Mesozoic Stratigraphy of the Yangtse Gorges),全文刊《中国地质学会志》第 4 卷第 1 期,第 45—51 页)。

　　二月　自本月起在北京大学地质系代课,为该系二年级学生讲授经济地质学(金属),为三年级学生讲授经济地质学(非金属),每周 3 小时。

　　于洸《谢家荣教授在北京大学》:

　　早在本世纪 20 年代,谢家荣教授即在北大地质学系担任教授。1927 年以前,我国培养地质人才的高等学校只有北大地质学系。1925 年上半年,谢先生在北大为二年级学生讲授"经济地质学(金属)",为三年级学生讲授"经济地质学(非金属)"。这两门课原计划每周 2 小时,谢先生讲授时增加为 3 小时。

　　(《河北地质学院学报》1994 年第 17 卷第 1 期,第 101 页)

　　北京大学注册部 2 月 11 日布告:

　　地质系三二年级经济地质学,何杰先生因事不克讲授,兹请谢家荣先生代课。

　　(《北京大学日刊》第 1620 号,1925 年 2 月 11 日第 1 版)

　　北京大学注册部 2 月 23 日布告:

地质系三二年级经济地质学每周各加一小时,仍由谢家荣先生代授,其时间列在星期一日,三年级为第五时,二年级为第四时,均上第一教室。

(《北京大学日刊》第 1629 号,1925 年 2 月 23 日第 1 版)

是月　发表《调查湖北全省地质第三区第一号简报》《调查湖北全省地质第三区第二号简报》,署名地质调查所技师谢家荣、地质调查所调查员赵亚曾(载《农商公报》第 11 卷第 7 册第 127 期)。两期简报概述了调查区的地形,地层的时代与分布。区内出露的地层有太古界、震旦系、寒武系、奥陶系、下志留统、下石炭统巫山石灰岩、上二叠统的大冶石灰岩,中生代地层发育甚广,分巴东系(杂色页岩夹薄层石灰岩)、香溪煤系和归州系(黄绿色砂页岩及紫色页岩)。矿产只涉及煤。

是月　发表《湖北应城膏盐矿报告(附石膏说略)》,刊《湖北地质矿产专刊》第 3 号,署名谢家荣、刘季辰。该书由湖北实业厅印行,铅印本,一册。报告述及应城膏盐矿的产地、含矿层的时代、矿物成分、矿山沿革、采膏方法(附《民国十二年应城石膏商及峒数、炉数一览表》)、煮盐的流程、矿山的开支、产品的运输和销售、税捐、产额(附"民国五年至十二年应城的石膏产量")。所附石膏说略论述了石膏的性质、种类及矿床、采矿、制炼、用途和世界石膏工业概况。

该书的"绪言"说:

民国十三年春,家荣、季辰等照原定计划,调查第二区之鄂北地质。应城属本区范围之内,而膏盐又为鄂省重要矿产之一,故特参观各峒厂详细调查,著为是编。又鉴于石膏工业我国尚未发达,关于制炼用途诸端,国人犹多未悉,爰另附石膏说略于后,以备各界之参考。调查时,蒙膏盐公会廖君怡人、黄君松涛及管理膏峒诸君指示一切,书此志谢。又民国五年湖北财政厅刊印魏颂唐君所著《应城膏盐纪要》调查极为详细,虽属明日黄花,亦颇多参考之价值,特志此以为绍介。

三月　与赵亚曾合著的《湖北宜昌罗惹坪志留纪地层之研究》(A Study of the Silurian Section at Lo Jo Ping, I Chang District , W. Hupei),刊于《中国地质学会志》第 4 卷第 1 期,39—44 页。其中文刊于《湖北地质矿产专刊》第 4 号。文章指出,长江中游之所谓新滩页岩以绿页岩及砂质页岩为主,由于鲜见化石,其时代定于奥陶纪和石炭纪之间,假定其为志留泥盆纪。1923 年秋调查鄂东南地质时在与新滩页岩非常相似的地层中发现了多种显著的志留纪化石,其属下志留纪无疑。1924 年秋调查宜昌等处地质时,在罗惹坪采得化石 40 种,且罗惹坪地区地层发育完全,堪称中国南方志留纪地层的典型剖面,故名之为罗惹坪系。描述了罗惹坪的地层剖面和所产化石。

是月　所著《兴山、巴东间中生界地层考》(*The Mesozoic Stratigraphy of the Yangtse Gorges*)刊于《湖北地质矿产专刊》第五号,署名谢家荣、赵亚曾。其英文版发表于《中国地质学会志》第 4 卷第 1 期。文章将兴山、巴东间之地层分为三叠纪的巴东系、侏罗纪的香溪煤系和白垩纪的归州系。描述了各系的地层剖面岩性、厚度及所产化石。文前概括了作者 1924 年秋考察鄂西地层的所得:

自彭潘来、奥本能、维理士、勃拉克韦特及野田势次郎诸家调查扬子江中部之地质后,始知宜昌一带地层完备,为中国南方地质模范区域之一。然前人调查往往略而不详,化石之搜集亦多嫌未足,因之于南方地质尚鲜清切明了之贡献。民国十三年春,北京大学调查团由李四光、赵亚曾二氏率领,至宜昌秭归等处考察地质。当时于古生界地层详细研究,发明至多,而于中生界地层则为时间所限,未遑详考。是年秋,著者等复由另一路线自宜昌经兴山、秭归而至巴东,观察所得,于长江地质颇多新颖之发现。如关于古生界者,则(一)我等已确定艾家山层系直接位于宜昌灰岩中 *Proterocameroceras matheui* 化石层之上。此项化石首先发现于直隶柳江煤田,既又见于江苏仑山。据地质调查所葛利普氏研究,谓系下奥陶纪之标准化石。(二)于新滩页岩内采获多数之精美化石。(三)我等已探定 *Fusulinella spherica* 之层位,并详究 Viséen 与二叠纪含燧石石灰岩之接触带。但我人重要之贡献尤为关于中生界地层之研究,兹论列如左。

昔维理士氏等调查宜昌附近地质,凡巫山石灰岩以上之地层皆谓之曰归州系,据其所含之动物化石而论,当属二叠纪,而就植物化石论,则当属侏罗纪,二者皆各具理由,莫能解决。故维氏等暂假定为二叠中生纪。日人野田势次郎调查较详,则分归州系为三部,即泄滩杂色板岩层、香溪含炭砂岩层及兴山赭色砂岩层是也。野田氏之分类虽已远胜维氏,而仍多谬误,故其所定各层之时代皆难尽信。此次调查仍分本系为三部如左。

(一)巴东系　三叠纪

(二)香溪系　上煤系　侏罗纪上部(Lias)

　　　　　　下煤系　侏罗纪下部(Rhaetic)

(三)归州系　白垩纪

　　　　　　　　　(《湖北地质矿产专刊》第五号,湖北实业厅印行,1925 年,第 1 页)

四月　为进行湖北省地质调查,请袁复礼暂代在北京大学的课程。

北京大学注册部 4 月 9 日布告:

地质系二三年级经济地质学谢家荣先生因事不克讲授,自下周起请袁复礼先生暂行代课。

(《北京大学日刊》第 1665 号,1925 年 4 月 10 日第 1 版)

四—五月　依据原定的调查计划,提前开展湖北省第六区的工作①,与刘季辰赴西南各县开展地质调查。此行自武汉出发,经沙市、枝城、宜都、长阳、五峰、鹤峰、来凤、咸丰、恩施、建始,止于宜昌。历时两月余,沿途考察了石灰窑,煤、铁、铜等矿产,建立了湖北西南部的地层系统。

谢家荣、刘季辰《调查湖北全省地质第四届第一号简报》之"行程纪略":

民国十四年四月二十七日搭江和轮离汉上驰,二十九日抵沙市。三十日自沙市改搭小火轮至羊溪。五月一日至枝江县,沿路考察石灰窑。三日自枝江至刹圆寺,四日至松柏坪。五日至七日考察郑家脑、写经寺等处煤铁矿产。八日驻刘家场,九日驻羊洞子,十日驻竹园坪,十一日驻渔洋关。十二、十三两日,天雨未行。十四日乘民船沿汉洋河下行达宜都县。

(《农商公报》第 12 卷第 137 期第 5 册《报告》,第 1 页)

谢家荣、刘季辰《调查湖北全省地质第四届第二号简报》之"行程纪略":

十四年五月十七日自宜都西行至郑家沱,调查煤矿。十八日驻长阳。十九日自长阳溯流而上,经庙沱、巴山,而至资丘,凡一百二十里,共行三日,于二十一日抵资丘,沿路考察煤矿。二十三日自资丘南行,驻花屋场。二十四日驻新衙门,二十五日抵五峰,二十六日自五峰西赴鹤峰,共二百四十里,经过茅庄岩、板河、石龙洞等处,凡四日抵鹤峰县治。三十一日在县城附近考察。

(《农商公报》第 12 卷第 137 期第 5 册《报告》,第 7 页)

谢家荣、刘季辰《湖北西南部地质矿产》之"行程纪略":

自北京地质调查所与湖北实业厅订立调查全省地质之计划后,已先后在鄂东、鄂西及北部一带实行测查。民国十四年四月,复有第四届西南各县之调查。兹将

---

①　原定第五区的调查工作,大概按照《湖北宜昌兴山秭归巴东等县地质矿产》所说,"因种种障碍,无法进行",而未见记载。

行程略记如次。

民国十四年四月二十七日,搭江和轮离汉上驰,二十九日抵沙市。三十日自沙市改搭小火轮至羊溪。五月一日至枝江县,沿路考察石灰窑。三日自枝江南行至松柏坪,调查郑家脑、写经寺等处煤铁矿产。八日至十一日自刘家场西行达渔洋关。十四日乘民船沿汉洋河下行达宜都县。十七日自宜都西行至郑家沱,调查煤矿。十八日至长阳县。十九日自长阳溯清江而上,经庙沱、巴山,而至资丘,沿路考察煤矿。二十三日自资丘南行至五峰县,复西行达鹤峰县,共行七日。六月二日自鹤峰经太平镇、沙道沟等处,而于六日抵来凤县。八日自来凤抵咸丰。十日至十一日调查咸丰袁家沟铜矿。十二日自咸丰北发,经白果坝、小关、倒筒塘、椒圆天桥等处,凡二百四十里,于十六日抵施南。十八日自施南循北大路,经建始、高店子、野山关、榔坪、贺家坪等处,共六百里,行九日,而于二十七日抵宜昌。二十九日由宜昌搭轮返汉口。是役也,前后共历二阅月,调查面积达宜都、枝江、施南等十余县。以山道崎岖,旅行至为艰苦。抵施南后,本拟作利川之行,但时以炎夏,酷热非常,野地工作,尤多不便,乃改计循北大路而归。查湖北西南部,地势辽阔,详细调查,非一二月间之所能竣事。兹行所见,东鳞西爪,尚难据以制绘全部之地质图。然地层系统及大体构造,固已了如指掌矣。

(《地质汇报》第 9 号,中央地质调查所,1927 年,第 75 页)

八月二十四—二十八日 中国科学社第十届年会在北京欧美同学会召开。在 28 日于兵马司胡同地质调查所举行的论文宣读会上,与叶良辅一起宣读论文《近年来扬子江流域地质之调查》。

二十八日为年会最后之一日,上午在兵马司地质调查所宣读论文。首由赵笃明讲《中国教育如何改革》。次竺可桢读《中国天气之种类》,依据天气图足以知晴阴、雨晦、寒凉、温热变迁之由来。次为青岛气象台台长蒋右沧《近十年来中国之气候》一文。再次为叶良辅、谢家荣《近年来扬子江流域地质之调查》,根据江苏、湖北、安徽诸省地质调查所实地测量之结果,将长江流域地史地文地质结构等制成图表影片,为近来地学界之重要供献也。

[《中国科学社北京年会记事录》(第十次年会),上海市档案馆,档号 Q546 - 1 - 227]

十月 除教授北京大学地质系的经济地质学课程外,为翁文灏代授北京大学地质系四年级的中国矿产专论课程。

北京大学注册部 10 月 17 日布告:

地质系四年级中国矿产专论及实习,翁文灏先生现因有事不克到校,暂由谢家荣先生代课。

(《北京大学日刊》第 1784 号,1925 年 10 月 19 日第 1 版)

北京大学注册部 10 月 19 日布告:

地质系四年级翁文灏先生所授之中国矿产专论实习,每周加一小时,仍由谢家荣先生代课,时间列在星期三日第三时,上第六教室。

地质系三年级谢家荣先生所任之经济地质学,每周加授一小时,其时间列在星期三日第一时,上第三教室。

(《北京大学日刊》第 1785 号,1925 年 10 月 20 日第 2 版)

十二月　在《农商公报》第 12 卷第 5 册第 137 期上发表《调查湖北全省地质第四届第一号简报》和《调查湖北全省地质第四届第二号简报》,署名地质调查所技师谢家荣、刘季辰。简报记述了第四区考察的行程和考察所得,概述了考察区的地形、地层系统、地质构造、矿量纪要,含 3 处铁矿、6 处煤矿,指出煤主要产于下石炭统。

是月　所著《湖北宜昌兴山秭归巴东等县地质矿产》,刊于《地质汇报》第七号,署名谢家荣、赵亚曾。详细阐述了该区的地势、地层、构造及矿产,尤其是建立了较前人更为完善的地层系统。

是月　所著《扬子江流域巫山以下之地质构造及地文史》(*Geologic Structure and Physiographic History of the Yangtze Valley below Wu Shan*),刊于《地质汇报》第七号,署名叶良辅、谢家荣。两位作者以地质构造为基础研究地貌,对长江三峡的成因和鄂西地文期有独创的见解,明确提出长江三峡的形成,首先由于河流的袭夺,而后是复幼深切的论断,并倡议建立鄂西期准平面、山原期壮年地面和峡谷期的三个著名地文期。这篇文章对于三峡的研究具有深远的意义。

叶良辅与中国地貌学文集编辑组《叶良辅教授的生平与贡献》:

1925 年(叶良辅)与谢家荣合著的《扬子江流域巫山以下之地质构造及地文史》对长江三峡成因和鄂西地文期有独创的见解,他们指出"有黄陵山外斜层,长江横贯之而成曲折峡谷(Entrenched Meandering Gorges)⋯⋯以再生河(Rejuvenated river)名之,亦无不可"。又说"黄陵外斜层褶曲时,必生斜坡,水顺坡东下,得开黄陵、宜昌间之大江,其后源头侵蚀既壮,乃强纳外斜层西翼之山水,以成今日之长江上游……故长江当始于褶曲变动之后"，"设以上层遗留河称之，与定义又未相符"，这里他们明确指出：长江三峡的形成，首先由于河流劫夺，而后是复幼深切。这一论断，为后来许多研究者（如李承三、沈玉昌等）所师承赞同。此外，叶、谢倡议的鄂西期准平面，山原期壮年地面和峡谷期的三个著名地文期，为后来研究者一再证实应用，并推演至贵州高原。而关于鄂西期地形特征的描述，五峰、鹤峰一带海拔1 700—2 000 米左右的峰顶"天际线一望如平湖"为"曾经削平后复升起之明证，名之为鄂西期地面，为经过准平原的地面"，这里叶师（与谢师）首先将准平原观念应用于长江以南的地形研究。

（杨怀仁主编：《叶良辅与中国地貌学》，浙江大学出版社，1989 年，第 6—7 页）

一九二六年 丙寅(民国十五年) 三十岁

提要 北京。任职地质调查所。任教北京大学地质系,讲授三四年级经济地质学和中国矿产专论。编著《第二次(民国七年至十四年)中国矿业纪要》

四月三日 今起代李四光讲授北京大学地质系二年级的构造地质学课程。

北京大学注册部 4 月 3 日布告:

> 李四光先生现在请假,四、二年级岩石学及实习请由李学清先生代课,二年级构造地质学请由谢家荣先生代课。袁复礼先生现在请假,二年级地文学及实习请由秦瑜先生代课。

> (《北京大学日刊》第 1875 号,1926 年 4 月 6 日第 2 版)

五月三一五日 出席在北京举行的中国地质学会第 5 届年会。

五月四日上午 在中国地质学会第 5 次年会上宣读题为《湖北西南部的铁矿床》(Iron Deposits of SW Hubei)的论文。

五月 第 14 届国际地质学大会 5 月 24—31 日在西班牙首都马德里举行,孙云铸代表中国地质学会及中国地质调查所出席,谢家荣奉翁文灏之命,向大会提交论文《中国之黄铁矿及炼硫事业》①。

---

① 据《科学》第 11 卷第 6 期载《新闻 第十四次万国地质学会议》报道:"万国地质学会议,每隔三年或四年举行一次……第十四次会议定于 1926 年五月二十四日至三十一日在西班牙京城举行……中国方面本届由北京地质调查所孙云铸君代表出席,并提出论文二篇。一、翁文灏、谢家荣合著《中国之磷酸矿及黄铁矿》。二、孙云铸著《中国寒武奥陶志留三纪动物化石》。"(《科学》第 11 卷第 6 期,第 838—839 页)。但 1927 年 8 月出版的《矿冶》第 1 卷第 1 期所载谢家荣著《中国之黄铁矿及炼硫事业》(第 155—168 页)一文的序文中说的却是:"民国十五年,万国地质学会开第十四次年会于西班牙京城,曾以研究世界之黄铁矿及磷矿为题,征求各国学者之论著,借供探讨,余奉翁咏霓所长之命,尝以中国之黄铁矿及制硫业一文提出,于硫业近状,论述颇详。文中取材,除参考中外报告及个人观察外,另制就调查式,由农商部通令各省实业厅派员实地调查,如安徽、山西、陕西、直隶等省。皆有报告及标本呈到部,故所述各节尚多与现状相合。兹特译成中文,以供我国矿界诸君之参考"(第 155 页)。可见上述《科学》的报道可能有误:不是翁文灏、谢家荣合著《中国之磷酸矿及黄铁矿》,而是第 14 次国际地质大会的中心议题是磷矿及黄铁矿,谢家荣应翁文灏的要求写了《中国之黄铁矿及炼硫事业》并提交给大会。

孙云铸(1895—1979),字铁仙,江苏高邮人。著名地质学家、古生物学家、我国古生物学的奠基人。1914 年中学毕业,考入天津北洋大学预科,1916 年转入本科,采矿专业。1917 年,转入北京大学地质学系,成为该系第一班的学生,于 1920 年以优异成绩毕业留本系任助教。1926 年,孙云铸作为中国代表,出席了在西班牙马德里召开的第 14 届国际地质学会议,会后去德国留学,于 1927 年获哈勒大学理学博士学位。回国后即任北京大学地质系古生物学教授。抗日战争期间,孙云铸任西南联大地质地理气象系教授兼主任。1955 年被选聘为中国科学院学部委员。孙云铸是中国地质学会的创始人之一,历任理事、常务理事、理事长。孙云铸还是中国古生物学会主要创始人、第 1 届会长,其后多次被选为理事长,曾任国际古生物协会副主席。1952 年,当选为中国海洋湖沼学会第 1 任理事长。1978 年他又被中国海洋湖沼学会推荐为名誉理事长。多年担任北京地质学会理事长。1950 年加入九三学社。九三学社第 3—5 届中央委员会委员。

六月 《湖北西南部的铁矿床》(Iron Deposits of SW Hubei)刊于《中国地质学会志》第 5 卷第 2 期,署名谢家荣、刘季辰。该文将湖北西南部的铁矿分布划分为宜都南部的写经寺,枝江地区刹圆寺和土地垭之间,长阳地区的资丘西南的土木塪,资丘东南的大龙坪、红毛河、剪刀山及五峰西南的杨花子岩与土坪之间等 5 个地区,描述了从刹圆寺到土地垭、宜都南部写经寺、五峰西南杨花子岩和土坪的剖面,讨论了铁矿的成因,认为在成因和层位上都可以和萍乡式铁矿相比。

九月九日 女儿谢学镁(谢恒)出生。学镁在第三次国内革命战争时期投奔解放区,中华人民共和国成立后在外交部门工作。

谢恒,原名谢学镁,生于北京。1945 年就读于成都金陵女子大学,其间参加燕京大学抗日活动。1946 年到重庆,随红岩村共产党组织的大学生队伍赴张家口解放区。1948 年底到北京军管会外事处工作,1950 年初调任南京军管会外事处,参与接收国民政府外交部的工作。同年回京进入外交部工作,先后被派往我国驻印度、加纳、英国、美国大使馆及驻旧金山总领事馆工作,1987 年离休回国。在国外期间,主要从事对外文化宣传和友好城市发展的工作,为促进驻在国人民对华了解和友谊做出积极的努力。离休以后,积极参与妇女儿童权益保障工作,多次捐款,资助云南少数民族失学女童就读。2011 年荣获全国妇联和中国儿童基金会颁发的"爱心奉献奖"。

十月十日 中国矿冶工程学会借北京欧美同学会召集第一次筹备会议,谢家荣出席。

张尔平《民国时期的中国矿冶工程学会》：

1926 年秋,矿冶学会发起的准备工作在北京着手进行,"当即推严庄、孙昌克、曹诚克三君,起草会章,从事筹备"。1926 年双十节,借北京欧美同学会召集第一次会议,张轶欧、翁文灏、李晋、严庄、顾琅、李保龄(养充)、李鸣龢、李珠(子明)、李四光、曹诚克、谢家荣(季骅)共 11 人参加。会议讨论矿冶学会章程草稿,推举翁文灏,李晋,张轶欧,严庄,李保龄 5 人为筹备委员,筹备临时经费、征集发起人和筹备成立大会,决议矿冶学会的会员组成为:"举凡学习矿冶及从事矿政、矿业诸同志"。

（《中国科技史料》第 25 卷第 3 期,第 217—218 页）

十一月二十二日　今起代王烈讲授北京大学地质系三年级高等岩石学及实验课。

北京大学注册部 11 月 22 日布告:

王烈先生现在请假,其担任三年级高等岩石学及实验现请谢家荣先生代课,又一年级矿物学及实验与四年级矿物实验均请杨铎先生代课。

（《北京大学日刊》第 1987 号,1926 年 11 月 23 日第 2 版）

十二月　所编著的《第二次(民国七年至十四年)中国矿业纪要》,由农商部地质调查所列为《地质专报》丙种第 2 号出版。

谢家荣《第二次(民国七年至十四年)中国矿业纪要》之绪言:

本所创办之初,即致力于各项矿业统计之搜集,曾于民国十年刊印《中国矿业纪要》一册,以供矿业界之参考。近来,各省地质调查次第推行,仝人等方致力于实地调查及科学研究,以致于矿业统计之编制,未能按时刊行,实深遗憾。兹拟自七年至十四年间,将所有材料汇合刊印,作一结束。此后并拟逐年调查,按时印行,庶材料不至陈旧,而矿界得以先睹。荣奉所长之命,承乏斯役,爰于实地调查之余暇,参考中外报章图书典籍,凡有关于中国矿产之记载者,均详为浏览。本所仝人关于矿业之已刊、未刊、各项报告及著述,尤多所参用。并制定调查表式,用通信方法,直接向各省矿务公司咨询一切。表分大小二种,大者为一般之调查,共分地质、工程、冶炼、产额、运输各项,小者则印于明信片之上,专为调查产额而设。此次编辑统计,共寄出大表三百三十一件,小表一百十七张,其中除有九十件系请湖南实业司矿务总局、四川实业司及黑龙江采金局转送外，其余皆由本所直接致送。因住址不明或公司已经停闭，以致无法投递，陆续退回者，共有二十三件；而按表填寄者，大表共得五十万件，小表四十五张，其中有十七件系由湖南实业司代为分发转送而来。热忱赞助，殊深铭感。按编制统计，在政府机关，固应努力进行，但亦赖矿业界通力合作，随时以翔实之材料相供给，使能按时刊行，无或间断。此次征集材料，就发出信件及收到复信之比例言，不过百分之二十二，成绩不甚佳。但本所得此，已受益不少，故兹书之幸得观成，不可谓非矿界诸君赞助之力也。

当编著第一次《中国矿业纪要》时，因迫于时间，限于材料，故缺漏甚多，如各大矿厂之沿革、现况及煤铁各矿之消费情形，俱未涉及。本编于此数点，特就参考所及，一一加入，虽其中已不免有明日黄花之诮，然亦研究矿业者之所应知者也。煤矿储量，关系全国工业前途者，甚深且远。从前外人估计以及本所前次约计，或失之多，或失之少。兹复就最近所得，编为统计，似较可靠，未详之处，则尚俟之将来。又关于铁矿之储量及矿业状况，已详载于本所出版之《中国铁矿志》一书，本编仅将最近材料加入，余皆缺如，以避重复。

本书引用、参考之书报、杂志，不胜枚举，兹于每篇之末，择其重要者，详列其作者姓名及书面、页数等，以明材料之所自出，并为阅者便于覆按计也。惟《支那矿业时报》《远东时报》及经济讨论处编印之周刊、月刊等，本书引用最多，足为中国矿业经济之重要参考。关于进出口之数量及价值，纯以海关报告册为根据。该报告所用之重量，除煤焦外，皆以担为单位，本书则一一改算为吨。为便于计算起见，一律以·O六乘担数，即得吨量，较之实在，相差至微也。至于矿产市价，则除参考《上海新闻报》之经济新闻栏外，大部依据财政部驻沪调查货价处之各种报告。此外，如《农商公报》《农商统计》亦为重要材料。又各种实业杂志、各大矿公司之说明书、营业报告，各铁路之指南，各省实业厅刊印之月刊等，皆时有重要材料可供参考，惟其名则不克一一举也。

统计之为用，不惟其数字，而尤在其意义，故数目不确者，则出以约计，材料不备者，则暂为估量。庶于全国矿业之大势，可以得其梗概。惟因匆促付印，其中错误缺略之处，知所不免，惟冀各矿公司及熟悉矿业之人，能以所知详确见告，俾于第三次编辑时得以更正增补，以共成此一国矿业统计之事业。盖经济状况，必须精密统计，而后利弊始明，而统计数字，尤须综合比较，而后意义始显，故近代各国矿业组织愈完备者，其统计亦愈精详，凡产额、销路、价值、成本等，各矿公司皆应自有详细记载，借为营业之标准。至此项材料，为公司营业计，其一小部分之细数，或有暂守秘密之必要，然其大概及总数，则必须随时公布，以供全国之参考。而便综合比较，各国矿业，莫不皆然，即中国各大矿，亦已多仿办，如抚顺、本溪湖煤矿等各项统计报告,尤极详明,正足以见其办理之完善,助其营业之发展而已。深愿各省矿界,共体此旨于营业状况,加意研求,以所得材料,详实见示,俾此编记载,悉有实在根据,企业者有所借镜,观国者得所取资,受其赐者,岂仅本所已哉。

章鸿钊为此书作序:

季骅此著,乃绍民国十年丁、翁两先生第一次中国矿业纪要而作,书题犹旧,而内容则大增乎前,盖矿业阅时而变迁,即材料亦积岁而迭异,星移物换,则纪要之刊,固得自第一次以增至无穷次也。

丁、翁两先生之纪要,纪自民国元年至五年,积年较短,且志在刱始,故所述惟简。季骅之纪要,纪自民国七年至十四年,历岁较长,而务期综核,故所述亦加详。简者固得其要矣,而详也者亦非樊溽乱漫无归宿之比也。综其所取材,与其所以异于丁、翁两先生之作,盖有数焉。本著新加入者,有如盐、玻璃、陶土、水泥各项,虽非金属矿业,而其原料固非矿产莫属也,此其一。铁惟从略,以已有丁格兰氏铁矿志故也。每则特加置重,选材尤富,并附煤田分布图,矿量新计算,此其二。其余金、锡、锰、钨、锑及各种非金属矿产,亦复广增材料,足以备补缺漏,此其三。尤特别加意于各地矿业情形,俾图改良或维护者有所取资焉,此其四。新增入矿产进出口数量及价值表,以资历年及对外贸易之比较,此其五。每种矿产之后,必附参考书目,以示资材之所自出,此其六。凡之数者皆本纪要所稍稍出入于民十之刊者。而其勤于搜讨,工于整理,著者要自有其专长,则凡览斯著者类能言之,而固不竣予之喋喋为也。

抑又有言者,一国之矿业,振起之则甚难,摧残之又甚易,而在作业幼稚、组织未大备之日,则尤见其然。盖投资多而收効较远者,必审时度势而处之。而每易为一时逆上之潮流所左右者,理其然也。最近数年,国制抢攘,民力凋敝,凡百事业,畏缩纵驰,沈滞不进,诚至斯而蔑以加矣。矿业所在,或遭戎马,或阻交通,或困征输,其因环境之变迁,而日趋于畏缩纵弛,沈滞不进之途,以视其余工商各业无稍差,抑或尤有甚也者,于斯之时,使莫知其出入之统计与夫积衰之所由,而欲籍地利以谋,所以裕国而富民者,宁有幸乎。此纪要之所以必待增刊,而尤不得不于矿业情形特加之意者,道在斯欤。

虽然,矿业纪要固将自第一次进而至于无穷次也。后之所作,必增乎前。然不有前作,后者将何所准绳乎?且亦无以为比较之资也。今后或阅一二年,或阅四五年,物换星移,本纪要必复增刊一次,而季骅年富力强,勇于撰述,夙为吾侪所深许。后果有续者,其又舍季骅而谁欤?于此知季骅之所自期,与吾侪之所期于季骅者,洵远且巨,今之所作,亦第志其成功之始焉耳矣。

中华民国十五年十二月中旬章鸿钊

《矿业》曾发表署名"勤"之书评,录之如下:

地质调查所为记述吾国矿业真相起见,在民国十年曾出了一本丁文江翁文灏两先生合著的《中国矿业纪要》。他们把矿产产额及煤铁矿储量,作过一次估计,完全根据调查结果,实事求是的为中国矿业记一笔总账。虽材料不算丰富(共约五十页)又只记到民国六年为止,但这第一次的纪要自然是创办性质,也就不能求全责备了。

谢家荣先生的第二次纪要,即是继续从前的工作,但材料方面曾经充分预备,故内容较前丰富。此次关于煤的记载,约占全书三分之一。煤的储量,民十估计是23 435兆吨,此次估计的是217 626兆吨。并附有中国煤田分布略图,均是总结最近调查的成绩。

此外,金属同非金属矿产的种类,记载也比从前完备。每种之后,均附列参考书目,以示书中材料的来源。此项有关中国矿业之中外书目,日后将按期由本刊发表。

在中国今日统计,纵极残阙,但矿业文字,散见各处的尚属不少,今得谢先生收集整理,编辑成秩,使吾人对于中国矿业现状,仍能得一正确印象,这便是二次纪要的价值所在了。

(《矿冶》1927年第1期,第261页)

《第二次中国矿业纪要(民国七年至十四年)》第二章"石油煤气及油母页岩"继翁文灏1919年之后明确指出当时已知中国油气资源的分布及陕北的石油产于侏罗纪的陆相地层,其记述如下:

中国石油尝以丰富见称于世。近来历经调查始明,所称富源或难免言过其实,然确有石油之区域,亦因调查而价值渐为证明,足供将来之开采。据现在所知,我国石油之分布,大致自新疆北部,沿南山北麓而至玉门敦煌,复自甘肃东部延入陕西北部,越秦岭山脉而至四川盆地,迳绕西藏之半,可有希望之油田亦即不外乎此矣……热河、奉天有油母页岩,而直、晋、豫、鲁诸省,就地质构造上之推想,或亦有此项页岩之发现……

陕西石油,唐代已经发现,至近代更为著名,在中国各省中,分布之广,油苗之众,当推第一。石油储于陕西系之灰色砂岩内。前美孚技师调查,谓本系总厚六千三百尺,时代属石炭纪。而据本所最近之研究,则该层中产植物化石甚多,皆属下侏罗纪,厚度亦不过五百公尺。是美技师地质观察显属错误。陕西系地层出露之地,东自延川、延长、伊川等县,西至安塞、扶施、甘泉、鄜县、中部、宜君、同官等县,几占陕省之大半。已知之油苗(即石油由岩石裂罅中滤出者)共有三十五处,分布达于八县。以上地层俱倾斜向西,故含油层亦东浅西深,但倾角极缓,不过四五度,其深浅之悬殊或不甚大。民国三年至五年,中美合办探矿,曾在延吉、扶施、中部等县共打七钻,每钻深自二千至三千六百英尺,费资至二百五十余万元,虽皆见油,然俱不符所望。然延长官井产油已十余年,而未曾钻探之处尚多,故一隅之失败,或不足以定全局之命运耳。

(《地质专报》丙种第二号:《第二次中国矿业纪要(民国七年至十四年)》,农商部地质调查所,1926 年,第 107 页)

是年　任北京大学地质系兼职教授,为三年级学生讲授经济地质学(金属),为经济地质学门四年级学生讲授中国矿产专论。

于洸《谢家荣教授在北京大学》:

1926—1927 学年,"经济地质学(非金属)"改在二年级学习,由黄福祥先生讲授,"经济地质学(金属)"安排在三年级学习,仍由谢先生讲授。谢先生还为经济地质学门("门"相当于现在的"专业")四年级学生讲授"中国矿产专论",每周讲演 1 小时,实习 3 小时。

(《河北地质学院学报》1994 年第 1 期,第 101 页)

北京大学地质学系课程指导书(十五年度至十六年度):
十五年至十六年度课程一览

	(科目)	(讲演)	(实习)	(教员)
第三学年(矿物岩石学门)				
	经济地质学(金属)	2		谢家荣
第三学年(经济地质学门)				
	经济地质学(金属)	2		谢家荣
第三学年(古生物学门)				
	经济地质学(金属)	2		谢家荣
第四学年(经济地质学门)				
	中国矿产专论	1	3	谢家荣

(《北京大学日刊》第 2123 号,1927 年 5 月 31 日第 2 版)

经济地质学(金属)每周二时

Ⅰ.矿床之成因

Ⅱ.矿床之别类　1.原生矿床与次生矿床之别　2.冲积矿床　3.层次矿床

4.充填矿床　5.交换矿床　6.浸染矿床　7.接触矿床　8.岩汁分泌矿床

Ⅲ.矿床与矿物及岩石之关系

Ⅳ.矿床与地质结构之关系

Ⅴ.矿床与地层年代之关系

Ⅵ.矿床之举例(金、银、铜、铁、锡、铅、锌、锰、镍、铝等金类矿床,内兼中国矿产)

Ⅶ.各种矿床鉴别法

Ⅷ.硫化矿与次生富集之关系

教科书：Lindgren's Mineral Deposits

（《北京大学日刊》第 2126 号,1927 年 6 月 3 日第 2 版）

一九二七年　丁卯(民国十六年)　三十一岁

提要　上半年北京,任职地质调查所,任教北京大学地质系。下半年广州,参与筹备两广地质调查所。进行两广境内第一次地质调查。

二月九—十一日　九日出席中国矿冶工程学会在地质调查所图书馆举行的成立大会,并陪同与会者参观地质调查所图书馆与矿产陈列馆。十一日,随同全体会员参观北平香山慈幼院和门头沟煤矿。当选为编纂委员会委员和矿冶名词审定委员会委员。

张尔平《民国时期的中国矿冶工程学会》:

矿冶学会由学者启端,由各路专业人士总成,于 1927 年 2 月 9 日,在北京西城兵马司胡同 9 号——农商部地质调查所图书馆会议室成立。

成立会到会会员 44 人。大会推举翁文灏为临时主席,由主席提出了修订学会章程议案,大会遂逐章讨论通过,确立"以联络同志,研究学术,发展中国矿冶事业为宗旨"。午饭前,37 位会员在图书馆前合影。

(《中国科技史料》第 25 卷第 3 期,第 218 页)

五月二十三日—六月四日　承山东泰安华宝煤矿公司总经理刘韫臣之邀,前往山东泰安考察华宝煤田地质,考察结束后,著《华宝煤矿公司地质报告》。在《矿冶》杂志正式发表时,题目易为《山东泰安华宝煤矿调查记》,其序文略述此次地质考察的日程。

谢家荣《山东泰安华宝煤矿调查记》:

民国十六年五月,余承华宝公司总理刘君韫臣之约,赴山东泰安县华宝公司煤田调查地质,并解决打井问题。于五月二十三日由北京搭特别快车南下,二十四日抵泰安,因慢车误点,在泰安等候约二十小时,始于二十五日晨抵大汶口。当日即乘小车行六十里至矿。自二十六日起,乃开始调查,共历五日。先二日,作全部煤田之大略观察;后二日,用平板测量法,测绘二万分之一煤田地质图;最后一日,则

图16　1927年2月9日中国矿冶工程学会成立时成员合照(前排左六为谢家荣)

至南山考察地质,并解决东柴城附近之所谓煤苗之有无价值。至三十一日,乃离矿赴磁窑,顺道考查该处煤系之露头,以资比较。六月一日返大汶口,当晚即乘兵车至泰安。自泰至济,行车无一定时刻;不得已乃与津浦路局张夏站工程师刘君戡先生,商借押车一辆,停在石首站。余等先乘洋车至石首,继搭押车至济南。旅行之困难可谓甚矣。三日晨,搭车至津,四日晨,乃搭车返京。

　　此次调查承刘蝦臣先生同伴前往,沿路殷殷招待;抵矿后,又蒙副经理张允信,矿师陆湘伯、阎立三,及矿上诸先生指教一切。陆阎二君,又伴赴露头地点考查地质;测量时,又承阎君襄助一切。以上诸先生之热忱赞助,于调查进行,获益良多;感激之余,书此志谢。

(《矿冶》第1卷第3期)

　　七月　奉派与李捷等前往广州,协助广东大学地质系主任朱家骅筹备两广地质调查所。该所7月10日成立筹备处,9月6日正式成立,隶属于中山大学,以调查广东、广西两省的地质矿产为主。朱家骅任所长,技正有谢家荣、徐渊摩、李捷、冯景兰。

图 17　1927 年与谢学锦(左)摄于广州中山大学

朱家骅 1929 年《两广地质调查所年报》发刊词：

　　地质学在世界各国是一种比较新的科学，在中国前清同治年间，德国地理学家李希霍芬氏 ven Richthofen 旅行中国之后，各国对中国的地质和山脉河流的构造，方才明了了一个大概，尤其使他们注意的是中国的地藏。但国内当时竟没有受什么影响。一直到了前清末年，京师大学堂方才在理科内设一地质学门，并特地请了两位德国教授担任教课。后来因为没有学生选修，不久就停办了。到了民国元年，章鸿钊，丁文江，翁文灏三氏在北京农商部创办中国地质调查所，并开办地质研究所，不久又成立中国地质学会，可是因为当时环境非常恶劣，他们虽努力工作，对于各省仍不能有详细的调查。两广方面自从李希霍芬氏调查后，光绪末年法人勒克来氏 Leclére 曾来广西考察，民国初年日本东京地学协会也曾派人前来调查。可是本国却简直没有人过问，即如北平地质调查所就从没有派人来过。
　　骅从民国十五年秋来广东后，虽然政务很忙，但是对于两广地质，很想抽空出去实地研究。到了前年夏季，国民革命军收复长江下游，国府迁都南京，后方的广东在清党之后，才略有功夫注意到建设事业。因此民国十六年六月间，骅在中央政治会议广州分会提议创办两广地质调查所,当经政治分会议决通过,并令骅于七月一日起筹备一切,至九月六日方得正式成立。在筹备当中,得到中山大学地质学系教授叶良辅先生和从北平请来的技正谢家荣先生的帮助,着实不少。这是应该感谢的。可惜他们俩都于去春因事离开广州了。

杨超群《两广地质调查所纪念》碑文:

公元一九二七年,中山先生领导北伐事定。地质调查,对居于后方两广之矿业农林工程水利军事以及学术文化等,关系至巨,鉴此,国民革命政府中央政治会议决定成立两广地质调查所,隶属中山大学地质学系,由历届系主任兼任所长。

两广所之成立,开创中国人于两广地区地质调查先河;首版两广地区地质图、矿产图,调查矿产数十种,出版科学刊物达六种之多,先后当选为中央研究院或中国科学院院士之两广所成员有朱家骅、谢家荣、孙云铸、乐森玙、斯行健、冯景兰、陈国达、杨遵仪八人。一九五二年,两广所并入中南地质局。

两广地质调查所为中国地质科学重要基石之一。为缅怀先辈创业之功绩,特立此碑,以激励后人,为国奋斗。

中山大学地球科学系　敬立

一九九九年十一月十三日

杨超群敬撰

黄伟强、彭少明、杨明钦　捐资建造

朱家骅(1893—1963),字骝先,浙江吴兴(今湖州市吴兴区)人。早年参加辛亥革命。1914年初赴德留学,1917年初回国,在北京大学任教。不久,又赴瑞士留学,1920年转入柏林大学学习,1924年获博士学位回国后,仍在北京大学教德语。1923年又去柏林,在工科大学研究地质学,完成博士学位后再回北大任教。1925年曾参加北京学生声援"五卅"等爱国运动,又加入国民党的翠花胡同派。后受北洋政府通缉,回原籍躲避。1926年到广东协助戴季陶创建中山大学,任校务委员、代理校务委员长。1927年4月,出任广东省政府委员兼民政厅长、广州政治分会委员。8月任省教育厅长兼中山大学副校长,并筹建两广地质调查所。同年冬,回浙江任省政府委员兼民政厅长。1929年3月,出席国民党第3次全国代表大会,为主席团成员之一,并当选为中央执行委员和中央政治会议委员,从此参与国民党的中枢活动。1930年12月被蒋介石任命为中央大学第二任校长。1931年后历任教育部长、交通部长、国民党第4—5届中央执行委员、中央政治委员会代秘书长、中央研究院总干事、浙江省政府主席、中央执行委员会秘书长兼党务委员会主任委员、中央调查统计局局长、国民党中央组织部长，主管党务，同时仍兼"中统"局长。1944年5—11月，再任教育部长。1946年国民党政府还都南京后，主持战时教育复员工作，压制全国学生爱国民主运动。1948年当选为中央研究院院士。但其当选院士遭许多人訾议。时任北京大学教授、西北大学校长的杨钟健回忆说，地质学当选的6名院士中，"独朱对于地质方面的工作太少。然因别的原因（推进工作有功）而当选"。还有人指出，朱家骅仅有两篇博士毕业时代的论文，却以"研究家"的名义当选院士，自然招来非议。是年冬朱家骅派大批人马把故宫、中央博物院、北京图书馆的文物、书籍大量运往台湾，1949年后去台湾。

图18　建于中山大学地质科学系的两广地质调查所纪念碑

杨超群（1927—　　），广东大埔人，1949年毕业于中山大学地质系，曾任广东省地质矿产局副总工程师、技术顾问、研究员、教授级高级工程师。中山大学和中国地质大学（武汉）兼职教授。晚年主要从事与国计民生有关的环境地质—地球化学综合研究。

八月　《矿冶》杂志在南京创刊。在该刊第1卷第1期发表《中国之黄铁矿及炼硫事业》和《民国十五年出版有关中国矿冶文字目录》。《中国之黄铁矿及炼硫事业》论述了中国黄铁矿矿床的种类(分为层状或结核状和脉状两类)和分布(插图为中国黄铁矿矿床分布图),详细叙述了中国各省的矿业情况。文章还记述了中国的炼硫事业、产额消费及 1908—1924 年的硫黄进口情况。《民国十五年出版有关中国矿冶文字目录》分别列出 1926 年出版的包含普通金属、煤、石油及油母页岩、黏土及陶瓷工业、盐类矿产、其他非金属、钢铁工业用金属(铁和锰)、贵金属类(金和银)、锑锡砷等类的文献目录。

十月二十七日 次子谢学铨出生。

谢学铨(1927—1976),又名吴东,1948 年毕业于唐山交通大学。同年 11 月进入唐山解放区,12 月接管唐山钢厂。1949 年 5 月转入唐山钢厂炼钢部工作。在唐山钢厂工作期间曾先后担任技术科物理组组长、技术组组长、监督科科长、中心实验室主任、科研室主任、技术科副科长、技术检查处副处长等职务。1961—1966 年间任唐山市第四、五、六届人民代表大会代表。1976 年 7 月 28 日在唐山大地震中遇难。

十月下旬—十一月中旬 奉命与冯景兰、张会若、李殿臣一道调查广九铁路沿线地质,至 11 月中旬调查结束,测制沿线地质图 5 000 余平方公里,采集岩石标本200 余种。这是中国人在两广境内进行的第一次地质调查工作。

朱家骅 1929 年《两广地质调查所年报》发刊词:

本所成立之后,我们即开始做调查的实际工作。前年十月间派技正谢家荣冯景兰等出发东路,沿广九路,一直到九龙香港,十一月间调查完毕。这可说是中国自己在两广境内调查地质的第一次。

谢家荣、冯景兰、张会若、李殿臣《广东广九铁路沿线地质矿产》文前:

广九铁路,北起广州市大沙头,南达九龙站,经番禺、增城、东莞、宝安四县,长凡三百三十余里,省港间交通要道也。全路可分两段:深圳以南为英段,长约六十余里,沿线地质已经香港政府派员调查;深圳以北为华段,长约二百七十里,沿线地质尚未经人调查。民国十六年十月下旬,家荣、景兰、会若、殿臣等奉命出发,调查此路沿线地质,至十一月中旬调查完竣,测制沿线地质图约五千余方里,采集岩石标本二百余种。

(两广地质临时报告第七号《广东广九铁路沿线地质矿产》,两广地质调查所,1928 年,第 1 页)

冯景兰(1898—1976),字淮西、怀西,河南唐河人。其兄冯友兰是著名哲学家,其妹冯沅君是现代著名女作家。1916 年考入北京大学预科,1918 年赴美留学,入美国科罗拉多矿业学院,学习矿山地质,1921 年毕业;同年考入美国哥伦比亚大学研究院,攻读矿床学、岩石学和地文学,1923 年获硕士学位。当年回国,从此终生献身于祖国的地质教育和矿产地质勘查事业。历任河南中州大学讲师、教授和矿物地质系主任、两广地质调查所技正、北洋大学教授、清华大学地学系教授兼地学系主任、西南联合大学教授、云南大学工学院院长和采矿系主任,北京地质学院教授、黄河规划委员会地质组组长等职。1957 年入选中国科学院学部委员。

十月　与刘季辰合著之《湖北西南部地质矿产》一文,刊于《地质汇报》第 9 号(中英文合订)。此为 1925 年 4—6 月第 4 次调查湖北地质的调查报告。报告述及此次调查的行程、调查区的地形、地层系统、地质构造和经济地质,涉及铁、煤、铜、硫黄矿产地的位置、矿床地质及矿床特征以及矿业开发情形。

十一月　著文《两广矿业一斑》,刊于《矿冶》第 1 卷第 2 期。文章指出,两广地区"蕴藏丰富,天赋极厚,煤石五金,莫不具备。若惠阳乐昌之钨,紫金富贺之锡,揭阳宾阳之铋,桂平武宣钦县之锰,及曲江河池之锑,其尤著者也"。文章分别列出两广地区 1926 年各金属和非金属矿的产量和矿业情况。

一九二八年　戊辰(民国十七年)　三十二岁

提要　二月自广州抵上海,赴南京,任教于中央大学地质系。发表《钟山地质及其与南京市井水供给之关系》。八月经苏联赴德国柏林做访问学者。

一月一——十二日　几乎每晚及天雨时读德文。三日曾致信章鸿钊,十一日致信葛利普,并接竺可桢、翁文灏来信。

一月十三——十九日　与张会若、斯行健、朱庭祜、朱翔声、李殿臣等奉令调查粤汉路南段及赤泥河附近地质。

谢家荣、张会若、斯行健、朱庭祜、朱翔声、李殿臣《广东花县赤泥河附近地质》(《两广地质报告》第一号):

赤泥河发源于银盏坳,自泥圩之间,迤逦南行,凡八十余里,至广州入江。经流所及,有花县、南海、番禺等县。自赤泥圩以下,可通轮驳,约四五小时即抵省城。载运客货,甚为便利。民国十七年一月,余等奉令调查粤汉路南段及赤泥河附近地质,于十三日晨搭粤汉路火车至军田。十四日赴大乌石、宝獭岭、麓坑等处考察。十五日搭车至源潭,考察龙门坑及飞来峡等处地质。十六日搭车返军田。十七日赴赤泥圩。十八日赴各石坑及中洞岭考察。十九日搭轮循赤泥河返省。

(《广东花县赤泥河附近地质》,两广地质调查所印行,1928年,第1页)

斯行健(1901—1964),字天石,浙江诸暨人,我国著名古植物学家、地层学家、中国古植物学的开创者、中国陆相地层研究的先驱。早年留学德国,1931年获柏林大学博士学位,归国后历任清华大学、北京大学教授,中央研究院地质研究所研究员。中华人民共和国成立后任中国科学院古生物研究所代所长、所长,1955年被聘为中国科学院生物学地学部委员。他编著的《中国古生代植物图鉴》是第1部系统总结中国古生代植物和陆相地层问题的著作。他的《陕北中生代延长层植物群》一书,率先指出了中国中生代植物群演替规律,并提出了中国中生代陆相地层的划分方案。

二月二日 下午3时乘四川号轮船离开广州。

二月三日晨 抵香港。

二月八日 抵上海吴淞口。

二月二十八日 自上海抵达南京。

二月 与陆沅和严增才合著的《山东泰安华宝煤矿调查记》在《矿冶》杂志第1卷第3期发表。撰写其第一部分为煤田地质调查报告和结论,陆沅和严增才撰写该文的第二部分矿业报告。地质调查报告概述了华宝煤田的地层和构造,约略测算其煤储量为27 663 350吨,扣除已经采掘者,至少尚有20000000吨。为矿区设计了3个钻孔,并预测了各地段的前景。

三月一日—六月十六日 任教中央大学地学系。

三月三日 上午上课2小时,11时列席学校地学系教授会议,下午带领学生赴钟山实习。

三月十日 带领学生赴幕府山实习。

三月十一日 赴汤山,参观各汤池,采集化石。

三月十五—二十日 自南京赴上海。十六日在上海会见李捷、翁文灏等。

三月二十七日 至中山陵、灵谷寺、紫霞洞、明陵等处调查地质。

图19 1928年谢家荣(中)在南京鸡鸣寺考察地质时留影

三月三十一日　赴鸡鸣寺、覆舟山、富贵山等处调查地质。

四月十二日　上午上课 1 小时,即偕沈恩砺至钟山、孙陵等处考察。

四月十三日　上午上课 2 小时,课毕即预备在中国科学社南京社友会上的演讲稿。下午 3 时至图书馆,参加中国科学社南京社友会。5 时至梅庵,在此发表题为《钟山地质及其与南京市井水供给之关系》的演讲。演讲稿经修改后发表在《科学》第 13 卷第 4 期①。本文在讨论钟山的地层和地质构造的基础之上,论述了南京市的井水供给问题,是现代中国发表最早的研究水文地质的论文,是中国人研究水文地质的开端。同年 6 月所著《南京钟山地质与首都之井水关系》(Geology of Chung Shan and Its Bearing on the Supply of Artesien Water in Nanking)刊于《中国地质学会志》第 7 卷第 2 期。

南京社友会消息:

四月十三日下午三时,本社南京社友会承中央大学之邀在该校梅庵举行第四次常会。到会六十余人,会长蔡予民先生主席,致开会词。次为中央大学高等教育部部长胡刚复博士致欢迎词。后由社员谢季骅先生演讲南京附近之地质,详悉无遗,窥测城北为绝好之凿井区域。刘士能先生讲中国之建筑,于佛教在中国建筑上之影响,讨论透彻。并承中央大学学生音乐会奏国乐助兴。是日适美国生物学学者尼丹教授偕北京协和医学校祁天锡教授来宁,社中代表往车站迎接到校,参与斯会。尼丹教授演讲中谓:"甫下车即逢中国科学社开会,不胜荣幸。贵社创立有年,成绩素著。予直接对于中国科学社似无影响,而发起此社,予之学生(指秉农山博士等而言)实与有力焉。故鄙人与贵社之关系,实非浅尠也。"至晚七时闭会。继由本社在社所设宴款待尼丹博士等,觥筹交错,颇极一时之盛。

（《科学》第 13 卷第 3 期,第 461 页）

谢家荣《钟山地质及其与南京市井水供给之关系》:

钟山一名紫金山,亦名蒋山,又名金陵山;今人以山之西部名紫金山,东部名茅

---

①　1929 年 1 月,《地理杂志》第 2 卷第 1 期刊出本文第五、六两部分,题为《钟山地质与南京市井水供给之关系》,并加有一"编者识",全文如下:"谢先生前任本校地质学教授,此文曾载《科学》第十三卷第四期,分上下两篇,上篇专论地质,下篇论地质与南京市井水供给之关系。谢先生赴德临行时,曾允本志刊登此文,兹略去上篇,而录存导言及下篇。"1932 年 1 月,中国科学将历年来在其《科学》上所发表的有关南京的"自然科学各现象之研究"中"不无有价值之作""汇为一编""成一小册""名之曰《科学的南京》",收入 13 篇论文,本文是其中之一。此外并在《中国地质学会志》第 7 卷第 2 期上发表《南京钟山地质与首都之井水关系》(Geology of Chung Shan and Its Bearing on the Supply of Artesien Water in Nanking)。

山(在万福寺后峰),而总名之曰钟山。位于南京市朝阳门外,东西延长约七公里,南北约三公里,富于林泉岩谷之胜,有明陵、灵谷寺、紫霞洞、万福寺诸名胜。自总理陵墓建此后,名山风景,更为生色。此后首都人士之来游斯山,以凭吊先总理之遗迹者,必有山阴道上应接不暇之势矣。余于民国十七年春率中央大学地学系学生,屡来斯山考查地质,于课余之暇又偕中大助教王勤堉、沈思玙二君,遍历山南北各地,制为地质平面及剖面图,于构造及地层次序,俱稍有所得。又因其与首都井水供给问题有密切之关系也,故撮述所见如下,以供留心市政之参考焉。

⋯⋯

南京市地层足为取水之源者有三:(一)钟山石英质砾岩,(二)第三纪砾岩,(三)雨花台砾岩层。南京市中大多数之水井俱系浅井,深不过二三十尺,其水源或自砾岩层,或则取诸冲积层,因距地甚近,常有浊物之侵入,水质不洁,未可认为重要之水源也。

⋯⋯

南京城西部自狮子山起至清凉山止,为巨厚之黄土所盖覆,黄土厚约三十尺,组成低缓之丛山。黄土之下不整合地接以第三纪红页岩及砂岩,在海陵门附近,观察最明。又有砾岩层见于仪凤门外。自此南行至清凉山、五台山一带又为第三纪砾岩及砂岩,此项岩层复见于南门外雨花台,不整合地位于雨花台砾石之下。

据上所述可知,南京城之西部及南部皆深覆于较新地层之下,其厚不知。此处欲凿井以取钟山层内之水,非极深之井不可也。凿井较适宜之地点似为北极阁、鸡鸣寺一带山前之平地,该处距石英质砾岩甚近,而倾斜又急,高下悬殊,压力较大,于此凿井,或有自流之希望也。覆舟山、富贵山一带山前之平地亦可凿一二深井,以汲取石英岩裂缝中之水,但恐水量不多,不足应用耳。

至于南京城外适于凿井之地点更多。自总理陵墓南约二三百公尺之地,沿东西走向一带之区域,西自明陵东至灵谷寺,皆可凿井以汲取石英质砾岩中之水,此处地位较北极阁等处为尤佳,将来井深恐不能过二百公尺。尚有一凿井区域在总理墓南约五六百公尺。亦沿东西走向之一带。此处凿井可以汲取细砾岩中之水,但砾岩上下俱为砂岩,恐水分散而不聚,其量不能甚富耳。

(《科学》第 13 卷第 4 期,第 471—481 页)

四月十五—十七日 率领中央大学地学系学生张更等前往南京东郊的汤山调查地质,进行详细的填图和寻找化石。其后的几天由学生进行,这次调查共持续一周,填绘了约 300 平方里的二千分之一地质图,确定了一些主要的构造。调查后与张更合著《南京汤山及其附近地质》(Geology of Tang Shan & Its Vicinity,

Nanking),于同年 6 月发表于《中国地质学会志》第 7 卷第 2 期。文章概述了南京的地形和在南京及其附近出露的地层(奥陶系、志留系、石炭系、二叠系和志留系)的岩性、厚度及所含化石以及出露的火成岩。主要构造是轴向北东东—南南西的汤山穹形背斜。记述了二叠纪煤系构成的 3 座煤矿的煤矿业。汤山东坡和东南坡有许多温泉,1 号温泉的温度为 59.5~42.5℃,并列出了温泉的化学成分。

谢家荣、张更《南京汤山及其附近地质》(Geology of Tang Shan & Its Vicinity, Nanking):

Tang Shan, or as it is sometimes called Nan Tang Shan, is situated about 60 li E. of Nanking. On the N. E. slope of the mountain is located the town Tan Shui Chen, in which a great number of hot springs are found. An automobile road connecting Tang Shan with Nanking has been recently built and it takes now only one hour or two to reach there. There is in the town a modern hotel called Tao Lu and several other Chinese hotels, good enough for ordinary travelers. Thus it seems that Tang Shan has been already equipped with some of the modern facilities. With the betterment of the road and the erection of more modern hotels, shops, etc., Tang Shan will no doubt become a very popular and picturesque region for a summer resort or resting place.

During an excursion made by the Geological Department of the Central University, the senior writer of this paper was much impressed by the excellent conditions prevailing in this region for detailed mapping and fossil hunting. An arrangement was made afterwards with the University for sending a party there for detailed study. The Junior author, then a student of the department, was enlisted to do this work. Altogether a week was spent in the region starting from 15th of April. The senior author was accompanied in the field during the first three days, during which period a reconnaissance of the whole field was made and some of the major structures determined.

The total area covered by this work amounted to about 300 square li. A topographic map in the scale of 1 : 20 000 issued by the Kiangsu Military Surveying Office was used as a basis on which to plot the geological data observed.

(*Bull. Geol. Soc. China*. Vol. 7, No.2, p.157)

张更(1896—1982),字演参,浙江瑞安人,石油地质学家、矿床学家。1922 年,考入中央大学地学系,1928 年,成为中央大学地学系的第一届毕业生。在校期间,学习成绩优异。毕业后,到两广地质调查所工作,1929 年,调中央研究院地质研究所。其间调查了大量金属和非金属矿床,写出许多有价值的论文。1934 年考入美国哈佛大学,成为世界著名矿床学家林格仑先生的学生。1936 年回国,任南京中央研究院地质研究所研究员。1941 年,任重庆沙坪坝中央大学、重庆大学等校地质系教授兼系主任。中华人民共和国成立后,历任燃料工业部石油管理总局陕北勘探大队总地质师、副大队长,西北石油管理局地质处处长,西北石油地质局副局长等职,领导和参加我国西北地区的石油地质勘探工作。1953 年,参加了北京石油学院的建校工作并任地质系主任。

四月　与张会若、斯行健、朱庭祜、朱翔声、李殿臣等合著之《广东花县赤泥河附近地质》(《两广地质报告》第 1 号)出版。

五月二十二日　下午 5 时,中国科学社宴请各学术团体代表,讨论出席将于 1929 年 5 月 16 日—6 月 9 日在爪哇举行的第 4 届太平洋科学会议事宜,到会者有蔡元培、杨杏佛和来自中国天文学会、气象学会、地质学会、工程学会、农学会、学艺社、桑蚕改良会、中国科学社等 8 团体的竺可桢、谢家荣等 20 多位代表。

本社宴请各学术团体代表讨论出席第四届太平洋科学会议记事:

太平洋科学会议,乃沿太平洋诸国之学术机关所组织。约每三年开会一次,讨论关于太平洋区域内之地质学,生物学,气象学,地理学,海洋学,天文学,人种学及农学,无线电学等种种问题。第一次会议于民国九年在檀香山举行,第二次于民国十二年在澳洲举行;我国均未派正式代表。第三次会议于民国十五年在日本东京举行,我国有代表十二人列席,一切情形,已详志本刊。第四次会议已决定于民国十八年五月十六日至六月九日在爪哇举行。本社已收到爪哇政府第一号通告,邀请届时派代表参与并嘱将代表人名住址及提出之论文早日函告。本社以大学院已设中央研究院,故呈请该院主持其事;大学院以中央研究院组织尚未完竣,明年爪哇会议仍请本社筹备一切。本社以值全国教育会议在京举行各学术团体多有会员出席之便,乃于五月二十二日下午五时邀请各学会职员在本社社所讨论明年爪哇会议出席事宜。到会者有大学院蔡孑民、杨杏佛二君及天文学会,气象学会,地质学会,工程学会,农学会,学艺社,蚕桑改良会及本社八团体代表高鲁、孔韦虎、竺可桢、胡先骕、陈立夫、胡刚复、周仁、王琎、沈宗瀚、郑贞文、钱宝琮、朱羲农、周昌寿、姚传法、谢家荣、杨开道、张心一、何尚平等二十余人。蔡孑民主席。由竺可桢报告太平洋科学会议之经过。继乃讨论下届出席问题,当议决各项如下:(一)由科学社函各学术团体负责筹备,并早日通知科学社以代表人名及论文题目,以便转达中国政府。至明年开会时,科学社当向大会声明以后执行委员会改由中央研究院出名参加。(二)未到会之各学术团体由科学社等发起登报通知,请其加入筹备。(三)各学术机关代表所提出之论文须于本年十一月一日以前交中央研究院,由中央研究院聘请专家审查。(四)参加会议之代表以提出论文者为限。议毕欢宴而罢。

(《科学》第 13 卷第 4 期,第 583—584 页)

五月三十一日　中国科学社第 68 次理事会在南京召开。谢家荣声请其所著《地质学》经改正之后,拟受一部分版税,会议议决待收得版税数目后再定。

理事会第 68 次会议记录(1928 年 5 月 31 日):

十七年五月卅一日下午四时在南京成贤街本社社所开理事会常会。

到会者:过探先、王季梁、竺藕舫(主席)、周子竞、秉农山、杨杏佛、路季讷(记录)。

一、谢家荣声请:伊所著之《地质学》现须改正之处甚多,改正后拟收一部分之版税。

议决:俟调查本社已收得关于该书之版税数目后再定办法。

(上海市档案馆,档号 Q546-1-64-18)

六月十六日　上午上课 1 小时,下午为农业地质补课 1 小时。

六月十七日　为赴德国做访问学者,离开南京往北京办理相关手续,于晨 7 时抵达上海。

据谱主所著《华煤显微结构的初步报告》(A Preliminary Report on the Microstructure of Chinese Coal)之引言,作者赴德是受中日赔偿基金会派遣,以研究员的身份赴欧研究地质。基金会事先没有拟定研究题目,完全由作者自己确定。经向基金会主任章鸿钊和地质调查所翁文灏咨询,决定进行中国煤的显微镜研究工作。该项工作无论在科学上还是经济上都是一项基础性的工作,当时无论在中国还是国外都没有任何研究者接触过。除煤的研究外,作者从自己的研究思路兴趣出发,志愿提出还应进行中国某些铜矿的显微镜研究。

谢家荣《华煤显微结构的初步报告》(A Preliminary Report on the Microstructure of Chinese Coal)引言:

Early in the year of 1928，the writer was appointed by the Sino-Japanese Committee of the Indemnity fund as a research fellow for going to Europe to pursue up some research work along the geological line. This kind offer was gladly accepted by the writer. The subject of study was however not predescribed by the committee，it was left entirely free to the writer. After long consultation with Director H. T. Chang，the member of the Committee，and Director W. H. Wong of the National Geological Survey in Peking，it was decided that the writer should take up the work on the microscopical study of Chinese coal，a work of fundamental importance both scientifically and economically but until now has never been touched by any investigator in China or abroad. In addition to the study of coal，it was voluntarily proposed by the writer for the sake of interest of his own line，that a microscopical study of some Chinese copper ore should also taken up. Arrangement was then made with the National Geological Survey in Peking to put at the writer's disposal a representative set of specimen including both coal and copper.

（北京大学档案馆，档号 1RW0172002 – 0099）

六月　与冯景兰、张会若、李殿臣合著《两广地质临时报告》第七号《广东广九铁路沿线地质矿产》印行。

七月一一六日　乘华山丸号轮船离开上海，于三日晨抵青岛并停一天，于七月六日抵达天津。

七月七日　由天津抵北平①，寓泾县馆，下午去地质调查所。

七月八日　分别拜会章鸿钊和翁文灏。

七月二十三日　从北平到天津，赴交涉署、苏联领事馆联系签证事宜。

七月二十四日　赴交涉署领取护照，下午买回北平车票时知在北平可办理签证，乃又往交涉署嘱咐将护照托友寄往北平。

八月三日　赴苏联领事馆领取护照签证，后去花旗银行及前门各钱铺换外汇。

八月四日　当晚地质调查所同仁在华美饭店为谢家荣钱行。

八月五日　中午，章鸿钊在大陆春饭店为谢家荣钱行。

八月八一十二日　自天津经塘沽、大连、长春、哈尔滨抵满洲里，于 12 日晚 9 时 16 分离开满洲里北行。

①　北京于 1928 年 6 月改称北平。

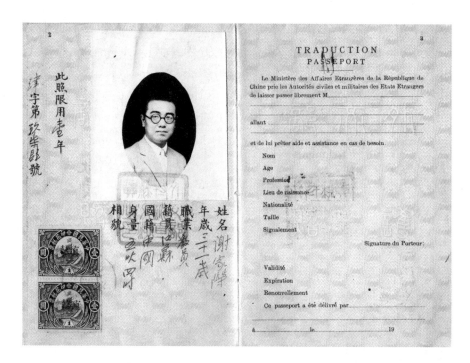

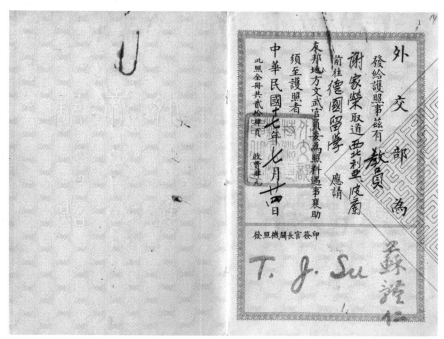

图 20　谢家荣赴德国做访问学者的护照

八月十九日　抵达莫斯科。游览莫斯科市,参观教堂、博物馆,下午拜谒列宁墓,4时返回车站,5时登车西去。

八月二十一日　上午 10 时抵达柏林,寓大陆饭店。

八月二十二日　搬至新居摩姆森大街(Mommsen Strasse)71 号。住至 27 日,另迁新居。

八月二十三日　前往柏林地质调查所谒见所长及参观学校。

八月三十一日　至德文学校考试,被列入中等班学习德文。

九月一日　是日起,或在斯特雷韦(Strewe)家读德文,或到德文学校上德文课,或去柏林地质调查所工作,或到柏林技术高校①上课、磨片,或到大学上课,正式开始作为访问学者在德国柏林地质调查所工作。在哥登(W. Gothan)教授的帮助下,动用普鲁士地调所所存中国四川煤样品 30 件[克莱默氏(Cremer)1905—1906 年从中国带回德国的],磨制煤的薄光片,研究煤的侵蚀结构。

谢家荣《华煤显微结构的初步报告》(A Preliminary Report on the Microstructure of Chinese Coal)引言:

In the August of the same year, the writer after all necessary preparation and arrangements, was then ready for the journey which he made by the way of Siberia. He arrived in Berlin, Germany at the end of the month and pursued up the work on the microscopical study of coal early in the next month. The work was carried on exclusively in the "Institute für Petrographie der Brennsteine" of the Prussian Geological Survey under the guidance of Prof. W. Gothan.

Owing to the unfortunate delay of shipping, the coal specimen sent by the Chinese Geological Survey did not come until the spring of the next year. During this interval the writer in order not to lose any time had worked on a set of coal specimen from Szechwan collected by G. Cremer in 1905 – 1906, then kept in the Prussian Geological Survey. The result obtained by this investigation is embedded in a report titled "A microscopical study of some coals from Szechwan, S. W. China" which has been recently published by the Geological Society of China.

(北京大学档案馆,档号 1RW0172002 – 0099)

谢家荣《四川石炭显微镜研究》(A Microscopical Study of Some Coals from

---

①　大概是柏林技术高校(Technische Hochschule Berlin),柏林工业大学的前身。

Szechuan, S. W. China)引言:

During my sojourn in Germany in 1928, I had the opportunity to work in the Laboratory of the Palaeobotany and the Petrography of Combustable Rocks in the Prussian Geological Survey at Berlin. Under the close guidance of the staff of the Laboratory, the writer was able to learn and to familiarize with all the methods that are necessary to the petrographical study of coal. A collection of about specimen consisting of coals of various types and different geological ages was sent from the Geological Survey at Peking. Unfortunately the shipping of the specimen was much delayed and the collection did not come until the January of 1929. In order that time was to be lost, the writer, by the permission of Prof. Gothan, has selected a collection of Chinese coal from the province of Szechuan then kept in the Prussian Geological Survey, as my material of preliminary investigation. This collection consisting altogether of 30 pieces of coals was collected by G. Cremer, who during the year of 1905 – 1906 took an extensive trip in examining geology and mineral resources in various parts of Szechuan.

My investigation on the coals of Szechuan, though being preliminary in nature and limited to only small number of specimen, has yielded, nevertheless very interesting results. Before the finishing of my study on the bigger collection, which is still going on in the present time, it seems worthwhile for me to write beforehand a short note on that results that have been already obtained. Because of the limited scope of this paper, only microscopic characters will be treated. More important questions such as origin and classification of coal, correlation and comparison with coal of other districts *etc*. are entirely untouched; they will be discussed in my next paper.

(*Bull. Geol. Soc. China*. Vol. 8, No.1, pp.59 – 60)

十二月三十一日　迁至沙恩豪斯大街 25 号(Scharnhorststrasse 25)4 楼。

哥登(W. Gothan, 1879—1954),德国地质学家及古植物学家。1905 年在普鲁士地质所获得博士学位。1912 年接替其导师、国际煤岩学先驱之一 R.Potonie 任柏林矿业学院院长,该学院后来成为夏洛滕技术高校(后为柏林工业大学)采矿系。1926 年任教授,1927 年任柏林大学荣誉教授。第二次世界大战后任教于洪堡大学。在煤岩学研究方面造诣尤深,引入孢子花粉分析。他特别注意鲁尔煤田的煤岩学研究。对挪威斯瓦尔巴群岛植物群的潜心研究使他获得了用其名命名地名的荣誉,斯瓦尔巴群岛上的一个山峰被命名为哥登(Gothan)峰。撰写了300多篇古植物学和煤岩学论文,其中包括硬煤、褐煤植物群及煤岩学方面的文章。

　　提要　德国柏林。在德国柏林地质调查所进行中国煤的煤岩学研究和中国若干铜矿的显微镜研究。10月在弗赖堡大学继续进行研究工作。发表中国煤岩学的第一篇文章《四川石炭显微镜研究》(A Microscopical Study of Some Coals from Szechuan，S. W. China)和中国矿相学第一篇文章《中国几种铜矿之地质及显微镜的研究》(Geological and Microscopical Study of Some Copper Deposits of China)。著中国第一本石油地质学专著《石油》。

　　一月一日　移居。

图 21　1929 年，吴镜侬站在谢家荣在德国居住过的摩姆森大街 4 号(Momsenstrasse 4)大门口(左)；2013 年的摩姆森大街 4 号(右)

二月十六日 觅得新居摩姆森大街(Mommsenstrasse)4 号。

二月二十八日 国际煤岩学先驱之一的洛马克斯(Jrsesu R. Lomax)致信谢家荣,告知制作不同规格的中国煤薄片的成本,谓从收到标本之日起两周内可以制作 50 块标本的薄片。

February 28th. 1929.

Prof. C. Y. Hsieh,

c/o Pruss. Geologische Landesanstalt,

  Invalidenstrsse, 44,

  Berlin. N. 4.

Dear Sir,

  In reply to your enquiry of the 26th. Inset., I beg to inform you that I shall be pleased to prepare you mocro-setions from your samples of Chinese coals.

  In order that you may see the difference in the size of the sections, I have sent you by this post three samples mounted on $3''\times1''$, $3''\times1.5''$ and $3''\times2''$ slides. You can return these to me at your convenience. The cost of preparing similar sections from your samples would be:

  Mounted on the $3''\times1''$ size. 5/— per section.

  ″   ″ $3''\times1.5''$ ″ 6/— ″ ″

  ″   ″ $3''\times2''$ ″ 7/6 ″ ″

  If your samples will permit, I would advise you no have the $3''\times2''$ size as a larger surface of the coal is included and better results can be obtained.

  I could prepare you sections from your 50 samples in about 2 weeks from receipt of material.

Yours faithfully.

Jrsesu R. Lomax

(谢家荣学术成长资料采集工程资料,存于采集工程数据库,档号 XJ‑002‑050)

二月 开始在德国柏林地质调查所研究中国地质调查所寄去的中国各地区不同时代的煤矿标本。

谢家荣《华煤显微结构的初步报告》(A Preliminary Report on the Microstructure of Chinese Coal)引言:

The investigation on the collection from the Chinese Geological Survey started early in Ferb. of 1929. A small collection of coal consisting of 15 specimens sent by the Geological Survey of Kwangtung and Kwangsi was afterwards added to my material which made in the whole a collection of about 90 specimens. This collection consists of coal of various quality being range from lignite to anthracite; in age it varies from Carboniferous to Tertiary. The specimens were collected from almost all over the country covering in the whole 19 provinces of China proper, in exclusion of two specimens from Mongolia. A very good representation of the Chinese coal is therefore secured.

The object of the present investigation is not only to observe the microstructure of the coal, but also try to identify as much as possible the plant remains or vegetable tissues preserved in the caol. This study is very important because only by close comparison of the plant remains or tissues found in the coal that a correlation of one seam to another is possible. At the same time the geological age of the coal can sometimes also be determined by such a microscopical and anatomical study of the coal.

(北京大学档案馆,档号 1RW0172002 - 0099)

三月十九日 是日起研究铜矿。所研究的标本是由地质调查所专门寄到德国的、丁文江 1914 年采自四川和云南以及谢家荣和刘季辰 1923 年采自鄂东南的铜矿石。

三月二十四一三十一日 与博德(H. Bode)夫妇一起赴野外考察地质。先后到芬肯黑德、戈斯拉尔、施泰因贝格等地,参观、考察了褐煤矿、铅铜矿等。

三月 所著《石油》一书,列为王云五主编的百科小丛书第十四辑第一百六十一种,由上海商务印书馆出版。这是现代中国最早的石油地质专著,书中指出:"我国油田之分布,据今所知,大抵自新疆北部,沿南山北麓而至玉门敦煌,复至甘肃东部延入陕西北部,越秦岭山脉,而至四川盆地,适绕西藏高原之半。"同时指出:"热河奉天有油母页岩,而直、晋、鲁、豫诸省,就地质上推想,或也有此项页岩,虽其价值如何,尚待考验,在中国缺油之地,将来必能成为重要之富源,则可断言也。"在第十章第二节"陕西产油区"指出"延长官井产油已十余年,而未曾钻探之处尚多,倘能依据地质学原理,更作精密之探查,未必无获得佳油之希望,故一隅之失败,殊不能定全局之命运耳"。《石油》还从石油的成因机理(物质来源和沉积环境两个方面)论述,明确地指出,石油可由陆生植物在适当环境之下生成:"煤矿之成,系由沼泽或沿海大陆上之植物,逐渐腐变而成。石油成分,虽与煤异,然谓其自植物变化而来,亦无不可。于是学者遂倡异物同源之论,而英国之克累格氏主之尤力。至其结果所以相异之故,则因经过之地质历史,既极不一律,温度压力诸环境,亦随而悬殊,故在甲地造成煤层,而在乙地则易为石油。二者递变之迹,野地考察,尚得而见之。又据化学家之实验,倘将褐煤或烟煤置器中蒸馏之,则能得与石油相似之碳氢化合物。故又有人主张已成之煤层,在适当温度压力之下,亦能再度变化,而成石油。据实地观察,产油之层,有时兼含煤质,中国陕西油田,即为一例,而重要煤田之附近,亦常有微量之石油流出。二者关系既密,则异物同源之论,不能谓为绝无根据也。""三角洲半属海相,半属陆相。其海相之部,即为浅海或濒海沉积,最适于石油之产生。而近陆之部,则植物繁茂,在适当环境之下,亦能造成石油。且地盘稍有升降,海岸线即随之而伸缩,故在此区域之内,海陆二相之地层,往往相间而生,于石油之积聚,最为适宜。""综上所述,产油地层,当以浅海或三角洲沉积最为适合"。这是中国地质学家关于陆相生油的第一次理论阐述。

王仰之《谢家荣——勘查中国石油地质的先驱》:

1930年,谢家荣所著《石油》一书出版。[①] 该书共分11章,120余页。它全面地论述了石油矿业发达史,石油的应用以及石油的成因、积聚、储油构造等理论知识。如第三章中介绍石油成因时,谈到动物成因、植物成因等有机成因理论,还谈到碳化物成因、火山成因、天体分泌等无机成因理论,并表明他是倾向于有机成因说的;第四章中介绍储油构造时,则列举了背斜或穹窿式构造、圆顶丘构造、单斜层构造、近于水平构造、向斜构造以及裂隙构造等等。对中国石油地质理论的建立,起了开创作用。此外,对石油勘探、开采、运输、炼制、贮藏等一系列生产知识,以及世界各国石油矿业的情况以及我国石油的供求情况,也都作了概略的介绍。应该说,这是我国第一部系统论述石油地质的专著。

(《中国科技史料》1991年第3期,第54页)

王育林、石宝珩《谢家荣对中国石油事业的贡献》:

我国最早的石油著译者

中国近代石油工业如果从1878年(光绪四年)台湾开始采用机械钻井算起,到

---

① 谢家荣的《石油》最早在1929年3月纳入百科小丛书第一百六十一种,由上海商务印书馆出版,1930年4月版被称为万有文库第一集一千种,其内容与1929年版完全相同。

本世纪三十年代，在长达五十多年的漫长岁月里，石油地质科学的发展是缓慢而艰难的。1914 年，北洋政府成立了第一个全国性的石油勘探开发机构“筹办全国煤油矿事宜处”，督办熊希龄曾经组织人员翻译了日人近藤会次郎《石油论》一书。这是国外石油地质学著作第一次被译成中文。1919 年延长石油官厂总理张炳昌编著了《石油概论》一书。1930 年，由商务印书馆出版了谢家荣编著的《石油》一书，这是我国第一部系统的石油地质学专著。这部石油专著长达 120 多页，共十一章，全面论述了石油矿业发达史，石油之应用、成因、积聚，油田构造，油田之测验与分布，石油之开采、运输、制炼、贮藏，世界石油矿业概况。其中第十章，专门论述中国之石油及求供状况。这是谢家荣先生对我国石油工业的重要贡献。

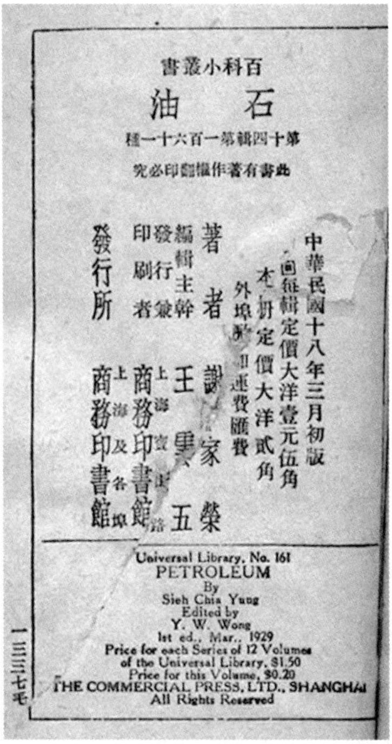
百科小叢書
石油
第十四輯第一百六十一種
此書有著作權翻印必究
中華民國十八年三月初版
每輯定價大洋壹元伍角
本冊定價大洋貳角
外埠酌加運費匯費
著者 謝家榮
編輯主幹 王雲五
發行兼印刷者 上海寶山路 商務印書館
發行所 上海及各埠 商務印書館
一三三七毛
Universal Library, No. 161
PETROLEUM
By
Sieh Chia Yung
Edited by
Y. W. Wong
1st ed., Mar., 1929
Price for each Series of 12 Volumes of the Universal Library, $1.50
Price for this Volume, $0.20
THE COMMERCIAL PRESS, LTD., SHANGHAI
All Rights Reserved

图 22　1929 年 3 月上海商务印书馆出版的谢家荣著《石油》版权页

1917 年，美国美孚石油公司在中国陕北钻探石油宣告失败以后，对于在中国发展石油工业的前景，国内不少人抱有盲目悲观的看法，谢家荣在这部著作中，对我国的石油资源作了乐观的估计。他指出：“我国油田之分布，据今所知，大抵自新疆北部沿南山（即祁连山）北麓而至玉门、敦煌，复至甘肃东部延入陕西北部，越秦岭山脉，而至四川盆地，适绕西藏高原之半。”新中国成立以来石油钻探的主要成果，证实了谢先生的这一估计是正确的。对于陕北油田，他作了具体分析，指出：“陕北系地层出露之处，俱在渭河以北，东自延川、延长、宜川等县，西至安塞、肤施、甘泉、鄜、中部（今黄陵）、宜君、铜官（今铜川）等县，几占陕省之大半，已知之油苗共有二十五处，分布达于八县。以上地层俱倾斜向西，故含油层亦东浅西深……惟延长官井产油已十余年，而未曾钻探之处尚多，倘能依据地质学原理，更作精密之探查，未必无获得佳油之希望，故一隅之失败，殊不能定全局之命运耳”。谢家荣的这一论断，反映了他对发展我国石油事业充满信心，同时也是对后人的鼓舞。

（石宝珩、王仰之、刘炳义主编：《中国石油史研究》，第 236—237 页）

四月十四日　到施莱斯舍火车站迎接夫人吴镜侬。

四月　在《中国地质学会志》第 8 卷第 1 期发表《四川石炭显微镜研究》（A

图23　1905 年的施莱斯舍火车站(Schlesische Bahnhof)像。谢家荣 1929 年 4 月 14 日上午 9 时在这里迎接夫人吴镜侬

Microscopical Study of Some Coals from Szechuan, S. W. China),后被英国《燃料》杂志转载。该文是作者 1928 年来德国柏林地质调查所研究四川标本的成果,为中国地质学家进行煤岩学研究的开篇之作,是中国煤岩学的奠基作之一。研究所用标本为克莱默氏 1905—1906 年从中国带回德国的 30 件四川煤样品,采自邻水、渠江、奉节、南川、广安、广元、天全、荣县、叙永等地,其时代为石炭纪、二叠纪和侏罗纪,其中 19 块标本被仔细描述,用透射光研究了标本的薄片,用反射光研究了标本的磨光片,用氯酸钾和硝酸的混合液处理后再用氨水处理,再在显微镜下研究处理后留下的残渣;5 个图版 25 张显微结构的精美图片及其解读堪称中国煤岩学研究的经典之一。

谢家荣《四川石炭显微镜研究》(A Microscopical Study of Some Coals from Szechuan, S. W. China)绪言:

During my sojourn in Germany in 1928,I had the opportunity to work in the

Laboratory of the Palaeobotany and the Petrography of Combustable Rocks in the Prussian Geological Survey at Berlin. Under the close guidance of the staff of the Laboratory, the writer was able to learn and to familarize with all the methods that are necessary to the petrographical study of coal. A collection of about 90 specimens consisting of coals of various types and different geological ages was sent from the Geological Survey at Peking. Unfortunately the shipping of the specimens was much delayed and the collection did not come until the January of 1929. In order that no time was to be lost, the writer, by the permission of Prof. Gothan, has selected a collection of Chinese coal from the Province of Szechuan then kept in the Prussian Geological Survey, as my material of preliminary investigation. This collection consisting altogether of 30 pieces of coals was collected by G. Cremer, who during the year of 1905 – 1906 took an extensive trip in examining geology and mineral resources in various parts of Szechuan.

My investigation on the coals of Szechuan, though being preliminary in nature and limited to only small number of specimen, has yielded, nevertheless very interesting results. Before the finishing of my study on the bigger collection which is still going on in the present time, it seems worth-while for me to write beforehand a short note that results that have been already obtained. Because of the limited scope of this paper, only microscopic characters will be treated. More important questions such as origin and classification with coals of other districts etc. are entirely untouched; they will be discussed in my next paper.

(*Bulletin of the Geological Survey of China*, vol. 8, No. 1, p.59 – 60)

韩德馨、秦勇《谢家荣教授对中国煤岩学研究的重要贡献》：

谢家荣先生从 20 世纪 20 年代开始煤岩学研究而成为中国早期煤岩学家。谢先生于 1928 年前往德国进修,在德国普鲁士地质调查所可燃有机岩与岩石实验室工作期间,熟悉了当时国际上先进的煤岩学研究方法,继而全面地应用到中国煤岩学的研究,并于 1930 年和 1933 年两次先后撰文,向国内介绍煤岩学的研究和进展,为中国煤岩学的启蒙和发展起到了重要的推动作用。

现代煤岩学理论、方法和术语起源于欧美,是煤岩学研究的重要基础。谢先生在德国进修期间受到著名学者 W. Gothan 教授的指导,选用在中国国内收集以及普鲁士地质调查所的煤样进行分析研究,同时又受到 R. Potonie 和 H. Bode 两位博士的指导,由于实验室设备好,藏书丰富,有条件完成他的研究工作。1929 年发表《四川石炭显微镜研究》,这是谢先生第一篇煤岩学论著,随后于 1930 年相继发表《煤岩学之研究新方法》及《北票煤之煤岩学初步研究》。

　　谢先生于 20 世纪 20 年代末将斯托普斯创建的煤岩类型术语,率先引入我国,继而采用镜煤、暗煤、丝炭等术语对我国西南、华北和东北的晚古生代和中生代煤进行描述。同时,在研究中,使用了条带状、非条带状等现今仍广泛使用的描述术语,在显微煤岩学的研究中,应用了角质层、小孢子壳、丝壳、木煤、木质镜煤等显微术语,特别是较早地注意并描述了煤岩显微组分的光学各向异性现象,而这种现象的研究,已成为当代煤岩学研究的重要内容,并在高级煤显微组分识别、煤结构反演、煤田构造应力场研究等方面得到广泛的应用,具有重要价值。

　　(郭文魁等主编:《谢家荣与矿产测勘处——纪念谢家荣教授诞辰 100 周年》,第 47—48 页)

　　韩德馨(1918—2009),江苏如皋人。煤地质学家。1942 年毕业于西南联大,1943—1945 年在北京大学研究所进行研究工作。1950 年毕业于美国密歇根大学研究院。1995 年当选为中国工程院院士。中国矿业大学教授、资源与安全工程学院博士生导师。中华人民共和国成立后首批归国学者。参与了全国许多大型煤矿(区)的开发设计论证及重要煤田地质报告的评议审查,指导并积极参与了全国煤田及江南九省煤田的预测工作。在担任煤炭部技术委员会委员期间,参与了许多工程科技研究,为煤炭工业发展提出许多深具远见卓识的建议。对中国的聚煤规律、聚煤模式演变、煤岩特征及煤的地球化学等领域进行了系统研究,取得重大的成果,为我国煤炭工业的发展和煤炭资源的开发和利用

图 24　1929 年在德国做访问学者时留影

图 25　1929 年谢家荣（右）和吴镜侬（后）与德国友人留影

图 26　德国柏林英瓦丽德大街 44 号，原为普鲁士地质调查所，现为德国交通、建筑及城市规划部。1928—1929 年谢家荣在德国期间在这里工作过（姚建摄）

图 27　德国地质与资源材料研究所之样品馆。谢家荣在德国期间研究的中国煤样品现存于此（姚建摄）

图 28　至今存放在德国地质与资源材料研究所样品馆 K7 柜里的 14、15、16 屉的中国煤样品（姚建摄）

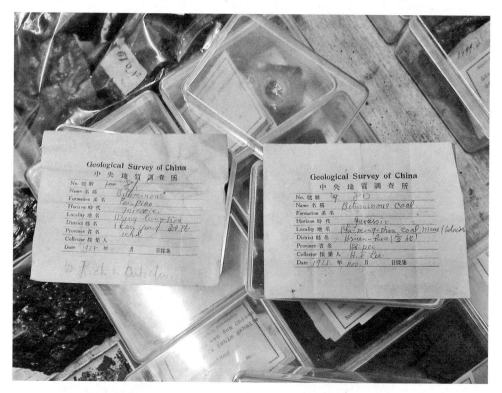

图 29　至今存放在德国地质与资源材料研究所样品馆中的中国煤样品(下)和标签。75 号样品标签(上)：谭锡畴与王恒升(H. C. Tan & H. S. Wang)1928 年 11 月 20 日采自黑龙江铁骊(今名铁力)的无烟煤(姚建摄)

图 30　在德国的旅行照(左侧立柱两旁为谢家荣、吴镜侬)

图 31　1929 年与吴镜侬在柏林波茨坦腓特烈大帝
　　　　夏宫香舍榭花园花窗留影

做出了重要贡献。主编的《中国煤田地质学》《中国煤岩学》系统地总结了中国各聚煤时代的聚煤规律及煤岩变化和特征,资料丰富、理论扎实、见解新颖。1997 年获李四光地质科学荣誉奖。

七月十八—二十日 调查平原地质。

九月二十三—三十日 赴波茨坦,经慕尼黑,抵达弗赖堡。

十月一日 今起在弗赖堡大学矿物系进行研究工作。在柏林和弗赖堡大学结识了著名矿床学家史奈德洪(H. Schneiderhöhn)及金属矿物显微镜研究的著名学者兰姆多尔(P. Ramdohr),并与这两位学者有着长期的交往。为在中国引进矿相学做了开拓性的工作。

图 32 1929 年与吴镜侬在德国弗赖堡留影

十月 所著《煤》收入王云五主编的《万有文库》第一集,由上海商务印书馆出版。

十一月十五日 著名地质学家赵亚曾在前往云南昭通的调查途中,在闸心场被持枪行劫的土匪杀害,年仅 30 岁。

赵亚曾不幸遇难后,农矿部地质调查所、中国地质学会、北京大学地质系为他联合举行了追悼会，并在北平西城兵马司胡同地质调查所前院为他竖立了一块大理石纪念碑。葛利普的悼文《赵亚曾君行述》发表于当年出版的《中国地质学会志》第 8 卷。文内说："今赵君死矣，科学界顿失去一最诚恳最有望之同志，中国丧失其一未来之领导者，吾辈——其友若师——失去一益友而少他山之助，而尤以中国之损失为最大。"翁文灏的悼文《赵亚曾先生为学牺牲五年纪念》则刊于 1934 年《中国地质学会志》第 13 卷第 4 期，其中说："赵君在所六年，调查则出必争先，研究则昼夜不倦，其进步之快，一日千里，不特师长惊异，同辈叹服，即欧美日本专门学者亦莫不刮目相待，十分钦仰，见之科学评论及通信推崇者，历历有据"，"青年学者中造就如此之速而大者，即在世界科学先进国中，亦所罕觏"。在翁文灏的悼文之后还刊有丁文江的《悼赵予仁》七律四首："三十书成已等身，赵生才调更无伦。如何燕市千金骨，化作天南万里尘。半载崎岖乡梦远，百重烟瘴客魂新。夜郎一枕伤心泪，仿佛西行见获麟。""京洛相逢百载期，相知每恨相交迟。论文广舌万人敌，积学虚心一字师。死别豹皮留我手，生还马革裹君尸。更将乃父千秋业，付予伊家三尺儿"。"南蛮不识步行官，主仆萧然溯急湍。大鹿溪头云漠漠，老鸦滩上路漫漫。举□贵筑言犹在，喋血乌蒙骨已寒。凄绝保阳家万里，倚门日望报平安。""嗟予转眼鬓毛斑，强学少年向入蛮。老骥识途空自许，孤鸿堕网竟难还！豺狼向昔滋荆棘，性命于今等草营。遥想闸心场上路，春来花带血痕殷！"

中国地质界同仁为了表示对赵亚曾的深情纪念及对赵氏遗属的关怀，特募集捐款，其中大半由中国地质学会设立"纪念赵亚曾先生研究补助金"，用来"鼓励中国地质学者从事专门研究，以贡献于地质学及古生物学之进步"，小部分则用作赵亚曾的"子女教育基金"。前者从 1932 年至 1949 年共 18 个年头中，每年发奖一次，得奖者共有 22 人，其中包括后来成为中国科学院学部委员的黄汲清、俞建章、田奇瑪、许杰、王曰伦、王钰、高振西、张文佑、岳希新、程裕淇、叶连俊、孙殿卿等。

十二月二日　裴文中在周口店古人类遗址的发掘中发掘出北京猿人第一个头盖骨。

裴文中（1904—1982），河北丰南人，史前考古学、古生物学家，中国旧石器考古学和第四纪哺乳动物学的奠基人，中国古人类学创始人之一。1927 年毕于北京大学地质系。1937 年获法国巴黎大学博士学位。中国科学院古脊椎动物与古人类研究所研究员。1929 年起主持并参与周口店的发掘和研究，是北京猿人第一个头盖骨的发现者。1931 年起，确认石器、用火灰烬等的存在，为周口店古人类遗址提供了考古学重要依据。主持山顶洞人遗址发掘，获得大量极有价值的山顶洞人化石及其文化遗物。1949 年后，积极开展中石器和新石器时代的综合研究，为中国旧石器时代考古学的发展做出重大贡献。

十二月　在德国期间对四川(会理天宝山和鹿厂)、云南东川和鄂东南(大冶和阳新)铜矿予以研究,以所得成果撰写《中国几种铜矿之地质及显微镜的研究》(Geological and Microscopical Study of Some Copper Deposits of China),刊于《中国地质学会志》第 8 卷第 4 期。文章用 12 个图版 30 张显微照片,展示了铜矿石的矿物成分、结构、共生组合。该文的矿相学工作是中国矿相学的奠基性工作,所附显微照片先被史奈德洪收入其著作《矿相学教程》,后又被兰姆多尔多次收入其名著《矿物学教程》。

史奈德洪(H. Schneiderhöhn, 1887—1962),著名矿物学家、矿床学家。生于德国莱茵河畔的美因兹城,1909 年获德国吉森大学矿物学博士学位,任柏林大学矿物学教授。1913—1918 年在非洲西南研制成矿石显微镜,并用以研究楚梅布矿山原生矿物含量及其与次生富集作用的关系,从而发现了一种不寻常的硫化矿物赭石。他提出的"硫循环"成为地质学的一个基本思想。他解释了阿尔及利亚西北部、突尼斯和摩洛哥的许多矿床的热液成因。考察过欧洲、非洲、北美、土耳其的许多矿床。他于 1944 年出版的《矿床学教程》曾多次再版并被译成多种文字。其主要著作还有《早期结晶的金属矿床》(1958 年)、《地球上的矿床》(1961 年)、《伟晶岩》(1962 年)等。

兰姆多尔(Ramdohr Paul, 1890—1985),德国矿物学家、岩石学家。曾获哥廷根大学博士学位,先后任亚琛高工、柏林大学和海德堡大学的教授。开创了显微镜研究金属矿物的矿相学,研究了月岩物质。1930 年在玻利维亚发现的一种新矿物(辉锑银铅矿)的英文名即以其名命名。1972 年发表论文讨论细角砾岩中月岩样品的镍黄铁矿和硫化物的反应。主要著作有两卷集的《矿石显微镜教程》(1931—1934 年,1948 年再版),德文版《矿物学教程》(重印逾 15 版),其英文版更名为《金属矿物及其共生》,并曾被译成俄文。20 世纪 60 年代,中国科学出版社曾经准备翻译出版这部矿相学的经典之作,谢家荣翻译了许多章节,并负责全书译文的定稿,因"文化大革命"而中断,译稿也散失;谢家荣翻译的该书的地名译名表、人名译名表、德华矿物名称对照表现存于北京大学档案馆。20 世纪 80 年代,地质出版社曾经一度想组织翻译出版,由于种种原因未能实现。

一九三〇年　庚午(民国十九年)　三十四岁

提要　德国弗赖堡。2—5月在巴黎。5月下旬回国。任职于国立地质调查所,清华大学地理系讲师。发表《煤岩学研究之新方法》(Some New Methods in Coal Petrography)。致函潘德顿(Robert L. Pendleton)教授,建议他到中国进行土壤调查。进行中国的首次土壤调查。任地质调查所新成立的沁园燃料研究室主任。

一月八日　章鸿钊、丁文江、翁文灏、李四光、朱家骅、叶良辅、谢家荣、孙云铸联名祝贺葛利普60寿辰。

一月二十七日　到中国驻德国大使馆办理签证延期半年(至1931年1月26日)。

一月二十八日　到法国驻德国大使馆签证(有效期5个月,至当年6月28日)。

二月二日　国际煤岩学先驱之一、普鲁士地质调查所的 E. 施塔赫(Erich Stach)来函谈交换论文事。

2. February 1930.

Herrn　Dr. C. Y. Hsieh

Freiburg，i. Br.

Friedrichstr. 26 Ⅲ

Sehr geehrter Herr Hsieh!

Haben Sie verbindlichsten Dank für Ihre freundliche Zusage. Ihren früheren Aufsatz habe ich ubrigens eihalten und danke Ihnen nochmals dafür. Anliegend übersende ich Ihnen 12 Mikrophotos von Reliefschliffen，von denen 5 noch unveröffentlicht sind.

Mit den besten Wünschen für eine erfolgreiche Tätigkeit in Paris und einem Gruβ an Herrn Duparque und

mit herzlichem Glückauf

Ihr sehr ergebener

Stach

（谢家荣学术成长资料采集工程资料，存于采集工程数据库，档号 XJ－002－051）

二月四日　与夫人自德国弗赖堡(Freiberg)动身前往法国学习，于晚上 10 点抵达巴黎。李士林到车站迎接。

李士林(1895—1975)，字文轩，内蒙古清水河人，年幼丧父，9 岁入私塾，后入小学，1915 年小学毕业后考入绥远省甲种矿业班攻读，学业优异。1918—1919 年在北京高等法文专修馆学习时，曾参加五四运动。1920 年赴法国勤工俭学，修业期满获地质学硕士学位，继而在巴黎科学院矿物研究所研究矿物、岩石、矿床。1932 年提出《河北承德南云(第一次发现东亚)斜黝帘石变质岩》的科学论文，深受法国地质界赏识，获博士学位。1935 年取道苏联回国。回国后，历任晋绥矿产测探局技正、甘肃省矿产调查队队长、宁夏地质调查所所长。中华人民共和国成立以后，先后在地质部华北地质局和地质部地质博物馆任工程师。

三月十日　由美国加利福尼亚大学肖(Shaw)教授的推荐，致信在菲律宾大学洛斯巴诺斯农学院任教的潘德顿(Robet L. Pendleton)教授，建议他到中国来进行土壤调查(主要进行土壤区的普查和某些特殊地区土壤的详细研究与填图)，并随信寄去一份为期两年半的合同，供他考虑。

10 March, 1930

Dr. Robert L. Pendleton, College of Agriculture, Los Banos, P. I.

Dear Dr. P.

Upon the request of the China Foundation which is in charge of administration of the second remission of the so called Indemnity fund by the United States, the Geological Survey of China will have a new division of soil work with an annual appropriation from the same Foundation. Through the recommendation of Prof. Shaw of California University who was here some times age, I am approaching you for your expert service in the soil survey work of China. The Geological Survey which has its head quarters still in Peking has began its geological work since fifteen years ago. You will find with us I hope necessary facility for starting the soil work.

To put the matter strait forward, I am enclosing a draft contract for your consideration. It is in the expectation of the China Foundation and the Geological Survey to see accomplish during its 2 1/2 years as general survey of the main soil region of China and the detailed study and mapping of some particular regions as an example of such work. It is very probable that the work thus will started will be continue，although the appropriation of the China Foundation is limited this time to 2 1/2 years.

It is in the desire of the Geological Survey to conduct its soil work in cooperation with the proper agricultural institutions. Among such institutions which we have in view is the Agriculture Department of the [Peking University? 笔迹不清，无从辨认]. Prof. Buck is writing you [in this] way of [introduction?].

I expect some definite answer from you say before the end of December so that I can get necessary approval from Ministry of Agriculture and Mine and the China Foundation，and I shall wire you the decision. Your letter should be mailed to the address above indication to Peking. Looking forward to your favorable reply，P[笔迹不清，无从辨认]

Yours sincerely,

? ［笔迹不清，无从辨认］

Jung

（谢家荣学术成长资料采集工程资料，存于采集工程数据库，档号 XJ－002－052）

四月二十八日　在巴黎中国驻法国大使馆领取临时护照，准备回国。

四月　所著《石油》一书，列为王云五主编的《万有文库》第一集第一千种，由上海商务印书馆初版，内容与 1929 年版《石油》同。

是月　在 *Arbeiten aus dem Institut für Palaeobotanik und Petrographie der Brennstein* 第 2 卷第 1 期发表《煤的侵蚀结构》(Ätzstrukturen in der Kohle)。此文是现知作者唯一的一篇德文论文。它概述了 20 世纪 10 年代温特(H. Winter)和赛勒(C. A. Seyler)用氯酸钾溶于浓硝酸的溶液进行侵蚀的方法，1923 年特纳(H. G. Turner)和兰德尔(Randall)使用喷焊管火焰将煤的磨光片表面灰烬的侵蚀法(即火焰侵蚀法)、威廉斯(T. B. Williams)的氯氧化硒侵蚀法以及伊沃萨基(Iwasaki)的氢化萘侵蚀法。作者在普鲁士地质土地局的古植物及可燃岩岩相学研究所对大约 20 件采自中国的从第三纪到石炭纪的、从褐煤到无烟煤的标本使用特纳及赛勒的侵蚀法进行了研究。详细给出了各种标本在侵蚀前和侵蚀后在显微镜下所显示的结构。研究结果表明，赛勒侵蚀方法(用铬酸与硫酸的混合物作侵蚀液)效果最好,可得到煤中清晰可辨之植物组织结构。

尽管煤的磨光片侵蚀法是必不可少的。侵蚀法产生的构造通常特别清楚,但它保留的时间不长,当薄片暴露在空气中一段时间后便被破坏了。文章详细描述了作者使用的一种保存煤的构造的纤维素印模法。

五月十日 前往苏联驻巴黎大使馆领签证。

五月十七日 晚9时离开巴黎。

五月十八日 下午6时抵柏林。

五月二十日 晨9时抵莫斯科。

五月二十五日 经贝加尔湖抵达伊尔库茨克。

五月二十七日 回国。

六月 所著中国科学社丛书之一《地质学(上编)》第5版由商务印书馆出版。

七月二十六日 出席农矿部直辖地质调查所和国立北平研究院地质学研究所联合举行的第一次讲学会,并参与讨论。翁文灏为主席,丁文江主讲,讲题"野外工作的经验",到会20人。与孙云铸一起被推定为讲学会干事,并分别准备选定书籍,以便同仁选读。

图33 1930年谢家荣(左)和常隆庆(右)在河北三河进行土壤调查,用德国式钻杆钻取土样,以定土壤界线(马连西摄)

计荣森《农矿部直辖地质调查所、国立北平研究院地质学研究所讲学会记事》第一册：

第一次讲学会　十九年八月二十六日举行[①]

纪要　主席略述创立讲学会之旨趣，愿到会者随便发表意见。主讲者不必太多，希望引起大家互相讨论。后请丁文江先生讲野外工作的经验。先述各机关所出版之地形图能用者极少，地质调查所同仁调查时，最好用平面测图板自测五万分之一路线图，再测量经纬度，加以改正。次论调查地质应注意之点有二。第一遇有完整地层剖面，不妨多留时日，精细测验，并采集化石。第二地质调查必须步行，切不可坐轿及骑驴马。简便测距离之法，即数个人所行之步数以定之。后主席讨论读书法，略谓各大学或学术机关，时常举行读书会，对于新到书籍，亦由专家指出选读。地质调查所图书馆所藏关于地质书籍甚丰富，关于欧美地质杂志尤为完备。读书一事实不可缓，望同仁努力读书。丁文江先生、孙云铸先生、谢家荣先生均有讨论。后推定谢家荣先生、孙云铸先生为讲学会干事，并拟分别选定书籍，以便选读。后即宣布散会。

（中国地质图书馆藏，第二册，第7—8页）

计荣森（1907—1942），北京人。古生物学家、地质科技文献信息专家。1930年毕业于北京大学地质系，入实业部地质调查所任调查员。1941年任中央地质调查所古生物研究室无脊椎古生物研究组主任。对中国古生物学中的空白门类，如叶肢介、古杯动物、层孔虫、海绵等均有开创性研究。其《中国威宁系之珊瑚化石》《中国西南部湖南云南广西威宁系石灰岩的珊瑚化石》对中国中石炭世珊瑚古生物学及生物地层学之研究做出了卓越贡献。他编纂过《中国无脊椎化石书目》《中国地质文献目录》《中国地层系统名称》等重要工具书，是中国地质科技文献信息研究的先驱之一。

七月　地质调查所受中基会委托，成立土壤研究室，开展中国土壤调查与研究。该室由翁文灏兼任室主任（1930—1936），谢家荣协管（1930—?），主任技师潘德顿（1930—1933）、梭颇（J.Thorp）（1933—1936）。土壤研究室甫一成立，翁文灏

---

① 原文记为八月二十六日，但第二次讲学会记为八月二日，第三次讲学会记为八月九日，第四次讲学会记为八月十六日，原文讲学会是每周一次，周六举行，因此这里的八月二十六日，疑为记录有误，应为七月二十六日。

即派谢家荣与常隆庆先后赴陕南、冀北进行土壤调查①。这是土壤研究室成立后的第一宗土壤调查工作,也是中国地质学家进行的第一次土壤调查。

常隆庆(1904—1979),字兆宁,四川江安人。1930年毕业于北京大学地质系,历任北碚私立中国西部科学院地质研究所主任、四川省地质调查所所长、西南地质调查所副所长、重庆地质学校教导主任、成都地质学院教授、中国古生物学会理事、中国地质学会常务理事等职,与谢家荣一起进行了中国的第一宗土壤调查。主要从事地质矿产调查研究工作和教学工作,先后发表20余篇重要科学论文和专著,内容广泛,涉及地层、古生物、矿产、地质构造、土壤、地震等方面。

八月二日 出席翁文灏先生担任主席并主讲"地质论文作法的讨论"的第二次讲学会。在翁文灏讲完后,与俞建章、孙云铸、丁文江等参加讨论。

俞建章(1899—1980),字端甫,1918年考入天津北洋大学预科。1920年转入北京大学地质系,1924年毕业,获理学学士学位,任教于河南中州大学。1928年在上海中央研究院地质研究所任助理研究员。1933年任中央研究院地质研究所副研究员,赴英国布里斯托尔(Bristol)大学留学,1935年获博士学位回国。历任中央大学兼职教授、中央研究院地质研究所研究员、中央大学地质系教授、重庆大学地质系主任、中央研究院地质研究所代理所长、中国地质学会理事长、中国古生物学会理事、长春地质专科学校地质科主任、东北地质学院教授、地勘系系主任兼地史古生物教研室主任、长春地质学院副院长。1955年当选为中国科学院生物学地学部委员。对晚古生代地层及四射珊瑚化石研究建树尤多。提出中国晚石炭世珊瑚的4个化石带,奠定了中国早石炭世生物地层学之基础。建立中珊瑚目,为从古生代四射珊瑚到中生代六射珊瑚的演化提供了重要线索。在中国最早研究了异珊瑚化石,主撰的《石炭二叠纪珊瑚》是经典性总结。长期从事地质教育,培养了几代地

---

① 在土壤研究室成立50周年的时候,中国科学院南京土壤研究所在官网上发表一篇《热烈庆祝中国科学院南京土壤研究所建所50周年!》的长文,其中提到"翁文灏所长亲自兼任土壤室主任,一段时间还有谢家荣协助管理",又说"1930年7月成立土壤研究室,室主任:翁文灏(兼)(1930—1936),谢家荣协管(1930—?)"但土壤研究室成立仅仅几个月后,1931年3月出版的《中国地质调查所概况(本所成立十五周年纪念刊)》在记述地质调查所的"组织"时列出各研究室的主任、副主任、兼主任、名誉主任、代副主任、兼代副主任等,而对土壤研究室却说"土壤研究室 专作土壤调查及研究,暂由谢家荣管理,专任技师潘德顿(中华教育文化基金会委托设立)",既没有说翁文灏是主任或兼主任,也没有说谢家荣协管,而是说"暂由谢家荣管理"。因此,翁文灏究竟是不是兼土壤研究室的主任,究竟是翁文灏派谢家荣和常隆庆前往调查,还是土壤研究室由谢家荣管理,因而是谢家荣自己决定前往冀北和陕南调查的,尚有待考证。详见张立生《谢家荣与现代中国土壤科学的奠基》(《科学文化评论》2016年第4期,第94—104页)。

图 34　1930 年 8 月与吴镜侬和孩子们摄于北平

质研究人才。

八月八—十一日　为出席 8 月 12 日至 17 日在青岛举行的中国科学社第 15 届年会,自北京乘火车抵大沽口,改乘轮船抵达青岛,住进青岛大学。[①]

八月十二—十五日　出席中国科学社第 15 次年会,在青岛大学图书馆三楼举行的论文宣读会上宣读论文《中国煤炭的显微镜下研究》。[②]

八月十六—十七日　自青岛乘船到上海。

八月十七—二十四日　在上海处理家事,赴中央研究院地质研究所公干,于 24 日从上海抵达南京。

八月二十四日　上海《申报》报道"农部派技士梁津谢家荣调查首都地质"(二十三日专电)。[③]

八月二十五—三十一日　与胡博渊、梁津等前往南京钟山、清凉山、北极阁、幕

---

①　谢家荣日记。
②　《中国科学社第十五次年会记事录》,上海市档案馆,档号 Q546-1-217,Y4-1-545。
③　《申报》1930 年 8 月 24 日第 9 版。

府山、汤山考察地质。考察毕,于10月著文《首都之井水供给》,对1928年报告中的地质构造内容作了补充,提出了南京蓄水层分布及将来凿井的意见,刊《地质汇报》第16号。

梁津、胡博渊、谢家荣《调查首都潜水地质简略报告》:

按首都地质,家荣曾于民国十七年约略调查,并发表论文于科学杂志及中国地质学会志。当时曾预测钟山北坡为一理想的自流井区域,依次开凿,水可自然流出,竟与最近中山陵园所得之结果不谋而合。此次调查共历一星期之久,经将钟山、清凉山、北极阁、幕府山、汤山等处之地质,详为复勘,正式报告正在编制中,不久即可呈报。

(南京:中国第二历史档案馆,李学通提供)

梁津、胡博渊、谢家荣《首都之井水供给》之结论:

此次复勘之结果,关于地质构造方面,有为前次调查所未及而应为补充者,有下列各点:(一)钟山南坡之断层可以正断层解说,亦可以逆断层解说,全视其南坡出露之砂页岩层位如何而定。此将来调查者所应注意者也。(二)天保城、富贵山间及太平门城墙一带俱有重大断裂。太平门之断层或有沿覆舟山向西北延长而直达玄武湖边之势,就断层之位置及其方向而观,似玄武湖低地之成,颇与断层有多少关系也。(三)北极阁山之构造似为一紧密之背斜层。(四)北极阁山之南坡亦当为一断层所限。(五)钟山火成岩之分布似以沿断层一带为特多,再证以天堡城大路旁所见之切面,似火成岩之侵入后于断裂,倘断裂之时代为中生代末或第三纪初,则侵入作用当更后于此矣。

关于蓄水层之分布及将来凿井之意见可作如下之结论:首都附近合于自流井条件之蓄水层,据此次调查结果,似仅以钟山系中之陵园砂页岩及浅黄色砂岩为限,其他若赭色砂砾岩、若雨花台砾岩,或以位置过浅,或以含杂质太多,恐俱未能特为可靠之水源也。因之在城内凿井,须穿过此赭色砂砾岩,以探取钟山系内之陵园砂页岩或其顶部之浅黄色砂岩为最佳。但此间构造复杂,地下状况颇难预测,又加赭色砂页岩及砾岩成层甚厚,照目下凿井结果,欲穿过此层恐非千尺左右之深度不可。如是则不但工程艰巨,而水流亦难抽汲,恐非一可能之计划也。为试验此项理想并探勘赭色岩层内或有更佳之蓄水层起见,政府应在城内择相当地点凿在千尺左右之深井一二,观其结果为何,然后使能定论。

就今所知,以孙陵为中心,东西延长各约五里之地,俱为最适宜而已证实之自流井区域。其南东自灵谷寺之放生池,西迄陵园事务所或向西更延长若干里,为尚未证实而亦甚为适宜之自流井区域。在此二区内凿井必可得满意之结果。

(《地质汇报》第十六号)

图 35 南京开凿自流井现场照(左三为谢家荣)

　　胡博渊(1888—1975),字铁先,江苏武进(今常州市武进区)人,中国矿冶现代化的开拓者。1905 年考入唐山路矿学堂(即唐山交通大学,今西南交通大学),1910 后考取清华庚子赔款官费留美,入麻省理工学院专攻矿冶专业,1917 年毕业,转入匹兹堡大学深造,1920 年回国,立志振兴中国重工业,曾任中央大学教授,后任民国第一任矿政司司长、矿业司司长、中国矿冶工程学会会长,长期主管国家矿业开发事宜。此外,在 20 世纪 40 年代因唐山交大改名风波,曾受命担任过一年的母校校长。1949 年胡博渊去台湾,任编译馆董事,兼任台北钢铁厂及工矿公司技术顾问,后在美国哥伦比亚大学、新加坡南洋大学、马来西亚大学等校任教,著

《中国工业自给计划》《晓晴斋散记》等。

九月一日　国民政府建设委员会秦珍致信谢家荣,随信寄送南京下关新马路口永泰昌机器厂包打之自流井井水化验单,告知:该井直径 5 寸,井深 12.9 丈,历时 20 天凿成,耗资 1 500 余元(水塔在外)。井水初出时甚清,1 小时后变为红黄色,所寄化验单系未经过滤之井水的化验结果。

九月三一十日　应华东煤矿公司之邀,前往江苏,调查铜山县贾汪煤矿地质。在贾汪矿区工作 8 天,绘制成煤田地质全图及剖面图,并勘定钻孔孔位。所定 1 号钻孔于 11 月中旬开钻,钻深 200 余米,见薄劣煤层,所定 6 号钻孔钻至 60.9 米处遇到第 1 层煤,厚 1.49 米,在 76 .05 米处遇到第 2 层煤,厚 2.13 米,另见厚度 0.6 米以下的薄煤层 5 层。

谢家荣《江苏铜山县贾汪煤田地质》:

民国十九年九月,家荣承华东煤矿公司之约,前往贾汪煤田,调查地质。于九月三号由宁抵矿,即日着手测查,共历八日,以江苏陆军测量局所制之五万分一地形图为根据,制成煤田地质全图及剖面图等,又勘定钻眼若干处(如附图第一版所示),以为实施钻探之准备。此项钻探工程于十一月中旬即着手进行,先在大泉西南打第一号钻,凿深二百余公尺,仅见薄劣煤层,继又由公司自主在泉旺头南设第二号钻,钻深百余公尺,亦未见煤,后又由该公司矿师江君主张,在第一号钻西南一千五百公尺,即前由家荣勘定之第六号钻处设钻,是为第三号钻。此钻成绩极佳,于一九九尺处见第一层煤,厚四尺九寸,于二四九尺处见第二层煤,厚七尺;此外薄煤厚不及二尺者,尚有五层之多,但俱不值开采。

(《地质汇报》第十八号)

九月六日　经清华大学第 32 次校务会议决议,被聘为地理系讲师,每周上课 6 小时,月薪 180 元。

九月十一一十五日　赴淮南考察煤田地质,先后考察舜耕山、上窑、大通等矿区。

九月十六一二十六日　自淮南经南京赴上海,处理家事。

九月二十七一三十日　自上海乘船经天津回到北京。

十月三日　致信在上海的中国深井钻井有限公司主任工程师厄德利(P. E. J. Eardley),感谢他告知所有钻井信息,对因不知其在南京的地址,而没能将他借给自己的钻井样品归还表示歉意。告诉他把每个样品留下一点后,将所有样品细心保存在农矿部矿政司梁津的办公室,需要时可以找梁津要。准备寄给他自己以前关于南京钟山地下水地质条件的文章,但此次工作结果有重要修改,其中最重要的是,石英质砾岩不能当作含水地层。希望随时寄来有关南京凿井活动的信息。

十月上旬　致函光宇,告知离开南京后曾赴贾汪、淮南等处工作,已于本月一日回到北平,遵嘱邮寄《南京钟山地质及其与首都井水供给之关系》,并告经本次复勘后,前著认钟山顶部出露之石英质砾岩为重要蓄水层一事不确。另请寄万分之一及三万分之一陵园全图及正开凿之水井的开凿经过信息及所获资料。①

十月十一日　地质调查所下属机构沁园燃料研究室成立,任室主任②。这一机构的任务是进行煤和石油等燃料矿产的研究和试验,经费由金绍基先生及中华教育文化基金会捐助。

《地质调查所沁园燃料研究室三周年纪念刊》(1933 年 10 月 10 日):

燃料问题在近代经济中极有重要关系,解决之方端赖以科学方法从实际上调查,试验,庶能得其端绪。本所于地质实地工作着手较先(参阅本所概况),而于石油石炭之调查尤向极注意,举如煤田之储量,煤层之厚度,油田之构造等多已次第调查,或方在进行。惟于其成分之研究及利用方法之试验则深感有添加设备之必要。会有金绍基先生对于此项研究特具热心,慨允捐助专款,充本所建筑燃料研究室之用。乃于民国十九年六月,在本所图书馆后,开始建筑铁筋洋灰楼房一所,占地二十五方丈,楼凡三层,并有地下室全部,于是年十月工竣落成。建筑工料及光热设备共计银三万元有奇。金先生热心好义,使中国燃料研究之工作从此有所着手,实足为私人捐资辅助科学事业之模范,因经呈奉农矿部(其时本所为农矿部之直辖机关)核准,名所建筑为沁园燃料研究室,以为其太翁沁园先生之永久纪念。

(中国地质图书馆藏,第 1—2 页)

金开英(1902—1999),字公弢,浙江南浔(今湖州市南浔区)人,为南浔"八牛"之一金氏后裔金绍堂之子。1924 年毕业于清华学校,后留学美国威斯康星大学化

---

① 北京大学档案馆,档号 1RW0172002 - 0003。
② 关于谢家荣在沁园燃料研究室的任职,有"主任"与"名誉主任"二说。1931 年中国地质调查所的《中国地质调查所概况(本所成立十五周年纪念刊)》载明:"燃料研究室 注重燃料研究及试验,主任谢家荣,为设备和研究工作之便利起见,下列各室皆附于本室:矿物岩石研究室 主任王恒升,化学试验室 主任金开英,古植物学研究室 主任周赞衡"(第 6 页)。但 1933 年的《地质调查所沁园燃料研究室三周年纪念刊》之"创办史略及组织概要"中介绍其现有职员时称:矿物岩石研究室 谢家荣(兼燃料研究室名誉主任)(第 4 页)。这就是说,沁园燃料研究室 1930 年 10 月成立时,谢家荣是主任,而后来在金开英 1931 年回国担任沁园燃料研究室的主任之后,谢家荣成为这一机构的名誉主任。

学工程系,1927年获理学学士学位,后再度赴美留学哥伦比亚大学,攻读燃料学,并获硕士学位。1931年回国,任地质调查所沁园燃料研究室主任,分析中国煤和石油的成分。抗日战争开始后,1938年受命主持由植物油提取动力燃料油的研究工作,后又主持玉门油厂,成为中国石油事业的先驱和炼油的第一人。1945年抗战胜利后,金开英奉命接管日伪遗留在我国台湾和东北的石油事业,出任接管委员会主任监理委员,在接管了东北的锦州合成燃料厂、锦西炼油厂、四平高压氢化厂和吉林永吉炼油厂等石油企业后,又从玉门带领一大批石油技术人员赴台,修复了高雄炼油厂。

计荣森《农矿部直辖地质调查所、国立北平研究院地质学研究所 讲学会记事》:

民国十九年十月十一日(星期六),时值地质调查所沁园燃料实验室筑成,同时展览三日,本星期之讲学会,由主席布告暂停一次。

(中国地质图书馆藏,第一册,第78—79页)

图36 兵马司胡同原9号(现15号)中国地质调查所(左)及其西侧的沁园燃料研究室(右)。谢家荣在这里开创了中国的石油地质学、煤岩学、矿相学和土壤学

十月十四日 农矿部技正梁津致信谢家荣,谈及南京凿井情况,称正在三万分之一陵园全图上填注井位,填注完后即寄出。信件全文如下。

季骅先生道右:

月前备聆名论,获益良多,欣慰之至。别后承寄来首都潜水地质简略预报,拜读之余,感佩感佩。已呈由部发表矣。

所嘱探寻铁道、财政、教育各部打井情形,均已先后由部去函,刻间尚未见复,俟得到材料即便付邮。至市政府在中正街打井详细报告及截面图一张,已由工务

图37 1930年10月10日沁园燃料研究室开幕纪念合影(《地质调查所沁园燃料研究室三周年纪念刊》,右二为谢家荣)

局索得。又金陵女子大学内近年也凿有三井,日昨曾亲往参观,只存有凿井岩石标本数种,兹分得三种,连同该校教授熊子儆君(熊君系管理打井者)著述之纪录(校中并未存有打井经过纪录,惟井水分析据云有详细记录,但一时尚未觅出,容再索取),并工务局图报等,先行邮寄,到时即请察收。

此外,函嘱购三万分之一全图,现已购得,日内正填注各井准确位置(因有数处须亲赴该处填注),俟重要各处填注告竣,即行寄上。余容续寄。耑此。敬请

著安!

弟 梁津再拜
十月十四日

咏霓博士及演群、柱臣各先生统此致候

(北京大学档案馆,档号1RW0172002—0003)

十月十八日 在兵马司胡同9号会议室举行的地质调查所第13次讲学会上主讲"煤之显微镜研究",到会23人。会议由翁文灏主持,讲毕,翁文灏、丁文江、王恒升有所讨论。

计荣森《农矿部直辖地质调查所、国立北平研究院地质学研究所 讲学会记事》

第一册：

第十三次讲学会 十九年十月十八日举行

主席宣布开会后,报告近来接到万国地质学会之通信……后请谢先生讲演煤之显微镜研究,今将谢先生原作讲演稿照录于次。

（中国地质图书馆藏,第一册,第79—80页）

十月二十一日 农矿部矿政司司长胡博渊致信谢家荣,盼早日寄送南京井水地质调查报告,告知南京尚有多处打井记录颇详,正准备收集相关资料寄上。信件全文如下。

季骅吾兄惠鉴:

上次赐书,当即作答,并附简报原稿,想早登记室。嗣奉是月三日手函,敬悉一是,迟复为罪。简报已经披露京报。惟中央党部等处仍来催索地质平立详图,祈将正式报告早日掷寄为盼。首都自流井,经调查后,尚有多处,记录颇详。其钰兄已寄奉。最近又有日人为军政部在铁道部南军需学校钻凿一井,水量颇旺,当嘱其钰兄不日将所得剖面图集记录奉上。

贵所燃料研究室落成,得兄主持其事,将于最短期间有重要之供献,定可预祝。

翁所长赴蜀,不知何时可返。贵所部方经费如不能按期发放,祈告翁所长随时函知,当代催请,以免拖延。

公兆因其令堂由湘来申,请部长暂调上海农产物检查所化验课长,四科由会成代理。匆复不备,并颂

道绥!

弟 胡博渊顿首

十.二十一.

贵所同仁乞代致候

咏霓先生九月三十日赐函敬悉,祈转告是荷。又顿首

（北京大学档案馆,档号1RW0172002-0005）

十月三十一日 回复中国深井钻井有限公司主任工程师厄德利10月18日的来信。从来信中知道钻井公司在陵园中又成功地打了一口井,表示希望得到这口井的岩心样品和厄德利的报告。告诉他关于南京自流井条件的报告已经接近完成,在翻译成英文之前,将先把地质图寄给他。已经解决的问题是:2、3号井的含

水层均位于石英岩系之上,列出 zhs6dq 的岩层剖面。希望厄德利能够寄来这口井的一些照片,以便放在报告中。[①]

十月　所著《北票煤之煤岩学初步研究》(A Preliminary Petrographical Study of the Peipiao Coals)和《煤岩学研究之新方法》(Some New Methods in Coal Petrography)发表在《中国地质学会志》第 9 卷第 3 期,同时列为《燃料研究专报》第 1 号、2 号发行。

位于辽宁朝阳北面的北票煤田最初是由丁文江管理的,20 世纪 30 年代初其年产量达 36 万吨,是当时中国最著名的煤田之一。先后研究过北票煤田的有丁文江、谭锡畴和翁文灏等人,这些研究涉及煤田的地质、构造,发现侏罗纪煤层间火山岩,但却没有进行过对于煤的成因具有重要意义的煤岩学研究,《北票煤之煤岩学初步研究》填补了这方面的空白。

韩德馨、秦勇《谢家荣教授对中国煤岩学研究的重要贡献》:

针对辽宁北票煤的煤岩特点,谢先生对煤的宏观及微观煤岩学特征进行了系统描述与研究,表明北票煤主要由木质成分和角质层组成,含有一定数量的木栓层碎片,孢子、树脂等成分只在 No.5 煤层中较为丰富,在其它煤层中相对稀少,木质成分可进一步分为丝炭、木煤和木质镜煤三种类型;矿物质与丝炭具有一定的共生组合关系,前者充填于细胞腔之中,因此有可能将丝炭颗粒从煤中分离出来,从而降低煤的灰分含量,改进煤质。这一成果在我国较早地将煤岩学研究与煤质可选性评价结合起来。

(郭文魁等主编:《谢家荣与矿产测勘处——纪念谢家荣教授诞辰 100 周年》,第 48—49 页)

《煤岩学研究之新方法》(Some New Methods in Coal Petrography)是作者在煤岩学方面的一篇具有世界影响的论文,在国际上获得了煤岩学早期研究者的赞誉。此文及其他煤岩学论文奠定了谱主作为中国煤岩学先驱、奠基人和世界煤岩学先驱的地位。作者指出:用薄片或光片进行煤的显微镜研究已经形成了地质科学的一个专门的分支,德文称之为"Kohlenpetrographie"。这个名称并不令人满意,因为,无论是在美国还是在德国以外的欧洲国家都不用这个名称,但在没有更好的术语之前,只能使用这个名称。煤岩学是仅仅在最近十年发展起来的一门科学。多亏了先驱者杰弗里(Jeffrey)、希森(R. Thiessen)和温特(H. Winter)以及其

---

① 北京大学档案馆,档号 1RW0172002-0009。

后的杜帕克(A. Duparque)、赛勒、哥登、施塔赫、波托涅(R. Potonie)、博德等人的工作,这门科学取得了如此显著的进步,使得其实用价值和理论意义得到了充分承认。杰弗里、洛马克斯和希森等人对煤薄片制作的煤岩学技术有很大贡献。尽管有种种发明和改进,但制备透明得足以看清每一个细节并允许在高倍显微镜下进行照相的煤薄片,对于大多数研究煤的人来说,仍然是一个困难的任务。至今不知道有什么方法制备无烟煤的薄片。由于制作煤的透明薄片很困难,大多数研究者于是把注意力转向光片,这是一种在金相学和矿相学中广为人知却一直晚到 1913 年才由 H. 温特第一次用于煤的研究法。其后,德国人哥登和施塔赫、法国人杜帕克、英国人赛勒,以及美国人特纳和兰德尔(Randall)相继采用。然而所有这些研究都是在常光下进行的。

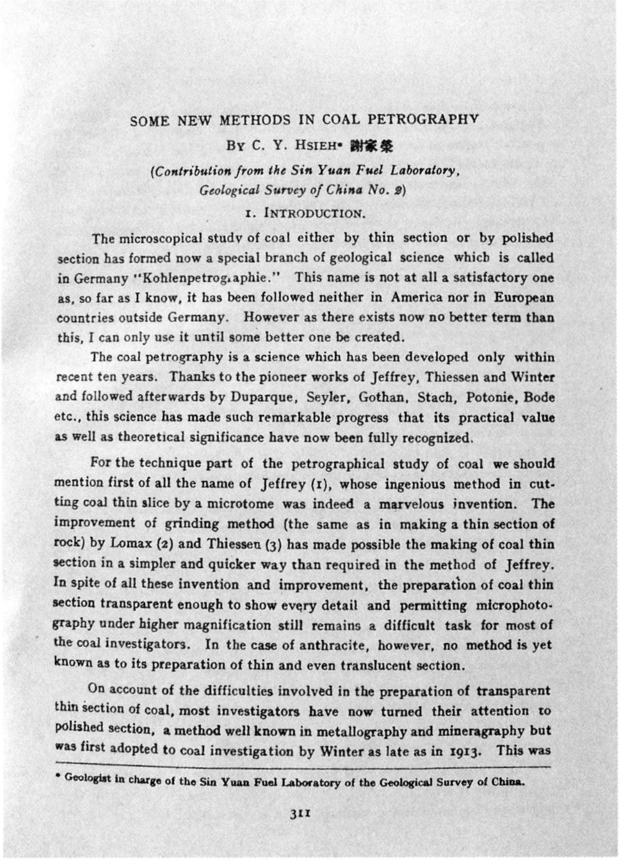

SOME NEW METHODS IN COAL PETROGRAPHY

By C. Y. Hsieh · 谢家荣

(Contribution from the Sin Yuan Fuel Laboratory,
Geological Survey of China No. 2)

I. INTRODUCTION.

The microscopical study of coal either by thin section or by polished section has formed now a special branch of geological science which is called in Germany "Kohlenpetrographie." This name is not at all a satisfactory one as, so far as I know, it has been followed neither in America nor in European countries outside Germany. However as there exists now no better term than this, I can only use it until some better one be created.

The coal petrography is a science which has been developed only within recent ten years. Thanks to the pioneer works of Jeffrey, Thiessen and Winter and followed afterwards by Duparque, Seyler, Gothan, Stach, Potonie, Bode etc., this science has made such remarkable progress that its practical value as well as theoretical significance have now been fully recognized.

For the technique part of the petrographical study of coal we should mention first of all the name of Jeffrey (1), whose ingenious method in cutting coal thin slice by a microtome was indeed a marvelous invention. The improvement of grinding method (the same as in making a thin section of rock) by Lomax (2) and Thiessen (3) has made possible the making of coal thin section in a simpler and quicker way than required in the method of Jeffrey. In spite of all these invention and improvement, the preparation of coal thin section transparent enough to show every detail and permitting microphotography under higher magnification still remains a difficult task for most of the coal investigators. In the case of anthracite, however, no method is yet known as to its preparation of thin and even translucent section.

On account of the difficulties involved in the preparation of transparent thin section of coal, most investigators have now turned their attention to polished section, a method well known in metallography and minerography but was first adopted to coal investigation by Winter as late as in 1913. This was

* Geologist in charge of the Sin Yuan Fuel Laboratory of the Geological Survey of China.

311

图 38　发表在《中国地质学会志》第 9 卷第 3 期的《煤岩学研究之新方法》(Some New Methods in Coal Petrography)

文章论述了煤的非均质性产生的原因,由于煤是非晶质的,理应是均质的,但事实是大多数煤都显示非均性,这是煤遭受变质作用的结果。在交叉偏光下研究煤的非均质性,用油浸法观察煤的磨光片,将矿相学中使用的斜照法用于煤岩学的研究都获得非常好的效果。文章还简要介绍了保存煤的侵蚀构造的纤维素印模法。所有这些方法都是谢家荣首创的煤岩学研究方法。《煤岩学研究之新方法》(Some New Methods in Coal Petrography)就是这些研究方法的初步总结。《地质调查所沁园燃料研究室三周年纪念刊》有专门记载,吴凤鸣先生对此有评述。

《地质调查所沁园燃料研究室三周年纪念刊》(1933 年 10 月 10 日)之(二)"燃料研究成绩——已往工作要略":

(b)煤岩学(显微镜研究)

(3)北票煤之煤岩学初步研究(《燃料专报》第一号)谢家荣

北票煤样六种,代表北票六主要煤层,用光片法及侵蚀法检验,得悉其内部组织,大部均为木质及丝炭,该煤之不粘结,或因丝炭及其中之灰分所致。如用相当办法,将丝炭分出,北票煤焦性或可进步。

(4)煤岩学研究之新方法(《燃料专报》第二号)谢家荣

煤岩学发明未久,研究方法尚需改良,本篇内所述各法,都引用矿物岩石显微镜研究法,如偏光法油浸法斜光法等,上述各法,皆足辨别石炭光片内较透明与不透明之各部。用偏光显微镜以研究煤岩尤为谢君所首创,可称此学一重要方法。

(中国地质图书馆藏,第 6—7 页)

吴凤鸣《缅怀谢家荣先生——从谢老主编四本〈科学译丛〉说起》:

谢先生从德返国后,相继发表了《煤岩学研究之新方法》(1930),《北票煤之煤岩学初步研究》(1930),《国产煤之显微镜研究》(1931),《煤的抛光薄片——煤岩学之一新法》(1933)等多篇论文,为我国煤岩学的创建与发展奠定了基础。

煤岩学(coal petrology)一词,最早见于 R. 波托涅的《普通煤岩学概论》一书中,是煤地质学的分支学科;在 1870 年首次运用显微镜发现煤是从植物转变而成,从而论证了煤的有机成因理论,这才把煤作为一种有机岩石,用岩石学的方法研究煤的物质成分、性质和工艺用处。20 世纪初,煤的应用领域日益扩大,煤的需要量剧增,作为研究煤岩的主要手段的显微镜的应用日趋普及,煤岩学研究逐步现代化,成为一门以物理方法为主的、研究煤的物质成分(显微组分)、结构(煤化作用)、性质(变质)、成因(显微类型)及合理利用的独立学科。

学界公认,煤岩学于20世纪初作为新兴独立学科而立于自然科学之林,谢先生在煤岩学初创时期的1928—1930年在德国与兰姆多尔教授一起研究煤岩学、矿相学,并在1930年开创了用偏光反光显微镜研究煤岩的方法,应该说,他不但是中国煤岩学、矿相学的开拓者,也是世界煤岩学的创建人之一,应该说他是当之无愧的世界煤岩学先驱者之一。

我国是煤炭大国,随着国民经济的快速发展,煤的需求量不断增长,煤岩学在地质学领域和工业中的应用日益广泛。应用煤岩学方法确定的煤岩组分和煤化程度是评定煤的性质和用途的重要依据,也是研究煤的生成和变质的重要基础。自谢先生开创煤岩学以来,相继有以王竹泉院士、杨起院士、韩德馨院士等为学术带头人的一批从事煤岩学研究的专家学者,取得辉煌成就,发表了《煤岩学》、《实用煤岩学》、《煤岩学教程》,以及《中国煤岩学图鉴》等。

(张立生主编:《丰功伟识 永垂千秋——纪念谢家荣诞辰110周年》,地质出版社,2009年,第72页)

十一月七—十一日 赴三河、平谷考察泥炭。

十一月九日 妻子吴镜侬生一女儿(几年后夭亡)。

十一月十七日 致信哥登教授,讲述从欧洲回国后的情况,告诉他沁园燃料研究室大楼刚建成,担任实验室的主任,实验室缺少文献和标本,尤其是后者,希望交换或购买一些最重要、最典型的欧洲植物(石炭纪和中生代的)以及各种煤的标本。

Nov. 17,1930

Prof. Dr. W. Gothan,

Preussen Geological Survey,

Berlin,Germany.

Dear Prof. Gothan:

Please excuse me for not written to you since I came back to China. Press of works as well as my private affairs have prevented me to communicate with you constantly.

Our returning journey via Siberia was also a very comfortable and interesting one,although it was an old route to us. We met Mr. Sze at Berlin station. He told us of your recent activities and I thank you very much for the compliments you sent to us through him. Had I enough time, my wife and I would have stopped at Berlin and paid visit to you.

I have just returned from a trip to S. China to examine some coal fields there and also study the artesian well condition in Nanking, the present capital of China. I met Dr. Kung Chao Yang in Nanking. He wanted me to send you his best regards. My report on these trips is now in press.

The Survey here has just finished the new building of the Hsin Yuan (this was named to honor the donator's deceased father) Fuel Laboratory. This is a three storied concrete building with all sorts of modern facilities. The laboratory is intended to carry one not only fuel research, but petrographical and mineralogical study is well. I am now in charge of the whole laboratory.

We are carrying now also a little bit paleobotanical research, and for that work Mr. Chow (student of Prof. Halle as you know) is now in charge. We hope very much that Mr. Sze could come back soon and help us along that line. At present we lack a great deal of literature and specimens, especially the latter. Could you be so kind to help us in this connected? We would be greatly obliged if arrangement could be made as to exchange or to purchase some of the most important and typical European flora (Both Carboniferous and Mesozoic). A small collection like that kept in the Technische Hochschule would suit us, I believe, very well. Besides, I would like to have also some special varieties of coal, lime Boghead coal, cannel coal etc. Some of the specimens which I have brought back were too small and are therefore not fitted for exhibition or for research.

I am glad to learn that my paper on the etching structure of coal has been published and as notified by the Vertriebsstelle, 43 copies of it have already been sent to me. It is curious to see however, that these copies are until now not yet arriving. Please let me know how much must I pay you for the charge of the extra 30 copies.

Please send my best regards to Frau Prof., to Drs. Patomir, Bade and all these in your institute to whom I am acquainted with. My wife wanted me to send also her compliments to you and Frau professor.

Thanking you once more for all the courtesy and instructions that you have given me while I am in Berlin,

I remain,

Very faithfully yours,

C. Y. Hsieh

Geologist in charge of the Hsin Yuan Fuel Laboratory

（谢家荣学术成长资料采集工程资料，存于采集工程数据库，档号 XJ - 002 - 060）

是日　致信普鲁士地质调查所施塔赫博士，告知目前的工作状况，打算收集世界各地各种煤的标本，特别需要德国产的各种褐煤、浊煤、浊藻煤等标本，（中等大小），以供展览，并寄给他中国的各种煤、煤薄片、煤田的图片。

Nov.17，1930

Dr. E. Stach,

Prof. Dr. W. Gothan,

Preussen Geological Survey,

Berlin，Germany.

Dear Dr. Stach：

Your letter and two separateprints of your work has reached me a few day's ago after much delay and forwarding. After stayed a few months in Paris，I came back to China via Siberia a few months ago . I am now working again with the Chinese National Geological Servey being in charge of the newly established Sinyuan Fuel Laboratory，which is a branch of the Survey.

It is curious enough that until now I have not yet received the separate prints of my paper on the etching structure of coal. For this reason I could not send you at present the microphotos as you demanded，because I do not known what picturescorresponds to your number refered. I shall send you the pictures however as soon as I received the above named separate prints.

Our Sinyuan Fuel Laboratory is a three storied concrete building with all sorts of morden facilities. It is intended to carry on not only fuel research，but petrographical and mineralogical study as well. We have already purchased a great number of instruments for research purposes.

The Cellulose solution that I have used in the maping of coal-section prints

· 146 ·

was a common variety. The cellulose was dissolved in acetone.

I am now intending to make a collection of different kinds of coal specimen from various parts of the world. Will you be so kind to help me in this direction? I need especially the different kinds of brown coal, cannel coal boghead coal, schmel coal that are now producing in your country, I have made the same requirte to Prof. Gothan. The specimens should be of medium size so that they could be exhibited. In returning to your courtesy, I will send you Chinese coals of different kinds, photographs of coal sections, coal fields, or any other geological informations or pictures that may be of interest to you.

Thanking you in advance for your hearty coorperation.

I remain

Very faithfully yours,

C. Y. Hsieh

Geologist in charge of the Hsin Yuan Fuel Laboratory.

(谢家荣学术成长资料采集工程资料,存于采集工程数据库,档号 XJ－002－061)

十二月六日　出席由丁文江主持、王曰伦主讲的地质调查所第 20 次讲学会,并在王曰伦讲完"川黔间一个地质的剖面"之后发言。

王曰伦(1903—1981),字叔五,山东泰安人。1927 年毕业于山西大学采矿科。前寒武纪地质学家、区域地质学家、地层学家、矿床学家。1980 年当选中国科学院学部委员。1956 年加入九三学社。早年随丁文江考察西南地质,对该区寒武、志留、石炭等纪地层学做过奠基性工作。20 世纪 40 年代领导西北地质矿产调查工作,成绩卓著。对中国北方前寒武纪地层有过深入研究,提出"五台系"的新层序,指出南、北方"震旦系"的上下关系,又对东部第四纪冰川做过重要工作。提出邯邢式铁矿的海相火山成矿学说,并倡导花岗岩的喷出成因理论,具有重要意义。

十二月七日　普鲁士地质调查所施塔赫博士回信表示:乐意帮助收集德国的煤标本,同时希望能够得到中国的煤标本。

十二月十三日　参加由丁文江主持、王绍文主讲的地质调查所第 21 次讲学会,并在王绍文讲完"结晶学新法测算轴率"之后发言。

计荣森《农矿部直辖地质调查所、国立北平研究院地质学研究所 讲学会记事》:

讲毕,谢家荣先生讨论,谓王先生所测定者为结晶指数(Index),即 a 比 b 比 c,此可以用画图法得出,似乎无用算式测得精密,且关于任何结晶之单位,似仍不能用此算式求出。盖此种单位实须求得非常精密也。后王先生答,谓所论者虽为结晶指数,亦即结晶之轴率也,盖二者之关系,即轴率为指数之倒数也。结晶之单位,则各种结晶有一定数目,若能测得之角度准确,则算式可以算至小数后五六位之准确。虽能用画图法求近似之比例,然如上次发现黄玉新晶面 8,其指数为(776),与(887)相差在几微之间。若画法稍欠准确,则轴率即相差甚远矣。故本法实具简当精确之便也。后丁文江先生略谓所中关于结晶学一方面之研究,仅翁所长可以指导,研究亦不多,王先生能与翁所长共同研究之中,而独创新法,甚值注意,希望能早日出版,公诸于世云。旋即散会。

(中国地质图书馆藏,第二册,第 103—104 页)

是年 在柏林的普鲁士地质调查所内研究了克莱默氏 1905—1906 年从中国带回德国的四川煤样品后,自 1929 年 2 月开始对从中国地质调查所寄去的采自中国 19 个省、时代石炭二叠纪到第三纪的 89 块及另外 2 块蒙古的煤标本用薄片法、光片法、浸解法和侵蚀法等 4 种方法进行了详细研究,获得了前所未有的大量中国煤的显微镜特征的资料,在此基础上,于本年春写出长篇论文《华煤显微结构的初步报告》(A Preliminary Report on the Microstucture of Chinese Coal)[①],全文近 8 万字,并附多达 107 张各种华煤的显微结构照片。其部分内容以《煤的侵蚀结构》(Ätzstrukuren in der Kohle)为题发表于 *Arbeiten aus dem Institut für Paläobotanik und Petrographie der Brennateine* 第 2 卷第 1 期上,另一部分内容则于 1931 年 12 月发表在《中国地质学会志》第 11 卷第 3 期上。

---

① 该文的打印稿存于北京大学档案馆(档号 1RW0172002－0099)和全国地质资料馆(档号 985)。

一九三一年　辛未(民国二十年)　三十五岁

提要　北平。任职于地质调查所。考察皖南、江苏铁矿。著《国产煤之显微镜研究》、中国第一篇土壤论文《土壤分类及土壤调查》，与常隆庆合著中国第一篇土壤调查报告《河北省三河平谷蓟县土壤约测报告》。任清华大学地理学系教授兼代主任、北平师范大学地理学系教授兼主任。

一月十日　出席地质调查所讲学会第25次讲学会，主席丁文江。讲题为"三河平谷蓟县土壤调查"，报告会上先由谢家荣讲土壤之研究、分类及调查，之后由常隆庆讲《三河、平谷、蓟县土壤调查报告》，到会11人。

计荣森《农矿部直辖地质调查所、国立北平研究院地质学研究所 讲学会记事》：

开会后首由谢家荣先生讲演关于土壤之研究分类及调查作一引言，谓土壤之界说，至今仍不能定，各家有各人之说法。农林地质学之中则谓以一切浮面沉积统谓之土壤。就狭义之土壤言，凡经转运而遗留者，不得谓之为土壤。土壤之研究，当以其本身对于气候上、生物上及地形上之关系，最为密切。换言之，即作成土壤之能力为主要之点也。土壤学之发生，在地质学之后，故以前之土壤研究，大多由地质学者兼顾，其分类亦偏重于地质学方面。迨研究渐精，始觉土壤与其他组成地壳之岩石不同，因土壤之分布限于地面，且略有一定之规则，或与气候有关，或与地形有关，或则更与生物之分布有关，而与地质构造及地质历史似俱无连带之规律。经详细之研究后，知不同之岩石可造成相同之土壤，而相同之岩石上，反可成不同之土壤。故土壤之分布，几乎与岩石无关。与之有极大之关系者，仅地形、气候及生物(其中以植物为最要)而已。故造成土壤之原动力，为气候、地形、生物三者，而与造成岩层之原动力不同。例如黄土为由风力所成，风力为地质上之动力，此种堆积非土壤也。但黄土表面，日久经风化及生物滋生之结果，乃成土壤。换言之，土壤必在其本身之所在地，经过当地之气候及生物等之影响。凡自他处移来之物，未经此种作用，皆不得谓为土壤。故最新之土壤分类法，仅以气候为标准。亦有成土壤之后，其原来之岩石状态仍能保持，但大多数之性质特别发达。今按 Glinka(一九一四年)之分类法列表如下。

复继由常隆庆先生讲三河平谷蓟县土壤调查报告。

(中国地质图书馆藏,第二册,第 125—129 页)

讲后,丁文江先生讨论三河一带之泥炭生成时之气候问题:从前安特生曾采得有水牛化石,是否当时气候温暖,然就此次调查观之,此种泥炭似为区部之沉积。谢先生又谓生成泥炭之时,温度不能甚高。如温度高,则植物遗体皆氧化而散去,无复有泥炭之生成。今日温热带泥炭之所以特少者,即以此故。且泥炭亦非必在茂盛之森林地,始能造成。水藻从草之属,亦足为泥炭之原料。故对于造成泥炭时之气候,在未得更充足之证据以前,尚不敢下断语也。旋即散会。

(中国地质图书馆藏,第二册,第 135—136 页)

一月十七日　在地质调查所第 26 次讲学会上,作题为《近年来显微镜研究不透明矿物之进步》的学术报告,同名论文刊国立北京大学《自然科学季刊》第 3 卷。文章概述了矿相学的发展史,光片磨制技术的进步,显微镜研究不透明矿物的内容(颜色、反射率、非均性、电导性、硬度、侵蚀法等)及其近十年的进步,列出了参考文献 39 篇。

计荣森《农矿部直辖地质调查所、国立北平研究院地质学研究所 讲学会记事》:

第二十六次讲学会　二十年一月十七日举行

主席　丁文江先生　到会者二十八人

主讲者　谢家荣先生

讲题　近年来显微镜研究不透明矿物之进步

本次讲学会,原请王恒升先生,讲黑龙江省胪滨县一带地质,王先生因病请假,改请谢先生讲近年来显微镜研究不透明矿物之进步。

(中国地质图书馆藏,第二册,第 137—138 页)

讲后,用谢先生研究中国铜矿所制之各种幻灯片表明在显微镜下所成之形状,后丁文江先生略有讨论。旋即散会。

(中国地质图书馆藏,第二册,第 180 页)

一月二十八日　回复普鲁士地质调查所施塔赫博士 1930 年 12 月 7 日来信,

告知已寄去 10 份显示煤的侵蚀结构的图片,可以用于其教科书中或其他地方。目前在用偏光显微镜研究煤,效果非常好,正写一篇这种方法的短文。很快会寄给他一套中国各个级别、各个时代的煤标本。

二月九日　出席由翁文灏主持、孙健初主讲("辽宁省东南部地质")的地质调查所第 29 次讲学会,并在讨论会上发言。

计荣森《农矿部直辖地质调查所、国立北平研究院地质学研究所 讲学会记事》：

后翁文灏先生与谢家荣先生讨论,谓辽宁省东部地质与黑龙江省之地质甚有别,且各种矿床俱备,皆与新花岗岩有关,矿皆为接触及高温下生成。若暂就矿产之生成观之,甚似此带地质与中国南方及沿海之具金属矿床带之地质相同,或即南方之地质经海而延至辽宁省者欤。此当有待于详细研究之后。若能关于辽宁省之金属分带研究之,则更近似矣。后即散会。

（中国地质图书馆藏,第二册,第 197 页）

二月十六日(除夕日)　主持地质调查所第三十次讲学会。在会上先作沁园燃料研究室工作计划的报告,后由李捷讲皖北之地质构造。李捷讲完后,与黄汲清、田奇㻬略有所讨论。（**中国地质图书馆藏,第二册,第 205 页**）

计荣森《农矿部直辖地质调查所、国立北平研究院地质学研究所 讲学会记事》：

本日纪念周及讲学会,因翁文灏先生赴南京,由谢家荣先生主席,行礼后作工作报告,由谢家荣先生报告燃料研究室之工作及计划。总言之,燃料研究之工作分为两种。一为理论方面之研究,如研究煤之组成,世界各处皆努力此种之研究,本所亦进行研究,或亦可得结果,贡献于世。一为化学的方法。(1)用各种之有机溶剂而分别各种之煤质。(2)显微镜下之研究,观测煤之构造且可定煤之时代,及比较各种煤层,亦可有实际上之应用。第二为实用方面之研究,现在拟事于炼焦试验。此为最切实用,且便于着手,现先拟将著名之能炼焦之煤样实验研究后,再研究不能炼焦者。然后再将能炼焦与不能炼焦者相混合,是否可将不能炼焦者亦炼至何程度。查世界上煤已不多,而能炼焦之煤亦太少,故此项研究最为重要。但用时亦可实验前人所述之用洗煤法及去煤中之一部而试其能否炼焦。此种实验仅可在实验室中作小规模之试验,但以后拟觅地点用土法炼焦而研究,当较小规模之试验可靠。现此种工作已进行。更拟作物理性质之研究,譬如关于煤受风化后其性质何若,而与其炼焦之关系如何等,故亦甚重要。至于关于油类及油母页岩之研究,则暂缓进行研究。现在已略具成绩者,如应用矿床学之原理研究煤之构造,此为各国尚未应用之方法。此不久即可发表。又对于北票煤之研究已有相当结果。更拟进行关于无烟煤之研究。同时因研究煤之构造,对于植物化石之研究甚为切要,故不久所中对于植物化石之研究部,亦预备扩充。后由主席介绍请李捷先生讲演皖北之地质构造及新生代之地层。

(中国地质图书馆藏,第二册,第197—200页)

二月十九日　赴章鸿钊家拜年。

二月　所著《国产煤之显微镜研究》刊《矿冶》第 4 卷第 15 期。该文是"A Preliminary Report on the Microstructure of Chinese Coal"的中文摘要,叙述了研究方法、华煤中之植物组织、华煤之结构、化学成分与煤结构之关系及煤岩学的应用。

谢家荣《国产煤之显微镜研究》:

本篇系著者在德国研究国产煤结果之摘要。研究标本共二百余种,分布及十七行省三特别区;煤之时代自古生代以至第三纪,无不具备,可谓已得国产煤组织之概况矣。原文之一部,刊登中国地质学会志第十一卷第三期[①],兹特刊布其摘要于此。

民国十九年著者识于北平地质调查所沁园燃料实验室
(《矿冶》第 4 卷第 15 期,第 39 页)

文章首先介绍了薄片法、光片法、酸解法、侵蚀法、煤屑研究法和偏光研究法等 6 种煤岩学研究方法,继详细叙述了华煤中的各种植物组织,附有 18 张植物组织的图片。讨论了华煤中的各种结构以及煤的化学成分与煤的结构的关系。最后讨论了应用煤岩学解决的问题,包括推测煤层的成因、比定煤层、确定煤层的时代、以煤岩学特征确定煤的类型、推测煤的化学成分及其炼焦性,确定选煤方法等。

三月八日　上午 10 点赴北京大学演讲。

三月十日　实业部所属钢铁事业委员会拟在浦口建设钢铁厂,地质调查所翁文灏、谢家荣、刘季辰等分赴津浦铁路沿线调查铁矿。谢家荣于是日偕夫人离开北

---

① On the Vegetable Tissues and Flora in the Chinese Coal and Their Geological Significance, in *Bull*. *Geol*. *Soc*. *China*. Vol. 11, No.3, pp. 267–300.(《华煤中之植物组织及其在地质上之意义》,《中国地质学会志》第 11 卷第 3 期,第 267—300 页;《燃料研究专报》第 4 号。)

平,于十二日抵达南京,开始皖南和江苏铁矿考察之行。关于此次调查的目的,《申报》有下列报道:

实业部所设之国营钢铁事业委员会最近计划,以浦口水路运输,素称便利,钢铁来源及销路,均甚发达,拟在该处设立有五百吨之锅炉制产量之大规模钢铁厂,需费约二千万美金,现已由委员翁文灏,及谢家荣、刘季辰等,前往京浦路沿线,详细调查,以资依据(二十四日专电)

(《申报》1931 年 3 月 25 日第 6 版)

三月十三日 赴实业部接洽皖南、江苏铁矿考察事宜。

是日 实业部长孔祥熙为谢家荣、孙健初赴安徽太平等县调查煤铁颁发实业部训令第 370 号,全文如下:

实业部训令 矿字第 370 号

令北平地质调查所技师谢家荣,调查员孙健初

该员前往安徽太平等县调查煤铁,特发护照一纸,仰随身携带由

为令发案,据北平地质调查所电称,派该员前往安徽太平、泾县、繁昌、铜陵等处调查煤铁各矿,恳咨该省转行各属保护照料等情,当经电请安徽省政府查照办理。业接复电,已饬各属保护照料在案。兹为便利该员起见,并由本部发给护照一纸,仰即随身携带,以免沿途发生阻碍,此令。

附护照一纸

中华民国二十年三月十三日

部长 孔祥熙

(《实业公报》第 11 期,第 11—12 页)

三月十四日 实业部部长孔祥熙为谢家荣、孙健初赴皖南裕繁公司调查铁矿事颁发实业部训令第 379 号,全文如下:

实业部训令 矿字第三七九号

令裕繁铁矿监督

兹派谢家荣、孙健初前往该矿调查地质及矿产情形,仰转饬裕繁公司妥为接待由

为令遵事,兹派地质调查所技师谢家荣、调查员孙健初前往该矿调查地质及矿

· 153 ·

产情形,仰该监督转饬裕繁铁矿公司妥为接待。此令

中华民国二十年三月十四日

部长　孔祥熙

（《实业公报》第 11 期,第 13 页）

孙健初(1897—1952),河南濮阳人,石油地质学家。1926 年毕业于山西大学采矿系,获工学士学位,1929 年入农矿部地质调查所工作。早年从事区域地质矿产调查,发表了《绥远及察哈尔西南部地质志》等著。1942—1944 年在美国路易斯安那州、得克萨斯州、俄克拉何马州、加利福尼亚州等地油田和研究所研究石油地质。1945 年在青海、甘肃进行石油地质调查。1946 年任甘肃油矿局探勘处处长。1950 年任中国石油管理总局探勘处处长、西北财政经济委员会委员,并任中国地质工作计划指导委员会委员,兼任中国科学院专门委员。他主持探明并开发了玉门油矿,建成中国第一个石油工业基地,对中国石油事业的筹划贡献尤多。

三月十六—二十一日　先后考察大凹山、萝卜山、梅子山、龙家山、圆屏山、栲栳山等地的铁矿地质。

三月十八日　在德国学习土壤的周昌芸来函讲述其学习情况,希望申请中基会科学奖励金。

季华先生有道：

不奉手教忽半载于兹,比维起居毗吉,著作宏富,为颂为祝。昌芸于去冬毕业后即将论文付印,并稍事料理,乃于今正转学(Danzig)①来此,专攻土壤。光阴似箭,荏苒又两月矣。现仅将学习情形略呈如下,以备指正。

昌芸初来时,工作为搜阅参考书籍及检定土壤标本,既(继)则做土壤分析,近则练习制图。为时虽短,自问尚能稍窥门径。现定于日内与此间调查队同赴南德调查,预以两月为期,冀增实地经验。俟五月中旬返此,即单独调查此间附近之 Langfuhr 地方,并制详图说明,以为返国后实地工作之准备。以上所述学习程序,为昌芸与此间教授 Stremme 氏所商定,是否有当,尚乞教正。

又德国著名之土壤研究机关,除此间外,尚有苟庭根②及明星③、柏林三处,各有所长,譬如苟庭根以土壤化学(著)称。故昌芸若有机会,愿每处实习几时,以增

---

①　但泽,波兰语"格但斯克",时属德国,二战后划归波兰。

②　今译为哥廷根。

③　今译为慕尼黑。

见闻。昌芸本拟早日归国服务,奈照前述研究计划预算,今夏实难东返。昌芸在此学费,舍间既无力供给,而余款又仅能支持三月,则六月后又将发生恐慌,故焦愁万分。顾昌芸现在所盼望之救星,惟有文化基金会科学研究补助金之一途。前日致函丁、翁二先生时,亦曾将此事提及,不得已再恳先生鼎力扶持,使昌芸区区研究土壤计划,不受经济影响,他日稍有成就,得效力于祖国科学界,则受赐多矣。

又昌芸对贵所土壤调查情形非常隔膜,若蒙先生不弃,暇时赐知一二,俾有所遵循,则感荷无涯矣。匆此。敬请

著安。

周昌芸敬上
三月十八日

现在通信处如下:

Via Siberia

Herrn Ischang-Yün Ischan

c/o Prof. Stremme

Geologisches Institut der Technischen Hochschule

Danzig

(谢家荣学术成长资料采集工程资料,存于采集工程数据库,档号 XJ - 002 - 019)

三月二十二—二十三日　住在当涂,整理图件、标本。

三月二十四—二十五日　赴孤山、钓鱼山、钟山、和睦山考察铁矿地质。

三月二十六—二十七日　经芜湖抵荻港。

三月二十八日—四月四日　考察裕繁、宝华公司所属长龙山、寨山、大磕山、孤山、莫稽山、铜山等处的铁矿及煤矿。

三月　梁津、胡博渊、谢家荣合著的《首都之井水供给》刊于实业部地质调查所《地质汇报》第 16 号。

是月　所著《土壤分类及土壤调查》和与常隆庆合著的《河北省三河平谷蓟县土壤约测报告》在实业部地质调查所和北平研究院地质学研究所之《土壤专报》第 2 号发表①。《土壤分类及土壤调查》是由中国地质学家自己撰写的第一篇土壤学论文,它系统介绍了现代土壤学的内容,包括土壤的定义和分类,详细介绍了自 18 世纪以来的 6 种分类方法(即泰尔分类法、法卢分类法、克诺伯分类法、李希霍芬分

---

① 《土壤专报》第 1 号于 1931 年 2 月出版,为加利福尼亚大学的萧查理(即肖,Shaw)撰写的《中国土壤》。

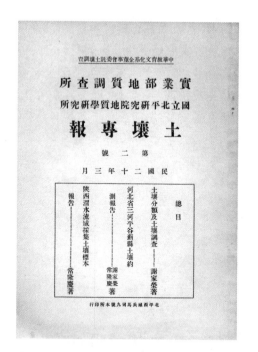

图39 《土壤专报》第二号：中国学者撰写的第
一篇土壤论文和第一篇土壤调查报告

图40　1931年与家人留影

类法、雪比赛夫分类法和葛林格分类法),对土壤调查的目的、方法、用具、土壤的分层及各层的特征以及土壤图的内容和制作都有详细叙述。《河北省三河平谷蓟县土壤约测报告》则是中国地质学家撰写的第一篇土壤调查报告,详细介绍了河北三河、平谷等地的地形、地质、地文、水利、气候、农业状况,将区内土壤分为3类7种,描述了各类各种土壤的特征以及各土层形成的先后关系,给出了各种土壤的化学分析和洗涤分析的结果。

四月五日　自荻港抵南京。

四月六—八日　偕同胡博渊、赵国宾勘查南京附近的凤凰山、牛首山诸铁矿[①]。

谢家荣、孙健初《皖南铁矿地质》有如下记载:

民国二十年春季,实业部为计划浦口钢铁厂需要关于铁矿之最新材料起见,爰有调查皖南铁矿之举。著者等奉派调查,于三月初出发,先查当涂、繁昌诸矿,于四月初旬事毕。家荣乃返南京,偕同前矿业司长胡博渊、技士赵国宾,勘查凤凰山、牛首山诸铁矿;健初则赴铜陵县勘查铜官山铁矿,顺道又研究贵池之馒头山煤矿,于四月相继事毕返平,计前后调查约历时一月有半。

(北京大学档案馆,档号 1RW0172002 - 0195)

四月十一—十二日　自南京赴上海,赴乡安葬父亲。

四月十三日　晤程韦度、李四光。同李捷、周赞衡、卢祖荫在同兴楼聚。

四月十四日　自上海经南京赴江苏铜山贾汪。

四月十五—十九日　再应华东煤矿公司之邀,勘查贾汪煤矿。15日抵矿区,至小南庄、庄庄、韩场及板子、孙庄、姚庄等处,经 6 天野外详细复勘,判定韩场、庄庄二矿区有希望,乃布置钻孔 3 个。韩场钻孔于 6 月中旬开钻,于 61.57 米处获煤层,厚 1.98 米,于 69.95 米处遇第二层煤,厚 2.286 米。后来开发实践证明,其所布钻孔多数见到煤。谢家荣《江苏铜山县贾汪煤田地质》述及此行道:

华东公司为格外明了煤田之地质构造起见,于民国二十年四月,复约家荣前往复勘。于十五日抵矿,至小南庄、庄庄、韩场及板子、孙庄、姚庄等处,详细复勘,至十九日毕事。考察时间,共历六日。当经断定,韩场、庄庄二矿区为有望,复勘定钻眼三处。韩场钻眼业于六月中起钻,于二○二尺处见煤六尺半,二二七尺处见煤七

---

①　根据谢家荣日记。但北京大学档案馆所存谢家荣野外考察记录显示,1931 年 4 月 7—10 日在安徽铜陵县铜官山。北京大学档案馆,档号 1RW0172002 - 0023。

尺半。本应在该区内多打几钻,以窥究竟,适逢青纱帐起,该区为土匪出没之所,保护困难,故工程只得暂时停止,时正拟将钻机移设石山子试探。此华东公司钻探进行之确实情形也。现在钻探工程,尚多在进行之中,故对于全部煤田之准确矿量尚难得一近似之概算,但经此局部之试探后,已足充分证明贾汪煤田含有丰富之矿量,而为江苏省唯一重要之大煤田矣。

(《地质汇报》第十八号)

图41　1931年4月谢家荣(中)摄于贾汪华东煤矿办公室外

四月二十一日　结束安徽、江苏之行,回到北平①。

春　春假期间,带领程裕淇等清华大学地理学系学生共7人,赴河北涿鹿、宣化、张家口、山西大同一带进行地质实习,考察各种地质现象,重点观察中生代煤系地层和火山岩系、新生代地文期和燕山期逆掩断层等地质构造,并作野外记录和素描的示范②。

---

①　《社友》第9号,1931年5月10日。

②　此事程裕淇先生在《怀念恩师谢季骅》一文中记为"1931年春假期间"(郭文魁等主编:《谢家荣与矿产测勘处——纪念谢家荣教授诞辰100周年》,第96页)。但谢家荣1931年3月8日赴北京大学演讲,3月中旬至4月20日在江苏考察铁矿和贾汪煤田,21日回到北京,5月2—4日出席在南京举行的中国地质学会第8次年会。因此如果此事的确发生在1931年,那就只能是在这年的3月8日之前或四月下旬。

五月二一四日　出席在南京举行的中国地质学会第八届年会,并在 4 日上午的会上宣读论文《安徽南部铁矿之研究》(The Iron Deposits of Southern Anhui)。

五月十二日　英国学者赛勒来信,感谢寄去的两篇文章,认为关于煤岩学新方法的文章特别有意义。寄来两篇煤岩学和煤分类的文章。来信全文如下:

May 12th. 1931

Mr. C.Y. Hsieh,

Sin Yuan Fuel Laboratory.

Geological Survey.

China. Peiping (Peking)

Dear Mr. Hsieh,

I thank you for your two papers. The one on Some New Methods in Coal Petrography is particularly interesting and likely to prove very valuable. Did I send you a copy of my paper on the Microscopical Examination of Coal No 16 of the Chemical and Physical Survey of the (British) Fuel Research Board? If not I will do so, in case you have not already a copy.

I also send you advance copies of two papers on the Petrography and Classification of Coal. I attribute special importance to my classification which does not appear to be well known outside this country. I hope you will find it useful.

Yours faithfully,

C. A. Seyler

(谢家荣学术成长资料采集工程资料,存于采集工程数据库,档号 XJ－002－071)

六月十二日　中国科学社在上海举行第 95 次理事会,会上讨论了谱主给中国科学社理事会的信,谱主在信中说,拟将《地质学》修订再版,要求少数稿酬并抽版税,议决修订再版之后,将版税的 15％分出一半给作者。

理事会第 95 次会议记录(1931 年 6 月 12 日):

六月十二日下午七时在上海古益轩开第九十五次理事会。

出席者:杨杏佛、王季梁、周子竞、胡刚复、杨允中。

(五)社员谢家荣来函,拟将原著《地质学》(上编)一书修订再版,俾成一单体,要求少数稿费并抽版税案。

议决：该书初版本由本社酌酬稿费，修订再版之后，本社愿将版税百分之十五分出一半以酬作者。

（《社友》第十一号，第 2 页，上海市档案馆，档号 Q546 - 1 - 65 - 14）

六月　在《国立北京大学地质学会会刊》第 5 期发表《欧美日本诸国地质调查所事业现况》[①]，概述英、法、德、俄、波兰、奥、匈、意、西班牙、丹麦、瑞典、挪威、芬兰、捷克、荷兰、比利时、瑞士、美国及日本各国地质调查所的经费、组织机构、地质图幅的比例尺等。文前论及写作缘起，曰：

民国九年，著者游历美东[②]，参观华盛顿之国立地质调查所，归而为文记其组织及事业之概况，载科学第六卷第九期。民国十八年再度出国，游历中欧诸国，考察各该国之地质机关，其未得亲历观察者，则参考典籍以补之，积久成帙，归国后略加订正，遂成斯篇。因思我国地质事业方在萌芽，发扬改进，端赖他山之攻错，先进之典型，则斯篇所述，或亦为国内热心地质及从事地质者之所乐闻欤。

著者识于北平地质调查所沁园燃料研究室
（《国立北京大学地质学会会刊》第五期，第 43 页）

七月一日　回复英国赛勒 5 月 12 日的来信说，现正用矿物学方法研究中国无烟煤，希望很快取得一些成果。寄给对方德文论文《煤的侵蚀结构》(Ätzstrukuren in der Kohle)，希望对方寄来煤的显微镜鉴定的文章。信件全文如下：

July 1st. 1931

Dr. C.A.Seyler,

Consulting Chemist & Assayer,

Nelson Terrace,

Swansea, England.

---

①　《北京大学日刊》1931 年 6 月 5 日（第 2645 号）第 1 版《北大地质学会编辑股通告》称："地质学会会刊早已由本股编就付印，现全书杀青，正在加工装订中，想不日即可竣事，以公诸同好也。"并宣布了该期的中英文对照目录。

②　作者在这里说他 1920 年参观华盛顿之地质调查所，撰文发表在《科学》第 6 卷第 9 期，但在那篇文章里写的是"民国十年正月"在华盛顿参观美国地质调查局。那篇文章发表时写的是当年发生的事，10 年后写这篇文章时，把这件事说成是 1920 年，显然是记错了。本文后面的"民国十八年再度出国"也是错的，因为作者的日记和当年的护照上的边防官章都清楚地表明，作者再度出国是 1928 年，而不是 1929 年。

Dear Sir:

I thank you very much for your letter of May 12th and your appreciation of my application of mineragraphic method to coal research. I am now using it for the study of some Chinese Anthracite, and hope will soon get some result.

I don't know whether I have sent you my paper on the "Ätzstruktur in der Kohle". Enclosed please find one copy of it. It is your method that I have used and has given splendid results.

I shall be much obliged if you would send me your paper, microscopical examination of coal, No. 16 of the chemical & physical survey of the Fuel Research Board.

Being first trained as a mineralogist and petrographer, I have found in the beginning the undesirable terms such as durain etc for the microscopical description of coal. So it gives me special interest that you have adopted the micropetrographical units in the description and classification, which I believe will be very valuable.

Hope will hear from you and receive your publications from time to time. I remain,

Very truly yours'

C. Y. Hsieh

（谢家荣学术成长资料采集工程资料,存于采集工程数据库,档号 XJ - 002 - 073）

七月七一八日　赴平店县盘山野外考察,考察了六间房、罗家峪、双峰寺、天成寺,大佛寺等地的地质。

七月十六日　英国赛勒回信称,收到了寄去的关于煤的侵蚀结构的文章,学习了煤岩学新方法的文章,验证了威尔士无烟煤的非均性,称这对他很重要:

July 16th. 1931

Mr. C.Y. Hsieh,

The National Geological Survey of China.

9 Ping Ma Ssu. West City. Peiping,

China.

Dear Mr. Hsieh,

Thank you for your letter of July 1st and the copy of your paper

"Ätzstruktur in der Kohle" which I appreciate very much. I am studying your paper "Some New Methods in Coal Petrography". I have verified the anisotropism in the case of Welsh anthracite, which seems to me to be a very important fact. I have the new Leitz ore microscope which is a beautiful instrument，and I believe will be a great aid to the examination of coal by reflected light.

Yours faithfully,

C. A. Seyler

P.S.　I am sending you a copy of Bulletin No 16.

（谢家荣学术成长资料采集工程资料，存于采集工程数据库，档号 XJ - 002 - 076）

八月七日　中国科学社在上海举行第 96 次理事会，会上竺可桢提出谢家荣对第 95 次理事会上关于《地质学》一书抽版税的办法表示不满，经理事会讨论后，议决：维持原议。

中国科学社理事会第 96 次会议记录(1931 年 8 月 7 日)：

八月七日下午四时在上海本社开第九十六次理事会。

出席者：王季梁、周子竞、胡刚复、杨允中。

四、竺藕舫理事提出：社员谢家荣君对于增订《地质学》一书上次开会议决之抽版税办法表示不满，请复议案。

讨论之下，归纳下列【三】点：(1)著作人既抽版税，即不能再付稿费。(2)该书版权属于本社，发行权属于商务印书馆，该书之推销有赖本社宣传之力甚多，故修订再版之后，本社应当享受一部分版税之利益。(3)百分之十五之版税率，系商务对本社优给之税率，已不能再加，著作人于原书本无版税，重编之后抽税百分之七·五，如宣传得力，销数必较初版为多，每年亦可得百数十元，不致甚菲，本社宣传广告及一切代劳所费亦大，如此分配揆诸事理似颇公允。

议决：维持原议。

（《社友》第十三号，第 2 页，上海市档案馆，档号 Q546 - 1 - 65 - 20）

八月二十五日　应通成公司之邀与张兰阁同赴河北宛平王平村勘查同丰公司煤矿区。

谢家荣《勘查平西王平村同丰公司煤矿报告》：

民国二十年八月二十五日，承通成公司之邀，与张君兰阁同赴平西王平村，勘查同丰公司煤矿区,共历二日。勘查区域东至晒树坟,西达刘家坡、安家滩等地。以时间匆促,故调查或多缺漏,但大体构造及煤田之价值则已能得其要领矣。

(全国地质资料馆,档号318)

九月十一日 致信美国地质调查所所长,称读了《地质经济学》上发表的肖特(M.H.Short)的金属矿物的显微镜研究的文章,由于国际交换时间晚,至今图书馆还没有,请他寄一份来。

是日 致信德国弗赖堡大学矿物系史奈德洪教授,称自回国以来一直忙于建立地质调查所的矿物岩石实验室,现在实验室已经成形,人员和设备都已经到位,请经常寄些出版物来;如果《金属矿物鉴定》修订版已经出版,请立即寄来一套。信件全文如下:

Sept. 11, 1931

Prof. H. Schneiderhöhn,

Mineralogical Department of the University,

Berthold Street, Freiberg in Br.,

Germany.

My dear Prof. Schneiderhöhn:

Since my return to China, I have been busily engaged in installing a Mineralogic & Petrographical Laboratory for the Geological Survey of China. Now this Laboratory has been put in good shape with a competent staff and fairly well equipped instruments. We have already turned out some publications, and several of my own have already been forwarded to you.

Now, may ask your great favor of sending us from time to time the publications of your own as well as from your department?

In reading a review of Fornhanm's new book in "Economic Geology", it appears as if your revised edition of "the determination of ore minerals" has already been issued. I wonder if this is true or not. If so we would have it immediately. Will you please notify the publisher to send us immediately a copy of this book cash on delivery at Peking, so that we can read it by the returning mail. Should C. O. D. be not convenint, can the publisher forward the book first, collect money afterwards?

With best regards to you as well as all of your department，I remain

Very Sincerely yours，

C. Y. Hsieh

Geologist in charge of the Hsin Yuan Fuel Laboratory

Geological Survey of China

（谢家荣学术成长资料采集工程资料，存于采集工程数据库，档号 XJ－002－082）

九月　与地质调查所美籍顾问潘德顿在吉林、黑龙江调查土壤，并曾前往吉林铁宝山地区调查因水质问题引起的地方病。

《首都纪闻》：

南京　实部地质调查所派技师潘德顿、谢家荣，前往吉黑两省，调查土壤。（十二日专电）

（《申报》1931 年 9 月 13 日第 10 版）

李学通《翁文灏年谱》：

（1930 年）9 月 11 日　由于吉林铁宝山地区因水质问题，产生怪病，要求调查化验。本日，奉实业部长令，命翁文灏派地质调查所正在吉林、黑龙江调查土壤的技师潘德顿（美籍）、谢家荣等一并考察，详细研究，拟具补救意见。

（第 75 页）

十月二日　史奈德洪教授复信，寄来其论文集和《矿相学教程》：

Den 2. Okt. 1931

Prof. C.Y. Hsieh

Geological Survey of China

Peiping/China

Lieber Prof. Hsieh!

Ich habe mich sehr gefreut，wieder etwas von Ihnen zu hören. Die Arbeiten aus unserem Institut werden Ihnen von nun an alle zugehen. Ich werde Ihnen auch von den Arbeiten，die seit Ihrem Weggang hier gemacht worden sind，schicken lassen.

Ferner kann ich Ihnen mitteilen, dass das Lehrbuch der Erzmikroskopie fertig ist und ich werde es Ihnen direkt durch den Verlag Bornträger zuschicken lassen.

Ich werde mich freuen, von Zeit zu Zeit wieder von Ihnen zu hören und verbleibe.

mit besten Grüssen

Ihr

Schneiderhöhn

（谢家荣学术成长资料采集工程资料,存于采集工程数据库,档号 XJ－002－084）

十月五日 出席地质调查所第 55 次讲学会,翁文灏为主席并主讲"中国石炭之种类"。在翁文灏讲后发言。

计荣森《农矿部直辖地质调查所、国立北平研究院地质学研究所 讲学会记事》：

讲后谢家荣先生略加讨论,谓用显微镜研究石炭组织之关系,则对于煤之分类与时代,易于分别,但对于能炼焦之 Bm、Bt 之二种及 Bh 皆无大分别,略难解说其关系也。旋即散会。

（中国地质图书馆藏,第五册,第 18 页）

十月六日 美国地质调查局国内部收到 9 月 11 日去信后函告,按所述地址已由史密斯博物馆国际交换部寄来一批资料。

十月二十三日 回复史奈德洪 10 月 2 日的来信。称感谢他寄来的图书,很高兴看到中国铜矿的显微照片被印在了史奈德洪有划时代意义的书中。用新装备的 MOP 显微镜能发现无烟煤的非均性,能够在高倍显微镜下在光片上使用油浸法拍摄小孢子的显微照片,其成果发表在《煤岩学研究的新方法》中。其时,还没有人用矿相显微镜(即用偏振反射光)研究煤,施塔赫只用常光,因此保存在煤中的很多形态特征都看不见。英国煤岩学家赛勒最近来信称使用这种方法证实了英国无烟煤的非均性。复信全文如下：

Oct. 23, 1931

Herrn Prof. Dr. H. Schneiderhöhn,

· 165 ·

Direktor des Mineralogisches Instituts

der Universität,

Burgunderstr. 30,

Freiburg E Br. Deutschland.

Dear Professor:

Your letter of Oct. 2 has been duely received. I am much obliged to you for the kindness in sending us some of the publications of your Institute as well as to have notified the publisher for a copy of the "Erzmikroskopie", both of them have reached me in due time.

It gives me great pleasure to see that some of my microphotographs of the Chinese copper ores have been printed in your valuable book, which is really an epoch-making work of great importance. All members of our Laboratory are greatly fond of your book.

I noticed that you have included in your book a short description of coal. This is of special interest to me, because recently I have made some study along that line. With the newly equipped MOP microscope, I have been able to detect anisotropism in anthracite, and with the oil immersion method, I have been able to take microphotographs of microspores etc. in a polished section under higher magnification and with such a distinctness as to be comparable to the microphotos of thin sections of coal. The result is described in my paper "Some New Methods in Coal Petrography", a copy of which, as I remember, has already been sent to you.

So far as I am aware the application of ore microscopical methods (i.e. using the polarized reflected light) to coal research has been done by no other peoples. Stach has so far only used the ordinary light, so that nothing more than morphological features could be observed in the coal. Seyler, the English coal petrographer has followed my method and recently in a letter to me saying that he has verified the anisotropism in the case of Welsh anthracite, which seems to him to be a very important fact.

Finally, may I ask you one morefavor. Can you send me one reprint of Frick's paper on the "Reflexionsmessungen an Erz- und Metallanschliffen mit Hilfe eines Reflexions-Photometerokulars", which in view of the important data contained therein, will be used as a constant reference in our Laboratory.

Please convey my best thanks to Dr. Cissarz for the sending of some of his valuable articles. With best wishes,

I remain

Very Sincerely Yours,

C. Y. Hiseh

（谢家荣学术成长资料采集工程资料,存于采集工程数据库,档号 XJ－002－090）

是日 回复德国霍克(Hoch)10 月 5 日来信,称已将其寄来的"Lehrbuch der Erzmikroskopie"和鉴定表转送给地质调查所图书馆。

十月二十六日 出席地质调查所第 58 次讲学会,主席翁文灏,由黄汲清主讲"四川自流井之盐井"。在翁文灏讨论之后,亦略加讨论。

十一月三日 中国地质学会在北平举行临时会议,会议选举了 1931—1932 年的理事会理事,选举结果如下:翁文灏、孙云铸、谢家荣、李四光、丁文江、朱家骅、葛利普、章鸿钊、叶良辅。

十一月十六日 出席地质调查所第 61 次讲学会,主席周赞衡,由谭锡畴主讲"四川峨眉山地质"。在黄汲清讨论之后,谢家荣亦略加讨论。

十一月十七日 致函清华大学秘书处,提请校务会议尽早讨论地理学馆的建设问题:

径启者:查本校三年建筑计划内曾决定以八万元建筑地理学馆,业经评议会通过在案。现在敝系标本、图书、仪器等,日渐扩充,研究计划亦逐次进行,需用房屋甚亟,借用新图书馆一部分房屋,不但终非久计,亦且日感局促,故前次计划盼能早日实现。兹将敝系同仁拟定之地理学馆建筑草图说明书及地址图共五纸附上,敬希即日提出校务会议公决,并即请建造师代为计划详细图样,俾得早日建筑,至纫公谊。此致
秘书处

地理学系启

十一月十七日

谢家荣

十一月二十日 致信燕京大学巴尔博(G. B. Barbour)教授,寄去一些地质调查所最近出版的文章的单行本。称清华大学地理系现在每两周或三周举行

一次讨论会。潘德顿博士在第一次会上发表了关于东北三省土壤环境的演说,希望巴尔博教授在未来的两或三周里能到会讲一次地质或地理课。信件全文如下。

Nov. 20，1931

Prof. G. B. Barbour,

Yenching University，

Haitien.

Dear Prof. Barbour：

Herewith，I am sending you some reprints of my articles published recently by the Geological Survey.

The Tsinghua Geographical Department is maintaining now a conference meeting once in every two or three weeks. The first speech was given by Dr. Pendleton about Soil Conditions in the Three North-eastern Provinces given by Dr. Pendleton about Soil Conditions in the Three North-eastern Provinces.

The Department will be greatly obliged if you will be kind enough to give us a lecture about certain geological or physiographical subjects in the next two or three weeks. Time and date are not fixed，but it is preferably after 3 P. M. of any week days.

Thanking you in advance，

Cordially yours，

C. Y. Hsieh

（谢家荣学术成长资料采集工程资料,存于采集工程数据库,档号 XJ－002－093）

十一月二十五日　燕京大学巴尔博教授回信,对寄去的地质调查所出版的文章单行本和邀请他到清华大学地理系讲课表示感谢,称照理他本该来的,但因为有去美国的安排而来不了。

十二月二十八日　致信威斯康星大学的文切尔教授,告知目前负责沁园燃料研究室,同时在清华大学教授地质学,奉派到安徽研究铁矿,采集了很多矿物,包括磷灰石、冰长石、石榴石等,其中两种特别有意义,暂时将其分别鉴定为铁叶蛇纹石和硅铁灰石。表示希望还能再去威斯康星大学了解一些矿物学和岩石学方面的新方法。信件全文如下:

Dec. 28, 1931.

Prof. A. N. Winchell,

Geological Department,

University of Wisconsin,

Madison, Wis., U. S. A.

My dear Professor:

　　If I remember correctly I have written to you once two years ago when I was in Germany, and since my return to China, I have sent you some of my papers on microscopical study of copper ores and coal. I wonder if all of them have reached you in due time.

　　I am still in connection with the Geological Survey of China and am now in charge of the Sin Yuan Fuel Laboratory of the Survey and at the same time teaching geology in the Tsinghua University.

　　Last year I was sent to southern Anhui to study some iron deposits there. These deposits are extremely interesting geologically, I have collected quite a number of minerals including apatite, adularia, garnet, etc, and among which two are especially interesting. I have provisionally identified them as Jenkinsite and babintognite respectively.

　　Enclosed please find some small fragments of these two doubtful minerals, together with my short descriptions on them. Will you be kind enough to take the trouble to reexamine them microscopically and check the results that I have obtained? Larger specimens of these two minerals together with some other things will be sent to you by parcel post afterwards.

　　Please send my regards to Dr. Emmons, whose invention of double variation method has interested me greatly. I wish that I could come to Wisconsin again and study with you and with Dr. Emmons on some of the new methods in mineralogy and petrography.

　　Thanking you in advance for your kind help and wishing you a happy New Year.

I remain

Yours faithful student,

C. Y. Hsieh

P. S. Under separate cover, I am sending you some of my papers on coal.

（谢家荣学术成长资料采集工程资料，存于采集工程数据库，档号 XJ‐002‐099）

是日　致信斯塔泽尔（O. Stutzer）教授说，读到了他在"Geologisches Centralblatt"中关于斜照法在煤岩学研究中应用的评论，并寄去几篇研究煤的文章，其中《煤岩学研究的新方法》一篇也使用了斜照法和其他一些方法。

Dec. 28, 1931.

Prof. Dr. O. Stutzer,

I read with great interest your note in "Geologisches Centralblatt" on the application of oblique illumination in coal petrographical research of polished section.

Enclosed please find some of my papers on coal research. You will notice that in one of the papers "Some new methods in coal petrography", I have used also to advantage the oblique illumination as well as some other methods.

I should be greatly honored if I could be put in your mailing list to receive constantly your valuable publications.

With best wishes,

I am

Cordially yours

C. Y. Hsieh

（谢家荣学术成长资料采集工程资料，存于采集工程数据库，档号 XJ‐002‐100）

十二月三十日　以清华大学地理系代主任的名义致信 Carlowitz 公司，请告知汉口办事处是否还有由 400 种矿物组成的收藏品，能否削价出售。清华大学地理系希望购买一套好的矿物标本，如果公司仓库中有那就非常方便了，就可以很快交货了。

是年　所著《安徽南部铁矿之研究》(The Iron Deposits of Southern Anhui) (与孙健初合著)，刊于《中国地质学会志》第 10 卷。在丁格兰的《中国铁矿志》中，安徽的铁矿只有接触变质铁矿和砂铁矿两个类型，经过作者于本年春的调查，该文将皖南的铁矿类型划分为 6 种，即接触变质铁矿、深造热液或汽液变质铁矿、中深热液变质铁矿、浅成热液变质铁矿、冷水溶液沉积铁矿和风化铁矿，为 4 年后发表《扬子江下游铁矿志》做了部分准备。

是年　任清华大学地理学系教授兼代主任、北平师范大学地理学系教授兼主任。

图 42　1931 年与吴镜侬摄于北平

图 43　1931 年摄于北平家中

图 44　1931 年留影

一九三二年　壬申(民国二十一年)　三十六岁

提要　北京。任职于地质调查所。任北平师范大学地理学系主任,任教于北京大学地质系和清华大学地理学系。被聘为 1932—1933 年度北京大学地质系研究教授。考察陕北地质。著《华煤中之植物组织及其在地质上之意义》(On the Vegetable Tissues in the Chinese Coal and Their Geological Significance)。

一月八日　芝加哥大学地质系教授费希尔(Jerome Fisher)来信告知,去年冬天在柏林得到了谱主关于煤侵蚀结构的文章,非常精彩,最近又在图书馆见到了《煤研究的煤岩学方法》和《乐平煤的煤岩学研究》,希望能够得到这两篇文章的单行本。来信全文如下:

January 8, 1932

Dr. C. Y. Hsieh,

Fuel Laboratory,

Geological Survey of China

Peiping, China

My dear Dr. Hsieh,

Last winter in Berlin I purchased a copy of your paper on the etch figures in coal and found it very excellent. Recently in our library I have seen copies of your papers from the Geological Society of China Bulletin on "General Petrographic Methods in Coal Study" and "The Petrography of Peipiao Coals". If you have reprints of these last two papers available I should very much appreciate receiving copies for my personal file.

I take pleasure in enclosing a reprint of one of my papers.

Very truly yours,

D. Jerome Fisher

Associate Professor of Geology and Mineralogy

（谢家荣学术成长资料采集工程资料，存于采集工程数据库，档号 XJ－002－104）

一月十五日 致信美国利哈伊大学地质学特纳教授，寄去几篇煤岩学研究新方法的文章。信中说：我用偏光进行煤的显微镜研究，你会注意到你 1925 年发表的文章中的图 2 和 15 与我在正交偏光下没有侵蚀所获得的图像非常相似。最近研究中国无烟煤时发现丝炭在正交偏光下是均质的。据此我们可以在磨光片上区分丝炭和结构镜煤物质，因为它们都具细胞结构。信件全文如下：

Jan. 15, 1932

Dr. Homer G. Turner,

Professor of Geology,

Lehigh University,

Bethlehen, Pennsylvania,

U. S. A.

Dear Dr. Turner:

Enclosed please find some reprints of my papers on coal research among which the one on "Some new methods in coal petrography" will perhaps of special interest to you.

I have applied with some success the polarized light to microscopical study of coal. You will notice that in your paper published in A. I. M. E. 1925, figures 2 and 5 resemble closely with what I have obtained under crossed Nicols and without etching.

Recently, while working with the Chinese anthracite, I have found that fusain is isotopic under crossed Nicols. This, seems to me, is a very important fact, and by it we can make the surest discrimination in polished section between fusain and xylainic matter, because both are cellular in structure.

I shall be greatly honored if I can receive from time to time your valuable publications.

With best regards,

Cordially yours.

C. Y. Hsieh

（谢家荣学术成长资料采集工程资料，存于采集工程数据库，档号 XJ－002－105）

一月二十七日　致信威斯康星大学 A. N.文切尔教授,寄去前述两块矿物标本的化学分析结果及分子式,与文切尔的矿物学教科书的描述不一致,寄去大一点的标本,希望知道他的意见:

Jan. 27, 1932

Prof. A. N. Winchell,

Geological Department,

University of Wisconsin,

Madison, Wis., U. S. A.

My dear Prof.:

Since the sending of my last letter and short description together with fragments of the provisional identified minerals, jenkenisite and babintonite, a complete chemical analysis of the former mineral has been finished by the chemists of this Survey. The result of the analysis is as follows:

SiO	59.3%	P_2O_5	0.27%	(most probably due to impurities of apatite)
Al_2O_3	1.22	Na_2O	0.78	
Fe_2O_3	19.62	K_2O	0.29	
CaO	3.68	H_2O(hydroscopic)	4.21	
MgO	5.15	H_2O(combined)	4.78	

On the basis of the above analysis, our chemists have assumed a chemical formula either as

$3 Mg (Fe, Ca)0.2 Fe_2O_3 16SiO_2 4H_2O$　or

$2 Mg (Ca, Fe, Na_2 K_2) 0.1 Fe_2 (Al_3) O_3 8SiO_2 2H_2O.$

As the original reference on jenkinsite is not available here I do not know whether the above formula will hold, good for that mineral. Anyway, according to your text book, this analysis seems to be too high is silica for jenkinsite. On the other hand, the formula shows a close resemblance with the mineral nontronite, but the physical properties of the latter, such as "feel soapy" to meager, resembling opal, also "earthy" etc does not like the mineral in question. Please kindly inform me what is your opinion?

By parcel post, I am sending you some larger specimens of these minerals. With best wishes, I remain,

Very respectifully yours,

C. Y. Hsieh

（谢家荣学术成长资料采集工程资料，存于采集工程数据库，档号 XJ－002－106）

是日　致信美国俄勒冈州地质调查所所长：记得大约 10 年前你们曾经发表过制作俄勒冈州地面起伏图的报告，我们正在制作中国不同部分的地面起伏图，已经用熟石膏和普通黏土制作了一些，想知道是否有更好的方法，希望能够购买一份上述报告。

二月一日　威斯康星大学 A. N. 文切尔教授回复 1931 年 12 月 28 日的信说，花了一些时间仔细研究寄去的这两块标本，哈佛大学的帕拉奇（Palache）教授给了有关硅铁灰石的新信息，寄去的矿物很可能就是铁硅灰石。回信全文如下：

February 1, 1932

Mr. C. Y. Hsieh

The National Geological Survey of China

9 Bing Ma Ssu, West City

Peiping, China

Dear Mr. Hsieh：

　　I have your letter of December 28 and I have also received the small mineral fragments which you sent. It may take some time to examine these two minerals carefully and I am therefore writing to acknowledge their receipt and to tell you that I am very glad to learn of your activities and to have received separates of some of your papers. Professor Palache of Harvard gave us new information concerning babingtonite at the Tusla meeting of the Mineralogical Society during the Christmas holidays. I think, with his data at hand, it will be not difficult to determine whether your sample is that mineral or not. The small piece looks as if it might well be babingtonite.

　　With regards and best wishes, I am

Sincerely yours,

A. N. Winchell

（谢家荣学术成长资料采集工程资料，存于采集工程数据库，档号 XJ－002－109）

二月八日 出席地质调查所第 70 次讲学会,主席翁文灏,由黄汲清主讲"中国二叠纪地层"。在翁文灏讨论之后,亦参加讨论。

黄汲清(1904—1995),四川仁寿人,地质学家,大地构造学家。1928 年毕业于北京大学地质系,1935 年获瑞士浓霞台大学理学博士学位。前实业部(经济部)地质调查所代所长、所长,1948 年中央研究院院士,1955 年被聘为中国科学院学部委员。中华人民共和国成立后历任西南地质调查所所长,中国地质工作计划指导委员会委员,地质部西南地质局局长,地质部普查委员会常委,燃料工业部石油管理总局顾问,地质部石油地质局总工程师,地质部地质矿产研究所副所长,中国地质科学院副院长、名誉院长,中国地质学会理事长,中国地质科学院名誉院长,第 5—7 届全国政协常委和中国科协常委。在生物地层学、区域地质学、大地构造学和石油、天然气地质学方面贡献卓著。黄汲清是中国二叠系研究、中国大地构造学的奠基人,其代表作《中国主要地质构造单位》、《中华人民共和国大地构造图》(1∶300万)和《中国大地构造基本特征》及其创立的大地构造多旋回学说,对中国的地质研究具有广泛影响。黄汲清是陆相生油论的倡导者之一,对中国石油天然气地质普查勘探有重要贡献,是发现大庆油田的主要贡献者之一。他言传身教,为我国培育出大批优秀地质学家。黄汲清在 70 年的地质生涯中共发表论文 250 多篇,专著 20部,获国家自然科学一等奖 2 项。1988 年被苏联科学院选为外籍院士,1994 年被俄罗斯科学院选为外籍院士。

二月二十日 收到芝加哥大学地质系教授费希尔上月 8 日来信及随信寄来的一篇关于煤化作用的论文,回信并附上自己以及王恒升的论文。

王恒升(1901—2003),字洁秋,河北定县(今河北定州)人,我国著名的地质学家、岩石学家和矿床学家。1925 年毕业于北京大学地质系,1937 年获瑞士苏黎世大学博士学位后回国。1949 年之前曾任中央地质调查所技监(研究员)、西南联合大学教授和新疆地质调查所所长等职。1956 年调地质部地质研究所工作,长期担任岩矿室主任(一级工程师),1980 年当选为中国科学院生物学地学部委员。曾对岩石矿床理论进行了长期探索,参与和指导了我国许多煤矿、铁矿、铅锌矿、钼矿的研究,特别是长期从事基性—超基岩研究和铬铁矿的普查勘探工作,提出了基性岩超基性岩岩石化学计算与图解方法及分类方案,是我国成因岩石学研究的先驱。他提出铬铁矿床属于晚期岩浆熔离的成因假说,又提出层状基性超基性侵入体的岩浆液态重力分异模式,为中国铬铁矿的开发利用做出重要贡献。

二月二十五日　美国宾夕法尼亚州立大学无烟煤研究所特纳来函称,感谢寄去的煤岩学文章,特别对使用油浸和偏光研究煤的方法感兴趣,说他几年前就想使用偏光研究无烟煤,但那时候的冶金显微镜没有装备偏光镜。如果偏光能够区分丝炭和镜质组,那一定会对煤组分的解释有莫大帮助。来信全文如下:

February 25, 1932

Dr. C. Y. Hsieh

Geologist in charge of the Sin Yuan Fuel Laboratory

Geological Survey

China.

Dear Dr. Hsieh:

I wish to thank you very kindly for your reprints dealing with coal petrography. I was especially interested in the one describing some new methods for study of coal using oil immersion and polarized light. A few years ago I attempted to apply polarized light in the study of Pennsylvania anthracite but at that time metallographic microscopes were not equipped with polarizer and analyzer so that my make-shift apparatus did not give good results. I am very glad to find that somebody has gone on with this study, for I think it should yield valuable information.

I think one of the biggest difficulties in the interpretation of polished surfaces of coal is the distinction between fusain and other coal constituents such as vitrain or anthraxylon. I suspect that much of the material which we have described as anthraxylon in polished surfaces of coal is really fusain which has been thoroughly impregnated with bitumens in some stage of the coal forming process. If the polarized light will distinguish between fusain and anthraxylon, it will certainly be of great assistance in the interpretation of coal constitution.

I am sending you some reprints that you may not have in your collection.

Very truly yours,

H. G. Turner, Director,

HGT: C

Research for the Anthracite Institute.

encls.

（谢家荣学术成长资料采集工程资料，存于采集工程数据库，档号 XJ－002－112）

二月二十七日　致信普鲁士地质调查所波托涅教授，感谢对其两篇煤岩学文章的好评。称对他最近关于褐煤中花粉颗粒的文章感兴趣，希望得到他最近关于花粉颗粒的文章和最近所发表的所有文章，并问候哥登教授、博德博士和在实验室工作的所有熟人。信件全文如下：

Feb. 27，1932

Prof. R. Potonie，

c/o Prussian Geological Survey，

Invaliden Str. 44，

Berlin N. 4，Germany.

Dear Prof. Potonie：

I thank you very much for your kind review of my two papers on coal petrography in the "Central blatt".

I read with great interest in the same journal of your recent works on pollen grains from the brown coal. It seems to me that this kind of work is of fundamental importance，as only on basis of it that exact correlation of coal seam is possible.

May I ask you favor to send me reprints of your papers on pollen grains together with all what you have published recently?

Thanking in advance for your kindness.

Please convey my best regards to Prof. Gothan，Dr. Bode and all whom I know in your laboratory.

Sincerely yours，

C. Y. Hsieh

（谢家荣学术成长资料采集工程资料，存于采集工程数据库，档号 XJ－002－113）

二月　所著《江苏铜山县贾汪煤田地质》刊于《地质汇报》第 18 号。此为谢家荣 1930 年 9 月和 1931 年 4 月两次考察贾汪煤田的报告。报告描述了贾汪煤田的地层层序、地质构造，指出直接影响贾汪煤田勘探的构造不是断层，而是煤系的褶皱和煤层的变薄。表列已布 14 个钻孔的钻探结果,分区叙述了 3 个地区的煤质和储量,总计储量 1.3 亿吨,实际可采煤量约 1 亿吨。附贾汪煤田彩色地质图和详细英文摘要。

三月十一日　俄勒冈州农学院汉斯(James H. Hance, Dean)答复 1 月 27 日给俄勒冈州地质调查所所长的信说,俄勒冈州地面起伏图是在汉斯到所之前由谢德(Shedd)博士做的。其制作细节在前俄勒冈矿山地质局出版的系列出版物第 1 卷第 7 册上。另函寄来起伏图模型。

三月十四日　出席地质调查所第 74 次讲学会,主席翁文灏,由德日进主讲"西北之地质考察",与翁文灏、谭锡畴参加了讲后的讨论。

谭锡畴(1892—1952),字寿田,河北吴桥人,我国著名地质学家、矿床学家,1913 年考入工商部地质研究所,1916 年毕业后入地质调查所,随即开始在山东、河北一带进行地质调查和研究工作,于 1923 年发表《山东蒙阴莱芜等县的古生代后的地层》。他在山东蒙阴县发现大量保存完好的恐龙、鱼类、昆虫、叶肢介和植物化石,经鉴定其时代定为早白垩世,从而改正了李希霍芬和维里士的错误,奠定了中国白垩纪地层研究的基础。1924 年谭锡畴编制了中国第一幅地质图——北京济南幅(1∶100 000)。1916—1933 年的 17 年中除 1926—1928 年去美国学习与研究外,其余 15 年他几乎全部在野外进行地质调查工作,足迹遍及全国,而以在华北和西南的时间最长。与李春昱合作编制了四川和西康的地质志和 1∶200 000 地质图幅,奠定了该区域地质工作的基础,调查了四川油田和盐矿地质,发现了重庆白市驿煤田(即中梁山煤田)。1933 年后先后任北京师范大学、北洋大学和北京大学及西南联大教授,抗战胜利后任昆明师范学院博物系主任兼云南大学矿冶系教授,先后讲授地质学、矿床学、地史学、沉积岩石学、地质测量等多门课程。中华人民共和国成立后,谭锡畴担任中国地质工作计划指导委员会委员,负责筹建地质勘探局,并被任命为该局局长。

三月　所著《南京雨花台砂砾层及其地文之意义》刊于《中国地质学会志》第 11 卷第 1 期。文章指出,南京南门外的雨花台,因产出大量非常漂亮的条带状玛瑙砾石(即所谓雨花石)而闻名,因在此层中没有找到化石,故其时代不详,但它产于红色砂岩层之上,而为玄武岩和黄土所覆盖,其时代当属第三纪末或第四纪初,或者可与华北地区的所谓三门系的红色黏土和砾石相当,其时代为更新世。

四月十三日　普鲁士地质调查所波托涅教授(2 月 27 日)回信,寄来其准备发表的文章,说关于花粉和孢子还准备了一批出版物。认为谱主的看法很对,此类文章有很大价值,认为可燃生物岩(Kaustobiolithe)的显微植物学是一门新的大学问,比起古植物学的其他研究,或许具有同样广泛的地质意义。回信全文如下:

13.4.1932

Prof. Dr. R. Potonié, Berlin N 4, Invalidenstrasse 44

Sehr geehrter Herr Professor Hsieh!

Ich übersende Ihnen auf Ihrem Wunsch diejenigen meiner seitherigen Arbeiten, die noch zu meiner Verfügung stehen. Über die Pollen und Sporen sind weitere grössere Publikationen in Vorbereitung. Sie haben Recht, wenn Sie der Ansicht sind, dass derartige Arbeiten grössten Wert haben.

Der mikroskopische Inhalt der brennbaren Gesteine wird in sehr vielen Fällen wichtige Aufschlüsse geben, wo die grösseren Pflanzenreste im Stich lassen. Es hat sich in der aller letzten Zeit gezeigt, dass die Mikrobotanik der Kaustobiolithe eine neue grosse Wissenschaft ist, vielleicht ebenso umfangreich und von geologisch weittragenderer Bedeutung als die ganze übrige Paleobotanik.

Mit besten Grüßen bin ich Ihr

R. Potonié

(谢家荣学术成长资料采集工程资料,存于采集工程数据库,档号 XJ‒002‒116)

四月二十三日 致信童曼斯(Tongmans)博士,感谢他寄来的许多古植物和煤岩学的文章,说它们会对自己的工作大有帮助,同时寄给他几篇自己有关煤和其他矿床的文章。

是日 回复汉斯(3月11日)的来信,称最近成功制作了几个小范围的地面起伏模型,如他所言,这个工作并不难做,但非常乏味。

春假 与冯景兰和德籍教授科勒(Köhler)一起带领清华大学地理学系学生程裕淇等10余人赴山西考察太原西山石炭二叠纪煤系地层、五台山区变质岩层和五台期、唐县期、汾河期等地的地文地貌特征。"这是一次旧中国野外地质工作艰苦生活的'实习',经历了从五台县滹沱河上大胜桥(东冶以西)到台怀镇(五台山庙宇中心区)来回近6天步行跋涉,还有在毛毛细雨(从台怀出发时就有雨,海拔约1 700～1 800米)和大雪纷飞(中途)中绝大部分师生共同攀登中台顶(旧图标出近海拔3 000米,现在实测海拔2 893.8米)的锻炼或考验(登高近1 200米,图上水平

距离约7公里,当天来回,在山顶小庙中吃酸菜麦片)"①。谢家荣在《河流之袭夺及其实例》一文中曾论及此次考察及其成果:

中国北方之袭夺河实例,就著者所知,当以山西之滹沱河最为明显。此河之发育历史,首经美国维理士详细阐明,其后复经北平地质调查所王竹泉先生补充研究。民国廿一年著者率领清华大学学生赴五台山实习时,亦曾亲自石岭附近,考察其近代挠折之迹及黄土堆积之状。按滹沱河系发源于繁峙县之大营镇,初向西西南流,经繁峙、代县后,乃折而向南,经崞县忻口镇,又复突向东转,穿行丛山之中,造成峡谷深沟,直至河北省平山县附近,始出山而入平地。以上所述经行路线,如第四图所示。观其曲折迁转之状,实属极不自然。又按忻县附近,系一黄土盆地,自此至太原盆地间,并无高山巨岭以为之阻,仅有忻县南之石岭,高距附近平原数十公尺,其上只有黄土及薄砾层,并无坚硬石质,而坡度平缓,自太原至河边村之汽车,且能越岭而过。照上所述,颇似滹沱河昔时(至少在黄土沉积以前)曾自忻口镇南流,经忻县、石岭而与太原附近之汾河相连。而斯时忻口镇以东之河,为滹沱河之支流,其流向自东向西,与现在之流向相反;再向东至清水河以上,当时为一分水岭,逾岭而东,乃为又一河流,东流向河北境,亦即今日滹沱河之下游也。及石岭经挠折作用,掀起成山,继之以黄土之堆积,以致滹沱河南流之道,日渐困难,同时河北境内之滹沱河(经过正定、平山等县)因基面较低之故,向上剥蚀之力,较其西流之河为强,于是分水岭乃逐渐向西迁移,及至岭削水通,二河合而东流,遂于忻口镇附近形成显著之袭夺湾,而其原来南行之迹,则可就石岭一带谷宽岭缓之状,而推想及之。又按忻口镇以下之滹沱河既向东流,则凡属其支流与主流衔接之处,亦应悉向东流。今观清水河自五台山南流,既不向东亦不向南,反向西经流甚远,及注入滹沱河,又复东行,如是迁曲绕转,足示此处之滹沱河昔时本向西流,故其支流之清水河亦同一流向,及袭夺成功,河流转向,清水河及台山河亦自然地随之东流,但仍不改其本来之河道。由此事实更可证明,未袭夺前滹沱河之分水岭,至少当在今清水河与滹沱河衔接处之下也。又据王竹泉先生研究,在龙花河及枣园附近之支流,俱下流谷形峻陡,至上游则河床渐宽,河床每覆以砾石。王氏意见,以为此项支流原向南或西南流,复因其北或东北之上游被滹沱河支流所蚀割,始转而向北及东北流。据作者意见,在未找得龙花河等向西南流之古河道以前,王氏之说似难成立;至其所以下流每成峡谷,上游每

---

① 郭文魁等主编:《谢家荣与矿产测勘处——纪念谢家荣教授诞辰100周年》,第96—97页。

成宽谷者,盖以滹沱河袭夺成功,转向东流之后,水量骤增,剥蚀之力更大,以致将龙花河等河谷更向下蚀,而成一新谷;但此峡谷之生,当自下而上,逐渐推进,其上流之仅有宽谷而无峡谷者,盖新峡谷尚未传布到此耳。此外在山西境内,王竹泉氏尚发现有许多河流袭夺或改道之事实,以限于篇幅,兹不多述。

(《地理学报》1935 年第 3 期)

五月七日　致信施塔赫,寄给他一些中国无烟煤在正交偏光下的图片,在常光下,大多数无烟煤磨光面显示不出任何结构。告诉他这些成果最近已经或即将在《中国地质学会志》发表,还告诉他最近在奉天的烟煤中发现了一些非常有趣的球状菱铁矿标本,它呈小的鲕粒,大量产出。在显微镜下看,每个鲕粒都含有许多木纤维,其结构保存完好。工作很快结束,会寄一些标本和显微照片给他和哥登教授。信件全文如下:

May 7, 1932

Dr. Erich Stach,
Berlin-Pankow,
Breite Strasse 8 - 9,
Germany.

My dear Dr. Stach:

Enclosed please find some microphotographs of Chinese anthracite as observed under crossed Nicols of polarized light. With ordinary light, the polished surface of most anthracite shows no structure at all. A description of my result is nearly ready and will be published very soon by the Geological Society of China.

Recently, a member of our Survey found some interesting specimens of "Spharo-sidrite" in a bituminous coal of Hsian, Fengtien Province. It occurs in small oolitic forms and is crowdly distributed in coal. When seen under the microscope, each oolite contains a nucleus of wood fiber which shows well preserved structures. As soon as I finished my description of this interesting siderite, I shall send you and Prof. Gothan some specimens and microphotos.

"Zur I notice that you have published a paper on the Entstchung der Braunkohlen sphaeosidrite", in Pompeckj-Festband. As just now this particular volume is not available here, may I ask your greater favor to send a reprint to me for my reference.

I thank you in advance for your kindness.

With best regards,

I remain,

Cordially yours,

C. Y. Hsieh

（谢家荣学术成长资料采集工程资料,存于采集工程数据库,档号 XJ - 002 - 119）

五月十三日 荷兰地质学家扬尔纳姆(N. Y. Yongrnam)来信,非常感谢寄去的文章,也非常感谢让杨博士寄给他有关德国浊煤的文章,也会将自己将来的文章定期寄来。

六月一日 致信杜帕克博士说,怀着极大的兴趣读了他最近发表的有关无烟煤显微结构的文章,指出运用偏光研究无烟煤特别有用。告诉他最近几个月用这种方法从事中国无烟煤的研究,获得了非常有价值的成果,将很快在《中国地质学会志》上发表,并说就现在的研究而论,不同意他最新一篇文章中的结论,主要之点有三。信件全文如下:

June 1st, 1932

Dr. André Duparque,

Secretary, Société Géologique du Nord,

Lille, rue Brule-Maison, 159,

France.

Dear Dr. Duparque:

I read with great interest your paper on the microstructures of anthracite published recently in the Ann. Soc. Geol. du Nord.

As I remember, I have sent you some months ago my articles on "Some new methods in coal petrography" in which the application of polarized light to coal research was described. It was shown that this method is especially useful in the study of anthracite.

During the last several months, I have been engaged with the study of Chinese anthracite with this new method and have obtained some results well worth mentioning. In order to illustrate some of the structure I have observed, I am enclosing herewith several microphotographs. My result will be soon published by the Geological Society of China.

So far as my present study goes, I cannot agree with you entirely on what you have concluded in your last paper. The chief points are as follows:

(1) The detailed and especially the incipient structure of anthracite could not be observed by simple polishing alone; the best method to get the real microstructure of anthracite is by the use of polarized light and under crossed Nicols. In this respect a Leitz ore microscope (MOP) should be used for all kinds of coal investigation. By this way, the original banding as well as many of the vegetable tissues could be seen just as distinctly as in the case of bituminous coal.

(2) In several of the Chinese anthracite studied, remains of broken exines of macrospores or much compressed and altered microspores are observed. So, on the whole the vegetable constituent of anthracite differs no greatly from that of the bituminous coal, the latter includes both the coal of cutin and the coal of ligno-cellulose. Therefore it requires no special kind of bituminous coal from which to form the anthracite.

(3) According to my own study, the principal microscopic constituents of anthracite are composed of the following:

a) An entirely structureless and homogenous mass which shows no structure even under polarized light and crossed Nicols.

b) Bands or lenticles showing beautiful woody structure under crossed Nicols. The cells are generally intensely crushed and granulated. This may be called granulated xylain.

c) Under crossed Nicols it shows a mixture of many fine materials including bits of woody cells, resins, ashes and perhaps remains of macrospore and microspore and microspore exines.

d) Fusain, much fused and altered. It is isotropic under crossed Nicols.

I believe that special terms should be proposed to denote each of the elements just described.

I hope that this short summary of my result will be of interest to you, and that your opinion and criticism are earnestly requested.

I shall be much obliged if you could send me separate print of all your recent publications.

With best regards,

I am

Cordially yours.

C. Y. Hsieh

（谢家荣学术成长资料采集工程资料，存于采集工程数据库，档号 XJ－002－121）

是日　施塔赫博士致信谢家荣，非常感谢其提供的极有意义之显微照片。(Braunkohlensphärosiderite 的起源) 一文，自己手头一本也没了，不能回赠，十分抱歉。

六月十六日　致信朱拉斯基(K. A. Jurasky)博士，根据他 5 月 11 日的要求寄来一整套沁园燃料实验室的出版物给他。信中说，你会注意到我的工作在哥登教授的指导下始于柏林。我读到了你关于丝炭成因的文章。我们在浙江发现了一种类似产状的丝炭，它成透镜层或囊状，产于白垩纪的火山岩中。因此，这里的丝炭很可能是由木质物质与火山熔岩接触发生碳化而形成的。告诉他应用偏光研究无烟煤取得了令人鼓舞的成果，将出版《燃料专辑》的第 8 辑。信的全文如下：

June 16，1932

Dr. K. A. Jurasky,

Institut für Brennstoff-Geologie,

Bergakademie Freiberg，Sa.

Dear Sir：

In complying with your requests of May 11, I am sending you herewith the complete set of our Fuel Laboratory publications. You will notice that some of my works were started in Berlin under the supermision of Prof. Gothan.

I read with great interest your article on the origin of fusain published recently in the book on "Fusite etc" edited by Prof. Stutzer. You have certainly brought together the most strong arguments in against the forest five theories.

Recently we found a remarkable occurrence of fusain in Chekiang Province, S. China，a brief note about which will be soon published by our Institute. The interesting feature with this occurrence is that the fusain occurs in lenticular beds or pockets in a volcanic series of Cretaceous age. Therefore it seems very likely that here fusain was formed from the charring of woody material by touching with a hat stream of volcanic lava.

The application of polarized light to the study of anthracite has given us very promising result, which will be published as No. 8 of our Fuel Contributions.

I shall be greatly obliged if you will send me from time to time your new publications, I remain.

Sincerely yours,

C. Y. Hsieh

P. S. Enclosed please find also a copy of my work for Prof. Dr. O. Stutzer.

（谢家荣学术成长资料采集工程资料,存于采集工程数据库,档号 XJ - 002 - 123）

六月二十八日—七月十九日　与王竹泉一起率领清华大学地学系、北京大学地质系和燕京大学地质系助教和学生程裕淇、张兆瑾等 20 多人(加上地质调查所的计荣森),组成 9 个队前往北平西山,实测地质①。

谢家荣《西山地质的新研究》:

从民国九年到今,匆匆过了十二年。在此期内,中国的地质事业,总算进步甚速。在南方的不说,只就北平而论:除了地质调查所以外,还有北京大学的地质系,清华、燕京及师范大学的地理系。不用说,这种机关都与中国地质学的进步有密切的关系。每当春夏假日,或星期余暇,各大学的地系师生,常常结队往西山考察地质;这种研究虽属东鳞西爪,不成系统,然而归纳起来,也常能得到可惊的结果。同时,地质调查所为调查西山各地的煤田及其他有用矿产起见,还不时地派遣调查队向西山考察;经过这种随时不断的研究之后,遂发见民国五年的调查和民国九年出版叶氏的专著上,有不少的错误。地质学是一种关于地的自然科学,故必须经过长时间的实地调查,始能弄得清楚,所以初步调查工作发生差误,不但不能算稀罕,并且是不能避免的一种过程。欧美地质研究的历史上,尽有不少同样的例子,可供我们的参考。所以我们的工作,不怕有差误,但怕有了差误永无人去改正它,一任真理埋没无闻,这样下去,科学就永无进步的机会了。

因为其他工作忙碌的缘故,地质调查所虽抱有重测西山地质的决心,而至今好些年,还没有实现它的计划。去年暑假,一方面为使北平各大学学生有一个练习测

① 潘云唐:《程裕淇年谱》,《院史资料与研究》2006 年第 1 期(总第 91 期),第 3 页。

制地质图的机会,一方面借此实测西山地质,以便有所改正,遂特邀北京、清华、燕京三大学助教、学生,加上地质调查所的计荣森先生,共组成九队往西山一带,实测地质。每组二人,各测约三百余方里的面积,以陆军测量局出版的二万五千分一的地形图作基础;测制的时间,定为三星期,由调查所委托王竹泉先生及著者为指导员。经此一番工作之后,遂发见了许多新事实,足以补充以前的不足;虽然还有许多问题,尚待将来的研究,而此番新调查之有重要贡献,值得地质界的注意,实属毫无疑义。关于各队所得的结果,将来当由各队人员,作详细报告,现在先由著者将此次所得的重要结果,缕述于后,以供关心西山地质者的先睹为快。

(《自然》1933 年第 37 期,第 1 页)

王竹泉(1891—1975),字云卿,又名宗琪,河北交河陈屯村人,中国科学院生物学地学部委员。1913 年考入工商部地质研究所,1916 年以优异成绩毕业。毕业后任农商部地质调查所调查员、技师。1929 年留学美国威斯康星大学地质系,1930 年获硕士学位。后又考入麻省理工学院地质系深造。1931 年回国后,历任实业部地质调查所技正,北平研究院研究员,北京大学、北京师范大学、东北大学讲师,北京大学教授。中华人民共和国成立后,历任燃料工业部顾问、煤炭工业部主任工程师、煤炭工业部地质总局总工程师、中国科学院地质组专门委员、西北大学讲学教授,中国地质工作计划指导委员会委员等职。是中国煤田地质学的奠基人之一。主要论著有《山西煤矿志》《华北煤种牌号的带状分布及其地质因素》《中国北部石炭二叠纪煤系古地理之新解释及其对预测新煤田之意义》《中国泥炭资源分布之规律及预测》《华北地台上古生代含煤地层分布之规律及其古地理》《华北地台石炭纪岩相古地理》《华南晚二叠世煤田形成条件及分布规律》等。

七月十九日　美国商务部矿山局试验站主任工程师菲尔德纳(A. C. Fieldner)复信称:收到了你的公认非常优秀的华煤中之植物组织及其在地质上之意义的论文,用侵蚀法作了一些显示煤中植物结构的令人惊叹的工作。这对于用薄片在透射光下鉴定煤具有重大意义。称其发现对于足够透明的煤,这种方法比侵蚀法优越。另函寄来用美国煤作类似工作的若干出版物。复信全文如下:

July 19, 1932

Dr. C. Y. Hsieh,

Sin Yuan Fuel Laboratory,

・ 188 ・

Geological Survey of China，

Peiping，China.

Dear Dr. Hsieh：

Receipt is acknowledged of your excellent paper on the vegetable tissues and flora in the Chinese coal and their geological significance. You have done some wonderful work in showing the plant structure in coal by the etching method. It would be of great interest for you to also examine coals by the method of making thin sections and examining them by transmitted light，in such coals，which are sufficiently translucent，we have found this method superior to the etching method.

Under separate cover，I take pleasure in sending you the following publications which relate to similar work on American coals：

Bureau of Mines Bulletin 344，"Methods and Apparatus Used in Determining the Gas，Coke and By-product Making Properties of American Coals"，by A. C. Fieldner，J. D. Davis，R. Thiessen，E. B. Kester and W. A. Selvig.

Bureau of Mines Technical Paper 506，"Microscopic Study of Elkhorn Coal Bed at Jenkins，Letcher County，Ky." by R. Thiessen，G. C. Sprunk and H. J. O'Donnell.

"Recently Developed Methods of Research in the Constitution of Coal and their Application to Illinois Coals"，by R. Thiessen，1930.

Very truly yours，

A. C. Fieldner，

Chief Engineer

Experiment Station Division.

（谢家荣学术成长资料采集工程资料，存于采集工程数据库，档号 XJ－002－124）

七月二十一日　致信山东济南齐鲁大学生物地学系斯科特(J. C. Scott)教授，感谢他通过拉塞尔小姐(Miss Russell)寄来的两块矿物标本，经显微镜鉴定确认为方解石和绿帘石，并告诉他，王绍文要的矿物标本已经放到一起了，将很快给他；北京西山的地质很有趣，希望他能够到西山看看。

七月二十三日　实业部部长陈公博签发矿字第三八二七号文，拟派谢家荣等前往陕北调查石油地质，请妥予保护，全文如下：

咨陕西省政府　矿字第三八二七号

据地质调查所呈报拟于本月下旬派技师谢家荣等前往陕西北部调查油田地质，咨请转饬经过各县，于该技师等抵境时妥予保护由

为咨请事，据本部地质调查所呈，称拟于本月下旬派技师谢家荣王竹泉各带调查员一人前往陕西北部考察油田地质，其路线由山西柳林渡河，自陕西绥德起始工作，经过清涧、延川、延长各县，至延长后分为二路，一路经宜川、韩城、合阳、富平等县，又一路经肤施、甘泉、邡县、洛川、中部、宜君、同官、耀等县，恳请咨行陕西省政府转令经过各县，查照保护，以利遄行等情，据此相应咨请

贵省政府转饬上列预定经过之各县，于该技师等抵境时妥予保护为荷。此咨

陕西省政府

部长　陈公博

中华民国二十一年七月二十三日

《实业公报》公牍第 81—82 期，第 12 页）

八月一日　北平地质调查所派谢家荣与王竹泉、杨公兆、胡伯素、潘钟祥等参加陇海铁路与陕西省政府合组之陕西实业考察团，目的在考察陕北地质，以为将来的开发提供依据①。是日与杨公兆、胡伯素由北平出发，经郑州，再出潼关到西安，走南路，约定在延长会合。出潼关后，路经华阴县，顺道游览华山。后由西安北行，经三原、耀县、同官(今铜川)、宜君、洛川、甘泉等县而达肤施(今延安)，再由此东行抵延长，折向东南，经云岩镇抵黄河边壶口瀑布，后由砑针滩过黄河抵山西，经吉县、乡宁至临汾，再转至榆次，经正太路到石家庄而返北平。归作《陕北盆地的地文》。王竹泉则由山西而去，归作《陕北油田地质》。王竹泉、潘钟祥的《陕北油田地质》，谢家荣的《陕北的地文》《陕北盆地的地文》均有此次考察的行程记录，顾执中

---

①　关于此次陕北考察的时间，1996 年由石油工业出版社出版的王仰之编写的《中国石油编年史》称"(1931 年)7 月底，地质调查所谢家荣、杨公兆、王竹泉、潘钟祥及北京大学胡伯素等人，去陕西西北部调查石油地质。调查工作分两组进行，一组为王竹泉、潘钟祥，经山西境内之汾阳、离石等县，由柳林镇军渡渡黄河入陕之吴堡县境……；另一组为谢家荣、杨公兆、胡伯素，则先到郑州与陕西实业考察团会合，然后过潼关，自西安至宜君、同官、郦县(今富县)、肤施(今延安市宝塔区)而赴延长调查油厂矿业及工程……为将来精细测探打下基础"(第 37 页)。2004 年收入《谢家荣与矿产测勘处——纪念谢家荣教授诞辰 100 周年》中的《谢家荣年谱》(张以诚、王仰之)也说"(1931 年)7 月至 9 月，谢家荣与杨公兆、王竹泉、潘钟祥等地质调查所同仁及北京大学胡博渊、北洋大学冯景兰等去陕北作石油地质调查。调查工作分两组进行，谢所领导的一组先到郑州与陕西实业考察团会合，然后过潼关，自西安至宜君、同官、郦县、肤施而赴延长调查油厂矿业工程，并探询美孚探矿时所用各种机器，再由延长折回韩城。"(第 268 页)；再后来，由张立生和李学通、潘云唐编写的《谢家荣年谱》则全文引用了上述第二种说法(中国科学院院史文物资料征集委员会办公室：《院史资料与研究》2006 年第 3 期，第 34 页)。所有这些资料都说谢家荣、王竹泉等人的此次陕北考察发生在 1931 年，但据实业部部长陈公博 1932 年 7 月 23 日签发的矿字第三八二七号文和王竹泉，尤其是谢家荣本人的多处记述，都不是 1931 年，而应当是 1932 年。

图45　陕北油田探勘队(前排左四为谢家荣,左五为孙越崎)

的《西行记》则比较详细地反映了此次考察的成果。

王竹泉、潘钟祥《陕北油田地质》:

民国二十一年夏,泉等复因国防设计委员会①之委托,至陕北勘察石油,兼调查吴堡清涧安定扶施延川延长等县地质。此次旅行因区域之广讯,时间之短促,亦为一初步之工作,全行虽费四十二日,而野外实地工作之时间,仅二十日耳。

(《地质汇报》第二十号,第45页,1933年3月)

谢家荣《陕北的地文》:

(谢季骅先生演讲,邹豹君记录)这次到陕西区调查,是由于陕西实业考察团的动机而起。实业考察团是陇海铁路与陕西省政府合作的组织,但我等都不是正式团员,王竹泉先生和我,尚有杨公兆、胡伯素、潘钟祥诸先生,都是地质调查所派去的,目的在考察陕北的情况,以作将来开发的根据。我们出发时分两路,王先生由山西而去,走北路,我出潼关到西安,走南路,约定在延长相会。出潼关后,路经华

---

① 　按照谢家荣《陕北的地文》和《陕北盆地的地文》所述,这次考察是陕西实业考察团之约,国防设计委员会正式成立于1932年11月1日,王竹泉在这里说是受国防设计委员会之托,恐有误,或者是尚处于筹备阶段的国防设计委员会。

阴县南,攀登著名的西岳华山,浏览中国名胜,回来时亦走山西,经过吉县、临汾等地,而达正太路之榆次,自此搭车返平。计自八月一日出发,至九月十四日回北平,行路时多,考察时少,虽然费了一个半月,而实际考察时间不到一月,所以得不到什么好结果,预先对诸位抱歉。

[《师大月刊》1933 年第 3 期(理学院专号),第 219 页]

谢家荣《陕北盆地的地文》:

民国二十一年八月,作者奉北平地质调查所翁所长之命,暨陕西实业考察团之约,赴陕北调查地质,同行者有杨公兆博士、胡伯素先生。于八月一日自北平出发,至九月十五日事毕返所,前后约有一个半月,但实际费于野地者亦不过一阅月。斯时正当溽暑,又值虎疫盛行的时候,致行旅颇有戒心,工作方面,亦因此而稍感不便。作者的路线,是从北平乘平汉路抵郑州,易陇海路抵潼关;因候考察团汽车的关系,先赴华山游览了三日,乃乘汽车至西安。由此北行,经三原、耀县、同官、宜君、洛川、中部、鄜县、甘泉等县,而达肤施,再由此东行抵延长,自此东南行,经云岩镇达黄河边之壶口大瀑布。继由矻针滩过河,抵山西境,乃经吉县、乡宁而至临汾,搭长途汽车至榆次,改乘正太路抵石家庄,复易平汉车返平。

陕北地质,曾于一九一四年经美孚地质技师傅勒、克拉浦等详细调查,所以知道的还不少;但他们调查的目的,是在探寻石油,所以对于理论地质,尤其是地文方面,颇少注意;在富于地文意义像陕北盆地这样的区域,而有此缺略,不免万分遗憾。数年之后,北平地质调查所派王竹泉先生两次赴陕北榆林一带调查,发现了许多植物及鱼类化石;根据这项发现,王君遂得确定陕北各地层的地质时代。从前美技师的调查,虽甚精确,但因不大注意于化石的搜寻,致所定各层的地质时代,颇多差误,经王君悉为校正,厥功甚伟。王君又从地文方面,研究山陕间黄河之发育,得了许多新事实,此于研究陕北盆地的地文,有重大的关系。近年来地质调查所的杨钟健、德日进二先生,对于新生代地质,很做了许多有系统的基本工作;他们的足迹,几遍华北各省,陕北榆林及河套亦曾到过数次,但榆林以南的地域,还没有研究过,所以作者的观察适足以补充他们的不及了。

在西安时多承建设厅长赵友琴先生及陕西地质调查所所长赵次庭先生殷殷招待;行抵肤施县城时,适与实业团北组人员相值,遂同行至延长,一路又蒙考察团诸君招待,特书此志谢。

(《方志月刊》1933 年第 3 期,第 12—13 页)

顾执中《西行记》：

是日（八月二十六日）行六十里，于下午三时抵鄜县……

在鄜县遇北平地质调查所谢家荣、杨公兆、胡伯素三君，据云张川驿、牛武镇之煤矿均曾前往考察，厚各不及二尺，无甚价值。二十七日，余偕谢君至甘泉，谢君等即由甘泉由小路至延长……

实业部地质调查所代表谢家荣君，系现代在中国极有地位之地质学家。谢君经验既富，著述亦多。此次参加考察，范围之广达十余县，路线之长达二千余里，对陕北地质上之观察，颇为透彻，兹将谢君对陕北地质研究之结果，分述于后。

陕北为盆地

常人皆以陕北为一高原，因其地面平坦，而又高距渭河之谷，自三百公尺至七八百公尺故也。就地理学定义言之，无论自地形方面或地质方面观之，陕北皆系一盆地，而非高原。高原与盆地之别，不在其绝对之高度，而在其相对的比较。即谓凡在一平坦之原野，若其附近俱为低地，是为高原；否则，周围以高山，则为盆地。今自西安北行，经三原、耀县之黄土台地，而达同官、宜君之山地。过此以达中部、洛川，地势倏低，是为盆地之南线，自山顶四瞩，则东西皆界以高山，此就地形言，陕北为一绝佳之盆地。再考盆地中之堆积物，则除浮面之黄土薄层外，以第四纪之三门红色土（详后）为最多，第三纪之三趾马红土次之，此二者皆属古代内湖之沉积物，亦即盆地地形之产物也，此就地质言，陕西亦一标准的盆地。

地层之层次

研究一地地质，首须明了地层之层次，若者为新，若者为古，各层之性质如何，厚度如何，皆须详悉，盖如是则构造之推测，地质之发育，皆赖是而言。在陕北盆地中所见地层，自下而上可分为：

（一）侏罗纪之陕西系地层　厚达七八百公尺，下部多砂岩，中上部多页岩，并含薄煤，延长、肤施等所产之石油，亦自此出。因其上俱覆以广厚之红色土及黄土地层，故本层大部，皆在深被剥蚀之沟谷中露出，而为造成陕西盆地沉积之基磐。

（二）三趾马红土层　此层以含三趾古马之化石而得名，属上新统。因受剥蚀之结果，故现在陕北残留者，不过二三十公尺，往往水沟底紧接于陕西系基磐地层之上出露，中部洛川一带较为发育。

（三）三门系之红色土层　属第四纪。以首先发现于黄河边之三门，故名。为此次调查所常见最发育之地层。厚达二百公尺，全部以带红色土壤为主，稍夹黏土或砂层。尤为显著者，为石灰质结核之特多。此层之红色，较其下之三趾古马红土，大为不如，但与其上之黄土相较，则一红一灰，分判甚易。

（四）黄土　在昔谈华北地质者，皆以黄土为绝厚之沉积，厚度可达千尺以上，最近研究乃知不然，其土盖在黄土与其下红色土之混合部分。此次考察，所见黄土或被覆于山顶之上，或充填于河谷之中，其厚度皆不能过五十公尺，因其系一种浮面之被覆物，故往往整个红色土之山，为其盖没。粗视之，一若全部为黄土所成，但在新切谷沟之中，则内部红土，往往出露，地层真相乃可一览无余。

以上所述，皆系盆地以内之地层，至若盆地边缘或接随边缘之处较古之地层，如奥陶纪、石炭纪、二叠纪、三叠纪等地层，种类尚多，因其与盆地之发育无大关系，故不多述。

盆地之发育

以上所述之陕西系地层，除局部因断裂或褶皱关系，致成峻急之倾斜外，大致俱近水平，而略向西折，由此可证明，自陕西系地层沉积之后，该处仅受整个的上升运动（亦称大陆运动），而未受过发生褶皱的造山运动。又自红土或红色土以下，陕西系地层石面之异常平均一点观之，可知陕西地层沉积而又掀起之后，复曾深受剥蚀，其剥蚀之结果，虽不及造成一准平原，但已达成年晚期之地形。即谓地面上无甚高山大岭，仅有低缓矿丘，而在此稍具丘壑之石面上，经过地盘下沉之作用，造成一广漠之内湖，于是遂有三趾马红土之沉积。红土沉积之后，地面复上升，剥蚀作用继之。使已成之红土，全部或一部冲刷以去，因之在陕北红土层之余存，颇不完备。自此以后，地盘复下降，又成内湖状态，在此中遂有亘厚之三门红色土造成。红色土既经沉积，地盘复逐渐上升，至七八百公尺以上，同时，剥蚀作用不断进行，遂发生多数之河谷。是时气候倏变为干旱，风力猛劲，挟带远近泥沙，飞扬而起，继复下降，堆积山坡或充填河谷，是为黄土。陕北盆地整个发育之历史当如下述：

（一）陕西系地层之沉积。

（二）地盘上升，使地层略向西折。

（三）剥蚀至成年晚期之地形。

（四）地盘下降，造成内湖，而有红土之沉积。

（五）地盘上升，使已成红土，一部或全部冲刷以去，是时地面亦发生多数河谷。

（六）地盘下降，内湖发生，此中遂有三门系红色土之沉积。

（七）地盘上升，至少在七八百公尺以上，同时剥蚀随之，将地面切成多数河谷，如洛水、漆水、延水等重要河流，皆于此时造成。此项水系之位置，大致皆与第五项中所造成之河流相吻合。

（八）气候倏变干旱，风沙飞扬，造成黄土。

至于造成红色土或红土时代之气候状况，今尚不能臆测。大致言之，当系潮湿酷热,故土中铁质多氧化,乃发生殷然之红色也。

剥蚀之剧烈

据前所述,现在重要河流如洛水、延水等,皆发生于三门系红色土沉积之后,在地文学上,此时期名曰清水期,其时代乃介于黄土与红色土之间。清水期距今约数十万年,在此较短时期之内,已能造成大规模之河谷,可知陕北剥蚀作用之剧烈。更观各处高原分割之零落,与夫深沟夹谷之密布,一细谷之生,往往仅需数小时之暴风,即能成之,于此更可见剥蚀进行之神速。盖陕北之浮面地层,极多松弱而坡急岸高,风雨更易为力,剥蚀之烈,自在意中。但因此而原野被陷,良田化为废壤,谷沟纵横,交通为之阻塞,此于实业之开发,其影响为何如耶!故为根本计,当对此剥蚀作用,设法限制,以免良田之消失,土壤之剥落。其救治之法,当以造林、治水二者为最要,此固人之所熟知者也。

矿产之分布

陕北自侏罗纪起,未尝受造山运动之影响,故地盘稳固,火山及火成岩浆侵入之作用,俱无由发生。因之五金矿产,如金银铜铁锡等矿,就学理上言,根本无产生之可能。据今所知,惟一重要之矿产,当推石油与煤。延长石油,全国闻名,开办以来,已逾二十余年,成绩尚佳。但以困于交通,限于经济,仅能小规模开采,供给附近之需用,未可称为新式矿业。惟陕北产油之区,不止延长一处,若延川、肤施等县,俱有丰富之油泉或油苗涌现,至少足证石油之存在。若能用科学方法详细采勘,或有发现大油田之可能。但此项工作,需时甚久,非兹仓促旅行所能从事。至于煤矿,则除同官、韩城二县所产石炭、二叠纪之煤层外,其余均侏罗纪所产。所以层薄质劣,断续不定,分布也不规则,除为小规模之土法开采外,或无价值之可言。

未来之发展

陕西未来发展之途径,从上述观之,厥为畜牧与农林。陕北盆地大部分为黄土及红土所成,故土壤厚而且肥;又因草原广漠,适于畜牧,地势高峻,雨量较丰。近年来关中各县,时苦旱灾,而陕北各县从未以灾象闻者,盖土壤肥美,雨水丰足之所赐也。但现在因交通不便之故,人口稀少,荒地过多,实为将来农业发展之绝佳机会。当余调查时,目睹自富平、蒲县等处向北迁移之难民,不绝于途;又询诸各县县长,陕北人民大多系客籍而少土著,可知陕北实能容纳多数之移民,而尚无人口之过剩。诚能修明政治,以保闾里,减轻杂税,于民修养,则五年之后,陕北当为西北之乐土。

(甘肃人民出版社,2003 年,第 71—72 页;83—88 页)

潘钟祥(1906—1983),字瑞生,河南汲县(今河南卫辉)人,石油地质学家。

1931 年毕业于北京大学地质学系,1943、1946 年先后获堪萨斯大学硕士学位和明尼苏达大学哲学博士学位。历任中山大学教授、地质系主任,两广地质调查所所长,北京大学教授,北京地质学院教授,北京地质学院石油地质系主任,武汉地质学院教授等职。陆相生油理论的倡导者之一。主要论著有《中国陕北及四川白垩系石油的非海相成因》(Non Marine Origin of Petroleum in North of Shensi, and the Cretaceous of Szechuan, China)《中国西北部的陆相生油问题》《三角洲沉积体系特征及其和石油的关系》《基岩油藏》和《不整合对于油气运移聚集的重要性》等,编著的教科书有《石油地质学原理》《世界油气田地质学》。

顾执中(1898—1995),上海人,中国新闻记者、新闻教育家。1919 年中学毕业,后在东吴大学肄业。1923 年任上海《时报》记者。1927 年改任上海《新闻报》记者。1928 年,在上海创办民治新闻专科学校。1931 年的"九一八"事变后,参加教师救国会和对日经济绝交大同盟。1934—1935 年出访欧洲及苏联、美国、日本等地。1940 年 8 月遭日伪特务狙击负伤,9 月辗转到抗战后方。1942 年在重庆续办民治新闻专科学校。1944 年赴印度,在加尔各答侨报《印度日报》任社长兼总编辑。1946 年回上海,续办民治新闻专科学校。中华人民共和国成立后到北京,任高等教育出版社编审,第五、六届全国政协委员会委员,中华全国新闻工作者协会特邀理事,首都新闻学会顾问。著《西行记》《到青海去》《东北吁天录》《报海杂忆》等,并将《封神演义》译成英文。

八月十八日　山东齐鲁大学斯科特教授致信谢家荣云:7 月 23 日曾写信来想从地质调查所买一套标本给齐鲁大学地质系,但信到时你在度假,等你回去时遗失了。希望很快收到标本。听说你在研究陨石,不知什么时候发表关于陨石的文章。

八月　与朱敏章合著之《外人在华矿业之投资》("中国太平洋国际学会丛书"之一)由中国太平洋国际学会出版和发行。本书长逾 5 万字,分"外人在华矿业侵略之经过""已取消之外人采矿权""东三省外人经营之矿业""国内他处外人之矿业投资",对彼时之外资在华矿业投资始末及现状有系统叙述,指出"现今中国之矿业,最重要者为煤矿,故吾人考察中国煤业如何,则可知外人在华所经营之矿业如何""在各外人经营之矿业中,日本居于首位,占外人产煤总额三分之一;英国次之,占百分之七至九;德国又次之,占百分之零点八之一点六,俄国居于末位,占百分之零点二至零点三"。该书对南京政府 1930 年颁布的新矿法之规定有如下评述:

按照此次之法律,外人在华投资经营矿业者,必须合乎左列各条件:

(1) 华人之资本必须占百分之五十以上(至少百分之五十一);

(2) 华人理事必须占半数以上;

(3) 理事长及总经理均必须为华人。

该矿法并规定国有之矿藏,如铜铁煤油焦煤等,采矿权只可租与华人。外人对于国有矿业可以投资,但不得过总额之半数,与私有之矿业受同样之限制。

凡小规模矿业,外人不能投资。凡华人以不合法手续将采矿权转卖或抵押与外人者,须受三年以内徒刑或三千元以内罚款之处分。

以上之种种限制,实无非使中国应有之主权与利益,有合法之保障。在中国此种特殊政治情形之下,并根据以往之经验中国矿业所发生种种不幸之事,此种保障实为十分正当。至于外人是否诚意以友谊的态度,对于中国矿业之发展纯粹予以经济的辅助,而无政治的动机,则尚须外人以实际的行为证明之。有此种事实之证明,而后双方始能彼此信托,共同合作以开发中国无尽之富,此不独有利于中国,即对于全世界亦有无穷之贡献。

九月十四日　结束历时一个半月的陕西考察,回到北平。归作《太华探胜记》《陕北盆地的地文》。

九月十七日　致信山东齐鲁大学斯科特教授称,刚刚结束了持续一个半月的旅行,从陕北回来,接到 8 月 18 日的来信。据王绍文说,已经将所有标本寄去了。有关陨石的文章还在印刷中,一经出版就寄给他。中国地质学会将在下月举行年会,希望他能来参加。

十月五—九日　中国地质学会第 9 届年会在北平地质调查所举行。在 5 日上午的会议上当选新一届理事。在 5 日下午的会议上,首先由谭锡畴宣读了"四川盆地的盐和油矿",王竹泉宣读"陕北的含油层位",之后进行讨论,丁文江、葛利普和谱主先后发言;谱主的发言指出,陕西的石油总是产在侏罗纪地层中,而在三叠纪的红色和绿色砂页岩中从未见到油迹。在李春昱宣读论文之后,宣读论文《陕北盆地的地文》。在 7 日下午的会议上,宣读论文《中国无烟煤的显微镜研究》,会议对他应用偏光显微镜研究无烟煤所取得的成功表示祝贺。8 日,与尹赞勋、李春昱、王曰伦等 23 名会员和 6 名北京大学学生及 11 名北平师范大学学生一起赴西山考察地质,考察了浑河西岸的剖面、九龙山向斜、九龙山系与门头沟煤系的接触关系、沿门头沟—斋堂铁路的南北向断层、门头沟煤系的完整剖面,参观了门头沟煤矿。

十月十一日　在上海举行的中国科学社第 103 次理事会上讨论了谱主重编中国科学社丛书《地质学》的报酬问题,议决"照竺理事藕舫之建议,请由中国科学公司出版,版税百分之十五,著作者得百分之十,本社得百分之五。如有必要,得由本社转请科学公司预付版税若干于著作人。该书仍列为本社丛书之一"。

中国科学社理事会第103次会议记录(1932年10月11日):

十月十一日下午六日〔时〕在上海本社开第一百〇三次理事会。

出席:秉农山、杨杏佛、胡刚复、王季梁、周子竞、杨允中。

(六)谢家荣君重编本社丛书《地质学》一书,应如何报酬案。

议决:照竺理事藕舫之建议,请由中国科学公司出版,版税百分之十五,著作者得百分之十,本社得百分之五。如有必要,得由本社转请科学公司预付版税若干于著作人,该书仍列为本社丛书之一。

(《社友》第二十四号,第1页,上海市档案馆,档号Q546-1-65-58;中国科学社理事会记录,中国第二历史档案馆,全宗号393,案卷号2976,第44页)

十月二十日 美国商务部矿山局试验站希森来信,谈比利时磨具,信中称,很高兴读到谱主有意义的文章,希望读到他将来的文章。对他关于中国煤的植物组织的文章特别感兴趣,因为此文对其最近开始的对白垩纪的煤的研究有帮助。来信原文如下:

October 20,1932

Dr. C. Y. Hsieh,

The National Geological Survey of China,

9 Ping Ma Ssu,West City,

Peiping,China.

SUBJECT:Belgian hones.

Dear Doctor Hsieh:

Mr. Fieldner has asked me to write you concerning a Belgian hone. In the past we have obtained Belgian hones from several firms but the best hones were always obtained from E. Leitz Co.,Wetzlar,Germany,or from the E. Leitz Corporation,60 East 10th Street,New York,U. S. A. We always get our supplies through the New York office,but we noticed that the hones came directly from Wetzlar,Germany. The hone we are using is Catalog No. 143-4,25 cm long and approximately 70 mm wide. In ordering these hones we always state that we desire to obtain the finest grain possible.

I always read your papers with great pleasures and interest,and derive a great deal of information from them. I would like to have your papers in the future. I shall be glad to send you my papers in exchange. I believe that Mr. Fieldner is sending you the last series of our work on the carbonizing properties and constitution of American coals. A number of them have been published and others are in preparation. If Mr. Fieldner is not sending you these publications will you kindly let me know, and I will see that you get them.

Your last paper on the vegetable tissues and flora in the Chinese coal, and their geological significance, has been of particular interest to me, because recently we have begun work on one of our Cretaceous coals and certain of your findings fit in very well with our work and help us considerably in interpreting a number of the constituents.

Yours very truly,
Reinhardt Thiessen
Research Chemist.

（谢家荣学术成长资料采集工程资料，存于采集工程数据库，档号 XJ－002－128）

是日　三子谢学钫出世。

谢学钫(1932—2009)，空军指挥学院教授，大校军衔。1950 年入清华大学机械系，1951 年 1 月参军入伍，入空军第一飞行学校学习空中领航，并留校任教。历任空军第一航空学校教员、主任教员、领航教研室副主任，空军学院外军教研室教员、主任、合同外军教研室副主任、主任、军理外军教研室主任等职。执教 42 年，先后在 2 所空军高等院校从事军事理论教学工作，在外国空军军事学术方面具有全面系统的专业理论知识、丰富的教学经验和教学组织能力，是空军军事思想专业美国空军学术思想史研究方向的硕士研究生导师。先后主讲了《领航学》《轰炸学》《中东战争》《苏军野战防空》《苏军空袭作战》《苏军远程航空兵空袭作战》等课程，带过学员的领航、轰炸课目，空中飞行时间约 800 小时，担任过训练外国学员的教学组长，并讲授主要课程。他编写的《领航学教程》《中东战争》《苏军战略空袭》等 10 多种教材及参考资料约 32 万字，被上级机关高度认可，印发全军使用。他多次为空军南线作战会议、三北作战会议和 802 会议以及空军和北空机关讲课，受到空军领导的好评。先后被评为"空军教书育人十佳教员"和"全军优秀教师"，荣立三等功一次。

十一月三日　美国商务部矿山局菲尔德纳回信说,收到 1932 年 9 月 20 日关于煤岩学的信。说收到这封信之前会收到希森的信,信中介绍了比利时磨具的特性。收到了寄来的三篇中国煤的文章。如果在收到设备后,还有磨制薄片的困难,立即写信给希森博士。

十一月五日　德国可燃岩地质研究所朱拉斯基致信说,如能得到其文章的单行本,将不胜感激,并表示作为交换,将会把他发表的文章寄来。

十一月十一日　《北京大学周刊》发布"地质学系各教授课外指导时间表布告",列谢家荣的课外指导时间为"礼拜二上午十点至十二点""礼拜三下午二点至四点",地点为"经济地质学教授室"[①]。

十二月二十六日　回复美国商务部矿山局试验站希森十月二十日的来信,感谢他提供的有关比利时磨具的信息,告诉他在收到信后立即通过施密特公司北京办事处下订单,该办事处正在经营几种质量特别好的磨具,第二天就立即寄来一件。向他介绍了自制煤薄片的方法,并寄给他一套煤的薄片。

十二月　所著《华煤中之植物组织及其在地质上之意义》(On the Vegetable Tissues and Flora in the Chinese Coal and Their Geological Significance),刊《中国地质学会志》第 11 卷第 3 期。该文是对采自中国本土 19 个省的近百块标本和蒙古的两块标本所作研究的总结的一部分。使用薄片法、光片法、浸解法和侵蚀法等 4 种方法研究了从石炭二叠纪到第三纪从褐煤到无烟煤的各种煤,观察到了大量植物组织和器官,如薄壁组织细胞、石细胞、木质管胞、梯纹管胞、韧皮纤维、树皮薄壁组织、木栓细胞、真菌丝、微菌核煤、孢子外壁、花粉粒等。其中保存得特别完好的木纤维是晚侏罗世的标准化石异木属(*Xenoxylon*),这种针叶木在华北中生代煤盆地中广泛分布。第三纪煤中真菌活动的存在表明成煤期的气候相当干燥,而古生代煤中各种植物组织一般都保存得非常好,则说明其成煤期的环境是潮湿的,可能长期为水体覆盖。文章附有 7 个图版共 36 张精美的显微结构照片。该文也是一篇有国际影响的论文,赢得了国际煤岩学早期研究者的赞誉。

《地质调查所沁园燃料研究室三周年纪念刊》(1933 年 10 月 10 日)之(二)"燃料研究成绩——已往工作要略":

(5)华煤中之植物组织及其地质上之意义(《燃料专报》第四号)谢家荣

此研究包括一百余种煤样,分布于十九行省及蒙古。褐炭烟煤无烟煤均有之。其煤田时代,可分为第三纪、白垩纪、侏罗纪及石炭纪等,其研究法,可分为薄片光

---

① 《北京大学周刊》第 12 号(即日刊 2896 号)第 1 版。

片侵蚀及浸溶等法。煤中如木质树皮花粉等,经一一为之判明,并发见侏罗纪标准化石松柏科异木属。据研究之结果,新生代煤似在比较干燥情形生成,而古生代煤有生成于极潮湿境况之可能。

(中国地质图书馆藏,第 7 页)

是月　所著《赣东石陨石简记》(Note on a Stone Meteorite from Eastern Kiangsi),刊于《中国地质学会志》第 11 卷第 4 期。文章记述了陨落在江西余干城外 30 里左右的里外彭村和邹源村的石陨石堕落时的情况,描述了其物理特征,用显微镜研究了它的矿物成分和结构。陨石由大量的橄榄石和顽火辉石组成,含有磁黄铁矿、镍铁,可能还有少量白铁矿,还有熔斜长石,很可能是酸性斜长石,具有典型的球粒结构,有些许细脉,指出与江苏和甘肃的陨石的不同之处:颜色浅灰,球粒结构特别发育,有细脉,含有大量顽火辉石而不是紫苏辉石,有少量的金属,特别是镍铁,可能还有白铁矿。文章附有 3 个图版共 8 张反映此陨石成分和结构的显微照片。该文是我国现代陨石学的奠基作之一,获得了国外学者的赞誉。

是年　任北平师范大学地理学系主任。任北京大学地质系教授,讲授构造地质学和矿床学,并被聘为 1932—1933 年度研究教授。任清华大学教授。

国立北京大学研究教授工作报告　第一次　中华民国二十二年六月

自民国十七年首都南迁,又经数次军事与政治变迁后,北平国立大学受经费积欠及其他不安定之影响,学校日趋没落。教授人选缺乏,一身而兼课数校者,比比皆是。在此状况之下,他处学者多不愿来平任教职。中华教育文化基金董事会以北平为文化中心,不忍坐视其大学教育长此衰落,特于民国二十年提议与本校合作,双方每年各提二十万元,共四十万元,成立合作研究特款。其一部分为图书仪器及建筑设备之用,其另一部分则为设立研究讲座之用。爰订立合作研究特款办法九条,并于是年夏依照办法第一第二两条之规定,成立"合作研究特款顾问委员会",开始聘请教授。

二十年度(民国二十年至二十一年即一九三一至一九三二)聘请丁文江、王守兢、汪敬熙、李四光、许骧、葛拉包(Grabau)、冯祖荀、曾昭抡、刘树杞为理学院研究教授;徐志摩、周作人、陈受颐、汤用彤、刘复为文学院研究教授,赵乃抟、刘志敫为法学院研究教授。二十一年度(民国二十一年至二十二年即一九三二至一九三三)又增聘江泽涵、张景钺、斯本芮(Sperner)、谢家荣、萨本栋为理学院研究教授;张颐、穆莱(Murray)为文学院研究教授;吴定良、张忠绂为法学院研究教授。二十年度计十六人,除四人本在北大任职外,其余十二人均来自宁、沪、杭、粤各地。二十一年度增聘九人,其在北大原任教职者,计三人。

北大方面因有此生力军加入,学校精神为之一振。同时将全校教授待遇提高,最高月薪自三百元增至四百元,限制校外兼课不得过四小时。研究教授待遇稍优,最高月薪五佰元,但不得在校外兼任何职务。于是兼课之风始杀。

(《北京大学周刊》第 49 号,即日刊 2934 号,1933 年 8 月 5 日第 2 版)

图 46　1932 年与夫人吴镜侬摄于北海公园

一九三三年 癸酉(民国二十二年) 三十七岁

提要 北平。任职于地质调查所。任教于北京大学和北平师范大学,继续被聘为北京大学研究教授。考察扬子江下游的铁矿。当选为中国地质学会第十一届理事长。著《陕北盆地的地文》、《中国无烟煤之显微镜研究》(Microstructure of Some Chinese Anthracite)、《江西乐平煤——中国煤之一新种》(On Lopinite, A New Type of Coal in China)。

一月八日 翁文灏在《独立评论》上发表《中国的科学工作》,指出中国的科学工作已有了相当的结果,社会应给予充分的认识,并以李四光、赵亚曾、谢家荣等人的工作成绩为例,强调中国人不可妄自菲薄。

一月二十日 回复大英博物馆斯潘塞(L. J. Spencer)博士1932年12月12日来信说,由于至今只得到了赣东陨石的一小片,所以不可能给博物馆标本;随信寄去该陨石的一些小碎片,希望可供研究用;如果需要用作化学分析,请来信,或许可以写信给地方当局,以得到更多的样品。1924年发表在《中国地质学会志》第8卷上的陨石附表没有了,可以寄给打印本;除了文章中提到的3个陨石堕落地外,还有另外一个铁陨石产地,在蒙古东部,日本地质学家在《满洲地质矿业论评》上有描述。

三月一日 所著《陕北的地文》刊于《国立北平师范大学月刊》第3期。

三月五日 所著《北平周围的自然奇迹》在《自然》第14期上发表。文章分平西、平东、平南3条线路叙述北平周围的自然奇迹,重点在平西。平西线"因为交通比较的方便,在此带旅行,都可一日往返。倘费二三日的光阴,则可远达平南的周口店,一探世界闻名的北京猿人出产地,或者能深入西山内部,登妙峰清水之巅,览华北平原之观"。叙述了西山的种种地质现象。

谢家荣《北平周围的自然奇迹》:

人类的进化,最初是为自然环境所支配,等到知识进步,遂慢慢地来支配自然,这是讲文化的人们所公认的一个定律。但我们要知道,人们要支配自然,须对于自然的现象有深切的认识,然后才能依据学理,发为种种造福人类的设施,所以现代文化之注重自然科学,就是这个原因。

大家都知道,北平是旧朝都会,华北重镇,有许多伟大建筑和历代留下来的古迹古物,来供我们欣赏和研究。近来国都虽然南迁,但因有许多学校及学术机关,讲学研求,朝夕不息,所以北平还不失为中国北方的一个文化中心。但大多数的市民们,恐怕还不知道北平不但是富于历史上和文化上的遗迹,它的四周,还有许多不可见的自然奇迹,来供我们爱好自然和抱有认识自然欲的人们来欣赏呢。现当薄寒初解,春意融融,正是研究自然的最好时光。虽然国难严重,我们是无心游览,但国难不忘科学,能作切实的科学研究,才是根本救国之道。爱好自然的市民们,赶快准备起来,去探索自然的神秘罢。

讲到自然现象,头绪纷繁,门类甚多,作者是研究地质学的,并且在北平住了许多年,对于北平四周的山谷,略为知道一些。所以现在从地质学者的眼光,来谈谈北平四周的自然奇迹。同时希望研究生物学或其他自然科学的先生们,能同样地写一些给我们作一个旅行的指导,我想市民们必定很欢迎的。

要观察北平四周的地质现象,固然是随时随地都可以领略得到,但倘若能稍加组织,厘定路线,那末费时少而观察多,事半功倍,岂不更妙。以下分为平西、平东、平南三线;对于后二路,因篇幅所限,不及细述。

一、平西线

这是包括旅游北平西山各地的路线,因为交通比较的方便,在此带旅行,都可一日往返。倘费二三日的光阴,则可远达平南的周口店,一探世界闻名的北京猿人出产地,或者能深入西山内部,登妙峰清水之巅,览华北平原之观。

最短的一段,可算是从西直门外青龙桥起点,经玉泉山、碧云寺、香山而归。路线虽短,而观察的现象却是很多。自青龙桥登其北面的一带荒山,即见有属于三叠纪的红黄色砂岩(地质家名之曰红庙岭砂岩),层次整然,向西北倾斜;砂岩为许多纵横交错的石英脉所穿贯;石英脉的充填,必依裂隙,而裂隙之生,由于压力,二者都有一定的规律,故我们详究石英脉的方向、位置,可以推解此部构造与压力的关系。在别处所见的红庙岭砂岩,厚不过二百余公尺,而在此处则达五六百公尺,所以知道必有走向断层,使之重复加厚。在赴汤山的大路红山口的东坡上,果然有一个天然露出的断层面,上面的擦痕和因挤压所成的角砾岩,还多崭新可考,足为上面所说的一个确证。在红山口两边山壁上,还可看见地层因挤压所成的繁复构造,和因火成岩热力造成的变质矿物。玉泉山几全部为奥陶纪石灰岩所成,但中间狭窄的低地,夹有一段石炭纪地层,所以知道中间必有一个断层。自此向西至四王府,远望香山园,地形低洼若盆;其两侧有围墙的地方,山形高峙,并隐隐见有地层各向南北倾斜,这足证明香山园的主要构造,为一个背斜层,就是如马鞍形状一般,但其后经过长时间的天然剥蚀,才使它切割成了一个低地。倘我们能爬上香山的绝顶——鬼见愁——向西望,则浑河如带;向北望,则卧佛寺的后山——可总名之曰隆恩寺山——涌现于前。这个山的地质构造,却与香山相反,是一个向斜层,就是如盆子的形状,所以与玉泉山相当的奥陶纪灰岩地层,又反复出现于北山坡杨家庄、白家疃一带。盆子的地形,应该低洼,但现在却成高山,这也是因为天然剥蚀的结果,由此更可证明盆子式构造发生以来已经过了很长的时间,才能如此。在碧云寺东面北辛村的北边,有一个白石坑,坑内有一种黄黑色的岩石,成一薄层,夹于白石的中间;黄黑色的名叫辉绿岩(本是绿色因风化而致此),是一种火成岩,在此处系侵入水成岩的白石中,使它深受变质。

上面所说的种种,读者们看了,或许已觉得繁琐,但这正是指示地质观察的方法和它的意义。如果要详细研究玉泉山、香山一带地质,必非一日之间所能奏效,也非三言两语可以说得完的,但这不是我们寻常游览所能领略的。

还有一条较短的路线,是出平则门(即今阜成门——作者)过八里庄,在高尔夫球场的附近,可以看到许多变质极深、地质时代尚未大定的地层。到黄村向北,就是八大处,在那边可以看到红庙岭砂岩及其上面的双泉统砂页岩(时代属侏罗纪下部)成背斜层构造,在虎头山可以看到辉绿岩的侵入体。我们上山的时候,千万要注意宝珠洞附近的砾岩层,这是上侏罗纪(我们叫做九龙山系)最底部的一个标准层,对于认识西山地质构造有重大的关系的。在宝珠洞庙上,凭栏远望,石景山宛在眼底,曲折的浑河,看得尤为清切。

西山地层出露得最清楚的剖面,要算是自三家店车站向北至军庄的一段了,这也是一日间所能往返的,所以在北平各大学内修习地质学的学生们,几乎没有一个不曾经亲临实习过。我们搭最早的(上午七时开)火车,从西直门出发,到三家店时,还不到八点钟;穿过三家店村子后,就沿从前龙烟铁矿公司所筑的轻便铁路北行,经过三四个山洞,看到九龙山系绿色砂岩和其中的辉绿岩岩脉;其北因为断层的关系,又有辉绿岩和九龙山系的底部砾岩出现。以上地层,俱倾斜向北。自此北行,地层的显露更为完备了,有辉绿岩,有红庙岭砂岩,有石炭纪煤系,最后到军庄附近烧石灰的山上,遂见到大片的石灰岩。此段地层,俱倾斜向南。上述的关系,确实指示出一个向斜层的构造,所以上面所说隆恩寺(三家店剖面适当此山的西侧)山的构造,是不错的。在石灰坑里仔细观察,可看到不少的红土,是代表从前石灰岩里的洞穴沉积;要仔细搜寻,在红土内还可找到古代动物的破骨残肢,名震世界的中国猿人出产地——周口店堆积物——跟这儿完全是一样的。倘使我们异常侥幸,或者还可发见第二个猿人,但这种难得的机会,恐怕是不可能罢。至于归途的路线,最好能穿过浑河,看看西面沿门斋铁路的一段剖面;这段的地层,与东面稍有出入,但大致还可比较。最值得注意的,是在琉璃局断层南面不远处,有一个绝壁,上面现出极清楚的水平擦痕,这足证明沿此方向,多少有些错动。本来在这段自石景山至军庄间的一段浑河谷,从种种方面看起来,很有属于一种断层谷的可能,但擦痕是平的,而不是直的,所以与寻常所称为地堑者不同。此外关于浑河经流的方向,还有种种问题。自军庄以上,河流近于东西,军庄以下,则径取南北,而自大转弯的地方——军庄——向东北杨家屯的一段,却又是一个大河谷,自此向东北还有一条直趋山北平地的支谷。所以有人设想,从前浑河是由大觉寺附近向北出口到平地的,其后因侵夺的关系才改流向南。上述的种种,不过是一种可能的理想,还需有确切的事实来证明它。

如果有人要饱览西山内部的胜境,那末最好的路线是取道门头沟王平村,越大寨岭而抵斋堂,因旅程较远,交通不便,须有一星期的功夫,才能略略游到。倘若能与门斋铁路公司办特别交涉(在春秋佳日由团体行动,想不难办到),请他们开一次特别专车,那末就是这样长的路线,也可在一日之内往返。这条路线的行程,是从西直门乘车到门头沟,易门斋铁路火车到王平村,从此有二条路:一条是换坐压车向西到板桥,一条是搭轻便铁轨(在夏季大水时铁轨拆卸,不能通车)手推车溯浑河而上,直达青白口。现在听说这项小铁轨,因每年常需装折,已不复用。第二条路恐不易办到,但走第一条路能一日往返于北平板桥之间,也算是一件痛快的事情。在火车上凭窗四瞩,浑河峡谷,迂回曲折,远近高峰,尖峭如笋,真是说不尽许多景致。当火车经过石壁较近的时候,石层性质,倾斜方向,俱历历可辨,不需奔走之劳,而西山整个的情形,经此车窗中的观察,可以得一个大概。在板桥附近,又可看到在华北地文上所称为板桥期切成的峡谷。

此外门头沟南面的潭柘寺、戒台寺附近,不特风景秀丽,地质上颇饶兴味。房山县上方山的云水洞,内中有多数石钟乳,奇伟古怪,为地质现象上稀有的奇迹。至于北京猿人出产地的周口店,上面已经说过,名震全球,为吾国科学上空前的发见,热心自然科学的人们,不可不往探索。

二、平东线

大多数的市民们,都知道西山的胜景,却不料北平的东山,也颇饶景色,值得我们注意。其中最优秀的要算是盘山,所谓"南有西湖北有盘",就可想而知她的美丽了。其次东陵林木之胜和金矿的丰富,也颇堪注意。不过以上二地,因距离较远,即坐长途汽车,也非一日之间所能往返,所以普通的游人们,就不大去追寻了。盘山是我国侵入花岗岩岩盘的标准实例,还有许多火成岩岩脉和与四周水成岩所发生显著的变质现象,所以在地质上也是很有价值的。

三、平北线

平北南口、明陵、青龙桥一带,为中外游人注目的名胜,久已脍炙人口,无烦多述。至于她地质上的奇迹,如震旦纪石灰岩的雄伟山形,侵入现象错综复杂,还有许多断层和地质地文上的特征,因为篇幅所限,不能细述。如果游者有功夫,还可向其西边约十余里花塔沟中,考察黄铁铅锌等矿床。

看了上面的一篇记述,我们可知北平实在是得天独厚,刚好位置在这种自然奇迹环绕的中间,这是何等的难得呀! 我们要如何欣赏、领略,并进而切实认识这许多自然的奇迹,以便于文化的发扬,有所补益,那样才算不辜负了这天然的赐给了。

（《自然》1933 年第 14 期,第 1 页）

三月六日 大英博物馆斯潘塞收到谱主 1 月 20 日的信和寄去的陨石碎片后回信称:这是英国博物馆收到的第一块中国陨石,同时询问江西陨石的名字及坠落地的经纬度,称谱主对这块陨石的岩石学描述很精彩,除金属部分的铁镍比外,从其显微测量,可以计算出大致的化学成分。陨石中先前没有白铁矿的记录。作为交换,将寄给澳大利亚中部亨伯里(Henbury)陨石坑的一块陨铁。回信全文如下:

Mineral Department,

6th march, 1933

Dr. C. Y. Hsieh,

National Geological Survey of China,

9 Ping Ma Ssu,

West City,

Peiping.

Dear Sir,

Thank you for your letter of January 20 and for the fragments (15.2 grams) of the new meteoric stone of August 27, 1931. This is the first Chinese meteorite to be represented in the British Museum collection and we are very glad to have even these small pieces. An effort should however be made to preserve more of this material. Are the pieces you sent from Liweipantsûn or from Chowyuantsûn? Your paper gives these places as 30 li [about 19 km.] from Yükan in Kiangsi, but you do not say in which direction. Would it be possible to give the latitude and longitude of the place of fall; and what shall be the name of this meteorite — perhaps Yükan?

Your petrographic description of the stone is excellent，and from your micrometric measurements it would be possible to calculate an approximate chemical composition，except the ratio of Fe：Ni in the metallic portion. Marcasite does not appear to have been previously recorded in meteorites.

I have not been able to find Mr. C. E. Chen's article in 'The Universe (Chinese Astronomical Society)' here in London. Are separate copies available? I should also be obliged for a separate copy of your own paper if you could please spare one. I have also not been able to find the paper on the meteoric iron from eastern Mongolia. Could you please give me the names of the authors and the date of their article?

In exchange for the pieces of the Yükan stone I am sending you at the end of this month，when the exchange has been approved by the Trustees of the British Museum，a piece of meteoric iron from the meteorite craters at Henbury in Central Australia.

I hope that you are not having very troublesome times in Peiping.

Yours very truly，

L.J.Spencer

Keeper of minerals

（谢家荣学术成长资料采集工程资料，存于采集工程数据库，档号 XJ－003－135）

三月　所著《陕北盆地的地文》刊于《方志月刊》第 6 卷第 3 期，并用英文发表于《中国地质学会志》第 12 卷。文章赞成傅勒和克拉浦称陕北为盆地而非高原这一观点，但认为其以秦岭和大华山为南界的主张是不对的，其南界当在宜君、同官间的高山。论述了陕北各地文期的地质作用，并对河套的成因提出了一种新解释。

黄河自潼关以上，突易为南北向，经流于山陕之间，造成一个大峡谷；自保德以上，又复突易为东西向，经过绥远包头五原等地，至宁夏以北，又复易为东北北至西南南，直至皋兰以西，始复改为东西向。这个倒写 U 字形式的大转折，称为黄河的河套，是我国地理上的一个伟大现象，也是一个最难解决的问题。

一八六三年美国本潘莱氏来中国调查，对于史前时代黄河流向的变迁，曾提出一些意见；但他的依据，是将所有的黄土，俱假定为一湖水沉积，据现在所知，是完全不对的。他看见黄土分布的面积，断续相接，因此遂断定当时有许多相连接的大湖，沿了现在的洋河流域，直达归绥；所以他说从前的黄河河道，恐怕有两个方向的可能：一就是现在山陕的峡谷，自归绥以下，水是向南流的；还有一路，则自归绥向东流，经洋河永定河入海。究竟当时的河道，果向南或向东，本氏本人，也没有确定的意见，但以为向东的可能性，亦颇浓厚罢了。维理士在《中国考察记》上，也明明的说，山陕间的一段黄河，富于峡谷深沟，所以其发生的历史，必定很新，这与王竹泉先生的结论，完全相合。但为什么黄河不取直截的短径，而要绕一个大湾呢？关于此层，维王二氏都还没有相当的说明。

作者以为本潘莱氏对于史前黄河东流的意见，稍加变更，还可引用。黄河河套的转弯，在地文学上看起来，很像是一个侵袭河湾子(Elbow of Capture)；照此解说，古黄河在唐县剥蚀面上经流时，可分为南北二支：南支自潼关西上，沿了现在的渭河谷，一直流到甘青的交界；北支则沿归绥平原，流过大同东北一带现为大片玄武岩流所盖覆的地方，再东流沿现在的永定河入海。至于山陕间黄河，在当时不过为南北分流的两个黄河的支流，其间必定有一个分水岭；照现在的地形看起来，这个分水岭，约在陕西吴堡府谷之间。因为南支的剥蚀基面，较北支为低，所以两方面剥蚀争夺的结果，遂使分水岭逐渐向北推移；同时大同东北一带，有大片的玄武岩喷发，使地面堆高，末了遂将东向的河流堵塞，北支黄河的水，遂改流向南，与南支相合，分水岭从此消灭；这样遂造成了现在的河套。

上述的解释，不过是一种理想，尚少实地上的证明，但其可能性亦颇浓厚。作者以为上说之能否成立，以下各问题，颇为重要：(一)山陕间南北黄河分水岭地点之确定。(二)大同东北一带地形之详情。(三)大同东北即丰镇附近之玄武岩，是否亦如桑干河沿岸之同属第四纪，而与堵塞东流河道，有重大的影响。(四)自绥远至永定河间古河道或河流冲积的遗迹。所望将来调查者，对此数点，加以彻底的研究，俾本问题有圆满解决之一日。

作者提出上述关于黄河河套的解释，另有一个重要意义，这就是黄河期剥蚀的成因。河流因基底下降，而另切一深谷，其原因颇多，重要者有三：(一)该处的地盘上升，遂使河道下切。(二)气候变湿，河中水量增多，剥蚀之力，亦与之俱增，遂切成一新河谷。(三)水量的增加，不源于气候之变迁，而由于河流侵夺的结果，如上述黄河南北二支合而为一的情形。

倘上面所说的理论是对的，那末黄河的南支侵夺了北支之后，河中水量，必然大增，剥蚀基面，必然下降，于已成的汾河期时代造成的大峡谷之内，复又深切成了一个小峡谷，这就是黄河期剥蚀面；因为他的成因，与所谓板桥剥蚀期者，微有不同，所以作者以为有另定一名，如黄河期的名称的必要。

(《方志月刊》第六卷第三期，第18—19页)

春　与陈恺、李连捷赴西山调查,在髫髻山系中找到了早白垩世的标准化石。谢家荣《西山地质的新研究》:

今年春间,著者偕陈恺、李连捷二君,赴平南大灰厂一带调查,在从前所认为髫髻山系的地层内,又详分为六部分,而于其中的一部内,竟找到了下白垩纪的标准化石,还有一层内所得的动物化石(此层内的动物化石,系由李连捷君于去夏调查时,首先发现)保存也异常完美,据大略的鉴定,颇似为上白垩纪之物。

(《自然》1933 年第 39 期,第 1 页)

五月十五日　芝加哥大学诺埃(A. C. Noé)来信,非常感谢谱主寄去的中国煤的煤岩学和显微镜研究文章,认为文章非常有意义,并另函回赠其实验室所做工作一些成果来。

五月十六日　在《大公报》第 13、14 版上发表《燃料研究与中国的燃料问题》(与金开英合著,此文后又载于《科学》第 17 卷第 10 期),论及沁园燃料研究室创设以来的研究工作及取得的成绩,并在文末列出已经发表的《燃料专报》的目录。

六月一日　收到大英博物馆寄来的澳大利亚中部的铁陨石和有关论文后,致信大英博物馆斯潘塞,表示感谢,指出中国虽然发现了很多石陨石,也观察了很多陨石坠落现象,但铁陨石极少。

六月十九日　致信大英博物馆斯潘塞,寄去两年前在安徽铁矿区收集的两小块矿物(铁叶蛇纹石和硅铁灰石)和相关论文,请他研究,看鉴定是否正确,如果研究证实它们是稀有矿物,可以寄去更多更好的标本,并随信寄去其铁矿和煤岩学论文。信件全文如下:

June 19,1933

Dr. L.J.Spencer,

British Museum (Natural History)

Cromwell Road, London, S. W. 7,

England.

Dear Dr. Spencer:

Enclosed please find two small fragments of minerals which I have collected two years ago in the iron districts of S. Anhui. They have been briefly described in a preliminary report published in Bull. of Geological Society of China and a reprint of which is now sending you under separate cover. (I do not know if I have already sent you this copy or not).

As you can see from the paper just forwarded，these two minerals were tentatively identified as babingtonite（p.339）and Jenkinsite（p.342）. But I am very unsure about by identification.

A typical babingtonite from Arendal，Norway has been sent recently to me by Prof. Lacroix and which shows almost exactly the same kind of pleochroisur as our specimen. But in view of the lack of a perfect basal cleavage，this mineral can perhaps not be a real babingtonite. On the other hand，this mineral is very similar to hedenbergite except that the latter shows a different color of pleochroisur and also much higher in refractive indices. Qualitative chemical test shows the existence of a small amount of manganese.

Will you be kind enough to take the trouble to study these two minerals and to see if my determination is correct or not? Should your study prove that they are rare and worthwhile，I could send you some larger and better specimens. Moreover，I will be glad to furnish you any Chinese mineral specimens that you are like to have.

Together with my paper or the iron deposit I am sending you also some copy of my articles on coal petrography which may be also of interest to you.

Thanking you in advance for your comparative and kindness and with best regards，I remain，

Very sincerely yours，

C. Y. Hsieh

（谢家荣学术成长资料采集工程资料，存于采集工程数据库，档号 XJ－003－138）

六月　国立北京大学研究教授工作报告 第一次(续)　载谢家荣研究教授本年度工作内容如下：

谢教授于二十一年来本校地质学系任研究教授，除任课外研究计划分为下列两项：

（一）野地调查

（甲）继续指导西山地质调查　二十一年夏间地质调查所发起邀请各大学地学系学生练习测制地质图，历一月之久，完成二万五千分一地质图幅共十幅，经此

调查,对于西山地质颇多供献,但疑难问题需复勘以解决者尚多。拟乘课余之暇,随时驰赴各地考查,俾于构造及层次方向,得一精密之结论。

(乙)调查湖南金属矿床　拟于寒假期内赴湘南各属地槽金属矿床之地质,并采集大批标本,以作下半年矿床学教材之用。对于锑锡等矿尤拟作一精密之研究。

(二)实验研究

(甲)继续研究安徽铁矿　就民国二十年秋间赴皖南各地详查铁矿(曾著有论文 The Iron Deposits of Southern Anhui 一篇载地质学会会志第十卷葛利普氏纪念册)所得之材料继续研究,以备刊行专报。

(乙)继续研究华煤之植物组织及显微镜结构　此项研究已成之论文有左列五篇(附件第二十三号第二十四号第二十五号)

1. On the Occurrence of Sphaerosiderite in a Subbituminous Coal from Hsian Coal Mine，Liaoning Province

2. A Remarkable Occurrence of Fusain at Lungchuan Hsien，Chekiang Province

3. On the Microstructure of Some Chinese Anthracite

4. Microstructure of Some Chinese Anthracite

5. On the Vegetable Tissues and Flora in the Chinese Coal and Their Geological Significance

(丙)研究西山之变质现象及变质矿物　平西西山一带,因受火成岩及造山运动之作用,发生显著之变质现象及变质矿物。现此项标本采集甚多,拟作一详细之显微镜研究,以定其矿物之种类及发生之原因。

(丁)研究中国锑矿床之成因　中国锑汞矿床分布甚广,早已知系一种浅成热液矿,但其详细之矿物成分及结构,尚少研究。现拟于此问题作一综合的采考。

(戊)布置应用地质陈列室及构造地质实验室,搜集国产材料,分类陈列,各加说明,以资观摩,关于构造地质拟制造简明仪器,以演示各种压力或涨力对于其发生构造之关系。

(己)其他之论文　有陕北之地文(Geomorphology of the North Shensi)一篇,系二十一年夏间赴陕北调查之结果,已由地质学会志刊行(附件第二十六号)。

(《北京大学周刊》第 91 号,即日刊 2976 号,1934 年 4 月 21 日第 2 版;第 92 号,即日刊 2977 号,1934 年 4 月 28 日第 2 版)

七月十八日　美国商务部矿山局试验站希森收到 6 月 9 日的信和装有中国煤薄片和标本的包裹后,回信感谢给他观察这些精彩薄片的机会,称谱主对乐平煤的解释非常正确;自己的意见是,乐平煤主要是由植物周皮组成的,也包括残留的木栓和栓内层或岩石,大部分煤可能都在栓内层,自己从没有见过这种煤,提供了对湖南醴陵烟煤 5 号薄片和安徽舜耕山烟煤 6 号薄片的意见。回信全文如下:

July 18，1933

Dr. C. Y. Hsieh

The National Geological Survey of China

9 Ping Ma Ssu，West City

Peiping，China

SUBJECT：Thin sections of Chinese coal

Dear Doctor Hsieh：

Your letter of June 9 and the parcel with thin sections and specimens of Chinese coal were duly received. I thank you very much for giving me an opportunity to examine these excellent sections.

Your interpretation of the coal from Loping, Kiangsi, is quite correct. My opinion is that it consists largely of periderm, and includes remains of both phelloderm and phellem or cork, the former, the phelloderm, comprising probably the bulk of the coal. It is an interesting coal to study, and never have I seen even thin layers of coal of that purity of one tissue. Recently we have been studying a bituminous coal from the Upper Cretaceous of Utah. In this coal are found certain layers composed largely of remains of the outer envelope of the stem, namely, of phloem, cortex and periderm, but never of such purity of one or two tissues as in your coal.

Sections 3 and 4 of a boghead coal do not offer anything particularly new.

Section 5 of a bituminous coal from Liling, Hunan, to my judgment is composed largely of remains of leaf tissues and some spores and pollens among some other humic degradation matter. The larger part, however, consists of the remains of leaves with their cuticles, many of these still in situ.

Section 6 of a bituminous coal from Shungengshan, Anhui, in my opinion consists largely of the degradation matter of the outer envelope of stems, such as cortex, phellogen and epidermis. Remains of cork tissues and bark fibers are the more easily recognizable remains. Remaining fusain tells that the plants were dicotyledons. The coal in the main resembles a splint coal, English durain, or German Mattkohle, very much.

I have examined these sections quite carefully, although not systematically, and give you these results of my observation mainly to let you know that your letter and parcel arrived safely.

Sincerely yours,
Reinhardt Thiessen
Research Chemist.

（谢家荣学术成长资料采集工程资料，存于采集工程数据库，档号 XJ‑003‑139）

七月 奉地质调查所之命，偕同陈恺、程裕淇赴安徽当涂、繁昌、铜陵和江西九江等地的铁矿调查；同时又委派陈恺、程裕淇赴安徽庐江调查矾矿。野外工作 40 多天，采得甚多矿石和化石标本，获得更可靠的长江下游铁矿之地质及成因资料，为编著《扬子江下游铁矿志》做准备①。

程裕淇（1912—2002），浙江嘉善人，地质学家，中国科学院院士。1933 年毕业于清华大学地学系。1935 年赴英国留学，1938 年获利物浦大学哲学博士（地质）学位。历任中央地质调查所研究室主任和中央研究院研究员，中国科学院地质所副所长兼大冶铁矿地质勘探队队长，地质部地质科学研究院研究员、副院长，地质部副部长、总工程师，地质矿产部科技顾问委员会主任，中国科学院生物学地学部常委、学部副主任，中国地质学会第 33 届理事长等职。曾任第六、七届全国政协常委。在留英期间首次对苏格兰北部的深变质岩类应用芬兰的混合岩名词，对工作区 6 种变质岩及生成的不同型混合岩进行系统分析研究。根据西康巴丹附近的区域变质情况，首次提出了中国区域变质带的存在。提出"混合岩系列"之概念，对不同类型的混合岩化作用做了分类。在矿产勘查和矿床地质研究方面发现了云南晋宁富磷矿，是中国寻找沉积磷矿床的突破。最早提出中国古老变质岩系（太古界）中已知最大富铁矿床弓长岭的地质特征和矿床成因，所整理规定的矿区变质含铁建造层序一直为后人沿用。20 世纪 70 年代中期，他从一定成矿时期的统一性和

---

① 作者 1933 年夏天赴安徽及江西调查铁矿的时间，《国立北京大学研究教授工作报告》（第二次）说是"七月间，奉地质调查所之命，偕调查员陈恺、程裕淇二君，再度赴南方调查，凡安徽之当涂繁昌铜陵，以至江西之九江各铁矿，皆亲往研究""在野地工作约四十日"，但作者在《扬子江下游铁矿志》的绪论中则说是"于八月杪出发"，而据北京大学档案馆所存谢家荣的野外记录本上记载，1933 年 8 月 31 日—9 月 16 日（北京大学档案馆，档号 1RW0172002‑0024），9 月 17—24 日在皖南调查，25 日到九江，10 月 2 日从徐庄到赵家崖考察（北京大学档案馆，档号 1RW0172002‑0016）。

图47　1933年调查长江中下游铁矿时留影

差异性,以及区域成矿作用发展的全过程统一考虑,提出铁矿组和铁矿成矿系列概念,这一概念为中国地质工作者所沿用。在前寒武纪地质研究方面,首次对中国太古宙表壳岩和前寒武纪的岩浆岩和岩浆作用特征进行了全面扼要的总结。

是月　继1932—1933年度之后,与丁文江、李四光和葛利普一起再被聘为1933—1934年度北京大学地质系研究教授。

《国立北京大学研究教授工作报告》(第二次　中华民国二十三年六月):

本校研究教授第一次工作报告,前于二十二年六月辑成付印。本年度(民国二十二年至二十三年即一九三三至一九三四)除继续聘请丁文江、江泽涵、汪敬熙、李四光、斯伯纳(Sperner)、葛利普(Grabau)、冯祖荀、张景钺、曾昭抡、刘树杞、谢家荣为理学院研究教授……刘志敭为法学院研究教授外,又增聘朱物华,饶毓泰为理学院研究教授,计共二十一教授。兹将各教授工作分述于次:

丁文江教授(略)

谢家荣教授　谢教授本年度(即二十二年七月至二十三年七月)除任课外,研究工作可分为二项：

一，野地调查

因继续研究皖南铁矿地质，并扩大研究范围至扬子江中部起见，特于去年七月间，奉地质调查所之命，偕调查员陈恺、程裕淇二君，再度赴南方调查，凡安徽之当涂繁昌铜陵，以至江西之九江各铁矿，皆亲往研究。同时又委派程陈二君赴安徽之庐江，调查矾矿，盖矾矿之产生，与铁矿实有成因上之关系也。在野地工作约四十日，采得矿物化石等标本甚多，对于长江下游铁矿之地质及成因获得更可靠之材料，以便编制《长江下游铁矿志》，此书将由地质调查所刊为地质专报第十三号本年内决可出版。

二十三年一月乘寒假余暇，应长兴煤矿公司之约，偕地质调查所所员计荣森君，赴矿场勘查煤田构造，以备施工计划之参考。乘便又调查四亩墩矿井内新产生之油苗，从地质理论上，断定其为无关重要之局部现象。此项调查约历二星期。

同年二月下旬，又偕冀北金矿公司总理王子文先生赴遵化县魏进河、马蹄峪等处，考察金矿。此行为期不过数日，但采得矿石及围岩之标本甚多，足供研究之用。

除上述野地工作外又偕本校地质系学生赴下列各地实地练习：（一）春假期中赴山东淄川、博山煤田实习考察费时约二星期（二）长辛店作短期实习（三）赴密云考察金矿。

二，实验室工作

专力于煤、铁、金及其他有用矿床之显微镜的研究，曾监制煤之薄片凡二百余片，矿物及岩石薄片亦数百片，并摄制显微镜照相凡百余幅。

本年度研究之结果著有已刊未刊之报告四种：

一、北平西南长辛店坨里一带地质（英文报告刊地质学会会志第十二卷第四期，民国二十二年十月印）

二、江西乐平煤——中国煤之一新种（英文报告载地质学会会志第十二卷第四期，民国二十二年十月刊印）

三、浙江长兴煤田地质报告（中文报告未刊）

四、浙江长兴煤田内发生油苗之研究（同上未刊）

此外在本年度内拟刊之报告有左列二种：

一、On the discovery of an algae-beaing oil shale in Shansi

二、A remarkable occurrence of tensional cracks in a thin coaly layer.

至下年度之研究计划拟分两项：

一、就数年来对于中国煤质研究所得之材料，整理之，作一总报告，详叙煤田分布及煤质分类，名曰《中国煤类及煤田分布之研究》，约下年度内可以完全。

二、从长时间之野地及实验室之研究,对于中国金属矿床,拟作一成因上的分类,此项工作,亦希于近一二年内完成。

(《北京大学周刊》第 132 号,即日刊 3017 号,1935 年 1 月 12 日第 3 版;第 133 号,即日刊 3018 号,1935 年 1 月 19 日第 3 版;第 137 号,即日刊 3022 号,1935 年 2 月 16 日第 2 版)

八月十三、二十、二十七日　在《自然》第 37、38、39 期连载《西山地质的新研究》,总结了 1932 年夏和王竹泉带领北大、清华、燕大地质系学生赴西山实习所获得的新资料:西山地区下马岭黑页岩以上的寒武系石灰岩,至少有一部分属于震旦系;在妙峰山以南的上苇店、大灰厂以西的佛门沟及房山、周口店等地大片奥陶系出露的地方找到了标准的寒武纪石灰岩和页岩;奥陶纪石灰岩和二叠纪砂岩之间的杨家屯煤系中含有中石炭统的石灰岩和石炭二叠纪的夹煤层,前者在周口店一带非常发育,但在军庄等地未见,后者至少可以分为上下两部分,中间为砾岩,下部是真正的夹煤系,上部含煤甚少;在西山分布甚广的辉绿岩,其侵入时代在九龙山系之前,香山八大处的地层不属于九龙山系,而是位于其下的另外的地层,命名

图 48　1933 年夏在北京豆芽胡同葛利普寓所与中国地质学的奠基者合影

为双泉统;门头沟煤系与其下地层之间系不整合接触,是燕山运动的第一期;九龙山系与下面的地层之间不但是假整合,而且是不整合;髫髻山系绝不含煤,有煤的地方皆是门头沟煤系或杨家屯煤系,髫髻山系的时代尚不能确定,其与九龙山系的接触关系也还需要进一步工作;白垩纪地层在西山的分布确定无疑,并在上、下白垩统中各划分了3层;西山在中生代时期的地壳运动至少可分为5期,即燕山运动3期和南岭运动2期;西山构造的主要单位可以分为震旦纪至奥陶纪的大穹层和石炭纪至下白垩纪的大盆层,自北向南有大穹层和大盆层各3个。

八月十六日 大英博物馆斯潘塞收到谢家荣4月17日、6月19日的信后回信称:不能肯定寄去的余干陨石小光片中除陨硫铁外还有白铁矿;海伊(M. H. Hey)先生肯定安徽铁矿中的铁叶蛇纹石和铁硅灰石的鉴定结果,希望多寄一点样品,以便做定量分析和X射线鉴定;非常感谢所寄的中国矿物,作为交换,将回寄矿物标本。

八月十七日 致信史奈德洪教授,向其推荐王恒升,告知王将去欧洲作岩石矿物研究,首先在巴塞尔同莱因哈德(Rheinhard)教授一起工作,然后到史奈德洪那里,希望允许王在其实验室自由工作;王做了大量中国岩石矿物研究,发表了几篇论文,对华南的许多金属矿床特别熟悉,或能为史研究世界矿产资源提供帮助。推荐信全文如下:

August 17，1933

Prof. H. Schneiderhöhn,

Mineralogical Department,

University of Freiburg,

17 Berthold Str.,

H.Schneiderhöhn i. B.,

Germany.

My dear Professor：

This is the introduce you Mr. H. S. Wang, geologist of the Geological Survey of China who is coming to Europe to make some advanced study in mineralogy and petrography. Mr. Wang will work at first with Prof. Rheinhard in Basel and will come to you sometimes later. We shall be greatly obliged if you could allow him to work freely in your laboratory and give him constant directions and supervisions.

Mr. Wang has done already a great deal of work in the study of Chinese rocks and minerals and has published several articles. He is especially familiar with many of the metallic deposits in Southern China and perhaps may help you in this respect in your broad study of the World's mineral resources.

You will find Mr. Wang a nice fellow and at the same time an earnest and hard worker.

With best regards to Frau Professor and yourself, I remain,

Very sincerely yours,

C. Y. Hsieh

(谢家荣学术成长资料采集工程资料,存于采集工程数据库,档号 XJ - 003 - 141)

八月十九日 回复希森 7 月 18 日的来信,告诉他研究乐平煤的文稿差不多就要付印了,感谢其对所寄去的薄片的研究成果,特别是有关植物学鉴定的部分。薄片 3 和 4 虽然没有提供任何新东西,但它们是在中国发现的第一块藻煤(或油页岩,因为它含有差不多 50% 的灰分)。现正制备非常完整的说明中国煤主要类型的薄片收藏品,做完后会寄去一套。回信全文如下:

August 19, 1933

Dr. Reinhardt Thiessen,

Bureau of Mines Experiment Station,

4800 Forbes Street, Pittsburgh, Pa.

U. S. A.

Dear Dr. Thiessen:

Many thanks for your letter of July 18 which comes here just in time, as my manuscript on the study of Lopinite (coal from Loping) was nearly going to press.

I am greatly indebted for your kindness in giving me results of your careful investigation of the thin section which I forwarded to you, it certainly helps me a great deal especially on that part concerning botanical determination of the tissues.

Although sections 3 & 4 offer nothing particularly new, yet they are the first boghead coal (or oil shale as it contains nearly 50% ash) that has ever been discovered in China.

I am now preparing a fairly complete collection of thin sections illustrating the major types of coal in China. I shall send you one as soon as it is finished.

With best regards to you and to Dr. Fieldner, I remain,

Sincerely yours,

C. Y. Hsieh

（谢家荣学术成长资料采集工程资料，存于采集工程数据库，档号 XJ-003-142）

十月　《中国地质学会志》第 12 卷出版。本卷刊出谢家荣所著《辽宁西安煤矿附产菱铁矿结核之研究》（On the Occurrence of Sphaerosiderite in a Subbituminous Coal from Hsian Coal Mine, Liaoning Province）、与张更合著之《浙江龙泉县产"丝炭"之研究》（A Remarkable Occurrence of Fusain at Lungchuan Hsien, Chekiang Province）、《薄的煤光片研究——煤岩学之一新法》（Thinned Polished Section of Coal, a New Technique in Coal Petrology），并分别列为《燃料研究专报》第 7a、7b 和 7c 号。所著《中国无烟煤之显微镜研究》（Microstructure of Some Chinese Anthracite）也刊于《中国地质学会志》第 12 卷，并列为《燃料专报》第 6 号。

韩德馨、秦勇《谢家荣教授对中国煤岩学研究的重要贡献》：

对浙江龙泉陈坑山下白垩统丝炭的煤岩学研究，指出该地丝炭呈袋状、透镜状、脉状，交错于流纹岩中或流纹岩与丝炭层相互成层。显微镜下观察，可见植物结构及年轮等特征，表明白垩纪时，多次火山喷发，熔岩流和漂流的树木相遇，熔岩高热致使木材成为类似木炭的丝炭，以后丝炭被掩埋，夹于火山岩系中，成为透镜状或袋状，再经过有 SiO_2 的水溶液侵入木类细胞空腔，作为石英渗透物而沉积出来，以致造成大量石英，该地丝炭系由燃烧作用形成。

1931 年辽宁中生代煤矿，研究煤层中赋存的菱铁矿结核及有关的白云质煤核。显然，菱铁矿物质交代发生于植物遗体尚未完全腐解之前，系还原环境下形成，煤核仍保存有植物残体。这是中国煤层中煤核最早的研究。

最值得注意的是对高变质无烟煤的研究，指出中国某些无烟煤显微岩石学特征。他应用交叉偏光与光片刻蚀的组合方法，研究无烟煤的显微结构。从无烟煤中可识别 4 种重要成分，计有碎屑木煤（Clasfoxylon）、变暗煤（Metadurain）、无结构镜煤（Euritrain）和丝炭，在交叉偏光下，可观察到孢子、角质层、树脂等显微组分。中国主要无烟煤可划分为木质—纤维、角质和粉末三种类型，前者可细分为高碳和低碳两种亚型，高碳亚型以无结构镜煤为主，是煤化作用的产物，而粉末无烟煤起源于无烟煤化作用之后机械变形，其中丝炭系森林火灾成因，已成为当代煤岩界的一种共识。交叉偏光技术在无烟煤岩石学研究的重要性以及构造煤的机械变形成因，直到近年才被煤岩界深刻认识。

（郭文魁等主编：《谢家荣与矿产测勘处——纪念谢家荣教授诞辰100周年》，第49页）

谢家荣、金开英《燃料研究与中国的燃料问题》：

目下沁园燃料研究室所做的工作，可以分作显微镜研究与物理化学研究的二种。第一种研究注意于燃料（尤其是煤）的内部结构和植物遗迹；在理论上为探讨煤藏的成因和研求煤质的组织（Constitution of coal），这种研究最能得重要的结果；但同时在实用上，如比定煤层，分别煤类和煤的利用上，都也有许多贡献。第二种研究是用最新理化的方法，详定燃料中各种分子的分量，其在实用上的重要自不待言。但同时对于理论的问题，如煤的组织，也非此不能得切实的解决。讲到煤的组织这个问题，话太长了，并且大家都承认，现在的知识还尚在黑暗之中。不过经最近煤化学家的努力，已略有线索可寻罢了。关于这问题当另作专篇论之。

关于华煤显微镜研究的工作，于民国十八年即经着手，迄今已制成煤之光片、薄片三百余种，现在所得重要结果可分为下述三项。

（一）显微镜下结构与煤分类之关系

此项材料，一部分已刊于《燃料专报》第四号，其中用光片、薄片及侵蚀法所得的种种结构，都摄有显微镜下放大相片，足资将来的比较。从纯粹结构方面言，中国的煤可分为五类：（甲）无烟煤式结构，如山西平定，北平西山及闽、粤各煤是。（乙）高级烟煤式结构，光泽最强，节理最清，如河北磁县，河南六河沟，山东博山等煤是。（丙）中级烟煤示层带状的结构最清，光泽和节理俱较高级烟煤为弱，如开滦、萍乡、中兴等地的烟煤都属此类。（丁）低级烟煤式结构，光泽最弱，节理几不发育，如大同、舜耕山等烟煤是。（戊）褐炭式结构，现黄色条痕，富于裂隙，如在吉、黑二省分布很广的褐炭，都具此项结构。上述结构上的分类可与地质调查所所长翁文灏先生就物质分析所定的分类法相互参证（参阅《地质汇报》第八号）。

（二）无烟煤之研究

因无烟煤碳化程度最深，其光片在显微镜下的结构颇不清切，故从前研究之法皆注重侵蚀（火力侵蚀最重要），但此法既不方便，又常不能得到完善的结果。本所近创始用最新式的矿石用偏光显微镜（Ore microscope）研究，利用无烟煤的非均质性（Anisotropism），以发现其本来的结构，所得的结果与火力侵蚀一般无二，而便

易精审却比它强得多。用此法以研究中国四十余种无烟煤,遂得了下述的分类:
(1) 木纤维质无烟煤(Lignocellulosic anthracite),(2) 表皮质无烟煤(Cutinic anthracite),(3) 粉裂状无烟煤(Powdered anthracite),长江一带所产的所谓柴煤,大部分皆属此类。关于无烟煤研究之结果,现已刊为《燃料专报》第九号。

(三) 研究新法之发明

用显微镜研究煤类为近年来新兴的科学,所以它所用的方法尚未臻完备。地质调查所开始研究的时候就很注意于新法的引用,如前述无烟煤的研究新法即为一例。此外如利用油浸法(Oil immersion method),足以辨别烟煤光片内较透明与较不透明的各部,薄的光片法(Thinned polished section)可以将光片、薄片合为一途,同时观察。凡此所述,皆于研究方法上有重要的助力,其详细结果皆已刊于《燃料专报》第二号及第七号中发表。

(《大公报》1933 年 5 月 16 日第 13 版)

《地质调查所沁园燃料研究室三周年纪念刊》(1933 年 10 月 10 日)之(二)"燃料研究成绩——已往工作要略":

(6) 中国无烟煤之显微镜研究(《燃料专报》第六号)谢家荣
因无烟煤碳化程度最深,其光片在显微镜下之结构颇不清切,故从前研究二法,皆注重侵蚀(火力侵蚀为最要)。但此法既不方便,又常不能得完善结果。本所近创始用最新式的矿石用偏光显微镜研究,利用无烟煤的非均质性(Anisotropism),以发现其原来的结构,所得结果,与火力侵蚀一般无二而变易精审且过之。用此法以研究中国四十余种无烟煤,遂得下述之分类。(一) 木纤维质无烟煤(Lignocellulosic anthracite),(二) 表皮质无烟煤(Cutinic anthracite),(三) 粉裂状无烟煤(Powdered anthracite),长江一带所产的所谓柴煤,大部分皆属此类。

(7) 辽宁西安煤矿附产菱铁矿结核之研究(《燃料专报》第七号甲部)谢家荣
此标本由侯君德封采来,其化学成分为菱铁矿,其中杂质不多,惟有百分二·六二之有机物质。经光片薄片显微镜视察后,悉其中有木质,恐与宣化发现之松柏科异木属相仿,其成因亦论及之。

(8) 浙江龙泉县丝炭之研究(《燃料专报》第七号乙部)谢家荣 张更
丝炭标本由火成岩中得来,其成因当为火山爆发时所燃灼之木质无疑,经研究后,知其内藏灰分甚高,木纹等均甚完整而极明显。

(9) 薄的光片研究——煤岩学之一新法(《燃料专报》第七号丙部)谢家荣
平常研究煤炭,或用光片,或用薄片,今则将光片磨薄而研究之,则光片薄片所能见者及未能见者,可同时在薄的光片表现,于煤岩研究,获益匪浅。其制片法及研究法,均有详细说明。

……

(11) 中国一特种煤——乐平煤之研究(《燃料专报》第十四号)谢家荣

江西乐平所产板煤,以及余干进贤等处烟煤,结构奇异,向为国内所未有,即海外煤田中亦所罕见者也。用薄光片研究,察得该煤全部几完全为树皮所成,皮中之细胞等均甚完整,故其生成原因或由树皮类物质堆积逐渐碳化所成。化学成分亦特异,膨胀性高,油分亦多,用之合煤,当甚适宜云。

(中国地质图书馆藏,第7—10页)

谢家荣所著《江西乐平煤——中国煤之一新种》(On Lopinite, A New Type of Coal in China)也同时刊于《中国地质学会志》第12卷,并列为《燃料专报》第14号。韩德馨、秦勇对该文有如下评价。

韩德馨、秦勇《谢家荣教授对中国煤岩学研究的重要贡献》:

1933年谢家荣先生发表一篇重要的论文《江西乐平煤——中国煤之一新种》,文中详尽地描述了产于江西东北部乐平一带,晚二叠世煤在化学工艺性和煤岩学特征方面的特殊性,进而探讨了这种特殊煤的成因,提出"乐平煤"命名这种特殊煤种。乐平煤主要表现为含大量树皮体、高焦油产率,强熔融性,乐平煤主要由植物周皮中的木栓和栓内组织形成。在显微镜下可见木栓层碎片多呈定向排列,偶见交互穿插的现象,砖形细胞长宽不一;呈褐色至红色,具有明显的光性各向异性和偏光色;分离物的透射色为黄褐色,角质层中气孔构造保存完好。乐平煤的形成主要由于:(1) 植物遗体未经高度腐解,腐解系细菌及特殊气候条件下导致的产物,(2) 腐解产物经过搬运使木栓、角质层等组分残留下来。乐平煤的形成条件与德国James煤相似,即由附近森林的飘浮树木,沉积于河口湾环境。在20世纪30年代的研究条件下,谢先生提出乐平煤成因分析,其中主要学术观点已被以后的研究所证实。

(郭文魁等主编:《谢家荣与矿产测勘处——纪念谢家荣教授诞辰100周年》,第49页)

同时刊于《中国地质学会志》第12卷的还有谢家荣所著《北平西南长辛店坨里一带地质》(Note on the Geology of Changsintien and Tuoli Area, S.W. of Peiping)。

十一月八日　回复赛勒博士8月13日的来信说,Microstructures of Some

Chinese Anthracite 中表列 7、20、25、28 和 35 号样品都是无烟煤,但挥发分都很高,其光泽、劈理等也是这种煤的特征,不知道怎么解释这种引起争论的事实,或许是存在非常高的挥发分的缘故。很明显,7、20 号样品都属于角质型,即富含角质层的无烟煤。对于其他煤,或许可以假定,氧化作用和风化作用可能是主要原因。由于时间仓促,本实验室迄今只做了煤的组分分析,希望最近能挑选有代表性的中国煤系列做元素分析。最近做煤的薄片非常成功,这种方法特别适于研究高挥发分烟煤即我们所称的 Bl 型。回信原文如下:

Nov. 8,1933

C. A. Seyler,Esq.,

Public Analyst,

Melson Terrace, Swansea,

England.

Dear Sir:

I have just come back from the field and am glad to read your letter of August 21, 1933.

The samples No. 7, 20, 25, 28 & 35 listed in my last paper are all true anthracite, yet they are a very high in volatile matter. Their physical characters as luster, cleavage, etc are also typical for this kind of coal. I do not know how to explain this controversy fact, perhaps it is due to the presence of such material as is exceptionally high in volatile matter. It is striking to see that both samples No. 7 & 20 belong to the cutinic type, i. e. anthracite rich in spores of cuticles. For other coals we may perhaps assume that oxidation and weathering may be the chief causes.

Owing to lack of time this laboratory has made so far only proximate analyses of coal. We hope that in near future, we shall be able to select out a representative series of Chinese coal for which elementary analyses are to be made.

Recently we have been very successful in the making of thin sections of coal; this method is particularly fitted for the study of high volatile bituminous coal or what we called Bl type. Until have I accumulated a larger collection of thin sections, I will be glad to send you some duplicate once for comparison.

With best regards,

Sincerely yours,

C. Y. Hsieh

(谢家荣学术成长资料采集工程资料,存于采集工程数据库,档号 XJ-003-143)

十一月十一——十三日　中国地质学会第 10 届年会在清华大学生物馆开幕。下午的会议在燕京大学地理系举行,谱主在会议上宣读论文《江西乐平煤——中国煤之一新种》。12 日的会议在兵马司胡同 9 号的地质调查所举行,晚上 8 点半,李四光在地质调查所图书馆发表题为"江西庐山第四纪冰川及其可能在华北和华中可能的延伸"的长达两个半小时的理事长演说,谱主与葛利普、翁文灏、杨钟健等参与了讨论。13 日的会议在北京大学礼堂举行。谱主当选为第 11 届理事和理事长,任期 2 年。

十二月三日　在《自然》杂志第 2 卷第 53 期发表《太华探胜记》,记述 1932 年 8 月的华山之旅:"余初睹此景,以谓西峰之绝壁,及沟谷深邃,或乃由于花岗岩富于垂直节理,一经风化,遂剥落而成此地形。至若莲状五峰,与其周围之峡谷深沟显然不一者,则或系代表二个不同之剥蚀时期;前者谷宽坡缓,或相当于唐县期地形,后者深沟如削,则汾河地形之峡谷也。"同时又说:"余尝见西美越西米脱公园之冰川状地形矣,岩壁如削,宛如西峰之矗立,故余初入华山,即有冰川之印象。"根据李四光对庐山冰川的描述、黄汲清对秦岭诸峰地形地貌的描述和瑞典人新常富氏在潼关以西所见酷似冰川沉积之物及其显著之地形的描述,认为华山之地貌可能是由冰川造成的。

谢家荣《太华探胜记》:

余尝见西美越西米脱公园之冰川状地形矣,岩壁如削,宛如西峰之矗立,故余初入华山,即有冰川之印象。但我国对于冰川之存在,尚未之前闻,故未敢骤创奇说。最近北京大学李仲揆教授在庐山调查,发现确有冰川,度其时代,当在第四纪之末,至少有三次之冰川时期,其最后一期距今尚不过一万余年。彼并谓即在南京附近,亦不无有冰川之遗迹可寻。夫扬子沿岸之区,尚能有冰川,则位居华北,高距海平达二千三百公尺之太华,岂能独异,根据此项推论,著者遂以为在挽近地质史中,华山及秦岭一带,或曾经过一度或数度之冰川作用,因以造成此特殊之地形。故五峰环峙若莲瓣者,乃一大规模之冰围地也,西峰峭立者,冰川剥击所余也。主谷与支谷不相接者悬谷之地形也,峡岭如龙者即所谓锯齿式之山脊也。又如登南峰绝顶,南望秦岭,则冰围地之地形,在在可见。惜乎当时行色匆匆,未曾对于冰川沉积之遗迹,详细考察,以致不能下最后之断语,为可憾耳。抑又进者,南峰绝顶有所谓仰天池者,系石上盆形洼地,黄汲清先生所著秦岭地质报告上亦谓终南太白诸山顶时有此奇迹,由今思之,则天池之成,恐亦为冰川剥蚀之所致,而足为冰川分布于秦岭一带之又一证也。又据瑞典人新常富氏在本届中国地质学会第十次年会席上讨论,谓渠于数年前由潼关西行,道出华山之北,曾见有酷似冰川沉积之物,及其显著之地形,以行程匆促,未及详细研究。由是而观,则华山之有冰川,不特从剥蚀方面,已见踪迹,即沉积方面,亦已有线索可寻矣。

以上所记,及所臆测,皆紧凭一隅之考察,固未足认为定论,所望后之游者注意及此,以冀有所发明,或著者尚有重游之机会,则当努力搜求,以得最后之解决也。

(《自然》第 2 卷第 53 期上册,1933 年 12 月 3 日)

十二月七日　致信印度勒克瑙大学植物学系萨尼(B. Sahni)教授,感谢他 11 月 7 日寄来的论文,表示将寄去几篇自己的德文煤论文和其他几篇煤岩学研究论文。称自己还从没有写过植物学方面的文章,但斯行健博士做了一些很好的古植物学方面的工作,他现在清华大学教书,同时又和我们一起在地质调查所工作,他最近鉴定了大量陕北植物化石标本中的冈瓦纳植物,会请他寄去文章。印度地质调查所伯纳德吉(Bernadji)博士发表了印度煤的煤岩学研究论文,但不知其地址。

Dec. 7, 1933

Prof. B. Sahni,

Botanical Department,

University of Lucknow,

Lucknow, India.

Dear Prof. Sahni:

Many thanks for your sending of several valuable papers and your postcard of Nov. 7. Under separate cover I shall send you my paper on "Atzstrukture in der Kohle" and several others on coal petrographical research. I have never written anything in palaeobotany yet, so I could not send you papers of this kind.

Perhaps you know already Dr. H. C. Sze, student of Prof. Gothan, who has done some good works in palaeobotany. Dr. Sze is now teaching at Tsinghua University and at same time working with us in the Geological Survey. Recently, he identified a great number of Gondwana flora among a collection of Triassic fossils from Northern Shensi. I will tell him as to send you his publications from time to time.

From a review in Fuel, I noticed that Dr. Bernadji of the Indian Geological Survey has published his work on the petrographical study of the Indian coals. I know Dr. Bernadji very well as we have worked together in Prof. Gothan's Laboratory for some time, but I do not know his address. Will you please approach him as to spare me reprint of his work?

With remembering of our meeting in Berlin and with best regards, I remain,

Yours very truly,

C. Y. Hsieh

（谢家荣学术成长资料采集工程资料，存于采集工程数据库，档号 XJ - 003 - 144）

十二月十一日　所著《中国地文期概说》刊于《清华周刊》第 40 卷第 7—8 期《地学专号》。此文次年 3 月又刊于《方志月刊》第 7 卷第 3 期。文章论述了地文期与地质、土壤及人生的关系，对维理士、安特生、德日进及巴尔博的地文期划分进行比较，提出了辨察北方地文期应注意的 7 个问题和南北地文期的比较。

十二月二十八日　回复大英博物馆斯潘塞博士 8 月 16 日的来信，并寄去一箱矿物标本。信中云：实验室的梁先生最近做了铁硅灰石的全分析，结果表明它是钙铁辉石，并计算了它的分子式；希望得到一小块中国的硒汞矿、四川的镁石棉和蛇纹石(叶蛇纹石变种)；最近在安徽当涂发现了一块陨石，叶良辅教授正对其进行显微镜和化学研究，已致信叶教授分一小片陨石给你。回信原文如下：

Dec. 28, 1933

Dr. L. J. Spencer,

Mineral Department,

British Museum,

Cromwell Road,

London, S. W. 7

Dear Dr. Spencer：

Please excuse me for not replying your letter of 16 August until now。

Under parcel post I am sending you a case of mineral specimens that I have promised you for exchange. You will excuse me that I can only send you small specimens，as larger one are needed here for exhibition.

Mr. Liang，Chemist of this laboratory has made recently a complete analysis on the supposed babingtonite. His result shows that it is really a hedenbergite，as can be seen from the following analysis：

Moisture   0.64% Al_2O_3 6.90 SiO_2 45.27   CaO   18.45

FeO   21.07   MgO   0.51 Fe_2O_3 7.41

The calculated formula shall be 5 SiO_2 • 2 FeO • 2 CaO which agrees quite closely with that of the hedenbergite.

A chemical analysis on the supposed mineral jenkinsite is now being made by Mr. Liang and I shall tell you his result as soon as the analytical work is finished.

Your kind offer of sending us some minerals is greatly appreciated. Besides jenkinsite or nontronite，I wish to have if it is possible some small piece of onofrite (from China but I have not been able to identify among the collection here)，pilolite (from Szechuan) and serpentine (variety Bowenite) as stated in your list of Chinese minerals.

Perhaps you know already that there occurred recently a fall of meteorite in T'angtuhsien，Anhui Province. Prof. L. F. Yih of the Geological Institute in Nanking is now making a mineralogical and chemical study of this stone. I have written to Prof. Yih as to spare you a few small chips of this new stone. Enclosed is a short note on this fall by Yih published recently in "Popular Science"，Dec. 1，1933.

With best regards，

Yours very truly，

C. Y. Hsieh

（谢家荣学术成长资料采集工程资料，存于采集工程数据库，档号 XJ－003－145）

是年　著文《山西含藻类油页岩之研究》①。

是年（1933—1934 学年）　任教北京大学地质系，讲授构造地质学和矿床学。

《北京大学地质系课程指导书》(1933—1934 年度)：

---

① 《山西含藻类油页岩之研究》出现于《矿测近讯》1947 年 8—9 月号（第 78—79 期），收入曹国权辑《谢季骅先生著作目录》(但没有说该文发表在何处，至今没有查到其出处)。

构造地质学　　　　　　　　　{ 谢家荣
　　　　　　　　　　　　　　{ 金耀华

每周讲演一时实习三时

内容：绪论——节理——断层及断裂岩——褶皱及逆掩断层——片状及劈开性——浮面变动——地壳变动在地史上及地理上之分布——地壳变动之原因

教科书：Nervin：The Principle of Structural Geology.

　　　　C. K. Leith：Structural Geology.

选课注意：凡选本课者必先习普通地质学。

矿床学(Ⅰ)　　　　　　　　　{ 谢家荣
　　　　　　　　　　　　　　{ 金耀华

每周讲演三时实习二时

内容：绪论——矿床与岩浆之关系——矿床与水之关系——矿产之状形构造——矿床之结构及交换作用——矿床之蚀变及次生富集带之造成——矿床之分类

　　　各　论——铁——铜——铅——锌——银——白　金——金——锡——钨——铜——铋——砷——锰——锑——水银——铝——镍——钴等

　　　专论——矿床之地理及地史上之分布——矿床成因与岩石种别之关系——成矿哲理——矿床学发达史

参考书：W. Lindgren：Mineral Deposits.

　　　　R. H. Rastall：The Geology of the Metalliferous Deposits.

　　　　P. Niggli：Ore Deposits of Magmatic Origin.

实习用书：M. N. Short：Microscopic Determination of the Ore Minerals. U. S.G.S. Bull. 825

　　　　Schneiderhöhn-Ramdohr：Lehrbuch der Erzmikroskopie

选课注意：凡选本课者须先习矿物学,能先习矿物光学及岩石学更佳,本课与矿床学(Ⅱ)有连续性,矿床学(Ⅱ)下学年讲授。

(北京大学档案馆,第 134、136—137 页,档号 Z11 - 15)

是年　兼任北平师范大学地理系讲师。

一九三四年　甲戌(民国二十三年)　三十八岁

提要　北平。任职于地质调查所,调查湖南中部铅锌矿地质。任教于北京大学地质系。任全国矿冶地质联合展览会筹备委员和筹备委员会常务委员兼驻平办事。与翁文灏等40余人发起成立中国地理学会。翁文灏车祸受伤后,任地质调查所代所长。任地质调查所北平分所所长。著《陕北盆地和四川盆地》。

一月十二日　全国矿冶地质联合展览会筹备委员会预备会议在南京的教育部会议厅举行,谱主在会上被聘请为筹备委员和筹备委员会常务委员兼驻平办事。

曹诚克《全国矿冶地质联合展览会》之"筹备委员会成立经过及组织":

查本会最先动机,始于民国二十一年冬。由国立北洋工学院、实业部地质调查所、中国矿冶工程学会及中华民国矿业联合会之拟联合举行一全国矿冶地质展览会;经费由上述四机关团体分任,展览期间定于二十三年四月初旬,地点则定为天津国立北洋工学院。盖以华北矿业较盛,北洋复设有国内办理最久、造就最广之矿冶工程学系专门人才,观摩较便也。其后事闻政府实业部与教育部原有举行此种展览会之意,复以此事属创举,不惟意义重大,应由政府主办,明示国家提倡矿冶地质之至意,即其征集物品范围,亦较广大,有非上述机关团体所能尽为功,因即由实业部与教育部二部主办,仍委托上述四机关团体为筹备机关明定经费为二万五千元,四筹备机关亦分任五千元,地点不变,展览期间则稍展后,定为六月二十一起,至七月十日止。事遂以定二十三年一月十二日,二部首次召集关系人员于教育部,举行预备会议,到教部高等教育司长、实部矿业司长等十余人,除订定章程外,并议决由二部聘请翁文灏等三十九人为筹备委员,及另在天津组织常务委员会议等案。二月八日,筹备委员会在京举行首次全体委员会议,到教育部段次长以下二十余人,通过由主管部咨请财政、交通、铁道三部免予征收各项展览物品税捐、运费等案。是月二十七日,筹备委员会常务委员会在津成立,设办事处于西沽国立北洋工学院,开始办公。

依据部颁全国矿冶地质展会章程,展览会以实业、教育二部部长为会长。除委实业部地质调查所、国立北洋工学院、中国矿冶工程学会及中华民国矿业联合会为筹备机关外,下设筹备委员会,由会长聘国内专门人士三十九人组织之,并于委员中,由会长指定九人为常务委员,负责主持一切会务之进行。当时常委九人中,并由会长指定翁文灏为主任委员,李书田为副主任委员,曹诚克为总干事,雷宝华为总务组组长,谭锡畴为征集组组长,徐光熙为陈列组组长,李保龄为宣传组组长,施勃理为技术组组长,谢家荣则以常委驻平办事,而另以委员孙昌克为驻京代表。嗣以翁主任委员在武康遇险,主任委员事务遂由胡委员博渊代理。六月间除陈列组组长光熙,复以为会务操劳过度,在平身故,因复以刘委员基磐改任。其他事务人员,除由北洋工学院全体兼任外,则另由特约人员及雇员充之。兹将各委员会职员名姓开列如次:

会长	实业部部长陈公博	教育部部长王世杰
常务委员	兼主任委员翁文灏	兼代理主任委员胡博渊
	兼副主任委员李书田	兼总干事曹诚克
	兼总务组组长雷宝华	兼征集组组长谭锡畴
	兼陈列组组长徐光熙	兼陈列组组长刘基磐(继徐委员)
	兼宣传组组长李保龄	兼技术组组长施勃理
	兼驻平办事谢家荣	

(实业部教育部全国矿冶地质联合展览会编,全国矿冶地质联合展览会及北洋工学院刊印:《全国矿业要览》,1934 年,第 752—753 页)

一月十三日　回复施塔赫去年 10 月 28 日的信,感谢他提供的一套说明煤的成因的电影。告诉他打算在于 6 月 21 日在天津举行的矿业地质展览会上播放这部影片;很高兴他也用偏光来研究无烟煤。回信原文如下:

Jan. 13,1934

Dr. Erich Stach,

Offenbacher Str. 24,

Berlin-Wilmersdorf,

Deutschland.

Dear Dr. Stach:

Please excuse me for not answering your letter of Oct. 28,1933 until now, for which is due my best thanks.

Your kind offer of a set of motion pictures illustrating the origin of coal is greatly appreciated. This film is intended to show at the coming Exhibition of Mining and Geology to be held on June 21 at Tientsin. The Exhibition is conducted under the joint auspices of the Ministry of Industry and the Ministry of Education.

I have written to the authorities of the Exhibition of your kind offer with quotation，but no definite resolution has yet been reached. I understand that they are thinking of lease rather than to buy this film，since the latter will only be used for a short interval of the Exhibition Session. I wonder if the film could be released in this way. Of course we will order the film through you as soon as the Exhibition has decided to buy the set.

From "Centralblatt", of last year I read with pleasure that an Associate of you (whose name I have forgotten) has also used polarized light in the study of anthracite. I would be grateful if I could have a separate copy of this work.

With best regards and Cluscanf,

Very sincerely yours,

C. Y. Hsieh

（谢家荣学术成长资料采集工程资料，存于采集工程数据库，档号 XJ－003－146）

一月二十二日 哥登教授致中国地质学会理事长(1934 年谢家荣任学会理事长)说，就受聘于中国地质学会之通讯院士一职，在下不胜荣幸并以感谢接受之。称其虽于古植物学贡献无多，但为人所知，甚为欣喜，亦非常高兴能收到学会简报。斯行健教授也返回中国，希望其与中国之关系能维系长久，且能够有机会间或参与中国古植物之研究，此亦其兴趣之事也。称此前中研院业已授予自己两年荣誉研究员之位，此地质学会所授之荣誉将是双重荣誉矣。

一月二十三日 应长兴煤矿总工程师周仲礼之邀，离开北平，奔赴南京，与计荣森一道前往长兴煤田考察煤田地质。

一月二十四日 下午抵浦口，寓环球饭店，晚唔叶良辅、朱庭祜、李捷。

一月二十五日 抵长兴。

一月二十六日 先后赴老鼠山、四亩墩、大煤山一带做大略调查。

一月二十七—三十一日 详测老鼠山、四亩墩、大煤山，赴宝村、槐花勘探地质。

二月二—五日 补测四亩墩地质，下四亩墩矿井考察，后赴广兴掘头山、采花石山及槐花坳等处考察，最后一天考察土王洞铁矿后，乘汽车至湖州。

考察结束后，与计荣森合著《长兴煤田地质报告》，并与王竹泉合著《长兴油苗》，刊于《中国矿冶》第 3 期。从地质理论上，断定其为无关重要之局部现象。

谢家荣、计荣森《长兴煤田地质报告》：

此次调查系承长兴煤矿总工程师周仲礼先生之函邀，以便解决几个构造上及地质上问题，余等奉命之下，莫名欣慰，盖借此机会可将地质研究之结果置诸实用也。余等于一月二十三日由北平动身，二十四日到南京，翌晨即乘京杭汽车赴长兴，当日下午改搭矿上火车到矿。二十六日即着手实地工作。第一日作一概略调查，自二十七日至三十日详测四亩墩至宝村间地质，三十一日调查槐花墈附近地质，二月一日至二日下四亩墩矿井，考察断层及油苗并补测大煤山至四亩墩间地质，二月三日赴广兴矿区及掘头山一带考察，四日赴四亩墩以南各山考察，五日事毕离矿，计前后调查共计十日。兹将调查结果提出报告如后。

本报告分为四章：第一章绪言及总论，第二章专论长兴煤田现在开采范围以内之地质，制五千分一地质详图及剖面图。其中所论如四亩墩断层及槐花墈钻探计划等，皆系实用问题而为目下采矿工程进行中所急需解决者。第三章讨论长兴煤田附近之地质，附有长兴全境五万分一之地质图及剖面图，从地质及构造上着想，以推测其他有望煤田及将来之钻探计划。第四章附述长兴煤井内产之石油，以供关心我国石油问题之参考焉。

（全国地质资料馆，档号 545）

二月六日　取道杭州赴上海，回南市区见母亲。

二月七日　晚离上海赴南京。

二月八日　参加全国矿冶地质联合展览会筹备委员会第一次全体会议。

二月九—十日　赴马鞍山，先后考察南山铁矿及大凹山铁矿及地质。

二月十二日　自南京回到北平。

二月十六日　翁文灏偕王竹泉由南京经长兴赴杭州，下午三时，车行至浙江武康遭遇车祸，翁文灏头部重伤，当场昏迷，送往医院抢救，次日转往杭州。

二月十七日　委托谭锡畴代表出席在天津北洋工学院举行的全国矿冶地质联合展览会筹备委员会第一次常委会议。

是日　胡适致函行政院长汪精卫，对翁文灏受伤一事表示焦虑，并转达丁文江之意见：万一翁文灏的工作须人接替，地质调查所所长一职不要轻易派人，最好请谢家荣代理。胡适此信全文如下：

精卫先生：

在京得畅谈，甚慰私愿。十日从上海回来，在京又留一日，因不曾预约，故未敢奉谒先生。回北平后，在君有重伤风，至今尚在协和医院。今早看报，惊悉翁咏霓兄在京杭道中遇险，受重伤，不省人事，流血甚多。一时各处朋友纷纷打电话问讯，都咨嗟无计，已电京杭朋友觅医疗护，但咏霓体气素弱，去平之日体重只有九十磅，他自奉又太俭薄，我们都十分焦虑。此种不世出之天才，学问品行都是人间稀有，不仅仅是一国之环宝而已。午间到协和医院看在君，他见我良久不能作声，眼泪双坠，我虽劝慰他，心里也很难过。他在病榻不能作书，要我代达　先生：倘咏霓万一有生命危险，或伤重须静养，万望　先生敦嘱公博兄不可随便派人来做地质调查所长。在君之意以为谢家荣君（现为北大地质研究教授）资格最适宜，如有必要时，可以代理地质调查所长。在君甚望　先生以此意转告公博兄。此所为在君、咏霓两人二十年心血所寄，故在君拳拳系念，其意甚可感，故代为转陈。匆匆奉闻，敬祝新年起居安吉。

胡适敬上

廿三，二，十七日

（中国社会科学院近代史研究所中华民国史研究室编：《胡适来往书信选》中册，中华书局，1979年，第232—233页）

二月二十三日　实业部发出公字第1630号令，免去谢家荣实业部专门委员的职务。[①]

二月二十四日　回复帕特森（B. C. Patterson）之2月15日来信，很高兴他的课程使用其地质学教科书。这本书是匆匆写成的，而且中国的地质那时候知之甚少，因此有许多错误和缺陷。本书很久没有印了，出版社所赠数量有限，已经送完了，因此没办法给他。对其地史学很感兴趣，希望能得到一本。问他是否认识济南大学的斯科特博士，斯科特在那里教地质学，也用那本小册子作教科书。回信原文如下：

February 24，1934

Mr. B. C. Patterson，

Theological Preparatory School，

---

① 台北"中央研究院"近代史研究所档案馆档案（李学通提供）；何时任职实业部专门委员，未查到实业部相关任命令。

Tenghsien, Shantung.

Dear Mr. Patterson:

Your kind letter of Feb. 15 has been duly received and I am glad to learn that you have been using my little text book on geology since long time in your class. As you know that this book was written in a haste and moreover at a time when geology of China was little known as compared with present, so it has contained many mistakes and imperfections.

As this book has been out of print since some time age, I could not find here any more copies to spare for you. The limited number of copies which the Press presented to me have already been sent away. So, I could find no way to help you in this matter.

Of course the book ought to be revised but since I am now busily engaged in teaching as well as research work so I could find no time at all to do this work.

I am greatly ieterested of your work on historical geology and should be glad to have a duplicate copy of it if there is any that you could spare of.

Du you know Dr. Scott of the University at Tsinan. He is teaching geology there and using also my little book as text.

Thanking you very much for your kind communication, I am,

Sincerely yours,

C. Y. Hsieh

(谢家荣学术成长资料采集工程资料,存于采集工程数据库,档号 XJ-003-148)

二月二十五日　偕冀北金矿公司总理王子文赴遵化县考察金矿。下午到魏近河金矿地,即参观附近金矿脉[①]。

---

① 作者 1937 年发表于《地质论评》第 2 卷第 5 期第 453—460 页的《遵化金矿简报》说:"民国二十四年二月二十五日作者应前冀北金矿公司王子文先生之约,同赴遵化一带金矿作短期考察,同行者尚有该公司工程师孙德卿先生。是日清晨乘汽车从北平出发,午后抵马兰峪东魏进河矿场。当日即考察附近地质,二十六日赴侯家沟、桃园、塔儿峪等金矿调查,返驻魏进河。二十七日经遵化县城至马蹄峪金矿考察,当晚仍驻魏进河。二十八日乘汽车返平。调查时承王子文、孙德卿二先生殷殷招待,并指教一切,书此致谢。"这段文字所述考察的时间(月和日)和过程与作者本人的日记完全吻合;然而它说此事发生在 1935 年 2 月;王仰之在其《中国地质调查所史》第六章中,大约就是据此也把"谢家荣调查河北遵化金矿地质"列入 1935 年(石油工业出版社,1966 年,第 171 页)。但作者的日记却是 1934 年 2 月,并且 1934 年 6 月的《国立北京大学研究教授工作报告》(第二次)对此事的记载也是 1934 年 2 月,由此可知作者在《遵化金矿简报》中和王仰之在《中国地质调查所史》中所说的 1935 年 2 月有误,其日记和《国立北京大学研究教授工作报告》记载的 1934 年 2 月是准确的。

是日 施塔赫博士致信谢家荣说：上封信误会了，有另一位先生因为岩煤胶片价格的事询问哥登教授，我把他错当成您了。之后去询问，胶片是否能从"Ufa"（德国胶片公司，成立于1917年）租借，结果是不租，只卖。但对比其价值，费用并不高，所以值得购买；胶片是为教学用的，无论如何它适用于大学和技术高校的教学。

二月二十六日 赴侯家沟、桃园、刘家峪、塔峪等金矿考察。

二月二十七日 晤遵化县县长李潮（号海寰），后至马蹄峪考察金矿，返魏进河，复骑牲口至老虎山考察金矿。

二月二十八日 考察魏进河附近各金矿，与兴隆县李县长用午餐后返回北平。

《国立北京大学研究教授工作报告》（第二次 中华民国二十三年六月）：

同年二月下旬，又偕冀北金矿公司总理王子文先生赴遵化县魏进河马蹄峪等处，考察金矿。此行为期不过数日，但采得矿石及围岩之标本甚多，足供研究之用。

（北京大学档案馆，第32页，档号 BD1934012）

三月十四日 回复帕特森2月26日的来信，感谢他寄来的历史地质学讲义，对没有时间修改地质学教科书一事表示歉意。

三月十八日 经济委员会公路处处长赵祖康先生曾致函谢家荣先生及地质调查所技师王竹泉，征询对于长兴油苗之意见。根据今年二月间实际观察之结果，并参考地质调查所计荣森先生之报告，作函回复。与王竹泉合著《致赵祖康先生论长兴油苗书》刊《自然》第二卷上册第68期。

《致赵祖康先生论长兴油苗书》指出：据此次之考察，长兴油苗之来源，"似有下列三说：（一）来自二叠纪栖霞石灰岩底部之臭味石灰岩。此岩出露于四亩敦以南数里，往往含沥青甚重，发生臭味，一经蒸压，即有产油之可能。但实地考察，尚无确据。（二）来自煤系以上之长兴石灰岩，时代亦属二叠纪。此层在长兴一带特别发育，在他处尚不多见。灰岩含沥青亦重，如经蒸压，亦能产油。（三）来自煤系本身。照目前事实论之，此说似最为可信"。认为"长兴油苗，仅系局部现象，无重视之价值。即使因为急切解决中国石油问题计，不能不特加注意，亦应先作详细之地质测查，然后始能及他。此时若骤以巨资作大规模之探勘计划，未免过早"。

三月中旬 翁文灏致函实业部部长：请假三月养伤，并建议由谢家荣代理地质调查所所长：

窃文灏于二月十六日由京赴杭，车覆受伤，入杭州广济医院诊治。承派朱技正特来慰视，铭感良深。现在伤势渐愈，惟须长期休养，拟请给假三月，以资调摄。地质调查所职务可否另令本所技师谢家荣代理，并候

鉴核施行。此呈

实业部部长

地质调查所所长　翁文灏(盖章)

（台北"中央研究院"近代史研究所档案馆所藏经济部档案，李学通提供）

是月中旬　实业部发出第九五六九号指令，准予翁文灏请假三月调摄，并派技师谢家荣代理所务。

三月二十六日　美国商务部矿山局试验站主任工程师菲尔德纳致信谢家荣称：刚刚收到沁园燃料研究室 14、15、16 期专辑，祝贺你的工作。煤化学家通常都对更多地了解其他国家的煤感兴趣。毫无疑问，在得到世界上所有煤的可靠的分析数据和实验资料后，便会对连续变化的特性有非常全面的了解。

三月　与翁文灏、丁文江、李四光、竺可桢、王庸、向达、张其昀、胡焕庸、叶良辅等发起[①]并在南京成立中国地理学会，被选为出版委员会委员。

李旭旦《解放前中国地理学会记事》：

1934 年 3 月，中国地理学会在南京成立。发起人翁文灏、丁文江、李四光、竺可桢、王庸、向达、张其昀、胡焕庸、谢家荣、叶良辅、洪绂、黄国璋、刘恩兰、曾世英、顾颉刚、谭其骧等四十余人。用通信方法推选翁文灏为会长，竺可桢、胡焕庸、张其昀、黄国璋、王益厓、张印堂、张星烺、董绍良、翁文灏为理事；张其昀为干事，胡焕庸为会计；张其昀(主任委员)、谢家荣、林超为出版委员会委员。普通会员 19 人，学生会员 23 人。机关会员五处：北平地质调查所、中央研究院气象研究所、南京中央大学、广州中山大学和国防设计委员会。

（《中国科技史料》1982 年第 2 期，第 83 页）

是月　所著百科小丛书第十种《煤》经改写后，纳入工学小丛书，由商务印书馆出版。

---

① 中国地理学会最早是由翁文灏、竺可桢和张其昀三人发起的。

四月三日　北京大学放春假,率地质系学生赴山东野外实习,乘火车赴济南,经张店、淄川,于 4 月 5 日抵达博山。

四月六—十日　带领学生赴郭大碗、黑山、八陡亭、钓虎峪、后峪北郎山考察,练习平板测量,研究煤层下部剖面,参观模范窑厂、玻璃厂。

四月十二日　偕齐鲁大学斯科特教授,带领学生赴鹊山、越山等处考察辉长岩。

四月十三日　从济南回到北平,下午见丁文江。

四月十九日　致信齐鲁大学斯科特教授,感谢几天前短暂停留济南期间给予的热情款待,代表校方感谢他不辞辛劳带领学生参观辉长岩小丘。告诉他学生们都对他们这次旅行所见到的东西非常满意,特别喜欢他在野外对济南侵入岩的解说;希望一俟做完所有积压的工作即能对这次采集到的矿物做点研究;翁文灏博士正迅速恢复,按照最新的消息,他已经不必去上海了;翁先生打算在杭州再待两到三个多星期,之后我们都希望他可以直接回北平;在翁不在时,我被委派代理他在调查所的工作。信件原文如下:

April 19，1934

Prof. J. C. Scott，

Department of Biology，

Cheelo University，

Tsinan，Shantung.

Dear Prof. Scott：

I am writing you to express once more my hearty thanks for your hospitality and courtesy during my short stay in Tsinan some days ago. For your trouble in leading the students to visit the Gabbro hills，I wish also to thank you on behalf of the University.

I returned here the last Friday on the 13th while the students came back on the 17th. They are all satisfied with what they have seen in this trip and are especially delighted with your explanation in the field on the Tsinan intrusives. As soon as I have cleaned up all the accumulated works，I hope that I may make some study on the minerals collected this time.

Dr. W. H. Wong is recovering rapidly and according to the latest news his moving to Shanghai has become unnecessary. Two or three weeks more rest at

Hangchow are contemplated by the Doctors and after that time we all hope that he may perhaps come derictly to Peiping. During the absence of Dr. Wong, I have been instructed to take temporary responsibility of the Survey's work.

Hoping that both Mrs. Scott and yourself will call on us in Peiping sometime in near future.

With best regards to Dr. Schuler and all of your family,

I remain,

Very sincerely yours,

C. Y. Hsieh

(谢家荣学术成长资料采集工程资料,存于采集工程数据库,档号 XJ－003－153)

四月二十日　比利时列日大学地质系莱格雷伊(M.Legraye)来信,称他对谢研究煤,特别是无烟煤的文章感兴趣,并寄上自己有关煤的几篇论文。

四月二十五日　Carlowitz 公司代表寄来 037 号报价单(一套完整的蔡司平板仪和望远镜照准仪和断面仪)。

四月二十七日　Carlowitz 公司代表来信称,已经从其上海办事处订了一套完整的蔡司平板仪和望远镜照准仪和断面仪,如果他们没有货,将把订货单直接寄给蔡司厂,请他们给我们新设备,仪器将转交给你试用。

四月三十日　8 时赴车站接从杭州回到北平继续治疗的翁文灏先生,见翁文灏后,偕同王绍文等赴天津,往北洋工学院。

是日　出席并代表翁文灏出席全国矿冶地质联合展览会筹备委员会第二次全体会议。

五月一日　自天津回到北平。

五月六日　在上海陶乐春举行的中国科学社第 117 次理事会上被公推为九人论文委员会委员之一。

中国科学社理事会第 117 次会议记录(1934 年 5 月 6 日):

五月六日下午七时在上海陶乐春开第一百十七次理事会。

出席者:胡步曾、胡刚复、秉农山、杨允中、周子竞(杨代)。

三、去年年会论文,国内社员有四十二篇,国外社员亦有十余篇,虽不可谓少,但以本社专门人才之众,一年之中仅有五十余篇,尚不足以充分表显,故本年期有一百篇以上,希望本届论文委员努力征求,并公推论文委员九人如下:

竺可桢(委员长)、张景越 、谢家荣、何衍璇、曹梁厦、茅以升、顾翊群、叶企孙、王家楫。

（《社友》第四十期，第 11 页，上海市档案馆，档号 Q546－1－65－152）

五月十一日　中国地质学会、北平博物学会在北平地质调查所图书馆联合举行特别会，悼念因心脏病突发，在实验室内逝世的步达生（Davidson，Black）。以理事长身份主持会议并宣读翁文灏的来函。

五月十九日　教育部发 6754 号聘书，聘请谱主为国立编译馆编译之地质学名词审查委员会委员。

五月二十日　带领北京大学二年级学生赴长辛店实习。

五月二十一日　基珀尔（Kipper）来信称：参观了华宝等煤矿，看了其附有地质图的报告。请将报告和地质图进一步加工。请给河北西北部煤田的情况和 1929 年发表在《中国地质学会志》的报告以及淄川、博山的文献和地质图。大约周四、周五来访。

五月二十四日　致信 Schmidt & Co.代表，请他寄莱兹偏光显微镜报价单。询问什么时候能够收到三瓶"Tonerde"，称很久以前就订了货，学校和调查所都需要这种研磨材料。

是日　回复齐鲁大学斯科特教授 5 月 18 日的来信：我们有很多莱兹显微镜，如果你们化学系的王教授想要，我们当然可以给。简短描述了这种显微镜。价格很难说，因为没有找到原始报价单。几天后可以寄给一些煤的薄片。

五月三十日　委托徐光熙代为出席在天津北洋工学院举行的全国矿冶地质联合展览会筹备委员会第 3 次常委会议。

六月四日　田奇瑋来信称，在湘颇陷孤陋寡闻之境，常思赴欧求学，以增研究能力，欲申请中华文化基金委员会的资助，请将此意转陈翁文灏。

季骅吾兄大鉴：

项自茶陵归来，接翁先生五月十日函，悉已移居北平协和医院，经过良好，短期内可望全（痊）愈，至为快慰。

此间情形，云卿①兄抵平时想已与兄谈及。湘南郴、桂等县现仍为李匪劫扰，情况并未十分见佳。盖湘政府对该股匪现始从事进剿也。王、张两兄将于日内往安化关，月尾可返长沙。熊、程两兄现是否在板溪或已往他处，未得明信，故兄函仍存弟处，未即转告。

---

①　即王竹泉。

　　弟在湘颇陷于孤陋寡闻之境,常思赴欧求学数年,以增研究能力,苦无财力,欲向中华文化基金委员会请求,资送出洋,又不知能否邀许。今春原拟将此意禀请翁先生设法,嗣闻遇险作罢。今闻伤势已痊,人亦清醒,故特函请吾兄于便中代弟转陈。丁先生前,亦请致意。无任感祷。

　　又近关于地质学方面各类书籍,国外有何新著,亦恳随时介绍为祷。耑此

　　敬请著安

弟　田奇瑶　上言

六.四.

　　(谢家荣学术成长资料采集工程资料,存于采集工程数据库,档号 XJ-001-004)

　　田奇瑶(亦作田畸瑐,1899—1975),字季瑜,湖南永定(今张家界市永定区)人,土家族,区域地质学家、古生物学家、地层学家。中国科学院院士。1923 年北京大学地质系毕业。曾任北京地质调查所实习员、技佐。1927 年后,任湖南省地质调查所技师、技正、主任、所长,兼任中央研究院地质研究所研究员,湖南大学矿冶系教授,对湖南省地质事业贡献卓著。长期进行区域地质、矿产地质调查研究工作。中华人民共和国成立后,历任政务院中国地质工作计划指导委员会委员、中南地质调查所所长、地质部中南局副局长兼特级总工程师、全国矿产储量委员会副主任兼总工程师、地质部地质矿产司副司长兼总工程师。早年致力于中国南方晚古生代和早中生代海相地层和化石研究,对湖南泥盆系及其头足类化石的研究尤为深入系统,涉及地层的全面划分对比、21 个化石带的建立、古生物群的分布与演化、古地理的阐述等,在地质学界被誉为"田泥盆"。1949 年应邀参加开国大典,到苏联讲学时曾受到斯大林的接见。20 世纪 50 年代以后,组织并参与中南及全国重点地区地质矿产勘查,参与制订数十种矿产勘探规范,审批了大量矿产储量勘探报告。所著《湖南泥盆纪之腕足类》是重要经典,《中国北部太原系海百合化石》是此门类古生物学之开创性著作。《中国的泥盆系》一文奠定了我国泥盆纪生物地层学划分对比的基础。

　　六月十七日　张更来信告知文化基金会准予补助他 800 元出国求学,但旅费尚无着落,请求援助:

季骅老师函丈:

　　敬禀者。生于四月初旬同叶左之先生暨陈恺君等赴浙江平阳调查明矾石矿,五月中旬顺便回舍一行,于昨日午后返抵首都。在此两个月中,因旅途跋涉,致缺

问候。伏维函丈清吉,为颂为慰。

昨读中华教育文化基金委员会来函,知已准予补助八百金元作为出国求学之费。若非鼎力援助,曷克至此,不胜铭感之至。虽补助款项已有数目,然旅费尚无着落,只恐画饼充饥,为之奈何,而时机一失,老大徒伤悲耳。万祈夫子,如有可以设法之处,为之援助为盼。至于敝所方面,因朱森君与生同时要求,成功则将来敝所之补助,必与朱君处同等机会,不能特别厚于生也。此事须待李仲揆、叶左之两先生来京时,与之面商,方可决定。而求学地点,则前与朱熙人君讨论,朱君说,补助费得乙等时,只宜在明尼苏达,若得甲等,则可至哈佛。昨日与孟应鳌先生讨论之,则孟先生主张,以哈佛为宜,因 Gratton 教授已有函复孟先生说,该校已有新式仪器,可以研究一切切片(Polished sections)也,但究竟如何,或另有第三完善学校,尚乞代为决定,并祈指示研究途径为祷。肃上,敬颂

钧安。

生　张更敬上
六月十七

朱熙人君现在何处,乞告示。生因出国求学,尚须与朱君商酌并询明一切也。又陈恺君在京尚须十日功夫,将此次调查结果核对,并将地质及地图画出后方可离京。又禀。

(谢家荣学术成长资料采集工程资料,存于采集工程数据库,档号 XJ-001-006)

六月二十日　翁文灏再呈实业部部长和次长,请给续假一个月,并仍由谢家荣代理地质调查所所长一职:

呈为呈请事:窃文灏前因车覆受伤,曾于三月中旬呈请给假,旋奉钧部总字第九五六九号指令,准予给假三月调摄,并派技师谢家荣代理所务,各等因在案。伏查假期迄本月中即当届满,伤势虽已逐渐就痊,尚未完全恢复原状,如期销假,仍恐有所未能。拟恳钧部准予续假一月,所务仍由技师谢家荣继续兼代。是否有当,理合备文呈候

钧复指令示遵。谨呈

实业部长陈

　　次长郭

　　　刘

地质调查所所长　翁文灏(盖章)
中华民国二十三年六月二十日

(台北"中央研究院"近代史研究所档案馆所藏经济部档案,李学通提供)

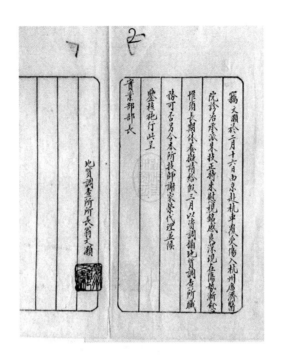

窃文灝於二月十六日由京赴杭車厰受傷入杭州廣濟醫
院診治承派朱技正蔣來慰視諴銘感良深現在傷勢漸愈
惟須長期休養擬請給假三月以資調攝地質調查所職
務可否另令本所技師謝家榮代理正候
鑒核祇行此呈
實業部部長
地質調查所所長翁文灝

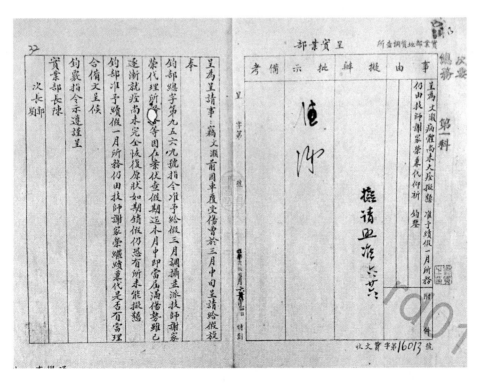

呈業實　　所查調質地部業實
部業實　呈

總務　第一科

事由｜擬辦｜批示｜備考

事由：呈為文灝病體尚未大痊擬懇　准予續假一月所務
仍由技師謝家榮兼代仰祈　鈞鑒

候辦
擬請照准

收文實字第16013號

呈為呈請事竊文灝前因車厰受傷曾於三月中旬呈請給假
奉
鈞部總字第九五六九號指令准予給假三月調攝正派技師謝家
榮代理所務等因在案伏查假期迫不本月中旬當屆滿傷勢雖已
逐漸就痊尚未完全恢復原狀如期銷假仍恐有所未能擬懇
鈞部准予續假一月所務仍由技師謝家榮繼續兼代是否有當理
合備文呈候
鈞裁指令示遵謹呈
實業部部長陳
次長郭

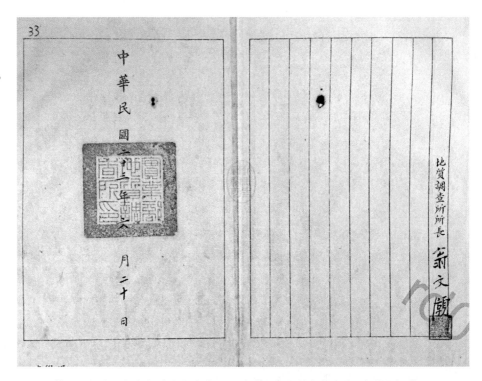

图 49 翁文灏呈实业部部长请由谢家荣代理地质调查所所务的函件(李学通提供)

六月三十日 南京设计委员会冶金研究室的普利尼(Pliny)来信介绍他的朋友和同事汉(Han)先生说,他将监督某些马鞍山铁矿石的化学分析,相信你会尽可能地帮助他,因为他在代替我做工作,请安排他见见翁先生,如果他有时间见来访者的话。

是日 致信瑞典乌普萨拉 T. G. 哈利(T. G. Halle)教授,确信他已经知道翁文灏在杭州附近不幸受伤的消息了。告诉他翁文灏已经迅速、奇迹般地恢复了,目前在家中休息。在翁文灏不在的时候,被委托代行使其在调查所的职务。给他寄了一份潘钟祥先生关于"北平西山双泉统植物群"的文稿,希望他不辞辛劳读完这篇文章并提出意见和建议。告诉他此文的难点是双泉统的时代:潘先生认为,尽管有许多石盒子组的种属,还是属于下三叠统。但斯行健先生看了潘钟祥的资料,坚信它们应该属于二叠纪,因为有大羽羊齿和其他许多类似石盒子组的种属。因此这个问题有待解决。期望哈利教授能给出一个最终的解决办法。信的原文如下:

June 30, 1934

Dr. T. G. Halle,

Riksmuseum,

Uppsala,

Sweden.

Dear Dr. Halle:

Perhaps you may not remember my name since it was long time ago that we met together in the Pinghsiang coal mine in Kiangsi Province. Although long time has elapsed, I am still working as a member of the Geological Survey. At the same time I am teaching geology in the National University of Peking.

I am sure that you have already been informed of Dr. Wong's accident near Hangchow. Although being badly hurt, he has rapidly and wonderfully recovered and at present he is taking rest at this own home here. During his absence I have been authorized to hold temporary responsibility for the Survey's affairs.

Now let me ask you a great favor. Under separate cover I am sending you manuscript of a paper on the "Flora of the Shuangtsuan series of Western Hills of Peiping" written by Mr. C. C. Pan, junior palaeontologist of the Survey. Will you please take the trouble to read over the paper and make some corrections and suggestions?

The difficult point in regard to Mr. Pan's paper is the geological age of the Shuangtsuan Series. According to field occurrence this formation may well be assigned to Lower Triassic, as it lies above the Hungmiaoling sandstone (a formation formerly also assigned to Triassic but now known to be of Permian) and below the Mentougou coal series, the latter contains typical Jurassic flora. With this argument in mind, Mr. Pan thinks that in spite of the presence of many genuses similar to your Shihhotze forms, this flora still represents a Lower Triassic age. On the other hand Dr. H. C. Sze has examined the material and believed strongly that they should belong to Permian on account of the presence of the gigantopteris and many other genuses similar to your Shihhotze flora. So the question is left opened and we would be greatly obliged if you could give us a final decision of the problem. Together with the manuscript we are sending you also seven plates of figures so as to enable you to have some idea about the actual appearance of the fossils.

　　Thanking you in advance for your kindness in doing us this great favor,

I remain,

Sincerely yours,

C. Y. Hsieh

（谢家荣学术成长资料采集工程资料,存于采集工程数据库,档号 XJ-003-161）

　　七月六日　偕张国淦同车赴天津,出席全国矿冶地质联合展览会开幕式。

　　七月七日　八时赴北洋大学。撰写《中国地质事业之回顾》。帮同料理并出席全国矿冶地质联合展览会筹备委员会第三次全体会议。

　　七月八日　上午招待来宾。十时许全国矿冶地质联合展览会行开幕礼。偕朱仲祥、李宇洁等赴中原公司吃午餐,晚赴河北省政府主席于学忠之筵。

　　七月十一日　张更来信称,已决定先入明尼苏达,但因许多报告未写完,还要准备材料,拟推迟行期,恐违中华教育文化基金会董事会科学研究补助金规定,请为留意,以免求学机会得而复失。来信全文如下:

季骅夫子大人钧鉴:

　　敬禀者:前月十七日奉上一函,谅登记室。

　　日前朱君熙人来函说及函丈,亦欲生先进明尼苏达大学,以免津贴有不敷之虞。生已遵钧意,决定先入明尼苏达,曾于复朱君函内述之。生因以前有许多报告都未结束,又欲预备多量材料之故,故八九月间难能出国,而敝同事朱森君又要生于十一月内同时东渡,故决定于十月或十一月放洋(视船期而定),但迟迟出国,对于中华教育文化基(金)会董事会科学研究补助金规程第七条"研究员须于通告给予补助之后三个月内开始研究工作,否则补助金即作为失效"是否冲突,请为留意,以免生之求学机会得而复失也。

　　至于路费一项,左之先生允为极力帮忙,大概薪水方面,可有完全保留希望,惟将来只能预支三四个月而已。缺少若干,生当能筹借,想不至发生困难。哈佛大学允许书已经寄来,惟明尼苏达方面尚未有书去。生拟请熙人君致函 Emmons 及 Gront 两教授,先为绍介,并由生致函该校注册处,说明一切。想不至于被拒绝也。

　　溽暑。万祈珍摄。敬颂

钧安。

生　张更鞠躬

二三,七,十一

（谢家荣学术成长资料采集工程资料,存于采集工程数据库,档号 XJ-001-007）

七月十一—二十六日 母亲在上海生病,奉电赴沪探望。离开北平前曾在地质调查所晤钱昌照,其间曾在上海晤丁文澜、徐厚孚,在南京晤钱昌照、杨公兆、李捷,并遇严济慈。

七月十五日 《中国地质事业之回顾》刊于天津《大公报》第13—14版矿展会特刊。文章概述了我国对于地质研究的历史,将其分为三个时期。第一时期为古代人士对于地质学理的贡献,如朱子语录论化石生成的理由,天工开物述矿产露头的变化和探索的方法,都很精当详切。第二时期为外国人来华调查地质的时期。第三个时期是中国人调查中国地质的时期——从民国二年起北平地质调查所正式成立后开始的,第一个到野外去的中国地质学家是丁文江。经过21年的工作取得了不小的成绩,虽然和先进国家比还有不小的差距。其次文章指出,虽不负地质调查的责任但对中国地质事业有重大影响且负有特殊使命即地质教育的责任者,就是国内各大学的地质系、地理系或其他相关的学系。文章列出了国内各地质调查机构及各大学内地质学系所在地点、负责人、成立的时间、机构内的编制及工作内容和出版品。所列地质调查机构及大学地质学系有:实业部地质调查所、北平研究院地质学研究所、中央研究院地质研究所、两广地质调查所(属中山大学)、湖南地质调查所(属建设厅)、河南省地质调查所、江西地质调查所(属建设厅)、陕西地质调查所(属建设厅)、浙江矿产事务所(属建设厅)、西湖博物馆(属浙江教育厅)、中国西部科学院、北京大学地质系、中山大学地质系、清华大学地学系。

是日 林文英来信表示,奉派调查西北公路地质,经验甚少,请赐相关资料。全文如下。

季骅先生大鉴:

　　久疏函候,歉甚。弟奉派调查西北公路材料,兹已抵陕,即将出发工作。惟弟经验甚少,对此大地,殊感茫然。拟请先生指示并赐与参考材料,如尊著《甘肃北部地质地形简说》(《科学》九卷十期)及六盘山剖面图。如蒙不弃,赠与一份,至深感激。贵所如有其他西北地质材料,甚望一并寄下。顷闻贵所有人在甘肃、青海等地调查,未知何人率领、考察范围、通信地址及构造近况,诸祈赐之为感。端此。敬颂道安。

弟　林文英谨上
七.十五.

通信处　西安　经济委员会西兰公路工务所转

　　(谢家荣学术成长资料采集工程资料,存于采集工程数据库,档号 XJ-001-008)

林文英(1911—1942),我国最早从事公路地质的工程地质学家,生于印度尼西亚雅加达,1933年毕业于中央大学地质系,随即入全国经济委员会公路处,奉派参加公路处与中央大学地质系和实业部地质调查所合组之四川地质考察团,到四川进行地质调查。1934年夏参加国防设计委员会西北考察团,考察陕、甘、宁、青、绥五省地质,进行甘新公路沿线地质调查,其后调查滇缅公路沿线地质、叙昆铁路宜宾昆明间沿线地质矿产、川滇公路泸县至曲靖及乐山—西昌公路沿线地质、黔桂铁路沿线地质。1942年5月在考察完宝鸡—天水一带的隧道地质后,遇车祸身亡,时年仅32岁。

是日 金开英赴欧考察途中,函告在轮船上的情况,并谈对陈列馆、沁园燃料研究室装修及化验室工作的意见。

季骅、柱臣两兄赐鉴:

在平蒙招饮,感谢。弟在京只逗留一日,在沪两日,即行上船,所有各种经过,谅吾兄等已知之甚详。

弟虽已在途中,但内中情形若何,则不得而知。总之,款已到手,人已在途耳。船上除甲板外,余甚热,将来过红海,未知热得如何。在船遇林文奎兄,伊赴意学习军事飞行,与林君同行共二十人,均为中国飞行家也。

在沪遇建筑师,谈及造筑事。陈列馆照原图,会议厅门北开门一扇,燃料室现规定各项工程(Lab. Plant,Gas Plant 及各种管子、电线等)不得超过五万五千元(连 Air compressor motor and Refort 均在内),未知以为适当否?石充君在所化验铜矿,现候韩君回京后再来。所有铁矿分析,杨公兆先生意欲本所负(职)责。将来铜矿分析为国防设计会借所中化验室自行分析。所有分析结果与本所无关。特此奉闻,望便中告知高、杨二君为荷。专此。即请

大安。

弟　英　拜启
七月十五日

铁仙、声骏及所中各友均乞问好。

(谢家荣学术成长资料采集工程资料,存于采集工程数据库,档号 XJ-001-024)

七月十七日 齐鲁大学生物系斯科特来信说,在矿冶地质联合展览会的第二天没能见面,但谭先生已将煤薄片转交他。下月初将去青岛度假,在那里试图做一点当地火成岩的研究,遗憾的是没有佩尔加斯(Parejas)教授论青岛火成岩体构造

线的文章。

七月十九日　田奇瓀来信告知文化基金董事会资送出洋事,明春实行,有丁、翁两先生从中维持及吾兄帮助,当不难如愿以偿。

季华吾兄大鉴:

前奉华翰,久稽裁覆,至为歉仄。昨德邺兄返长,晤谈之下,得悉翁师已完全恢复健康,无任快慰之至。嗣谈光熙兄因肺炎症三日即逝,惊悉之余,良用哀悼。又云卿、显谟两兄闻亦在病中,不识已占勿药否? 念念。现气候失常,灼热难耐,务希善自珍摄,稍减工作,是所至盼。

承寄俞端甫著《中国下石炭纪珊瑚化石》一册,已于日昨收到,谢谢。至弟请求文化基金委员会资送出洋研究事,决于明春实行。想有翁、丁两先生从中维持及吾兄帮助,当不难如愿以偿也。弟所欲研究者,除泥盆纪及石炭纪动物群而外,对于地文学及地质构造学,亦思作进一步之研究,俾异日归时,增加工作效能及兴趣。未卜尊见以为何如? 顾研究上列各学,究以何国为最便,又研究步趋应如何,均恳赐教。俾请求时有所遵循,无任感盼。专此。敬颂
暑安。

弟　田奇瓀顿首

七.十九.

(谢家荣学术成长资料采集工程资料,存于采集工程数据库,档号 XJ - 001 - 005)

七月二十一日　北京大学理学院发布 1934 年度新聘及续聘教授名单,李四光、王烈、谢家荣、葛利普、孙云铸、斯行健等名列其中[1]。

七月二十四日　叶良辅函告,矿展会开幕,理应来津捧场,奈天气炎热,心绪、经济亦窘,只好作罢。

季骅兄大鉴:

手示奉悉。陈恺之款,昨日始到,已经转交。光熙兄去世,本所同仁无不惊异而伤感。如此看来,人生在世,无甚意义。日本人的那种争天夺地,正大可不必。显谟为生肺病,又非吾人所能信;右之之死又岂吾人所逆料。诸如此类,无非使我等中年人早自消极而已。

陈君下星期内可北上;下半年陪同孟宪民君往云南调查铜矿,昨已由丁师

---

[1]　《北京大学周刊》第 104 号(即日刊 2989 号)第 1 版,1934 年 7 月 21 日。

说定。

矿展开会，理应来津捧场，奈气候炎热，心绪日恶，经济亦窘，只好作罢。承实教两部委为审查，愧不能尽义务，好在仲祥亦其一，当可为弟代表。翁师竟完全复原，真是大幸事也。草此，即请

大安。嫂夫人前问好。

弟　良辅顿首

廿四日

（谢家荣学术成长资料采集工程资料，存于采集工程数据库，档号 XJ-001-002）

七月二十五日　代表中国地质学会致函中央研究院，请将其所有之北极阁西北隅的空地三亩四分拨归中国地质学会。函件全文如下：

敬启者：本会自成立至今十有四年，一向并无会所，一切会务皆借北平地质调查所图书馆办理。兹因本会交换所得出版物日益增多，北京大学教授葛利普先生又将其私人图书赠送本会，亟应建筑会所，以供储藏。兹已募有捐款二万有余，拟于最短期间在京动工建筑，所需地亩原由地质调查所所有之中山门内地产酌拨，旋因政治区问题未决，市政府不肯发给建筑执照，遂至停顿。兹按

钧院所有北极阁西北隅有隙地三亩四分，可以为此项建筑之用，拟请

钧院拨归本会永远为业，以资提倡，无任感盼，特此函陈，伏乞

酌夺赐复为荷。此致

中央研究院

中国地质学会　谢家荣

二三，七，二五

（李学通提供，原件藏于台北"中央研究院"近代史研究所，档号 309-01-01-03）

七月二十七日　中央研究院总办事处函复中国地质学会 7 月 25 日的函件，全文如下：

　径启者：顷准

贵会函略开："本会自成立至今十有四年，向无会所，一切会务，皆借北平地质调查所图书馆办理，兹因本会交换所得出版物，日益增多，亟应建筑会所以供藏书，兹按钧院北极阁西北隅有隙地三亩四分，可以为此项建筑之用，拟请拨归本会永远为业"等由，当即呈请院长准核，顷奉批示"准照拨"等因，相应函复，即希查照为荷。

此致
中国地质学会

国立中央研究院总办事处

二十三年七月二十七日

(李学通提供,原件藏于台北"中央研究院"近代史研究所,档号 309 - 01 - 01 - 03)

是日　刘基磐致信谢家荣,告知于 17 日返回长沙,感谢在平津期间受到的热情接待,全文如下:

季骅吾兄大鉴:

在平厚扰,并荷

教益至深铭感。弟已于十七日返抵长沙。此番留滞平津,友好联欢,乐正未央,不觉荏苒,竟达月余,判别南归,为止黯然。酷暑诸维

珍重。尚此申谢,并叩

撰祺。

弟　刘基磐顿首

七月廿七日

(谢家荣学术成长资料采集工程资料,存于采集工程数据库,档号 XJ - 001 - 022)

刘基磐(1898—1986),字德钦,别号德村、德邨,湖南桂阳城关镇人。1915年考入天津北洋大学,攻读地质专业。次年回湖南考察,写出《湖南临武香花岭锡钨矿地质及矿产报告》。1919 年 8 月,以优异成绩考取清华大学留美官费生,赴哥伦比亚大学研究生院深造,一年后获硕士学位。随后去密歇根州学习铜、银选矿和铁矿开采新技术。1921 年秋,又赴伊利诺斯州立大学从事煤炭开采研究。1922 年秋回国,任北京师范大学教授兼博物系主任,教旋光性矿物学。1926年回湘,创立湖南地质调查所,任所长。率领全所人员踏遍三湘四水,测绘和编写湘南的《经济地质志》。后历任江华矿务局副经理、经理,锑业管理处处长,资源委员会第二特种矿产管理处处长。1950 年,任湖南大学矿冶系教授、中南矿冶学院地质系教授及教研室主任。主要著述有《湖南铜矿地质特点、工业类型及找矿预测》《湖南地质工作早期开展史略》《抗日战争中开发江华锡矿始末》及译著《铀矿床的成因》等。

七月　《石油》一书纳入"工学小丛书",由商务印书馆出版。

八月十四日 四子谢学铮出生。

谢学铮(1934—2006),1959 年毕业于北京地质学院石油与天然气勘探专业,分配在江西地质学院任助教。虽然体弱多病,但受父亲的影响,仍立志献身祖国地质事业。1962—1964 年在地质部江西省地质局从事煤田地质勘探工作。1964 年调地质部第一石油勘探大队山东区队研究队,从事石油勘探研究,任技术员。1966 年到甘肃省地质局第一区测队从事区域地质填图。1970 年转入石油部长庆油田研究院从事石油地质研究,任工程师。1980 年到中国海洋石油总公司渤海石油公司研究院任工程师、高级工程师,从事石油地质勘探研究工作。在 35 年的工作经历中,不畏基层的艰苦环境,始终坚持工作在石油地质勘探研究工作的第一线。其主持和参与研究的项目多次获奖。

八月二十一一二十六日 中国科学社第十九次年会在江西庐山莲花谷,与中国地理学会、中国动物学会、中国植物学会三团体联合举行。谱主未与会,但被推为九人组成的论文委员会委员,其余委员为:竺可桢(委员长)、张景钺、何衍璇、曹梁厦、茅以升、顾翊群、叶企孙、王家楫。[①]

九月二日 在《自然》第 2 卷下册第 92 期发表《煤之成因的分类》,将煤按照成因大别为四类:无烟煤类、木质煤类、沼泽中沉积之煤类和松脂煤类。

九月三日 偕程裕淇离开北平,赴湖南中部调查铅锌矿地质。

九月六日 参观武汉大学。

九月七一九日 自武汉经长沙抵湘乡。

九月十一十四日 自湘乡先后至拱子桥、龙口冲、江口冲、街埠头、鸦头山考察后抵达湘潭。

九月十五日 先乘洋车至文星阁大街,在湘江边搭划子过江,先后至惟一公司和谦颐公司考察,采集标本。

九月十六日 自湘潭到福田铺。

九月十七日 赴福田铺西的东湖,考察铅锌矿地质。

九月十八日 赴万人缘三座桥,再南行至南岳白云山麓而返。

九月十九日 经三座桥、司马岭等处,步行至衡山县。

九月二十一一二十五日 经大石岭、金珠堆、罗家湖等处,步行约 70 里,翻越大小山数座至银坑冲矿区,再经红水塅、吊马垅、荔枝垅,下矿井考察,经上下油屋、牙

---

① 《中国科学社第十九次年会纪事录》,上海市档案馆,档号 Q546-1-219。

鼓石、荆竺寺,至上东光山,考察矿苗后,再越三阳峰,考察大塘冲矿苗。又赴东部晓曙岭、松树塘等处考察,至米筛塘煤矿,归途至石窖垭考察。后经甘溪、雷家市入湘江,返回衡山县。

九月二十六日　自衡山赴衡阳。

九月二十七一十月四日　考察水口山各铅锌矿。搭押车赴松柏,沿途考察地质和一煤矿,后乘船赴衡阳。

十月五一九日　自衡阳至郴县,考察铁屎垅铅锌矿后返回衡阳。

十月十日　自衡阳赴长沙。

十月十一日　赴湖南地质调查所晤田奇㻬。

十月十四日　回到北平,结束历时 42 天的湖南中部铅锌矿的地质考察旅行①。

谢家荣、程裕淇《湖南中部铅锌矿地质》引言(摘录):

湖南铅锌矿分布甚广,据今所知,共不下二十余处。其中当以水口山为最著名,开采迄今四十余年,虽现在矿床已有垂尽之虞,然每日所产,尚足以维持一切开支而有余,其矿量之丰富,诚为国内其他各矿所不及也。荣等于民国二十三年九月奉本所之命赴湖南各属调查铅锌矿,于九月三日出发,十月十四日返平,历时约一月有半,其中费于往返行程、雨阻及休憩者若干日,故实际调查者亦不过一月有余耳。因为时间所限,故调查范围,仅及于湘中各部,自长沙出发,至郴县之铁屎垅而返。计调查所及之铅锌矿,共有五处,即湘乡之鸦头山,衡山之东湖及银坑冲,常宁之水口山及郴县之铁屎垅是也。

(《地质汇报》第二十九号,1937 年 3 月,第 1 页)

十月二十日　《北京大学周刊》刊出北京大学理学院教授课外指导时间表,谢家荣的课外指导时间为星期一、三、五上午 9 时至 10 时。②

十月二十一日　《北平晨报》刊出"北大理学院课外指导教授各系均已聘定"的消息,节录如下:

北京大学理学院数、生、化、物、品(地),五系课外指导教授,及每周指导时间,该校课业处已拟定公布,兹录如次:

---

① 调查湖南中部铅锌矿地质的行程详见谢家荣 1934 年的日记。
② 《北京大学周刊》第 120 号(即日刊 3005 号)第 3 版,1934 年 10 月 20 日。

图 50　谢家荣(右一) 1934 年考察湖南铅锌矿时留影

……

　　地质系：李四光，星期二、四、六，下午二时至五时。王烈，星期二、四、六，上午十时至十一时。谢家荣，星期一、三、五，上午九时至十时。葛利普，星期三、五，上午十时至十二时。孙云铸，星期一、三、五，上午九时至十时。斯行健，星期二、四、六，下午二时至五时。

[《北京大学史料》第二卷(1912—1937)，第 437 页]

　　十月二十九日　回复瑞典 T. S. 哈利(T. S. Halle)教授 8 月 21 日来信，告诉他刚从湖南旅行回来，收到了他的信和潘钟祥的文章，以及双泉植物群的插图。感谢他提出的许多修改意见。希望这篇文章很快发表。寄给他几篇自己煤岩学方面的文章。复信原文如下：

October 29，1934

Prof. T. S. Halle,

Naturhistoriska Riksmuseum,

Stockholm 50，Sweden.

Dear Prof. Halle：

I have just come back from a trip to Hunan and received your letter of Aug. 21 together with Mr. Pan's paper and illustration on the Shuangchuan flora. Both Mr. Pan and I thank you immediately for your kindness in reading through the paper and giving so many valuable corrections.

As understand，Mr. Pan has agreed to change his opinion and is now revising his paper according to what you have suggested. I hope that before long this paper will be soon published.

As you have perhaps already known that I have done some work with Prof. Gothan on coal petrography. Under separate cover I am sending you some of my work along that line.

Very sincerely yours，

C. Y. Hsieh

（谢家荣学术成长资料采集工程资料，存于采集工程数据库，档号 XJ－003－166）

是日　回复洛克菲勒基金会秘书玛丽·卡拉韦(Mary Callaway)女士 10 月 24 日来信，告诉她翁文灏两个月之前就已复职，因此有关詹先生和翁先生工作的任何信息请直接寄给他。詹先生和翁先生正在山东进行地质填图。回信全文如下：

October 29，1934

Miss Mary Callaway，

Secretary，the Rockefeller Foundation，

Hamilton House，170 Kiangse Road，

Shanghai.

Dear Miss Callaway：

This is to acknowledge the receipt of your letter of Oct. 24，concerning the transfer of Mr. Wong Ping-wei to Tsing Hua University.

Dr. W. H. Wong，the Director of the Geological Survey，has resumed his office since two months ago，therefore any communication relating to the work of Messrs. Chan & Wong should be sent to him directly.

Both Messrs. Chan & Wong are now doing some geological mapping work in Shantung.

Yours very truly,

C. Y. Hsieh

（谢家荣学术成长资料采集工程资料,存于采集工程数据库,档号 XJ-003-167）

十月 地质调查所准备迁往南京,北平决定成立分所。谱主被任命为北平分所所长。

王仰之《中国地质调查所史》:

1935 年冬,地质调查所南迁以后,原来北平的这一摊,早在一年前就决定改为北平分所,并于 1934 年 10 月任命谢家荣担任分所的所长。过了一年多,分所所长的职务又改由杨钟健担任。当时在北平任职的,尚有王竹泉、杨杰、张兆瑾、朱钦吾和新生代研究室的几个人。

（第 41 页）

十二月 在《地理学报》第 1 卷第 2 期发表《陕北盆地和四川盆地》。文章详细论述了两个盆地的地形地质特征,同时比较了两个盆地的异同:

现在我们把四川盆地和陕北盆地比较一下,看看他们有没有相同,或相异的地方:

先论相同的地方,确是很多:（一）四川和陕北都是标准的盆地,其面积也约略相仿。（二）两个盆地中都有中生代地层的沉积。（三）中生代地层皆受过褶皱,但不很强烈。（四）两大盆地内从没有见到火成岩,因之金属矿床（铁除外）也极为稀少。（五）于上侏罗纪或下白垩纪的时代,南北两大盆地内俱有淡水石灰岩的沉积,其中并含鱼化石。（六）南北两大盆地俱以产石油、石盐及油页岩著称,产油层恐怕都是属于三叠纪。

但仔细看起来,两个盆地的相异地方,还是很不少:（一）当三叠纪的时候,四川盆地还与海洋相通,因有飞仙关系及嘉定系石灰岩的沉积;但此时陕北盆地早已完全成为陆相或海峡沉积了。（二）四川盆地四周均为高山围绕,地形上十分显著;陕北盆地则不然,高山和盆地的分界,稍欠分明。（三）四川盆地之中,还有许多紧密的背斜层;陕北盆地则除断裂外,这种小褶皱,恐怕不多。（四）四川盆地自第三纪始新统沉积之后,即开始长时间的剥蚀,结果遂造成了这种馒头式的成年期

· 256 ·

图 51　1934 年摄于北平的办公室

地形。陕北盆地则不然,自上新统以后直至第四纪初期,沉积剥蚀的作用,相间而来。当沉积之时,有巨厚的红土、红色土以及黄土沉积,这种沉积,直至最近(相当于地文上的板桥期)方才开始剥蚀,结果遂造成了高原深谷的地形。换句话说,四川的地形已届成年之期,而陕北还在幼年时代,这是南北两盆地最不相同的地方。(五)四川盆地,是一个比较完整的盆形构造,所以在地面上发生的河流,约略成放射状排列,这种排列至今还可以看得出。陕北盆地是一个南北延长的向斜层构造,所以河流的方向,也多是自北向南,与地层走向相平行。

(《地理学报》第 1 卷第 2 期,第 12—13 页)

是年　任北京大学地质系教授(1934—1935 年度),教授普通地质学和矿床学。

北京大学地质系课程纲要及指导书:

普通地质学　　　　　　　 ⎰ 谢家荣
　　　　　　　　　　　　 ⎱ 高振西

每周讲演三时实习三时

内容：地球为天体之一——地壳之组成——岩石之类别——地壳之运动——火山
    现象——火成岩之产生——岩石之风化——侵蚀转运与停积——接触变
    化——各种地形——地史概略

参考书：Grabau's Text-book of geology, Part Ⅰ

选课注意：凡专习地质学者，必先学本课，最好于第一学年中选习之。

矿床学　　　　　　　　　{ 谢家荣
　　　　　　　　　　　　{ 金耀华

每周讲演三时实习三时

内容：绪论——矿床与岩浆之关系——矿床与水之关系——矿产之形状构
    造——矿床之结构及交换作用——矿床之蚀变及次生富集带之造
    成——矿床之分类

    各　论——铁——铜——铅——锌——银——白　金——金——锡——
    钨——铜——铋——砷——锰——锑——水银——铝——镍——钴等

    专论——矿床之地理及地史上之分布——矿床成因与岩石种别之关
    系——成矿哲理——矿床学发达史

参考书：W. Lindgren：Mineral Deposits.

　　　　R. H. Rastall：The Geology of the Metalliferous Deposits.

　　　　P. Niggli：Ore Deposits of Magmatic Origin.

实习用书：M. N. Short：Microscopic determination of the Ore Minerals. U.S.G.
    S. Bull. 825

　　　　Schneiderhöhn-Ramdohr：Lehrbuch der Erzmikroskopie

选课注意：凡选本课者须先习矿物学，能先习矿物光学及岩石学更佳，本课与
    矿床学（Ⅱ）有连续性，矿床学（Ⅱ）下学年讲授。

（北京大学档案馆，第 121、126—127 页，档号 BD1934009）

是年　被推选为北京大学校务会议候补委员，图书馆委员会委员(1934—
1935 年)。

一九三五年　乙亥(民国二十四年)　三十九岁

提要　北平。任职地质调查所北平分所所长,北京大学地质系教授。发表《扬子江下游铁矿志》《中国之石油》。调查福建安溪、永春、永泰等地的地质、矿产。

一月　所著《地球的内部是什么?》刊于《东方杂志》第 32 卷第 1 号。文章记述了古代学者对于地球内部的各种推想,概括了依据地表的地质观察和地球物理研究对地球内部物质组成的认识。依据地震波的方法将地球内部分为 3 个层圈,即外层圈、中层圈和核心圈,但据其物质组成只能知道其外层圈,至于中层圈和核心圈,只能暂时推想为金属硫化物。略为讨论了各层圈的组织情形,并列出"地球内部概况表"。

二月十四—十八日　中国地质学会第十一届年会在北平地质调查所图书馆举行。主持 2 月 14 日上午的开幕会,并在下午的会上发表理事长演说,题为"中国铁矿床的分类"——这是我国学者最早在学会年会上提出的关于中国金属矿床分类的论文,亦是两个月之后以"《地质专报》甲种第十三号"出版的《扬子江下游铁矿志》的一部分。

二月二十二日　北京大学地质系发布通告称:"关于本系本学期各年级野外实习事,业经本月十八日教授会议讨论决定,兹将各年级旅行次数、实习地点、出发日期及负责指导人员公布于左。"其中一年级野外实习 4 次,指导人为谢季骅、高振西,各次实习的时间、地点如下:

第一次　3 月 17 日,当日往返,西山红山口玉泉山一带。

第二次　4 月 8—14 日(春假一星期),张家口、汉诺坝、宣化烟筒山、下花园及南口一带。

第三次　5 月 5 日,当日往返,西山三家店、灰峪一带。

第四次　5 月 26 日,当日往返,西山鹫峰、温泉、黑龙潭一带。

通告提请注意:"四年级之独立工作,可与谢季骅教授及助教高振西君接洽办理。归来后,必须详细作成报告,于年考前交本系教授会评阅,且将以较高之百分率,计算于毕业成绩内。"[①]

---

① 《北京大学周刊》第 138 号(即日刊 3023 号)第 1 版,1935 年 2 月 23 日。

二月 所著《石油》纳入《新中学文库》出版。

三月十四日 致信大英博物馆斯潘塞,告知寄去一小木箱标本,包括53块不同大小的各种矿物,如果想要大一点的标本,可以来信。

三月 所著《中国之石油》一文,刊于《地理学报》第2卷第1期。文章再次指出:浅海相或海陆混合之海湾或三角洲地层最适合石油之产生。同时明确指出:陕北石油产在陆相地层中,而四川石油产在海相地层中。

开采石油,工业问题,亦一地质问题也。盖石油蕴藏地内,除偶有流出者外,绝鲜露头,故探勘之方,几全恃地质学上之原理,及石油之特性,以为推断。石油既为生物变化而成,则富于生物之海相(浅海)地层或海陆混合之海湾或三角洲地层,于石油之产生,最为适宜;至若全部属大陆性之沉积,或地质属火成岩或变质岩时,当绝对无产油之望,但油质自他处迁来而积蓄于此者,自属例外……

中国含油地层之时代,若川若陕,俱属三叠纪,在川者属海相,在陕者属陆相,衡以前述理论,则得油之望,当川甚于陕;若以油泉之多观之,则陕又远过于川。至论构造,陕北地层,褶皱过微,四川则背斜或馒头状之构造,到处皆是,是又川胜于陕之一证。今在陕北探矿之结果,既不尽失望,则四川更有一探之价值矣。

（《地理学报》第2卷第1期,第8页）

是月 所著《山东铝土矿之显微镜研究》(A Microscopical Study of the Bauxite Deposit in the Tzechuan-Poshan District, Central Shantung)刊于《地质汇报》第25号。此前王竹泉的显微镜研究认为,山东博山的铝土矿是含鲕状或豆状的圆粒、白色或棕色的显著非均性透明针状晶体。本文认为,王氏所说之铝土矿是高岭石的微晶集合体,而真正的铝土矿是棕色或黄红色的非晶质体。文章依据显微镜研究结果,指出对山东铝土矿的利用须加注意的问题,以及山东铝土矿的红土化成因。

四月一日 国民政府国防设计委员会与兵工署资源司合并,易名为资源委员会,隶属国民政府军事委员会,负责全国资源开发,经办国防工矿事业,以在中国腹地建立国防经济为中心。

四月十六日 《北平晨报》刊出《谢家荣休假》的报道,全文如下:

北大理学院地质系教授谢家荣氏,为美国理学硕士,对地质学、矿床学皆有独到之研究。自民国二十一年任职该校,迄今已历四年,成绩斐然,极受学生之欢迎。现谢氏因须赴闽研究沿海地层,及南岭山地岩石,北大教职势不能兼任,乃向该校暂请休假,以便专心研究。校方已允准,氏所任一年级地质学及三四年级矿床学,已另聘王竹泉教授继续担任云。

[《北京大学史料》第二卷(1912—1937),第 438 页]

四月　与程裕淇到福建调查安溪铁矿,顺道与夫人同赴上海,拟再接母亲去北平,但因母亲年事已高,体力日衰而未能成行。在福建的调查从福州到厦门,再经安溪到矿区。调查完毕,经永春、蒲田而至福州。调查工作从 4 月 13 日持续到 5 月 29 日。

谢家宾、谢家荣《谢母孙太夫人赴告》:

不孝家荣深以远离膝下为虑,乃于民国二十四年春乘赴闽调查矿产之便,又偕媳来沪,拟再奉先妣北上,车票行李皆已备齐,终以先妣此时年事已高,体力日衰,不耐行旅,遂不得不临时终止。

(谢家荣学术成长资料采集工程资料,存于采集工程数据库,档号 QT - 001 - 009)

谢家荣、程裕淇《福建安溪永春永泰等县矿产报告》:

民国二十四年四月,作者等奉实业部地质调查所之命赴福建考察安溪铁矿。抵福州后,先至厦门,搭汽车经安溪至湖头,乃调查珍地及潘田各铁矿。继又至永春,视察其西部铅坑之闪锌矿。由永春搭汽车返省后,又至永泰调查钼矿。前后经历约一月有余。

(《矿冶》第 8 卷第 27—28 期,第 1 页)

《谢家荣等调查闽南地质 四月二十日赴安考察铁矿》:

国立北平地质学校教授,北平地质所技师谢家荣(季骅),来闽调查永春、德化、永泰、安溪等县地质及矿产一节,经志前刊,查谢氏偕程裕淇来闽,向省府接洽调查事宜,于四月十九日由省搭海宁轮来厦,寓大千旅社,即于是午二时经嵩屿转漳州,沿途考察地质,并于昨午五时返厦,二十日由集美乘车赴安溪,考察地质,特别注意者为铁矿,闻安溪考察完竣后,乃经永春、德化、永泰等县考察,然后经省一行,将来时间如有余裕,或将再往他县考察。

(《蓝天月刊》1935 年第 6 期,第 27 页)

是月 与程裕淇、孙健初、陈恺合著之专著《扬子江下游铁矿志》(Geology of the Iron Deposits in the Lower Yangtze Region)刊于《地质专报》甲种第十三号。

翁文灏为《扬子江下游铁矿志》作序:

The riches of iron ores in China has been exaggerated by earlier authors, chiefly by Richthofen. Later investigations gave better idea on the true magnitude of the iron ore reserve. First attention was paid to a systematic survey of iron ore deposits in regions economically accessible since the beginning of the Geological Survey of China. Reports by several members of the Survey were summarized in the monograph "The Iron Ores and Iron industry of China" by Dr. F. R. Tegengren published in 1921 – 1924.

In the earlier investigations, the economic value of the ore deposits received the first consideration. Many scientific facts were not carefully observed as geologists were content of a general classification without looking into greater detail. Yet these facts can not fail to lead to a more exact classification which has not only scientific significance as to the origin and mode of formation of the deposits but also useful indication on the quality and quantity of the ores. Investigations of the latter type have been carried out in the recent years both in field and in laboratory, resulting in interesting new light on the iron resources of this country. Of these investigations, there may be distinguished two general categories, one on the iron ores related with igneous action, and the other on the ores of sedimentary origin chiefly oolitic ores. The present monograph by Prof. C. Y. Hsieh is a summary of the investigations of the first category.

The study of the iron ore deposits of the Lower Yangtze Valley is the work either by Prof. Hsieh himself or by other geologists under Prof. Hsieh's supervision. Besides many facts of deep scientific interest, it reveals some important relation between the origin of the deposits and the mineral composition of the ores. Whether the ores chiefly consist of magnetite, hematite, specularite, etc. is not a fact of mere chance; neither the association of the gangue minerals such as apatite, actinolite (altered into nontronite), alunite, barite etc. is without definite reason. All these are closely related with the mode of occurrence and stage of mineralization. And the facts are very well illustrated by the deposits in the Lower Yangtze region where they are closely associated in geographic distribution but showing distinctly different aspects of formation. This monograph is thus not only interesting from local point of view with more detailed information on the Yangtze iron ores but at the same time constitutes a contribution to the study on the ore deposits in genetic relation with igneous intrusions. The estimate of the ore reserve has been made also at a higher degree of accuracy because of the prospecting or mining work which has been developed after the earlier field observation.

Prof. Hsieh has translated in Chinese the manuscript of Dr. Tegengren on Chinese iron ores, and he has long years of experience in the field work. He is to write a general review of all the iron ores in China. In this monograph, besides the special study on the Lower Yangtze region, he gave also a summary of a new classification of Chinese iron ores and a new estimate on the probable reserve. We have thus in this paper a good resume of the existing knowledge on the iron ores in China although several other memoirs giving fuller details still remain to be published.

Wong Wen-hao

Director of the Geological Survey of China.

Peiping, the 15th May 1935.

译文如下：

中国铁矿的丰富，已经被早期的作者，主要是李希霍芬夸大了。后来的调查得出的铁矿储量比较切合实际。中国地质调查所成立伊始，就非常注意对经济较为发达地区的地区的铁矿进行系统的调查。1921—1924 年间出版的 F.R.丁格兰的专著《中国铁矿志》总结了地质调查所一些人的报告。

早期的调查中，铁矿的经济价值受到头等的重视。许多科学事实没有进行仔细观察，因为地质学家们满足于一般性的分类而忽视了许多细节。然而这些事实不能不导致一个不仅对于矿床的成因和形成方式具有科学意义，而且对于矿石的质与量也很有用的指标的、更为准确的分类。近年来已经在野外和室内进行了后一种调查，得出了对中国铁矿很有意义的新见解。这些调查可以分为两大类，一类是对与火成岩有关的铁矿的调查，另一类是对沉积成因的主要是鲕状铁矿的调查。谢家荣教授的这本专著是第一类调查的总结。

扬子江下游铁矿的研究既是谢教授自己，也是其他地质学家在他的督导之下进行的工作。除了许多具有深远科学意义的事实外，它还揭示了矿床成因与矿石的矿物成分之间的若干重要关系。不管矿石是否主要是由磁铁矿、赤铁矿、镜铁矿等组成的，这完全不是偶然的，方解石、阳起石（蚀变成绿脱石）、明矾石、重晶石等脉石矿物的组合，都不是没有原因的。所有这些都与矿化的产出方式与阶段有着密切的关系。扬子江下游铁矿很好地说明了这些事实，这里的铁矿在地理分布上密切共生，但形成方式却截然不同。因此，这本专著不仅从地方角度将因为有扬子江铁矿的详细资料而很有意义，同时也是对与火成岩有成因关系的矿床的研究的贡献。由于在早期的探测后进行了找矿和采矿工作，对矿石的储量也进行了比较精确的估算。

　　谢教授将丁格兰关于中国铁矿的手稿译成了中文，他有多年的野外工作经验。他要写一篇关于中国所有铁矿的综述。在这本专著中，除了专门研究扬子江下游地区外，他还提出了一个新的中国铁矿分类，并重新估算了可能有的储量。因此，我们在这篇文章中对现有关于中国铁矿的知识做了一个很好的简介，不过还有其他一些提供了更详细信息的论文仍有待出版。

中国地质调查所所长　翁文灏

1935 年 5 月 15 日于北平

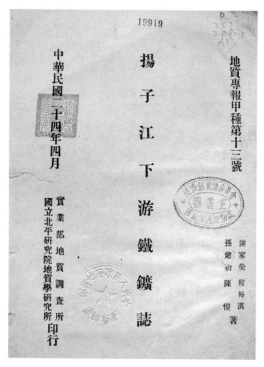

图 52　《扬子江下游铁矿志》封面

《扬子江下游铁矿志》第一章绪论：

本书内所述之铁矿，计有下列各处：（一）南京附近之铁矿，（二）当涂附近之铁矿，包括北中南三区，（三）铜陵铜官山及鸡冠山铁矿，（四）九江城门山铁矿。此外因矾化作用及矾矿与铁矿之成因，有密切之关系，故于安徽庐江之矾矿，另著报告附入。最后另附中国铁矿之分类一文，以作全书之结论。

本书内所述之材料，系于民国二十年及二十二年两次调查之结果。第一次调查，系由孙君健初与著者二人奉实业部及本所之命，前往江苏、安徽二省，调查铁矿，自二十年三月初至四月，共历一阅月。此行目的，注意于铁矿矿量及其他经济情形，以供当时筹建新钢铁厂计划之参考。第二次调查，系由陈君恺，程君裕琪及著者担任，于八月杪出发，除复勘第一次经历之各矿外，复至江西九江，调查城门山铁矿。当旅行之中，复承本所杨杰博士加入调查。城门山事毕，程陈二君驰往安徽庐江，调查该处之矾石矿，又至首都之南乡，勘查凤凰山等处之铁矿。此调查路线及行程之概况也。

《扬子江下游铁矿志》附录二《中国铁矿之分类》：

此次所提出之中国铁矿分类法，系参照最新矿床学理，以成因为主，以含矿层之种类时代及沉积方法等为副，共分为五大类十七式，每式以一地名名之，如山西式宣龙式等等是也。兹将全部分类表列如下。

甲．酸性或中性火成岩有关系之铁矿床，亦可称为岩浆矿床	（一）伟晶花岗岩或花岗岩中之镜铁矿——绥远式
	（二）磁铁矿、磷灰石及阳起石共生矿床——大凹山式
	（三）接触变质矿床——铜官山式
	（四）深造热液变质矿床——长龙山式
	（五）中深或浅成热液变质矿床——南山式
乙．水成矿床，即自水中直接沉积而成者	（六）层形赤铁矿及褐铁矿呈鲕状或肾状构造产于震旦纪地层中——宣龙式
	（七）鲕状赤铁矿产于晚泥盆纪之海相地层中——宁乡式
	（八）黄铁矿及赤铁矿之结核或晶片层产早石炭纪之煤系中——测水式
	（九）泥铁矿即碳酸铁成结核状或晶片层产侏罗纪煤系中——威远式
	（十）第三纪或第四纪？之湖沼铁矿——茂名式

丙. 风化残余矿床及在石灰岩或其他岩层穴隙中经冷水沉积之充填或交换矿床
- （十一）赤铁矿及褐铁矿成结核状、袋装或其他不连续之晶片层，产于奥陶纪石灰岩之侵蚀面或其上覆煤系之底部——山西式
- （十二）残余锰铁矿产于志留纪与泥盆纪间不整合层——钦县式
- （十三）其他风化残余矿床产于不同地层之中
- （十四）硫化矿脉之铁帽——易门式

丁. 砂铁矿床
- （十五）磁铁矿砂由古代结晶岩系蚀变而成——福建式

戊. 变质铁矿床
- （十六）磁铁矿片岩之由原生水成铁矿变质而成者——辽宁式
- （十七）磁铁矿片岩之成因不明者

从上述分类表可见与丁格兰氏之分类法，颇多不同之点矣。而其主要相异之处，有下列各项：

（一）丁格兰氏分类表中之所谓"太古界铁矿"，实属错误，因此项含铁地层之时代，据最近研究，已证明为五台系或旧元古系，而显然地较太古界为新也。

（二）此次分类对于与火成岩有成因关系之各铁矿，悉依其矿物之组织、地位之深浅，而详为分别，不若丁格兰氏，笼统合并于一种"接触变质矿"，有意义不清之弊。

（三）在水成铁矿之一类中，只包含直接在水中沉积之各矿床，至若风化残余矿床，如山西式铁矿者，则另列一类。丁格兰氏于此点未加详察，致将二者合为一类。

又如丁格兰氏之所谓萍乡铁矿，依据丁文江氏之调查，而独立为一类，名曰变质交代矿床，亦属大误。盖据最近研究，此种鲕状铁矿，俱系在水中直接沉积而成，虽初生之时，铁质或成碳酸盐或硅酸盐（绿泥石一类之含铁矿物），但不久即氧化而成为赤铁矿，故并无交代或变质之迹在乎其间也。

（四）将风化残余矿床，另列一类，已如前述。但属此类之铁矿，在国内尚不止限于山西式一种，如钦县式之锰铁矿，亦属重要矿床之一也。

郭文魁高度评价《扬子江下游铁矿志》：

谢先生早年在翁文灏 1920 年所提出的《中国矿产区域论》的基础上，编著了《长江中下游铁矿志》，对铁矿加以分类，提出了十多个式样。多年来它一直是长江

中下游找矿工作的重要参考资料。

(郭文魁等主编:《谢家荣与矿产测勘处——纪念谢家荣教授诞辰 100 周年》,第 6 页)

六月十九—二十日　中央研究院首届评议员选举预备会和选举会在南京举行。当选第一届评议会评议员。

七月二十六日　致信大英博物馆斯潘塞,告知已收到他寄来的两箱 61 块矿物标本,标本质量好,形状也都很好;不久前寄给他的中国矿物标本不如他寄来的这么精美。或许是因为中国缺乏深的矿山,而且大多数金属矿床的地面氧化带都已经采完了,很难采到好的晶体,最近得到了非常好的江西钨矿标本,显示了矿物组合和围岩,现正对其进行矿物学研究,研究一结束,会寄一些代表性的标本给他,供其进行比较研究。

七月　所著《河流之袭夺及其实例》刊于《地理学报》第 2 卷第 3 期。文章论述了发生河流袭夺的原因,列举了欧洲(法国东北部的河 Meuse,Moselle, Meurh)、美国(弗吉尼亚州北部的河 Potomac)、中国横断山脉水系与扬子江水系、山西滹沱河和北京西山的浑河的河流袭夺现象,剖析了这些河流袭夺的过程。

八月十二—十五日　中国科学社第 20 次年会在广西省政府举行。向年会提交论文《河流之袭夺及其实例》。①

十月四日　北京大学 1935 年度校务会议教授代表选举于上午 11 时在第二院会议室开票,计收选举票 45 张,理学院教授代表 5 人当选:谢家荣(28 票)、冯祖荀(27 票)、朱物华(20 票)、王烈(17 票)、雍克昌(15 票)。②

十月十三日　《自然》杂志第 150 期刊发谢家荣所著《北大地质系在中国地质研究上之贡献》:

民元以前,国人尚不知地质二字,作何解释,今则地质机关,全国已有六七处,大学之地质专科亦有三四处,每年刊印之地质报告及地质图常达百余种,对于学术之探讨,矿产之调查,每有重要发明,足供中外人士之参考,此其进步诚不可谓不多矣。

夫此二十五年中地质研究之成绩,固赖政府国民提倡之功,及当局诸先进惨淡经营之力,但我北大地质学同仁之贡献,亦殊多不可没者,兹乘本系新馆落成于双十节招待各界参观之日,略识数言,以资纪念。

---

① 《中国科学社第二十次年会记》,《科学》第 19 卷第 10 期(中国科学社 20 周年纪念号,1935 年 10 月),第 1629—1655 页。
② 《北京大学周刊》第 171 号(即日刊 3056 号)第 1 版,1935 年 10 月 5 日。

北大地质系因有著名古生物学家葛利普教授之长期训导,故自始即以地史及古生物二科,最有成绩,最早之毕业生中,如孙云铸君之于寒武纪化石,赵亚曾君之于石炭二叠纪化石,杨钟健、张席禔、王恭睦诸君之于脊椎动物化石,斯行健君之于植物化石,田奇㻛、黄汲清、俞建章、乐森㻅、计荣森诸君之于古生代腕足头足珊瑚诸类化石,皆有专门著作,其成绩早已彰彰在人耳目,最可惜者,乃赵亚曾君以稀世之才,竟于在滇省调查时,遇匪被害,此为本系最大之损失,亦全国地质界之大损失也。现孙云铸、杨钟健、斯行健诸君,皆为本系服务,田君则为湖南地质调查所主任技师,张席禔为清华大学教授,计君为北平地质调查所古生物副主任。黄、俞、乐三君尚在欧洲留学,他日归来,其成就当更有可观也。

但北大地质系之贡献,固不限于古生物或地史已也,关于经济地质者,则有侯德封君所著之中国矿业统计,已成为全国惟一可靠之参考资料。王绍文、王恒升、何作霖、喻德渊诸君之于矿物岩石,朱森、李春昱、丁道衡诸君之于地文及地质构造,亦俱有重要著作;而尤足震撼世界者,则裴文中君之发现周口店猿人头骨是也,现裴君已赴法国专研考古学,王恒升、朱森、李春昱、丁道衡诸君亦皆陆续赴欧美留学,将来造就之宏,拭目可待也。

至于较近期之毕业生,虽为时较短,亦已成绩斐然,如潘钟祥君之于植物化石,高振西、熊永先二君之于中国震旦纪地层,高平君之于浙赣地质,陈恺君之于北平西山构造及火成岩,王钰、马振吉诸君之于地下水地质,皆已刊有重要著作。又如已故李殿臣君之对于两广地质,发明颇多;常隆庆君服务西南科学院[①],为调查川边地质,尝深入苗猺,不顾危险,其精神亦甚可佩。最近赴欧留学者,又有胡伯素、杨曾威二君,杨君改学地理,科目虽稍殊,然其同属于地的科学则一也。

又尝考我国地质机关之最大者,当推北平之地质调查所及南京之地质研究所,而本系同仁,皆为其重要职员,此外若湘、川、陕、赣、粤、黔诸地之地质调查所,莫不有本系毕业生之代表,而遥远之地质远征队中,更不少有北大同仁参加,最近如周宗俊君之赴甘青,陈恺路兆洽二君之赴云南,即其例也。

以上所述,仅其大较,挂漏之处,自知难免,但即此已可略见本系同仁服务之精神,及贡献之一斑矣。

十一月四日　寄书 6 本予程裕淇,6 日程裕淇致函表示感谢。

十二月十五日　在《自然》第 159 期发表《以假乱真的地质现象》:

---

① 　即中国西部科学院(编者)。

图53　1935年10月24日,谢家荣(右二)、蒋梦麟(右三,时任北京大学校长)在天坛祈年殿留影

图54　1935年,葛利普(前排右二)、翁文灏(前排右三)、谢家荣(前排右四)齐聚兵马司胡同9号地质调查所

图 55　1935 年与家人摄于北平

　　我读了最近自然周刊斯行健先生所著的《假化石》一文,使我感到十分的兴趣。斯氏的文章,仅仅是限于化石,但实际上一切地质现象,都可以以假乱真,鱼目混珠,观察稍不精细,就容易蒙混误解了。此在没有充分地质学识的人们,更容易发生误会。记得民国五年,报纸宣传,宜昌石洞中忽然发现了一条石龙,据说是鳞爪宛然,惟妙惟肖。当是时袁世凯正做皇帝梦,阿谀之流,就乘此散布帝王出世的谣言。稍解科学的人,不免疑心是古代动物的化石,但我们当时就断定为一种寻常的石笋,而不是真正的化石,后来见到标本,就知所料不错。当时章鸿钊翁文灏诸先生,都曾著论纠正。

　　在中国有一个最大的误解,就是把那些寻常的石头,尤其是那种玲珑透彻假山石一类的石灰岩,硬称为落星石。所谓落星石就是从天上落下来的陨石,系代表太阳系中星体破裂的碎块,常具有显著的组织成分和构造,但是现在在中国许多古庙里保存的所谓落星石,差不多十分之十是寻常地上产生的顽石,北平郊外积水潭的落星石也是一样。据我所知道的真正中国陨石,总共不过三四块,并且都是经过许多人亲眼看见落下来的。所以我现在对于传说的陨石,是万分的不相信,伦敦博物院矿物部主任斯宾塞(Spencer)先生曾写过一篇《假陨石》文章,他说,有一次有人向博物院兜售一块中国陨石,要价非常之昂。斯氏为郑重起见,要求先看货色,但不看则已,一看却是一块古怪精灵的假山石——石灰岩——上面还刻着许多名人题词,描写它由天空落下来的情况!

以假乱真的情形,就是专习地质的人们,也免不了错误,斯行健先生文章里已经说了许多例子。数年前有人在绥远某地发现了一块脉形清晰,但是组织异常奇特,不能定为属于任何种属的植物化石,当时曾有专家拟作一篇专精研究的论文。但后来经我一看,原来是薄炭层上的许多裂纹,不过裂纹的排列,细密有序,正如植物化石的脉络一样。倘若仔细考察,这细裂纹中还有方解石矿物的充填,如果是植物化石的印痕,那末只有隆起或下陷,而绝不能裂开以容纳这后来的充填物了。

石炭中有一种名叫 Boghead Coal,倘将它磨成薄片,置显微镜下考察,就可看到许多黄色细小的透明体,上面还有细胞的组织。这种黄色透明体最初由法国 Renault 及 Rertraus 二氏研究,断定为一种藻类植物的遗体。后来美国 Ieffiey 教授用他的新方法来研究,却认为是一种胞子。同时德国的 Potonie 氏更进一步地说这简直不是生物遗体,而是一种胶状结合物,他是用实验来证明。所以这种黄色透明体的来历,就发生大大的问题了。到后来俄国的 Zalesky 和美国的 Thiessen (他本来也是反对藻类说的人),俱发现了许多现代分泌油类的藻类植物,他的形态和煤中的黄色透明体一般无二,于是藻类说遂告成立,人们所怀疑的假化石,其实还是真化石。从这一段故事,可见我们要纠正他人的错误,必要自己先有可靠的证据,否则率尔论断,纠纷愈多了。

斯行健先生对于中国震旦纪地层中的 *Collenia*,发生疑问,是不无相当理由的。但倘以 Liesegang's 的流散作用来解说,恐怕还甚牵强,因为这种构造太繁复了,绝不是"李氏圈"Liesegang's ring 那样的简单。近来我研究中国铁矿,发现宣龙铁矿层的所谓肾状构造,颇值得注意。这种构造在层面上看,好像许多结核的集合体,而每个结核,系由同心环状的细铁层组织而成,在垂直于层面的剖面上看,这种环状的堆积,延长甚长,造成管状的构造。所以我的意见,宣龙铁矿层中的肾状结构,可与 *Collenia* 或最近杨杰先生在山西五台山地层中发现的 *Gymnosoleum* 一类的化石相比较。杨氏发现化石层的时代是否属五台纪,大是问题,或者还是震旦纪。最近葛利普教授告诉我,挪威北部发现 *Gymnosoleum* 的地层,从前因为它位于寒武纪地层之上,以为属奥陶纪,但据最近研究才知这种接触,是一个逆掩断层,所以它的时代应当与 Grenland, Spitzbergen, Siberia 等处产生同样 *Collenia* 或 *Gymnosoleum* 的地层相当,而同属于震旦纪了。由此看来,所谓 *Collenia* 一类的物质,不但有精密的构造,并且还有一定的层位,所以它的来历问题,就大堪研究了。我们在没有确实证据之前,一定要说它是"假化石",也不免近于武断。

上面不是说过么,一切地质现象,都有以假乱真,鱼目混珠的危险。中国有许多地方,从前有人认为有火山喷口的遗迹,但后来研究,渐渐证明其不确了。中国在近时代内是否有冰川现象,还是一个未决问题,但据专家的调查报告,各人有各人的见解,同样的事实,推解不同,所得的结论,也就大相径庭了。总之,地质现象之发生,常在数百千万年以前,因为谁都不能亲临观察,只能凭现在看到的事实,来推想从前的情况,这其中的不准确和误解的地方,也就可想而知了。

十二月　与程裕淇合著之《福建安溪永春永泰等县矿产报告》在《矿冶》第8卷第27—28期刊出。此乃本年4—5月赴福建考察后撰写的《地质汇报》第27号《福建安溪永春永泰地质矿产》(Geology and Mineral Deposits of Anchi, Yungchun and Yungtai Districts, Fukien Province)的中文版,简述了潘田铁矿、珍地铁矿、永泰钼矿的位置及交通、地形、地层及构造、矿床特征,以及永春铅坑闪锌矿的矿化特点。

是年　任北京大学地质系教授(1935—1936学年),讲授普通地质学、构造地质学、矿床学。

《国立北京大学一览》地质系:

理学院　地质系课程一览　二十四年度
本系教员一览
主任兼教授:李四光(李仲揆)
名誉教授:翁文灏(咏霓)
教授:王烈(霖之)　谢家荣(季骅)　斯行健(天石)　丁文江(在君)……请假
葛利普(A. W. Grabau)　孙云铸(铁仙)……休假

课程纲要

普通地质学　教员谢家荣　每周讲演三小时实习三小时

内容：地球为天体之一—地壳之组成—岩石之类别—地壳之运动—火山现象—火成岩之产生—岩石之风化—侵蚀转运与停积—接触变化—各种地形—地史概略

参考书：Grabau's Text-book of Geology，Part Ⅰ.

选课注意：凡专习地质学者，必先习本课，最好于第一学年选习之。

构造地质学　教员谢家荣　每周讲演一小时，实习两小时

内容：1. 绪论：构造地质学之意义—构造地质学与其他学科之关系—构造地质学之目的

2. 各种岩石之物理性质

3. 动力与形变关系

4. 各种构造单位分论：褶皱，断层，节理，劈开等

5. 未固结沉积物中之构造

6. 构造与地形的关系

7. 关于地质构造之重要学说与理论

8. 构造区域略论。特别注重中国。

参考书：Nevin：Principles of Structural Geology.

　　　　Leith：Structural Geology.

实习材料：

地形及地质剖面图作法—地形与地质露头之关系—各种倾角及走向之求法—矿区范围及矿层深度之计算—地层厚度之计算—断层褶皱及他种构造单元地层露头之影响—断差之测定—不整合之认识—地质图之认识及推解—地质测量法概要。

矿床学(一)　教员谢家荣

内容：本课程分为非金属与金属两部，三四年级合班，年授一部，轮流开讲，二年完毕，每部每周讲演三小时，实习二小时。

金属之部，分为总论各论及专论三篇。总论包括下列各章(一) 绪论(二) 矿床与岩浆之关系(三) 矿床与水之关系(四) 矿床之形状构造(五) 矿床之结构(六) 矿床之蚀变及次生富集带之造成(七) 矿床分类。

各论分为(一) 铁(二) 铜、铅、锌、银(三) 铂、金、银(四) 锡、钨、钼、铋、砷(五) 锰、锑、汞、铝、镍、钴等质，除世界著名之外国实例略述其地质矿床等情形外，皆以本国矿床为教材，俾初学者易于领悟。

俟学者于矿床学识得一普通观念以后,复专论几种理论问题如(一)矿床之
地理上及地史上之分布(二)矿床成因与岩石种别及构造之关系(三)成矿
哲理(四)矿床学发达史。

金属矿床实习分为下列各项:(一)不透明矿物之研究及鉴定,分为寻常显
微镜观察,侵蚀研究,反射光率测定,显微镜下化学分析,分光镜分析等等。
(二)中国重要矿床标本之研究,分为肉眼视察及显微镜研究等。

教科书:W. Lindgren:Mineral Deposits. 4th Edition

      R. H. Rastall:The Geology of the Metalliferous Deposits.

参考书目不及备载。

此外为增长学生之实地经验起见,每年至少举行一星期左右之矿山视察旅行
其时间地点随时酌定。

矿床学(二)每周讲演三小时实习二小时

内容:非金属之部分为煤,石油,建筑石材,黏土,水泥材料,肥料矿产,盐类,
研磨料,宝石及其他非金属矿床等,而于煤及石油之实习特别注意。分为
(一)煤之肉眼观察(二)煤之显微镜研究(三)煤之侵蚀及酸解研究(四)煤
及石油各种物理性质之鉴定等。

教科书:H. Ries:Economic Geology. 4th Edition.

      Bayley:Non-Metallic Minerals.

参考书甚多。

(北京大学档案馆,第 105—111 页,档号 Z11 - 17)

是年　被推选为北京大学校务会议委员和图书馆、仪器、学生生活辅导委员会
委员(1935—1937 学年)。

一九三六年　丙子(民国二十五年)　四十岁

提要　北平。任北京大学地质系主任。创办《地质论评》。发表《中国中生代末第三纪初之造山运动火成岩活跃及与矿产造成之关系》(On the Late Mesozoic-Early Tertiary Orogenesis and Their Relation to the Formation of Metallic Deposits in China)、《中国之矿产时代及矿产区域》。

一月五日　地质学家、中国地质事业的开创者和奠基人之一丁文江在湖南衡阳考察谭家山煤矿时煤气中毒,医治无效,在长沙湘雅医院逝世,终年50岁。

一月七日　与周赞衡、黄汲清、杨钟健、尹赞勋、金开英诸人被聘为地质调查所技术职员因公死伤特种恤助审查委员会委员①。

一月二十六日　中国地质学会第12次年会在实业部地质调查所新厦(南京珠江路942号)举行。主持上午的会议,在致辞中指出:丁文江先生的逝世"不仅为地质界之大损失,亦为全国之大损失,噩耗传来,全国悲痛",乃请全体起立,默哀三分钟,以志哀悼。之后,请翁文灏报告丁文江的生平和对中国地质学会的贡献,再请黄汲清报告丁文江对于中国地质的贡献。

《中国地质学会第十二次年会记事》:

二十六日上午九时半在水晶台地质调查所会场开事务会,到会者共有七十余人,因理事长叶良辅君因病未能出席,改由理事会公推翁文灏、杨钟健、李毓尧、李学清、张席禔、谢家荣等为主席团。是日上午之会由谢家荣主席,先报告开会意义,并感谢各地会员不辞道远来京出席之热忱。继谓本届年会在地质调查所新建筑内开会,本属极可欣慰之事,但同时有一极不幸之事发生,即地质界先进本会之创造者丁在君先生,在衡阳考察煤矿时偶中煤毒,医治无效,竟于一月五号卒于长沙湘雅医院。丁先生之死,不仅为地质界之大损失,亦为全国之大损失,噩耗传来,全国悲痛,敬于开会之第一日,举行简单纪念会,乃请全体起立静默三分钟,以志哀悼。继请翁文灏君报告丁氏事略及对于本会之贡献。翁氏略谓在君先生是开始中国地

① 李学通:《翁文灏年谱》,第104页。

质学工作之一人,彼尤注意于野外调查,无论在当所长或当教授时,俱能身体力行,毫不苟且,因是给后进者以最好之模范。在君先生在滇、黔、桂三省所得之地质资料,异常丰富,但因慎重故,尚未能充分发表,殊为遗憾。除地质学外,彼于地理人种历史等学术,俱有深切之研究与贡献,而于政治,尤属关心,每思以实事求是之精神,为国努力。字林西报谓丁先生是'一个真爱国者'诚属最确当之评论也。在君先生对于本会之热心,尤属难得,如发起募集基金及向各方捐款建筑南京本会会址,彼又请葛利普先生将全部古生物图书,捐与本会。凡此贡献,皆能予本会以固定不灭之基础,而足为后来之景式者也。继由主席请黄汲清君报告丁氏在中国地质上之关系。黄君先略述丁氏在中国西南及南北各省地质考察之经过,及其已出版之论文,继谓丁氏在地质学上之贡献,当以志留泥盆石炭二叠及新生代各纪最为重要。丁氏调查之区域虽多,尤其在西南各省,但出版者尚属寥寥,现地质调查所已请尹赞勋黄汲清二君整理丁氏笔记,不久即将由所出一专报纪念丁氏云。

(《地质论评》第 1 卷第 1 期,第 81—82 页)

主持下午的论文报告会,并宣读论文:《湖南中部之铅锌矿》,指出水口山方铅矿内含砷黝铜矿,故含银。

一月二十七日 上午出席中国地质学会第十二届年会的全体会员参观峨眉路 21 号的学会新址位于北极阁的中央研究院地质研究所,以及中央大学地质系的实验室、图书馆等。在下午的论文会上讨论葛利普的《依据脉动学说来划分古生代系统并各系统名称之订定》时,代表葛利普作说明。在晚 8 时的理事会上当选为丁文江基金保管委员会委员、学会会志编辑,其创办学会中文刊物《地质论评》的提议得以通过,并被推举为编辑部主任。

《中国地质学会第十二次年会记事》:

下午二时开论文会,主席李毓尧,先讨论葛利普提出之《依据脉动学说来划分古生代系统并各系统名称之订定》。因葛氏未出席,由计荣森将全文大意,代为说明,并于黑板上列一简表。继即付讨论,首由翁文灏发言谓葛氏所拟新名,多有用中国地名者,而脉动既包括全球,则此种定名,似属未妥。翁氏又谓新系统名称中若 Cambrovician, Siluronian 等新旧合参,恐多混乱,反不如全部另创新名,如第一层第二层第三层 Primarian, Secondarian, Tertiarian 等之为简捷了当。翁氏末谓照脉动学说则全世界各处之造山运动,应属一致,无分轩轾,但何以太平洋沿岸之中生代运动(燕山运动及赖拉米运动等)甚为剧烈,而大西洋沿岸则轻微不着乎?

关于翁氏质问之第一点,当由谢家荣代为说明,据谓葛氏拟用之新名,如山东系云南系等,仅指每纪中之一部或此部中之有特殊化石或其他情形,不能以欧美名称泛指者,至于系统总名,则仍取标准地点之通用名称。

(《地质论评》第 1 卷第 1 期,第 83—84 页)

一月二十七日晚八时开理事会,出席理事翁文灏、杨钟健、冯景兰、张席禔、黄汲清、谢家荣等六人。先推选理事会职员,投票结果,杨钟健当选为理事长,黄汲清为书记,冯景兰为会计。助理书记及会计仍请计荣森钱声骏担任,次于议决左列各案:

(一)翁文灏理事提出丁在君先生纪念金原则,原案通过(详文列后)。

(二)推举竹垚生、金叔初、翁文灏、李四光、谢家荣等为丁氏纪念基金保管委员会委员。

(三)本会基金委员会委员丁文江出缺,推举黄汲清继任。

(四)推举翁文灏为本会会志编辑主任,谢家荣尹赞勋袁复礼为编辑,高振西赵金科为助理编辑。

(五)核准北平会员组织中国地质学会北平分会。

(六)谢家荣等理事提出由本会发行一中文刊物,名曰地质论评。一致通过,并推举谢家荣为编辑主任,尹赞勋(无脊椎古生物)、杨钟健(脊椎古生物)、田奇㻬(地层)、李四光(构造地质)、李学清(矿物)、孟宪民(经济地质)、袁复礼(地文)、章鸿钊(动力地质)、斯行健(古植物)、冯景兰(岩石)等为编辑。

(七)推举计荣森继续编著中国地质文献目录。

(《地质论评》第 1 卷第 1 期,第 87 页)

一月二十八日　中午应胡肖堂与张晓峰之约,在美丽川用午餐,到者还有翁文灏、竺可桢、冯景兰等。在下午的论文会上,张席禔宣读论文《中国中生代地层之讨论》,说明各系地层之性质、分布及比定,与杨钟健、袁复礼参加了讨论。

一月二十九日　上午参观地质调查所之陈列室、图书馆及实验室等。中午应竺可桢之约往皇后饭店用午餐,到者还有杭立武、张晓峰、胡肖堂、沈鲁珍、朱庭祜等。在下午的论文会上宣读论文《中生代末及第三纪初之造山运动岩浆活动及与金属矿床产生之关系》。

《中国地质学会第十二次年会记事》:

一月二十九日(星期三)上午十时参观水晶台实业部地质调查所之陈列室图书馆实验室等。下午开论文会,在中央大学地质系教室举行,由杨钟健主席。先由谢家荣提出《中生代末及第三纪初之造山运动岩浆活动及与金属矿床产生之关系》，谢君将燕山运动扩大为五期，而其中之四期，俱有岩浆活动以继其后，并因之而造成金属矿床。谢氏从构造及岩浆侵入立论，分为六个矿产时期，而研究其地理上之分布，又可分为十余个矿产区域云。继由朱熙人、冯景兰、喻德渊、袁复礼、张席禔、朱庭祜、黄汲清等参加讨论。

（《地质论评》第 1 卷第 1 期，第 85—86 页）

一月三十日　第 12 届年会结束后，举办会后地质旅行。分为两组，谱主与袁见齐率领其中一组(19 人)考察凤凰山、牛首山、青龙山铁矿。

二月十日　为许那德勋氏著《矿床学》[载《德国自然科学大辞典》(再版)第三卷第 844—882 页]撰写述评，后刊于《地质论评》第 1 卷第 1 期，署名"庸"。述评介绍了许那德勋教授的矿床分类大要，指出：

此德国弗莱堡大学经济地质学教授许那德勋氏在自然科学大辞典中关于矿床学一字之说明也。全文虽不及四十页而于矿床学之大意，尤其对于分类之原理及各类重要之实例，解说详明，恰如一部矿床学巨著之缩本。全文分为总论及各论两部，总论甚短，仅述定义范围及分类原理等。许氏以矿床既属岩石之一，故亦可照岩石学之研究，分为水成火成及变质三大类。火成一类，最为重要，且随岩浆分异之进行，而得一自然之程序。各论则依许氏本人提出之分类法，逐类论述，并列举世界著名实例，以资说明。

（《地质论评》第 1 卷第 1 期，第 73 页）

二月二十日　撰写林文英著《甘新公路地质调查报告》述评，后刊于《地质论评》第 1 卷第 1 期，署名"庸"。述评指出，公路与地质之关系，国内很少注意，而林文英对此研究甚为努力，他于 1934 年 7 月随张其昀赴西北考察公路，1935 年 5 月调查甘新公路甘肃段。调查报告对沿路筑路材料的供给、路基土壤的优劣以及考察经过等情形，尚能得其概要，但未附较大比例尺的平面路线图、示路基性质之分布及筑路材料的地点，似属缺点。

是日　鉴于到本年 10 月有 7 位理事任满，中国科学社第二十一届司选委员会依据社章第 48 条提出下届候选理事(32 人)名单，谱主名列第 29 位。[1]

---

① 中国科学社：《社友》第 53 期，1936 年 2 月 20 日。南京：中国第二历史档案馆，全宗号 393，案卷号 2977，第 284 页。

二月二十四日 为德日进所著《山坡砾石层在地质研究上之意义》撰写述评，后刊于《地质论评》第 1 卷第 1 期，署名"庸"。《山坡砾石层在地质研究上之意义》是德日进提交第 16 次国际地质大会的论文，附 3 张剖面图和 1 张平面图。德日进在西北、华南、华北等地进行了多年考察，发现山坡砾石层在震旦纪、泥盆纪、石炭二叠纪、侏罗白垩纪以及第三纪俱有其例，且颇有规律可循，研究其分布有 5 个方面的意义。德日进的文章指出了山坡砾石层的 4 个特点，并绘制了中国各时代山坡砾石层的分布及当时山脉的走向图，由此分中国为东西两部：西部即天山系，其间砾石层以古生代及新生代后期为多；东部在兴安岭一带，则多属中生代及新生代中期，接着又叙述了各部之地质历史及重要山脉掀起的时代。

德日进(1881—1955)，本名泰亚尔·德·夏尔丹(Teilhard de Chardin, Pierre)，德日进系其中文名。法国哲学家、神学家、古生物学家、地质学家、北京大学地质学教授，同时也是地质调查所名誉顾问和古生物学方面的主要领导人。1923—1946年，先后 8 次来中国，在中国地层、古生物、区域地质研究中做出过重要贡献。曾与中国政府合作绘制中国地图，参与了对史前文明的研究和著名的周口店"北京人"的发掘工作，还参与了法国雪铁龙公司组织的往返北京、阿克苏的"黄色远征"汽车探险，也经历了抗日战争，在当时的北平和天津参加了一个多国研究小组，与他一手培养起来的中国年轻学子合作。

二月二十五日 撰写德日进所著《新疆吐鲁番一带地质》述评，后刊于《地质论评》第 1 卷第 1 期，署名"庸"。德日进的这篇文章载于 1935 年的《斯文赫定纪念册》(英文版)，附瑞典文摘要，是德日进在随中法科学考察队赴新疆考察途中在吐鲁番附近考察所得。述评介绍了德日进在吐鲁番附近所见地层，自下而上分为 4层，时代从前石炭纪、二叠纪、二叠三叠纪到新生代，概述了各层的岩性，认为德日进的考察所得足以与那琳氏在天山东部及中部所见者相互引证。

三月四日 翻译葛利普文章《现代地层学者应有的勇气》，译文发表于《地质论评》第 1 卷第 2 期。

三月十七日 钱声骏函告所需地质图件的准备情况：

季骅先生大鉴：

十三日来函敬悉。所须各图，已有者，弟代为签借条另封，由邮局挂号寄上，到请查收赐复。

计开：

一、十万分之一河北地图　一全份计一百八十八幅,内附接合表一张。

二、五万分之一河北地图　此间只有一份,仅将接合表寄上。已由所中向陆地测量局函索,将来到后再行编号寄奉。

三、计荣森、孙殿卿三家店报告一份。

四、关于各种西山地质图计十七幅(另有详单附上)。

其余如羊坊及柳沟城、三堡、延庆、康庄等处报告,弟费八小时之功夫,找寻无着。延庆一带地质报告及图件等,据阮维周君说已交尊处。弟已请其将原图寄至兄处。彼允设法向北大同学觅得后转至兄处。

前函谅达。老周因乃翁病重,请假回家。京所陈列馆东面添盖图书馆及研究室,已动工。总所长自平返京后,气炎(焰)更盛,吾辈在其羽翼之下,叱咤怒骂之声无时,或已亟思脱离苦海,还我自由,奈一时无从措辞,且忍辱几时再作计较。匆此附闻。即颂

大安!

弟骏顿首
三月十七日

(谢家荣学术成长资料采集工程资料,存于采集工程数据库,档号 XJ-001-012)

三月十八日　为巴尔博所著《华北黄土层之最近观察》撰写述评,后刊于《地质论评》第 1 卷第 2 期,署名"庸"。述评说,燕京大学地质学教授巴尔博对于华北黄土颇有研究,著述多种,此为赴美后所著,所附铜版照相中有数幅为航空照片,深沟峡谷纵横曲折之状一览无遗,颇足供教科书采用。述评认为,巴氏将华北黄土及相关地层分为黄土、红色土(三门层)及红土(保德层),其关于此三层的性质、分布、成因等与前人结论无大出入;唯红色土之化石土壤,梭颇认为发育在黄土中,而巴尔博认为俱属红土,不知孰是,似尚须相当之研究。此外还介绍了该文对黄土、红土所代表之气候的讨论。

三月二十七日　出席在北京大学地质馆举行的中国地质学会理事会。会议决定成立中国地质学会北平分会,通过中国地质学会北平分会简章,与金耀华一同被选为北平分会干事。主持北平分会成立会及演讲会,请地质调查所名誉顾问德日进先生介绍印度北部地质。

《地质界消息　本会理事会记录》:

本年三月二十七日下午三时,在北京大学地质馆开理事会,出席者理事长杨钟健暨理事葛利普、张席褆、谢家荣、冯景兰。讨论事项:(一)依据上届理事会决议,

在北平设立中国地质学会北平分会,由理事长杨钟健草拟简章八条。并已函征南京各理事,均无异议。议决照原案通过,简章录后。(二)照章推举北平分会干事二人,议决推定谢家荣、金耀华为干事。(三)通过叶为忱、孙树森二君为本会会员。(四)理事谢家荣提议变更本会会志封面式样,加印目录,议决提交编辑部决定。

(《地质论评》第 1 卷第 2 期,第 217 页)

《地质界消息　本会北平分会成立会及演讲会》:

三月二十七日下午五时,假北京大学地质馆,开本会北平分会成立会,到会会员会友约百余人。主席谢家荣,先报告设立分会经过及推举干事之结果,乃请地质调查所名誉顾问德日进先生演讲印度北部之地质。在德氏未讲之前,由主席先请杨钟健先生略述德氏以往之工作及对于中国新生代地质之贡献,以作介绍。

(《地质论评》第 1 卷第 2 期,第 218 页)

三月三十一日　撰写《湖南临武香花岭锡矿地质》(张更、孟宪民合著)述评,后刊于《地质论评》第 1 卷第 2 期,署名"庸"。述评称,我国南岭区域内之金属矿产极为丰富,尤以高温矿床如锡、钨、钼等为最著,自赣东经湘南、粤北直趋桂北,成一显著的矿带,临武香花岭即位于此带之中,以产锡著称。1931 年湖南地质调查所刊有湘南各区锡、砒矿报告,但略而不详。此著不特于地层层序及地质构造调查甚详,对于矿物种类、成矿程序,讨论尤为精密,不愧为精心研究之作。述评简要介绍了文章内容,对于文章最后将中国南部及扬子江沿岸之金属矿产及火成岩种类分为两个矿产时代及区域这一观点,认为尚须事实佐证,尤其是花岗岩与花岗闪长岩的先后关系究竟如何,至今尚不明了。

孟宪民(1900—1969),字应鳌,江苏武进人,矿床地质学家,1955 年被聘为中国科学院生物学地学部委员。1922 年毕业于清华学堂,1924 年毕业于美国科罗拉多州立矿业学校。1926 年入麻省理工学院研究生班,1927 年获硕士学位,同年夏回国入中央研究院地质研究所任研究员。历任清华大学地质系教授、采矿系主任,地质部地质矿产司副司长,地质部矿物原料研究所副所长、所长,地质部地质科学研究院副院长,《地质论评》编辑主任,《地质学报》编委会主任、主编。中华人民共和国成立后,当选为第三届全国人大代表。孟宪民从事矿床地质研究,在矿物学、岩石学方面造诣尤深。他对矿床地质的研究遍及大半个中国,与张更合著的《湖南临武香花岭锡矿地质》具有重要的科学价值。他对云南个旧的锡矿有深入研究,对个旧锡矿的开发有重大贡献。孟宪民是我国最早运用矿物微量分析的学者,他的《矿物鉴定的微化学方法》得到广泛应用。孟宪民和谢家荣私交甚好。20世纪60年代,孟宪民和谢家荣一起积极倡导同生成矿理论,是中国层控矿床研究的先驱,《矿床同生说译文选集》是其代表作之一。他还认为花岗岩"有顶有底",支持花岗岩化的理论。孟宪民在清华大学、云南大学任教时,其启发式教学、注重实习和实践,不迷信权威和勇于创新等教学方法和理念深受学生欢迎。

三月 《地质论评》(双月刊)创刊,撰写发刊词:

中国地质学会于创办之初,即发行会志,刊载会员平时调查研究之所得,及每届年会与常会宣读之论文,因所载多为专门著作,为便于国际流传计,率多用英德法三国文字发表,此实为不得已之办法,非故为标新立异也。发行至今,已十有四年,年出四册,共成一卷,无稍间断;其初每年共不过二百余页,今则已达六百余页,其进步亦不可谓不速也。所载论文,包罗地质学术之全部,间亦略及其相关之科学如矿冶考古诸问题,在理论上实用上俱有重要之贡献,而足供国内外地质同仁之参考。但中文刊物,至今尚付缺如,实为遗憾。夫一国学术之发表岂能尽恃外国文字,此乃事理之至明者;况会志所载,限于专门著作,至若通俗论文与介绍最新学说,则以限于体裁,无从拦入,此与学会以灌输普通知识为职者,尚多未合,而本会之工作,似亦未尽达到其应赋之使命也。抑又有进者,近年来国内地质研究,突飞猛晋,各项报告论文之发表,日见增多,而尚无一随时摘录介绍之机会;至若国外学者之著作,则除阅外国杂志外,更无法得其概要,为同仁研究便利计,尤其在地质图书不甚丰富之处,诚属莫大之阻碍也。因此,本年春季在南京开第十二次年会之时,由理事会决议发行一中文《地质论评》,每二个月发行一册,年共六册,汇成一卷,内容除专门报告及论文外,亦摘录一二通俗之作,此外又注意于国内外地质书报之摘要,以供读者之参考;末复附以地质及相关机关之消息及地质界同仁之近况,所以通声气而便切磋也。顾本刊为我国目下惟一之中文定期地质刊物,创刊伊始,业艰任重,编辑同仁,学识浅陋,时虞陨越,所望海内同志,随时匡正,并希源源赐稿,俾本刊得以发扬光大,则幸甚焉。

民国二十五年三月,故都。

章熙林《书报介绍》这样介绍《地质论评》:

(一)地质论评(双月刊)

编辑者：中国地质学会(编辑主任谢家荣)

出版者：北平西城兵马司九号地质图书馆

……

《地质论评》是中国地质学会的中文定期刊物,每隔二月出版一次,它的内容有专门的报告,也有通俗的论文,有国内外地质书报的摘要和批评,此外还有地质界的消息。论文的性质,包括(一)地文(二)地层(三)古生物(四)矿物(五)岩石(六)构造地质(七)动力地质(八)经济地质等部门。执笔的都是国内知名的地质学者。

《地质论评》可说是"用通俗的文字来介绍专门知识"的一种刊物。是中等以上学生,中小学教师,地质地理生物矿冶研究者,和从事实业建设方面的人们底良好读物。

(《大地月刊》1937年第1卷第2期,第39页)

是月　著文《近年来中国经济地质学之进步》,刊于《地质论评》第1卷第1期,称中国地质事业之肇始纯从经济方面立足,而葛利普的来华、安特生顾问的转其兴味于地文、李四光的自英返国,对地层古生物亦多所贡献,地质研究的空气于是为之一变,同仁皆以高谈海陆变迁生物进化为荣,而以矿产研究为肤浅、不足道,不免矫枉过正。说经济地质之所以为中国学者鄙视,并非本身之不健全,实是因为从事经济地质的人研究不深入。但这并不是安特生等领导不力,其最大的原因是那时设备不周。近十年来,各研究机关的设备日臻完善,研究于是渐入精深之境,已有相当的进步。文章还详细叙述了铁、铜、铅、锌、锡、砒、锑、锰矿的研究成果,矿产区域及矿产时代的讨论,证以"中国近年来对于经济地质学不可不谓已有相当之进步矣,而尤为重要者,则研究之目标与讨论之中心,已循科学之道以进"。

是月　撰写之《河南矿产志》(河南地质调查所印行)述评,刊于《地质论评》第1卷第1期,述其主要内容,评曰"按全书编制尚佳,唯对于矿产地点,有仅据旧志所载,或商民报告,即为录入,致偶有轻重不分之弊。印刷尚欠精美,矿产分布图缩尺太小,印刷不清,符号不明,似为本书最大之缺点"。

是月　与程裕淇合著之《福建安溪永春永泰地质矿产》(Geology and Mineral Deposits of Anchi, Yungchun and Yungtai Districts, Fukien Province)刊于《地质汇报》第27号。其中文版已于1935年12月刊于《矿冶》第8卷第27—28期。英文版详细叙述了福建安溪、永春、永泰地区的地层(自下而上为片麻岩和片岩、变质砂岩、阳新石灰岩、二叠纪煤系,中生代的潘田系、火山岩系,新生代和近代沉积)、侵入岩(花岗岩、花岗闪长岩、石英斑岩、辉绿岩、粗玄岩、辉长岩、伟晶岩)、地质构造和地文史、地质发展史和经济地质。报告附 8 个图版,含 4 个黑白图版 16 张黑白照片和 4 张彩色区域地质图和矿区地质图。

是月 在《中国地质学会志》第 15 卷第 1 期上发表《中国中生代末第三纪初之造山运动火成岩活跃及与矿产造成之关系》(On the Late Mesozoic-Early Tertiary Orogenesis and Vulcanism, and Their Relation to the Formation of Metallic Deposits in China)。此文同时列入《北京大学地质系研究录》第 10 号。

本文将燕山运动划分为 5 幕,其标志分别为:第 1 幕双泉统中之辉绿岩的侵入与喷出,第 2 幕门头沟组下面的假整合和九龙山系与门头沟组之间的角度不整合,第 3 幕为下白垩统流纹岩下面的角度不整合,第 4 幕为上白垩统坨里下的角度不整合,第 5 幕为白垩系与第三系之间的角度不整合。(其第 1、2 幕相当于翁文灏的第 1 幕,第 4 幕相当于翁文灏的第 2 幕,第 4、5 幕相当于翁文灏的第三幕)。

晚中生代(从晚侏罗世到早白垩世)至少有两期喷发活动,第 1 期由集块岩和安山岩组成,第 2 期主要为流纹岩。

早第三纪的喷出活动非常简单,为渐新世—中新世时期的玄武岩。

这个时期的基性岩与金属成矿无关。花岗质岩石至少有三四个类型:前髻髻山期花岗岩、几乎与流纹岩的喷出同时的灵西花岗岩、流纹岩后和前红层期的花岗闪长岩、香港花岗岩。

最末期的侵入岩是煌斑岩和基性脉岩。

最强烈的造山运动发生在流纹岩喷出之后(第 4 幕)。

在这个时期内划分了与侵入岩浆矿床有关的 4 个成矿期(中或晚侏罗世成矿期、早白垩世成矿期、中白垩世的两个成矿期),以及与喷出岩浆矿床有关的两个成矿期(早白垩世成矿期、早第三纪成矿期)。

将这个时期的成矿作用形成的矿床划分为 11 个成矿区:川西滇北成矿区、贵州高原成矿区、湘西成矿区、湘中成矿区、南岭成矿区、东南沿海成矿区、山东地垒成矿区、陕西-贵州高原边区成矿区、冀热边区成矿区、辽东成矿区、长江流域成矿区。

是月 地质调查所为纪念成立 20 周年,决定发行纪念刊一册,分 8 组编制报告及说明书,每组推定负责人。地质矿产研究室由谱主负责,王竹泉参加工作,预定三月底完稿,四月中发行。

四月五日 北京大学一、二、三年级学生分 3 组奔赴各地进行春假实习,与斯行健、何作霖教授及王嘉荫助教率领三年级学生 17 人赴山东博山金岭镇、临朐坊子等地,考察煤、铁矿产及在临朐发现含丰富化石并有硅藻土之第三纪地层等,约两星期。

四月十七日　资源委员会副主任委员钱昌照来函商请借调陈恺赴云南探勘锡矿:

季骅先生大鉴:

本会组织云南锡矿探勘队,即将赴滇开始工作。贵所陈恺君曾随孟宪民兄赴滇调查锡矿,历时年余。本会现正物色熟悉当地情形人员,协助探勘工作,陈君甚为相宜,用特函商,可否暂时借让? 如蒙俯允,请嘱陈君从速与孟君接洽为祷。

专此奉商。顺颂

台祉!

弟　钱昌照敬启

四月十七日

(谢家荣学术成长资料采集工程资料,存于采集工程数据库,档号 XJ－001－009)

钱昌照(1899—1988),字乙黎,江苏常熟人。1918 年上海浦东中学毕业,1919 年留学伦敦政治经济学院,1922 年进牛津大学深造。1923 年参加北洋政府派出的考察团到英国、美国、日本考察。回国后,在工商界任职。1928 年任国民政府外交部秘书,1929 年任国民政府秘书,1930 年任教育部常务次长,加入中国国民党。1932 年任国防设计委员会副秘书长。国防设计委员会改为资源委员会后,任副主任委员、主任委员、委员长。在抗日战争期间,与主任委员翁文灏合作,吸收和培养了大批建设人才,在大后方兴办了一批工矿企业,并组织力量对各种资源进行勘探,为发展战时生产,支援抗战,均做出积极贡献。1947 年春辞去资源委员会的职务,1948 年秋,至英国、法国、比利时考察工业生产。1949 年 6 月经香港到达北平,受到毛泽东、刘少奇、周恩来、朱德的接见。1949 年 9 月,作为特邀代表出席中国人民政治协商会议第一届全体会议,并当选为政协全国委员会委员。中华人民共和国成立以后,历任政务院财政经济委员会委员兼计划局副局长,第一、二、三、四届全国人大代表,全国人大常务委员会法案委员会委员、法制委员会委员,第五届全国政协常务委员,第五、六届全国政协副主席,民革①第三届中央委员、第四届中央常务委员、社会联系工作委员会副主任、对台工作委员会副主任,第五、六届民革中央副主席。

---

① 中国国民党革命委员会中央委员会。

四月 代表翁文灏出席北平研究院地质矿产研究奖金审查委员会第 11 次会议。会议决定本年度该奖金授予清华大学李洪谟，北京大学崔克信，中央大学毕庆昌、王超翔。

是月 所编《中国矿冶地质参考书目录》载由实业部、教育部和全国矿冶地质联合展览会所编的《全国矿业要览》第七篇。该文所列为 1927 年后的矿业地质参考书目录，分地质、一般矿业、煤、石油及油页岩、瓷土及陶瓷工业、盐类矿产、建筑材料及水泥、非金属矿物、钢铁用金属（铁、锰、钨）、金、铜铅锌银、铝镁、锡砷、锑汞等类。

五月五日 钱声骏函告：收到 50 元（捐丁文江纪念金），介绍所需工作图件寻找情况，并告托杨钟健理事长捎来会费及《地质论评》广告费。

季华兄大鉴：

四月二十九日惠书敬悉。邮寄学会志三十八本已照收，本所会员在所已照送。其余两大箱由转运公司来者，尚未收到。捐丁先生纪念金伍拾元已照收入册，兹将收据附上。

杨分所长来京，将尊处所需各种图件面呈翁所长，而翁所长又交弟照办。兹将各事叙述如下：

一、河北五万分之一已要到一份。兹将一份寄上，共 232 张，余孤山口及良乡两张为卞美年君借去，请就近取用。接合表前已寄上。图另包挂号寄上。

二、丁先生所绘之五万分（之一）西山地质图系丁先生私人所有，北大绘图者所绘，此间无存底。将来请周大训君至地质学会及研究院总办事（处）一询，如有着落可寄平，以供参考，惟须稍缓时日，因周君现病不能行动故也。

三、阮维周等所填之延庆地质图（蓝印，缩尺二万五）一大张，近已觅得，祗特寄上。

四、其余各图前均已寄上。兹将前寄各图另纸抄一目录寄上。

北平分会常年费五拾元，除马希融、畑井小虎会费拾元外，余四十元及《地质论评》广告费九十元（每期十五元，全年九十元）均托杨理事长带来。翁因丁葬去湘，约明后日回京，草此奉复。此颂

大安！

弟　钱制声骏顿首
五.五.

（谢家荣学术成长资料采集工程资料，存于采集工程数据库，档号 XJ‐001‐013）

五月六日 钱昌照来函请往湖北大冶牛头山会商牛头山探矿工程之前途：

季骅　熙人先生惠鉴:

顷接散会阳新大冶铜矿探勘队彭代队长钦明兄报告,以牛头山第五号钻位,工程极大,费时最久。三月十五日深度达一六五.四八公尺处,仅遇含铜接触带〇.二二公尺,据化验所得,含铜成分约为百分之二。嗣后继续钻探,截至四月四日止,深度直达一七九.一〇公尺,接触带中均未含铜。由此钻结果不能证明该钻位铜矿蕴藏之丰富。又牛头山开凿工程计分正窿、二号井及三号井共三处,本月出砂总数为二.三三公吨,其中矿砂仅占废石百分之二(以前为一与七.七之比),成本之高,骇人听闻。因此种种,牛头山前途似难乐观。拟请转约谢、朱二先生早日到矿,协商牛头山工作结束期间,以免迁延等情,到会用特函达。即烦

台端于离湘时

命驾前往协商,至为感祷。专此。祇颂

旅祺!

弟　钱昌照　敬启

五月六日

(谢家荣学术成长资料采集工程资料,存于采集工程数据库,档号 XJ-001-014)

五月三十日　北京大学 1936 级毕业同学录筹委会在《北京大学周刊》第 205 号第 3 版发布启事,感谢 49 位教职员(第一次报告)热忱赞助本届毕业同学录,其中谱主捐款 6 元。

六月　在《中国地质学会志》第 15 卷第 2 期著文《王显谟先生行述》(Obituary Note on Mr. S. W. Wang),纪念 1936 年 2 月 10 日逝世的矿物学家王绍文先生。

The untimely death of Mr. S. W. Wang on Feb. 10th 1936 is certainly a serious loss to the Chinese geology. Although his name is not so well known as others in the geological circle, Mr. Wang has indeed made remarkable contribution to the study of Chinese crystals and minerals. His works on the crystallographic study of topaz, beryl, quartz and orthoclase from various parts of China are of the highest standard and are in many ways comparable to the same type of work done elsewhere. Mr. Wang has written also a monographic treatise in Chinese on crystallographic projection and calculation in which several new methods and formulas were introduced. This was his most painstaking work which took him several years to finish. The last part of the manuscript was in fact done when he was already very sick. How pity it is that Mr. Wang could not see his work published!

Although primarily interested in the laboratory study of minerals and crystals, Mr. Wang was also an enthusiastic field worker. He has made together with Prof. H. C. Tan in 1929 a traverse along the projected railway line from Nanchang to Foochow and he himself alone has studied the geology of western Fukien and southern Kiangsi. In the early summer of 1932 he took a trip to Wutaishan area in Shansi to study the metamorphic rocks there and to collect some topaz and quartz crystals in the Fanchih-Hunyuan district. In 1933 he made a trip to eastern Shantung to study the gold deposits of Chaoyuan and other areas. This was his last trip and after that his health has become so bad to prevent him from doing any further field excursion. In spite of being very much handicapped by his physical condition for making extensive mapping work, Mr. Wang could nevertheless grasp in many cases a good understanding of the stratigraphy and tectonics of the region he has passed.

Mr. Wang was born in 1886 at Changting, Fukien. He was graduated in 1919 from the first geological class of Peking National University. After graduation, he passed an examination for high civil service officers and was assigned to work as a junior member in the Geological Survey. Mr. Wang had had at that time already a good foundation in mathematics and this was perhaps the reason which has made him to select this difficult subject of crystallographic study. His interest in that line was however, chiefly induced and inspired by Dr. W. H. Wong, who gave him in 1929 the first guidance in crystallographic research and one year later they worked together on the Mongolia and other Chinese topaz. Since then Mr. Wang began to do independent work in crystallographic measurement and research. For a short period in 1933 Mr. Wang was appointed, on the recommendation of the late Dr. V. K. Ting, acting instructor in mineralogy in the Peking National University.

(*Bulletin of the Geological Society of China*, Vol. 15, No.2, pp.269 – 270)

译文如下：

王显谟先生行述

王绍文先生 1936 年 2 月 10 日过早的逝世无疑是中国地质界的重大损失。虽然他的名字不像地质界其他人那么出名，但王先生的确对中国晶体和矿物的研究作出了非凡的贡献。他对中国各地所产黄玉、绿柱石、石英和正长石进行的结晶学研究达到了最高标准,在许多方面可以与其他地方所做的同类工作相媲美。王先生还用中文写了一篇结晶学投影与计算方面的专题论文,其中介绍了几种新方法和新公式。这是他花了好几年时间才完成的最为辛苦的工作。手稿的最后一部分其实是在他已经病入膏肓的时候完成的。王先生没有能够看见他的文章发表,真是遗憾!

王先生虽然主要对矿物和晶体的实验室研究感兴趣,但他也是一个热心的野外工作者。1929年他与谭锡畴教授一起沿着计划修建的从南昌到福州的铁路线做了一次导线测量,他还独自一人研究过闽西和赣南的地质。1932年初夏,他曾到山西五台山地区旅行,考察那里的变质岩,采集了繁峙-浑源地区的若干黄玉和石英晶体。1933年,他有过一次考察招远和其他地区金矿床的山东东部之旅。这是他最后一次旅行,此后他的健康状况坏到他再也不能进行任何野外考察。尽管他的身体状况严重影响了他进行大范围的填图工作,但在许多情况下,他仍然能够很好地认识他所穿越地区的地层和构造。

王先生1886年生于福建长汀,1919年毕业于国立北京大学地质系第一班。毕业后,他通过了高级公务员考试,并被分配到地质调查所做初级调查员。那时王先生已经有了很好的数学基础,这大概就是他选择结晶学这个很难研究的课题的原因。然而他对那一行感兴趣主要还是受翁文灏博士的引导和启发。翁先生1929年第一次指导他进行了结晶学研究,一年后,他们一起进行了蒙古和中国其他黄玉的研究。自那以后,王先生便开始独立进行结晶学测量与研究的工作了。1933年,根据已故丁文江博士的推荐,王先生被短期聘为国立北京大学的矿物学讲师。

是月　主编的《地质论评》第1卷第3期刊登专辑《丁文江先生纪念号》,包括翁文灏《追念丁在君先生》、卢祖荫《哭丁师》、章鸿钊《我对于丁在君先生的回忆》、李学清《追念丁师在君先生》、黄汲清《丁在君先生在地质学上的工作》等纪念文章,以及11篇丁文江生前兴味所在或研究未竟的地质论文,并为之撰写《编后》:

丁师在君先生是地质学的大师,中国地质的创造者,他在事业上学术上的功绩与贡献,已由章师演群及李学清黄汲清诸先生在本刊里说得很清楚,毋须编者在这里赞辞了。以这样一个大师,竟溘然长逝,不克见到他所首创事业之发扬光大,这是如何遗憾! 而在整个地质学术上说,又是如何重大的损失。

丁先生对于地质学是具有全部的兴味的;倘使我们将丁氏发表论文,仔细检讨，就可知道他对于任何部分——地层古生物地文构造矿产等等，都有重要的贡献。丁氏在中国调查的区域甚广，尤其对于西南如云南贵州广西等省，曾测制精密地质图，惜乎天不假年，竟不克亲睹其刻苦经营的精美图籍出版问世。丁先生对于古生物学造诣甚深，在民三地质研究所时代，他就是我们的古生物学教师；他发表的论文里，有一篇是研究腕足类化石的文章。丁先生自始即注意应用地质，他本人调查过的矿产很多，如川滇的铜，晋直辽热赣诸省的煤和铁，最后还是为调查湖南耒阳煤矿在寓所中煤毒暴亡。这也真算以身殉志的了。

丁先生的地质知识，虽然如此之博，他却不以此自满，在北大当教授时，还很努力于矿物岩石的研究。他常常对我说："生平对于地质学没有十分专精的部分（这是他自谦的话），以后想专做水成岩的研究，因为这在中国还是一块未开辟的园地"，后来因改就中央研究院职务，此项研究，始终没有着手，真是可惜。

我们抱着"纪念先贤要继续先贤的工作"一语，所以在这个纪念号里发表的文章，多是丁先生生平兴味所在，或研究未竟的各种地质问题。如关于地质构造者有章鸿钊先生所著的"中国中生代初期之地壳运动与震旦运动的异点"。按中生代初期运动，亦即燕山运动第一幕，发动于三叠纪后侏罗纪前，是丁先生在云南见到并最先提出的一个崭新的问题。关于地层方面者有田奇㻪先生之《中国之丰宁纪》及杨钟健先生之《三门系之历史的检讨》。丰宁纪就是下石炭纪，在我国西南及湖南等省特别发育；本纪地层时代的确定和层序的划分都是丁氏之力。三门系是新生代地质中蓬蒂系以后黄土期以前的一个代表名词，经丁先生于民国七年在陕州三门地方最先发现。关于西南地质的文章，本期收集尚不如预期之多，因为在西南做过多次工作的黄汲清、王曰伦诸先生，都尚在野地调查未回；但我们很侥幸得到尹赞勋先生的《云南地质研究的进展》及李捷先生的《广西罗城黄金寺门附近地质》。尹先生将中外专家研究云南地质的经过和结果，做一个总述，其中关于丁先生的路线和贡献，叙述格外清楚。尹先生刚从云南归来，履印犹新，说来自易生色。李先生的文章是一篇关于广西地层上构造上的重要贡献，对于丁先生西南地质的结论上颇多相互印证的地方。纯粹古生物的研究有马廷英先生的《造礁珊瑚与中国沿海珊瑚礁的成长率》，这是马先生多年研究的结晶，全文将由中国古生物志发表。马先生于去年衔丁先生之命，独赴琼州海岛，采集珊瑚并观察其成长的状况，可见丁先生对于这种研究，也是非常热心。末了讲到经济地质有叶良辅先生的《研究浙江平阳矾矿之经过》，孟宪民先生的《个旧地质述略》，谭锡畴先生的《四川岩盐及盐水矿床的成因》，王竹泉先生的《井陉北部煤田地质》及编者的《中国之矿产时代及矿产区域》。平阳矾矿研究是丁先生独力主持的，其经过情形叶先生文章里说得很明白。个旧地质调查也是丁先生所发起，承孟先生在刚从云南归来喘息未定的当儿,写一个节略。谭先生是我国的"四川地质通",对于石油盐矿更有深刻的研究,虽然理论方面容或有与丁先生及其他地质家意见不同的地方,但他收集材料的丰富,当为任何人所不及。王先生的井陉报告,是一篇详细研究煤田地质的模范作。编者一文里所讲到的地壳运动,有许多都是根据丁先生的结论。在本期里发表的,还有翁文灏和卢祖荫两先生的纪念诗。翁先生在政务丛集之中,还分工夫做这样缠绵悱恻情溢乎词的好诗,一方面纪念故人,一方面为本刊生色不少,真是值得感谢。

丁先生生前是不大照相的,所以在本期里印的几张相片,是异常珍贵的,此外还有一张旅行路线图。丁先生在广西调查的地点,黄先生文章里说得稍欠详细,兹经翁咏霓先生函询桂省当局,才知他研究过的矿产,共有下列各处:(一)迁江县合山煤矿,(二)桂平武宣二县锰矿,(三)柳城罗城二县煤矿,(四)贵县天平山金银铜各矿,(五)富川贺县钟山三县锡矿,(六)贺县西湾煤矿,(七)河池南丹二县锡矿。

这次为纪念号投稿的还有好几位,如张席禔先生的《中国志留纪地层概要及其层位上之比较》,杨杰先生的《中国近代火山之遗迹》,高振西先生的《喀斯脱地形论略》,这些问题都是丁先生时常与我们讨论的,可惜为篇幅所限,只可留待第四期发表,这是编者异常抱歉的。

最后编者对诸师友为纪念号惠赐鸿文,表示十二分的感谢!

(《地质论评》第 1 卷第 3 期,第 381—383 页)

是月　在《地质论评》(第 1 卷第 3 期,第 381—383 页)发表《中国之矿产时代及矿产区域》,论述中国各期地壳运动发育的范围和强度、各期岩浆活动的发育与分布、中国水成矿床和火成矿床的时空分布,阐述了中国 16 个矿产区域(川西滇北区、玄武岩铜矿区、贵州高原区、湘西区、高原边缘区、湘中区、南岭区、东南沿海区、山东台地区、冀热山地区、辽东山地区、扬子江区、秦岭区、山西高原区、陕北盆地区、四川盆地区)的成矿作用特征,明确指出扬子地区与南岭地区矿产组合的差异,将中国成矿学向前推进了一大步。

郭文魁《谢家荣的治学精神与中国矿产测勘事业》评价本文:

1936 年,他发表了《中国之矿产时代及矿产区域》一文,明确地指出扬子区与南岭区矿产组合的差异,将中国成矿学向前推进了一大步。

(郭文魁等主编:《谢家荣与矿产测勘处——纪念谢家荣教授诞辰 100 周年》,第 6 页)

七月初 为编印《西山地质新志》,赴西山考察地质。

《地质界消息 个人消息》:

北京大学教授兼实业部地质调查所技正谢家荣、清华大学教授张席褆及北大助教高振西于七月七日前赴青龙桥、妙峰山、清水尖、斋堂、百花山、大安山等处复勘地质,以便编印《西山地质新志》。

（《地质论评》第 1 卷第 4 期,第 509 页）

图 56 北京大学地质系欢送 1936 班毕业纪念合影（第二排左起：赵金科、王嘉荫、高振西、斯行健、葛利普、谢家荣、何作霖、郁士元、金耀华）

七月二十一日 许桂声来函,质疑中英庚款考试成绩排列录取规则,并求助。

季华吾师道鉴:

为庚考事,送上数快,心殊不安。此事昨询考委,颜任光先生谓当时仅以成绩排列,未及自然、人文两组科目之不同。傅斯年先生并问为何人文取三名,另有他委谓习人文的出国亦可习自然也。不知此次三名人文,除钟君道铭较有自然基础外,两名历史系毕业,一名（林超君）哲学系（中山大学）毕业,生居自然组第二名,反未录取。

且也,根据(一)中央日报一月份记录,(二)报名处主任口供(当生报名时曾见报名簿上,人文排在自然前面,生即向该主任询明),据称一二,人文、自然各取两名,并无轻重之分,(三)于理推论,自然未必轻于人文也。

生与京中各师友商榷之结果,认为在以下情形可以变通,即(一)自然组有一名及格,人文组可取三名,(二)自然组第二名成绩较人文第三名成绩太差,亦可取三名。今生在自然组第二名,较人文组第三名相差不过三点六,并非太大,若同在一组,虽差一厘,亦应居后。今科目不同,内容各异,必并为排列,三尺儿童,亦知其非也。况人文既取二名,为何必取三名,诚无以自解也。

此事最后决定在各董事及李书华委员长,务恳师等鼎力慈助,并快函介绍,俾生得竭其辞。

生神智昏迷,定多谬见,师等有何高见,无不遵守者也。临纸呜咽,不胜依依。专肃。敬颂

道安!

受业　许桂声　敬禀

七.廿一.

(谢家荣学术成长资料采集工程资料,存于采集工程数据库,档号 XJ-001-015)

八月四日　许桂声函告:请朱庭祜转呈中英庚款董事会董事长朱家骅关于庚考未被录取而请求补救的信函,请求为他致函朱家骅说明情况。

季华吾师道鉴:

送上数禀,计邀赐察,昨由朱庭祜先生转呈朱骝先先生一函,兹照录如左:

"敬陈者:前为声此次参加庚考,陈明落选缘由,请求补救,想邀赐察,幸甚幸甚。

伏思先生深明地学,鉴于我国地理学之不发达,提倡不遗余力,对于自然、人文两大支,求其平均发展,法至美,意至善,情理也两至当也。声报入自然组之动力有以下数点:(一)地理分组考试,盖因此二大支有根本学科之不同,(二)报载贵会会议记录中详明各取二名,(三)分组意在平均分配,虽于规定之中不失变通之旨,但两组名额之损益事体重大,当有其情理之范围,(四)报名时,声见报名册上将人文组列于自然组之前,当疑,而请明于报考处负责执事。据称,分组原在求平平待遇,先后排列之次序并无轻重之别,(五)基于个人主观,自然地理在今日之中国极为需要,(六)逆料董事长绝不致太重人文,盖攻此支者,中国已大有其人。今考委

会诸先生宣称,讨论录取时,未及自然、人文两组根本学科之不同,仅依成绩,混合比较。诸先生亦深为声惘惜。夫两组名额之损益,事体重大。

声以为,在下列情形中当可变通:(A) 任何一组只有一名及格,则其他一组可录取三名,(B) 任何一组之第二名成绩低于其他一组第三名太大,则其他一组亦可录取三名。然而于情于理,犹未尽合,盖两组根本不同之学科有三门之多,难能并为比较也。不然,考西洋史者与考人文地理者,亦可互为损益。盖此二类相同之科目有历史和地理两门,较诸人文、地理两大支,尤少一门,况声虽勉居自然组第二名,成绩及格,仅少人文组第三名三分有奇,承在京各考委先生深加慰藉。声以修养未足,寝食俱废,午夜彷徨,抑郁谁语,用恳朱庭祜先生转达下悃。素仰董事长深明地学,所有落选缘由,当蒙尽情晒纳,并鼎力予以补救。俾声于最低可线中努力奋勉,他年于我国地理学有万一之贡献,亦董事长拔擢之恩也。临纸呜咽,不尽依依。专肃。敬颂。"

以上为生请由朱庭祜先生转呈朱骝先先生一函。尚恳师等径函朱骝先先生,说明生之历史,不胜盼祷之至。专肃。敬颂

道安!

受业　　许桂声谨禀

八.四.

（谢家荣学术成长资料采集工程资料,存于采集工程数据库,档号 XJ-001-016）

八月十七—二十一日　中国科学社第 21 届年会在北京举行。出席会议,并担任由 27 人组成的年会总委员会委员。年会总委员会组成如下:蒋梦麟(委员长)、樊际昌(名誉秘书)、杨孝述、梅贻琦、陆志韦、曾昭抡、叶企孙、胡经甫、杨光弼、章元善、孙洪芬、熊庆来、江泽涵、赵进义、饶毓泰、严济慈、谢玉铭、张子高、刘拓、寿振黄、徐荫祺、张景钺、胡先骕、李良庆、谢家荣、洪思齐、张其昀。[①]

九月二十一日　撰写《湖南铁矿志(第一册)》(田奇㻪著)述评,后刊于《地质论评》第 1 卷第 5 期。1933 年秋,湖南地质调查所奉资源委员会令,进行了湖南耒阳、永兴、宁乡、安化、新化、邵阳、沅陵、泸溪、茶陵九县的铁矿调查,《湖南铁矿志(第一册)》即其调查成果。全书分 3 章,共 98 页。田奇㻪将湖南的铁矿按成因和产状分为六类,述评将其归为三大类:甲、水成矿床,分① 海相层状赤铁矿,② 结核状菱铁矿;乙、热液沉淀矿床;丙、风化残余矿床,分① 铁质氧化,残留地面,与红土相杂,② 铁质一部被溶,充填于岩层裂隙或石灰岩洞穴之中。第二章分为 10 篇,详

①　《中国科学社第二十一次年会报告(民国二十五年十月刊)》,上海市档案馆,档号 Q546-1-60。

述各铁矿,内容极为详尽,于各种土法采炼情形详为叙述,弥足珍贵,但认为其缺少有关产运及各项成本的综述。第三章为结论,认为海相水成赤铁矿最有价值,计有储量4 495万吨。述评认为,湖南全省之铁矿储量应超过此数。述评最后指出:综观全书,调查精密,叙述详明,插图、照片清晰可观,对学术问题的探讨和经济资料的收集俱扼要详明,洵属中国经济地质的重要贡献。

九月二十三日　潘钟祥寄来四川油田报告及陕北油田报告,附平面图和剖面图,并附函予以说明。

季骅先生大鉴:

顷奉大札,敬悉一切。兹遵嘱将四川油田报告一份,附平面图三,剖面图三,暨陕北油田报告一份,平面图二,柱状图四,分为两包寄上,即祈查收是荷。用毕之后,尚祈赐还,以便交图书馆是盼。

原油经化学实验室分析者计有延长一〇一井,原油比重为〇.八四一,延川、永平二〇一井,原油比重为〇.八五一。烟雾沟原油甚稠,未经分析。其余可参看金先生中国石油之分析。关于油层厚度一节,计所可略知者为延长一〇一井,参看柱状图,弟意一〇一井与包井油层属同一层,延长老井为另外一层。永平二〇一井油层厚度亦可参看二〇一井柱状图,惟其厚度似歉(嫌)过厚,未知可靠否。烟雾沟油层出露于胡家川,其厚度可参看胡家川柱状图。此含油砂岩曾采有标本,惟此标本仍存于北平北楼下一箱中。如欲定其孔度,可问听差刘珍,令其找出。乔家石科油层厚度可参看乔家石科柱状图。其他油层则不知其厚度。且油层之变化莫测,此处有油,而他处则可无油。故欲估计石油之储量极难。关于延长逐年产额,可参看矿业纪要。

四川石油,向未钻探。关于其厚度等详细情形,更无从知悉。烟坡钻探石油事,资委会已于上月派员前往矣。Oil Weekly所索之文,已于上月草就交翁先生,惟未知已寄去否。尚此。敬请
教安。

弟　潘钟祥拜上
九月廿三日

(谢家荣学术成长资料采集工程资料,存于采集工程数据库,档号 XJ - 001 - 010)

是日　为《安徽南部之特马豆齐安层》(许杰著)和《扬子江下游震旦纪冰川层》(李毓尧著)撰写述评,发表于《地质论评》第1卷第5期,署名"庸"。前一篇述评指出,赣北、皖南及浙江西南部的宁国笔石页岩之下的绿色页岩,除三叶虫

碎块外,未见可鉴定的化石,1935 年冬,著者与李毓尧在皖南谭家桥获得笔石及三叶虫化石,经鉴定,其时代属上寒武纪,将其定名为谭家桥页岩。后一篇述评指出,李毓尧在赣北武宁和皖南休宁等地震旦纪地层内发现冰碛层,如果此发现不谬,则知震旦纪时扬子江下游有冰川现象,其层位与宜昌之南沱冰碛层相当,故其东西延长至少有 800 公里,并且浙江倒水坞砂岩可与休宁砂岩比,如此,期间是否亦有冰碛层?

许杰(1901—1989),字兴吾、醒吾,地层古生物学家,安徽广德人。1955 年被聘为中国科学院生物学地学部委员。1919 年入北京大学预科,1925 年毕业于北京大学地质系,在安徽安庆建华中学、省立一中以教学为掩护,从事革命活动。1929 年进入中央研究院地质研究所,先后任助理研究员、副研究员、研究员,1949 年借调至云南大学矿冶系,任教授。南京解放后,先后受命接管中央研究院和安徽大学,并任安徽大学校务委员会主任、校长,1952 年任安徽省人民政府副主席,1954 年初任地质部副部长,1959 年兼地质部地质科学研究院首任院长,1979 年任地质部顾问,1980 年任地质矿产部科学技术委员会主任。曾任中国地质学会第 31 届理事会代理事长、第 32 届理事会副理事长。许杰长期从事地层古生物研究,是我国笔石古生物学和生物地层学的奠基人之一。主要论著有《长江下游各省笔石化石之初步研究》《长江下游之笔石化石》《论三角笔石》《中国笔石科的演化和分类》。此外,他还对腹足类化石、淡水螺化石、皖南地史、蓝田冰碛层等进行研究。

李毓尧(1894—1966),字叔唐,桂阳人,地质学家。早年留学英国。1922 年归国后任教于北京大学、湖南大学。历任湖南地质调查所所长、中央研究院地质研究所研究员、湖南大学工学院院长兼地质系主任、湖南省锑业管理处处长、湖南大学校长、国民党湖南省党部主任、建设厅厅长等职。撰有或与他人合撰《宁镇山脉地质》等 10 余篇。中华人民共和国成立后,任安徽省地质局工程师,撰《大别山东北部白垩纪探讨》等文稿。

是日 编译苏联毕里宾(Ю. А. Билибин)著《石油储量计算法》,第一次将石油储量的计算方法介绍到国内。此文后刊于《地质论评》第 1 卷第 5 期。文章分为 3 节:含油区域、储量类别、储量计算方法。储量计算方法分 2 种:曲线法、饱和法。曲线法适用于产油区或已试油区。饱和法的计算公式是 $S = Vdabc$,S 为储量,V 为面积厚度,d 为石油比重,a 为含油层的孔隙度,b 为饱和度,c 为采获度。

九月二十八日　为《北平附近新生代地质之新观察》(杨钟健、卞美年著)撰写述评,此文后刊于《地质论评》第 1 卷第 6 期。述评指出,此项新观察可分 3 项:① 房山县上方山朝阳洞的砾石层系洞穴沉积,应属上新统。述者最近曾与高振西在圣米石塘的石灰岩山顶上发现有洞穴及裂隙沉积,其岩性可与之相比。② 西山沿坡之砾石层系一种古扇形冲积层,可与朝阳洞洞穴沉积相比,同属上新统下部。③ 西山骨化石新产地,计有灰峪 4 处、大灰厂 2 处。

杨钟健(1897—1979),字克强,陕西华州(今渭南市华州区)人,古生物学家、地层学家、第四纪地质学家、地质教育家。1920 年组织领导了中国第一个大学生地质学术团体——北京大学地质研究会,1923 年毕业于北京大学地质系。1924—1927 年入德国慕尼黑大学地质系,获哲学博士学位。1928 年任中央地质调查所技师。1929—1936 年任中央地质调查所新生代研究室副主任、北平分所所长、中国地质学会第 13、14 届理事长。1937—1943 年任中央地质调查所新生代研究室名誉主任、资源委员会专门委员。1948 年任中央研究院院士,1949—1952 年任中国科学院编译局局长。1953—1956 年任中国科学院古脊椎动物研究室主任。1955年被聘为中国科学院生物学地学部委员。杨钟健是中国古生物学会的主要创始人,也是中国古脊椎动物学的奠基人。他撰写的《中国北方啮齿类化石》是中国学者第一部古脊椎动物学专著。领导了周口店北京猿人遗址的发掘,有"禄丰龙""马门溪龙"等许多爬行动物的研究成果,为中国第四纪地质学研究奠定了基础。他是最早倡导"黄土风成说"的中国学者,在地质教育、科学博物馆事业及国际有关学术交流方面均有很大贡献。

九月　撰写《南山及黄河上游地质》(孙健初著)述评,后刊于《地质论评》第 1卷第 5 期,署名"庸"。孙健初 1934 年春偕同侯德封,1935 年春偕同周宗浚赴南山及青海东部和宁夏至海原段,该文即是发表于《中国地质学会志》第 15 卷 1 期的两次考察所得。述评列出考察所见地层系统简表,指出其最大收获有三:于古浪系中发现的珊瑚化石证明其时代属志留泥盆纪;在李希霍芬山西北及阿拉山、牛首山等处发现同样之臭牛沟地层及化石;创立俄博系、窑口系、龙凤山系及窑街系及其中采获的动植物化石,在窑街系中采得之鲨鱼牙齿尤饶兴味。

十月二日　北京大学校务会议以校长、秘书长、课业长、图书馆长、各院院长、各学系主任及全体教授、副教授所选出之代表若干人组织之,校长为主席。北京大学发布布告介绍 1936 年度校务会议当然会员名单:饶毓泰、胡适、周炳琳、樊际昌、冯祖荀(代)、曾昭抡、谢家荣、张景钺、汤用彤(代)、吴俊升、梁实秋、姚从吾

（代）、戴修瓒、陶希圣（代）、赵乃抟。①

十月四日　潘钟祥来信告知，给 Oil Weekly 的文章已经找到并寄出，并称下半年不出野外，可待译出时在《地质论评》上发表：

季骅先生赐鉴：

　　给 Oil Weekly 所作四川油田一文早已交翁先生，惟彼尚未寄去，兹已找出寄上。祈将关于英文方面及地质方面详为改正后寄美是盼。

　　又，弟下半年许不出外调查，一月后有暇时可将此文译出在《地质论评》上发表，惟似歉（嫌）简略，无价值。崇此。即请

教安。

弟　潘钟祥拜上

十月四日

（谢家荣学术成长资料采集工程资料，存于采集工程数据库，档号 XJ－001－011）

十月九日　北京大学发布布告，公布本日第一次校务会议通过的 6 个重要决议，第 3 个决议为本年度图书馆委员会、仪器委员会、出版委员会、学生生活辅导委员会、财委委员会委员名单，谱主位列图书馆委员会、仪器委员会、学生生活辅导委员会委员：

北京大学布告

附本年度各委员会委员名单
图书馆委员会委员

赵乃抟ₖ	胡　适	樊际昌	姚从吾	张景钺	饶毓泰	朱光潜	吴俊升
汤用彤	王　烈	郑天挺	曾昭抡	申又枨	戴修瓒	陶希圣	谢家荣
周作人	严文郁	罗　庸	梁实秋	周炳琳			

仪器委员会委员

饶毓泰ₖ	张景钺	冯祖荀	曾昭抡	樊际昌	陈雪屏	罗常培	王　烈
谢家荣							

出版委员会委员（略）
学生生活辅导委员会委员

樊际昌ₖ	胡　适	张景钺	周炳琳	申又枨	饶毓泰	曾昭抡	汤用彤

---

①　《北京大学周刊》第 223 号（即日刊 3108 号）第 1 版，1936 年 10 月 3 日。

吴俊升　梁实秋　姚从吾　戴修瓒　陶希圣　赵乃抟　郑天挺　谢家荣
罗常培
财委委员会委员(略)

二十五年十月九日
[《北京大学周刊》第 224 号(即日刊 3109 号)第 1 版]

十月　所著《地质调查的合作办法》发表于《地质论评》第 1 卷第 5 期。文章指出,迅速完成全国地质总图和分图刻不容缓,但地质调查与地质图的编制必须在全国统制的原则下进行才能得到合理的结果,不能各自为政。

在迄至十月底收到的丁文江纪念基金捐款中,谱主捐款 50 元。

秋　实业部地质调查所组织成立中国地质图编纂委员会,主任翁文灏、副主任黄汲清,委员:李四光、谢家荣、尹赞勋、田奇瑰、孙健初、王曰伦、潘钟祥。根据《中国地质图编纂委员会工作方案》,"中国地质总图编制计划"中材料之搜集,东南沿海部分由谢家荣、计荣森、高平负责;在"从速编制的几个重要区域一百万分之一地质图"中:长沙万县幅由田奇瑰、谢家荣(加入西部科学院一人)负责;西宁酒泉幅由孙健初、谢家荣负责①。

十一月二十四日　王作宾从吉林来函告称,全家南下赴北平的准备工作大体就绪,但铁路被破坏,待通车后即可携眷去平,并谈及举家南下的不得已。为新安家,拟借支两月薪金:

季公吾师钧鉴:
　　今日接见训令及其附件等。在吉相候多日,未能下乡办理祖遗地产事。全家南去,大体准备就序(绪)。近日来,吉长、中长、北宁各铁路常常被破坏不通,这几天尤甚。昨日起,吉长路不通,至今天尚未通行,何时可通尚未定。通车后即可携眷去平。俟南京派人抵平后,即前往唐山工作。
　　关于东北家中祖遗地产,将来再来经理,因其价值很多,弃之不顾,甚为可惜。原拟家中妻小暂不去平,以便工作,完毕再来办理地产及携家南下,但因近日时局不静,不敢使其留吉,如果将来隔离,那就不堪设想,所以决定一同去平,将其留平暂住,工作完毕再说。但在平租房颇不容易。新安家具尤需大宗款项,故拟借支两月薪津寄平或交来人带平,不然毫无办法,请吾师格外准予。因何时通车,尚不敢定,故在起身前一日,当以急电告,不然迟迟日多,于公不顾。按以

---

① 《地质论评》第 1 卷第 5 期,第 623—625 页。

往情形推测，或不致久不通车。当可起程，但时局变化，恐怕天也不晓得，故此时苦闷异常，只有静候。家中妻小几年来拖欠债务甚多，度日极艰难，又逢此种时局，真是迫无门路。

派何人来平一同去唐山？如果派定，于来时可将生之衣鞋及野外用具带来，车通定可起程，勿念。特此。

谨祝

钧安。

生　王作宾顿首
十一.廿四.

（谢家荣学术成长资料采集工程资料，存于采集工程数据库，档号 XJ－001－017）

十一月二十六日　为《湖南郴县金船塘金属矿床》（南延宗著）撰写评述，后刊于《地质论评》第 1 卷第 6 期。述评说，湖南郴县金船塘地处南岭山脉内，金属矿床极为丰富，尤以矿质复杂著称。其地出露石炭系石灰岩，花岗岩侵入其中，矿主要产在接触带中，花岗岩和石灰岩中亦有。产矿地带有大吉岭、柴山、柿竹园、水湖里、马脑山。经南延宗采集和鉴定的矿物达 28 种，其相互关系和先后顺序俱经精密鉴定。所附地质略图、显微镜照片和矿床结构相片，俱极清晰可观。

南延宗（1907—1951），原名南蒋康，字怀楚，浙江温州人。1931 年毕业于南京中央大学地质系后，进入北平地质调查所工作，专攻矿物与矿床学，是中国杰出的地质学家。1942 年中国地质学会授予他"赵亚曾先生纪念奖金"。1943 年在广西钟山黄羌坪发现铀矿，这是在中国首次发现铀矿。1945 年出国深造，在赴印度的轮船上不慎失足，跌断肠部，在印度医治半年余才返回。归国之后，担任矿产测勘处工程师兼矿床地质课长，协助处长谢家荣主持全国矿产勘探工作。1946 年起兼任重庆大学地质系教授，奖掖后进，不遗余力，深得学生的尊敬。1948 年，因不满当时黑暗统治的社会现状，更兼多年积劳，体力不支，携家眷返里休养，旋即被温州中学聘为教师，受聘担任温州中学初中部主任，并兼在温州瓯海中学担任英语、化学和数学教师。中华人民共和国成立后，浙江地质调查所成立，应聘担任浙江地质调查所研究员，在浙南地区调查地质矿藏，不到一年，发现了青田、永嘉等地的钼矿和义乌、诸暨的铈钇矿。

十一月二十七日　王作宾再次函告，何时到北平，还不能确定。

季公吾师钧鉴:

　　车尚未通行,去平日期未定。吉长路、中长路、北宁路近日来时被破坏,吉林城外匪甚多。生何时能去平,实不敢定。如果王、赵二君先抵平,生不能到达,有误工作,如能另派人一同前往,以免误了工作,生到达时再行参加。不知尊意如何? 再者生假期至本月底,如期不能消假,请特准延期半月。特此。

　　谨祝

钧安。

　　　　　　　　　　　　　　　　　　　　　　生　王作宾顿首

　　　　　　　　　　　　　　　　　　　　　　　　廿七日

(谢家荣学术成长资料采集工程资料,存于采集工程数据库,档号 XJ－001－018)

十一月二十八日　　出席中国地质学会理事会在地质调查所北平分所举行的会议,在会上当选为丁文江纪念基金委员会委员,并被推举为第十三届年会论文委员会委员、负责设计中国地质学会会徽及通讯会员证书之式样的委员。

《本会理事会记录》:

二十五年十一月二十八日在地质调查所北平分所举行理事会,出席理事:葛利普、冯景兰、张惠远、谢家荣、杨钟健。主席:杨钟健。记录:张惠远。议决事项:

甲,下次年会日期定为廿六年二月二十日至二十四日。年会地点定为二处:一北平,一南京,由南京理事作最后决定。嗣由南京理事多数赞同在平开会,故已决定在平举行,并已提举下列各委员会:

(一)年会委员会:翁文灏 冯景兰 杨钟健 袁复礼 刘玉峰

(二)论文委员会:黄汲清 谢家荣 孙云铸 葛利普 张席禔 谭锡畴 章鸿钊

论文最迟于二月十日以前送至南京,开会通知及征求论文选举新理事等函件,均由南京书记发出,并在该地汇集。论文须附摘要,以不超过二页为度。

　　……

丙,丁在君纪念金委员照提案通过为:李四光 章鸿钊 谢家荣 黄汲清 翁文灏 尹赞勋 杨钟健七人。

　　……

已,推举章鸿钊 谢家荣 葛利普 杨钟健为委员,设计本会会徽及通信会员证书之式样。

　　　　　　　　　　　　　　　　(《地质论评》第 1 卷第 6 期,第 737—738 页)

十二月　所撰《江苏江宁县獾子洞成矿作用》(郑厚怀、袁见齐著)述评刊于《地质论评》第 1 卷第 6 期。獾子洞位于江苏江宁(今南京市江宁区)南部,苏、皖交界处。其地出露白垩系中下部的砾岩、灰质页岩和石英岩,西南坡有二长斑岩侵入。矿呈脉状产于石英质砾岩和侵入体接触带中,主要矿物为赤铁矿、黄铁矿、黄铜矿。作者认为主要是热液矿床,接触高温变质为副。述评认为,文章叙述详严,足称为精心结构之作,所附矿石结构绘图精美绝伦,极堪取法,薄片显微照相甚清晰,惜光片照相稍嫌模糊;认为本矿以铜矿著称,但现在所见矿物实以赤铁矿为主,疑矿质成分随开采进行而变化。

是年　任北京大学地质系主任兼教授(1936—1937 年度),讲授地文学、矿床学。

北京大学《地质系课程指导书》(1936 年度适用):

本系教职员

主任兼教授:谢家荣(季骅)

名誉教授:翁文灏(咏霓)

教授:李四光(仲揆)—请假　王烈(霖之)　孙云铸(铁仙)　谭锡畴(寿田)

　　　葛利普(A. W. Grabau)

(北京大学档案馆,第 1 页)

地质系课程纲要

地文学　谢家荣　每周讲演二小时,实习时间在内。

　　内容:先略论地球之形状,大小及与其他天体之关系,次论地面气水陆三界及大型地貌之概况及成因。又次详论次等或小型地貌分为山脉,高原,盆地,河谷,平原,海岸等等,分别讨论其发生之程序与成因,而于河流之发育及变迁,特为注意。末论中国之地文期及地文区域。实习注意于中外地形图及模型之读法及推解。

参考书:Salisbury:Physiography

　　　　C. A. Cotton:Geomorphology of New Zealand

(北京大学档案馆,第 8—9 页)

矿床学(1)　谢家荣

　　内容:本课程分为非金属与金属两部分,三四年级合班,年授一部,二年完毕,每部每周讲演三小时,实习二小时。金属之部,分为总论各论及专论三篇,总论包括下列各章:(1)绪论。(2)矿床与岩浆之关系。(3)矿床与水之关系。(4)矿床之形状构造。(5)矿床之结构。(6)矿床之蚀变及次生富集带之造成。(7)矿床分类。

各论分为(1)铁。(2)铜铅锌银。(3)铂金银。(4)锡钨钼铋砷。(5)锰锑汞铝镍钴等质。除世界著名之外国实例,略述其地质矿床等情形外,皆以本国矿床为教材,俾初学者易于领悟。

俟学者于矿床学识得一普通观念以后,复专论几种理论问题如:(1)矿床之地理上及地史上之分布。(2)矿床成因与岩石种别及构造之关系。(3)成矿哲理。(4)矿床学发达史。

金属矿床实习分为下列各项:(1)不透明矿物之研究及鉴定,分为寻常显微镜观察,侵蚀研究,反射光率测定,显微镜下化学分析,分光镜分析等等。(2)中国重要矿床标本之研究,分为肉眼观察及显微镜研究等。

教科书:W. Lindgren:Mineral Deposits. 4th Edition

　　　　R. H. Rastall:The Geology of the Metalliferous Deposits.

参考书目,不及备载。

此外为增长学生之实地经验起见,每年至少举行一星期左右之矿山视察旅行,其时间地点随时酌定。

矿床学(2)　讲演三小时,实习二小时

内容:非金属之部分分为煤,石油,建筑石材,黏土,水泥材料,肥料矿产,盐类,研磨料,宝石及其他非金属矿床等,而于煤及石油之实习特别注意。分为(1)煤之肉眼观察。(2)煤之显微镜研究。(3)煤之侵蚀及酸解研究。(4)煤及石油各种物理性质之鉴定等等。

教科书:H. Ries:Economic Geology. 4th Edition.

　　　　Bayley:Non-Metallic Minerals.

参考书甚多,不及备载。

(北京大学档案馆,第16—17页)

郭文魁《谢家荣的治学精神与中国矿产测勘事业》:

谢家荣先生先在中央地质调查所任技正,1935年在北京大学地质系任系主任。当时他在中国地质矿产基础理论方面的研究工作已跻身于先进行列,蜚声中外。日本留学生特别申请听他的矿床学课程。但他为适应国家经济建设的需要,乐于将自己所学应用到矿产的普查勘探工作中,以检验有关理论。

　　(郭文魁等主编:《谢家荣与矿产测勘处——纪念谢家荣教授诞辰 100 周年》,第 4 页)

图 57　1936 年和家人合影(左起:吴镜侬的父亲吴炼百、母亲张氏和谢学铮、吴镜侬和谢学钫、谢学锦、谢学铨、谢家荣、谢恒)

一九三七年　丁丑(民国二十六年)　四十一岁

提要　北平。任职于地质调查所,任北京大学地质学教授兼主任。与葛利普、章鸿钊、杨钟健共同设计的中国地质学会会徽启用。母亲病故。再赴湘中考察铅锌矿地质。抗日战争爆发。南下经香港赴长沙。离开北京大学,赴广西、湖南,调查西湾煤矿和富贺钟江锡矿。著《湖南中部铅锌矿地质》、《北平西山地质构造概说》(An Outline of the Geological Structure of Western Hills of Peiping)。

一月五日　参加由中国地质学会北平分会、北京大学地质系、地质调查所北平分所在兵马司胡同地质调查所图书馆阅览室联合举行的"丁文江先生逝世一周年纪念大会"。

《本会北平分会与北京大学地质系及地质调查所北平分所联合举行丁文江先生周年公祭纪事》:

一月五日,为丁文江先生逝世一周年之期,中国地质学会北平分会、地质调查所北平分所、北京大学地质系,特于下午四时联合在兵马司地质调查所图书馆阅览室举行"丁文江先生逝世一周年纪念大会",除由杨钟健、胡适、章鸿钊、葛利普,分别报告丁氏平生的事迹外,胡氏并将赵元任收制之丁氏在广播电台讲演之胶片,以留声机播音。兹将各项详情分述如次。

会场情形

纪念会场,设地质调查所图书馆阅览室,北面悬丁氏遗像及鲜花圈,东面桌上陈列丁氏遗著四十余种,壁上并悬有"丁氏地质区域路线图",及丁氏遗墨,乃十九年十二月十七日为胡适四十岁生日贺联,文曰"凭咱这点切实功夫,不怕二三人是少数;看你一个孩子脾气,谁说四十岁是中年"。他如信稿,旅行照片等物,亦陈列展览。参与纪念者计:胡适、谢家荣、孙云铸、杨钟健、王竹泉、章鸿钊、李书华、德日进、葛利普、魏登瑞、华罗琛夫人等五十余人。由杨钟健主席领导,向丁氏遗像致敬礼,嗣由杨钟健致词——略谓:

"时间过的真快,丁先生逝世,到今天整一周年了。回想去年今天,我们还期待着长沙的好消息。不料第二天早晨,便接到噩耗了。丁先生在地质界及其他方面的功绩，我想大家都知道的很清楚，用不着我来说。我想纪念一个人的最好的方法，莫过于使他关心的有兴趣的事业，发扬光大。我们就是照着这个方向做的。就今天发起公祭的三个机关说，中国地质学会除了本已出版很久的英文会志照常出版外，在谢季骅先生主任之下，我们发刊了一中文刊物，叫《地质论评》。现第一卷已出齐了。北京大学地质系也在谢先生的领导之下，照常进行，不久还要添办地质研究院。至于地质调查所虽说中心已至南京，此间改为分所，但这里一切还照常进行。除几个研究室仍旧外，陈列馆亦照常。所以也是扩充，而不是收缩。就全国地质事业讲，地质调查所仍在翁先生指导下，热烈的进行。其他机关亦然。我今只举一个例子，以概其余。近来还未完结的南岭调查，在黄汲清先生领导下进行，地域占四省之多，参加人员数十位，分为六组，其规模之大，前所未有。这也可说是丁先生未竟工作的继续。至于关于纪念丁先生的工作，我们也做了一些。文字方面，胡适之先生首在其创办的《独立评论》上，出了一专号，文字大半备述丁先生为人的。《地质论评》第一卷第三期出了纪念号，除少数论丁先生为人的文章外，大半为地质工作的报告。现在我们又预备在英文会志出丁氏纪念专卷，包括地质研究文字二十篇，原订赶今天出版，但实在来不及，惟已付印，不久即可出版的。除过文字纪念外，由翁先生主持，在中国地质学会募集一种丁先生纪念基金，现已有四万多元。每两年以利息大部作地质奖金，一小部捐北大地质系，作为研究补助金。这样看起来，丁先生躯壳虽逝，他的精神还留在我们个个人的心目中，而且我信将永远的存留着，与中国地质界将同存不朽。今天公祭的仪式，是很简单的，目的不过表示我们一种景慕的敬意罢了。会场陈列了一些墨迹遗稿遗作和丁先生地质调查路线图，用以帮助大家对丁先生景慕的热忱。"

杨氏报告毕，由胡适致词略谓"在君（即丁文江）先生是欧化最深，科学化最深的中国人，他的生活习惯均有规律，均科学化，他的立身行己亦都是科学化的，代表欧化的最高层。他最服膺两句西洋名言'明天死，又何妨；还照常工作，仿佛要永远活着一样'，他最恨人说谎，懒惰，滥举债及贪污等，他所谓贪污，包括拿干薪，用私人，滥发荐书，用公家免票，来做私家旅行，用公家信笺来写私信等等，丁先生政治生活与私生活是一致的，他的私生活小心谨慎，就是他的政治生活的准备，他曾说，我们若想将来的政治生活，应做几种准备，（一）是要保持'好人'的资格，消极的讲，就是不要'作为无益'，积极的讲，是躬行克己，把责备人家的事，从自己做起；（二）是要做有职业的人，并且增加我们职业上的能力；（三）是设法使生活程度不要增高，要养成简单生活习惯，准备坐监狱及过苦生活；（四）就我们认识的朋友结合四五个人，八九个人的小团体，试做政治生活的集体预备。在君先生最恨那些靠政治吃饭的政客，他曾有一句名言'我们是救火的，不是趁火打劫的'"云云。

胡氏讲毕,由章鸿钊讲演丁氏开创中国地质学之经过,略谓"丁先生一生精力除用于其他事业外,耗于地质教育上甚多,民国初年之地质研究所如此,其后建议北大设地质系亦如此。后来丁先生在北大地质系主持擘划一切。以后他虽到中央研究院任事而于中央大学之地质系,又擘划一切,一如在北大。其所以如此,实因一切工作非一人之力可胜,而注意于新人才之养成。在此一方面言,丁先生可谓大成功"云云。

继又葛利普讲述其感想,略称彼识丁先生远在十六年以前,但能一见如故,即认识丁先生为一富于组织能力之科学家,当时地质调查所甚简陋,而丁氏在恶环境中发展,年有进步,希望中国青年以丁先生为模范,努力进中国于隆盛之域云云。

(《地质论评》第 2 卷第 1 期,第 97—100 页)

一月十一—十二日 两接上海电报,谓母亲患气喘痰涌,病重且急,速归。

一月十三日 下午 6 时离北平赴上海,行前《地质论评》第 2 卷第 1 期已经编就,部分已付印。晚 8 时,母亲孙太夫人辞世,享年 74 岁。

一月十五日 早晨抵上海北站,回到俞家弄,方知母亲已经故去。张海若题《谢母孙太夫人赴告》,翁文灏为谢母孙太夫人遗像题字,胡适为讣告题词:"十指一针,全家衣食。二十余年,有如一日。以艺教人,以慈教子,誉满一乡,泽流后世。谢老伯母孙太夫人不朽"。

一月二十日 在上海治丧期间为郑厚怀、汤克成著《湖北鄂城西雷二山铁矿之成因》撰写述评,后发表于《地质论评》第 2 卷 1 期。述评指出,该铁矿曾由丁格兰、叶良辅研究,此次研究注重矿床、矿物方面,各项内容多附精美插图以资说明,认为该矿床应属浅成热液矿床,而非丁格兰氏认为的接触变质矿床。

一月二十八日 自上海赴南京,下午与所长翁文灏商谈组织成立地质调查所矿产测勘室事宜,并由翁文灏起草了该室组织大纲。

一月三十日 与翁文灏、黄汲清一起,从地质调查所赴资源委员会,同资源委员会副秘书长钱昌照共同商定:地质调查所与资源委员会合作成立矿产测勘室,任该室主任,资源委员会负责每年提供 10 万元经费,专用于开展中国地质矿产调查。

一月 与葛利普、章鸿钊、杨钟健共同设计的中国地质学会会徽自本年启用,并由理事会追认。

《本会会徽决定》:

本会会徽前由理事会推举葛利普、章鸿钊、谢家荣、杨钟健会同设计。兹该会徽已由该委员会拟定并承张海若先生绘制,甚为美观,多数理事亦表赞同。除将由

本会理事会追认外,自本年起,所有本会矿物证书,信笺,均加此项会徽。兹将该会徽图样及说明附录于后:

图 58　中国地质学会会徽

中国地质学会会徽之说明

本会会徽,拟定如图所示,中为一"中"字,四围上下用"土石"二字,左右用"水山二字",排列约成三环状,包于"中"之外,中字代表中国,亦可代表中国地质学会。至四边四字则取以代表地质上最重要之各现象,兹分述之如次:

(一)"土石"二字代表地质学之"质"。吾人研究之实物对象,可由此二字包括。"水山"二字则代表地质学之动的作用。"水"以代表海侵海退及其他水力现象,而"山"则代表内力作用如造山作用火山作用等。

(二)中字四围之四字,又可代表地史上切合于中国地史之四大时期。如石可代表元古界之最古地层,水代表中国古生代之伟大普遍之海相堆积,山代表中国中生代之显著的造山运动,而用土以代表新生代,尤为显然。

(三)假如以全徽作为中国全国地图看,此四字之排列,可视为中国之缩形。东边为海洋及多湖泊区,以水代表,西边多山区以山代表。南之石表示丘陵地域,北方之土,表示著名之黄土及其他土状堆积。

(四)若就所排列上下下上,右左左右看,为"土石中""石中土""水中山""山中水"等句,亦可示地质上之若干基本哲理。

(《地质论评》第 2 卷第 1 期,第 89—90 页)

二月四日　地质调查所所长翁文灏函送地质调查所矿产测勘室组织大纲、经费预算及职员名单至资源委员会秘书厅。函文如下:

中国矿产丰富,调查测勘亟须更有系统之组织,迭经本所与贵会面商,兹依商定方针,检附矿产测勘室组织大纲,经费预算及所拟职员名单各一份,即希察照指示,至韧公谊。此致
资源委员会秘书厅
附组织大纲经费预算暨职员名单各一份。

所长　翁文灏
中华民国二十六年二月四日

矿产测勘室组织大纲

一、本室由资源委员会与地质调查所合办。应有设备,凡地质调查所所有者尽量利用,其余需用款项由资源委员会拨发。

二、本室附设于地质调查所内。

三、本室工作分为(甲)详密地质测查,(乙)地质物理探矿,(丙)实地探勘(小规模工作),(丁)矿业统计调查,(戊)矿床学理研究。

四、本室设主任一人,技师调查员各若干人。

矿产测勘室经费预算

一、薪水

职别	每月合计(元)	每年合计	说明
主任一人	五五〇	六,六〇〇	
技师四人	一,四〇〇	一六,八〇〇	自二〇〇至四〇〇元,每月每人平均以三五〇元计
调查员八至十人	一,一二〇	一三,四四〇	自八〇至二〇〇元,暂以八人,每人每月平均以一四〇元计
练习员八人	四八〇	五,七六〇	自四〇至七〇元,每月每人以六〇元计
薪水合计	三,五五〇	四二,六〇〇	
二、地质调查		二〇,四〇〇	每年调查期六个月,以十七人参加,每人每月以五元计,另加舟车费每人每年三百元,合计如上数
三、物理探矿		五,〇〇〇	约计如上数
四、实地探勘		二〇,〇〇〇	小规模试探工作,约计如上数
五、设备费		一五,〇〇〇	
六、办公费		六〇〇	
总计		一〇三,六〇〇	

主任　　谢家荣

技师　　王恒升　李善邦　朱熙人　王竹泉

调查员　陈　恺　高振西　赵金科　丁　毅　吴希曾　徐克勤　周宗浚　王　植

练习员　（经过考试录用）

（南京：中国第二历史档案馆，全宗号二八，案卷号 36351，第 6—10 页）

二月八日　下午 4 时偕翁文灏赴行政院晤钱昌照。

二月十一日　自南京返回上海。

二月十九日　中国地质学会理事会在地质调查所北平分所举行。理事长杨钟健主持会议。谱主当选新一届理事、学会会志编辑、《地质论评》编辑部主任、学会北平分会干事，继任丁文江的葛氏纪念奖章委员会委员。

《本会理事会记录》：

本会第三十次年会，前定本年二月二十日至二十四日，在北平举行。事先由杨钟健用通信方法，请各理事票选新职员，及表示其他重要问题意见。又定二月十九日在北平地质调查所分所开理事会，由在平理事就所收回信集议决定。是日出席理事为杨钟健、黄汲清、冯景兰、葛利普、张席禔（冯代），由杨钟健主席，黄汲清记录，即席宣示通信结果，并讨论各提案，兹将决定各事分别列下：

（1）上年度任满理事为李四光、葛利普。改选结果，二君均获选连任（李四光七十一票，葛利普四十二票，次多数孙云铸、谭锡畴、尹赞勋）。

（2）一九三七理事职员选举结果，仍与上年度同，即理事长杨钟健（一九四零年满期），书记黄汲清（一九三八年满期），会计冯景兰（一九三七年满期），理事翁文灏（一九三八年满期）、张席禔（一九三七年满期）、叶良辅（一九三八年满期）、谢家荣（一九三七年满期）、李四光（一九三九年满期）、葛利普（一九三九年满期），助理书记计荣森，助理会计钱声骏。

（3）英文会志新职员：编辑主任翁文灏，编辑谢家荣，尹赞勋，计荣森；助理编辑由编辑部推荐。

（4）地质论评编辑部：谢家荣（主任）、章鸿钊（普通地质）、尹赞勋（古生物）、田奇㻪（地层）、李四光（构造）、孟宪民（经济地质）、斯行健（古植物）、冯景兰（岩石）、李学清（矿物）、孙云铸（古生物）、谭锡畴（地文）、张席禔（脊椎化石）。

（5）北平分会干事仍由谢家荣、金耀华担任。

（6）地质论评发行事仍由杨钟健担任。

（7）英文地质会志第十六卷丁先生纪念卷仍赠送已交会费会员，但须向本会书记声请。

（8）葛氏纪念奖章委员会决定一九三五年奖章赠与翁文灏，一九三七年赠与杨钟健,应由理事会核定,结果通过。

(9)葛氏纪念奖章委员会丁文江先生遗缺由翁委员文灏提议推谢家荣继任,经该委员会会员全体同意,理事会应予追认,议决照案通过。

(10)丁文江先生纪念基金保管委员会,前由理事会提出推翁文灏、李四光、章鸿钊、谢家荣、黄汲清、尹赞勋、杨钟健等为委员。近由该委员会推李四光为主席,尹赞勋为书记,亦应由理事会追认,即照案通过。

(《地质论评》第 2 卷第 2 期,第 199—200 页)

是日　中国地质学会理事会追认的中国地质学会会徽正式使用,永久作为本会会徽。

二月二十一—二十四日　中国地质学会第 13 次年会在北平举行,因在上海为母亲治丧,所提交的论文《北平西山地质构造》由杨钟健在二十一日上午的论文会上宣读。

二月二十四日　自上海赴南京,途中在无锡停留。

三月一日　回到北平。

三月三日　致函钱昌照,报告本年矿产测勘室的工作计划。

乙藜先生赐鉴:

此次先母之丧,承赐厚礼,至深感谢。丧仪事毕,即于本月一日返平。接奉二月二十六日及三月一日赐函暨王佐成先生所拟物理探矿及其补充意见各一篇,敬即留备参考。关于矿产测勘室事,有须报告者数端:

(一)高振西、王植二君已定于本月二十日左右赴广西调查,除前定之贵县等地点外,此外有何应行详测之区,希预为示知,以便遵行。

(二)已与李善邦君商定,于四月中旬偕朱熙人君等同赴大冶阳新及水口山勘查并作物理探矿工作。

(三)矿产测勘室因须详测矿区,故需用测量人员甚多,已请曾世英先生代约同济测量专科毕业生二员,但须暑假后始能加入,现只能调用调查所人员。

(四)调查队出发时,应携带何种护照及如何通知保护(资委会抑调查所),希便中示知为荷。

(五)本年度计划中之陈恺、吴希曾一队,因陈恺君新自滇返,且须在京照料室务,吴君尚在贵州未返,故暂缓出发。

(六)徐克勤、丁毅一队:徐君现在江西未返,拟请丁毅君于三月中旬前往汇合调查。专肃。敬请勋安!

谢家荣敬上　三月三日

（南京：中国第二历史档案馆，全宗号二八，案卷号 36911，第 6—8 页）

三月十一日　钱昌照以资源委员会秘书厅密发 3275 号函，回复谢家荣三月三日函，全文如下：

季骅先生大鉴：

接诵三月三日手书，备悉一切。兹函复事项如下。

（一）此次湖南地质调查，湘潭城南五十里谭家山煤矿是否在内？如不在内，请一并详查。

（二）调查队出发时，需用军用证明书（即护照）及通知各机关协助保护函件。均可开明事由、人数及去文机关等。由资委会办理。

以上两事并祈

察照。祗颂

台祺!

弟　钱○○敬启

（南京：中国第二历史档案馆，全宗号二八，案卷号 36911，第 3—4 页）

三月十五日　斯坦福大学地质系埃尔斯贝斯·马德维格（Elsbeth Madvig）来信，告知布莱克维尔德（Blackwelder）教授休假一年，部分时间在埃及，待九月回斯坦福时将尽力满足所提要求。

三月二十日　在杭州西湖饭店举行的中国科学社第 134 次理事会上被推定为本年会 9 人论文委员会委员。

中国科学社理事会第 134 次会议记录（1937 年 3 月 20 日）：

二十六年三月二十日下午七时在杭州西湖饭店举行第一百卅四次理事会。

出席者：赵元任、马君武、竺藕舫、周子竞、杨孝述、胡刚复。

三、议决：本年年会定于八月二十日至二十五日在杭州浙江大学举行。

五、推定下列九人为本年会论文委员会委员：

卢于道（委员长）、张江树、严济慈、谢家荣、王家楫、张景钺、朱言钧、钱天鹤、何之泰。

（《社友》第五十九期，第 1 页；上海市档案馆，档号 Q546-1-66-47）

三月二十三日　赴翁文灏之宴;翁文灏专门与黄汲清、杨公纯谈各机关保持独立、增进合作事。

三月　与程裕淇合著的《湖南中部铅锌矿地质》(The Lead-Zinc Deposits of Central Hunan)刊于《地质汇报》第 29 号。中英文合计超过 10 万字,含 12 幅插图、15 个图版 45 张照片及平、剖面图 3 张,为作者 1934 年 9—10 月考察湖南铅锌矿地质的报告。报告详细叙述了衡山福田铺东湖、银坑冲,常宁水口山和郴县铁屎垅铅锌矿的地质和矿床,依据详细的野外观察和矿石标本的显微镜研究讨论了水口山铅锌矿床的成因,认为湖南中部的铅锌矿床为与酸性侵入岩有关的中温热液矿床,与湘西以低温矿床、湘南以高温矿床为主的情况绝然不同。

四月九日　离开北平赴湖南再次考察水口山铅锌矿。

四月十三日　经停汉口、长沙、衡阳后,抵达水口山铅锌矿矿部。

四月十四日　上午赴朱家祠堂、老虎岩岭考察,下午在矿局附近采集标本。

是日　尹赞勋来函告知胡伯素的论文情况,称黄汲清不赞成刊登此文,请谱主通知胡伯素:

季骅兄:

日前李子静兄来京,带来胡伯素先生论文稿,已由弟转交黄汲清兄看过。他说内容很好,而地质调查所不便代刊,有数理由:一胡先生非本所人员,二材料大部分不是本所供给,三德文在中国出版不宜,四未附汉文译本,五插图俱须重绘始能付印。所以黄兄不赞成由调查所出版,而又想不出其他办法。弟等遂拟等李子静兄赴湘时带交兄处,另行生法,或退交原著者。此稿本可在此存留,等翁先生回国后想办法,但胡先生欲印之意甚急,长期存在此处恐怕误了胡先生的事,所以交回吾兄,并望通知胡先生为盼。崇此奉闻。即颂

旅祺

弟　尹赞勋顿首

四月十四日

(谢家荣学术成长资料采集工程资料,存于采集工程数据库,档号 XJ-001-023)

尹赞勋(1902—1984),字建猷,河北平乡人。地质学家、古生物学家。1919 年入北京大学,1923 年留学法国,在里昂大学地质系学习 8 年,获理学博士学位。1931 年回国后,任中法大学和北京大学讲师,中国地质学会书记、副理事长、理事长,江西地质调查所所长,1942 年任前经济部地质调查所副所长、代所长。中华人民共和国成立后,先后任中国地质工作计划指导委员会第一副主任委员、北京地质

学院教授、副院长兼教务长、中国科学院地学部主任、中国古生物学会理事长等职。1951年加入九三学社。九三学社第四、五届中央委员会委员，第六、七届中央委员会常委。1955年被选聘为中国科学院生物学地学部委员。其主要学术成就在于古生物学、地层学和地史学方面，是我国地层古生物学研究的奠基人之一，对古生物学的研究涉及珊瑚、笔石、腕足动物、双壳动物、腹足动物、头足动物、三叶虫等以及古脊椎动物、古植物和遗迹化石等，有150多篇（部）专著、论文，其中最重要的是《中国北部本溪系及太原系之腹足类化石》《中国北部本溪系及太原系之头足类化石》《中国古生代后期之菊石化石》3部专著。对我国志留系作了全面、系统的研究，在中国地质科学奠基时期，赢得了"尹志留"的美称。此外，他对遵义锰矿、中国地层学和大地构造学的研究也有建树。

四月十五日　上午偕测量队人员出发，指示测量计划，下午赴清水塘考察。

是日　程义法①函告华拉克在华的工作目的，征求工作计划的意见：

季骅先生惠鉴：

中德交换货品范围以内建设之钢铁厂，德方留有矿师（Wollak）在华，其目的为复查：（一）湘潭锰矿，（二）谭家山煤矿，（三）宁乡铁矿，（四）湘乡洪山殿煤矿。今晨钱乙黎先生语弟谓，关于调查工作应先函商。阁下前开四处是否包括于贵队工作计划之内？如不在内，则令该德员前往，而另派人为引导；如包括在内，则可令该德员先到尊处，一同出发，以免重复。如何之处即祈示之为盼。

以弟所知，关于锰矿，Wollak意在挖坑，以证矿层之连续与否。关于谭家山煤田，国营矿区已及全田五分之三，目的在于选定钻眼地点，以备下半年施钻之用。所购钻机大致难超过五百公尺者，故地点不宜在最深处。关于宁乡铁矿，其量为湘中铁矿之冠，惟层次较薄，且有夹心，采工不易，且含硅氧平均约二十分，为冶炼家所不喜欢。前次渠等来湘时，弟已嘱其购砂一吨，以半吨运德试选，半吨留矿室自试。该处此矿应如何着手探矿，以证矿量之有无变化，盖虽为鲕状水成矿，但厚薄颇有出入，其质量必须确实证明为冶炼家所能用，然后方能计及运输问题也。洪山殿煤田不但已有地质报告，且建厅打过钻眼，在德方设计者之意见，以高坑及谭家山两国营矿区所有焦煤量不过二三千万吨，苟在湘黔沿线能得较大含量之烟煤田，

① 程义法，江苏吴县（今苏州市）人，1891年生，1909年录取的庚款首批47名留美学生的第1名，与梅贻琦等赴美留学，就读科罗拉多矿业学院，学采矿，1914年毕业。抗日战争时期曾任资源委员会锑业管理处处长、西迁重庆的汉阳钢厂的负责人之一。1946年7月10日，国民政府资源委员会在石灰窑成立"资源委员会华中钢铁公司筹备处"，程义法任筹备处主任（未到职）。著《中国锑业》。

即使不能炼焦,亦可由国家划出一区以备蒸汽之用。弟现正饬科将湘潭、湘乡、邵阳三县已有商人领照之煤区编列一表,并将各矿区图晒制一份,以备调查时参考。

该 Wollak 拟欲复查前开四处锰铁煤矿,于尊处工作有无重复,能否合并工作,均祈示知为幸。专此。顺颂

旅绥

弟　程义法　手启

四月十五

(谢家荣学术成长资料采集工程资料,存于采集工程数据库,档号 XJ-001-021)

四月十六—二十二日　赴老虎岩、龙王庙、龙王山等处考察。环侵入体一周观察,考察甲、乙、丙、丁、戊各矿层;绘制有关图件;赴李家湾、斗岭等处煤矿。

四月二十三日　李善邦、杜锡垣的物理探矿队来到矿山。

李善邦(1902—1980),字子静,广东兴宁人。中国地震学家,中国地震科学事业的开创者,最早的地震地球物理学家之一。1925 年毕业于东南大学物理系。1930 年在北平西郊创建我国第一个地震台——鹫峰地震台,成为当时世界第一流的地震台。抗日战争时期,转赴水口山、攀枝花地区做物探工作,指导地磁三要素测量,1950 年代据此制成中国第一幅地磁图。1943 年在重庆北碚研制成功我国第一台近代地震仪——霓式 I 型水平向地震仪,20 世纪 50 年代进一步设计制造了51 式多种型号的地震仪,并领导建成我国第 1 批全国地震基本台站,负责提供国家基本建设地震烈度数据,同时编制我国第 1 幅《全国地震区域划分图》,主编第 1 部《中国大地震目录》,为中国地震研究奠定了基础,为我国地震研究工作培养了大批人才。

四月二十四日　偕物理探矿队至附近各地点视察。

四月二十五—三十日　先沿铁路线考察,再考察高树岭,后赴水口山以北考察区域地质,继考察清水塘,重返丙、戊、已各矿层考察。

此次考察结束后,著文《湖南常宁水口山铅锌矿》,文中对此次考察有简明叙述。

谢家荣《湖南常宁水口山铅锌矿》:

湖南常宁水口山为我国目下惟一重要之铅锌矿,自前清开采迄今,已达四十余年,共产毛砂总量一百四五十万吨。现在矿床虽有垂尽之虞,而每月尚产锌砂约一千吨,磺

砂六百吨,铅砂五百吨。近以铅砂价格日高,故去年一年中曾获利三十余万元,本年砂价更涨,获利当更多。关于水口山之地质矿床,中外地质学者发表报告甚多。民国二十三年九月,作者偕程裕淇君曾赴该矿详查约一个月,所得结果,已刊于《地质汇报》第二十九期。当时从地质构造上之推察,觉水口山矿区尚值得详细探勘,而有发现新矿床之可能,但以露头稀少,仅凭地面观察,不易得适当之结论,必须佐以地球物理测验,始得窥其究竟。爰于本年再往复勘,先由钟伯谦、朱熙人两君于三月中旬到矿,作者则于四月十四日由北平到矿。李善邦、杜锡垣两君则自南京携带大批扭秤电气探矿仪器于二十三日到矿。钟、朱两君与作者等在地面及窿内考察共历三星期,对于以前调查之结果,颇多补正,并测制窿地道质图五幅,剖面图多张,又编制地面及窿道混合图一张,再合以矿上所制之模型及剖面,于已开发各矿床之产状,得一更清之观念。同时从地质观察上认为有望之地点,如新冲、清水塘及矿局以北之各地点,由李善邦君作扭秤测验,杜锡桓君作电气探矿测验。钟、朱两君及作者于五月一日离山,李、杜两君则于六月下旬先后离山。因水口山地势不平,为扭秤测验所需之地形校正,极感重要,另由练习员刘立三君继续测制地形,于七月底亦已事毕返京。

（全国地质资料馆,档号180）

四月 在南京召开的中国地理学会第4届年会上被选为理事。

李旭旦《解放前中国地理学会记事》:

1937年4月,第四届年会在南京中央大学举行,出席会员60余人。大会选出竺可桢、张其昀、胡焕庸、黄国璋、王益厓、张印堂、谢家荣、董绍良和吕炯九人为理事,组成理事会。理事会推举翁文灏为会长,胡焕庸为总干事,朱炳海为会计,张其昀为《地理学报》总编辑,吕炯、凌纯生、孙宕越、林超为编辑。

（《中国科技史料》1982年第2期,第83页）

是月 黄汲清来函告知,资源委员会来了两位德国专家,征求谱主对两位专家工作安排的意见:

季骅先生尊鉴:

子静兄来,得知先生近况,并悉大驾正赶赴水口山工作矣。想此次之行,不同平凡,当必有重大之贡献,以飨同仁。加以用地球物理法作实地之探测,此为第一次。倘有新贡献,当必为国人所乐闻也。

今有一事奉商者,资源委员会来了两位德国专家,中有一人名 Ahlfeld,自称长于金属矿床之研究,彼来尚无事可做。清受钱先生托,为找工作。清因先生探水口山铅锌矿床,或者不妨令此人前去,由会中命令彼"在先生指挥之下"帮同调查或另分工作与彼亦可。其目的一则可以观其功夫如何,一则或亦可得帮助。从前外国人与吾人出去,都是外国人当头儿,现在以外国人放在吾人之下,或当较善也。先生如同意于此,希即来电示之,以便转知。如不赞成,亦希见示。如彼赴水口山,则彼地工作完后,不妨命其赴瑶冈仙看钨矿也。再者,资委会拟派 Wollak 君看湘潭谭家山煤田。先生如去该处,望为资委会定打钻地点,因会中拟不久即在该处试钻也。Wollak 地质方面不见长,不如 Krejen 好,其结果殊难靠得住也。

又程宗实先生言,翁先生曾有意派人详看湘乡洪山殿煤田,以便决定在该处成立国营矿区,不知先生对诸方面感兴趣否?

先生在湘有多久耽搁,亦盼见示。清六月中旬赴俄,知注并闻,匆匆不一。敬叩

旅安。

学生　黄汲清敬上

仲和兄同此不另

前又接程宗实先生电话称,Wollak 君原拟调查湖南下列各地:(一)上武都锰矿(二)湘潭谭家山煤矿(三)宁乡铁矿(四)洪山殿煤矿。但钱先生意,湖南矿产现既有先生等考察,是否仍需 W 君之行,或只请其担任上列各地之一部,此点望先生见示,以便转令 W 君遵守。

清又及

(谢家荣学术成长资料采集工程资料,存于采集工程数据库,档号 XJ-001-003)

五月一日　与钟伯谦、朱熙人一起离开水口山,赴松柏转衡升,晤德国矿师华拉克(Wollak)。

五月二一四日　抵达湘潭谭家山昭潭公司。考察谭家山煤矿。后转赴渌口。

五月五一九日　自渌口经长沙、汉口回到北平。此次调查后著《湖南湘潭谭家山煤田地质报告》。

关于此次水口山铅锌矿考察,《地质论评》曾有报道。谢家荣的《湖南湘潭谭家山煤田地质报告》则对谭家山煤田的考察有大致说明。

《实业部地质调查所消息》:

B. 矿产测勘室调查工作:(一)谢家荣与李善邦二君,于四月中前往湖南会同朱熙人及资委会专员钟伯谦、助理员杜锡桓等作水口山铅锌矿之探勘工作,并试用扭转天秤及电气法探矿,事毕后谢君又偕钟、朱二君及德矿师华拉克同往谭家山调

查煤田。现谢君已事毕返平,钟、朱二君又赴醴陵天花台、潘家冲及湖南湘潭毡帽山调查铅锌矿,继又赴衡阳铁炉冲调查铜矿。事毕朱君又赴湖北阳新视察牛头山等处铜矿探勘工作,此后尚拟赴慈利探勘铅锌矿。杜锡桓君在水口山电气探矿工作完毕后,又赴阳新牛头山作同样测验,李善邦君则仍在水口山继续扭秤工作,闻于六月下旬皆可事毕返京。

(《地质论评》第 2 卷第 3 期,第 305 页)

谢家荣《湖南湘潭谭家山煤田地质报告》:

湖南湘潭谭家山煤田历经湖南地质调查所王晓青、刘祖彝、粟显伏及本所王恒升、南延宗诸君调查,王、南二君制有二万五千分之一之地质图。此次乘赴湘探勘水口山铅锌矿之便,归途时曾至谭家山视察,同行者有钟伯谦、朱熙人二君。又德矿师华拉克君亦自萍乡来衡阳相会,同往矿地调查。计在山二日有半,遍历各煤系分布之地点。归途又自谭家山步行至渌口,以勘查煤系东延之趋势。因王、南二君所制之地质图尚为精确,故按图索骥,虽所费时间不多,已能得其大要。将来为进一步之研究,自当另测缩尺较大(如五千分之一)之地形图,再就此填注地质,始合实用。因二万五千分之一陆军图虽尚合用,究以缩尺过小,许多详细构造无法表示也。

调查时与华拉克、朱熙人、钟伯谦诸君共同讨论,获益甚多。又承昭谭公司章执中、彭柳侨二君给予许多便利及详告当地煤矿之开采及交通诸情形,特书此志谢。

(北京大学档案馆,档号 1RW0172002 - 0438)

五月十一日　在上海举行的中国科学社第 135 次理事会上被公推为本年高君韦女士奖金审查委员。

中国科学社理事会第 135 次会议记录(1937 年 5 月 1 日):

五月一日中午十二时在上海社所开第一百卅五次理事会议。

出席者:任鸿隽、胡刚复、马君武、周仁、孙洪芬、杨孝述、秉农山(早退,杨代)。

五、本年高女士奖金征文范围定为地学,并公推谢家荣、张其昀、胡焕庸为审查委员。

(《社友》第六十期,第 1 页;上海市档案馆,档号 Q546 - 1 - 66 - 51)

五月十四一十九日　离北平,赴河北怡立煤矿公司,测勘矿区地质。

五月二十三日　出席欢送北京大学地质系 1937 届毕业同学会。

图59　1937年5月18日偕磁县怡立公司董事会成员同游彭城(右一为谢家荣)

图60　1937年5月23日北京大学地质系欢送1937届毕业生留影(前排左二岳希新、左
　　　三卢衍豪、左九谢家荣、左十何作霖、左十二杨敬之、左十三郭文魁、左十五叶连
　　　俊;二排左二关士聪、左七吴磊伯)

六月十二日　北京大学 1937 级毕业同学录筹备会捐款鸣谢,列捐款名单及捐款数,地质系捐款:谢家荣(10 元)、谭锡畴(8 元)、杨钟健(3 元)、何作霖(4 元)、王霖之(10 元)、葛利普(15 元)。[①]

六月三十日　致信德国矿师华拉克,称很高兴收到他的谭家山煤田报告。随信寄去自己的谭家山煤田报告。报告认为,谭家山的构造可以有紧密的等斜褶皱或断层两种解释。非常同意华拉克的钻孔位置,大多数钻孔布置在山谷中,可以大大节约。看他的图后,改变了一些钻孔位置,其变更后的位置表示在附图中,叙述了各个钻孔要达到的目的,相信煤层可能向东北延伸得更远。

June 30，1937

Mr. Otto Wollak，

P. O. Box 19，

Nanking.

Dear Sir：

I received with great pleasure your report on the Tan-Chia-Shan coal field.

Herewith I am sending you my report which is in Chinese but you may take a glance of the map and sections.

In regard to the structures，I have stated also in my report of the possibilities of two explanations either by close isoclinal folding or by faulting，& you can see that in my section，it is drawn in accordance with your faulting theory of the B type.

I am quite agree with your site of bore holes which are mostly located in valleys & so save greatly the drilling depth.

In my first plan，I have suggested altogether six holes including the one in the extreme northeastern portion for the concealed field. After consulting your map，I have changed some of the holes and in their revised position，they are shown in the accompanied map.

Hole no. 1 is intended to find out besides the succession and thickness，also the dip of the coal seams whether flat or sheep. I believe this point is still not yet solved. Hole no. 2 is your hole no. 4，but I suggested that it should be put a little

---

① 《北京大学周刊》第 259 号(即日刊 3144 号)第 2 版,1937 年 6 月 12 日。

more to south, so as to save the drilling depth. Hole no. 3 is your hole no. 5. Then I would suggest a hole no. 4 west of Shunghaling, the result of which might throw some light on the structure there. I believe that explanation by isoclinal folding would be less likely. Of course your suggestion of putting a shallow pit no. 8 would perhaps give even better result on this question, but the committee. I suppose, would prefer boring rather than shallow pitting. In either case I suppose hole no. 7 might to be saved, for exploring the concealed fields, I think both your hole no. 9 (in my map no. 9) and my no. 6 should be drilled. I still believe that coal seams might extend to a greater distance toward north east.

I have written to the committee at Nanking of my opinion and my comment on you plan exactly as stated in this letter.

With kind regards

Very truly yours,

C. Y. Hsieh

(谢家荣学术成长资料采集工程资料,存于采集工程数据库,档号 XJ－003－171)

七月七日　卢沟桥事变发生,抗日战争全面爆发。谱主根据翁文灏的指示,暂不去昆明,留在北平处理北京大学地质系撤离后遗留的财产保护等有关问题。在这段时间里,他拒绝了日伪政权教育局局长黎子鹤等人要他到伪北大任职的要求,购买许多英文小说及报刊,待在家里潜心教长子谢学锦学英语。为使北大地质系实验室的铂金坩埚等财物免遭损失,不顾危险把铂金坩埚拿回自己家里,交给夫人吴镜侬保管。

七月十八日　赴西什库看房,即付房钱。

七月十九日　上午搬箱子等至西什库,晚吴镜侬偕四个孩子入住。

七月二十八日　二十九军撤退。

七月　向 7 月 21—29 日在莫斯科召开的第 17 届国际地质大会提交了题为《中国之石油富源》(The Petroleum Resources of China)的论文,这是我国学者在国际会议上发表的第一篇石油论文。该文收入《地质汇报》第 30 号。文章概述了中国各油区的地质概况、油区的分类和面积,概算了中国石油的储量。文章附一张"中国各种储油区域、油苗、油页岩及地沥青分布图",图上除绘出地沥青、油页岩和油苗产地外,还划分了根据钻探记录、地质理论的"可能储油区域""无显著之储油现象但产油绝非不可能区域"和"不储油区域"。这是中国第一张全国石油远景分区图。本文还依据当时已有资料,按 10% 的出油率,第一次计算了中国的石油储量,但指出"详计中国石油储量,今尚非其时,一因调查未精,二则许多油田俱未开发,必要材料俱不完备也"。

是月 原定于暑假期间应晋绥兵工矿产测探局之请,赴山西五台山调查地质矿产,因交通梗阻,未能前往。

八月三日 为葛利普著《中国黄河大平原》撰写述评,后刊于《地质论评》第2卷第4期。述评在介绍葛氏文章前指出:

葛氏此文,在阐明黄河平原之成因,而尤为重要者,则谓此种黄河式之沉积,不独盛发育于近代,而在远古之地质史中,亦甚重要,故"黄河式沉积"一名直可改为地质学上一普通之术语矣。关于黄河大平原之范围,葛氏以为北达开平盆地以至北戴河之沿海(北纬三十九度四十分),其南与扬子江大平原相衔接而不易划分,故其南界竟可谓直达南京山地也。

(《地质论评》第2卷第4期,第389页)

述评介绍了葛氏对黄河平原沉积的看法,指出:

按葛氏主张之要点乃在阐明陆相沉积之重要,并谓偶或发现海生化石如笔石等等亦不足为海相之确证,因为海溢作用亦能挟海生生物以俱进也。此实一反从前专以海相解说地层成因之老学说矣。

(《地质论评》第2卷第4期,第391页)

八月四日 为梭颇原著,李庆逵、李连捷合译之《中国之土壤》撰写述评,后刊于《地质论评》第2卷第4期。全书共16章,约略介绍了各章的内容,评之"本书为梭颇先生在中国经过长时期研究土壤之结晶,原文共536页,末附字汇11页,索引5页。译本共244页,材料丰富,插图更多,内附七百五十万分之一中国土壤概图一大幅,锌板插图17幅,铜版照相连同封面版共96版,共列照相191张,可谓洋洋大观。译笔极为明畅,各种译名亦甚妥善"。

八月五日 节译所著 An Outline of the Geological Structure of Western Hills of Peiping,题名《北平西山地质构造概说》,刊于《地质论评》第2卷第4期。

谢家荣《北平西山地质构造概说》:

西山地质构造,极为繁复,叶良辅氏所著《北京西山地质志》论述綦详。其言大体构造,以为西山自西北达东南,有半锥形之背斜层二,即梁家坨背斜层与花木岭背斜层是也。在此二背斜层之间,则有清水涧庙安岭之向斜层,为京西最高峰。此外又如北岭向斜层及房山县周口店背斜层,俱为重要之构造云。近年来地质调查所与北京大学地质系合作重测西山地质,经多年之努力,所得日多,关于构造方面,已有陈恺君之西山逆掩断层一文,论述甚详,但全部综合之研究,尚付缺如,本文之作,即欲于此有所贡献也。

本文先约述西山之地层系统,对于震旦纪之分析,以为应将迷雾山石灰岩与高于庄石灰岩合而为一,因二者岩质相似,而所谓分界线之杨庄页岩又不能处处找到也。对于中生代之火山岩系,承认陈恺之东岭台系系不整合地位于髫髻山系之上,惟陈氏之东狼沟系及绿色流纹岩,似均可并入髫髻山系中。

其次略述造山运动之时代,分为:(1)五台纪与震旦纪间。(2)奥陶纪与石炭纪间。(3)石炭纪与二叠纪间。(4)燕山运动又详分为五幕即(a)双泉系与门头沟煤系间之假整合。(b)九龙山系与门头沟煤系间之不整合。(c)东岭台流纹岩与髫髻山系间之不整合。(d)坨里系与其他较古地层之不整合。著者以坨里系与华南之红色岩系可以大致比拟,应同属上白垩纪或第三纪。(e)坨里系与始新统长辛店砾石层间之不整合。(5)新生代运动以长辛店砾石层之倾折最为显著。

详细描述各处构造,非兹短文之所能尽,故仅就构造情形,分为若干区域,在研究范围之内,计可分为九区如次:(1)怀来盆地之南山。(2)南口镇边城高原区。(3)青白口半穹窿构造。(4)妙峰山百花山复向斜层。(5)下苇店半穹窿构造。(6)九龙山隆恩寺山复向斜层。(7)南部石灰岩高原区。此区内又可详分为:(a)荞麦山穹形构造,(b)王家台盆地,(c)五峰山破穹体,(d)壳积山穹形构造。(8)北岭复向斜层。(9)长辛店坨里之山坡地。

此外就大体构造而观,西山之构造分子又可分为二种不同之单位:(1)震旦奥陶体,以震旦至奥陶纪之地层为主,岩质坚强,常裂而不褶,在中生代之地质变动期中,每有上升之趋势,颇可与维理士氏之所谓"正性体"Positive Element 者相比拟。(2)石炭中生代体,以中石炭纪至中生代之地层为主,为界于上述震旦奥陶体间之盆地沉积带,在地质变动史中,有逐渐下降之势,以致造成厚达四千公尺之沉积,因之可与维理士氏之所谓"负性体" Negative Element 相比拟。地层坚弱相间,最易褶皱,其甚者造成许多复杂之逆掩断层。在此盆地沉积带中,陆相之水成岩与喷出岩俱属重要,且有相间而出之势,如杨家屯煤系与红庙岭砂岩之后,即继以双全系之火山块集岩凝灰岩及辉绿岩之侵入或喷出,此为第一组。门头沟煤系与九龙山系之后,乃有髫髻山安山岩与东岭台流纹岩,此为第二组。一若继续不断之沉积,足以冲动岩浆,使之活跃,而同时造山运动又每杂出其间,此三种地质现象关系之密切,从此亦概可知矣。至论西山花岗岩之侵入,著者以为当大致属于一时期,在东岭台系之后而坨里系之前也。其分布所在,每随震旦奥陶体之背斜轴,随构造弱点,乘机而起,盖亦理所必然者也。

昔李希霍芬氏论北平附近山脉之构造,分为二带,一为南口山带,起自山西五台山之东尾,迄于昌平之明陵,绵延二百英里,走向为东北西南。一为恒山山带,居保定西北,向东北延长为盘山五公诸山。此二带之组织与构造,大致相似,并俱有花岗岩闪长岩之侵入。在此二带之间,有宽约二十五英里之低洼带,中有厚达一千六百公尺之沉积,时代自寒武奥陶以迄侏罗纪之里亚斯,此即西山山带也。叶良辅氏论西山与其他山脉之关系,以为可分为三带:(1)为抱阳山,五回岭,十八盘岭,居庸关,五龙山之山带,即长城所经之地。(2)为怀来县与张北县间之山岭。(3)即西山区域。

著者于本文中,对于李叶诸氏大块构造之问题,未曾涉及。近来研究河北省山脉构造,对于西山山系之定义,别有所得,爰述如次。所谓西山山系者,著者以为系界于南口山系与太行山系北段间之一地槽区域,其中有石炭二叠纪及中生代煤系与火山岩系之沉积者也,向西经过百花山小五台山等大片火山岩及侵入花岗岩之后,为壶流河区域之冲积盆地;再向西于蔚县广陵阳原境内白草窑,黄洼子,露骨等处,复有侏罗纪煤系,不整合地覆于寒武奥陶纪石灰岩层之上,露骨之东北,复有上侏罗纪至白垩纪之火山岩。由是观之,蔚县附近之地层组织,实与西山地槽相似,而其地位又适位于同一走向之上,谓为同属一构造系统,实属非常确当也。再向西为大同盆地,亦有侏罗纪煤系,惟中生代火山岩至此已告绝迹,此盆地究应与西山相连,抑与宣怀盆地相连,则以研究未详,尚未能定也。

(《地质论评》第 2 卷第 4 期,第 392—395 页)

九月十三日　与罗常培等在灵镜 7 号就餐。罗常培《七七事变后的北大残局》(载《我与北大》一书)记:

> 毅生、雪屏、大年和赵廉澄(乃抟)借灵镜七号林宅约幼渔、心史、锡予、子水、建功、冯汉叔(祖荀)、谢季骅(家荣)、罗膺中(庸)、刘云浦和我聚餐,并商讨最近学校发生的事情。

十月十日　为《地质学之基本观念及其与中国地层学之关系》(葛利普著)和黄汲清、徐克勤著《江西萍乡煤田之中生代造山运动》撰写述评,后刊于《地质论评》第2卷第5期。

《地质学之基本观念及其与中国地层学之关系》述评指出,葛利普教授是地层古生物权威,积累几十年研究经验,提出许多地质学的新学说,其结论能否为世界大多数学者所接受固为另一问题,但其力求精进、不为旧说所拘的态度,却足为我国青年学者所取。述评逐一介绍了葛氏文章所提 5 个问题(1. 原始古陆的概念,2. 大地槽的概念,3. 脉动学说,4. 寒武纪以前海生动物群的发育史,5. 古生界下部各层系的相关问题)中前 4 个问题的基本内容,评曰:

　　按葛氏之学说,纯以古生物及世界各地详细地层之事实为依据,但推论所及,竟涉及地质学术之全部,如地文构造等等,由此可知研究地质,必须具有整个的和世界的眼光,而不可为局部之观察或研究所限也。至于葛氏北极引力说之价值如何,评者学识浅陋,殊不敢赞一辞,但观其所论太古界、元古界与震旦纪间之大不整合,即引力静止期;与夫古生代初期之引力复新与以后各代大地槽之发生,皆需要北极星或其他天体有体积或大或小,或与地球距离或近或远之周而复始之情形,始能造成所期之结果。此种情形,在天文学上是否可能,或有何相当之证明,似乎有研问之必要也。葛氏另有一文《北极控制之地球发育说》(Polar Control of the Earth Development)载中美工程师学会[①]第十八卷第 202—223 页及《北京大学地质系研究录》第十八号,讨论此说,更为详尽,并附有显明之插图多幅,阅者可复按之也。

(《地质论评》第 2 卷第 5 期,第 492—493 页)

　　《江西萍乡煤田之中生代造山运动》是黄汲清、徐克勤 1936 年 4 月赴萍乡考察后对萍乡煤田内中生代造山运动的讨论,文章将这里的中生代造山运动分为安源运动、山湾运动和萍乡运动 3 期。述评概述了文章内容,将其 3 期的划分和命名与翁文灏及述评者对中生代运动的划分进行比较后,指出黄氏前两期运动的提出没有必要,曰:

　　基于上述燕山运动分幕之法,则黄氏等之安源运动山湾运动俱无提出之必要,因此即评者燕山运动之第一及第二幕也。即使学者赞成各幕应各立专名,则安源运动之名,仍难存在,因先乎此者已有李毓尧、朱森之艮口运动,及田奇瑪之湖南运动,俱与安源运动相当,黄氏等于文末亦已附述及之矣。夫学术界以尊重先例为原则,对于已定之名称,改善之,发扬之,可也,绝不能借口"未经直接观察"而弃用之,质之著者,以为何如?至于红色砂页岩系与其较古地层间之不整合,则在中国东南

---

　　①　当为《中美工程师协会会刊》(*Juor. Assoc.Chinese and Amweican Eng.*)。

各部,到处可见,固不仅萍乡一地为然;且其发见远在六七十年前李希霍芬氏调查之时,顾迄今未与以一专名者,因此实相当于燕山运动中之一幕(即评者之第四幕),田奇瑎论湖南造山运动时,以燕山运动名之,实甚确当。即使欲舍燕山之名而另与一新名,则应择一含义较为广泛者,若"萍乡"之名,窃以为未当也。

(《地质论评》第 2 卷第 5 期,第 496 页)

十月十四日　撰写计荣森、许德佑、盛莘夫合著《长江下游青龙石灰岩之研究》述评,后刊于《地质论评》第 2 卷第 5 期。述评介绍了计荣森等文章的内容后,指出长江一带二叠纪煤系以上的薄层石灰岩,几乎处处一律,所谓青龙石灰岩应与大冶石灰岩同属一层,应舍弃青龙石灰岩而用大冶石灰岩之名。评曰:

计君等以湖北大冶石灰岩中所采之化石,在青龙石灰岩中尚未发现,因之对于二者之是否可以比拟,颇滋疑问。又按照计君等上述定义,似青龙石灰岩一名只可限用于江浙二省,因有南京山地与长兴云云。但于本文末节述本层之分布时,又谓与之相当之地层,广布于苏、皖、浙、赣诸省。查皖赣诸产地之距南京,并不俱较近于大冶,而又无化石上之证据,则是否应名以青龙石灰岩或大冶石灰岩,就计君等立场似不无商榷之余地也。

按长江一带二叠纪煤系以上之薄层石灰岩,在岩性上层位上几乎处处一律,凡曾从事野地调查者,当不能否认此说。又据田奇瑎对于大冶石灰岩时代之结论,亦与计君等相仿,故评者之意,青龙石灰岩与大冶石灰岩应同属一层。

此后为名词之统一计,应速决定取舍之道。查青龙石灰岩之名,实为刘季辰、赵汝钧所倡,见民国十三年十月出版之《江苏地质志》英文节第十二页,但中文部分与柱状剖面中则绝未道及。说者每以此名为葛利普所倡,实属不伦,因葛氏本人绝未作实地之观察也。至于大冶石灰岩之名,则系评者于民国十三年六月出版之《中国地质学会志》第 95 页《湖北东南地层系统》一文中发表,较刘、赵二氏之发表为早,更无论葛氏,因在葛氏之书中亦早已引用大冶石灰岩之名也(见《中国地质史》483 页)。故照学术界尊重先例之原则,应舍青龙石灰岩之名而用大冶石灰岩。

又于拙著中述大冶石灰岩时,谓于本层底部之黄色页岩内,获得 *Gasstrioceras*,*Pseudomonotis* 等化石,此层即葛氏之所谓保安页岩,其层位显在二叠纪煤系之上,而与煤系中之 *Gastrioceras* 层,绝不相关。但葛氏之所谓 *Gastrioceras*,鉴定上是否有误,尚不可知,因田奇瑎于论述湖北西部之三叠纪化石时,亦谓当时曾误定为 *Gastrioceras*。因此种种,评者颇相信所谓保安页岩实可与计君等之青龙石灰岩下

326

化石层相当，因两者俱含 *Pseudomonotis* 故也。深望我国古生物家能将保安页岩之化石，重为研究，或于调查大冶附近地质时，注意及之，俾以解决此疑问也。

（《地质论评》第 2 卷第 5 期，第 499—500 页）

十月中下旬　致信翁文灏说，打从卢沟桥事变起，就一直在做去南方的准备^①，但信未能写完和发出：

Dr. W. H. Wong，

Director，Geological Survey，

942 Shuitsingtai，Zhukiang Road，

Nanking，Chian.

Dear Sir：

Letters and telegrams have been duly received. Situations here are so far fairly good，members of the Survey are working as usual. It is of course difficult to say what it will become in the future.

Ever since the broke of the Lukoachiao incidents，I have been preparing for going south.jp.

（谢家荣学术成长资料采集工程资料，存于采集工程数据库，档号 XJ‑003‑180）

十月二十二日　翁文灏发布告《地质调查所同人书》，全文如下：

在此努力抗战时期，我所同仁莫不各思尽其所能，为国家增加力量。目前问题，惟在如何工作方足使我辈地质研究及调查得直接有益于抗战，亦即有所贡献于近代国家之建设。

鄙意以为凡人各有所长，惟能各自善用其所长，便由此所得之结果，简易迅速的唤起有关机关或人士之注意，而促成其利用，即为我所同仁为国尽力之最要方法。因此，同仁等之任务可分为三步，第一步在对于目前急需开发之矿产，注重实际需要之条件，从速详确调查，编成图说。如能注意中国急需而特缺之矿质，由实际研究而得发见，或得代用之物，自尤可贵。

---

①　这是谢家荣保存至今的信件之一，它没有日期，没有署名，显然没有写完，当然更没有寄出。其中原因，不得而知。很可能作者没有来得及写完就离开北平南下了。由于他是 1937 年的 10 月下旬南下的，估计应该是在此年的 10 月中下旬写的。

第二步,有关实用之矿产调查,从前工作亦已不少,但因旧时习惯,编辑报告力求完备(在科学工作上自属必要),往往因化石之鉴定未完,或整幅地质图之编制未毕,故使业有现成材料之矿产报告亦未写出。兹为急求应用起,自应将关于矿产部分之地质以及矿床质量提先编纂,俾利参阅。目前情形,每遇矿产问题,往往须与调查者面谈多时,所有材料并不现成,检查问答需时甚久,而听者(对地质多不内行)仍不易尽忆。如有已成图说可免此弊。

第三步,报告写成之后,如仅有一份外间不便借阅,故应从速油印若干份,加以晒印图件,订成全册,交由主管人员择要分送,庶能使有关之机关及人士皆易取得本所工作而利用之。印刷一方面,《地质汇报》较重实用报告,在此非常时期,纸张、图件不必定求其精,但应选择切于实用之报告,从速印行,庶可流传更广。

以上办法并不看轻科学研究,我辈工作亦惟有充分发挥科学方法,方能对于矿产调查确有心得。但所欲提议者,在此非常时期,应酌量集中工作于应用方面,同仁所最易用力于直接有利于国之事业,实常以上述方法为最善之途径。更欲有言者,我辈对国事,不宜着空急,而宜用实力,用力之法,又莫善于各就自身能力所长而认真发挥,使他人易为知悉,易为利用。国家力量乃由许多职业的力量集合而成,故一业之特别成功,定必于国力有所裨益。我所同仁在此时期,如因着急而反消极,即因怠惰而减少国力,如共为加倍努力,加倍用功,则勤勉所得之结果必有益于大局。怠惰乎,抑勤勉乎,同仁宜知所取舍。

除接近实用之工作外,平常所作之科学研究亦并不应看轻。科学人士当以研究为生命。兵戈之中,不废弦诵,昔贤成规,可为先导。即在欧洲大战期间,外国学者亦多在困苦艰辛之环境中,自出钱,自用力,以继续其工作。凡此奋斗不倦之精神,即是民族自存之德性。我所同仁,爱国心长,在此期中,正应夙夜黾勉,自为督责,更复互相督责以无负于国家。岁寒知松柏之劲节,时艰见国民之性情,当此国步艰难之日,更是我辈深刻策励之时,敢奉数言,共相勖勉。

翁文灏　二十六年十月二十二日

(《地质论评》第 2 卷第 6 期,第 588—590 页)

十月下旬　奉地质调查所所长翁文灏之命,化装潜行,离开北平[①],经天津南

---

① 谢家荣在"七七事变"后离开北平的时间没有准确的记录。谢家荣 1937 年的日记只记到"七月二十八日 29 军撤退",再后就是"八月十三日　电灯换装明线,以防漏电",最后是 8 月 20 日所记:"20—25 科学社在杭州开会",并没有记他本人是否出席了此次会议。8 月的活动记录最晚的是撰写《北平西山地质构造概说》,文末注明"八月五日故都",证明他 8 月 5 日还在北平。而罗常培《七七事变后的北大残局》(转下页)

下,取道香港,飞长沙,面见翁文灏,即接获调离北京大学,派往广西八步调查富贺钟(富川—贺县—钟山)锡矿的命令。乃同王植匆匆就道,在八步及湖南江华一带工作了两个多月。

杨钟健《地质论评》第2卷第6期《编辑后记》:

本刊原在北平出版,自七月七日卢沟桥事变发生,仍在艰危环境中继续维持,故第四期第五期均在谢季骅先生主持之下如期出版。至十月下旬谢君南下,余稿交由余主持第六期事宜。存稿论文尚有五六篇,原意或可将第二卷在平完成,但至十一月初余以因环境所限离平,而存稿事实上又不能携带,只好委托友人设法南寄。至十一月下旬至长沙,感于继续出版之重要,而谢君赴广西调查,公私两迫只有由余代谢君主持论评编辑。斯时平存稿未来,只有临时征集之一法,幸赖同仁襄助,得于短期完成,实深欣慰!

(《地质论评》第2卷第6期,第598页)

十月　在《地质论评》第2卷第5期上发表《遵化金矿简报》和《湘潭谭家山煤系层序》。

《遵化金矿简报》概述了遵化地质为太古代的副片麻岩,中有许多中酸性岩脉和花岗岩侵入,简述了魏进河、侯家沟、桃园、塔儿峪、马蹄峪、老虎山等金矿的特征,认为遵化金矿品位不算很低,办矿之所以鲜有成功者,多因缺乏资本及管理不善之故。

《湘潭谭家山煤系层序》简述了谭家山煤矿地层的地质层序、各层的岩性特征及所含化石,指出"谭家山煤系地层,出露甚为完备,且各层均含化石,实足为研究南中煤系地层标准剖面之一""所获头足类化石,保存完美,尤足珍贵""深望学者能继起研究,加以详密之采集与鉴定,则于南中煤系层序之比较上,当有重要之贡献也"。

十二月二日　与王植、周德忠等抵广西八步,次日抵西湾,驻平桂区矿务处,调

(接上页)更记载九月十三日谢家荣还在北平。谢家荣10月10日和14日撰写的述评,只记录了日期,没有说地点。《矿测近讯》1946年8月号即第66期刊登的谢家荣《我对于砂锡矿的经验》说"民国二十七年十月,北平沦陷还不到一个月,作者奉了地质调查所翁前所长的命令,首先只身赴南下参加共赴国难的工作,从香港飞到长沙,就接获赴广西八部调查富贺钟(锡矿分布在富川、贺县、钟山,简称富贺钟区域)锡矿的命令",说作者1938年10月离开北平,又说是北平沦陷还不到一个月,"民国二十七年十月"显然就是作者的笔误或印刷错误,因为北平沦陷是在1937年7月底8月初,而作者发表在《地质论评》第3卷第1期的《广西贺县钟山间西湾煤田地质》写的是"民国二十六年冬,荣等奉命调查广西富贺钟锡矿"。这样就可以说谢家荣是1937年10月离开北平的了,因而杨钟健在《地质论评》第2卷第6期的《编辑后记》中所记"十月下旬谢君南下"就是谢家荣离开北平的可靠日期。

查西湾煤田地质,历时 10 天^①。

十二月十六日　赴水岩坝调查砂锡矿。

十二月十九日　中国地质学会理事会在长沙留芳里 4 号开会,鉴于张席禔、冯景兰、谢家荣理事满届,理事会提出谢家荣、田奇瓗、朱森、孙云铸等 15 人为理事会候选人。

十二月二十一日　翁文灏致函黄汲清,指派谢家荣为地质调查所矿物岩石研究室主任,兼矿产测勘室主任。

十二月三十日　与王植、周德忠等赴望高,调查砂锡矿。

十二月　在《中美工程师协会会刊》(Juor. Assoc.Chinese and American Eng.)第 18 卷第 6 期上发表《华南湘中的水口山铅锌矿》(The Shuikoushan Lead-Zinc Mine, Central Hunan, South China),详细记述了水口山铅锌矿的位置、地形、地层、石英二长岩侵入体、矿床的地质特征、围岩蚀变、矿体特征,依据是年春的考察分析,指出了可能的找矿远景地段。

是年　所著《北平西山地质构造概况》(An Outline of the Geological Structure of Western Hills of Peiping)^②发表于《中国地质学会志》第 16 卷。

---

①　调查西湾煤田地质是作者一生学术生涯的重大转折,此前,作者在地质调查所和各高等学校从事地质调查与科学研究及教学工作,而此后则转而从事矿产测勘工作,开拓中国的矿产测勘事业,并取得了巨大成就。调查西湾煤田地质是作者在此转折时期的第一项工作。在调查西湾煤田地质的次月以"经济部地质调查所简报第 15 号"的形式提交了报告《广西贺县钟山间西湾煤田地质》。

②　谢家荣曾为编印西山地质新志,于 1936 年 7 月偕张席禔、高振西赴西山考察,本文是其考察成果的一部分。这部西山地质新志定名为《北平西山地质志》,是谢家荣拟议撰写的一部巨著;全国地质资料馆存有它的"未完稿"(手抄稿),档号 9418。这份"未完稿"只有全书的目录和"第一章 地层系统"。第一章以《北平西山的地层系统》为题收入 2007 年出版的《谢家荣文集》第 2 卷中。从目录看,全书共有 4 篇 16 章,规模宏大。1937 年的"七七事变"和北平沦陷后作者"只身南下,共赴国难",大概是《北平西山地质志》未能完成的原因。"未完稿"所列该书目录如下:

引言

第一篇　总论

第一章　地层系统

第二章　地质构造

甲　构造型相

一、褶皱及逆掩断层　二、断裂　三、其他构造

乙　动向与动期

丙　构造区域　(一)康庄大山口区　(二)南口镇边层区　(三)妙峰山百花山区　(四)湘峰岭上苇店区　(五)龙恩寺九龙山区　(六)花木岭红煤厂区　(七)花安山北岭区　(八)坨里长辛店区

第三章　地形及地文

一　地形概说　(一)山脉　(二)河谷　(三)盆地　(四)台地　(五)山前区　(六)北平平原

二　地形与岩性及构造之关系

三　河流发育

四　地文期

五　地文史之鸟瞰

(转下页)

一九三八年　戊寅(民国二十七年)　四十二岁

提要　湖南江华河路口。调查富贺钟江砂锡矿。考察东川铜矿。调查广西矿产。任江华矿务局筹备处主任,在江华河路口及广西八步分设筹备委员会办事处。

一月十三日　与王植、周德忠等搭便车赴红花,调查砂锡矿床和矿业,次日赴白沙。

一月十七日　与王植、周德忠等自广西白沙之美华移驻赴湖南江华河路口,即在附近进行地质调查,约一星期。

一月二十六日　蒋介石命资源委员会由军事委员会改隶经济部。资源委员会设主任委员和副主任委员,翁文灏兼任资源委员会主任委员,钱昌照任副主任委员。

一月二十六日—二月一日　在河路口的调查告一段落后,留周德忠等在河路口详测国营矿区,与王植等启程赴江华县城调查锡矿,沿途调查了涛圩、白马营等地地质。

一月　与王植合著《广西贺县钟山间西湾煤田地质》(刊于《经济部地质调查所简报》第 15 号)。报告含绪言、位置及交通、地层、地形、构造、煤量、煤质及矿业 8 个部分。前 5 部分以《广西西湾煤田地质》为题,刊于《地质评论》第 3 卷第 1 期。作者调查西湾煤田地质,主要进展是厘定了西湾煤系的地质时代,将前人所定的"下石炭纪"厘定为"三叠侏罗纪"。其后几十年,西湾煤系地质时代的争论限定在晚三叠世和早侏罗世之间,1988—1989 年马沙南等在西湾煤系中发现植物化石和牙形刺,将其定为晚三叠世[①]。

谢家荣、王植《广西西湾煤田地质》:

三叠侏罗纪(西湾系)。前人调查,每以西湾煤系属下石炭纪。其惟一之根据,为在平地寨系中曾获下石炭纪动物化石。此次抵山后,经数日之勘察,即觉此论之非是,其理由为:(一)平地寨系与西湾煤系之间有巨厚之硅石角砾岩,此项砾岩之

---

① 马沙南、李志宏:《广西西湾煤系首次发现牙形刺及其地层意义》,《广西地质》1989 年第 4 期。

来源，当出自燕子系及下石炭纪灰岩中之硅石夹层无疑，足为不整合之确证。
（二）西湾煤系，尤其下部，含角砾岩及紫页岩（即乐氏之羊肝页岩）多层，似俱属陆相或三角洲沉积，在我国其他各处之下石炭纪地层中，尚未找到相似之层序。
（三）岩质松弱，褶皱不烈，与下述之石梯系（即乐氏与孟氏及张氏之层状花岗岩，田氏之中生代砂岩）无大分别。（四）广西煤田，如迁江兴全或属二叠纪或属下石炭纪，其煤层皆已深受变质而成无烟煤。独此众口一辞所称为下石炭纪之西湾煤田仍保持其烟煤之状态，在地质学理上似不易解说。基此种种理由，作者等对于前人所定西湾煤系之地质时代，遂发生绝大疑问，乃广找化石，果于黑色页岩中采得类似中生代之植物化石多种。又于煤层夹石中得双瓣类化石，于是下石炭纪之说，不攻自破。惟详细时代尚须俟古生物学家精密鉴定后始能知之。兹姑暂定为三叠侏罗纪。

（《地质论评》第 3 卷第 1 期，第 66 页）

《地质论评》第 3 卷第 2 期《地质界消息》：

西湾煤田植物化石之采获和鉴定　广西西湾煤系从前皆认为属下石炭纪，并谓有植物化石之证明（*Racoptaris* flora）。去秋经谢家荣、王植详细调查，从层次上构造上及煤质上推论，确定属三叠侏罗纪（详见本刊第一卷专论），惟所采之植物化石，尚未鉴定。最近该项化石运至桂林，经斯行健鉴定，谓有 *Otozamites* sp.，*Nilssonia* sp.，及 *Equesites* sp. 数种，确为上三叠纪或下侏罗纪之物，此多年不解之谜，遂将告一解决矣。

（《地质论评》第 3 卷第 2 期，第 210 页）

是月　所著《湘中水口山铅锌矿》(The Shuikoushan Lead-Zinc Mine, Central Hunan, South China) 继在《中美工程师协会会刊》(Jour. Assoc. Chinese and American Eng) 第 18 卷第 6 期发表后，又载于《远东评论》(The Far Eastern Review) 第 36 卷第 1 期。

二月二日　抵达江华县城，与地方负责人接洽并在其后几天在产锡区域做初步调查。

二月七日—中旬　与王植等测制由县城附近筛子塘到小水洞一带的两万分之一地形地质图，面积约 25—26 平方公里，时天气严寒，风雨无常；因接翁文灏电赴汉口，此项工作由王植等继续工作至 2 月 23 日方告结束。

二月二十一日　1937 年时广西省政府曾特设田南矿冶工业试验场，采炼田阳县那满圩所产油砂，经营数月后即因油量少而停止，场长徐继勉乃到汉口见翁文灏,请地质调查所派人勘查。翁文灏电告谱主就近往查,本日谱主即赴汉口面见翁文灏,商谈调查广西田阳油砂岩事宜,并与翁文灏、陈公甫、徐宽甫谈湘桂锡矿。

二月二十二日 再赴翁文灏寓所晚餐,并商谈广西锡矿之开发办法。

二月二十五日 中国地质学会理事会在长沙的湖南省地质调查所举行。与杨钟健、黄汲清、尹赞勋、田奇㻏共 5 位理事出席。理事长杨钟健主持会议,谱主连任1938 年度理事会理事、《中国地质学会志》及《地质论评》编辑部成员,第 3 次任《地质论评》编辑部主任。

二月二十六日 中国地质学会第 14 届年会在长沙湖南省地质调查所开幕。到会会员 40 余人。上午,原理事长杨钟健主持并致开会词。谢家荣在会上报告《地质论评》编辑部之工作,指出《地质论评》第 2 卷前 3 期均在北平"依期问世,但第四期付印时,北平即不幸沦入敌手,致一切均感困难,但四、五两期仍先后出版。此后因北平形势日非,本人及经济部地质调查所北平分所诸工作人员均先后来长沙,故第六期乃改于长沙出版。因予赴桂省调查,该期由杨钟健先生负责"。下午,在新任理事长黄汲清主持的论文会上宣读论文《广西富贺钟砂锡矿之产状及其时代》(与王植连署)。关于此次年会,《申报》以"地质学会年会首次在湘举行 会员今日谒丁文江墓"为题,报道如下:

【长沙航讯】中国地质学会本年在长沙举行第十四次年会,自三月二十六日起,至二十八日止共三日,第一日在上黎家坡湖南地质调查所内开事务会及论文会,第二日在岳麓山湖南大学开论文会,并谒丁文江先生墓,第三日仍在湖南地质调查所开论文会,闻到会员除现在本市之经济部地质调查所、湖南地质调查所及湖南大学各地质专家外,桂林中央研究院地质研究所所长李四光、北京大学地质系主任谢家荣、江西地质调查所所长尹赞勋、河南地质调查所所长张人鉴等,均已先后启程来湘,参加胜(盛)会。

(《申报(汉口版)》1938 年 2 月 27 日第 2 版)

二月二十七日 中国地质学会第 14 届年会继续举行。上午,会员分成两组参谒丁文江及吴希曾两先生陵墓。中午,湖南大学校长皮宗石设宴款待会员代表,并致欢迎词,理事长黄汲清致答谢词。下午,谢家荣在湖南大学理学院大礼堂举行的论文宣读会上宣读论文《广西西湾煤田地质》(与王植连署)。

二月二十八日 中国地质学会第 14 届年会在湖南省地质调查所礼堂举行,黄汲清主持会议。上午,主席宣布收到教育部部长陈立夫贺电一封,希对大中学地质学课程及教材切实商讨,并以结果见告为盼。主席当即请会员对大中学地质课程问题进行讨论,并推选谱主、谭锡畴、杨钟健、黄汲清、尹赞勋、田奇㻬、王恒升等7人负责答复。当日下午敌机曾两度空袭长沙。谱主与黄汲清详商今后的矿产测勘工作。大致定了几个重要区域及工作人员。

地质学会年会结束后,与同到长沙参加年会的周德忠再回江华工作。

二月　与王植合著《广西富贺钟锡矿简报》第1号(《经济部地质调查所简报》第11号)。简报将富贺钟地区的锡矿区划分为萌渚岭区、红花区、莲塘区,并分两类矿床:冲积矿床和残积矿床。冲积矿床又分为近代冲积、古河冲积、古河扇形冲积、喀斯特山间盆地冲积、洞穴及岩缝冲积;残积矿床又分为在花岗岩中者和在石灰岩中者。简报还记述了富贺钟地区的锡矿公司及资本、探矿、采矿、炼锡、组织及管理、运销及捐税等。

三月一日　资源委员会正式改隶经济部,主任委员由经济部长翁文灏兼任,副主任委员为钱昌照。

三月六日　赴桂林接洽前往田阳调查那满圩油砂事,并与翁文灏商谈组织“资源委员会叙(府)昆(明)铁路沿线探矿工程处”事宜。

三月二十日至四月四日　偕广西建设厅钟明义技士及地质调查所王植、张文汉同车前往,经柳州、南宁而抵那满,先考察油砂及其附近之褐炭、锑砂,后又独赴那坡调查褐炭,3月26日赴奉议县考察地质,27日赴那军考察煤层,28日赴龙光考察金矿,4月4日返回南宁。此次调查结论认为,含油层邕宁系全属淡水沉积,油砂分布不广,故无重视价值。《地质论评》对此有报道。

《地质论评》第3卷第2期《地质界消息》:

广西田阳油田之勘查　广西田阳县属那板于邕宁系中产油砂,省政府于民国二十四年倡设田南矿冶工业试验场,采砂炼油,以油量不丰,今在停顿中。最近经济部地质调查所谢家荣、王植等前往勘查,认定油源当出自邕宁系本身,但决非自该系中之褐炭挤压而成油。因油层位于主要煤层之下,油性轻不能逆行向下也。又邕宁系之下,虽为海相之三叠纪砂页岩(王镇屏、何成箖二君名之为思林系,获得化石,其报告尚未刊印。此次调查,从岩质上及所获得之化石上推论,亦定为海相之中生代地层,与王、何二君之结论,不谋而合),但因与邕宁系间有极大之不整合,时间上相距过久,即有油源,亦必消失已尽,故油源恐在彼而不在此也。油砂之下有黏土多层,富含鱼鳞及鱼子(?),石油之源或自此欤? 因邕宁系全属淡水沉积,且油砂之分布亦不广,复为右江切割盖覆之处甚多,故断定其油量必不能甚丰,故无重视之价值也。

(《地质论评》第3卷第2期,第210—211页)

三月 与王植合著《广西富贺钟江锡矿简报》第 2 号(《经济部地质调查所简报》第 13 号)、与王植、周德忠合著《广西富贺钟江锡矿简报》第 3 号(《经济部地质调查所简报》第 14 号)。

第 2 号简报记述江华砂锡矿床的地质和矿床、矿业,依据野外调查,详细推解了江华近代地文演变史,将其划分为 A、B、C 三期。按照砂锡矿产状与地形、地文的关系,将河路口的砂锡矿分为近代冲积矿床、古河冲积矿床和洞穴冲积矿床;按照地理分布,将河路口的砂锡矿划分为西沟、南沟、北区、石灰岩山地间之古河冲积矿床和花岗岩高山区内的近代冲积矿床,并比较各类、各矿区。

第 3 号简报的内容是对业已调查的各锡矿区的储量、各矿床类型的储量及各锡矿公司的成本的统计和计算。

四月八一十四日 在那满工休完毕,8 日即与王植、张文汉调查田阳县甫墟乡憧慢村褐炭煤田,9 日开始测制一万分之一地形地质图,并择地钻探,14 日工作完毕。此次田阳考察中发现了田阳、田东等县盛产具有经济价值的红锑。

《地质论评》第 3 卷第 2 期《地质界消息》:

辉锑矿亦成冲积矿床 地质文献中习闻金、锡石、磁铁等重性难蚀之矿物,可成冲积矿床,而不知辉锑矿一经氧化亦性重而不溶于水,故亦能造成同样矿床。近据谢家荣等调查,广西西部田阳,田东等县盛产红锑,即硫化锑氧化后经流水冲刷而聚积于棕红壤土中之一种标准式的冲积矿床也。此项矿床,距地面甚近,故开采甚易,现每年产量亦颇可观,不失为一具有经济价值之矿床也。但美国林格仑氏之矿床学教科书中尚未道及,而我国地质家恐亦多未知,特先摘要述之于此。

(《地质论评》第 3 卷第 2 期,第 211 页)

五月二一十七日 考察东川铜矿。考察结束后著《云南东川铜矿简报》。简报概述了东川铜矿的位置,此次考察的行程,东川铜矿的地形、地层、构造,东川铜矿的产状、成分、矿物、次生富集、分布、成因和各矿区分论,矿业。关于东川铜矿的成因,简报认为,与闪长岩和辉长岩侵入体有成因上之关系,就共生矿物之种类而观,应属中温热液矿床。又说:"前作东川铜矿显微镜研究时,曾于斑铜矿黄铜矿内发现电气石之微粒结晶,或者当矿床产生之初,其温度甚高,而近于高温汽化一类欤?"

谢家荣《云南东川铜矿简报》记述此次考察情形:

此次以限于时间,故仅至汤丹、落雪、因民三处。于五月二日自昆明乘汽车出发,当晚抵会泽县城。三日乘滑竿(即山轿)西行,宿尖山。四日抵汤丹。五、六、七三日调查附近地质及视察平街白锡蜡矿洞。八日冒雨赴落雪。九、十、十一、十二四日淫雨连绵,山道泞滑,然仍冒雨工作。九、十两日在落雪附近考察,并下龙尾、龙腰及哑巴山矿洞。十一日至因民,当日下午考察老新山淋水垌。十二日返汤丹,十三日休息,编著报告。十四十五日循原道返会泽。十六日,因公路被水冲断,不能行。十七日搭汽车返昆明。

此次调查,承西南联合大学地质系助教卢衍豪君及本所黄懿君偕行,多所协助,书此致谢。

(全国地质资料馆,档号652)

卢衍豪(1913—2000),福建永定人,著名地质学家、古生物学家、地层学家。1937年夏毕业于北京大学,后留校任教。中国科学院古生物研究所副所长、全国地层委员会副主任委员,1980年当选中国科学院地学部委员。卢衍豪是中国地层与古生物学界具有重大国际影响的专家。其《中国的三叶虫》《中国的寒武系》《中国的寒武—奥陶系界线及其附近的化石带》等重要著作是中国三叶虫古生物学、下古生界地层学(特别是寒武纪地层学及寒武—奥陶系界线划分研究)之奠基性经典。他提出的"生物—环境控制论"对中国和世界寒武—奥陶纪的动物群分布规律和岩相古地理研究,以及沉积矿产预测都有重要指导意义。在中国最早发表关于轮藻化石的论文,为微体古生物学研究的先驱。

六月七日　与翁文灏商谈江华锡矿事务。

六月九日　为初期产砂需用柴油机,据香港购料室电,呈函翁文灏和钱昌照,拟购广州协同和机器厂现货160匹马力柴油机连邦浦及压风机,共计15 800港元,获翁文灏和钱昌照批准[①]。

六月十六日　为筹备江华矿务局,请翁文灏和钱昌照先拨筹备费一万元。呈文如下:

查江华矿务局组织章程草案前经拟就呈送鉴核在案。兹查该局筹备正在积极进行,即将领同筹备人员前往长沙办理一切,启行在尔,需款孔亟,拟请准将核定筹备费一万元先行拨下,以便应用。理合签请
鉴核示遵。谨呈

---

① 南京:中国第二历史档案馆,全宗号二八,案卷号29006,第7页。

图61　1938年6月与妻子摄于香港陆海通旅社

主任委员翁

副主任委员钱

专门委员谢家荣　六月十六日

（南京：中国第二历史档案馆，全宗号二八，案卷号12971，第10页）

六月二十二日　致电翁文灏，请令长沙方面备车赴桂林①。次日，资源委员会复电：长沙黎家坡地质调查所谢家荣君电悉，已饬张元训备京1389车②。

六月二十四日　钱昌照致信谢家荣，告知汇出江华矿务局筹备费万元：

季骅仁兄大鉴。顷展手书具悉种切，湘省商洽各事，依违曲折，势有必然。尚望吾兄本预定方针，妥速进行，是为至盼。筹备费用万元已嘱出纳组分汇，计长沙叁仟元，桂林柒仟元，谅可先后到达矣，此复。顺颂

台祺

弟　钱昌照启

六月二十四日

（湖南省档案馆，全宗号126，目录号1，案卷号1）

六月二十六日　湖南省建设厅发出训令，令江华县政府与谢家荣合作筹备江

---

①　南京：中国第二历史档案馆，全宗号二八，案卷号12971，第5—6页。
②　南京：中国第二历史档案馆，全宗号二八，案卷号12971，第4页。

· 338 ·

华矿务局。训令全文如下：

湖南省建设厅训令　元感字第 1353 号
令江华县政府
查 湖南省政府现与经济部资源委员会商定在江华设局，合办锡矿。兹资源委员会谢专员家荣前来该县筹备一切亟令仰该府妥为保护，凡关于租赁或购置该场用地及修筑由矿场至桂省八步公路征用民地等事件并仰随时协助办理，以资便利。此令。

厅长　俞籍传
中华民国二十七年六月廿六日
(湖南省档案馆，全宗号 126，目录号 1，案卷号 1)

六月二十九日　日军逼近武汉。奉资源委员会令，率员工抵达桂林[1]，筹备资源委员会与湖南省政府合办之江华矿务局，会同省派筹委在江华河路口及广西八步分设筹备委员会办事处，河路口为总办事处。

六月　与王植合著《广西富贺钟江锡矿简报》第 4 号(《经济部地质调查所简报》第 24 号)《湖南江华县城附近锡矿报告》，与王植、张文汉合著《田阳县甫墟乡憧慢村褐炭煤田报告》。

《湖南江华县城附近锡矿报告》概述了江华的交通状况，地形，地层，构造，砂锡矿的分布、来源、砂锡矿沉积时的情况，解释了河路口富砂锡矿，河路口至江华百余里途中无砂锡，但处在下游的江华附近却又有相当数量之砂锡矿的原因，估计其储量约有 1 500 余吨。

《田阳县甫墟乡憧慢村褐炭煤田报告》概述了憧慢村的交通位置、地形地质及煤层概况和探煤经过，结论认为：本区内煤之储量至多不过三十余万吨，不适于露天开采法。故欲设一每日出煤百吨之公司为不可能之事。若小规模之零星挖掘，因煤层深埋地底，积水颇高，更非易。但邕宁系之煤未可因之而忽视也。

是月　任经济部资源委员会专门委员[2]。

七月六日　致电翁文灏和钱昌照，请汇本年度经费四十万元至桂林，电文如下[3]。

---

① 南京：中国第二历史档案馆，全宗号二八，案卷号 12971，第 14 页。
② 据谢家荣 1951 年日记本上谢家荣自己的记录。
③ 所有电报原件均无点符号，所引电文中的标点符号均系编者所加。

翁、钱主任委员钧鉴：密。关于开发江华锡矿，本年度会应拨之创业费二十万元，前经呈请速发在案。兹因汇兑迟缓，即如此次筹备费万元迄今尚未汇到。现赴矿在即，需款孔殷，拟请将该创业费连同本年度经常费共四十万元一次汇寄桂林，以应急需，否则一切工事俱难进行。谨先电闻，并盼钧示遵行。职荣叩。微。

（南京：中国第二历史档案馆，全宗号二八，案卷号12975，第15页）

七月九日 致函八步电报局登记电报挂号。

径启者：案奉经济部资源委员会湖南省政府令筹备江华矿务局事宜，拟用"江字3068"为本局八步办事处电报挂号，即烦查照登记办理。现暂借五洲酒店北平厅为临时办公场所，以后电挂请径送该处，俟地址决定后容再另通知。兹附挂号费拾元，□盼掣给收据为荷此致
八步电报局

筹备主任　谢家荣
中华民国二七年七月九日

（湖南省档案馆，全宗号126，目录号1，案卷号1）

七月十一日 电呈翁文灏和钱昌照，江华矿务局各工程即将进行，请速寄创业费四十万元，电文如下。

翁、钱主任委员钧鉴：密。佳（九）。在八步成立办事处，顷电港订购卡车轿车各一，由前准拨港币项下支付。又与桂省府订立转让三百匹马力德制油渣机全部连同零件，价约十三万元。明日即派员工赴矿开始筑路建屋钻探各工程，请速将创业经费等四十万元一次电汇桂林中央银行转八步康注银行，以应急需。盼电复。八步（3068）。职荣叩。蒸（十）。

（南京：中国第二历史档案馆，全宗号二八，案卷号12975，第17页）

七月十四日 资源委员会电令（自矿字第2487号）在桂林的经济部办事处转告谢家荣，关于江华锡矿与湖南省政府合作办法事。电文如下：

桂林环湖北路十二号经济部办事处转谢专门委员家荣，览艳电悉，江华矿事已由电湘省府加推筹备委员一人，帮助进行，至撤消官矿局一节，合作办法内未曾规定，暂时不便向省府提议归并，但按合作办法第五条之规定，矿务局成立后，所有江

· 340 ·

华官办、商办或官商合办各矿所产锡砂应概归矿务局收买,故即使官矿局不取消其职权,亦决不致与江华矿务局有冲突重复之处,仰即知照资源委员会令。

(湖南省档案馆,全宗号 126,目录号 1,案卷号 1)

是日　再电呈翁文灏和钱昌照请示请款。

翁、钱主任委员钧鉴:密。江华当地进行甚为顺利,惟屡次函电请示请款,未蒙赐复,曷胜惶惑。此后应如何进行,请电八步(3068)荣。

(南京:中国第二历史档案馆,全宗号二八,案卷号 12975,第 19 页)

七月十五日　致电翁文灏、钱昌照,呈报在湖南洽商筹备江华矿务局情形。呈文如下:

江字一号　七月十五日发

呈报在湘洽商情形,并因筹备工作需款甚巨,请将核定之创业费四十万元一次拨付,并将其中购机即需之十万元速汇香港由

为呈复事案奉七月二日由桂转下第二三〇七号

钧会指令内开"仰将在湘与省府洽商经过详细具报,并将收款地址报会,以凭陆续拨发经费"等,因查职此次与湘政府接洽情形业已先后函禀在案。兹奉前因理合将此次洽商经过重行呈报,伏祈

鉴核

(一)省股问题:省府已决定由新发行之建设公债项下拨付,但尚须经多方讨论,恐非短时间内所能决定。

(二)协理人选:正由省府遴选中,俟筹备结束,始能正式委派。

(三)江华矿务局组织章程草案已由省府发交建设厅审议。

(四)上伍堡官矿局×建设厅长坚主保留,经职再三陈说,谨允从长商讨。

(五)第一第二两矿区业已先后送交建厅,谅无问题,省方至今并未提出以矿区或任何财产作股之意见。

职因矿场筹备工作万分急迫,因于六月二十七日率领员司,经由桂办前来八步。至于与湘政府洽商未了事件,俟筹备粗告就绪,即返长沙续商。现在筹备工作拟从筑路、建屋、购机、钻探四端积极进行,惟此四项工作需款甚巨,即扣购机一项已需国币十四五万元,至于筑路、建屋、钻探亦各需二三万元至七八万元不等,为此拟请将前经核定之创业经费四十万元一次拨下,以利进行。关于与广西省政府商

· 341 ·

订转让机件办法前经呈请鉴核在案。查该项机件每套总值五，四七一镑，其中一二，三九〇镑须以港币付给香港广西银行，其余可以国币在桂林交付。又查，开发锡矿，运输最为重要，拟请速购油渣卡车及小篷车各一辆，二者合计共需美金约二千二百元。以上二项应需之外币计英金一二，三九〇镑，美金二千二百元，照市价折算约值国币十万元，拟请钧会即汇香港本会购料室，以便随时付款。此外创业费项下，尚余三十万元，拟请速赐电汇桂林中央银行，转汇八步广西银行，俾矿场工作得以按照已完程序陆续推行，实为公便，谨呈

　　主任委员翁

　　副主任委员钱

江字二号　七月十五日发：

　　为呈报筹备江华矿务局情形敬请鉴核备案由

　　为呈报奉，窃职奉令筹备江华矿务局事宜，遵于七月八日经由桂林前来八步组织江华矿务局八步办事处，并以"江"字即3068号为该办事处电报挂号，业已通知钧会秘书处在案。现在办事处组织已粗具规模，当于七月十二日派王植、陈时璋、张肇勋三员前赴河路口接洽一切。据报已租妥县立学校为河路口临时办公地址。又于七月十五日派俞景骏、象数、徐渊摩、周德忠四员前往河路口测量路线，布置钻探计划工程。关于广西境内筑路工程亦经电请广西省政府黄主席令知平乐区指挥官转令富川县政府征雇民工，核实地价。至于初步钻探所需班加钻机，因购置需时，已请广西省政府令知省营锡矿经理处，暂为借用。所有最近筹备情形，理合备文呈报。仰祈

　　鉴核备案。谨呈

　　主任委员翁

　　副主任委员钱

　　　　　　　　　　（湖南省档案馆，全宗号126，目录号1，案卷号1）

　　七月十六日　向翁文灏和钱昌照呈报1938年度创业费预算书、经常费预算书各4份。呈文如下：

　　江字第三号

　　民国二十七年七月十六日

　　为呈报事窃职奉令筹备江华矿务局事宜，前经初稿编造二十七年度创业费预算书、经常费预算书各一份呈报钧会在案。兹查创业费项下尚有未尽列入各款及其他

各款应有增加者，重以补列修正，惟经常费项下无甚增减。为特正式编造二十七年度创业费预算书、经常费预算书各四份，谨以附呈仰祈鉴核备查，实为德便。谨呈

主任委员翁
副主任委员钱

专门委员谢家荣谨具

附呈创业费预算书、经常费预算书各四份

（南京：中国第二历史档案馆，全宗号二八，案卷号12884，第60页）

七月十七日　江华县政府发布布告，为江华矿务局的筹办提供一切便利。布告全文如下：

江华县政府布告
案奉
湖南省建设厅元感字第一三五三号训令内开：

"查　湖南省政府现与经济部资源委员会商定在江华设局，合办锡矿。兹资源委员会谢专员家荣前来该县筹备一切亟令仰该府妥为保护，凡关于租赁或购置该场用地及修筑由矿场至桂省八步公路征用民地等事件并仰随时协助办理，以资便利。此令。"等，因奉此查，开发矿地，为增进后方生产，加强抗战力量之重要任务，奉令前因，自应切实予以协助，除分令矿区所在区乡公所遵照外，行布告周知。此布。

代县长　陈汉杰
中华民国二十七年七月十七日

（湖南省档案馆，全宗号126，目录号1，案卷号1）

七月二十日　致电翁文灏，筹备工作大致就绪，拟即到汉请示[①]。

七月二十一日　致电资源委员会秘书处，告知江华矿务局筹备处电报挂号：

资源委员会钧秘书处公鉴。奉令筹备江华矿务局事宜，现已在八步成立办事处，电报挂号为"江字3068"，负责人号码为"荣字2837"。

专门委员　谢家荣 叩
七月廿一日

（湖南省档案馆，全宗号126，目录号1，案卷号1）

---

① 南京：中国第二历史档案馆，全宗号二八，案卷号12975，第9页。

七月二十四日 资源委员会代电谢家荣,告知已电中央电汇创业经常两费二十万元,请速拟呈会,资本二百万元如何分期摊用等,代电全文如下:

代电

八步江华矿务局办事处谢家荣览。微、蒸、马及(3068)各电均悉。该矿创业经常两费先发二十万元,已电中央电汇。省方对组织章程内收砂提炼一节,询收砂办法及计算砂价方式,仰速拟呈会。又资本二百万元如何分期摊用,亦亟须详拟计划呈会转省,以便函请拨款。俟有具体办法后再行赴长接洽,仰即遵办。资源委员会敬。

(南京:中国第二历史档案馆,全宗号二八,案卷号12975,第4页)

七月 致电江华陈汉杰县长,谈设立江华矿务局办事处事宜,并道谢:

报告设立办事处事宜:

江华陈县长勋鉴。家荣奉令筹备江华矿务局,经视事并先后成立八步、河路口两办事处,以"江"字电码3068为八步办事处电报挂号,特电奉闻筹备江华矿务局事宜。

谢家荣 匋印

道谢函:

汉杰县长勋鉴。久仰

鸿仪,未暇晋谒为怅。弟奉令前来八步筹备江华矿务局,业于七月一日视事,先设办事处于八步镇,又派员前往河路口借定梅楼小学校址为临时办事处,随即专派职员陈时璋君来前面陈筑路钻探等事宜等事荷蒙

赐予接洽并即分会区乡公所,布告当地民众,协助进行至纫。公谊。兹附上自两河路口路线草图一纸,即希发收备考是荷。弟因要公赴汉,不获趋前领教,尤为歉恨,端彻芜函聊申谢悃,专此顺烦

公绥

弟 谢家荣启

(湖南省档案馆,全宗号126,目录号1,案卷号1)

八月一日 江华县长陈汉杰致电谱主,贺筹办江华矿务局,电文如下:

江华矿务局筹备处八步办事处谢专员勋鉴,哿电奉悉,台端长才擘划,谋实业之振兴,外侮方殷,赖物力以制敌,民生建设,福庇江华,敬布区区,借申贺悃。

江华县代县长　陈汉杰　东印

（湖南省档案馆,全宗号 126,目录号 1,案卷号 1）

图 62　当年江华矿务局筹备处所在地,现湖南江华河路口船岭脚卫生室(参与采集工程人员江华、王美华、任翠辉、陈敬财、王洪生、黄俊波。摄于 2013 年 11 月 2 日)

八月三日　呈报经济部资源委员会,收到创业费,呈文如下:

案奉

钧会汇拨本局创业费国币贰拾万元业经如数领讫,当即专电呈报在案。兹填就领款收据壹纸理合具文呈送,仰祈

鉴赐核收,实为公便。谨呈

经济部资源委员会

　附呈领据壹纸

经济部资源委员会专门委员

筹备江华矿务局事宜　谢家荣(签章)

（南京:中国第二历史档案馆,全宗号二八,案卷号 12974,第 5 页）

八月五日　电呈翁文灏和钱昌照,本年度预算书已寄汉,请汇拨七八两月经费:

翁、钱主任委员钧鉴:密。(2582)号训令奉悉。本年度预算书已于铣日寄汉,计划书即寄呈。七八两月份经费十万零一千九百零八元乞即汇拨广西银行。(职)谢家荣叩。

（南京:中国第二历史档案馆,全宗号二八,案卷号 12975,第 24 页）

八月七日　为呈请以江华矿务局经费十万元购买外汇以备购置机器、油料,呈函翁文灏和钱昌照。呈文如下:

江字第八号

民国二十七年八月七日

为呈请以本局经费十万元购买外汇以备购机事,查本局已向广西省政府让购德制三百九十匹马力柴油机、发电机、水泵配件零件等一全套,其中一部分须以港币付给,计为英金三三九〇磅,申合港币约为五万五千余元。又需购柴油货车二辆,小篷车一辆,约需港币一万五千元。自九月份起,月需柴油六十吨,汽油、机油等三四百加仑,共值港币月六千元,本年度共为二万四千元。以上各项合计共为港币九万四千元。拟请由钧会从本局经费项下拨出国币十万元,照法定汇率向中央银行购买港币,或由本会驻港国外贸易事务处锑钨收入项下拨出港币九万四千元存放本会购料室,以备支付各项机料。事关工程基础动力源泉,伏乞

俯赐迅予购汇,以利生产,谨呈

主任委员翁

副主任委员钱

资源委员会专门委员

兼筹备江华矿务局事宜　谢家荣谨具

（南京:中国第二历史档案馆,全宗号二八,案卷号 29006,第 27—28 页）

八月九日　致电翁文灏和钱昌照,为购机需港币十万元:

翁、钱主任委员:密。职局本年度购机料需港币十万元,请照法汇率向中行购寄购料室或转请领饬港驻沪国外贸易所转划。为数不多,务乞速汇,以资急用。职谢家荣叩。虞(七)。

（南京:中国第二历史档案馆,全宗号二八,案卷号 29006,第 134 页）

八月十一日　呈电翁文灏请将资源委员会应拨之创业费及本年经常费四十万元电汇桂林。

翁主任委员钧鉴：密函电请款未蒙赐复。现人员已集，钻探测路，开支浩繁，万元筹备费已用罄，且筑路购机亟待进行，务请将本会应担之创业费及本年经常费四十万元一次电汇桂林中行，否则工作停顿，生不能负责。静候电复。谢家荣叩。养（廿二）。

（南京：中国第二历史档案馆，全宗号二八，案卷号 12975，第 7 页）

八月十二日　经济部资源委员会发出资渝矿字第 0228 号训令，要求谢家荣从速缮密拟定具报收买锡砂办法、计算砂价方式及总资本摊用等问题。

经济部资源委员会训令　资渝矿字第 0228 号：

令专门委员谢家荣

案准湖南建设厅元感字第一五〇四号公函：关于江华锡矿局收买锡砂办法及计算砂价方式，主张先行规定公布，俾官商各矿，得以自行计划业务，又关于资本总额二百万元，应如何分期摊用，及所得盈利能有若干，主张详细拟定工程计划及业务计划，庶一切设施有所依据等由，查上开两点，本会赞同照办，合行抄发原函及江华矿务局资本支出表，暨营业概算书，仰即体察实际情形，参照既成事例，从速缮密拟订具报，以凭核转为要！

此令。

抄发湖南建设厅原函一件

江华锡矿局资本支出表

计划锡矿局营业概算书

主任委员　翁文灏

副主任委员　钱昌照

中华民国二十七年八月十二日

（湖南省档案馆，全宗号 126，目录号 1，案卷号 1）

八月二十三日　就资源委员会与湖南省的合作问题致电资源委员会，电文如下：

2000 重庆（主）广密（0228）号训令奉悉，拟请咨湘府先确立第二矿区矿权及在第一矿区内钻探权,因建矿钻探成绩不佳,必须重探,同时请湘府查复,所谓上伍堡局矿区范围、面积及何时在部立案,并指出,钻探得有结果各区域,以便增订合作办法,是否有当,敬候电复。

或由会除一次付省方钻费及上局财产外,酌认省方纯益按年拨付,然后将江华全部矿权划归本会,独资经营,是否有当,敬候电复。

荣

(湖南省档案馆,全宗号 126,目录号 1,案卷号 1)

八月二十四日 就江华矿务局筹备处请购外汇项下拨付香港广西银行购买德制柴油机等事呈函翁文灏和钱昌照。呈文如下:

江华矿务局筹备处呈 江字第七二号

查关于向桂省府让购德制三九〇匹马力柴油机、发电机、砂泵、水泵、零件配件等一全套及付款办法等已先后呈请鉴核备案在案。兹奉广西省政府建字第三九五三号八月筱日代电,内称:查该项机器于七月初旬由德运抵香港,业经本府派员前往验收并饬贸易处负责运往八步。至该机已付价款国币三万九千八百三十三元三角一分,着该处于九月十五日前如数解交八行照收又英金三千三百九十磅一先令一辩士,并限于十月底前悉数汇交港行查收取据呈报,仰各遵照等情,自应照办。除将国币三万九千八百三十三元三角一分即日解交八步广西银行分行查收取据外,理合呈请转令本会香港购料室,就本月二十日本处电请外汇港币二十五万元项下,准本年十月底前拨付香港广西银行分行照收。实为公便,谨呈
主任委员翁
副主任委员钱

资源委员会专门委员
兼筹备江华矿务局事宜 谢家荣谨具
中华民国二十七年八月二十四日

(南京:中国第二历史档案馆,全宗号二八,案卷号 29006,第 39—40 页)

九月二日 朱庭祜致信谢家荣,对其主持江华矿务局无任快慰,告知现在的工作情形:

季骅老哥大鉴:顷奉八月十七日大教欣悉筹棋丕展,动定咸宜,无任快慰,江华锡矿质量均佳,又得大才盘盘如哥者主持,前途成效,定有可观。承示大局日

非，正为可虑，弟亦与有同感。吾人做事，只有尽力而为，绝不能料大局势之如何变化也。宽甫兄等办平桂矿务局，办事处亦设八步，正可彼此照顾，不知哥以为然否？

柱臣到渝后，弟曾会过多次，刻下调查所多数人员在北碚西南科学院借地办公，柱臣则留在重庆，借四川调查所内办公，云郝颐寿之事，蒙概允设法至感。

弟目下仍在盐业研究所帮同计划开发威远煤矿及瓦斯，中大教课似难脱离。至十一月开学时究竟孰去孰从，尚未确定矣。便中尚祈赐教为祷。余再陈，敬叩

勋安！

弟　朱庭祜
九月二日

宝眷是否仍住上海？有迁桂之意否？至念。

重庆曾家岩盐业研究所

（湖南省档案馆，全宗号 126，目录号 1，案卷号 1）

九月十七日　向翁文灏和钱昌照呈报重编 1938 年度创业费预算书、经常费预算书共 7 份。呈文如下：

江华矿务局筹备处呈　江字第九五号

案奉

钧会资渝计字第五二七号指令："据该员呈送江华锡矿二十七年度创业经常各费预算书，核与原则数不符，合将原则经常费总数 417 724 元内业务费缩减为 150 000 元，工程费缩减为 155 000 元，事务费缩减为 61 500 元，净列经常费为 366 500 元。创业费既系机件货价增高之故，不予核减，仍列 433 500 元，两共合计 800 000 元等因"奉此自应遵照钧会核列各数，重为编造经常费预算书及分配表各四份，连同原有创业费预算书三份，重行呈送。

又查本处二十七年度施工计划书及二十八年度工作计划及业务概算书各四份，已先后寄呈钧会在案，并祈鉴核示遵，寔为公便。

再本处会计主任原为寿年代理，兹该员已于九月十日辞职他去，除另函钧会会计室张主任速即派员来处接替外，在该员未到以前，先派本处徐厚孚暂行代理，所有重编之经常费预算书，皆由该员副署，合并声明。

谨呈

主任委员翁

副主任委员钱

· 349 ·

　　　　附呈创业经常各费预算书共七份

　　　　　　　　　　　　　　　　　　资源委员会专门委员

　　　　　　　　　　　　兼筹备江华矿务局事宜　谢家荣

　　　　　　　　　　　　中华民国二十七年九月十七日

　　（南京：中国第二历史档案馆，全宗号二八，案卷号12884，第64—65页）

　　九月二十五日　就价让油渣机、拟购外汇事，呈函翁文灏和钱昌照。呈文如下：

　　江华矿务局筹备处呈 江字第一〇〇号

　　案查本处向广西省政府价让油渣机一部全套及付款办法业经先后呈请钧会鉴核备案各在案。兹为请购外汇，以便拨付该机价值之外币部分计，曾函请广西省政府转函谦信银行，另缮一全套之让购合约及单价等件前来，以凭呈办。顷准广西省政府建字第四四〇二号青日代电复称："另缮合约及单价等件，手续过繁，且该行定不允办。为便于贵处请购外汇起见，由本府出具证明单证明，相应将该证明单随电附上，希即查照为荷"等由。为此合将该证明单一纸，连同广西省政府与谦信银行原订合同及机器说明书抄本一全份，随文附呈，敬祈转向财政部请购英金三千三百九十磅一先令一辩士，汇交香港广西银行，以清账务。是否有当，伏乞鉴核施行。谨呈

主任委员翁

副主任委员钱

　　　　附证明单一纸英文机器说明书一份

　　　　　　　　　　　　　　　　　　资源委员会专门委员

　　　　　　　　　　　　兼筹备江华矿务局事宜 谢家荣

　　　　　　　　　　　　中华民国二十七年九月廿五日

　　（南京：中国第二历史档案馆，全宗号二八，案卷号29006，第20—21页）

　　九月　与王植、张文汉合著《经济部地质调查所简报》第32号：《广西田阳县地质矿产简报》。简报叙述了3、4月在广西田阳的工作概况，概述了那满圩油砂、憧慢村褐炭、那坡褐炭的地形、地质及油砂和褐炭矿产特征。简报还概述了境内的金、锑矿产。结论认为：田阳矿产，以锑、金两种较为重要，褐炭与油砂皆成层过薄，储量不多，故无经营价值。

　　十月十二日　电呈翁文灏、钱昌照，即日赴港购置油料设备，请汇款。电文如下：

翁主任委员、钱副主任委员钧鉴：密。本局外汇业经钧会核准在案。刻船岭脚钻探完成，成绩优异。现正积极布置工程。荣即日赴港购置应用油料、车辆、机件，俾得提早座砂，请电汇港国外贸易事务所港币六万元，是否有当，敬请电复。荣叩(0918)

（南京：中国第二历史档案馆，全宗号二八，案卷号 12975，第 30 页）

十月十三日　为适应事实需要，自刻钤记，呈请资源委员会备案。呈文如下：

案奉

钧会资渝秘字第〇九五三号指令开："呈悉，该局关防，应由本会颁发，不得自刻钤记，所请备案一节，应毋庸议"等因。查此次本处自刻"江华矿务局筹备处"木质钤记一颗，原为便利公务之一种从权办法，事前曾电请钧会核准，乃相隔多日，未荷电复，而本处为招募筑路工人，租赁钻探地点，收买路线所经之田地林木，及其他一切为工程设施之必要手续，在在须昭告民众，以资遵守，而矿地所在，又距江华县治甚远，不能悉请县长代办，故在事实上不得不自贴布告。但在地处边僻，民智未开之河路口，在布告上若无相当印鉴，为之证明，则民众不免滋生疑虑，更难保不有非法之徒，招摇生事。若必待呈明钧会须发，则无论当兹非常时期，交通梗阻，必(？)鹄候，废时，延误工程；即在承平之时，似亦不无从权办理之先例。为此，爰不得不自刻钤记一颗，以资急用。优念筹备处原系临时过渡性质，俟将来矿局宣告成立，另由钧会颁到正式关防后，上项自刻钤记，自当截角缴销，以完手续。所有为适应事实需要，从权自刻钤记各缘由，理合备文呈请鉴核，优祈俯念本处草创期间之各种困难情形，准予备案，实为公便。谨呈

主任委员　　翁文灏

副主任委员　钱昌照

江华矿务局筹备委员会主任　谢家荣

（湖南省档案馆，全宗号 126，目录号 1，案卷号 2）

十月二十六日　经济部资源委员会发布资渝秘字第 1905 号指令，准予江华矿务局筹备处自刻钤记备案：

江华矿务局筹备处

二十七年十月十三日呈乙件，为适应事实需要，从权自刻钤记，呈请鉴核，准予

· 351 ·

备案由,呈悉。姑准备案。此令

主任委员　　翁文灏

副主任委员　钱昌照

（湖南省档案馆,全宗号 126,目录号 1,案卷号 2）

十月二十八日　致电翁文灏和钱昌照询问港币六万元是否已经拨出,以便由广州湾转港:

翁主任委员、钱副主任委员钧鉴:筱（十七）到梧。外汇已否寄港,请电梧西亚酒店,以便由广州湾转港。职荣叩。十八日。①

（南京:中国第二历史档案馆,全宗号二八,案卷号 12975,第 35 页）

十月　湖南省政府派江华矿务局副经理刘基磐到任。

十一月一日　资源委员会电告在香港的谱主和香港国外贸易所,准拨港币六万元购料。电文如下:

苍梧西亚酒店转谢家荣。密。准予照拨港币六万元,交购料室。资委会资计（02.12）

香港国外贸易所。密。仰拨江华矿务局港币六万元,交购料室,照（1.662 8）折合国币玖万玖仟七百六十八元,支会账。资委会资计（0214）

（南京:中国第二历史档案馆,全宗号二八,案卷号 12975,第 32—33 页）

十一月二十一日　由于湘桂战局日益严重,托杨姓处长带信给翁文灏,请示翁文灏江华矿务局的工作是否应继续进行。信件全文如下:

倾奉十一月十七日钧电,敬悉。荣此次本拟随杨处长来渝述职,并请示机宜。以杨处长允为转达一切,并带去签呈一件,呈请鉴查,故渝行遂临时中止。现在湘桂局势,日行严重,本局应否继续进行,抑即暂为收束,似有从速决定之必要,为此再行呈请

鉴核,并祈

训示遵行,实为公便。谨呈

---

① 电报稿纸上的发报日期为 1927 年 10 月 28 日 9 时,发报地点是苍梧。

主任委员翁

副主任委员钱

江华矿务局筹备委员会主任　谢家荣

（湖南省档案馆，全宗号 126，目录号 1，案卷号 1）

十一月二十二日　翁文灏、钱昌照致电谢家荣、刘基磐，告江华矿务局应仍照原定计划进行，电文如下：

3068 八步谢季骅、刘德村两兄：广密江华矿务局应仍照原定计划进行，并赓行收砂，如衡阳失守，可将机料派员保管，除技术人员另调他项工作外给资遣散。弟翁文灏、钱昌照印。2419

（湖南省档案馆，全宗号 126，目录号 1，案卷号 1）

十一月三十日　翁文灏致信谢家荣，指战局已渐平稳，江华矿务局应继续办理。信件全文如下：

季骅我弟大鉴：

接展十一月二十一日手书备悉。我弟对于局中经费撙节开支，至为佩慰。惟江华工作似仍以照常进行为宜。盖江华与平桂关系密切，目前平桂方面已由会方与省府商定，仍赓续办理，且最近战局已渐趋稳定，故江华方面自不应停顿，即使工程方面进行不易，不妨将收砂事宜先为实行，会方已另电奉达。万一江华工作不易继续，会中对弟自仍愿借重，工作以何种何地为宜。

卓见所及尚希先以见示为盼。端此函复。借颂

筹祺！

小兄　文灏启

十一月三十日

（湖南省档案馆，全宗号 126，目录号 1，案卷号 1）

十二月十五日　就江华矿务局筹备情况呈报翁文灏和钱昌照。呈文全文如下（江字第 163 号）：

谨签呈者案奉

钧座敬电关于本局事业，嘱照原定计划继续进行并实行收砂，自应遵办。惟有数事

— 353 —

尚待陈述者,谨列举于后:

(一)本局探矿结果,迄至现时止,以船岭脚为最佳合于西法开采,现柴油发电机及砂泵、水泵,全套机器已运至矿地附近,惟其他应用之机料、物料则尚未购齐,尤以柴油一项,价值高涨,需费甚巨(前因等候外汇以致迁延,迄未购买)。本局库存每旬历有呈报。最近仅余捌万元,除去即当开支之数及筑路铺砂、添购卡车等费外,实余不过四万余元。安设机器,购买柴油,建造金山沟、机器房、佣人房、办公房,收用土地、房屋等项需费约五万余元。收砂费每月约需式万余元。此外尚应准备流动资金。以现时存款数目,所差甚巨。拟恳由会加拨国币壹拾万元,以资应付,俾能依照原定计划早日生产,否则只可收砂而不能进行机采也。

(二)本局二十七年度预算,共应支经常及创业费捌拾万元。会方之半数四拾万元业已照发(连外汇在内),至省方之半数亦系由会代垫,尚未具领。拟恳即由此款拨发国币壹拾万元,以作实行机采之需要。

(三)关于收砂一节,前接湖南建设厅来电称,会省合作办法业经省府会议通过,不日公布施行之明文,如本局即时实行收砂,或恐引起误会,发生障碍(现时省矿局尚未迁移,矿区之砂,仍由该局收买),拟恳由会电请湘省府将会省合作办法早日公布施行,以便有所根据。

上三项敬恳

钧座迅赐核夺指令,只遵

谨呈

主任委员翁

副主任委员钱

筹备委员　谢家荣

筹备委员　刘基磐

(湖南省档案馆,全宗号 126,目录号 1,案卷号 1)

十二月十六日　杨公兆致信谢家荣称,江华矿务局现状及将来计划方针已经明确,但湖南省政府至今未复,正催促中,并转来翁文灏、钱昌照此前之来电。来信全文如下:

季骅吾兄大鉴:

接展大函,敬悉一是。关于贵局现状及将来计划方针业明,2419 电复谅邀台览,兹再将该电原文抄录附奉,即希察收为祷。湘省府至今尚无来文,殊不可解,今方已两次电催,请德村兄就近接洽。专复。顺颂时绥！

弟杨公兆 启

十二、十六日

附抄电一件（略）

（湖南省档案馆，全宗号126，目录号1，案卷号1）

十二月二十八日 因矿区储量不多，致函翁文灏、钱昌照，拟减员降薪，节省开支：

咏师、乙公钧鉴：

前为本局矿区储量欠丰，呈请核减资本，紧缩组织，谅蒙鉴察。现为节省开支，除先将不得力人员，给资疏散外，自明年一月份起，并将二百元以上职员（筹备委员亦在内）之薪水，一律减支十分之一，如是则每月俸薪可减约千元左右。钻探结果，除船岭脚外，尚未找到堪用之矿床。最近在鲊塘源钻探，结果较佳，现正在继续进行中。船岭脚以月产十五吨计，约克开采二年，另加改良土法月产二吨，收砂月得七吨，共计在此二年中，每月可产锡二十四吨，每月盈余一万二千余元，二年合计共约二十余万元，详情如附表所列。遵是而观，本局之前途，如不能另找到新矿区以延长生命者，恐即以五十万元之资本开采，亦似当不值，况又值兹时局不安，货运艰阻之时乎？为此，虽经奉令照预定计划积极进行，但不得不将矿床确况及钻探情形，披沥直陈，伏祈鉴察是幸。

德邨自十月到任以来，因时局关系，十分消极，以致一切事务工务均由生一人任之，此亦困难之一，应如何预为筹划，亦盼钧谕，道任为祷。肃此。敬请

钧安！

生 谢家荣顿首

十二月二十八日

前由钧会核准之本局外汇港币六万元，迄今未得购料室来文通知，不知究已存付该室否，盼谕知。

（湖南省档案馆，全宗号126，目录号1，案卷号1）

是年 将《广西富贺钟江锡矿简报》[①]第一、第三号简报的内容加上继续调查所获得的新资料，著文《广西富贺钟砂锡矿》，全文分13部分：绪言、矿区分布、地质、矿床、储量、公司及资本、探矿、采矿、炼锡、组织及管理、运销及捐税、产额、成本及盈利，重点在地质与矿床，对于砂锡矿业的经营也有详细记录。

---

① 存于全国地质资料馆，档号2409。

一九三九年　己卯(民国二十八年)　四十三岁

提要　湖南江华河路口。任江华矿务局经理。就江华矿务局兼营麻江源钨锡矿事与上五堡锡矿局和湖南省政府发生争执。筹建叙昆铁路沿线探矿工程处。

一月八日　江华矿务局筹备工作告一段落,致电资源委员会,恳请给假两个月以上,回籍修养:

2000 重庆(主)广密:

叠上函电,谅蒙鉴察。本局筑路、钻探,均告完成。机采工程亦已开始,筹备工作,至是可谓告一段落。为此拟请速派经协理,以便负责进行。荣自去秋南下,奔走山间者,一年有余,心力交瘁,拟恳请给假两个月,以便回籍修养。是否有当,敬盼电复遵行。荣叩。

二十八年一月八日由平桂台拍发

(湖南省档案馆,全宗号 126,目录号 1,案卷号 1)

一月十一日　翁文灏、钱昌照复谢家荣 1 月 3 日信函,鼓励继续努力。

季骅吾兄大鉴:

顷奉一月三日手书备悉——。吾兄对江华矿局事,筹划周详,良用佩慰。目前虽因时局关系,未能完全按照原定计划进行,仍盼继续努力,不宜因一部分问题感觉困难而遽萌退志。刘德邺君来函辞谢,并已切实慰留,即使一时不易完全为矿工作,兄亦当可全力担任也。专复。顺颂
筹祺。

弟　翁文灏　钱昌照　拜启

一月十一日

(湖南省档案馆,全宗号 126,目录号 1,案卷号 1)

一月十二日　致电翁文灏和钱昌照,请购福特轿车和卡车各一辆①。

一月十三日　翁文灏致信谢家荣,谈及经费拨付情况并与湖南省合作办法,全文如下:

季骅吾兄大鉴:

十二月九日来书已悉。江华矿局资本决减缩为五十万元,而以前已发四十万余元,日内即可将余款九万九千三百七十八元五角五分汇发,进行收砂。须得湘省府命令颁准。该省府来电话,江华合作办法已快邮咨会,如荷同意,即令省营矿区重复部分让出并移转收炼权及布告会办经过与取消领区包采部分等由,但是项合作办法迄今仍未寄到,故转移收炼权命令当须稍候时日也,临武香花岭产锡已承湘建厅代查含锡重成分并价格矣。此复。即颂

时祺。

翁文灏　启

一、十三、

（湖南省档案馆,全宗号126,目录号1,案卷号1）

一月十七日　就上五堡局在执行合作办法上之不合作态度致电资源委员会,电文如下:

渝密(1415)电敬悉。自当继续负责,以副厚望。惟此间局面未定,进行上困难甚多,即如本局矿区内有抒工程之水庄,应即停办,曾得湘建厅来电同意,并令饬上局遵办。近以船岭脚区内兴利水庄,亟应停办,曾函请上局吊销执照,乃该局故意延宕,并唆使该庄违抗命令。本局为免摩擦计,仍取和平手段对付。并电湘建厅再令上局照办。惟似此小事,即已掣肘丛生,更合能进行收砂,故上局一日不取消,则本局业务即难圆满进行。为此拟请速电湘府,切实交涉。德邨离职未返,钧座来电,均已转怀远,尚未得复。荣定下月中来渝述职兼出席地质学会年会。荣。

（湖南省档案馆,全宗号126,目录号1,案卷号1）

一月十九日　翁文灏和钱昌照电告"香港购料室和八步谢专门委员",同意江

---

① 南京:中国第二历史档案馆,全宗号二八,案卷号29004,第6页。

华矿务局购买福特轿车和雪佛兰卡车各一辆,价款由江华矿务局核准外汇项下拨付①。

一月二十日　翁文灏、钱昌照回复谱主上年 12 月 28 日之信函,全文如下:

季骅吾兄大鉴:

接诵十二月二十八日惠书及河路口锡矿现状表借,悉江矿员工已经分别裁减,缩小组织,足见办事认真,又最近在鲊塘源地方钻探结果,储量尚丰,尤堪欣慰。江矿前途,依现状观察,虽不如预计之大,然发现富矿亦非绝无希望。仍希本过去方针,积极进行为盼。至由会核拨之外汇港币六万元,查已电令国外贸易事务所交购料室矣。端复。即颂

近祺

　　　　　　　　　　　　　弟　翁文灏　钱昌照　一月二十日
（湖南省档案馆,全宗号 126,目录号 1,案卷号 1）

二月七日　向翁文灏和钱昌照呈送江华矿务局 1938 年度岁出临时门决算表等。呈文如下:

江华矿务局筹备处呈　江字第二二四号

兹谨将本局二十七年度岁出临时门决算表,七月至十二月岁出经常门支出计算表及十二月份收支对照表各二份,备文呈寄,仰祈

　　鉴核,实为公便。谨呈

主任委员翁
副主任委员钱
　　附呈决算表、支出计算表、收支对照表各二份

　　　　　　　　　　　　　筹备委员　谢家荣
　　　　　　　　　　　　中华民国二十八年二月七日
（南京:中国第二历史档案馆,全宗号二八,案卷号 12891,第 14—15 页）

二月二十一日　向翁文灏和钱昌照呈送《江华矿务局组织章程草案》《各课组织及办事细则》和《管理矿工规则》②。

---

① 南京:中国第二历史档案馆,全宗号二八,案卷号 29045,第 4 页。
② 南京:中国第二历史档案馆,全宗号二八,案卷号 28973,第 55—23 页。

三月一——四日　出席在重庆举行的中国地质学会第15届年会。

三月三日　与全体会员赴北碚开会，代表们分乘汽车自重庆出发，路经老鹰岩时参观成渝公路最艰辛的一段工程，考察附近地质。在下午的论文宣读会上宣读《富贺钟江锡矿区域之钻探标准》。

三月四日　参加年会组织的地质旅行，赴天府煤矿公司参观矿井，考察附近地质，同时参观经济部矿冶研究所，下午3时搭民生公司小轮返回重庆。

三月八日　出席中国地质学会第16届理事会在重庆复兴观巷5号四川省地质调查所举行的会议，出席会议的还有理事翁文灏、尹赞勋、黄汲清、李春昱。在会上又一次当选《地质论评》编辑部主任。

三月二十日　资源委员会就江华矿务局组织章程等事对谱主下达指令，全文如下：

指令

令本会专门委员谢家荣

廿八年二月二十一日呈一件为呈送江华矿务局各课组织及办事细则、管理矿工规则祈鉴核备案由

呈件均悉。查江华矿务局组织章程尚未准湘府正式来文同意，所呈各件，应俟湘省府复文到后再行核办，仰即知照。此令。件存。

（南京：中国第二历史档案馆，全宗号二八，案卷号28973，第3页）

是日　薛岳函告经济部资源委员会，赞同修改会省经营江华锡矿合作办法第3、6两条。公函全文如下：

湖南省政府公缄　建沅字第三四九号

民国二十八年三月廿日

案奉

贵会二十八年一月十九日资渝矿字第三六四三号公缄，以本府咨送会省经营江华锡矿合作办法，拟将第三条修改为"江华矿务局资本定为五十万元，资源委员会及湖南省政府各担任二十五万元，省方资金统由会方代为筹垫，不计利息"，第六条修改为"江华矿务局设经理一人，协理一人，由会省会派之"嘱察核见复等由。准此，查该江华矿区经贵会考察，储量既不甚丰，将合作办法第三、六两条加以修改，以合经济原则，本府当表赞同。惟本省所营江华上五堡锡矿局原有全部资产及钻探用费，上年八月曾准贵会苟电允公平估价，充作省方资金，其余不足之数由会方筹垫，

经本府于上年九月以阳建三电复,共估价五万元。承派杨处长公兆来湘洽商认可。兹本府应担任之资本二十五万元应将上项资产及钻探用费估价列抵五万元,其余二十万元请由贵会陆续垫付,准缄前由,除令饬江华上五堡锡矿局将原有全部资产、矿区及收炼锡砂权移转与合办之江华矿务局接收办理,并布告会省合办经过及取消领区包采办法外,相应缄请察核

见复并会商派定该局经理协理接收开办为荷,此致

经济部资源委员会

主席　薛岳

（南京:中国第二历史档案馆,全宗号二八,案卷号 28974）

三月二十一日　与刘基磐联名呈文翁文灏和钱昌照,请示关于江华矿务局流动资金的拨发与偿还以及所产锡块的运销办法。呈文如下:

查本局关于流动资金及运销方面,尚有应行请示者数端,谨呈如左:

一、流动资金　查本局资金总额五十万元,业已由钧会如数垫发。惟尚有应付湘省以上五堡锡矿局全部资产作价之伍万元,此款拟即由局呈文省府,请作为省方假与矿局之流动资金,按年利六厘给息,将来就盈余项下尽先拨还。但省方在未偿清会方垫款之前,所有应得盈余,应划为偿还会方垫款之用。以上办法为荷核准,即由基磐负责向省方洽办。此外为本局业务上之需要起见,拟请钧会核准本局流动资金贰拾万元,俟本局开始营业之后,先行拨发半数,其余俟有需要时,再随时请领。

二、运销　本局将来所产锡块,拟全数委托锡业管理处代为运售,其办法如下:（一）收锡付款,悉照该处收买广西商办锡块之办法办理,即每吨以三千四百元计算。惟广西省府应扣之建设捐一成,即每吨三百元,本局无担负之义务,拟请由锡业管理处于锡价之外,按吨补给。（二）为便于购买油料、机件起见,本局应有相当数目之外汇。为此拟请援照赣湘锑钨前例,核给本局以出口锡价四分之一之外汇。（三）在锡业管理处湖南分处未成立之前,所有关于江华锡之销售,锡业管理处应另立账册,如有盈余,除去该处照销售数量匀摊若干成之总务费外,应悉交本局,列入盈余项下,以便于年度结账时,会省均分。（四）为实行上述办法,拟请钧会（甲）函广西省政府,请援赣湘锑钨例,对于江华锡之过境免征建设捐;（乙）函湘省政府,征求以江华锡委托锡业管理处代为运销办法之同意。同时基磐亦可向省方说明一切;（丙）令锡业管理处照上述办法收买江华锡。

以上各办法,是否有当,敬请

核示遵行。谨呈

主任委员翁

副主任委员钱

江华矿务局筹备委员　谢家荣

刘基磐

（南京：中国第二历史档案馆，全宗号二八，案卷号 12978，第 19—20 页）

三月二十三日　翁文灏宴请谱主、李鸣龢、黄汲清、杨公兆，要求各相关机构应保持独立，但增进合作。

三月　资源委员会会同湖南省政府筹设会，委任谱主为江华矿务局经理、刘基磐为副经理。

图 63　江华县河路口镇船岭脚村 4 组，1938 年原江华矿务局机关遗址(参与采集工程人员江华、王美华、任翠辉、陈敬财、王洪生、黄俊波。摄于 2013 年 11 月 2 日)

四月四日　资源委员会矿业处函告江华矿务局：请领枪械业经兵工署核发修成六五步枪 20 支，附弹 2 000 粒，价款国币 880 元，由会垫付[①]。

四月八日　资源委员会电告谢家荣，湖南省政府已函复令上五堡局将全部资

---

① 南京：中国第二历史档案馆，全宗号二八，案卷号 29007，第 16 页。

产、矿区及收炼锡砂权移交江华矿务局接办，并电令江华矿务局接收①。

四月十二日　向翁文灏和钱昌照呈送江华矿务局1939年度预算书、计划书暨预算分配表各3份。呈文如下：

江华矿务局筹备处呈　江字第三零一号

案奉

钧会资渝计字第四零五号训令："查该局二十八年度创业费概算数目业经由会核定，计准列国币100 000元，仰就核定数范围迅即编具预算书、计划书暨预算分配表各三份呈会核夺，此令。"等因。查本局二十七年度共领经费四十万元，截至上年度终了，余剩经费十六万元零，连港币六万元在内，本年度开始拨下十万元，两共二十六万元。谨就二十六万元经费编具预算书、计划书暨预算分配表各三份，备文呈送，是否有当，仰祈
鉴核示遵，实为公便。谨呈
主任委员翁
副主任委员钱
　　附呈预算书计划书暨预算分配表各三份另寄

筹备委员　谢家荣
中华民国二十八年四月十二日

（南京：中国第二历史档案馆，全宗号二八，案卷号12884，第73—74页）

四月十六日　向翁文灏和钱昌照呈报办理接收上五堡锡矿局矿区资产暨收炼锡砂权经过情形，并请转咨湘省府转饬迅速移交。呈文如下：

江华矿务局筹备处呈　江字第三〇八号

本年四月二日奉湖南省建沅字第三四八号训令，略开：会省经营江华锡矿，业经商定合作办法，进行开办；除布告并分令上五堡锡矿局将原有矿区、资产暨收炼锡砂权移转江华矿务局，或该筹备委员等先行接收办理及江华县政府保护进行外，合行令仰知照。复奉钧会四月八日电，开：准湘省府函复，已饬上局将原有全部资产、矿区及收炼锡砂权，移转该局接办；并布告会省合办经过及取消领区包采办法，仰速接收具报各等因。奉此，遵将省府附发之布告张贴，并经定于四月十五日接收，函请上五堡锡矿局查照去后，旋准该局四月十日公函，开：案奉湖南省政府训

---

① 南京：中国第二历史档案馆，全宗号二八，案卷号28974，第11—12页。

令,江华锡矿业经省政府决定与资源委员会合资经营,设局开办,令仰移转原有矿区、资产及收炼锡砂权;兹复准贵处缄开前因,亟应划定步骤,迅速赶办。惟兹事体大,头绪多端,所有移转之程序及日期,自应双方协定,方合接交手续。贵处所指定本月十五日为接收日期,时间匆促,本局碍难办到。兹决定第一步截至本月底止,停止收砂,以便办理结束,业将截止收砂日期分呈湖南省政府建设厅,并公布砂民通知在案。一面并分项呈请建设厅核示移转具体办法,以便有所遵循,而免贻误,一俟预备就绪,自当缄请贵处订期接收,相应函复,希烦查照等由。准此,本局以该局既经决定四月底停止收砂,在未订期移转以前,为救济砂民困难起见,似有收砂炼锡之必要,乃拟自五月一日起,开始收砂炼锡。爰于四月十一日函商该局,请先将砂房交接,而炉房则俟该局存砂炼完,即提前交接,以免间断;至于矿局资产,亦请从速定期移交等由,函送在案,惟迄今尚未见复。查收炼锡砂权,虽已定于五月一日起实行移转,全部矿区资产,亦应早日移交,以一事权。该上五堡锡矿局来函所述各节,显系有意延宕,除其呈湖南省政府主席薛及建设厅厅长余报告经过情形外,应如何由钧会咨请省府转饬迅速移交,统祈核示遵行。谨呈

主任委员翁

副主任委员钱

筹备委员　谢家荣

中华民国二十八年四月十六日

(南京:中国第二历史档案馆,全宗号二八,案卷号28974,第73—74页)

四月十七日　就江华矿务局兼采钨矿电呈翁文灏和钱昌照,电文如下:

翁主任委员、钱副主任委员钧鉴:密。本局拟兼采钨矿,正分头测绘矿区。拟请分电湘桂锡管处,将来产品由桂分处照桂钨价格收买。当否电复。职荣叩(4141)。

(南京:中国第二历史档案馆,全宗号二八,案卷号29010,第9页)

四月十八日　就上五堡锡矿局仅允许五月一日停止收砂并拖延移交资产和炼砂权致电翁文灏、钱昌照,电文如下:

翁主任委员、钱副主任委员钧鉴:密。奉令后即商上局,仅允五月一日停止收砂,并布告周知。其炼权资产意存延宕,近忽陡增砂价,莫测用意。若本局届时收

砂,定必借炼存砂暗中私营,事权不一,困难横生,请电湘府限期全部移交。余文详。职荣叩(4181)。

(南京:中国第二历史档案馆,全宗号二八,案卷号28974,第21—24页)

是日 拟定《江华矿务局新订矿商请领采洗矿砂执照暂行条例》共20条,呈送翁文灏和钱昌照。呈文如次:

江华矿务局筹备处呈 字第三百十四号

查湖南江华境内锡矿,案奉

钧会与湖南省政府议定合作办法,划定矿区,合资经营。现除一部分由局自行机采外,其他各地段暂准商民采洗,借增生产,其不属于局辖之地段,虽仍准官商设权领采,惟所采锡砂概逐本局收买提炼。采炼之权既已确定,自应秉此原则,斟酌地方情形,订定条例,以资遵守。兹特拟订矿商请领采洗矿砂执照暂行条例二十条,随文附呈,是否有当,敬请

鉴核施行,实为公便。谨呈

主任委员翁

副主任委员钱

附新订矿商请领采洗矿砂执照暂行条例一件

筹备委员 谢家荣

中华民国二十八年四月十八日

(南京:中国第二历史档案馆,全宗号二八,案卷号29021,第6—7页)

四月十九日 就江华矿务局兼采钨矿再电呈翁文灏和钱昌照。

翁主任委员、钱副主任委员钧鉴:密。本局拟照组织章程第二条兼营采钨,惟产地零星,区划困难,拟请将江华全境钨矿之采收事宜尽行划归本局兼管。至将来出品,恳电令桂钨管理分处照桂钨价格收受,业以(4141)电呈在案,如何请并示遵。职荣叩(4191)。

(南京:中国第二历史档案馆,全宗号二八,案卷号29010,第11页)

四月二十五日 为兼营江华钨矿,草拟具体办法5条,函呈翁文灏和钱昌照,全文如下:

江华矿务局筹备处呈 江字第三五二号

查本局矿区内外之金子山、香炉脚、春头源等处,纵横数十里,均属花岗岩,其石英脉中含有钨矿。去秋有大华、裕华、新华等公司纠集资本,绘具图说,向上五堡锡矿局领区开采,以格于湘省钨矿国营之例,未获厅令核准,以致数年以来,江华钨矿终无探采之机会,良可惜也。自本局筹备锡矿,开筑公路,改良交通,一时河路口呈繁荣之象,而开发地下富源,增进后方生产,尤为一般人所乐道,于是遂有多数商民前来报告钨矿地点及如何探采之策。窃思湘省钨矿虽经划为国营,但本局系钧会与湖南省政府合办机关,对于国营矿业,自无不能承办之理;又况依据本局组织章程第二条曾明白规定:于必要时得兼营其他矿产,因是遂有寒、皓二电,惟电文简短,不尽所言,今就管见所及拟定具体办法五条,谨呈如次:

(一)因江华钨矿分布散漫,各别绘具矿图,颇多不便,为此拟请钧会呈请经济部将江华全县钨矿之探矿权划归本局经营。

(二)为鼓励发现新矿地及增加生产起见,拟在本局自采范围外之各地段,由本局划定区域,颁发执照,准由商民探采,所得钨砂统由本局给价收买。如探采成绩优良,堪资大规模开采时,再由本局补偿工程费用收回自办。

(三)河路口位于湘桂之交界,交通运输,均以经由广西为便,为此拟请钧会令饬广西锑钨管理分处对于江华钨砂一律照桂钨待遇给价收买。查桂钨价格较湘省所定者为略高,其盈余之数,适足以补偿本局因地处偏僻所受一切物价高贵及运输困难之损失。

(四)开办时拟先从收买商民钨砂入手,故暂时无需另筹创业资本,只就锡业流动资本项下拨用一部足矣。俟探得丰富矿脉时,再详定计划,另编预算,呈请钧会核发。

(五)如钧会以钨矿为国营事业,未便会省合作,则尽可将本局业务分立专账,以便稽核盈绌,而符国营之原则。

所有本局拟兼营钨矿各缘由是否有当,敬请
鉴核施行。谨呈
主任委员翁
副主任委员钱

　　　　　资源委员会专门委员兼筹江华矿务事宜　谢家荣
　　　　　湖南地质调查所所长兼筹江华矿务事宜　刘基磐
　　　　　中华民国二十八年四月二十五日

(南京:中国第二历史档案馆,全宗号二八,案卷号29010,第15—17页)

四月二十七日　资源委员会颁发江华矿务局关防、小官章各一颗:

经济部资源委员会训令　资渝秘字第 6130 号

中华民国廿八年四月二十七日

令江华矿务局

兹颁发该局木质关防乙颗,文曰"江华矿务局关防",又角质小官章乙颗,文曰"江华矿务局经理",除分行湖南省政府知照外,仰即查收启用,并将启用日期及印模,分报备查。此令。

附发关防、小官章各乙颗另寄

主任委员　翁文灏

副主任委员　钱昌照

（湖南省档案馆,全宗号 126,目录号 1,案卷号 2）

四月二十八日　电呈翁文灏和钱昌照,赴全县上林查勘锡金矿约一星期,其间由刘基磐主持江华矿务局业务。

翁主任委员、钱副主任委员钧鉴:密。接收上局事俟省方监盘员到即实行。现布置收砂炼锡。荣。廿六日偕陈大受赴全县上林查勘锡金矿床约一星期返。离职期间矿伍事由德邨主持。职荣叩(4261)。

（南京:中国第二历史档案馆,全宗号二八,案卷号 28974,第 26 页）

四月二十九日　资源委员会就江华矿务局兼采钨矿事分别电告谢家荣和钨业管理处湖南分处,电文如下:

电江华矿务局

江华谢经理家荣。渝密。江华钨矿,毗接桂边。湘桂钨价悬殊,所有采收价格及制度,亟须统筹妥定。已电饬湘钨分处李处长前往详加考察,就近商筹,应如何参酌现制,兼顾事实,仰即切实洽商,会拟办法报核。资(4291)

电钨业管理处湖南分处

零陵李处长。渝密。据江华矿务局谢经理电,拟兼采境内钨矿,该地毗接桂边,湘桂钨价悬殊,采收价格及制度,亟须统筹妥定。据报已测绘矿区应如何参酌现制,兼顾事实,仰即前往详加考察,就近洽商,会拟办法报核。资(4291)

（南京:中国第二历史档案馆,全宗号二八,案卷号 29010,第 12—13 页）

四月　调查广西全县龙水砂锡矿,李树勋、彭琪瑞偕行,调查后著《广西全县龙水附近砂锡矿简报》。简报认为全县龙水之砂锡矿交通方便,古河冲积含砂锡矿丰富,较富贺钟一带为优,具有开采价值,近代冲积尚未探采,希望或更大。建议交资源委员会与广西省合办之平桂矿务局施探,然后择优划定矿区,以便采炼。

五月十日　资源委员会分别电告湘钨分处李处长和江华矿务局,江华钨矿亟待探办,催李处长遵前电讯往考察,商拟办法呈核①。

是日　由于江华矿务局收购纯锡砂价格为每市斤9角,比广西略低,偕同刘基磐致电翁文灏和钱昌照,请将广西建设之捐款300元归江华矿务局收领,以增加砂价②。

五月十一日　资源委员会与湖南省政府筹设会的委任令到,谢家荣、刘基磐函告湖南省政府和经济部资源委员会,正式就职江华矿务局经理、副经理,并呈报湖南省政府启用关防日期。

案奉

湖南省政府　经济部资源委员会任状,兹派谢家荣为江华矿务局经理,刘基磐为副经理等因,奉此,遵于五月十一日就职,除呈报并分函外,相应函达,即希

查照为荷此致

经理　　谢家荣

副经理　刘基磐

（湖南省档案馆,全宗号126,目录号1,案卷号2）

呈湘政府

案奉

资源委员会资渝秘字第六一三〇号训令"兹颁发……备查"等因,奉此,遵于五月十一日启用,并将"江华矿务局筹备处钤记"截角缴销,谨将印模三纸,随文呈请钧府鉴核备案,实为公便,谨呈

湖南省政府主席　薛岳

附印模三纸

经理　　谢家荣

副经理　刘基磐

（湖南省档案馆,全宗号126,目录号1,案卷号2）

---

①　南京:中国第二历史档案馆,全宗号二八,案卷号29010,第18页。
②　南京:中国第二历史档案馆,全宗号二八,案卷号29024,第6页。

　　谢家荣在《江华矿务局筹备经过及现在状况》中对江华矿务局的筹备经过有详尽记载,兹节录如下:

　　民国二十七年一月经济部地质调查所派家荣偕王植、周宗俊、周德忠、李树勋诸君调查江华锡矿地质,证明尚有机采价值,乃由家荣等拟具计划,建议本会投资开采。同年夏,本会与湖南省政府筹设会省合办江华矿务局,议定合作办法六条,其大要为江局矿区由本会与湘省府会同划定之,矿区外各地段,仍准官商设权领采,惟所采锡砂,概归江局收买提炼,资本定为二百万元,每年盈余,除分拨双方投资官息六厘,并提百分之十为公积金外,应由会省平分。虽以经营江华锡砂为主要业务,必要时亦得兼营其他矿产之采冶事业。同年七月本会即派家荣为筹备委员,会同省派筹委赴八步及河路口分设筹备处,积极进行。先从钻探及建筑望高(广西钟山属)河路口间电话线及白沙(广西富川属)河路口间公路(以下简称白河公路)着手。二十八年一月,因钻探结果,未能如预计之佳,乃由筹备委员分呈会省,核减资本为五十万元,并紧缩组织,变更预算,继续进行。

　　白河公路长十一公里,宽六公尺,于十二月全线路基完成通车,二十八年二月,砂石路面铺填完成。钻探工作至二十八年三月完成,证明船岭脚矿区锡量较丰,决定先从此区着手机采。当筹备之初,即向广西省政府让购德制三〇〇至三九〇匹马力柴油、木炭、无烟煤三用发电机,连同马达、砂泵、水泵、水笔、零件配件等一全套,该项机件于二十七年十月自梧州起运经平乐至八步。翌年四月,全部机件运抵矿场。二十八年三月会省会委家荣为经理刘基磐为副经理,至五月十一日令到正式就职。五月一日湘省府办理之上五堡锡矿局遵令将矿区炼权移交与江华矿务局接收办理,是月起即开始收砂炼锡。七月十五日又将上局经营之不动资产,先行照册点收。

　　船岭脚矿场之机房厂屋,金山沟以及堤坝沟闸,改移河道等土木工程,于二十七年十二月开始建筑,至二十八年十月陆续完成,计有办公厅、机电房、修理房、炼锡房、洗砂房、材料房、汽车间、炭场、打铁房、医务室、矿警房、及工人宿舍、厨房、浴室等四十余所,占地约一万八千余平方公尺。双槽金山沟两座,各长三百余呎,宽十六呎。此外堤坝沟闸不及备载。装机工程于二十八年六月初开始,八月初装竣试车,结果良好。第一金山沟于二十八年九月二十六日开始产砂,第二金山沟于十二月三十一日出砂,进行均为顺利。

　　此外本局又在江华县东南境麻江源发现锡钨矿床,当即呈准会省,设定国营矿区,于二十八年六月设立麻江源钨锡矿工程处,建筑厂屋,收采锡钨矿砂,自七月份起,亦已开始生产。二十八年十一月奉令筹增生产,遂拟具整治水源,扩充机采,及在永明蓝山道县等处设定探矿区,用抔筒钻探等计划,并就原有资本及设备,先用小型机器开采河路口附近鲊塘源砂锡矿及衣襟山洞穴冲积层,于二十八年十二月杪亦均已先后产砂,此本局奉令筹备及开始生产之大概情形也。

(《资源委员会月刊》1940 年第 2 卷第 1 期,第 1—2 页)

图 64　1939 年在江华锡矿野外小憩时留影

五月十五日　为收买锡砂及油料燃料薪资机件等项,非另有流动资金不足以周转,与副经理刘基磐联名呈函翁文灏和钱昌照,请领甲种流动资金十万零七千元。呈文如下:

江华矿务局呈　江字第四百二十四号

关于本局流动资金事,曾于本年三月二十一日呈请

钧会核示在案。旋奉资渝矿字第五八二八号指令,核定本局请领流动资金最高额为十五万元,得于需要时,依规定手续呈拨,等因。现本局已于五月一日起开始收砂炼锡,七月间机采部分亦将正式开工,所需收买锡砂费及油料燃料薪资机件器具等项,预计非另有十万零七千元之流动资金,不足以资周转,盖售锡收入,需相当时间,而原有预算之中,未列流动资金在内也,为此具文呈请

钧会准予拨给甲种流动资金十万零七千元,于七月以前汇下,俾资应用,兹谨编就

请领流动资金用途分配表三份随文附呈,敬乞

核示只遵。谨呈

主任委员翁

副主任委员钱

　　附请领流动资金用途分配表三份

江华矿务局经理　　谢家荣

江华矿务局副经理　刘基磐

中华民国二十八年五月十五日

　　（南京:中国第二历史档案馆,全宗号二八,案卷号12978,第24—25页）

　　是日　资源委员会(5152)电复谱主、刘基磐:广西湖南锡砂收购价格理应一致,但建设捐款应否缴纳属锡管处范围,所请由矿收领,未便核准①。

　　五月十八日　资源委员会电告谱主,接上局长电称"不遵法定手续,立迫腾挪,派警监视,侮辱员役,干涉胁迫,妨害职务",盼申复实质。电文如下:

电

沅陵建设厅余厅长剑秋兄:顷接上五堡锡矿局余局长主甫电告,奉令移转江华矿区正办结束,专候省府命令,以便移转。矿务局筹备委员谢家荣不遵守法定手续,立迫腾挪,操切暴戾等情,谅双方接洽,尚欠充分,致多误会,请为疏解为荷。弟文昌(皓)。

电

3068八步谢经理:密接上局余局长鱼电略称:奉令移转江华矿区,已停止业务,专候省府命令。矿务局谢委员不遵法定手续,立迫腾挪,派警监视,侮辱员役,干涉胁迫,妨害职务,已检证呈省核转等情。实质如何,盼即申复。文昌(5191)。

　　（南京:中国第二历史档案馆,全宗号二八,案卷号28974,第30—31页）

　　五月二十二日　电复翁文灏和钱昌照,指上五堡锡矿局诬告,借遂延宕。电文如下:

翁主任委员、钱副主任委员钧鉴:密(5191)电敬悉。本局及上局洽商交接,概依法令,力避误会。省方送电该局移交,本局再三函请定期,均置不理。矿警巡查

---

　　①　南京:中国第二历史档案馆,全宗号二八,案卷号29024,第4页。

私砂,并非监视。该局所称强迫腾挪,侮辱员役,干涉胁迫,妨害职务,纯属诬词,借遂延宕。似此违令抗交,乞再电省制止。职荣叩(5201)。

(南京:中国第二历史档案馆,全宗号二八,案卷号28974,第38页)

是日　电告翁文灏和钱昌照,于二十一日赴龙川接运器材,约旬日返。其间矿务由刘基磐主持[①]。

五月三十日　向翁文灏和钱昌照呈送江华矿务局原送1939年度创业预算须遵照指示,各节分别更正办理由,全文如下:

江华矿务局呈　江字第四百六十一号:

案奉

钧会资渝计字第六三五六号指令:以本局原呈二十八年度创业预算须遵照指示各节分别更正办理,原呈附件除抽存一份外,余件发还等因;计发还原呈预算书计划书及分配表各二份。奉此,自应遵办。惟查所示各节尚有疑难之处,兹谨分呈如次:

一、本局二十七年度经费剩余之款,准予继续动支,毋庸并入二十八年度创业费预算费十万元内编造,但查预算系有定期之性质,故预算法有"每一会计年度岁入岁出之出纳事务整理完结之期限,不得逾其年度终了后三个月,会计事务整理完结之期限不得逾其年度终了后六个月"之规定,是二十七年度预算,似不能继续执行于本年度,且结算亦有以预算为根据之性质,二十七年度预算既不能于本年度继续执行,则将来办理本年度决算自亦不能以二十七年度为根据。如以二十七年度四十万元之预算与本年度十万元之预算并无严格之划分,或即视为同一预算,但原来并无五十万元之总预算足资依据。复就事实上言之,本年度同时执行二十七年度与二十八年度两个创业费预算,则将来办理计算决算时,究以何部分费用划入二十七年度预算内报支,何部分费用划入二十八年度预算内报支,亦一困难问题。盖二十八年度预算大部分支出科目均与二十七年度预算相同也。

二、本年度创业预算仅以十万元编造,殊感分配之苦,如以前数月之支出划入二十七年度预算,后数月之支出划入本年度预算,则本年度所需各项费用有为二十七年度预算所未列者,报销时甚感困难。如将前数个月之分配数仅就二十七年度预算内未列之费用核列,则二十七年度预算每月之分配数又不能与本年度实际相适应。若实际支出超过预算时,则其超过数无法列报。如移在二十八年度预算内

---

① 南京:中国第二历史档案馆,全宗号二八,案卷号29006,第48页。

报支，又未免混淆不清，且手续麻烦而不甚合理。

以上两点，殊感不易解决。二十七年度剩余之十六万余元可否以坐支抵解手续仍并入本年度创业费十万元内编造，或另编一五十万之总预算，以利报支。

奉令前因，除遵照指示各节拟具计划书预算书及分配表等另文呈送外，所有其中疑难之点，理合具文呈请

鉴核示遵。谨呈

主任委员翁

副主任委员钱

江华矿务局经理谢家荣

江华矿务局副经理刘基磐

中华民国二十八年五月三十日

（南京：中国第二历史档案馆，全宗号二八，案卷号 12884，第 77—79 页）

六月五日 致电翁文灏和钱昌照，江华矿务局向国外贸易事务所领取港币 60 000 元，应补领国币 37 068 元。

翁主任委员、钱副主任委员钧鉴：密。前奉钧会资渝计字(6356)号指令(6)以本局向国外贸易事务所领港币六万元，应补领国币三七零六八元等因，兹请如数汇下备用。职荣叩(6021)。

（南京：中国第二历史档案馆，全宗号二八，案卷号 12975，第 43 页）

六月六日 呈送下江乡麻江源、苍梧乡大瓮山钨锡矿区图给翁文灏和钱昌照，呈文如下：

江华矿务局呈 江字第四八八号

案据本局组织章程第二条之规定，除锡矿外，本局得兼营江华境内其他矿产之采冶事业。近在江华下江乡麻江源及苍梧乡大瓮山地方发现钨锡矿床，曾电恳钧会划为国营矿区，业经矿业处电复照办在案。兹经派员前往查勘矿区，绘制详图，计：下江乡麻江源矿区面积为二百八十九公顷八公亩五公分，苍梧乡大瓮山矿区面积为二百七十六公顷十公亩五公分，理合连同麻江源大瓮山矿区图各二纸，备文呈请钧会鉴核，伏乞准予备案，俾便进行开采，实为公便。谨呈

主任委员翁

副主任委员钱

附赍江华下江乡麻江源、苍梧乡大瓮山钨锡矿矿区图各二纸(另寄)

　　　　　　　　　　　江华矿务局经理　　　谢家荣
　　　　　　　　　　　江华矿务局副经理　　刘基磐
　　　　　　　　　　　中华民国二十八年六月六日

（南京：中国第二历史档案馆，全宗号二八，案卷号29010，第27—28页）

　　六月十日　除江华外，附近各县地质均未经调查，故无论对于开矿或研究区域地质都有详查之必要，乃致函翁文灏和钱昌照，建议由资源委员会另拨专款，组织两个地质探矿队进行工作。函文如下：

咏
乙　公钧鉴：

　　江局兼营钨矿事，承鼎力玉成，至深感荷！现正草拟预算，组织钨矿工程处，月内谅可开始工作。自江局成立，提倡开矿，其结果：不但土法锡庄，新兴甚多，产额日增；即其他矿产，如：钨矿等亦纷至沓来。迄目前止，在县境内新发现之地点，已有五六处之多，足证矿床分布之广。又闻与江华邻接之永明、道县、宁远、蓝山、嘉禾诸县，亦盛产锡钨矿；尤以永明一县，沿都庞岭花岗岩侵入体之四周，丰富矿床之产生，更为有望。且该县与广西富川县之公路网相距不过数十里，交通运输极具便利。查上列各县地质，除江华外，尚未调查，即江华亦仅限于锡矿附近，至于西部大山，迄今尚为地质上之未开辟区域。因此无论为开发矿产或研究区域地质，俱有详查之必要。值此交通阻梗，地质机关无力顾及之时，江局似有负起此项任务之义务。为此拟请由江局组织地质探矿队二队，分赴上述各县，详细测查。调查人员，除江局派二人外，另由湖南地质调查所调用二人，以资协助。惟此项工作半属研究性质，对于生产，仅有间接关系，似不便由江局开支；且江局资本微小，实亦无力负担。为此拟请由钧会另拨专款，委托江局办理，以利进行。上述计划，如以半年为期，共需薪资旅费等约五千元。一年为期，则需一万元。经此次调查所发现有开采价值之任何矿产，如尚无他人请领者，拟请概由江局照法定手续呈领兼采。上述计划是否有当：敬请
核示遵行为感！专肃。敬请
钧安！

　　　　　　　　　　　　　　　　　　　谢家荣
　　　　　　　　　　　　　　　　　　　刘基磐谨上
　　　　　　　　　　　　　　　　中华民国二十八年六月十日

（南京：中国第二历史档案馆，全宗号二八，案卷号36120，第8—10页）

六月二十四日　资源委员会发布训令,正式确认资源委员会与湖南省政府经营江华矿务局之合作办法及该局组织章程。训令全文如下:

经济部资源委员会训令(资渝矿字第7798号,中华民国二十八年六月二十四日发):

令江华矿务局

关于本会与湖南省政府经营江华锡矿合作办法及该局组织章程,兹经呈奉经济部矿字第二九三二八号指令节开:

"所送该会与湖南省政府经营江华锡矿合作办法应予备案。惟原办法第二条内'采商'二字自系指未经呈准设定矿权之采商而言,如江华矿务局所划矿区内包括有业经设权之锡矿,则该矿务局应依法补办矿权移转及承受手续,或与原矿业权者商定补偿办法,由该矿业权者自行呈请废业,仰即转饬遵照。又所送江华矿务局组织章程,除第二条'本局以经营湖南江华锡矿'后加'之采冶事业'五字,第六条'每课设课长一人'下加'除会计课课长依主计处组织法规设置外,其余'十九字外,其余尚无不合,经予备正备案,并仰遵照。"等因。奉此,除遵照修正外,合行抄发各该件,令仰遵照,此令。

抄发江华锡矿合作办法及该局组织章程各一份。

主任委员　　翁文灏

副主任委员　钱昌照

资源委员会 湖南省政府　经营江华锡矿合作办法

第一条　资源委员会及湖南省政府为开发江华锡矿起见,设立江华矿务局合资经营,其组织章程及办事细则由双方会商另定之。

第二条　江华矿务局矿区由资源委员会及湖南省政府分别派员会同划定之矿区内,如包含采商或砂民地域,江华矿务局酌量补偿其工程费,矿区外各地段仍准官商设权领采,惟所采锡砂概归江华矿务局收买、提炼。

第三条　江华矿务局资本暂定为五十万元。资源委员会及湖南省政府各担任二十五万元,省方资金统由资源委员会代为筹垫,不计利息。

第四条　江华矿务局每年度终结时所获盈余,除分拨双方所投资本官息六厘并提百分之十为公积金外,应由会省平分。前项平分盈余,会方所得全数作为发展湖南省重工业之用,省方所得全数,连同六厘官息,尽先偿还会方垫款,偿清后,再将分得之盈余及利息解缴省库入账统筹支配,不得指拨任何机关向库转账。

第五条　江华矿务局经费概算及营业概算应于每会计年度开始以前,造送会省两方核定,又业务报告应按月造送,营业计算损益表及经费计算,应于每年度终结时造送会省两方稽核。

第六条　江华矿务局设经理一人,副经理一人,由会省会派之。

江华矿务局组织章程

第一条　本局由资源委员会与湖南省政府合资组织之,定名为江华矿务局。

第二条　本局以经营湖南江华锡矿之采冶事业为主要业务。江华官办、商办或官商合办所产之锡砂,概归本局收买、提炼、销售,必要时亦得兼营江华境内其他矿产之采冶事业。

第三条　本局资本定为国币五十万元。资源委员会与湖南省政府各任二十五万元。

第四条　本局设经理一人、副经理一人,由资源委员会与湖南省政府会派之。经理负责综理全局事务,副经理襄赞经理处理局务。

第五条　本局于必要时得设立分厂或办事处,其组织章程另订之。

第六条　本局分设总务、工务、业务、会计四课,每课设课长一人,除会计课课长依主计处组织法规设置外,其余由经理派充之。

第七条　本局设工程师二人,副工程师三人,秉承经副理之命,处理技术事宜。助理工程师、工务员各若干人,受正副工程师之指导,帮同办理技术事宜,均由经理派充之。

第八条　本局设课员及事务员各四人至八人,司事及书记各若干人,由经理派充之,秉承经副理及课长之命,办理各课事务。

第九条　本局附设矿警队,设队长一人,由经理派充之。矿警队组织章程另定之。

第十条　本局设医务室,设医师一人,由经理派充之,助理若干人。医务室章程另定之。

第十一条　本局每年应编制营业预算书,分别呈请资源委员会、湖南省政府核准施行。

第十二条　每届年度终了,本局应将业务实况造具下列各种表册,分送资源委员会与湖南省政府,并由会省会同派员审核:

（一）营业报告书（附成本计算表）

（二）资产负债表

（三）财产目录

（四）损益计算书

（五）盈亏拨补表

第十三条　本局每年所得纯益,除提资本年息六厘、公积金百分之十外,其余半数由资源委员会支配,作为发展湖南省重工业之用,半数由湖南省自动支配。

第十四条　本局得呈准资源委员会与湖南省政府,提出一部分之盈余,充职员及工人之奖励金,办法由本局另定之,呈请资源委员会与湖南省政府核准施行。

第十五条　本章程由资源委员会与湖南省政府会同核定施行,并送请经济部备案。

第十六条　本章程于必要时得由资源委员会与湖南省政府会同修正之,并报请经济部备案。

（湖南省档案馆,全宗号126,目录号1,案卷号2）

六月二十六日　沅陵建设厅厅长余籍传电告资源委员会:饬水口山铅锌矿局谭局长伯豸前往疏解并负责监交上五堡锡矿局移交事[①]。

是日　致电翁文灏钱昌照,先设麻江源钨矿工程处,派颜轸、马祖望为正、副主任赴矿山筹备探矿工程及招工承采各事等。电文如下:

翁主任委员、钱副主任委员钧鉴:密。本局兼办国营江华钨矿事业,与矿业处及湘分处商定办法克日进行,现先设麻江源钨矿工程处,派颜轸、马祖望为正、副主任,于本月廿七日赴矿山筹备探矿工程及招工承采各事,惟矿山距城窎远,并与道县、宁远、蓝山各县相邻,拟请电省分令各该县保护、协助,以利进行。又本局自收砂炼锡,流动资金顿感不敷,请早日拨汇。职荣磐(6232)。

（南京:中国第二历史档案馆,全宗号二八,案卷号29010,第36页）

六月二十八日　致电翁文灏和钱昌照,请电湖南省制止私采钨矿。电文如下:

翁主任委员、钱副主任委员钧鉴:密。(6231)电计达钧览。查麻江源钨矿矿藏丰富,且地界湘桂,两省钨价又复悬殊,致附近商民争相私采,运桂销售,恳即严切制止,以利进行。职荣磐叩(6271)。

（南京:中国第二历史档案馆,全宗号二八,案卷号29010,第58页）

七月三日　湖南省政府指令谢家荣、刘基磐,准予呈报启用关防备案:

---

① 南京:中国第二历史档案馆,全宗号二八,案卷号28974,第41页。

湖南省政府指令　耒省秘字第 1178 号

令江华矿务局经理谢家荣　副经理刘基磐

二十八年五月十二日呈一件。呈报启用关防,赍同印模,恳鉴核备案由。

呈悉。准予备案。此令。

中华民国二十八年七月三日

主席　薛岳

(湖南省档案馆,全宗号 126,目录号 1,案卷号 2)

七月六日　与副经理刘基磐联名呈复翁文灏和钱昌照,资源委员会所汇 37 068 元已经收到[①]。

是日　就核定江华矿务局兼营江华境内钨矿办法原则 5 项,资源委员会发指令电给江华矿务局和钨业管理处湘南分处,并电湖南省政府主席薛岳。指令全文如次:

令江华矿务局

钨业管理处湘南分处

二十八年五月二十□电一件电告会同查商江华钨矿情形由

电悉。关于江华矿务局兼办钨矿办法,兹核定原则五项:(一)将江华产钨区域划为国营矿区,(二)由湘南分处委托江华局办理,(三)矿山采收费及一切开支由湘分处担负,(四)产钨交湘分处运销,(五)销钨盈余,湘分处与江华局各半。内部组织等项,依照上项原则,均应经由湘分处核转,以符手续。仰即妥切商洽,筹议实行具报。此令。

电江华矿务局

江华谢经理刘副经理。密(6232)(6271)电均悉。已将该局兼办钨矿情形电达湘省府,请饬各该县保护协助,严禁走私。至收砂炼锡、流动资金,仰速填用途支配表,候另电核发。

电湖南省政府

沅陵薛主席伯陵兄勋鉴。密。

查江华麻江源一带,产钨甚丰。兹经饬由江华矿务局兼办钨矿,其概要办法(一)将

---

① 南京:中国第二历史档案馆,全宗号二八,案卷号 12975,第 55—56 页。

江华产钨区域划为国营矿区,(二)由钨湘分处委托江局办理,(三)矿山探采费及一切开支由湘分处担负,(四)产钨交湘分处运销,(五)销钨盈余处局各半。上项办法系为江局便于就近管理,一切事务仍受成于湘分处,对于湘钨现制,尚无影响,特电查照。再据查,该县钨矿,地界湘桂,与道县、宁远、蓝山等县相邻,商民颇多,私行采运,拟请严切制止走私,饬知各县,随时保护协助,俾利进行为荷。弟翁文灏、钱昌照。鱼。

（南京：中国第二历史档案馆,全宗号二八,案卷号29010,第30—32页）

是日 与刘基磐联名致电翁文灏和钱昌照,告县长不允布告协助保护,且闻上五堡锡矿局已派员警入山准备采收钨、锡,请予制止。电文如下：

翁主任委员、钱副主任委员钧鉴：密。(6231)(6271)两电计达钧鉴。本局麻江源钨矿工程处员警(27)日出发,(28)抵江华城。顷据函告,钟县长以未奉省令,不允布告协助保护,并力劝暂缓入山,且闻上局已派员警入山,准备采收钨锡,并拟设炉炼锡。似此违反湘钨国营原则及省会合办江局办法第二条后段之规定,除已令该员等分别留城及赴水口市候命外,恳即电省,分电江华、宁远、道县、蓝山各县,协助保护及制止该局采钨炼锡,并候电遵。职荣磐叩(7011)。

（南京：中国第二历史档案馆,全宗号二八,案卷号29010,第62页）

七月七日 就先行筹设麻江源工程处并恳分别电饬保护、制止私采及刊发钤记,正式呈报翁文灏和钱昌照。呈文如下：

江华矿务局呈 江工字第陆贰柒号

民国二十八年七月七日

案查本局前据组织章程第二条之规定,呈请兼营江华境内钨矿一案,自准矿业处五月二十七日电,拟定办法五项,及钨矿管理处湖南分处电复同意后,当即着手先行筹设麻江源钨矿工程处,并派颜轸、马祖望为该处正、副主任,于上月二十七日率领员工出发,及据报称江华县长以未奉省令,不允布告协助保护,并上五堡局遣派员警入山,准备采钨炼锡各情,经先后分别电呈钧会及省府各在案。查麻江源与本局相距一百六十华里,山路崎岖,交通不便,自本局发现该处钨矿矿床,派员测勘以后,附近县属商民士绅,凭依背景,接踵争相私采；更因地邻桂省,而湘桂钨价悬殊,尽以所采运桂销售,本局相距窵远,致有鞭长莫及之势,如不早日着手办理,不惟损失日巨,而此后进行将更困难,故不得不急于筹设麻江源钨矿工程处以专责成，而一事权，期能迅赴事功，增加生产，乞伏准予备案。现该处钨砂既被私采私运出境，江华县府复不协助本局进行；而上五堡局亦竟派员入山，收钨炼锡，实系违反湘钨国营原则，及会省经营江华锡矿合作办法第二条后段之规定。拟恳分别电饬协助制止，以利进行，而维法令，至该工程处员司，刻尚分别滞留县城及水口市接洽筹备，候命入山，可否由本局刊发麻江源钨矿工程处钤记，仍候钧令只遵。所有本局先行筹设麻江源工程处之钤记各缘由，是否有当？理合备文呈请

鉴核备案示遵，甚为公便！谨呈

主任委员翁

副主任委员钱

经理　　谢家荣

副经理　刘基磐

（南京：中国第二历史档案馆，全宗号二八，案卷号 29010，第 69—71 页）

七月十二日　湖南省政府对江华矿务局呈报经理、副经理之就职日期，准予备查：

湖南省政府指令　未省秘一字第 1612 号

令江华矿务局经理谢家荣　副经理刘基磐

二十八年五月十二日呈一件，呈报就职日期，祈鉴核由

呈悉。准予备查。此令。

中华民国廿八年七月十二日

主席　　薛岳

（湖南省档案馆，全宗号 126，目录号 1，案卷号 2）

是日　电告资源委员会：麻江源钨矿区被人霸占，并集枪筑壕，且逮捕江华局矿警二人，恳请省严令制止。电文如下：

资源委员会钧鉴。密。据麻江源钨矿工程处呈报，该处矿区现悉被所谓江宁道官绅合办公司及民生公司霸占，并集枪筑壕，戒备森严，又逮捕本局矿警唐有才、练启荣，二人生死不明。本局员司无法入山，国营工作未能进行。似此目无法纪，伏恳请省迅予严令该管区司令及县长切实制止，并派队入山保护。事迫请切，乞电示遵。职荣磐叩（1111）。

（南京：中国第二历史档案馆，全宗号二八，案卷号 29010，第 66 页）

七月十三日　拟订江华矿务局湘南地质探矿队组织及预算大纲呈送翁文灏和钱昌照。呈文如下：

江华矿务局呈　江字第陆肆壹号

民国二十八年七月十三日

案奉

钧会资渝矿字第七九三四号指令，开："函呈悉。据请拟调查江华、永明、道县、宁远、蓝山、嘉禾等县之钨矿，确属切要之图。所有调查事务，着由该正副经理拟具计划，负责主办。应需调查及测绘人员，准由该局与湖南地质调查所酌量调用，其调查旅费及调查员薪资，应先开具详细预算呈核。至于开采办法，于调查完竣后，仍由本会酌定。仰即知照。此令。"等因。奉此，遵即拟具本局湘南地质探矿队组织及预算大纲，备文呈赍钧会察核。所需调查员薪资及调查旅费国币柒仟元，恳请即予一次发给，以利进行，实为公便！谨呈

主任委员翁

副主任委员钱

附赍湘南地质探矿队组织及预算大纲一份

经理谢家荣

副经理刘基磐

（南京：中国第二历史档案馆，全宗号二八，案卷号36120，第14—15页）

是日　就麻江源钨矿区被人霸占，并集枪筑壕，且逮捕江华局矿警二人，资源委员会电告谢家荣、刘基磐：已再电湘建厅，从速设法解决，严禁私采①。

七月十四日　就合办江华矿务局中湖南省应出资金五万元作为息借款项，薛岳以湖南省政府建秉字第181号公函致资源委员会。公函全文如下：

湖南省政府公函　建秉字第181号

案据江华矿务局呈称"本局原定资本二百万元。矿区甚属广大，嗣经数月钻探之结果得定矿藏储量不丰，难期大规模之西法开采，经呈准资源委员会，核减资本为五十万元，会省各认半数，省方之半由会代垫，不计利息，曾由会咨行钧府提交省府会议予以通过。又钧府曾拟定以上五堡锡矿局原有全部资产及近年钻探江华锡矿工程费用共作价五万元列抵股金，亦经会方同意各在案。现查本局资本五十万

---

① 南京：中国第二历史档案馆，全宗号二八，案卷号29010，第63—64页。

元业由会方全部领足,筹备事宜即将告竣,不久当可开始生产。惟钧府如以上局资产及钻探工程费用作价之五万元列抵股金,则本局资本项下即应少收此数或退还会方五万元,殊感周转不灵,对于业务影响甚巨。为此,拟恳将作价之五万元改为本局借款,年息六厘,将来由盈余项下拨还本息。如是则本局资金可多得五万元之现款,而钧府每年复可多收五万元借款之息金。除已呈请资源委员会核准外,理合备文呈请钧府鉴核。如蒙赐准,即当备具印借,另文补赍,以清手续,并祈指令只遵"等情。据此,除指令外,相应函请

贵会查核见复为荷。此致

经济部资源委员会

主席　薛岳

（南京:中国第二历史档案馆,全宗号二八,案卷号36120)

七月二十日　与刘基磐联名电告翁文灏和钱昌照,不同意资源委员会"一切费用周转金、工程计划及内部组织等均应由钨业管理处湖南分处核转"的规定,电文如次:

翁主任委员、钱副主任委员钧鉴:密资渝矿(8118)号指令奉悉。本局兼办钨矿原则五项均当遵行,惟一切费用、周转金、工程计划及内部组织等均应由钨管处核转一层,是以本局为该分处附属机关,万难遵行。拟请径由钧会核准并送钨分处存查,以符系统,否则兼营钨矿事即停止进行,所有本局垫付调查、筹备各费,请令饬由钨管处湖南分处如数归还,以符预算。当否盼电示遵。职荣磐叩(1161)。

（南京:中国第二历史档案馆,全宗号二八,案卷号29010,第78页)

七月二十三日　呈报翁文灏和钱昌照,遵令先行按册接收上五堡锡矿局移交,并附接收清册。

江华矿务局呈　江总字第陆柒捌号

民国二十八年七月二十三日

案查前准湖南上五堡锡矿局咨请接收房屋等项,并造具移转清册前来;当以所有文件、枪支、家具各项要件,盖未列册,未便贸然接收;经以(6181)电呈钧会请示,旋奉(6231)复电,饬先照册列接收各在案;复以省府所派监盘委员,迟迟不到,未便延候过久,乃于本月十五日派员前往按册点收,除另会呈湖南省政府外,理合捡铜接收清册一份备文呈报钧会备案。至于各项有关案卷,该局迄无另案移交之意,合

并陈明。谨呈

主任委员翁

副主任委员钱

江华矿务局经理　　谢家荣

江华矿务局副经理　刘基磐

（南京：中国第二历史档案馆，全宗号二八，案卷号28974，第49—56页）

七月二十四日　资源委员会电告谱主与刘基磐，麻江源钨矿仍划为国营矿区，省会合办，静候解决。电文如下：

电（3068）八步谢经理刘副经理。密。1161电电悉。麻江源钨矿，余厅长电复省府商请交由省局办理，已电饬程处长前往面商，仍划为国营矿区，省会合办，仰静候解决。资（1271）。

（南京：中国第二历史档案馆，全宗号二八，案卷号29010，第76页）

七月　就请领107 000元流动资金事再呈翁文灏和钱昌照，呈文如下：

江华矿务局呈　江计字第陆捌伍号

民国二十八年七月

奉

钧会齐代电，以本局请拨借流动资金柒万伍仟元，准先借五万元，饬补具请领流动资金支配表及按月填造流动资金及流动负债明细表呈候审核等因；并附发水单一纸，空白请领及现存流动资金用途支配表、流动资金及流动负债明细表共计四十纸。奉此，查本局前请拨给甲级流动资金拾万零柒仟元，当即填具请领流动资金用途支配表，经于五月十五日以江字第四二四号呈附赍钧会在案。今代电又复令饬复具是项支配表；且所标明本局请领数额为柒万伍仟元，核与原请领数不相符合，兹奉前因，理合备文陈明。伏乞

鉴核示遵，实为公便！谨呈

主任委员翁

副主任委员钱

江华矿务局经理　　谢家荣

江华矿务局副经理　刘基磐

（南京：中国第二历史档案馆，全宗号二八，案卷号12978，第48—49页）

八月一日　就麻江源矿权事电呈翁文灏和钱昌照，鉴于湖南省府不遵守国营矿业法令，建议将其转呈行政院备案，俾先确定矿权。电文如次：

翁主任委员、钱副主任委员钧鉴：密。顷阅上局布告云，奉省厅有（二五）电，麻江源钨锡矿区经（36）次常会决议，着由该局呈府设权领采，并电会饬本局停止进行等语，省厅竟不遵国营矿业法令，抹杀本局优先矿权，殊为惊异。又皓（一九）日小冲突，奉省有（二五）电，据余主甫呈抢去锡砂（42）担，局警二人不知存亡云云，业已电复，决无其事，并请派员彻查实就虚坐。至本局呈省有关文电，未一示复，纵彼抑此情节显然。似此无合作诚意，本局前途难期顺利，已电德邮赴耒陈说。查麻江源钨锡并丰，务恳钧会将该处矿区迅予转呈行政院备案，俾先确定矿权，并派员赴耒与省洽商，以维立场，敬候电遵。职荣叩（1291）。

（南京：中国第二历史档案馆，全宗号二八，案卷号 29010，第 88—89 页）

是日　与刘基磐联名电告翁文灏和钱昌照，上五堡局勾结私采矿商阻挠工作，闻该局谋以武力解决，请派员彻查。电文如次：

翁主任委员、钱副主任委员钧鉴：密。据报本局麻江源工程处因前上五堡局勾结当地私采矿商阻挠本局进行，皓（十九）日双方发生冲突，幸未伤人，并闻该局更将派队增援，谋以武力解决，若不制止，前途堪虞，已另电省府，请派员入山彻查解决。敬乞转电，促其实现。职荣磐叩（1241）。

（南京：中国第二历史档案馆，全宗号二八，案卷号 29010，第 91 页）

是日　资源委员会资渝矿字第 8847 号指令江华矿务局，令称："廿八年七月十三日江字第六四一号呈一件，为呈赍本局湘南地质探矿队组织及预算大纲，仰恳察核……呈件均悉，准予照办，所需调查员薪资及调查旅费并准在本会技术合作费项下开支。"[1]

八月五日　与刘基磐联名向翁文灏和钱昌照呈送江华矿务局 1940 年度营业计划书 5 份[2]。

八月十日　与刘基磐联名致电翁文灏和钱昌照，驳斥上五堡局方面之指控：

翁主任委员、钱副主任委员钧鉴：密。（1272）电敬悉。本案经以（1241）

---

[1]　南京：中国第二历史档案馆，全宗号二八，案卷号 36120，第 11 页。
[2]　南京：中国第二历史档案馆，全宗号二八，案卷号 12884，第 20—21 页。

(1291)先后电呈。麻江源工程处奉令入山筹备收砂情形,按日报表。余主甫派队跟踪入山,皓(十九)日侵入矿区,开枪示威,该处闻警,鸣枪自卫,双方并未伤人,更无抢砂情事。盖该局尚未设厂,何来存砂?本局相距甚远,求援无处。本处事务员莫凤山曾任县保卫团参议,在局担任稽查私砂,何得诬为匪类。除电省派员彻查,实就虚坐外,谨电详复。职荣磐叩(2011)。

(南京:中国第二历史档案馆,全宗号二八,案卷号 29010,第 105 页)

是日 电告翁文灏和钱昌照,俟病愈车返,当赴零陵与锑业管理处程义法处长洽商麻江源钨矿案,请示资源委员会对此案的方针。

翁主任委员、钱副主任委员钧鉴:密。(2021)电昨始奉悉。今日又接程处长(2071)电,云余厅长现在长沙开会,须删(十五)日返未,嘱去长沙接洽,但荣病又无车。俟病愈车返,当赴零陵,邀同程处长往来洽商,已电复程。钧会对本案方针乞电示遵。职荣叩(2091)。

(南京:中国第二历史档案馆,全宗号二八,案卷号 29010,第 107 页)

八月十五日 电告翁文灏和钱昌照,据程义法处长告,江华矿务局兼营麻江源钨锡矿事,湖南省府可以复议,但希望余主甫有位置。电文如次:

翁主任委员、钱副主任委员钧鉴:密。寒(一四)抵零,删(一五)与程处长赴长。据程处长云,江华矿务局兼营麻江源钨锡矿,湘省可以复议。惟余厅长对主甫希有确实位置,借以减少阻力。如需加入江华矿务局,荣无成见,请钧裁,并电复零台,以便洽商。职荣叩(2141)。

(南京:中国第二历史档案馆,全宗号二八,案卷号 29010,第 113 页)

八月二十日 程义法自耒阳电告翁文灏,电文如次:

翁主任委员钧鉴:密。近有锡矿呈请案数起,地点均在麻江源。附近山名,音同字不同,甚至强以地属道县相蒙混。为免除建厅受理查勘困难起见,请由钧部电知建厅,规定江华、道县、宁远三县交界之麻江源、三叉河、道流岭、香草源、婆婆源、庙壳源、田冲源一带钨夹锡矿,既已决定划为国营矿区,对于该区内之锡矿,应俟国营区划定后方得受理呈请案件,借免重复蒙混。职法叩。十八日。

(南京:中国第二历史档案馆,全宗号二八,案卷号 29010,第 124 页)

八月二十二日　偕程义法,就麻江源钨锡矿与湖南省府商议情况电告翁文灏和钱昌照,电文如次:

翁主任委员、钱副主任委员钧鉴:密。关于麻江源钨锡矿事,省府对于锡矿不争,惟坚欲以一部锡矿由其独办,再三磋商,非如此无以转圜。昨与余厅长商洽以下开办法提呈返会议:(1)江道宁三县边界国营矿区由江华矿务局开采,(2)在国营区地带划定省营锡矿区,(3)会省派专家划定锡矿区,依原则 A.从地质及淘洗证明可以开采者,B.省锡区与江华矿务局区应有分水岭相隔,C.不含或极少钨夹锡矿脉者,(4)锡砂归江华矿务局代炼,照本计算,(5)省锡局在江华县城附近锡矿所产锡砂照商砂收价加一成,归江华矿务局收购。决议后再由省府电商钧会。荣拟径(二十五)日离耒。法因锑事,马(廿一)日返零。职荣、法叩(2211)。

(南京:中国第二历史档案馆,全宗号二八,案卷号29010,第 127—128 页)

是日　资源委员会就会省合办江华矿务局省方资金的处理办法以资渝计字第9391号公函复湖南省政府 7 月 14 日建耒字第 181 号公函,不同意省方将 50 000 元列作息借,仍抵作省方入股资金。公函全文如下:

公函

案奉
贵府廿八年七月十四日建耒字第一八一号公函,以据江华矿务局呈请将上五堡锡矿局资产价款五万元作省方息借款项一案,嘱查核见复等由。准此,查江华矿务局资本五十万元,省会各认半数,省方资金廿五万元已由本会垫足,并不计息。今如将上五堡锡矿局资产价款不作省方投资,而作借款,似与合资组织意义不符,兹另拟处理办法如下:

一、上五堡原有资产价款五万元仍抵作省方入股资金。

二、本会原垫省方资金廿五万元,除上项资产价款抵拨数五万元外,则实垫数应改为廿万元;其余应由该局归还之五万元可移作本会垫付该局借款或流动资金,计息缴会。

相应函复
贵府查核见复并转饬江华矿务局知照为荷!

此致
湖南省政府

(南京:中国第二历史档案馆,全宗号二八,案卷号28974)

八月二十三日　翁文灏和钱昌照就麻江源钨锡矿案电告程义法请转谱主：

电零陵程处长义法转谢经理家荣：密（2211）电悉，可如所议办理。惟省锡局产砂，照商砂收价加一成收购，于江局统收有无妨碍，盼斟酌决定，俟省营锡矿区划定，仰将江道宁三县边界国营矿区测绘呈会。文。昌。（2251）。

（南京：中国第二历史档案馆，全宗号二八，案卷号 29010，第 125 页）

八月二十六日　就江华矿务局筹备处 4 月 18 日所呈《新订矿商请领采洗矿砂执照暂行条例》请鉴核施行由，资源委员会发布指令，全文如下：

指令

令江华矿务局

本年四月十八日呈一件为呈送新订矿商请领采洗矿砂执照暂行条例请鉴核施行由呈件均悉。所送新订矿商请领采洗矿砂执照暂行条例，经修正为《江华矿务局招工承包采洗锡砂暂行办法》共十七条，并经征得湘省府本年八月十日建未字第三五五号函复同意在案，合行随令附发施行，仰即遵照。

此令。

抄发《江华矿务局招工承包采洗锡砂暂行办法》一份。

（南京：中国第二历史档案馆，全宗号二八，案卷号 29021，第 16—17 页）

八月二十八日　致电翁文灏、钱昌照，如湖南省府决定须划省营矿区时，请自渝派地质专家莅临划区，电文如次：

翁主任委员、钱副主任委员钧鉴：密。（2241）未电谅达。李秘书长因公出外，审查会延期。荣磐离矿日久，在未无事，（25）日到零，（26）日返桂。如省府决议可照建厅提议，须划省营矿区，双方派员会勘时，请自渝派地质专家莅临划区，省方或派田奇㻞。职荣叩（2261）。

（南京：中国第二历史档案馆，全宗号二八，案卷号 29010，第 130 页）

九月一日、九日　两次电呈翁文灏和钱昌照，请拨湘南地质探勘队 6 个月的预算 7 000 元[①]。

---

① 　南京：中国第二历史档案馆，全宗号二八，案卷号 12975，第 59、62 页。

九月三日　与刘基磐联名呈电翁文灏和钱昌照,因物价飞涨及兼办麻江钨锡矿,请再汇流动资金 57 000 元。电文如下:

翁主任委员、钱副主任委员钧鉴:密。本局前请流动资金(10)万(7 000)元,业已领到(5)万元,现因物价飞涨,各项器材不得不预为购贮,月内即将开机,需费更多,况兼办麻江钨锡垫款甚巨,致现金不足周转,恳迅再汇流动资金(5)万(7 000)元,合如前数为祷。职荣、磐叩(3021)。

（南京:中国第二历史档案馆,全宗号二八,案卷号 12978,第 56 页）

九月十四日　偕同刘基磐电告资源委员会,江华矿务局自 8 月 28 日起将锡砂收购价格增为 1.4 元,一周后即 9 月 21 日,资源委员会复函准予备案[1]。

九月十九日　再与刘基磐联名就请领流动资金 57 000 元事呈电主任委员翁文灏和副主任委员钱昌照:

翁主任委员、钱副主任委员钧鉴:密。(3021)电请再汇流动资金(5)万(7 000)元,迄未奉示。本局兼办国营钨矿垫款颇多,现开机在即,资金告匮,无法周转,仍恳将已请未拨之流动金(5)万(7 000)元电汇济用,并盼电复。职荣、磐叩(3181)。

（南京:中国第二历史档案馆,全宗号二八,案卷号 12978,第 62 页）

九月二十九日　致电翁文灏,拟回避省锡矿区划界,请改派人员担任,电文如次:

翁主任委员钧鉴:密。(3191)电敬悉。省锡矿区划界事,荣因立场不同,省方成见太深,如不回避,必多窒碍,再四思维,仍拟恳就本局附近会属机关适当人员改派担任,以利进行,静候电示。职荣叩(3272)。

（南京:中国第二历史档案馆,全宗号二八,案卷号 29011,第 24 页）

十月七日　资源委员会训令江华矿务局,湘南地质探勘队 6 个月的经费 7 000 元已经拨发[2]。

十月二十日　薛岳以建耒字第 725 号湖南省政府公函致函资源委员会,赞同

---

[1]　南京:中国第二历史档案馆,全宗号二八,案卷号 29024,第 16、14 页。
[2]　南京:中国第二历史档案馆,全宗号二八,案卷号 12975,第 60 页。

资源委员会 8 月 22 日资渝计字第 9391 号公函的处理意见①：一、上五堡原有资产价款 50 000 元仍抵作省方入股资金。二、本会原垫省方资金 250 000 元,除上项资产价款抵拨数 50 000 元外,则实垫数应改为 200 000 元;其余应由该局归还之 50 000 元可移作本会垫付该局借款或流动资金,计息缴会。

十月三十日　偕刘基磐致电翁文灏和钱昌照,请准设麻江源锡矿工程处备案。电文如次:

翁主任委员、钱副主任委员钧鉴:密。本局拟组设麻江源锡矿工程处,前经呈奉,钧会资渝矿(9972)指令暂缓成立。现已奉省府建未(724)指令准予备案,且麻江源矿案大致解决,该地锡矿较钨更为有望,目前产量可观,前请设立麻江源锡矿工程处,拟恳准予备案,俾便刊发钤记,以利进行,敬乞鉴核电遵。职荣、磐叩(4301)。

（南京:中国第二历史档案馆,全宗号二八,案卷号 29011,第 46 页）

十一月二日　湖南省政府主席薛岳复函资源委员会称,按照出资比例拨付江华矿务局流动资金一节,暂属无力照办。复函全文如下:

湖南省政府公函　未府建财二字第 348 号
　　　　　　　　民国二十八年十一月二日
　案准
贵会廿八年九月五日资渝财字第九八二一号公函,略以江华矿务局本年度流动金本会部分业已核定最高额,检同暂行办法一份请按出资比例亦拨相当数额过会,以便转发应用等因。准此,查江华矿务局现尚开办伊始,所有额定资金伍拾万元业经收足,似应饬其就额定资金内紧缩规划,妥善经营,并先提一部分资金划作活动周转金,以备临时需要。兹既复承
贵会核定流动资金壹拾伍万元随时借拨应用,似已可周转裕如,不至再感困难。至本省方面,现因财政困难,对于此项资金尚未列有预算,其所应行负担该局之额定资金贰拾伍万元,除以省营锡矿局原有财产估值五万元作抵外,其余贰拾万元尚系贵会代为筹垫。承嘱按照出资比例拨付相当流动资金一节暂属无力照办。准函前因相应函复贵会请烦
查照为荷

①　南京:中国第二历史档案馆,全宗号二八,案卷号 28974。

此致

经济部资源委员会

主席　薛岳

（南京：中国第二历史档案馆，全宗号二八，案卷号 12978，第 64—65 页）

十一月六日　鉴于江华钨锡矿产走私风盛，与刘基磐致电翁文灏、钱昌照，请呈部转财政部，严禁走私。电文如下：

翁主任委员、钱副主任委员钧鉴：密。江华钨锡矿产走私风盛，本局查缉难周。县城现设有财政部湘赣区衡阳分区零祁东道宁永江税务分所驻永江统矿税征收处。倘能严切缉私，税矿双方均利。拟请呈部转咨财政部，电饬该所处，嗣后凡无会省合办江局运照之钨锡矿产经过城区，以图偷运出境者，一律予以扣留，送归本局，以遏私风。职荣、磐叩(5051)。

（南京：中国第二历史档案馆，全宗号二八，案卷号 29028，第 6 页）

十一月十日　电呈资源委员会，鉴于钨锡走私风盛，再增锡砂收价为每斤 1.7 元并规定予截获走私者以奖励，电文如下：

资源委员会钧鉴：密。江境钨锡走私风盛，近以锡价增高，本局除再增砂价为每市斤一元七角外，兹规定，凡拿获私砂，照价全数充奖，如缉获走私商贩，并由罚款内另提奖金，以资鼓励。除另呈报外，谨电呈备案。职荣、磐叩(5091)。

（南京：中国第二历史档案馆，全宗号二八，案卷号 29028，第 16 页）

十一月十三日　资源委员会将前日谱主与刘基磐(5051)以 11710 号代电呈经济部，请迅予赐办①。

十一月十八日　经济部发矿字第 38582 号指令，令资源委员会，称已据情转请财政部电饬永江统矿税征收处严缉私运。指令全文如下：

经济部指令　矿字第 38582 号

令资源委员会

二十八年十一月十三日资渝矿字第一一七一〇号代电呈一件，据江华矿务局

---

① 南京：中国第二历史档案馆，全宗号二八，案卷号 29028，第 4 页。

电请转咨财部电饬零祁东道宁永江税务分所驻永江统矿税征收处,对于无会省合办江局运照之钨锡矿产一律予以扣留一案,拟恳迅予赐办由

电呈悉。已据情转请财政部电饬湘赣区衡阳分区零祁东道宁永江税务分所驻永江统矿税征收处,对于未领有江华矿务局运照之过境钨锡矿产概行扣留,通知该局与该分所决定处理办法,并切实严缉,以杜偷运。仰即知照并转饬知照。此令。

中华民国二十八年十一月支日

部长　翁文灏

（南京：中国第二历史档案馆,全宗号二八,案卷号29028,第8—9页）

十一月二十八日　与刘基磐致电翁文灏、钱昌照,麻江源锡矿工程处拟进驻倒流岭,恳电省饬属协助保护。

翁主任委员、钱副主任委员钧鉴：密。顷据本局麻江源工程处梗电,略称各公司以奉县令,一律停工,本处拟借此进驻倒流岭等语。查该处前因豪劣阻挠,未入中心矿区,本局现方遵令筹划增加生产,已复电照准。敬恳电省饬属协助保护,以利进行,并乞电遵。职荣、磐叩。感。

（南京：中国第二历史档案馆,全宗号二八,案卷号29011,第49页）

十二月七日　偕刘基磐电呈资源委员会,麻江源钨夹锡国营矿业全图尚在测绘中,如事不宜迟,建议用前寄之图设定矿权。

资源委员会钧鉴：密。(6061)电敬悉。麻江源钨夹锡国营矿业全图拟俟地质探矿队第一组实地测绘到局即航寄,如事不宜迟,恳权以前寄之图,设定矿权,容后再行增领。又增产计划书即邮呈。职荣、磐叩(6071)。

（南京：中国第二历史档案馆,全宗号二八,案卷号29011,第52页）

十二月十一日　与刘基磐联名呈函翁文灏和钱昌照,为设定矿业权将改正麻江源一部矿区图5份呈送资源委员会。呈文如下：

江华矿务局呈　江工字第一〇八四号

民国二十八年十二月十一日

奉

钧会(6061)电令节开：钨夹锡国营矿业权应先设定,前次所送麻江源及大瓮山两

矿图是否与实地相符,现在矿区有无变更,可否即以呈请设权,仰即电复,以凭核办等因。奉此,当以(6071)电复呈在案。查该矿区现因江华、道县、宁远三县采商争相私采,利益冲突,引起严重事端,各商公司奉县令一律停工;是国营矿业权尤应从速设定,以息争端而增生产。最近本局麻江源工程处派警进驻倒流岭亦即此意。兹将检同改正麻江源一部矿区图五份呈赍钧会,以便先行转呈设定矿业权,其余正在测绘中,容后续请增领。奉令前因,理合备文呈请钧会鉴核转呈,实为公便。

谨呈

主任委员翁

副主任委员钱

　另赍更正麻江源钨锡矿区图五份(另邮寄)

经理　　谢家荣

副经理　刘基磐

　　(南京:中国第二历史档案馆,全宗号二八,案卷号29011,第65页)

十二月十三日　经济部发矿字第40249号训令,令称:

　　兹准财政部二十八年十二月五日渝税四字第五六九六号咨复开:"查该江华矿务局所请一节,系为杜绝走私,使税矿双方均有利益起见,自应照办。除代电湘赣区税务局转饬遵照外,应复请查照"等由。准此,合行令仰知照并转饬知照。此令。

　　(南京:中国第二历史档案馆,全宗号二八,案卷号29028,第11—12页)

　　是年　江华矿务局年终决算(5月1日至12月31日)盈余3 437元[1]。"江华矿务局民国二十八年度营业预算书"附注4项,分别列出了江华矿务局1939年5月至12月产量和收入以及支付江华矿务局职员薪津之情况。4项附注全文如下:

　　附注

　　1. 收砂部分　自五月至十二月,每月平均约收纯砂一万八千斤。机采部分自十月至十二月,每月平均约得纯砂一万七千斤。全年共计约得纯砂十九万五千斤,合九十七又二分之一公吨,以成色七成计计,炼成纯锡六十八又四分之一公吨。每吨售价以国币五千元计,共得价款国币三十四万一千二百五十元。

　　2. 核算员一人月支三十元,矿工工目一人、机工工目一人各月支八十元,电机

[1]　南京:中国第二历史档案馆,全宗号二八,案卷号12885,第9页。

工目一人月支七十元。十至十二月合计七百八十元。称码一人、验砂一人,月各支三十元,收买零砂工一人,月支津贴六元。五月至十二月合支五百二十八元。又机工工资每月约一千四百元,矿工工资每月约三千五百元,泥井工资每月约四千元。十月至十二月合支贰万陆仟柒佰元。

3. 经理一人,月薪五百元,实支四百十元。副经理月薪四百元,实支三百三十元。工程师兼课长一人,月薪三百元,实支二百五十元。课长二人,月薪各约二百二十元,实支一百八十六元。副工程师三人,月薪平均各约一百六十元,实支一百三十元。医师一人,月薪一百四十元,实支一百二十二元。课员八人,月薪平均各约一百元,实支九十元。工务员六人,月薪平均各约一百元,实支九十元。事务员八人,月薪平均各约六十元,实支五十八元。书记四人,月薪平均各约三十元,实支三十元。司事八人,月薪平均各约二十五元,实支二十五元。全月共支三千九百四十二元。十月至十二月总计一万一千八百二十六元。

4. 公役十五人,月支十五元者三人,支十四元者三人,支十三元者五人,支十二元者四人,每月合支二百元。司机一人,月支六十元,司机助手一人,月支三十元,每月合支九十元。十月至十二月,共支八百七十元。

(南京:中国第二历史档案馆,全宗号二八,案卷号12885,第6页)

是年 除主持江华矿务局外,多次赴重庆、昆明等地,联系筹建叙昆铁路沿线探矿工程处事宜。吴镜侬携子女回上海居住约半年之久。

一九四〇年　庚辰(民国二十九年)　四十四岁

　　提要　湖南江华河路口—云南昆明—昭通。叙昆铁路沿线探矿工程处成立，任总工程师。西南矿产测勘处成立，任处长。当选中央研究院第二届评议会评议员。

　　一月十八日　偕刘基磐函告资源委员会：钨砂由麻江源至零陵及至西湾运费，每吨各约需二百二十元，大致相等，唯运零陵费时甚久，运西湾较便，拟请准予变通，在西湾交货，不再加减运费，以资简捷①。

　　一月二十日　偕刘基磐呈文翁文灏和钱昌照，原呈准备案的"麻江源钨矿工程处"及"麻江源锡矿工程处"，先后奉准成立，但机关本为一体，人员亦属共同，请将该处名称更改为"江华矿务局麻江源工程处"②。

　　二月六日　致电翁文灏，拟赴渝报告江华矿务局近况及禀商其他事务，请由刘基磐代理经理职务：

　　重庆 xtyz "翁主任委员"渝通密

　　为报告江局近况，解决麻江源矿业及禀商其他事务，拟即搭车来渝，敬乞电遵，离职期间，经理职务暂请德邨代理。"荣"2071。

　　　　　　　　　　　　(湖南省档案馆，全宗号 126，目录号 1，案卷号 2)

　　二月七日　在湖南江华河路口江华矿务局为高平编《江西省地质矿产图表》撰写述评，节录如下：

　　僻处穷乡，终日奔走于金山沟与湖埌之间，几乎与外界隔绝的我，接读了高平先生这篇著作，使我万分欣慰，谨祝高先生这篇创作的成功。

　　高先生在弁言中说：历来所刊行之地质报告及论文，既重学理，复多术语，

---

　　① 南京：中国第二历史档案馆，全宗号二八，案卷号 29011，第 68 页。
　　② 南京：中国第二历史档案馆，全宗号二八，案卷号 29011，第 75 页。

殊难引起一般阅者之兴趣。今所编图表,力求简明;阅者手此一册,不仅能检得各种统计之资料,并能获悉本省地质之梗概;故斯册流传,对于地质知识之普及,不无裨益……对于编著斯册的目的,已明白说出了。但我想高先生此作,还有一个重大意义。在我国抗战正达紧要关头的今日,无论政、军、商、学各界或一般的国民,对于我敌资源,尤其是矿产资源,应有充分的认识,所谓知己知彼,百战百胜。我们对于敌人的资源,有深切研究的,恐怕很不多,那末,最低限度,对于自己的资源,应该明白了解了。调查资源,非有长时间的精密考察不为功,但既经得了材料,尤须要以简单明了的方法,陈述出来,否则没有地质知识的人们,是不容易领会的。记得一九一三年欧战的时候,协约国和联邦国都派遣地质矿冶专家,编著许多简单明了异常醒目的我敌"资源图说",以供各该国政府参考。这种图说,我在威斯(康星)大学读书时,曾经详细研读过。所以我想,高先生此作,至少在这方面,已经有了一部分的贡献。假使各省地质调查所或中央地质调查所都能照样的编著,进而成一本全国的地质矿产图说,那末其应用和意义要更大了。

……

详细研读高氏图表之后,觉得有下列数点,值得商讨:

(一)各图虽有经纬度,似仍应补一缩尺,以便约计距离。

(二)煤田分布图似应以煤质的分类为主,而时代为副,以符实用为本的目的。譬如以颜色别煤质,符号别时代,似可格外醒目。此外似尚可以适当记号,将各煤田储量,分别等级,在同一图上,表示出来。

(三)在铁矿分布图上未述及铁矿的种类,如赤铁矿或磁铁矿,似属一缺点。同时似可照上述方法,将铁矿储量,分级记入。

(四)江西矿床与地质关系最明显的,似为:(a)钨、锡、铋、钼等原生矿脉或砂积矿,俱导源于花岗岩;(b)大部分的砂金,似俱自变质岩系剥蚀冲积而成;(c)石膏似俱产于红色岩层中,重要瓷土及石墨似俱产于变质岩系中;(d)温泉的分布,似与花岗岩或火山岩有关。高氏特别制绘花岗岩、火山喷发岩、红色岩及变质岩的分布图,大概就有表示这种关系的意思,但在图上没有说明,我想在没有学过地质的人们是推想不到的。

(五)煤田分布与海侵及构造的关系,颇为密切,这种关系的认识,不但在学术研究上,同时在实用上也很重要。譬如江西二叠纪煤田的分布,与上二叠纪海侵显然有连带关系。照海侵图看起来,江西煤田显然可分为近海煤田与远海煤田二种,其性质及经济价值各不同,似乎有说明之必要。又石炭纪海侵情形,图表上没有说明。

大体看起来,高氏这本图表,简明扼要,已至尽善尽美之境,上述数点,不过评者偶然想到的几个小问题,现在写出来,请高先生及将来预备编著同样图表的先生们指正参考。

末了,看了最后两幅图:《江西省地质调查进程图》及《江西省地质调查所地质调查区域图》,我不禁要钦佩和赞许江西省地质调查所同仁们在前任所长尹赞勋氏及现所长高平氏领导之下,不到二年功夫,调查区域已达全省之半,出版品已有十余种的优美成绩。而在抗战艰苦进程中,尤其是处于地近沦陷区地位的江西,有此成果,更值得使人称道。

(《地质论评》第 5 卷第 1—2 期,第 117—119 页)

二月十三日　偕刘基磐呈文翁文灏和钱昌照,呈送麻江源国营矿区正确矿区图 4 张。呈文如下:

江华矿务局呈　江工字第一二八七号
　　　　　　　民国二十九年二月十三日

案查关于麻江源钨夹锡国营矿区,前于二十八年十二月十一日以江工字第一〇八四号呈赍矿区图五件,恳予先行转呈设定矿业权在案。兹经再度实施勘测,绘具正确矿区图,计矿区面积共二千二百五十九公顷四十六公亩二公分,理合检同是项矿图四张,呈赍钧会转呈设定矿业权,以便遵行,实为公便!谨呈
主任委员翁
副主任委员钱
　　附麻江源国营矿区正确矿区图四张

　　　　　　　　　　　　　　　　经理　　谢家荣
　　　　　　　　　　　　　　　　副经理　刘基磐
(南京:中国第二历史档案馆,全宗号二八,案卷号 29011,第 84—85 页)

二月二十二日　经济部指令资源委员会,江华县麻江源钨夹锡矿区设定国营矿业权[①]。

三月四日　在经济部地质调查所举行的第 13 次讲学会上,主讲"江华矿务局筹备经过"。后撰文《江华矿务局筹备经过及现在状况》,刊于《资源委员会月刊》第 2 卷第 1 期。

三月六日　与翁文灏商谈叙昆铁路沿线探矿工程处组织事宜。

[①]　南京:中国第二历史档案馆,全宗号二八,案卷号 29011,第 79—80 页。

三月十三日　中国地质学会理事会在重庆牛角沱26号资源委员会举行会议，出席会议的理事有李四光、谱主、李春昱、翁文灏、黄汲清、杨钟健、尹赞勋等共7人，会议选举尹赞勋为理事长，黄汲清为书记。谱主又当选为《地质论评》编辑部主任。同日，丁文江先生纪念基金委员会在重庆经济部资源委员会举行会议，出席委员谱主、杨钟健、翁文灏、黄汲清、李四光、尹赞勋等共6人，缺席委员章鸿钊1人，经会议审议决议，第1届丁文江先生纪念奖金授予田奇㻞。

三月十四日　出席中央研究院第1届评议会第5次评议会筹备会。

图65　1940年3月14日中央研究院第1届评议会第5次年会筹备会合影(三排左四为谢家荣)

三月十四—十六日　出席在重庆四川省立重庆大学开幕的中国地质学会第16届年会。到会会员、会友、来宾百余人。

三月二十二—二十三日　出席在重庆嘉陵宾馆举行的中央研究院第1届评议会第5次年会①。3月23日上午举行的第3次会议选举第2届评议员候选人，地质科当选候选人为：谱主、黄汲清、孙云铸、翁文灏、朱家骅、叶良辅；同日下午举行的第2届评议员选举会上，地质科翁文灏(25票)、朱家骅(21票)、谱主(13票)当

----

① 据《国立中央研究院首届评议会第五次年会记录》(南京：中国第二历史档案馆，全宗号三九三，案卷号1554)所记，此次会议出席者名单如下(按姓氏笔画为序)：王世杰、王家楫、朱家骅、任鸿隽、何廉、李济、李四光、李书华、吴定良、余青松、汪敬熙、周仁、秉志、竺可桢、林可胜、姜立夫、胡先骕、茅以升、翁文灏、凌鸿勋、张云、张其昀、陶孟和、陈焕镛、陈寅恪、傅斯年、叶企孙、叶良辅、郭任远、谢家声。但会议开幕当天留下的照片中，谢家荣站在第三排左一。

选为第2届评议会评议员①。

图66　1940年3月22日中央研究院第1届评议会第5次年会参会人员合影（后排左一为谢家荣）

三月二十八日　致函资源委员会业务委员许粹士，请他发公函给军事委员会军令部，购云、贵、川三省地形图，并先垫付购图款。函件全文如下。

粹士兄：

兹拟购置云、贵、川三省地形图，请兄公函军事委员会军令部，请发购图单，并说明需要：（一）参谋本部地形测量总局十万分一云南、贵州、四川三省地形图各一全份；（二）云南陆军测量的十万分一云南省编纂图一全份；（三）云南陆军测量的昆明附近五万分一地形图一全份。俟购图单发出后，并请派人赴指定地点一购，款请先垫，□后奉还。工程处事进展如何？弟渴望能早日动身，因长居逆旅，殊为不便也。专此。颂

---

① 《国立中央研究院首届评议会第五次年会记录》（南京：中国第二历史档案馆，全宗号三九三，案卷号1554，第6页）。

大安！

弟谢家荣顿首　　三，廿八

（南京：中国第二历史档案馆，全宗号二八，案卷号28518，第12—13页）

许粹士(1899—1956)，又名许本纯，安徽歙县人。1924年毕业于北洋大学工科采矿系。赴美留学，先后获匹兹堡大学采矿研究院硕士学位、伊利诺伊州州立大学工程研究院采矿博士学位。在美国发表的《矿内通风的原理》等论文受到学术界的好评。1934年任淮南煤矿局总工程师，筹建九龙岗煤矿，后兼任副局长。抗日战争期间，任资源委员会业务委员、专门委员、矿业处处长。抗战胜利后，任行政院煤业总局副局长、局长，负责恢复东北、华北等地矿业，在江西、湖南等地筹办新煤矿工作。1948年，资源委员会委员长孙越崎在南京召开秘密会议，动员工矿企业负责人不要随国民党迁移，坚守岗位，保护厂矿和档案，迎接解放。遂将煤业总局由南京迁上海。当时煤业总局在上海有大批进口矿用设备和器材，价值1 000万美元以上。为防止国民党当局破坏设备和器材，许粹士冒着生命危险，将设备和器材运往武汉、长沙、株洲、萍乡、湘江等10多个煤矿保存，上海解放时完好地移交华东财委，陈毅认为这是起义的行动。中华人民共和国成立后，曾任华东工业部燃料处副处长、中央燃料工业部计划司副司长、代司长、北京矿业学院矿山机械系主任和教授。1956年暑假，放弃去北戴河的休养机会，积极参加筹建煤矿机械设计研究所，积劳成疾，9月逝世。

春　所著《西湾煤系之时代》(On the Age of the Hsiwan Coal Series)刊于《中国地质学会志》第20卷第1期。

四月十一日　经济部资源委员会发出一〇五三号任状，任命谱主为叙昆铁路沿线探矿工程处总工程师①。

四月十二日　云南省政府发出给云南省建设厅的"秘建字第一一三六号"训令，给出了叙昆铁路沿线矿业合作合同的谈判签字及批准情况，并随函寄去了该矿业合作合同及交换函件的抄本。全文如下：

云南省政府训令 秘建字第一一三六号

令建设厅

案准

经济部本年三月巧矿代电开："关于叙昆铁路地带之矿业，前经与法国银行团及

---

①　云南省档案馆，全宗号1011，目录号1，案卷号81，序号42。

中国建设银公司商订合作办法,嗣于二十八年十二月十一日与交通部所商定之叙昆铁路合同同时在重庆签字,并交换函件。该两合同经呈奉行政院院会通过,转奉国防最高委员会常务会议决议可予备案,并由立法院会议通过各在案。本年三月一日为交换批准日期。从该日起,合同即发生效力。除令行本部资源委员会依照矿业合作合同第三条第一第二两款,筹设探矿工程处外,相应检同叙昆铁路矿业合作合同与交换函件中文法文抄本全份,电请查照为荷"等由,并附合作合同暨交换函件中文法文全份,准此,除函复外,合行抄同原附件,令仰该厅即便知照!

此令。

计抄发叙昆铁路矿业合作合同暨交换函件全份

主席　龙云

中华民国二十九年四月十二日(盖章)

附件:

叙昆铁路矿业合作合同

立合同仁

一　为中华民国国民政府(以下简称政府)以财政部长、经济部长及交通部长为代表。

二　为法国银行团(以下简称银行团),由巴黎荷兰银行、雷槎兄弟公司、东方汇理银行及中法工商银行组织之,皆为依照法国法律所组织之公司,其总店皆设在巴黎,其对于本合同之参加,彼此间无连带责任。

三　为中国建设银公司(以下简称银公司)为依中国法律所组织之公司,其总公司设在上海。

兹经共同议定条款如下:

第一条

一,本合同之目的为协助政府开发叙昆铁路经行地带之矿产,以发展此区域之经济。

第二条

一,本合同所称之矿权,不论属何种类,均应给予中国公司,亦只能为中国公司所得。此项公司,中国中央政府、省政府及或中国私人均可投资。对于中国各种法规(尤其矿业公司法及其他各种有关矿业现行及将来增订之法律规章),均应遵守。

二,本合同第三条所规定地带内之各矿,其探矿权应给予该条所规定之探矿工程处。

· 399 ·

第三条

一，银行团及银公司与资源委员会合作，并与相关之省政府协商，在经济部长指导之下，依照下列之规定，参加叙昆铁路地带内之矿业。

    一 探矿范围 沿叙昆铁路干线一百公里范围之内（即每边伍拾公里），除已由私人或公司获得探矿权或采矿权者外，对于所有应行试探之矿产，应由资源委员会与银行团、银公司及相关之省政府商订探矿计划，其已给矿权之各矿，如政府认为适当并获得原矿权者之同意时，亦可商定依照本合同合作探矿及经营。

    二 探矿组织 本合同生效后，由合作各方设立探矿工程处，设总工程师一人，由资源委员会委派主持处务，又设副总工程师一人（中国籍），由银公司委派，法国工程顾问一人，由银行团委派，又相关之省政府各派副总工程师一人，参加关系省份内之探矿工程。该工程处成立时，由经济部依照本合同发给叙昆铁路沿线探矿特许状。

    三 探矿经费 探矿计划所需开支之经费，由下列款项支付之。

        子 先由交通部在建筑叙昆铁路国币款内提拨最多至二百万元。

        丑 如为完成探矿计划，上款尚有不足，由经济部拨款补充，亦以最多至二百万元为限

        寅 探矿所需之设备及材料视作铁路材料之一部分，并用同样方法供给之。其价值即包含于铁路合同第一条第一项所定之总数，但最多至八百六十四万佛郎。

        上项探矿经费，交通部所付者（连设备及材料之价值在内），作为川滇铁路公司投入采矿公司之资本；经济部所付者，作为经济部投入采矿公司之资本。每一采矿公司，依照以上规定所分摊之资金比额，由合作各方商订之。

    四 探矿时期 本合同所规定探矿之时期与叙昆铁路干线之建筑时期相等。铁路干线建筑完成，探矿亦将终止。但如果铁路干线完成，而合作各方认为探矿尚有继续之必要时，经互相同意，亦得展延。

第四条

一，如果所探之矿中，有经合作各方认为有开采之价值者，由资源委员会、相关之省政府及银公司商同银行团，发起组织采矿公司，请由政府核给矿权。

二，政府允许此项公司招收法国资本，最多至百分之四十九，并允许银行团贷款资助材料及设备，银行团得在公司成立时决定投资或贷款，或投资并贷款。

三，如果探矿最后报告完成并送交合作各方后，逾时一年，本条第一项所言之公司

未能决定或成就时,所有矿权即由中国政府收回并得由任何私人或公司依照
中国法律请领。

第五条

一，如果依照本合同所成立之采矿公司有矿产品销售国外时,除政府有权指定特
殊用途外,银行团及银公司有商任经理条款应与该公司商订,并经政府核准,
其年限不得过十年,并得给定佣金,以资酬劳。

二，政府有绝对权力决定销售条款及时期,并规定向何人或何公司销售。

第六条

一，在依照本合同规定采矿所得之纯益内,政府及省政府应在其应得纯益中提出
百分之五十,每年存入保证基金,以符政府与银行团及银公司同日所订铁路合
同第六条第八项之意。

二，依照本合同所成立之名采矿公司所纳之矿税亦应缴入此保证基金。

三，如果依照铁路合同第六条第八项所订保证基金,能保持足额时,政府及省政府
仍自行使用全部纯益,矿税及所得税亦无须拨交。

第七条

一，交通部因矿公司或本合同第三条所规定之探矿工程处之请求,应建筑必要铁
路支线。

二，银行团得依照将来共同协定之办法,供给此项支线之材料,一如其供给采矿必
须材料。

三，以上二项所定建筑及设备之费用,由交通部与采矿公司依事实情形商定办法
共同负担之。

第八条

一，银行团有权将其在本合同所得权利权益之全部或一部分让渡或过户与任何团
体、公司或银行,并可再将上述之权利权益之一部分或全部转让与他人,遇有
此项事情发生时,应先报告经济部,如果承受之人并非法国籍,英国籍或中国
籍时,须预先取得政府之书面允准,方为有效。

二，各方之继承人或享受人,均受本合同之约束,本合同对之均有实行效力。

第九条

一，本合同须经政府,银行团及银公司核准后始发生效力。该项核准手续,应予签
字后六星期内行之,除非由合作各方同意另定期限外,逾期本合同作为无效。

二，本合同自生效之日起满十五年即为无效。

第十条

一，凡因本合同所发生之争执,均应按国际商会和解或仲裁章程,交由照章指定之

仲裁员一人或数人,作最后之解决。

第十一条

一,本合同缮具一式四份,每份均以中文及法文缮具,一份送呈中华民国国民政府行政院,一份存经济部,一份存银公司,一份存银行团。

二,本合同经呈奉政府批准后,由国民政府外交部长将证明与批准原本相符之抄本一份,送交法国驻华大使。

三,如遇对本合同之解释有疑义时,以法文为解释之参考。

本合同经各方签字盖印,以资信守。

中华民国二十八年十二月十一日即西历一九三九年十二月十一日在重庆签订。

財政部长
经济部长
交通部长
法国银行团

中国建设银公司

径启者兹以下列二节函达贵代表请予证实:

一,如在十五年规定期限未届满以前,叙昆铁路借款合同停止生效时,矿业合作合同应即同时失效。

二,如中国政府根据本合同第十四条第五节之规定停止购料时,矿业合作合同内银行团所享受之权益之区域应以法国材料所筑成之路线有关部分为限。

此致

法国银行团代表傅朗朔先生
中国建设银公司协理刘景山先生

经济部部长翁文灏 十二月十一日

径启者接奉

贵部长二十八年十二月 日函开:

"径启者兹以下列二节函达贵代表请予证实:

一,如在十五年规定期限未届满以前,叙昆铁路借款合同停止生效时,矿业合作合同应即同时失效。

二,如中国政府根据本合同第十四条第五节之规定停止购料时,矿业合作合同内银行团所享受之权益之区域应以法国材料所筑成之路线有关部分为限。"

等由

尊函内所列二节敝代表等均予证实,完全同意,相应函复,即希

查照为荷。谨上

经济部长翁

法国银行团代表傅朗朔

中国建设银公司协理刘景山

谨启

二十八年十二月十一日

(云南省档案馆,全宗号 1077,目录号 1,卷号 4144,件号 16)

四月十三日　翁文灏、钱昌照致函云南省建设厅张邦翰[①]厅长,指派谢家荣为叙昆铁路沿线探矿工程处总工程师。函件全文如下:

西林先生勋鉴:

　　中央与法国银行团及中国建设银公司签订之叙昆铁路矿业合作合同,业经正式核准,其规定之该路沿线探矿工程处,奉令积极筹设,业由本会派谢家荣君为总工程师,主持处务,着手推进。此项探矿工作,乃系发展经济之前驱,嗣后有待商承之处必多,特嘱趋前晤教,敬希惠予协助,并加指导为荷。端此。

祗颂

公绥。

弟　翁文灏(签章)

钱昌照(签章)

敬启

四月十三日

(云南省档案馆,全宗号 1077,目录号 1,卷号 4144,件号 17)

四月二十一日　与江华矿务局副经理刘基磐联名向翁文灏和钱昌照呈送江华矿务局 1940 年度营业概算书及营业计划书各 6 份(1940 年 2 月编制)[②]。

四月三十日　从江华抵达昆明,筹备叙昆铁路沿线探矿工程处。在昆明西门外购得一处住所。

---

① 张邦翰(1885—1958),字西林,云南镇雄人。建筑大师、云南大学创始人之一。

② 南京:中国第二历史档案馆,全宗号二八,案卷号 12884,第 12—13 页。

五月四日 致函资源委员会业务委员许粹士,告知已经抵达昆明,初步工作侧重地质调查,请告知交通部拨款进展及是否已经电告刘基磐接任江华矿务局经理。函件全文如下:

粹士吾兄大鉴:

弟于上月卅号抵昆,接读四,廿六惠书,借悉一是。此间开办伊始,初步工作侧重地质调查,且交部款项尚未拨到,为慎重计,拟先从小规模着手,故何君以端拟暂缓延揽,希转达为荷。交部拨款事现在接洽至何程度,德邠继任江局电已否发出,麻江乱事有何新发展,统希于便中示知为感。专复。祇颂

公绥。

弟谢家荣顿首　五,四

沈符阶兄谅已抵渝,祈代候。

(南京:中国第二历史档案馆,全宗号二八,案卷号28518,第23页)

五月十日 经济部部长翁文灏颁发59418号训令,叙昆铁路沿线探矿工程处1940年度经费核定为8 144 380元,拟于6月15日拨第一期,九月十五日拨第二期,3、4两期于下年度再行拨发。训令全文如下:

经济部训令　矿字第59418号

令资源委员会

关于筹设叙昆铁路沿线探矿工程处一案,前据该会检同所拟组织章程暨经费概算以资(二九)矿字第三三九八号呈请核准施行并转咨备案等情到部,经即转请交通部查照备案,并将本年第一期应拨该工程处经费饬照拨付,又经分别函咨,并于上月二十九日填发特许状,以矿字第五八五六三号指令,饬该会转给各在案。兹准交通部二十九年五月二日财字第一〇七八三号咨复开:

"案准贵部二十九年四月二十日矿字第五八〇二三号咨略以叙昆铁路沿线探矿工程处业已组织就绪,兹有该处二十九年度经费并已核定为八一四三八〇元,相应检送叙昆铁路沿线探矿工程处组织章程及该处二十九年度概算书暨分期领款表各一份,咨请备案至四月份应拨之第一期经费计国币二十万三千五百九十五元,并请依照合同规定即行拨付等由,准此,查叙昆铁路本年度经费并不充裕,该项拨款拟即改为在六月十五日拨第一期,九月十五日拨第二期,其余三四两期即改在明年度再行拨发,除饬知川滇铁路公司遵办外,相应复请查照转知"

等由,准此合行,令仰知照,并转饬知照。此令。

中华民国二十九年五月十日

部长　翁文灏

(南京:中国第二历史档案馆,全宗号二八,案卷号 12402,第 8—9 页)

是日　与刘基磐联名向翁文灏和钱昌照呈送靳凤桐、马祖望的《江华马头铺高村一带地质矿产报告》[①]。

五月十三日　与江华矿务局副经理刘基磐联名向翁文灏和钱昌照呈送江华矿务局 1941 年度营业概算书及营业计划书各 6 份(1940 年 5 月编制)[②]。

五月十四日　云南省政府发给云南省建设厅"秘建字第 1236 号"训令。训令中附有经济部资源委员会 1940 年 4 月 12 日拟具的"叙昆铁路沿线探矿工程处组织章程"和经济部发给叙昆铁路沿线探矿工程处的探矿特许状。该训令及所附叙昆铁路沿线探矿工程处组织章程和探矿特许状,全文如下:

云南省政府训令　秘建字第 1236 号

令建设厅

案准

经济部字第五八五六五号咨开:

"案查本部前与法国银行团及中国建设银公司签订叙昆铁路矿业合作合同并交换函件,自廿九年三月一日起发生效力,业经于本年三月十八日以矿字第五五〇五号咨检同中法文抄件,请贵省政府查照在案。兹据本部资源委员会本年四月十二日资(二九)矿字第三三九八号呈称:'案奉钧部廿九年三月一日矿字第五四三一〇号训令饬,将叙昆铁路矿业合作合同内规定之探矿工程处筹设情形具报等因,奉此遵经参照该合同规定,拟具叙昆铁路沿线探矿工程处组织章程及该处廿九年度概算书并委派谢家荣为该处总工程师,主持处务,所有应设副总工程师一人(中国籍)由银公司委派,法国工程顾问一人由银行团委派,又相关之省政府各派副总工程师一人,参加关系省份内之探矿工程,均请钧部转达各该关系机关照派,俾早组织,积极推进。又按该合同规定,沿叙昆铁路干线一百公里范围之内(即每边五十公里),除已由私人或公司获得探矿权或采矿权者外,由钧部发给该处探矿特许状,并请察赐核办。又关于探矿处廿九年度经费,按照合同规定,应先由交通部在

① 南京:中国第二历史档案馆,全宗号二八,案卷号 29007,第 5—6 页。
② 南京:中国第二历史档案馆,全宗号二八,案卷号 12884,第 29—30 页。

建造叙昆铁路国币款内提拨,拟请钧部迅赐转咨交(通)部,自四月份起均分四次拨会转发(附分收领款表),以资应用。奉令前因,理合检同叙昆铁路沿线探矿工程处组织章程及廿九年度概算书全份备文呈请核准施行,并准予咨送交通部备案,实为公便'等情,附呈叙昆铁路沿线探矿工程处组织章程及该处廿九年度概算书暨分收领款表各二份到部。查核所拟探矿工程处组织章程尚属妥实,已予备案。该会并经委派谢家荣为该处总工程师,已予照准。除填发探矿特许状一昂指令该会转给并分行外,相应检同探矿工程处组织章程、探矿特许状抄本及特许探矿区图各一份,咨请贵省政府查照,即按矿业合作合同第三条之规定,指派副总工程师一人,参加叙昆铁路在滇省沿线地带内之探矿工程,至在该特许探矿区域内,廿九年三月一日以前各矿业呈请案,应由建设厅一律停止进行,查明开列清单呈报。其在廿九年三月一日以后之矿业呈请案,应概令撤回,并请饬厅遵办,仍请将办理情形见复。"等由;附送叙昆铁路沿线探矿工程处组织章程、探矿特许状抄本及特许探矿区域图各一份。准此,合将原附件一并令发该厅,仰即遵照,办理具报,并保荐副总工程师一人,呈侯核委,转咨备案! 切切

此令。

计发原叙昆铁路沿线探矿工程处组织章程、探矿特许状抄本及特许探矿区域图各一份,办毕均缴。

主席　龙云

中华民国廿九年五月十四日(盖章)

附1:

叙昆铁路沿线探矿工程处组织章程

第一条　本工程处依据叙昆铁路矿业合作合同第三条第二项之规定设立之,定名为叙昆铁路沿线探矿工程处。

第二条　本工程处依据矿业合作合同,设总工程师一人,由资源委员会遴派,主持处务。又设副总工程师一人,由建设银公司遴派。法国工程顾问一人,由法国银行团遴派。又相关之省政府各派副总工程师一人,参加关系省份内之探矿工程。

第三条　本工程处分设总务、测绘、地质、工程、化验、会计六课。每课设课长一人。课以下得分股办事。每股设股长一人。除会计课课长依主计人员任用条例办理外,其余各课课长及股长均由总工程师派充之,呈报资源委员会备案。各课组织及办事细则另定之。

第四条　本工程处设工程师六人至十二人,由总工程师呈请资源委员会派充之。副总工程师及助理工程师各八人至十六人,工务员十六人至卅二人,均由

总工程师派充,呈报资源委员会备案。

第五条　　本工程处设秘书二人,处员四人至八人,课员八人至十六人。除会计课服务人员依主计人员任用条例办理外,均由总工程师派充,呈报资源委员会备案。

第六条　　本工程处各课长得由工程师或秘书兼任,各股长得由副工程师或处员兼任。

第七条　　本工程处设助理工务员、事务员、书记、司事各若干人,由总工程师委派之,于必要时得招收实习员、实习生各若干人。

第八条　　本工程处经费按照事业、事务两项性质,并编创业预算,并就实际需要另编预算分配表,分月请领。探矿所需之设备及材料依照叙昆铁路矿业合作合同第三条第三项(寅)之规定办理之。

第九条　　本工程处经过详密地质调查后认为对某地矿产应实施探勘工程时,由工程顾问或工程师之建议,总工程师及副总工程师之核准,设立某地某项矿产探勘处,其组织及预算另定之。

第十条　　本工程处每届年度终了时,本工程处应编著年报及下年度工作计划,分送资源委员会、建设银公司、法国银行团及有关各省省政府备案。关于下年度之工作计划,并应呈请资源委员会核准施行。

第十一条　本工程处对于沿线矿产之调查、探勘,应随时编著报告,分送资源委员会、建设银公司、法国银行团及有关省政府,以供参考。

各探勘处于探勘工程结束后最多六个月内应提出最后报告,叙述探勘工程之经过及所得各项材料之详细分析外,应列结论及开发意见或大致计划,分送资源委员会、建设银公司、法国银行团及各有关省政府,借备采择。

第十二条　前二条所规定之工作计划及探矿最后报告,均由总工程师及副总工程师共同核定,并征取工程顾问之意见。如总工程师及副总工程师意见不能一致时,应以总工程师意见为准,但其他意见仍应在计划或报告内记录之。

第十三条　本章程自呈奉经济部核准之日施行,并由经济部咨送交通部备案。

第十四条　本章程如有未尽事宜,得由资源委员会随时呈请经济部核定之,并由经济部咨送交通部备案。

附2:

经济部特许状　矿字第壹号

兹依照

行政院院会通过并转奉

国防最高委员会常务会议议决备案之叙昆铁路矿业合作合同第二条、第三条各规定,特许叙昆铁路沿线探矿工程处在沿铁路干线一百公里之内地方(即每边五十公里),除于民国廿九年三月一日该合同批准生效之日以前,已由经济部设定国营矿业权或已由私人或公司获得探矿权或采矿权者外,有试探各种矿产权,自发给特许状之日起至叙昆铁路干线建筑完成之日止,为探矿特许权有效期间。此状

部长

中华民国二十九年四月廿九日

右给叙昆铁路沿线探矿工程处

(云南省档案馆,全宗号 1077,目录号 1,卷号 4144,件号 21)

五月十五日　叙昆铁路沿线探矿工程处正式成立,就任叙昆铁路沿线探矿工程处总工程师①。

五月十六日　云南省建设厅张邦翰厅长函复翁文灏、钱昌照四月十三日函,称谱主已来建设厅接洽,自当尽力协助,以资发展。复函如下:

咏霓部长
乙藜先生　钧鉴:
　　顷奉函谕,敬悉一是。叙昆铁路沿线探矿工程处总工程师谢家荣君已来厅接洽,自当遵示尽力协助,以资发展,谨此布复。即敬
崇。

职　张○○敬复

民国廿九年五月十六日(盖章)

(云南省档案馆,全宗号 1077,目录号 1,卷号 4144,件号 17)

---

　　①　此前各种文献都认为,叙昆铁路沿线探矿工程处的正式成立时间是 1940 年 6 月 15 日,其依据应该是《资源委员会季刊》第 1 卷第 2 期载《资源委员会西南矿产测勘处二十九年度年报》记载:叙昆铁路沿线探矿工程处"于本年五月筹备,至六月十五日始正式成立。处址在昆明地藏寺巷七号,另租职员宿舍在昆明新住宅区六十一号。工作人员由江华矿务局及地质调查所调用"和《叙昆铁路沿线昆明威宁间地质矿产》(《西南矿产测勘处临时报告》第一号)第一章绪言的记载。但依据中国第二历史档案馆所藏档案(全宗号二八,案卷号 28853)的记载,谱主 1940 年 5 月 24 日"呈报资源委员会主任委员翁文灏、副主任委员钱昌照,启用关防官章,正式办公日期,并检呈印模,祈鉴核备案"的记载,"于本年五月十五日起租定昆明文林街地藏寺巷七号为本处处址,同日启用关防及官章,正式办公",云南省档案馆所藏叙昆铁路沿线探矿工程处公函总字第 3 号的记载,"五月十五日起租定昆明文林街地藏寺巷七号为本处处址,正式办公,同日启用关防及官章",且同年 5 月 25 日谱主以总工程师名义致函云南省建设厅的"叙昆铁路沿线探矿工程处公函昆总字第 4 号"文中也说:"查本处业经正式成立办公",因此《资源委员会西南矿产测勘处二十九年度年报》的记载显然有误,叙昆铁路沿线探矿工程处正式成立的日期应该就是 1940 年 5 月 15 日而非 6 月 15 日。

五月十八日　出席在西南联合大学地质系教室举行的中国地质学会昆明分会第8次论文会,在会上报告"湖南广西砂锡矿地质及开采法"。

五月二十四日　呈报翁文灏、钱昌照,启用关防官章,正式办公日期,并检呈印模,祈鉴核备案,并以探矿工程处公函昆总字第3号函告云南省政府、云南省建设厅、云南省民政厅等单位。

案奉

钧会二十九年四月十一日第一〇五三号委任状开:

　"兹派谢家荣为叙昆铁路沿线探矿工程处总工程师此状"

　又奉

钧会二十九年四月十三日资秘字第三四二八号训令开:

　"兹颁发该处木质关防一颗,文曰'叙昆铁路沿线探矿工程处关防';又角质小官章一颗,文曰'叙昆铁路沿线探矿工程处总工程师',仰即查收启用,并将启用日期及印模具报备查。此令。"

各等因;附发关防官章各一颗。奉此,遵于本年五月十五日起租定昆明文林街地藏寺巷七号为本处处址,同日启用关防及官章,正式办公。理合检同印模一纸,随文呈报,仰祈

鉴核备案! 谨呈

资源委员会主任委员翁

　　　　副主任委员钱

　附呈印模二纸

　　　　　　　　　　　　叙昆铁路沿线探矿工程处总工程师谢家荣

　　　　　　　　　　　　中华民国二十九年五月二十四日

(南京:中国第二历史档案馆,全宗号二八,案卷号28853,第6—7页)

叙昆铁路沿线探矿工程处公函昆总字第3号:

案奉

经济部资源委员会二十九年四月十一日第一〇五三号任状开:

　"兹派谢家荣为叙昆铁路沿线探矿工程处总工程师此状"

等因。并奉颁关防一颗,文曰"叙昆铁路沿线探矿工程处关防";小官章一颗,文曰"叙昆铁路沿线探矿工程处总工程师"。奉此,遵于五月十五日起租定昆明文林街地藏寺七号为本处处址,正式办公,同日启用关防及官章。除分别呈报暨分函外,

相应函达。即希

查照为荷!

此致

总工程师　谢家荣

中华民国二十九年五月二十四日

（云南省档案馆，全宗号 1088，目录号 1，卷号 385，件号 43）

五月二十五日　以"叙昆铁路沿线探矿工程处公函昆总字第 4 号"致函云南省建设厅，请转商主管机关，购备云南省陆军测量局所测五万分之一地形图，以作叙昆铁路沿线概略调查之用。公函全文如下：

查本处业经正式成立办公，不久即须驰赴叙昆铁路沿线昆明、曲靖、宣威一带，每边五十公里范围之内，作概略调查。惟此项工作，须先有精密地形图，以作根据，始易着手。查本省陆军测量局所测五万分一地形图，精确合用，并闻已遍及该地

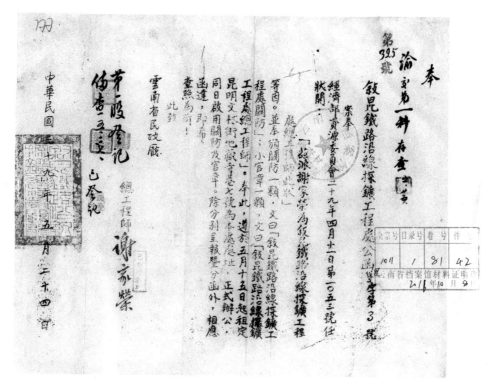

图67　宣告叙昆铁路沿线探矿工程处正式成立的叙昆铁路沿线探矿工程处公函昆总字第 3 号文件(云南省档案馆，全宗号 1088，目录号 1，卷号 385，件号 43)

图 68　叙昆铁路沿线探矿工程处和资源委员会西南矿产测勘处设在昆明地藏寺巷 7 号（上图）；
地藏寺巷在 20 世纪 90 年代被拆除后修建的云南大学职工住宅楼（下图，肖耀东 2013 年
10 月 16 日摄）

段。为此拟请贵厅转商主管机关,准予就上述范围之内,购备一份,以资应用,至纫公谊。此致
云南省建设厅

总工程师　谢家荣

中华民国二十九年五月二十五日(盖章)

(云南省档案馆,全宗号 1077,目录号 1,卷号 4144,件号 19)

五月二十九日　资源委员会昆湖电厂函贺谱主就任叙昆铁路沿线探矿工程处总工程师。贺函全文如下:

接准五月二十四日昆总字第三号大函,敬悉

先生荣任叙昆铁路沿线探矿工程处总工程师,已于五月十五日就职,闻讯之余,无任钦佩!行见长才大展,骏业无疆,发大地之宝藏,增后方之生产,特函道贺,借表微忱。此致
叙昆铁路沿线探矿工程处总工程师谢

厂启

(云南省档案馆,全宗号 1088,目录号 1,卷号 106,件号 72)

六月八日　云南省建设厅以"矿字第471号"函告云南省陆军测量局叙昆铁路沿线探矿工程处,拟购备昆明、曲靖、宣威一带五万分之一地形图,请允予购备。(云南省档案馆,全宗号 1077,目录号 1,卷号 04144,件号 19)

六月十一日　刘基磐函告八步富贺钟矿业公会,于六月十一日正式就职江华矿务局经理:

江华矿务局公函　江总字一七三九号
民国二十九年六月十一日

案奉
经济部资源委员会巧电令节开,该局经理谢家荣另有任务,所遗经理一职着派该副经理充任等因,复奉湖南省政府未建三冬电令,同前因各等,奉此当即遵令先行视事,兹于六月十一日正式就职,除分别呈函外,相应函达,希即查照为荷。此致
八步富贺钟矿业公会

经理　刘基磐

(湖南省档案馆,全宗号 126,目录号 1,案卷号 4)

六月十八日　为请寄叙昆铁路沿线地质路线图及购书等事宜,致函尹赞勋。

建猷吾兄大鉴:

前者渝碚欢聚,诸承宠待指教,感荷实深。到昆后因布置一切,较为忙碌,致疏笺候为歉。现工程处已开始办公,本月底或下月初所有八组人员出发。兄所制滇省地质路线图为本处参考,极为重要,可否请兄饬属就叙昆路线每边五十公里范围之内抄绘一份寄下。所有绘图工作及纸张费用概由敝处担任,如何之处,并希复示为感。

王超翔君决定参加本处工作后,已将自渝至昆旅费二百元付给清楚。王君在调查所所借之旅费,请其自行清理可也。

内人于本月初返沪,谅现已到达。如时局许可,将全家来昆,以免彼此悬心。惟昆市生活程度过高,居住颇不易耳。

此间需地质参考书籍甚多。若经开单请购,务请就已有者即行寄昆,价款后汇,决不有误。此外兄大作如有单行本,尚祈各赐一份为感。

渝市连遭空袭,谅北碚甚平安。公余之后,祈时赐教为感。专复。即颂

研安。

弟　谢家荣顿首
六,十八

(谢家荣学术成长资料采集工程资料,存于采集工程数据库,档号 XJ-004-182)

六月十九日　云南陆地测量局以"制字第56号"公函告知云南省建设厅:叙昆铁路沿线探矿工程处所需之昆明、曲靖、宣威一带之五万分之一地形图系军用详图,测印后已呈送滇黔绥靖公署,局内现无余存,应请探矿工程处径向该署参谋处领取。公函全文如下:

案准
贵厅六月八日矿字第四七一号公函,为准叙昆铁路沿线探矿工程处函,拟赴昆明曲靖宣威一带每边五十公里范围之内,作概略调查,需用该地五万分一地形图,嘱敝局允予购备一份,函复过厅,以凭转函径购等由。准此,查是项地图,系军用详图,敝局测印后,随即呈缴滇黔绥靖公署,局内现无余存,如未奉令,亦不便擅自发售,探矿工程处如有必需理由,应请径向绥署参谋处领取密用可也。

此致

云南省建设厅

中华民国二十九年六月十九日

（云南省档案馆，全宗号1077，目录号1，卷号04144，件号20）

六月二十五日　经济部资源委员会对刘基磐继任江华矿务局经理一事"准予备案"：

令江华矿务局经理刘基磐

廿九年六月十二日江总字第1744号呈乙件为奉令继任经理，遵于六月三日先行视事，十一日正式就职，恳予鉴核备案由

呈悉，准予备案。此令。

主任委员　　翁文灏
副主任委员　钱昌照

（湖南省档案馆，全宗号126，目录号1，案卷号4）

六月二十八日　云南省建设厅函复叙昆铁路沿线探矿工程处昆总字第4号函，转告云南陆地测量局之"制字第56号"公函内容，曰"云南陆地测量局公函内开：查是项地图，系军用详图，前经测印后，随即呈缴滇黔绥靖公署，局内现无余存，如未奉令，亦不便擅自发售，探矿工程处如有必需，应请径向绥署参谋处领取密用"。

（云南省档案馆，全宗号1077，目录号1，卷号4144，件号20）

七月三日　致函地质调查所代理所长尹赞勋：

本处本届调查计划测勘威宁铜矿，亦为预定工作之一。兹悉贵所亦将派人前往调查。弟意不如并为一队，合作进行，人力、财力均可节省。弟并提议请派阮维周君担任此项工作，与本处所派人员王植、颜轸、黄朝环组成一队，阮君旅费可由本处负担，如荷惠允，希即通知阮君，并用航快惠寄适当之证明委派文件，以便本处径与阮君接洽，早日出发。

（南京：中国第二历史档案馆，全宗号三七五，案卷号439）

七月十日　经济部部长翁文灏发布矿字63634号训令（密），准交通部咨以叙昆路因受欧战影响，探矿工程处即使缩小范围，恐于全部计划无大裨益，似宜暂缓

进行等由合行令,仰商洽办理,具报候核。训令全文如下:

令资源委员会

案准交通部廿九年七月七日财理字第一四三六号密咨开:

　　"案准贵部资源委员会翁钱两委员四日笺函,略以欧洲时局大变,铁路建筑既难进行,探矿工程处是否亦应暂为停办,亟待决定方针,令行知照。如果停办,已付款项,自宜令其结束报告,以便归垫。惟事关叙昆路目前探矿处应否暂停抑或仍宜为小规模之进行,嘱为查照见示等由。查叙昆借款,因欧局关系,受其影响,不免陷于停顿。该路工程现尽就可能范围酌量施工,探矿工程处在目前情势之下,即使缩小范围,恐于全部计划无大裨益,似以暂缓进行为宜。至已付工款,自应俟该处结束报告之后再行归垫,如荷同意,拟即分饬探矿工程处及叙昆铁路工程局知照,相应咨达至,希迅赐查照见复。"

等由。准此,叙昆沿线探矿工程处应即暂行停办,抑应如何办理之处,合行令仰该会商洽办理具报候核。

　　此令。

中华民国二十九年七月十日

部长　翁文灏

（南京:中国第二历史档案馆,全宗号二八,案卷号28853,第25—26页）

七月十八日　云南省建设厅呈复云南省政府1940年5月14日"秘建字第1236号"训令,汇报训令执行情况,并保荐建设厅第4科科长吴漱泉充任叙昆铁路沿线探矿工程处副总工程师。

（云南省档案馆,全宗号1077,目录号1,卷号4144,件号22）

七月中旬　叙昆铁路沿线探矿工程处各调查队相继出发,开展工作。

七月二十二日　致函资源委员会许粹士,告知各调查队相继出发等情,但工作经费至今未到,请其探明示知。函件全文如下:

粹士兄大鉴:

　　前寄一函,谅达左右。王子昌兄委为本处副工程师后,已呈会备案,谅经登及。俞肖彭兄于昨日由江华抵此。于是本处目前职员业已齐集。调查队六队分赴曲靖、宣威、威宁各地,已先后搭叙昆路卡车出发。另拟派员赴滇西调查石油,日内亦可动身。本处工作虽然照预定计划进行,而交部经费则迄今未拨分文,真令人不解。兹闻财部已将本处第一期经费拨存交部,故即电请催促,迄今多日,未得复音,究竟为何,尚希兄便中探明示知为感。近本会中有何新消息,江华锡价已否准予照桂锡待遇,统希便中示知一二为荷。专此。即颂

大安!

弟荣顿首 七,廿二

（南京:中国第二历史档案馆,全宗号二八,案卷号28518,第21—22页）

七月二十六日 交通部代电,告资源委员会,叙昆铁路沿线探矿工程处在目前情势下宜暂缓进行,至已付工款自应俟该处结束后再行归垫。代电全文如下:

密 财字第一五九六号

资源委员会公鉴:资(二九)矿字第6059号察代电奉悉,正核办间复准贵会翁钱两委员六月四日笺函,略以欧战时局大变,铁路建筑既难进行,探矿工程处是否亦应暂为停办,亟待决定方针,令行知照。如果停办,已付款项自宜令其结束报告,以便归垫,嘱为查照见示等由,当以叙昆铁路借款因欧局关系,受其影响,不免陷于停顿,该路工程现仅就可能范围酌量施工,探矿工程处在目前情势之下,即使缩短小范围,恐与全部计划无大裨益,似以暂缓进行为宜,至已付工款,自应俟该处结束报告之后,再行归垫,于七月七日以财字第一四三号密咨经济部查照,并准七月十日矿字第六三六三四号咨复案经令行贵会商洽办理具报,候核相应电复,即希查照开示意见为荷。交通部宥财理渝印。

中华民国二十九年七月二十六日

（南京:中国第二历史档案馆,全宗号二八,案卷号28853,第17—18页）

是日 资源委员会呈文经济部,请核定叙昆铁路沿线探矿工程处之特许探矿状合同无法履行期间是否继续有效,关于川、滇、黔三省探矿工程另由本会设法推行,当否? 乞示遵。呈文全文如下:

呈经济部:

查叙昆铁路沿线探矿工程处原系根据交通部与法国银行团商定之叙昆铁路合同所附之矿业合同而设,现因欧局突变,法方既未能如约供给器材,而法银团所派之工程顾问亦未到处办事。其经费一项,交通部亦认为极端困难,迄今未发。本会以该处今后工作究竟应否停顿或缩小范围,亟待决定方针,曾经先后分别函商交通部张部长、中国建设银公司总经理宋子安及协理刘景山。

在后旋奉钧部矿字第 63634 号训令,以准交通部咨达,关于本会函商探矿工程处是否应暂为停办一案,以叙昆路因受欧战影响不免陷于停顿,探矿工程处即使缩小范围,恐于全部计划无大裨益,似宜暂缓进行等由,另仰商洽办理具报候核等因,又准宋子安刘景山电复,叙昆合同及矿业合作合同关系订约各方,俟与法银团交通部妥商再行奉知。现对该工程处开支拟请尽量紧缩,以资撙节等由,除另饬该工程处注意撙节外,综合各方意见及法国目前状况,则叙昆铁路合同及矿业合作合同在短时期内恐已无法履行,惟在此过渡时期,基本合同既未能实行,则钧部前发该工程处之特许探矿状是否继续有效,抑应暂行停止,俟该合同能实行时再准生效之处,拟请鉴核指示只遵。再如果此项特许状暂时不发生效力,依照矿业合作合同应办之探矿工程暂不实行,则该合同第三条第二项由相关之省政府各派副总工程师一人之规定,似亦应暂行缓派。至川黔滇三省之矿产调查探勘,本会自仍可设法推行,但与法国银行团及所订合同无关,探矿权亦另行依法办理。是否有当,理合呈请钧部核夺施行,并分别咨行有关机关查照,实为公便。谨呈
经济部。

(南京:中国第二历史档案馆,全宗号二八,案卷号 28853,第 19—21 页)

七月　赴越南海防接由上海来此会合的夫人吴镜侬及子女。将吴镜侬保管的原北京大学地质系财产铂金坩埚完好地交到中国政府驻海防领事馆领事手中。

八月二日　致信翁文灏,谈及目前工作、经费开支状况及未来工作设想等。

咏师钧鉴:

　七月廿六日钧函,敬悉一是。承谕在过渡时期,尽量撙节,自当遵办。现每月开支,连同调查费(共有七组人员在外调查)决不致超出预算。惟开办之初,购置仪器所费不赀,以前领借之款十万元现尚存二万余元,或足敷一个月或一个半月之用。万一届时办法尚未商定,务请钧座转饬会中拨款接济为荷。将来本处如须扩大调查范围,修改组织,则不但云南省政府应请参加合作,以求办事便利,即建设银公司亦不妨邀入,因闻该公司主持人对于矿业投资兴味倍浓也。又闻建厅长张西林先生久有调查全省矿产地质之意,如由本会提倡,谅可得省方赞同。物理研究所物理探矿早已与之约定合作,将来借用机器,谅无问题。近著《滇省矿产分布图及说明》,不日抄奉斧正。又因《地质论评》脱期甚多,爰与在昆同仁商定编一"云南矿产号",以补其缺,已约定撰稿十余人,如印价不贵,拟即在昆付印,以求迅速,预定十月内出版,知注顺以附闻。专肃。敬请

图 69　叙昆铁路沿线探矿工程处同仁留影［自左至右：□□□、郭文魁、金耀华、柴登榜、马祖望、□□□、□□□、杨庆如、□□□、吴镜侬、柴登榜夫人、王植、谢学锇（谢恒）、燕树檀、陈友廉（燕树檀夫人）、张卿云（郭文魁夫人）、杨博泉、□□□］

钧安！

生　谢家荣顿首　八，二

（南京：中国第二历史档案馆，全宗号二八，案卷号 28828，第 11—12 页）

八月十一日　经济部部长翁文灏发布矿字第 66365 号指令，令叙昆铁路沿线探矿工程处暂行停办，资源委员会对于西南矿产自可继续查勘，但与叙昆矿业合作合同无关。指令全文如下：

令资源委员会

二十九年七月二十六日密渝秘字第一八零二号呈一件　奉令以准交通部咨达关于本会函商探矿工程处应暂停办一案，似宜暂缓进行，令仰洽办，具报候核等因；复请鉴核示遵由。

呈悉。此案经咨准交通部本年八月四日第一六五八号咨，以查叙昆铁路矿业合作合同系根据叙昆铁路借款合同而订立，现在叙昆借款合同既因国际局势变迁暂时无法进行,所有依据矿业合作合同办理之探矿工程自应随之暂时结束,以节经费等由;过部。查叙昆铁路沿线探矿工程处原系依据与叙昆借款合同有关之矿业合作合同而设立;兹既准交通部咨明叙昆借款合同暂时无法进行,该探矿工程处应暂时结束;自应照办。所有本部前次依据矿业合作合同第三条第二款规定发给该工程处之探矿特许状自亦应暂行停止生效,俟合同能实行时,再为核定办法。至有关之省政府及中国建设银公司应派之副总工程师,此时亦应暂行缓派。在该探矿工程处停办时期,该会对于西南矿产自可继续查勘,但与叙昆矿业合作合同无关;其探采矿权,亦应另行依法办理。除呈报行政院,函知法国银行团、中国建设银公司,并分咨交通部及川滇黔三省政府外,仰即遵办。此令。

中华民国二十九年八月十一日

部长　翁文灏

(南京:中国第二历史档案馆,全宗号二八,案卷号28853,第29—30页)

八月底　资源委员会"已奉部令转到交通部咨文,由于国际形势变化,叙昆铁路沿线矿业合作合同暂时无法进行,根据该项合同成立之探矿工程处,应随之暂时结束,令仰于八月底结束具报"[1]。此种情形,在云南省政府1940年9月7日所发之建字第1611号密令中亦有详细记述。密令全文如下:

云南省政府密令　秘建字第1611号

令建设厅厅长张邦翰

案准

经济部第六六三八七号咨开:

"查本部前与法国银行团及中国建设银公司签订叙昆铁路矿业合作合同并组织叙昆铁路沿线探矿工程处,爰给探矿特许状,各案业经本部先后于本年三月及四月以矿字第五五〇五及第五八五六五号两咨检同附件,请贵省政府查照在案。兹迭准交通部本年七月七日财理字第一四三六号咨,以叙昆铁路借款,因欧局关系,受其影响,不免限于停顿,探矿工程处在目前情势之下,即使缩小范围,恐于全部计划无大裨益,似暂缓进行为宜。又八月四日第一六五八号咨,以叙昆矿业合作合同系根据叙昆铁路借款合同而订立,现在叙昆借款合同阮因国际局势变迁暂时无法进行,所有依据矿业合作合同办理之探矿工程,自应随之暂时结束,以节经费各等由;到部□查叙昆铁路沿线探矿工程处原系依据与叙昆借款合同有关之矿业

---

① 《资源委员会季刊》第1卷第2期载《资源委员会西南矿产测勘处二十九年度年报》。

合作合同而设立,兹既迭准交通部咨明,叙昆借款合同暂时无法进行,该探矿工程处应暂时结束,自应照办,所有本部前次依据矿业合作合同第三条第二款规定,发给该工程处之探矿特许状,自亦应暂时停止生效。俟合(同)能实行时再为核定办法。至有关之省政府及中国建设银公司应派之副总工程师,此时亦应暂行缓派。在该探矿工程处停办时期,资源委员会对于西南矿产自可继续查勘,但与叙昆矿业合作合同无关,其探采矿权亦应另行依法办理。除呈报行政院,函知法国银行团、中国建设银公司,分咨交通部及有关省政府,并令行资源委员会外,相应咨请贵省政府查照,此咨"

等由,准此。合行密令仰该厅长即便知照!

此令。

主席　龙云

中华民国廿九年九月七日(盖章)

(云南省档案馆,全宗号1077,目录号1,卷号4144,件号25)

秋　将长子谢学锦送入西南联大附属中学——天南中学。

九月一日　致函翁文灏,报送《资源委员会西南矿产测勘处暂行组织章程》,9月17日部令核准该暂行组织章程。暂行组织章程全文如下:

资源委员会西南矿产测勘处暂行组织章程

第一条　资源委员会为调查测勘云南贵州西康及其他西南各省矿产,特设西南矿产测勘处。

第二条　本处设处长一人,由资源委员会派充之。

第三条　本处分设总务、测绘、地质、工程、会计五课,各设课长一人。课以下得分股办事,每股设股长一人。除会计人员依经济部所属机关办理会计人员暂行规程任用外,其余各课课长由处长呈请资源委员会派充之,股长由处长派充呈报资源委员会备案。

第四条　本处设工程师三人至六人,由处长呈请资源委员会派充之。副工程师、助理工程师、工务员各若干人,由处长派充,呈报资源委员会备案。

第五条　本处设课员、事务员各若干人,均由处长派充,呈报资源委员会备案。

第六条　本处于必要时得酌用雇员。

第七条　本处于必要时得招收实习员、实习生各若干人,照资源委员会附属事业机关招收及管理实习员生暂行办法规定办理。

第八条　本处办事细则另订之。

第九条　本章程如有未尽事宜得由资源委员会随时呈准修正之。

第十条　本章程自呈奉经济部核准之日施行。

（南京：第二历史档案馆，全宗号二八，案卷号 28819，第 6 页）

九月六日　致电翁文灏和钱昌照，请先发 50 000 元备用，电文如下：

翁主任委员钱副主任委员钧鉴。密。旧处正办理结束中。近购汽油若干作迁移准备，致存款仅数千元。拟请先发五万元备用。近闻渝昆汇兑不甚灵便，可否请电令云南出口矿产品运销处就近拨付。职家荣叩(3051)。

（南京：中国第二历史档案馆，全宗号二八，案卷号 12402，第 2 页）

九月十日　致函资源委员会会计室主任张直夫，感谢他为探矿工程处物色会计人选，拟请钱际清代理会计课长，请予任命：

直夫吾兄先生勋鉴：

前自海防返昆，接奉八月七日惠书，敬悉一是。近以叠染小恙，致稽裁答，曷胜歉仄。本处会计课长人选，承兄惠允代为物色，至深感荷。本处现已奉令停办，正在赶办结束中。新处何日成立尚不能知，惟将力加紧依以节经费，则为已定方针，故弟意将来会计课长一职，拟即请钱际清君担任代理，钱君到差已逾一月，办理本处之简单会计事务，似尚可胜任。为荷赞同，可否请兄提出任命，以符定章。如何之处，并请示复为感。专此。即颂

公绥。

弟　谢家荣拜启

民国二十九年九月十日

（南京：中国第二历史档案馆，全宗号二八，案卷号 12343，第 4—5 页）

九月十三日　为叙昆铁路沿线探矿工程处准备迁移急需经费，致函翁文灏，请迅速拨款，并谈及西南地质矿产情况。

九月十七日　在中国科学社第 22 次年会下午的会上讲云南的矿产①。

是日　呈函翁文灏、钱昌照，请求叙昆铁路沿线探矿工程处结束期限宽限 1 月（到 9 月底）。呈文如下：

---

①《社友》第六十九期(1940 年 11 月 15 日发行)，第 1—2 页。

案奉

钧会秘字第一九零三号训令以奉

部令转准交通部咨文,令仰本处尽于八月底结束具报等因,当经本处通饬叙昆沿线调查人员赶速填报出差费用,以资赶办结束在案,但该项调查人员工作地点多在偏僻之处,而本处在八月三十一日始接奉钧会训令,以致各项报表迄今尚未完全寄到,本处会计方面之结束工作恐难办理完毕。至于叙昆沿线调查工作,正在积极进行,一个月或一个半月之后,则昆明至威宁间之一段即可全部完成,故此时似亦未便即行中止,为此拟恳垂察本处困难实情,对于本处结束期限赐予宽限一月,至九月底为止,以便赶办结束,如限具报,实为德便。是否有当,理合呈请

鉴核示遵。谨呈

主任委员翁

副主任委员钱

叙昆铁路沿线探矿工程处总工程师谢家荣

中华民国二十九年九月十七日

（南京：中国第二历史档案馆,全宗号二八,案卷号28853,第32—33页）

是日 致电翁文灏请拨款救济,全文如下。

翁主任委员钧鉴：

(3051)电计达此间存款告罄,专恃借贷,殊难维持,请即拨款救济并候电复。职荣叩(3161)。

（南京：中国第二历史档案馆,全宗号二八,案卷号12402,第15页）

是日 向翁文灏、钱昌照呈送《云南保山县铜磺水银等矿纪要》暨蓝图一份[①]。所呈《云南保山县铜磺水银等矿纪要》乃王植此年8月3日至16日调查的结果。

九月二十三日 就经费困难问题,再致函许粹士：

粹士兄大鉴：

前寄一函谅达左右。此间电会请款之电已达二次,迄未得复,不知何故。现有川滇铁路公司借款一万元暂时维持,但此款在十月十号以前必须归还,且值此时局紧张,需款孔亟,不论本处如何改组或新处尚未成立,但既受命而来,

---

① 南京：中国第二历史档案馆,全宗号二八,案卷号28854,第4页。

一切为公开支,弟私人既垫不起,亦再无借筹之能力,若大会再置之不理,则弟只有呈请辞职,以免因公受累也。临函迫切并盼拨冗惠复为感为幸。草此。即颂

大安!

弟谢家荣顿首 九,廿三

(南京:中国第二历史档案馆,全宗号二八,案卷号28828,第18页)

九月二十五日　资源委员会急电叙昆铁路沿线探矿工程处和云南矿产品运销处,称叙昆铁路沿线探矿工程处"经费203 595元即可由库在昆全部拨发,如即日需款可先向云南矿产品出口运销处借支五万元"[①]。

九月底　叙昆铁路沿线探矿工程处正式宣告结束。《资源委员会西南矿产测勘处二十九年度年报》载:"旋因沿线调查工作正在进行,须俟告一段落,方能结束,当经呈准暂缓,至九月底,叙昆铁路沿线探矿工程处遂正式结束。"《资源委员会月刊》载:"本会叙昆铁路沿线探矿工程处经改组为西南矿产测勘处,处长一职,于九月间令派前工程处总工程师谢家荣充任。"[②]

九月　谭锡畴、李春昱发现重庆歌乐山的山洞煤田,谱主在《矿测近讯》1947年1月号第71期发表的《如何发现新煤田》一文中如是说:

第二个例子是重庆歌乐山的山洞煤田,是民国二十九年九月谭锡畴、李春昱二先生所发现的。他们的地质根据是一层位于煤系以上的长兴石灰岩,出露在歌乐山背斜层的中心,因为煤系没有出露,所以始终未为人们所注意,但是地质学家的慧眼,却看出了其下有赋生煤层的可能。加以歌乐山密迩重庆,交通近便,销路畅旺,消息一经传播,这一块处女煤田,就成为野心家逐鹿之场,几经争夺,终为建川煤矿公司所得,施钻见煤,遂加开采,在抗战后期,也贡献了不少人们所急需的燃料。

十月四日　资源委员会发布训令,发给西南矿产测勘处木质关防1颗和角质小官章1颗,全文如下:

训令

---

① 南京:中国第二历史档案馆,全宗号二八,案卷号12402,第24页。
② 《资源委员会月刊》第2卷第10—12期,第67页。

令本会西南矿产测勘处

兹颁发该处木质关防乙颗,文曰"资源委员会西南矿产测勘处关防",又角质小官章乙颗,文曰"资源委员会西南矿产测勘处处长",仰即查收启用,并将启用日期及印模,具报备查。

此令

附发关防小官章各乙颗印模单式纸

（南京：中国第二历史档案馆,全宗号二八,案卷号28820,第4页）

十月九日 中国建设银公司9月16日致函经济部称,叙昆铁路合同中止,但矿业合作合同应该还有效,建设银公司应享有权益,提议另行商定合作办法。为此经济部部长翁文灏发布经济部矿字第70197号训令,指出银公司的提议"本部碍难同意"。训令全文如下：

查关于暂行结束叙昆铁路沿线探矿工程一案,前准中国建设银公司本年八月十七日及九月十六日两函,以在叙昆铁路借款合同及矿业合作合同停顿期间,政府与银公司应否另行商定办法以谋应付,又为探矿工程能以继续合作起见,拟由银公司按照目前探矿工程处紧缩预算垫款二十五万元,继续合作,以备一年探矿经费之需,请酌核见复各等由到部,经即分别函复在察。兹准交通部本年十月三日财债字第二零六九号密咨开：

"案准贵部二十九年八月三十一日矿字第六七四二六号密咨开'案查关于暂行结束叙昆铁路沿线探矿工程一案,前经本部依据贵部迭次来咨意见,分别拟定办法于本年八月十二日以矿字第六六三八七号咨请查照,并呈报行政院函知法国银行团、中国建设银公司,分咨川、滇、黔三省政府,又另行资源委员会各在案,兹准中国建设银公司八月十七日函开'顷奉二十九年八月十二日矿字第六六三八六号大函关于结束叙昆铁路沿线探矿工程一节俱悉种切,查叙昆铁路矿业合作合同原为叙昆铁路借款合同之一部分,在上述借款合同未经商定废止以前,对于矿业合作合同似尚不能片面取消。再查二十八年十二月十一日敝公司与大部及交通部之换函曾有如'如按照铁路合同第十四条第五节因法银行团不能供给材料取消合同时,凡银公司及银行团共享铁路及矿业合同内一切权益,质银公司应享受之部分当比例继续有效,届时另行商定合同双方遵守'之规定,现因欧局变化,法方不能供给材料,在政府与银公司之间应否另行商定办法,以谋应付之处,似也尚有商酌余地。奉函前因除与法银行团商洽外,特先函复,仍祈酌夺见复为荷'等由到部。查叙昆铁路沿线探矿工程处之暂行结束原系本部送准贵部来咨办理,该工程处仅系暂行停办,并非取消矿业合作合同,一俟铁路借款合同能以实行时自可继续办理。该银公司此次来函所述在政府与银公司间应否另行商定办法以谋应付一点,贵部意见如何相应咨请查照核复为荷"等由;并准中国建设银公司九月十六日来函抄送,同日致贵部函稿一件,拟由该公司按照目前探矿工程处紧缩预算,暂行垫款,继续合作等由。查叙昆铁路矿业合作合同原系因叙昆铁路借款之成立连带签订,兹叙昆铁路借款合同既因法国本部及越南局势之变更无法进行,不得不暂时中止,所有连带成立之矿业合作合同自未便单独履行。至铁路合同第十四条第五节之规定,乃系指取消合同而言,与现时中止履行情形不同,关于该公司提议一节,本部碍难同意。除径复银公司外,相应抄录本部复函一件附请查照。所有资源委员会已垫探矿工程处之开办经费并请早日核示,以便归垫"等由;附送抄函一件过部,合行令仰知照。此令。

中华民国二十九年十月九日

部长翁文灏

(南京:中国第二历史档案馆,全宗号二八,案卷号28853,第36—39页)

十月十一日　原叙昆铁路沿线探矿工程处改组为资源委员会西南矿产测勘处。谱主任处长。

是日　呈翁文灏和钱昌照,报请注销叙昆铁路沿线探矿工程处关防及小官章各1颗及叙昆铁路沿线探矿特许状,呈文如下:

案查本处前奉

钧会秘字一九零三号训令转奉

部令,仰本处俟于八月底结束具报,旋经本处呈准宽延一月结束在案。查该项宽延日期业已届满,本处当经遵令于九月三十日正式结束,除会计方面各项报表簿册另呈报销外,理合检附原发关防及小官章各乙颗,连同叙昆沿线探矿特许状一并报请注销,并赐备案,实为公便。谨呈

主任委员翁

副主任委员钱

附呈关防及小官章各乙颗,叙昆路沿线探矿特许状一纸(另寄)

叙昆铁路沿线探矿工程处总工程师谢家荣

中华民国二十九年十月十一日

(南京:中国第二历史档案馆,全宗号二八,案卷号28853,第11—12页)

十月十三日 昆明遭敌机大轰炸,弹落西南矿产测勘处所在的地藏寺巷,处址房屋受震甚巨,不堪再用,当即迁至住宅区职员宿舍内继续办公,并即赶速准备迁址。

十月十五日 资源委员会密电谱主,饬迅将前叙昆铁路沿线探矿工程处账结束报会。电文如下:

电

昆明谢季骅:密。交通部迭函催结束前叙昆铁路沿线探矿工程处交账,以便归垫等由。查该处应已于九月底结束,仰迅呈会。再财部公库直拨叙昆路沿线探矿工程处之款应以拨付前工程处各项开支为限。如有余款仍应缴还国库,测勘处经费当由本会另行拨发。函并仰知照。资(4161)

(南京:中国第二历史档案馆,全宗号二八,案卷号 28853,第 34 页)

十月二十四日 经济部部长翁文灏发布经济部矿字第 71383 号训令,全文如下:

令资源委员会

案准中国建设银公司本年十月十六日函开:

"前准大部矿字第六九零七七号来函,以叙昆铁路探矿工程处之暂行结束并非取消矿业合作合同,一俟铁路借款合同能以实行时,即当继续办理等因,敝公司可以同意。关于法银团方面,敝公司亦已征得该银团驻越代表冯丹电复赞同。至于敝公司与大部正在商议中之垫款探勘西南矿区新工作,即不在叙昆合同所指区域以内,自与法银团无涉,相应函复,敬希查照"等由到部,合行令仰知照。此令。

(南京:中国第二历史档案馆,全宗号二八,案卷号 28853,第 41—42 页)

十月二十五日 致函翁文灏、钱昌照,呈报西南矿产测勘处建址昭通预算书,估计自昆明迁至昭通费用共需 20 100 元[①]。

十一月一日 随西南矿产测勘处人员从昆明起程前往昭通。

十一月五日 到达昭通。随即将长子谢学锦送入云南省立昭通中学学习。

是日 中国科学社在上海召开 147 次理事会会议,出席者:秉农山、刘重熙、

[①] 南京:中国第二历史档案馆,全宗号二八,案卷号 12344,第 25—26 页。

杨允中。会上讨论了中国科学社所设 4 种纪念奖金的奖额及征文学科,推定了本年度各种奖金的征文审查委员会,谱主与杨钟健、李济被推为地质与古生物征文审查委员会委员①。

十一月十一日　入昭通北门外忠烈祠办公。叙昆铁路沿线工作于此时大体结束,至 1941 年 1 月各队整理标本、图件和其他资料。《地质论评》有以下报道:

地质界消息《西南矿产测勘处成立及叙昆铁路沿线与滇西调查情形》:

经济部资源委员会前为开发叙昆铁路沿线矿产,曾会同有关机关,设立叙昆铁路沿线探矿工程处,以谢家荣君为总工程师,主持处务,继该处奉命停办,于九月底结束,惟西南各省矿产部会仍主继续测勘,乃由资源委员会设立西南矿产测勘处,即以谢君为处长负责测勘西南各省矿产,特别注重滇黔康三省。该处于二十九年十月一日成立②,先在昆明地藏寺巷七号即前叙昆铁路沿线探矿工程处旧址办公,继又奉令迁设昭通,于十一月五日到达,十一日起即在北门外忠烈祠处址开始办公,电报挂号为四三四九,此西南矿产测勘处继叙昆铁路沿线探矿工程处之后而成立之始末情形也。

(《地质论评》第 6 卷第 1—2 期,第 204 页)

十一月十二日　为请赐叙昆北段之调查材料及若干事项致函尹赞勋。

建猷兄大鉴:

久不通信为念。本处于本月一日开始迁昭通,(眉注:克强③,叙五④十五到处),五日全处人员,安抵昭通,现假北门外忠烈祠为办公处,已于十一日起开始办公矣。本处电报挂号仍为四三四九,昭通。此间街市虽尚繁盛,食物供给,不虞缺乏,惟以僻处乡间,交通不便,致消息甚为阻滞,如最近日军退出南宁、广州、宜昌等消息,此间颇不明了,尚望公余有暇,随时惠寄时局珍闻,曷胜感荷。

兹有恳者,本所调查叙昆北段之材料,此间亟须参考,尤以昭通附近褐炭矿之情形,务请派人将报告、图件各抄一份赐下,以供参考,至为感荷。

前昆明办事处离昆前,曾将所存本所出版品交本处保管,已出具临时收据,俟

① 《社友》第六十九期,第 2 页;上海市档案馆,档号 Q546-1-66-99。
② 这里的十月一日疑为印刷错误。据《资源委员会矿产测勘处二十九年度年报》载,应为 10 月 11 日。
③ 克强:即杨钟健。
④ 叙五:即王曰伦。

图 70　云南昭通李家祠堂,西南矿产测勘处旧址(摄于 2011 年 11 月 2 日)

此间点清后再备详单寄上。尚有挂钟一具亦电本处接受带昭,应付价若干,请即示之,以便照汇。另有旧自行车一辆,本拟带昭,以破旧不堪应用,仍留昆明。以上各事,叙五皆知道,请与接洽后惠复为荷。克强、叙五等谅均已安抵北碚矣。专此。即颂

大安。

弟　谢家荣顿首

柱臣兄均此候安。

十一,十二

(谢家荣学术成长资料采集工程资料,存于采集工程数据库,档号 XJ‐004‐183)

十一月十四日　向翁文灏和钱昌照呈报按照资源委员会指令重编的西南矿产测勘处 1940 年度概算书及 1940 年度工作计划[①]。按此工作计划,1940 年 10—12 月的工作包括：1. 继续威宁铜、煤等矿调查,2. 继续调查保山等处水银矿,3. 编著

---

① 南京：中国第二历史档案馆,全宗号二八,案卷号 12344,第 30—33 页。

叙昆铁路沿线地质矿产图及报告,4. 复勘鲁甸乐马厂铅银矿,5. 详测昭通附近地质矿产,6. 用地球物理方法测勘个旧老厂花岗岩体之深度。

十一月十八日　致电翁文灏、钱昌照,呈请告知滇东及贵州待办各矿地点名称,准备下年度安排调查,拟调回赴保山人员。电文如下:

翁主任委员、钱副主任委员:密(5071)电敬悉。请示滇东及黔省待办各矿地点名称以便准备于下年度派员测勘。滇西矿产本会既无意经营,拟即将赴保山人员调回,俾收集中之效。当否? 祈电示遵行。荣叩(5151)。

(南京:中国第二历史档案馆,全宗号二八,案卷号 28518,第 3 页)

十二月七日　呈翁文灏、钱昌照,陈述迁移昭通费用、拟购探勘试验设备费及部分经常费未拨,请除前叙昆铁路沿线探矿工程处余款 50 000 元外,拨款国币 258 100 元,以利工作之进行。呈文全文如下:

案查本处奉令成立已逾二月,所有事业事务各费迄犹未蒙拨发,致本处日常开支有应付益难之况,而所拟二十九年度工作计划,在一面进行一面待款之情形下,尤感心余力拙。查本处概算系照钧座谕示范围编拟,旋又遵奉钧会训令,依照核列数额重行编拟呈核,只以未经核示,犹未见拨。唯该项概算中事业费内有专列购置探勘试验设备费用计共国币二十一万三千元正,因本处职掌所长,急需应用,际此国际交通时受威胁,物价高涨与日俱增之际,此种设备尤应即时购备,免受损失,该项费用似有请予先行拨发之必要。

又查本处成立已逾二月,日常开支,未能一日或缺,应发事务费计共国币柒万伍仟元正,拟请即以钧会填拨前叙昆铁路沿线探矿工程处款国币五万元正,移拨应用,尚有国币二万五千元正,亦请即予拨发,以资备用。

又查本处奉令迁设昭通,其迁移费用曾经编拟国币二万零一百元正预算呈核在案,迄今亦未经拨发。该项费用与经常经费性质不同,似应另请专案拨发,以免混淆。

以上三项经费计共国币叁拾万捌仟壹佰元正,均属迫不及待之款,拟请除准将钧会填拨前叙昆铁路沿线探矿工程处款国币五万元□□本处一部分事务费外,其余国币二十五万八千一百元正即请迅予拨发,以便分别支配应用,俾本处工作计划得以照常进行,日常开支亦得应付裕如,实为公便,是否有当? 理合检附本处拟购探勘试验设备价目表呈请
鉴核示遵。谨呈

主任委员翁

副主任委员钱

　　附呈本处拟购探勘试验设备价目表乙份贰页

资源委员会西南矿产测勘处处长谢家荣

中华民国二十九年十二月七日

（南京：中国第二历史档案馆，全宗号二八，案卷号12365，第9—12页）

十二月十四日　就经费问题再致资源委员会矿业处许粹士处长：

粹士处长我兄勋鉴：

　　抵昭后以杂务稍忙，尚未备函问候为歉。叙昆工程处已遵令于九月底结束，共享约十万零二千元，惟尚有卡车一辆约三万余元，以货未到，尚未结算。程副总工程师薪水尚须继续支付，故一时不克将决算寄奉。至于新处创业事务各费尚分文未领，本年度事务费三个月共为七万五千元，除将前收大会垫发叙昆工程处五万元转拨外，尚缺二万五千元。此外本处自昆迁昭约费二万元，修理处址，置备家具又数千元，故现在连同前叙昆工程处余款，合计实存不过五万元，经常开支仅敷二个月之用。若欲购置探矿器材或作大规模调查，则已不敷应用。除于十二月七日呈请委座拨款外，特再函恳我兄即日签呈委座，将本处本年度创业事务各费一次拨发，以利进行。昭通僻处一角，与大会通信一次，辄须半个月或一个月，而本会在此又并无其他机关，万一经费告竭，来源不继，则告贷无门，本处同仁必将有断炊之虞，务请吾兄鉴其苦衷，迅速拨款，公私同感，专函奉恳。顺颂

台绥。

弟　谢家荣顿首

民国二十九年十二月十四日

（南京：中国第二历史档案馆，全宗号二八，案卷号28828，第33—35页）

十二月　就所传滇西兰坪油泉调查情况，复信翁文灏：

咏师钧鉴：

　　顷接十一月二十八日自昆明转来手谕，承示罗父柏君所述滇西兰坪通甸油泉情形，敬悉一是。本处前派马祖望、黄劲显赴兰坪一带调查，除汞矿外，即着注意石油，惟近接该员十一月卅日来电，谓兰坪城区所传之油泉乃系常见漂浮泥塘带色薄

膜,摇动后,胶体沉淀,成为泥水,实非石油。自接钧谕,即电告该员务必赴通甸一行,详查其附近地质,并注意除油泉外,有无其他石油遗迹,如干油沉积等可见,俟有电告,再行详禀。专肃。敬请

钧安!

生　谢家荣顿首

(南京:中国第二历史档案馆,全宗号二八,案卷号28828,第37—38页)

一九四一年　辛巳(民国三十年)　四十五岁

提要　云南昭通。合著《叙昆铁路沿线昆明威宁间地质矿产》。创刊《矿测近讯》。率队详测祥云、宾川一带煤田。

一月七日　呈翁文灏和钱昌照,送 1940 年度概算书 3 份[1]。

一月十日　函复资源委员会矿业处许粹士处长,感谢其已签请经费照发,并告本处近期工作情况。复函全文如下。

粹士处长我兄惠鉴:

十二月廿七日惠书及一月三日电敬悉一是。本处全年度经费承已签请委座照发,曷胜感荷。遵处所需威宁附近矿产分布图已于七日寄奉。关于袁君慧灼于五日到昭,八日出发及程、俞二君展期来渝各节,亦已于七日电呈,谅达左右。本处目前工作除调查昭通附近地质外,以编印叙昆沿线报告为主。该报告附有十万分一沿线地质矿产图二十四幅,现已开始在本地石印,将来手工上色或可较蓝印图为清晰也。三月初中国地质学会及中研院评议会在渝开会,弟拟出席,届时当可面聆教益矣。专此。即颂

台绥。

弟　谢家荣顿首

三十年一月十日

(南京:中国第二历史档案馆,全宗号二八,案卷号 28828,第 48—49 页)

一月二十二日　就叙昆铁路沿线探矿工程处经费收支及程文勋薪俸问题代电翁文灏和钱昌照,全文如下:

资源委员会西南矿产测勘处代电　计字第二七号　三十年一月二十二日

资源委员会翁主任委员、钱副主任委员钧鉴:

关于前叙昆铁路沿线探矿工程处经费收支情形及程副总工程师文勋以后支薪

---

[1]　南京:中国第二历史档案馆,全宗号二八,案卷号 12344,第 7—8 页。

办法,应行请示各点,已有马电摘要呈复,恐电码或有不明,特将马电所呈各点略加补充,重行陈明(一)关于前处经费情形,在收入方面,计领到交通部拨款二○三,五九五.○○元及杂项收款三五八.一四元,两共收入二○三,九五三.一四元;在支出方面,计探矿费用一○一,九七六.四一元,购置汽车保留数三九,○○○.○○元,程副总工程师文勋十至十二月份三个月薪津三,二三五.○○元,支出方面共计一四四,二一一.四一元。收支相抵应余五九,七四一.七三元,连同钧会垫款五○,○○○.○○元,旧处经费尚结存一○九,七四一.七三元。该项结存款已尊奉会令,拨作本处创业经费,兹另具领款书呈会转账。(二)程副总工程师文勋以后薪津是否仍由本处照发,俟将来程君正式就会职时再为转账,请电示遵行。

以上两节均于马电呈复,特再陈明如上,尚祈鉴核示遵。

资源委员会西南矿产测勘处处长谢家荣养(签章)

(南京:中国第二历史档案馆,全宗号二八,案卷号 12350,第 12 页)

一月二十四日 就叙昆铁路沿线探矿工程处经费收支及程文勋薪俸问题致电翁文灏和钱昌照。电文如下:

翁主任委员、钱副主任委员钧鉴:密六麻电悉。前处领经费及杂项收款共(2 039)、(5 314),除支出(1 019)、(3 651)购置汽车,保留数(39 000)元,副总工程师程文勋(10)(11)(12)月份薪津(3 235)元外,合计旧处余(0597)(4 173),连同钧会垫款(50 000)元,两共余(1 097)(4 173),遵即拨为本处创业经费,领款书容为填呈。本年度起,程文勋俸薪如仍由本处发给,俟将来转账请电示遵行。职荣叩(1211)。

(南京:中国第二历史档案馆,全宗号二八,案卷号 12350,第 6 页)

一月 为编印昆明威宁间地质图幅及请边兆祥赴龙陵等处调查钨矿等事宜,致函尹赞勋。

建猷兄大鉴:

一月六日惠书欣悉一是。承借偏光显微镜一架,曷胜感谢。

本处近编印十万分一昆明威宁间地质图幅共二十九幅,在昆明呈贡二幅中因工作人员临时调往滇西,未告完成,以致空白尚多,除拟引用联大地质系所测之地质图外,尚拟将王曰伦、许德佑、卞美年诸兄之成绩酌为编入,在报告上当特为说明。此种办法谅荷赞同,故于昨日发一电,请将蓝图赐寄,不知该电已收到否为念。

边君兆祥是否已赴垒允调查油田?该处产油在地质上颇难解释,恐亦将如腾冲、兰坪等之终成为传闻之误耳(据本处派员调查,腾冲附近为花岗岩及玄武岩,油产绝对无望。兰坪油苗系池塘中胶质彩色薄膜,亦非真正石油)。惟迤西、龙陵、镇康一带金属矿极为丰富。镇康且闻发现钨矿,业经开采,似可乘边君在迤西之便,顺道前往一查。如边君至垒允事毕即调归本处,则更好。届时当由本处直接电边君赴龙陵等处调查,如何?均希酌夺示知为感。

弟定二月二十日后取道叙府来渝参加学会年会。

前寄本处消息及拙作《云南矿产概论》地质章改正稿不知均已收到否?专此。即颂

大安!

弟　谢家荣顿首

近在昭通北龙洞凉风台间获得下中泥盆纪化石 *Spirifer tonkinenisis*,*Stropheodonta*,*Atrypa* 甚多,似位于 *Springocephalus* 之下,惟 *Springocephalus* 因标本不佳,尚未确定。*Calceola* 尚未采得,甲冑鱼亦未见。一二日后将再往详采。李承三君所得化石及层位可酌为示知否?

(谢家荣学术成长资料采集工程资料,存于采集工程数据库,档号 XJ-004-184)

是月　致信翁文灏,告知关于铝土矿调查、叙昆沿线调查报告的出版情况和编制 1940 年度年报等事。全文如下:

咏师钧鉴:

九日曾肃一禀,谅经收到。一月九日来渝,敬悉一是。兹将各事备呈如左:

(一)铝土矿调查已函西南联大地质系王嘉荫、王鸿祯二君即速办理,并就已知地点及此次本处叙昆沿线调查之结果编制铝土矿分布及地质图,分送二君参考。另编寄调查办法,要点:为谓应赴各产地测制五千分一或一万分一地形地质详图,广采试样,直接寄送黄海化学试验所化验云云。将铝土矿分布图一份附呈察核。

(二)叙昆沿线调查,因区域宽广,决定分幅在本地石印,手工上色。每幅占经度半度,纬度十五分,其缩尺为十万分之一,共为二十四幅,另印地形地文图、地质总图、构造图、矿产分布图、接合图等,合共为二十九幅。因缺少纸张,故分幅图之纸,只印五十份,总图则印二百份,现已印好七幅,尚不算坏。报告则拟俟三月初来渝时携送北碚铅印,亦为二百份。

(三)近编本处二十九年度年报,二三日内抄好即寄呈。年报内容分事务、测勘及建议三项。建议项下:(1)请保留宣威倘塘、查格煤田,沾益卡居煤田、曲靖次营褐炭矿。以上俱为叙昆沿线交通最便,储量最丰之煤田;(2)请取得兰坪瓜拉

坡、鲁多罗、黑登、水银厂、天生厂等区汞矿、保山核桃坪铜矿、保山沙河厂铜矿、保山蒲缥水井村铅银矿、保山施甸大雪山铅银矿之探矿权。以上各区各测有矿区图附呈。为初步探勘似不必另设组织，故拟请拨探矿费五十万元，由本处兼办，并拟请向滇北、宣明等公司调派副工程师、助理工程师四五人，帮同工作。兹将腾保二县矿产分布图附呈察核。

(四)程君薪水问题请早决定示遵。专肃。敬请

钧安！

生　谢家荣

附蓝图二幅

　　　(南京：中国第二历史档案馆，全宗号二八，案卷号28828，第56—59页)

二月八日　奉资源委员会资(卅)计字第1238号指令，以1月7日呈送之1940年度概算书表漏列美金折合国币部分，应并入第一款第一项第二目第一节列数，并改正有关款项目数字，呈函翁文灏、钱昌照，呈送经改正后的1940年度概算书6份[1]。按该概算书提要，1940年10月1日至12月31日，西南矿产测勘处创业经费32万元、事业费24.5万元、运输工程及设备费2.5万元、杂项设备费22万元、事务费7.5万元、俸给费2.73万元、办公费4.22万元、特别费0.55万元[2]。

二月十八日　呈函翁文灏、钱昌照，呈送西南矿产测勘处1941年度概算书3份[3]。按此概算书，西南矿产测勘处1941年全年创业经费50万元、事业费20万元、杂项设备20万元、事务费30万元、俸给费13.68万元、办公费14.34万元、特列费1.98万元。

二月十九日　呈函翁文灏、钱昌照，呈送收到资源委员会拨款国币16万元的收据[4]。

二月二十一日　呈函翁文灏、钱昌照，呈报本年1月工作简报。报告1月的主要工作3项：测勘龙洞凉风亭间地质；复查威宁铜矿；会同云南建设厅勘查昆阳磷矿[5]。

三月四日　呈函翁文灏、钱昌照，呈报2月工作简报。报告2月主要工作4项：考察龙洞凉风亭间地质剖面，该处地层发育完全；与西南联大商定合作办法，拟与西南联大地质系合作调查昆明附近铝土矿，并已派员前往工作，与北平研究院

---

① 南京：中国第二历史档案馆，全宗号二八，案卷号12344，第11—12页。
② 南京：中国第二历史档案馆，全宗号二八，案卷号12344，第14页。
③ 南京：中国第二历史档案馆，全宗号二八，案卷号12344，第39—40、45页。
④ 南京：中国第二历史档案馆，全宗号二八，案卷号12365，第25—26页。
⑤ 南京：中国第二历史档案馆，全宗号二八，案卷号38128，第5—7页。

物理研究所合作进行物理探矿,合测个旧老厂花岗岩深度、鲁甸乐马厂铅银矿;派员调查龙陵、镇康铅、银、铜、钨及石油等矿[①]。

三月七日　中国地质学会理事会在重庆打铜街 11 号举行会议。与尹赞勋、翁文灏、杨钟健、朱森、李春昱、黄汲清共 7 名理事出席会议。理事长尹赞勋主持会议。谱主的理事任期届满,连任,并当选为学会会志和《地质论评》编辑。

会议议决筹备中国地质学会 20 周年纪念会,选出筹备委员 18 人:李四光(主席)、章鸿钊、翁文灏、王宠佑、葛利普、王烈、朱家骅、谱主、叶良辅、孙云铸、杨钟健、黄汲清、尹赞勋、李春昱、朱森、王恒升、计荣森、张鸣韶。

三月八日　出席在重庆大学礼堂开幕的中国地质学会第 17 届年会。

三月十三—十五日　出席在"重庆国立中央图书馆"召开的中央研究院第 2 届评议会第 1 次年会。出席者 27 人(按姓氏笔画顺序):丁燮林、王世杰、王家楫、朱家骅、任鸿隽、吕炯、李四光、李书华、李济、何廉、吴定良、吴有训、竺可桢、周仁、茅以升、胡先骕、翁文灏、姜立夫、陶孟和、张云、张钰哲、陈寅恪、陈桢、凌鸿勋、傅斯年、曾昭抡、谢家荣。本次年会讨论:中央研究院评议会的经常工作,中央研究院发行科学方面定期院刊及其编辑部组成及应用科学与工业机关的合作,中央研究院研究所组织通则等。[②]

三月　亲手创办的《矿测近讯》在云南昭通创刊[③]。这份刊物可以称之为矿产测勘处的机关刊物,谱主作为矿产测勘处的领导,对这份刊物十分重视,"自从矿产测勘处的矿测近讯发行以来,他是每期赐稿,信手书成,不假思索,文词简练而有条理,意义渊博而很清楚,太有益于学术界和矿业界了"[④]。

四月四日　致函翁文灏、钱昌照,呈报 3 月工作简报。报告上半年测勘工作共分 8 组,包括滇东、滇西有色金属、稀有金属及昭通褐炭,昆明附近铝土矿及昭通附近龙骨新产地[⑤]。

四月二十九日　致函钱昌照,闻其将于下月 5 日赴昆明,告知处内会计钱际清

---

① 南京:中国第二历史档案馆,全宗号二八,案卷号 38128,第 8—10 页。

② 《中央研究院评议会第二届第一次年会记录》,南京,中国第二历史档案馆,全宗号三九三,案卷号 1555,第 12—19 页。

③ 《矿测近讯》1950 年 12 月号(第 118 期)载谢家荣《本刊宣告结束》,文章头一句话是"本刊于一九四一年在云南昭通西南矿产测勘处时代创刊",1945 年 12 月号(第 58 期)的《编余后记》又说"本刊创始于民国二十九年"即 1940 年,但 1949 年 3 月第 97 期《编者的话》栏中谢家荣所写《我们照常工作》一文中又说"这个小刊物,从民国三十年三月不定期的油印,到三十四年十一月起每月一次的铅印,到如今也有八年的历史了"。这样,就应该认为,《矿测近讯》的创刊时间应该是 1941 年 3 月。

④ 南延宗:《季骅师五十祝词》,《矿测近讯》1947 年 8—9 月号第 78—79 期,第 1 页。

⑤ 南京:中国第二历史档案馆,全宗号二八,案卷号 38128,第 11—12 页(信函)。档案中本案卷除谢家荣 4 月 4 日致翁文灏和钱昌照的呈报信外,所附三月工作简报,封面为 3 月(第 13 页),但内容写为 4 月(第 14 页),疑误。

久病未愈,拟异地休养,已屡电张直夫派人接替,但未得答复,请其转令张直夫速办①。

五月二日　致函翁文灏、钱昌照,呈送前叙昆铁路沿线探矿工程处1940年度决算书②。

五月三日　致函翁文灏、钱昌照,呈送西南矿产测勘处1940年度决算书③。

五月九日　由于会计课长钱际清生病离开昭通,致函资源委员会会计室主任张直夫,请派会计课长④。

五月二十九日　致函翁文灏、钱昌照,呈报4月工作简报⑤。所附简报列出了上半年8个调查组分别调查的区域和各组参加调查的人员,以及昆明附近铝土矿调查地区、昭通附近龙骨的地层,所得龙骨化石的时代最早不出更新时前期。

五月三十日　资源委员会电询谱主铝土矿已否派人往勘⑥。

五月　派颜轸、马祖望调查昭通褐炭,同时又请地球物理探矿队以电阻系数法进行探测。《资源委员会西南矿产测勘处三十年度年报》载如下述:

昭通褐炭　昭通坝子中盛产褐炭。民国二十九年中央地质调查所曾派李承三叶连俊调查,认为整个坝子,俱含褐炭,并以平均厚度八公尺计,则得储量十二万万公吨。本处自迁址昭通,对于附近地质矿产,深加注意,对于李氏等所估计庞大之矿量,不免怀疑,爰派员测勘,就理论事实,详为探讨,乃将全坝子分为三大区:(一)理论不适宜产炭区,(二)可能产炭区,(三)现在产炭区。理论上不产炭区分布于坝子之中部及其东缘北缘,约占全坝子之大半。盖就理论言,褐炭之成,必须沼泽环境,至若开展之湖面,则植物既难生长,泥沙更多混杂,故最低限度,坝子之中部不适于褐炭之沉积。坝子之北缘东缘龙洞煤洞一带,固亦可产炭,但迄今无人问津,此或可以该处昔日湖底倾斜过急,水面较深,植物难以滋长解说之。以上各区俱划为不产炭区,以待他日钻探之证明。现在开采褐炭之区域,皆在坝子之西北及东南两边,缘该处湖底缓斜,水面较浅,邻近地质属玄武岩石灰岩及红土,养料之供给,较为丰富,且有凤凰狮子诸山,为之屏障,故植物最易滋生,泥沙亦难混入,此实理想之产炭区域,而实为目前采矿集中之地,故理论实际,竟得不谋而合也。现在产炭区中,又可就褐炭厚薄,分为三类:第一类厚在十公尺以上,第二类二至四

①　南京:中国第二历史档案馆,全宗号二八,案卷号12343。
②　南京:中国第二历史档案馆,全宗号二八,案卷号12350,第42—45页。
③　南京:中国第二历史档案馆,全宗号二八,案卷号12350,第14—17页。
④　南京:中国第二历史档案馆,全宗号二八,案卷号12343,第19—20页。
⑤　南京:中国第二历史档案馆,全宗号二八,案卷号38128,第15—19页。
⑥　南京:中国第二历史档案馆,全宗号二八,案卷号36125,第4页。

公尺,第三类则不及半公尺。第一类约占面积二平方公里,假定炭层厚度为十公尺,则得储量二千万吨。第二类面积二十五平方公里,假定平均厚度为三公尺,则得储量八千万吨。至第三类以炭层过薄,暂不计入。以上二类合计共为一万万公吨,仅得李叶二氏所计储量十二分之一。以上系地质测勘之结果,同时本处又请物理探矿队来昭之便,用电阻系数法测勘炭田,在整个坝子内,共测测线一百条,所得结果,竟与地质观察不谋而合,即谓褐炭之分布,并不遍及坝子全部,仅西南两部有之。

(《资源委员会矿产测勘处 30 年度年报》,第 14 页)

六月十日　呈送翁文灏、钱昌照领款书,收到资源委员会拨发之西南矿产测勘处 1、2、3 月经费 75 000 元①。

六月十八日　致函翁文灏、钱昌照,呈报 5 月工作简报②。

是日　致函翁文灏、钱昌照,呈送 1940 年度经费决算表③。

六月　编印矿产测勘处临时报告第 1 号《叙昆铁路沿线昆明威宁间地质矿产》。参加调查人员有：马祖望、卢衍豪、周德忠、郭文魁、王超翔、王鸿祯、黄邵显、郭宗山、谭飞、杨博泉、徐煜坚、董申葆。报告分 5 章：第 1 章绪言、第 2 章地层系统、第 3 章地质构造、第 4 章地形及地文、第 5 章矿产。谢家荣撰写第 1、3、5 章。绪言对叙昆铁路沿线探矿工程处和西南矿产测勘处的沿革、叙昆铁路沿线地质调查的方法、内容和报告的编著情况均有交代。

谢家荣《叙昆铁路沿线昆明威宁间地质矿产》第一章绪言：

自叙昆铁路开始建筑后,吾国政府一方面为开发沿线矿产,一方面根据该路矿业合作合同,由经济部资源委员会会同有关机关设立叙昆铁路沿线探矿工程处,负责测勘沿线每边五十公里范围内之地质矿产。该处于民国廿九年五月开始筹备,至六月十五日在昆明正式成立。资源委员会派荣为总工程师,主持处务,中国建设银公司派程文勋为副总工程师,会同办理探矿事务。当成立之初,以昆明威宁间之路线业已测定,而该段附近地质矿产,除片段之记录外,尚少周密之调查。乃决定先自该段着手,分组调查。七月中旬各调查队相继出发。九月底叙昆铁路沿线探矿工程处奉令暂时结束。惟西南各省矿产,部会仍主继续

---

① 南京：中国第二历史档案馆,全宗号二八,案卷号 12365,第 16—17 页。
② 南京：中国第二历史档案馆,全宗号二八,案卷号 38128,第 20—22 页。档案只见谢家荣呈报函、5 月工作简报封面,但未见工作简报文字内容。
③ 南京：中国第二历史档案馆,全宗号二八,案卷号 12349,第 5—6 页。

测勘，乃由资源委员会设立西南矿产测勘处，即以荣为处长，负责测勘西南各省，特别注重滇黔康三省内之矿产。惟是时叙昆沿线工作正在进行，不便中断，乃由西南矿产测勘处令饬各调查队继续调查。十一月初西南矿产测勘处奉令迁设昭通，叙昆沿线工作亦适于此时大体完成，各调查队相继返处。自十一月至翌年一月，整理标本图件，编著报告，二月起开始将图幅在本地石印。此叙昆铁路沿线探矿工程处奉令调查叙昆沿线地质矿产及由西南矿产测勘处继续进行与编印图报之始末情形也。

此次叙昆沿线调查工作，区域宽广，惟除昆明附近数县有五万分一较详确之地形图足资依据外，其余只有十万分一地形图，颇不准确。为详密研究地质计，不得不自测路线图，俾便填注地质。其法系用勃氏罗盘仪定方向，步计法定距离，交叉法定路线附近显著之山顶，仰角法定高度，即在野地照五万分一之缩尺，将所测定之地形地质，绘于米里方格纸上。各调查队中除第六队携有气压测高仪外，其余俱不具备，故经过地点之比较的高度，只可用勃氏罗盘仪照仰角法约测之。因为时间所限，不能普遍测定，因之此次测绘之地形图，于高度一层，颇不完备，殊为遗憾。照上法所测之路线图，其误差俱在二千公尺以内，缩绘为十万分一后，在地图上之差误，不及二公分。

地质观察之记录方法，分为二种：（甲）用方格纸测绘路线图时，就方格纸上分列纵横坐标，而就纵横坐标所划分之方格内，以加括弧之数字分别各测点，乃以此测点之坐标号记于记录簿上，其下即可作详细之地质地形或其他必要之记载。（乙）用五万分一地形图作底图时，先用墨笔在底图上划分纵横一公分之方格，而以坐标方法分别测点，将测点记入记录簿，而于其下作详细之记载，其法一如前述。标本编号分登录号及地点号二种。登录号即标本签条上之号数，先冠以队号，次依采集先后分号登录。地点号则以纵横坐标号表示之，其法一如前述记录地质观察之法。

此次调查以矿产及区域地质为主，故对地层分层，不能过于详密，但凡重要系统，皆已辨别，且必广采化石，以资证明。如遇有经济价值之矿产时，则用平板仪测制较大缩尺（如一万分一或更大）之地形地质图，将矿床露头，现开之矿窿或老窿等详为绘入，并估计矿量，以定其价值。

……

此次调查范围经规定为路线每边五十公里，各段长短不一，其面积大概为五千至八千平方公里。惟调查时因有许多地方，土匪丛集，治安堪虞，不克前往调查，故除第二队已达到预定范围百分之九十以上外，其余约有百分之二三十，遗漏未查，拟俟将来治安情形改进时，再陆续补完之。

野地工作告一段落后即着手编著图报。所有图件原拟分段付印,惟蓝图不便上色,而本地石印石板,面积又极有限,乃改为分幅石印,手工上色办法。将五万分一图缩成十万分一后,计每幅占经度三十分,纬度十五分,全部共有廿四幅,其空白过多处则加印剖面图,以节纸张。另印五十万分一地质总图,沿线矿产分布图,地质构造图及地形地文图各一幅,连同接合图,图例等共为三十幅。关于经纬度之编算投绘及地形地文总图之编制,由颜轸君担任;图幅之划分,编校及矿产总图之编制,由周德忠君担任;地质构造总图之编制由郭文魁君担任;地质总图之编制则由周颜郭三君合任之。分幅石印底图之描绘,由李树明君担任,总图四幅则由西南联大地质系吴广元君代为描绘,而由王鸿祯君就近校对。至于图幅之校对,印刷之督察,则由各图幅原著者及本处测绘课同仁如杨博泉、谭飞诸君分任其劳,而由荣任最后校订之责。各段报告本由各队员分著,为适合分幅计,复由荣会同郭文魁、王超翔二君加以荟编,以期划一。

所采化石自寒武纪以迄三叠纪莫不具备,皆由卢衍豪君加以初步鉴定,俾作分别系统之根据,惟详细研究,因设备未周,今尚不克从事,其有重要标准化石,鉴定上尚有疑问者,则悉由卢君于赴渝之便,交请经济部地质调查所各专家,分别予以指正。

此次调查,承川滇铁路公司沈总经理立孙,叙昆铁路工程局萨局长少铭,副局长吴西葴、吴鸣一、袁梦鸿及沿线各总段长,予以种种协助;又承经过各县县长、乡保村长等随时协助,必要时派队护送,俾工作得以安全完成,特书此以志感谢。

(存全国地质资料馆,档号 1160)

夏 长子谢学锦从昭通中学毕业,遵照父亲的建议,考入浙江大学物理系。

那时最有名的 4 所大学联合招生:西南联大、浙江大学、交通大学和中央大学。考试题目都一样,但志愿要自己填。任教浙江大学史地系的叶良辅教授是父亲在北京工商部地质研究所的同班同学,两人是班上成绩最好的学生。父亲希望他进浙江大学,因为他觉得他进浙大可以得到叶良辅教授的照顾。于是,谢学锦和李良纯以及王炳秋三人一起结伴而行到贵阳,考进了从杭州西迁到贵州的浙江大学物理系。

(张立生:《走向奥维耶多:谢学锦传》,中国科学技术出版社、上海交通大学出版社,2016 年,第 27 页)

七月初 接资源委员会电,略谓"滇缅铁路赶工修筑,沿线燃料急需寻采",令矿产测勘处派员详测祥云、宾川一带煤田,以供开发。

七月十日　复尹赞勋 6 月 14 日信,告其即将赴祥云调查煤田等事:

建猷兄大鉴:

六月廿四日惠书欣悉。罗盘仪业已到渝,当即发一电,请航寄昆明徐厚孚处,盖弟不久将赴昆转祥云三县调查煤田,届时可以自取也。该项仪器之价款及运什等费,请开单示知,以便照汇。此间人员几已全部出发,赴大关、盐津、会泽、巧家者,均做制图工作,近接来函云,于志留纪地层中见 *Spirifer tingi*, *Hormotoma* 与 *Encrinurus rex*,竟共生一层,故知倘无上志留纪之存在者,则可比石燕之层位当下降并及下志留纪矣。此者古生物及地层之颇饶兴味。顺以附告《地质论评》云南矿产号,不知己出版否为念。散处油印报告顷又印竣三份,专邮寄奉。

叙昆路总报告(为第一号报告)已脱稿,现正油印,因篇幅较长,尚需时日始能寄出也。此外尚有五六种当陆续印发。尊处油印报告此间尚缺彭琪瑞君之《贵州水城铁矿报告》,便祈赐寄一份为感。专此。即颂
大安。

弟　谢家荣顿首　七,十

(谢家荣学术成长资料采集工程资料,存于采集工程数据库,档号 XJ-004-185)

七月十二日　就资源委员会着速测大板桥南、黄土坡及水塘铝土矿事,致函许粹士。

粹士吾兄大鉴:

顷奉会令,着速测大板桥南、黄土坡及水塘三铝土矿矿区图,以便转请设权等因,兹为免延误计,就本处实测矿床范围在五万分一地形图上划定矿区,照规定式样放大五倍呈会转领。此项五万分一图极为准确,足为请领矿区之用。将来如需计划开采时,本处当再派员前往详测。此种办法谅荷赞同也。本处卡车于月初抵昭,现定十六日由弟亲率调查员三人赴昆转祥云宾川调查煤田。据朱庭祜调查,祥宾煤田可分为四区,其中云南驷南之一区,已经王恒升测量,其他祥云东山、祥云帽山及宾川西山三区俱未测。此次拟先测祥云东山及帽山,盖据朱报告,该二区质量较优,且交通也较便利故也。俟祥宾事毕,再赴云县及顺宁。此次奉令稍迟,致调查员皆已派出,几有不敷分配之势。弟走后处中仅留四五人,亦可谓麘矣。现在滇缅铁路积极建筑,沿线矿产之开发,不容或缓,大会对此有何整个计划,何种矿产应行注意,何处矿地应先开发,滇缅界案既经解决,其中重要矿产英政府亦允中国投

资开采,大会对此亦有所计划或准备否?统希拨冗赐示一二,以资遵循,曷胜感盼。赐示请寄厚孚兄转。专此。即颂

大安!

弟谢家荣顿首 三〇,七,十二

(南京:中国第二历史档案馆,全宗号二八,案卷号28828,第114—116页)

七月十四日 致函翁文灏、钱昌照,呈报6月工作简报①。

是日 致函翁文灏,呈称西南联大地质系、中央大学地质系及北平研究院物理研究所合作测勘地质矿产,请予备案。函件全文如下:

查本处测勘范围遍及滇、黔、康三省,值此交通困阻,旅行维艰,而技术人员又倍形缺乏之际,致测勘工作每有不敷分配或调派难周之弊,为求迅赴事功起见,爰与西南联合大学地质系、中央大学地质系及北平研究院物理研究所物理探矿部商订合作测勘办法,其大要系由本处指定地点,由各该系所委派专员,会同本处施行测勘,所有旅杂等费一部或全部由本处担任,其领队之助教或讲师,并得于实地测勘期内,由本处每人每月酌给津贴二百元为最高额。此项办法业已实施,颇著成效,如此次昆明铝土矿调查即系与西南联合大学地质系合作之结果。现正在进行中者为与物理研究所合作测勘鲁甸乐马厂铅银矿及昭通褐炭及与中央大学地质系合作调查镇雄、威信、毕节等县地质矿产。所有合作办法及进行情形理合缕述概要,备文呈请鉴核备案。谨呈

主任委员翁

副主任委员钱

资源委员会西南矿产测勘处处长 谢家荣
中华民国三十年七月十四日

(南京:第二历史档案馆,全宗号二八,案卷号36148,第5—6页)

七月十五日 致函翁文灏、钱昌照,呈送1940年度各月现金出纳表②。

是日 因滇缅沿线矿产动人注意,建议为免竞争,先以草图呈部,取得优先保留矿权,致函许粹士。

---

① 南京:中国第二历史档案馆,全宗号二八,案卷号38128,第23—25页。档案只见谢家荣呈报函及6月工作简报封面,但未见工作简报内容。

② 南京:中国第二历史档案馆,全宗号二八,案卷号12349,第16—17页。

粹士吾兄大鉴:

七月十二日奉上一函,谅达左右。弟本定明日动身,乃近日阴雨连绵,昭威间未铺路面,车行危险,故不得不稍迟数日出发。近将朱庭祐祥云宾川煤田报告上所列产煤地点在十万分一陆军图上划出范围,另纸抄奉。现值滇缅铁路积极修筑,沿线矿产动人注意,为免争竞计,不妨先以草图呈部,取得优先保留之权,俟详测完成,另补新图。此项办法如荷赞同,则附上之图稍微修整即可为呈部之用也。专此。即颂

大安!

弟谢家荣　三十,七,十五

附图一张,

顷奉大会资(卅)矿字7747号训令,着派员查明昆明属齐天山杨梅山磷矿矿区图以便更正。查该矿区会查时,本处派王植参加。矿处图地不符,今欲更正非重测不可,但不知会中对该区矿床分布有何根据,拟请将各种材料见示,以便此次赴昆时办理。弟定十七日赴昆转祥。以后函件请寄厚孚处转。今发一电请告,如汇港美金五八〇元(购经纬仪用)尚未寄出,本处拟即在昆照市率购到美金后汇港,□得早为购定。

(南京:中国第二历史档案馆,全宗号二八,案卷号28828,第117—118页)

七月十七日　率王植、颜轸、马祖望、陈庆宣、宫景光等乘处内卡车离开昭通前往祥云、宾川等地测查,随车装运锡块2吨,于7月20日抵昆明,在昆明停留半月,接洽有关事务。

七月十八日　致函许粹士,告知已从昭通出发,摘录朱庭祐关于祥云、宾川一带煤田报告内容,告之:"可依之为保留矿区之用""此次拟注意东山脚及瓦窑村二区""俟图完成,即快邮寄上"。

粹士我兄大鉴:

叠上数函,谅达左右。弟于十七日离昭,当日抵威宁,现定明日(十九)赴昆,约二十(日)左右可到。在昆稍有勾留。开始工作当在八月初也。前接微电,承示四点,当一一遵办。兹将此间参考朱庭祐报告之材料择要摘录,若与前寄十万分一祥宾煤田参阅,则产区范围可以大致明了,并即可依之为保留矿区之用。朱氏报告如次:"出煤地点可分为四带:(一)最西北者为小田坝至干甸营,倾斜北东东,斜角五十至七十度。小田坝煤层有二,相距十余公尺,每层厚仅〇.二〇公尺,干甸营略厚。煤田长约八公里,平均厚以〇.五公尺计,深度五百公尺,则得煤量

二,六〇〇,〇〇〇吨。昔时开采甚盛。调查时仅有煤厂一处,工人六名,每日出煤千斤。(二)瓦窑村、东庄箐及帽山东麓,长约十六公里,倾斜南东东,斜角三十至四十度。煤层有三,厚各约一公尺,相距甚近,可合并开采。储量概算(深同前,下仿此)三一,〇〇〇,〇〇〇吨。调查时有二处开采,日出煤五千斤。(三)花园村、东山脚及水井坊(即在祥云城东),倾斜向东,倾角三十度,煤层有三,相距达三十余公尺,每层厚约一公尺,长约十公里。储量概算一九,五〇〇,〇〇〇(吨)。有尖子二口,工人十名,日出煤约三千斤。(四)庙村、黑厂、黄联署一带(在云南驲南,即王恒升调查者,包括棕棚在内),倾斜南东东,倾角三十至四十五度。煤层有二,上层一.五公尺,下层一公尺,相距二十公尺。储量概算一六,二五〇,〇〇〇吨。调查时,庙村矿业较盛,日出煤约万斤。"以上四区共有储量六九,五五〇,〇〇〇吨,除去已经开采者外,尚有六二,五九五,〇〇〇公吨。

至论煤质,则东庄箐、瓦窑村,挥发分各约三十二或二十三,东山脚、黑厂在十三至十五左右,当属烟煤或半烟煤一类。含煤地质(层)向北尚分布及沙坊及广黄,向南则至弥渡。

以上所列地点,前寄十万分一图上俱有。此次拟注意东山脚及瓦窑村二区。前者交通便利,煤层或尚可用。现拟分二队测量。俟图完成,即快邮寄上。惟会中务请即派一工程师来,因一者,我本系外行,结论恐多错误。二者如他日大会派工程师调查时,以道远路阻,本处恐不能派员奉陪矣。草此。即颂

大安!

弟谢家荣顿首　七,十八

(南京:中国第二历史档案馆,全宗号二八,案卷号28828,第141—143页)

七月二十三日　呈送翁文灏和钱昌照昆明大板桥、呈贡县①黄土坡及水塘三区万分之一开采铝土矿矿区图各1幅②。

七月　编辑的《地质论评》之《云南矿产专号》(《地质论评》第6卷第1—2期)出版,所著《云南矿产概论》和《云南三大铁路沿线矿产图表》(与王曰伦合著)收入其中,并附《编辑后记》。

《云南矿产概论》参考中外典籍、近期报告和作者自己的亲历,概述了云南的地层、构造和金属与非金属矿产。金属矿床涉及铁、金、铜、铅、锌、银、锡、钨、锑、汞、砷、钴矿,非金属矿产涉及煤、石油、油页岩、磷灰岩、盐。文章将云南划分为6个矿

---

①　呈贡县:今为昆明市呈贡区。
②　南京:中国第二历史档案馆,全宗号二八,案卷号28827,第10—14页。

产区：变质岩黄金轴心区,震旦纪铁矿区,红色岩盐区及其附生之石膏、雄黄、煤及石油,玄武岩中铜矿钴矿区,石炭纪二叠纪煤田区,与酸性或中性侵入岩有关之岩浆矿床区。结论认为：云南煤铁矿产未见十分丰富,云南是否有产油之望,尚属一未解之谜,磷灰岩为云南最近发现之重要矿产,其质量之优,堪与世界最佳之磷矿相比,云南最有希望之矿产首推锡,其次为铜、铅、锌、银,较有希望但非全国首屈一指的矿产为金、锑、钨、汞。文章并指出,就地质理论言,云南构造复杂,断裂特多,火成岩侵入尤为普遍,故各种金属矿产应较四川和贵州丰富。本文首次将东川和易门地区产于震旦纪石灰岩(后定为前震旦系白云岩)中的铜矿命名为东川式铜矿。

《云南三大铁路沿线矿产图表》概述了滇越铁路、叙昆铁路和滇缅铁路3条铁路沿线的重要矿产,并将三大铁路的矿产做了比较,文末并以列表方式概括了3大铁路沿线的矿产。

谢家荣《编辑后记》：

素以矿产丰富见称而在目前抗战时期又把握着后方国际交通线的云南省,我们对于它的矿产资源的认识,实在太不真切了,这是我在民国二十九年春天到昆明后的一种感想。为要得到一些关于矿产的材料,所以就开始参考群集,同时又与考察过云南省地质矿产的诸位同志们作深长的讨论,后来觉得与其口头讨论,不如请他们写几篇专著公诸同好,而我个人所得到的各种耳闻笔录的材料,也不妨写一篇概论为将来进一步研讨的张本。西人有言：凡欲探讨某一问题时,最好的方法是写一篇对于该问题的专著,这是此次编辑《云南矿产专号》的动机。再从经济立场说,当兹全国上下万目睽睽地注意着云南地下富源的时候,这本小册子尽是如何的粗浅简略,我想总有些可以参考或者借鉴的地方罢。第一要向读者们抱歉的,是编者所著的这篇《云南矿产概论》极不完备,尤其是关于地质方面,虽然易稿数次,还是简略万分,云南的地质研究,固然尚在萌芽,但编者因参考书不完备的原故,以致缺漏很多,这是十分抱愧的,如承读者们赐教指正,毋任欢迎。

李洪谟、王尚文二先生是滇北矿务公司的工程师,这篇《东川铜矿地质初报》是他们三年来艰苦工作的结晶,在这里我们可以看到如何切实地将地质应用到采矿上面去,而这种应用在中国业已开始了。

王曰伦先生对于云南磷矿考察最为精详,他此次回到重庆之后,得有机会参考许多典籍,作了这篇《云南磷矿之时代及成因》,是一篇富有学术贡献的重要著作。

丁道衡、熊秉信二先生的《云南蒙自金平一带地质矿产》,是一篇专论金矿的报告,云南金矿已渐为人们的注意,而蒙自金平尤是云南产金带中的一个重要区域。

雄黄、雌黄乃低温矿床中的特产,在中国除湖南贵州略有所产外,要以云南凤仪县的产量为最多,十余年前英国人包朗先生曾有一篇简略记载,此次路兆洽、白家驹二先生依据他们精详的考察,著为专报,在本刊首先发表,是值得我们特别注意的。

应用地球物理的方法来探矿,已经博得国内大多数学者们的信仰了,但是引用的结果如何,好像在发表的文字里还不多见。因之,顾功叙、张鸿吉二先生的《电及磁法探矿在云南易门铁矿区之实施》是一篇重要的贡献。在这文里我们可以看到地质观察如断层等等,是如何的与地球物理的结果相吻合,而在矿量计算上专从地质观察而不能获得结果的几种因素,是如何的可用地球物理来补充。

当编辑云南矿产号之始,本想将滇省各重要矿产分门别类的请专家各撰论文,然后再选择几个重要或标准区域另编专著。当时已约定的有马希融先生的《云南省的锑钨锡》、王镇屏先生的《云南省的煤铁》、王恒升先生的《一平浪煤田地质》、孟宪民先生的《滇西的铅锌银》、尹赞勋先生的《腾冲附近矿产》、谭锡畴先生的《易门铁矿地质》。后来因为各位先生事务繁忙,不克准时交稿,只得暂缓付印,将来俟收到稿件,再当陆续在本刊发表。

在这里有一篇有关中国地质学术史料的伟作,那就是翁文灏先生的《丁文江先生传》。这是一年前的写作,曾经分送丁先生生前友人加以审订,最近复经翁先生亲自校订后付印。我们都知道丁先生乃中国地质学家中第一个到云南调查矿产的人,而今年又恰巧是丁先生逝世的五周年,在这里发表,既足纪念,又极恰当。

云南有正在兴建中的二条铁路(叙昆铁路和滇缅铁路),还有一条已成的滇越铁路,合起来共有三条大铁路。因为路矿有密切的关系,所以附编了一篇《云南三大铁路沿线矿产图表》。其中叙昆北段四川境内的材料,为符合云南矿产号的名实计,暂付缺如。

《云南矿产号》开始编辑在去年一月,到今年七月才印出来,承本刊编辑主任杨钟健先生给予种种便利,实深感谢。又因编者的工作地点,远在昭通,所以实际编校的工作都由张鸣韶先生担任,特书此以志感谢。

(《地质论评》第 6 卷第 1—2 期,第 193—195 页)

八月二日　复尹赞勋 7 月 19 日函,告知阮维周等已赴威宁工作,询是否支付阮维周津贴意见等事。

建猷吾兄大鉴:

前发二函不知已收到否?顷接七月十九日惠函,收悉一是。阮君维周及本处所派颜轸等共三人已于今日(八月二日)搭宣明煤矿公司卡车前赴宣威,再设法赴威宁,大概不久必可到达地点开始工作。阮君在威宁工作定为至多三个月,将来再返昆明与否,悉听尊意。弟无成见,最好能将调查结果当面报告一切,再回重庆做报告似最妥善,不知兄意以为何如。阮君在此并不支薪,有给予津贴之意,尚未实行。此种方式既与所例不合,弟当遵命取消原议可也。

承兄抄寄滇省东南部地质草图甚感。寄来书籍已收到一部,书价一百四十余元业已汇出。王超翔汇回旅金二百元亦于今日寄出,收到后祈示复为感。拟刊《云南矿产号》如承赞同,请赐协助将大文从速寄下为感。又云卿[①]之澄江等处磷矿报告及草图请先抄一份寄叙五,以便由彼编著《云南之磷矿》一文。此复。顺颂

大安。

弟　谢家荣顿首

八,二

(谢家荣学术成长资料采集工程资料,存于采集工程数据库,档号 XJ - 004 - 186)

八月六日 离开昆明,次日抵祥云。

八月九日 致函许粹士,告知已抵祥云,拟测祥云东山及弥渡煤田,并请早日派矿工程师来会同工作等。

粹士兄大鉴:

在昆曾去数电,未蒙赐复,甚以为念。弟于六日离昆,八日安抵祥云,明日起即可开始工作矣(已另电告□座,不知收到否?)。在昆与王恒升先生谈,知庙村棕棚煤田业已详测,并谓矿区图及简报已由袁向耕兄转呈大会,谅已收到。我等拟详测祥云东山及弥渡煤田,以备大会请领。前函请派有经验之矿工程师,务请早日派来,会同工作。又滇缅沿线调查有何新计划,务请早为示下,以便及时遵办,否则祥云事毕,即拟东返,届时如再度西来则费事耗财,为公为私俱不合算也。专此。颂

大安!

弟　谢家荣八月九日

(南京:中国第二历史档案馆,全宗号二八,案卷号 28828,第 107 页)

八月十日 派王植押运锡块赴畹町交锡,为矿产测勘处采购油料。王植于 23 日返回祥云。

八月十一—十三日 初步测勘东山煤田。

八月十四日 分队工作。与宫景光调查庙村煤田。派颜轸、马祖望、陈庆宣详

---

① 云卿:即王竹泉。

测东山煤田。

八月二十四—二十八日 整理图件,编著周报。

八月二十五日 呈送翁文灏、钱昌照领款书,已于 8 月 5 日收到资源委员会拨发之西南矿产测勘处 4、5、6 月经费 75 000 元[①]。

八月二十七日 复许粹士 8 月 19 日函,称如赴班洪等地,因属烟瘴,应予调查人员优厚津贴,告知汇款香港购置测量仪器及近期工作计划等。

粹士兄大鉴:

八,十九惠书敬悉一是。承示各节,翁先生前亦有函来,自当遵办。惟班洪地属烟瘴,云县及耿马烟煤田(前处报告耿马有烟煤,谅已收到)亦然,虽在冬季,亦颇冒险,将来如果决定前往,拟请照滇缅铁路例,所有前往调查人员一律另加优厚津贴,此外尚需有医生一人随同前往,否则恐无人愿往也。究应如何办理之处,并希酌夺示知。前屡请拨款香港购买测量仪器,迄未蒙赐复。兹又得港购料室快邮代电,附上一阅,务请设法汇款,将来由本处经费项下扣除,万勿再迟,以免延误为盼。东山矿区图前日邮奉,谅已收到。兹草简报一份附上,请赐改。此稿最好请代为复写数份,以一份寄昭通本处留底。弟定后日(廿九日)赴弥渡,另一队赴蒙化,预定一个月内将弥蒙宾境内煤田测竣,以后再计划前赴云县及耿马,班洪如有必要,亦拟一行。惟终年奔走,结果为人作嫁,思之殊不值得矣。近接昭通函,内人时常有病,颇为放心不下,故弥渡事毕或即率队返昭亦未可知也。草此。即颂

大安!

弟　谢家荣顿首 八,廿七

(南京:中国第二历史档案馆,全宗号二八,案卷号 28828,第 126 页)

八月二十九日 率全体人员赴弥渡,考察弥渡附近的地质情况。

八月三十日 开始分组调查。派王植、马祖望、陈庆宣前往蒙化,测勘大富塘、长虫街等处煤田;与颜轸、宫景光测量木古浪、巧邑、佐力等处煤田,直至九月二十二日。

九月三日 在祥云就工作计划及如何给赴云县、耿马人员发放津贴致电资源委员会。电文如下:

资源委员会。密。仍赴弥渡、蒙化测勘煤田约一个月,事毕再计划赴云县、耿

[①] 南京:中国第二历史档案馆,全宗号二八,案卷号 12365,第 14—15 页。

马及班洪。惟各该处地属烟瘴,调查人员应如何拨给津贴,以示鼓励,请核示遵行。要电请由祥云滇缅铁路局办事处转。职荣叩。廿。

(南京:中国第二历史档案馆,全宗号二八,案卷号 12363,第 9 页)

九月十五日　致函许粹士,称弥渡现开煤矿煤质甚劣,不值与滇缅铁路局争,告知新发现弥渡县南之煤层的优缺点,并建议即日呈部设权,越快越好。

粹士吾兄大鉴:

弟于二日下乡,十四(日)返城。弥渡现开煤矿共有二处,一为木古郎,一为芹菜沟(实际已属祥云),皆为无烟煤,煤质甚劣,远在庙村、东山之下,且位在五六百公尺高山之上,虽距铁路线仅六七公里,而将来运输仍成问题。此二区已经滇缅铁路局请领,不必与争,亦不值争也。此外在县南二十公里之佐力、力田厂、巧邑,紧靠铁路之区,另发现一煤田,似颇有试探价值,其理由如次:(一)交通异常便利;(二)就煤样考察(黑而不甚亮)似属烟煤;(三)煤系时代似较祥弥其他煤田为略新(仍属上三叠纪),或可与一平浪相比,故颇有属烟煤之可能;(四)煤层露头已见二处,因矿区尚未确定,未敢试挖,万一挖得佳厚之煤,反多纠纷也;(五)力田厂,据云其曾盛产,后因矿井煤气发火,焚毙多人,遂即停采,此亦或可为多烟(煤)之证。惟缺点亦甚多:(一)构造繁复,(二)附近有火成岩。但无论如何,值得一探。兹将绘具矿区图随函附奉,务盼即日呈部设权,愈速愈好。因现在滇缅铁路正约请联大冯淮西[①]、王洁秋[②]等分组二队调查沿线矿产,冯队由保山经龙陵入云县,王队由弥渡经蒙化亦至云县。王现正在木古郎、力田厂调查。稍一延误,即将为捷足者先得也。弟现已函达洁秋,告以佐力等处矿区,正由会请领,请勿再领,同时又函曾督办,亦告以此意。盖木古郎矿区,曾亦以同样方式函告弟也。又云县矿区不知已确立否,近由路局送观煤样,颇似半烟煤,与抚顺煤相似而略逊,机车大概可用,惟不知矿量如何耳。弟此次来祥,半为任务重大,不得不亲自一行,而主要兴味仍在观察滇西地层,现为期已久,而找矿事务,纠纷愈多,大会既无整个计划,又不给予相当职权,如是办理,决无善果,故□□赴宾川考察地质之后即率队返昭,为时当在十月初也。另现正在蒙化测勘。专此。即颂

大安!

弟谢家荣顿首　九月十五日

---

①　冯淮西:即冯景兰。
②　王洁秋:即王恒升。

所采矿样已寄昆明中研院化验,另一部分拟俟到祥后寄上,请转托矿冶研究所分析。又及。

　　　　(南京:中国第二历史档案馆,全宗号二八,案卷号 28828,第 120—121 页)

　　九月十八日　呈函翁文灏和钱昌照,呈送修正 1941 年度创业经费概算书等各 4 份及附件。函件全文如下:

　　案奉

钧会(卅)计字第九二三五号及九四四七号训令,本处三十年度创业经费增列美金贰万元,按照商汇汇率折合国币贰拾陆万柒仟元,并以价高涨及事业急需起见,追加本处经费国币伍拾万元,共计国币一百贰拾陆万柒仟元,饬即编造概算、工作计划及美金规范书呈核备转,等因;奉此遵已依式编具修正创业经费概算书、概算书提要、预算分配表、工作计划书及美金规范书各一式四份,理合备文呈送,仰祈鉴核,分别存□,实为公便。谨呈

主任委员翁

副主任委员钱

　　附呈修正创业经费概算书、概算书提要、预算分配表、工作计划书及美金部分规范书各一式四份。

　　　　　　　　　　　　　　　西南矿产测勘处处长谢家荣

　　　　　　　　　　　　　　　中华民国三十年九月十八日

　　　　(南京:中国第二历史档案馆,全宗号二八,案卷号 12344,第 37—38 页)

　　是日　就 1940 年度决算书和 1941 年度报表事呈电翁文灏和钱昌照。

　　翁主任委员、钱副主任委员钧鉴。密资(3401)电敬悉。(1)前处及本处(29)年度计算书据谓赶编中,本月可竣事。决算书本处者已呈送在案,前处亦编就,即日寄呈。(2)(30)年度一至六月份报表正在编制中,七八月份待用新颁表,未尽印就,正在设法编呈。职谢家荣叩(3081)。

　　　　(南京:中国第二历史档案馆,全宗号二八,案卷号 12349,第 14 页)

　　九月二十三日　全体人员相继返回祥云。

　　九月二十七日　留王植在祥云整理图件,率其余人员赴宾川。

　　九月三十日　今起分两队调查:与颜轸、陈庆宣测量干甸营煤田,并赴鸡脚山

考察地质;派马祖望、宫景光测量东庄箐、老赵村等处煤田。

是日 奉经济部令,任地质调查所代理简任技正。

十月三日 呈函翁文灏和钱昌照,呈报7、8两月的工作简报①。

十月十二日 两队在完成工作后,分别取道禾甸街、下庄街、云南驲、梁王山返回祥云,结束野外工作。

十月十三日 就所测煤田情况及资源委员会办理请领矿区等事致函许粹士。

粹士吾兄大鉴:

弟于上月廿七日赴宾川,本月十二(日)返祥云,所有宾川境内干甸营、瓦窑村等煤田皆经测勘,因离铁路较远,且须下坡,交通不便,煤之质量亦不佳,虽已绘成矿区草图,似不值即时请领。返祥后得晤郑专员万言兄,并接读九、十七、廿四惠书,敬悉一切,委座嘱以个人名义与曾督办商洽合作之电,亦已收到,自当遵命办理。惟闻曾督办有来祥云之讯,而我等归期匆促,又不便久候,故能否在此谈,或竟在道上相左,尚不可知。云县、耿马,本应前往,奈此次离职已久,处中诸事待理,故仍拟先返昭通一行,将来如有必要,再当派员前来调查。好在郑专员已在祥云,一切负责有人,自不烦我等之操心矣。所使人悬念者,乃王恒升兄于一年余以前所测之棕棚、庙村煤矿区,今闻郑专员接建所来函云,已由李西平及一毛君于本年六七月领去,究竟庙村矿区已否由会领得,前经屡函询问,未蒙赐达。又到祥后首次所测之东山矿区,早经寄呈(邮局双挂号,回单亦已到),而建所来函除佐力、力田厂已保留外,竟未述及,而□王亦未道及,甚滋疑虑。查祥云煤田,以庙村及东山二区为最佳,会中若未领得,则实属一大损失也。至于滇缅路津贴员工,种类繁多,其中最需要者为边区津贴,自澜沧江南公乡起,向南逐渐增加,可达薪水之二三倍。今南行现暂缓,则此事亦勿庸再谈矣。承嘱香港购料室以国币结购本处所定之测量仪器,又承议增本处经费,曷胜感谢。以后赐示请寄昭通为荷。专此。即颂

大安!

弟 谢家荣顿首 十月十三日

(南京:中国第二历史档案馆,全宗号二八,案卷号28828,第127—130页)

十月十八日 在因雨受阻数日后离开祥云,赴昆明。

十月二十一日 到达昆明,等候矿产测勘处新购旅行车,并办理行车手续。

---

① 南京:中国第二历史档案馆,全宗号二八,案卷号38128,第26—27页。档案只见谢家荣呈报函,未见工作简报。

十月二十二日　致电翁文灏和钱昌照,汇报组织滇西矿业公司事。

翁主任委员、钱副主任委员钧鉴:密。(19)日抵昆,得晤曾督办,讨论结果拟组织滇西矿业公司,资本五千万元,会、省、署各一千万元,商股务恳华侨投资二千万元。商股如有不足,由会、省、署平均补足。设董事十五人,总经理一人。由董事会聘任协理一至三人,由总经理提出,董事会通过聘任。会、省、署已领滇西各矿区有开采必要时,一律无条件交新公司办理。商领矿区估价后移作商股。经济部应将滇缅沿线每边五十公里范围内未领矿区特许公司保留探勘,以三年为期。公司事业暂定开采祥、弥、云、耿马煤田。试办滇西汞锑矿,英人合办班洪。以上计划,如蒙赞同,请派员署方代表会向省方商洽。复电请由运销处转。职谢家荣叩(4201)。

（南京:中国第二历史档案馆,全宗号二八,案卷号28828,第142—143页）

十月二十三日　许粹士电告谱主,祥云东山矿区图因袁向耕误寄叶渚沛,刚刚接到,已经赶绘呈部,弥渡、云县已经设定矿权[①]。

十月二十五日　致函许粹士,寄此次工作所采煤样并嘱许转给分析单位及应分析的项目。

粹士兄:

到昆后所发函电,谅均收到。兹将此次所采煤样十七种,分装五布包交邮寄奉,另煤样名单一纸随函附奉,均祈捡收量之□之,并祈转交动力油料厂或矿冶研究所,速为化验为荷。化验节目,磷、硫不重要,最要者系挥发分及定炭。发热量亦必须精密测定(计算者不算数)。此外必须将祥云(可择C或D或E均可)煤与云县煤做混合试验而定其发热量及焦性。又所寄各煤除云县(O)系半烟煤或褐性烟煤及力田厂疑属烟煤外,余均系无烟煤。此间因候行车执照及杂事,须廿七八左右□能返昭。草此,即颂

大安!

弟　谢家荣顿首　十月廿五日

（南京:中国第二历史档案馆,全宗号二八,案卷号28828,第131页）

十月二十八日　一行分乘旅行车和卡车离开昆明,返昭通。

---

① 南京:中国第二历史档案馆,全宗号二八,案卷号28828,第135页。

十一月五日　回到昭通。

矿产测勘处临时简报第 19 号《云南祥云宾川弥渡蒙化间地质矿产》对此次煤田地质调查的简略情况和所得结论有如下记述。

谢家荣《云南祥云宾川弥渡蒙化间地质矿产》：

一、绪言

民国三十年七月本处奉到大会电令，略谓：滇缅铁路赶工修筑，沿线燃料，急需寻采，着本处派员详测祥宾一带煤田，以供开发云云。本处奉令之后，当由荣率领王植、颜轸、马祖望、陈庆宣、宫景光诸君前往调查。

……

是行也，历时共一百零一日，但因雨阻，车辆抛锚，及接洽公事等等，耽误甚多，实际测勘仅四十五日，测勘面积达一千八百平方公里，用步计法测成十万分一地质总图一幅，又实测祥云东山脚，弥渡巧邑佐力村，宾川老赵村干甸营，蒙化大窝塘长虫街等处煤矿矿区图共六幅，面积合计三七六三公顷三九公亩五十公分九公厘正。

祥云一带地质，英人勃郎氏曾经调查，其报告散见于印度地质调查所刊物中。国人之曾前往调查者有：朱庭祜、路兆洽、白家驹诸君。朱君调查专注煤矿，对于地质，殊少论述。路君等则著有蒙化矿产一篇，载地质论评第四卷第五期，关于蒙化附近地质，路君等颇多观察，惜被删去，致使人无从参考。此次调查虽亦以煤矿为主，同时并就经过地点，测制区域地质图，对于三叠纪地层，稍作研究，惜行程急促，观察不精，遗漏谬误之处，诸待他日之更正也。

……

五、矿产

……

综观上述各煤田，以祥云之庙村、东山为最优，弥渡次之，宾川、蒙化又次之。各煤田储量合计共为七，八一六，二五〇公吨。

……

除宾川煤田交通不便外，其他皆靠近滇缅铁路线，他日铁路完成，则交通运输皆不成问题，且东山、庙村二煤田，尚多可以扩展之处，故实际储量尚可倍增。所最堪考虑者，厥为煤质。据朱氏报告所列分析，挥发分大多数在百分之一〇以下，少数在百分之十四五，只有一处（宾川瓦窑村）则为百分之二十三。此次所采煤样，一部分已经中央研究院化学研究所化验完竣，……各煤含挥发分俱极低，对于机车应用，恐多问题也。

（存全国地质资料馆，档号 1888）

图71　抗战期间谢家荣与其领导的西南矿产测勘处主要人员合影。1941年7月资源委员会电令矿产测勘处,滇缅铁路赶工修筑,沿线燃料,急需寻采,着其派员详测云南祥云、宾川、弥渡一带的煤田。7月17日谢家荣率王植、颜轸、马祖望、陈庆宣、宫景光等前往勘查,至11月5日方回到昭通。此照片摄于谢家荣从祥云回到昭通李家祠本处之时。(自左至右:第一排　杨博泉、王超翔、郭宗山、谢家荣、马祖望、曹山歧、边兆祥、温钦荣。第二排　顾功叙、王植、周德忠、黄劭显、潘汝俊。第三排　黄朝环、李树明、张鸿吉、金耀华、殷明诚、郭文魁。第四排　叶重庆、颜轸、陈庆宣、宫景光、燕树檀、董申保)

十一月七日　呈翁文灏和钱昌照,请核拨下半年经费及本年度事业费350 000元[①]。

十一月二十日　呈电翁文灏和钱昌照,请拨事业费及下半年经费350 000元。

翁主任委员、钱副主任委员钧鉴:密。职处近购旅行车一辆,款待付。又滇缅沿线工作人员正分队出发,需用浩大。拟将职处事业费及下半年经费共(35)万元即汇昭通备用,实为公便。职谢家荣叩(5201)。

(南京:中国第二历史档案馆,全宗号二八,案卷号12365,第30页)

---

①　南京:中国第二历史档案馆,全宗号二八,案卷号12365,第35—36页。

十二月七日　致函许粹士,请其查之前所寄各矿区资料中涉及各矿区面积及小地名等,以编制年报,并打听明年度的经费:

粹士吾兄大鉴:

昨上一函,谅达左右。兹为编造本处三十年度年报,须将本处前后所测矿区等汇合叙入。查此次在祥云旅次寄上之祥云东山及弥渡佐、力二矿区及云县煤矿区,其矿区面积及小地名等,此间并未留底,为此拟请费神一查,饬人抄寄,曷胜感荷。本处本年度经费五十万,闻院令核减半数,大会呈请照旧,不知已获核准否?现在百物昂贵,本处支出以旅费为大宗,高涨尤多,不知明年度之本处经费可得酌加否,便祈示知为荷(前送上之百万元预算系误会大会某次指令本处卅年度经费追加伍拾万元而来)。此颂
大安!

弟　谢家荣顿首
十二,七

(南京:中国第二历史档案馆,全宗号二八,案卷号28828,第151页)

十二月十一日　致函许粹士,请他确定大板桥铝土矿区面积,并谈铝土矿采样问题。

粹士兄大鉴:

前上数函,谅均收到。兹为编辑本处年报起见,需详列本处测量各矿区面积。查铝土矿大板桥北一区,前仅送上地质详图,矿区面积及范围大概系由尊处代为划定,因此本处并未留底。为(此)特函请将该图有矿区者晒一草图寄下或将面积抄示为感。

前接黄海化工社函,嘱再寄铝土样品各半吨,近又接本会工业处函索同样物品,可见政府对此矿甚为注意。本处以无便人赴昆,迄尚未去采集,但如大会能派定专人负责处理铝矿开发事宜,则进行较易也。即颂
大安!

弟　谢家荣顿首　十二,十一

(南京:中国第二历史档案馆,全宗号二八,案卷号28828,第164页)

是日　致函中央研究院化学研究所,催示祥云煤样分析报告。

林永先生大鉴:

日前奉上祥云煤样多件,未识已经分析否。敝处急需此项化验成分,至希惠予

· 455 ·

早日办理,并请将分析结果示知为荷。费用若干,示知当即照汇不误。专此。顺颂

研安!

弟　谢家荣①

十二月二十四日　因香港局势突变,设在香港的资源委员会购料室及国外贸易事务所无法工作。致函许粹士,请他了解矿产测勘处托购料室采购的经纬仪、气压计、白金丝等的下落。

粹士兄:

顷奉大会巧电,略开:"香港情形特殊,本会购料室及国外贸易事务所暂时无法执行职务,该处所有须与该室所接洽事件可径呈本会办理"等因。查本处前托购料室代购之经纬仪一架及气压计等,均已购得。本处兹曾电港,请航寄昆明运销处转交。未识此项仪器曾寄出否? 托购料室代购之白金丝亦未识已购得否? 务希费神代询示知为盼。所有货款则请于本处经费项下扣除可也。尚此。顺颂

勋绥。

弟　谢家荣　十二月廿四日

(南京:中国第二历史档案馆,全宗号二八,案卷号 28828,第 169 页)

---

① 中国第二历史档案馆,全宗号 393,案卷号 3206,第 74 页。

一九四二年　壬午(民国三十一年)　四十六岁

提要　云南昭通。率队探勘贵州水城观音山赫章铁矿山铁矿。考察滇中地质。西南矿产测勘处改组为矿产测勘处,任处长。著文《贵州西部水城威宁赫章之铁矿》(On the Iron Deposits in Shuicheng, Weining and Heichang, Western Kueichow)。

一月十日　许粹士函复十二月二十四日谢家荣函,告知香港沦陷后,无消息可通,所购经纬仪等情形无法探寻①。

一月十九日　致函中央研究院化学研究所,感谢该所对煤样的分析并免收化验费:

顷奉
贵所化字第三一一六号大函并附来分析表一纸,敬悉一是。
贵所于百忙之中短期之内将该项煤样分析完成并却收化验费用
高谊浓情,实深感荷,专此奉覆,借申谢忱。
此致
中央研究院化学研究所

谢家荣　启②

一月二十七日　致函许粹士,寄送 1941 年度年报,告知 1942 年度调查区域及其他计划。

粹士兄大鉴:
十二,廿三惠书敬悉。诸承指教,感荷良深。本处卅年度年报现正抄儹,不日寄呈。兹先抄概况一则奉上,即希查阅为荷,送登本会公报尤感。卅一年度工作计

---

① 南京:中国第二历史档案馆,全宗号 28,案卷号 28828,第 168 页
② 南京:中国第二历史档案馆,全宗号 393,案卷号 3206,第 58—59 页。

划前经拟呈,现拟即照此实行。调查区域大概分为四区:(一)云县孟勇间(此系继续去年调查),(二)平彝罗平师宗泸西等县,(三)富民罗茨禄劝武定寻甸各县,(四)威宁安顺间筑威路沿线。以上除第一区路程较远外,其余皆在滇东,并可与以前调查结果相衔接,如是即可完成五十万分一图幅三幅,二十万分一图幅廿七幅。为使图幅易于衔接计,本年度并拟与中央地质调查所合作举行经纬度测量,先就上列区域实施。大会有何交办事件,请早为示知,否则人员一经派出即无法更动矣。专此。敬颂

大安!

弟谢家荣顿首

附本处概况一则

（南京:中国第二历史档案馆,全宗号二八,案卷号28828,第181—183页）

二月五日　回复丁文江先生纪念奖金委员会1942年1月10日关于推荐奖金候选人的来函。

二月十四日　就矿产测勘处工作进展及本年度计划等,函告翁文灏。

咏师钧鉴:

顷奉一月廿日钧函,敬悉一是。承谕本处测勘工作寂好能有若干中心事件作为枢纽一节,自应遵办。查本处进来测勘矿区虽亦不少,而实际致力仍以区域地质为多。现滇东黔西所测范围已甚广泛,本年度再加努力,即可完成五十万分一图幅三幅,二十万分一图幅廿七幅,并为校正位置衔接图幅计,拟与中央地质调查所合作实测滇东各处经纬度。以上所述为本处中心工作之一,而谅亦为钧座所乐为赞助者也。承谕须详为筹计之三事:除滇东磷矿以前调查似颇详尽,滇南锡矿以地近滇越交界,旅行不便,均拟暂缓办理外,对于滇黔煤铁资源之搜求与开发颇思有所贡献。去年度对于威宁水城煤铁矿藏已作初步测勘,本年度仍拟继续进行,并拟扩展至大定、毕节、黔西及水城普定间一带,盖就地史及构造研究上,二叠纪佳煤盆地之分布,西起沾益、宣威、威宁一线,东迄修文、安顺,北限于古蔺之南。在此范围之内,不但煤层富厚(如水城一带多至七八层,并有厚达五公尺以上者),且质性优美,可以炼焦,故详事搜求必能发现许多质量俱优之煤田,以供他日重工业建设之需要也。至于以资委会为中心汇综比较及通讯商洽各方调查所得之材料,此间亦早已着手进行,惟所得报告恐不齐全,且原意在理论研究如比定层序及研究古地理、海侵诸问题,对于实用方面少加注意。今既承谕即自当秉承大会所定具体办法协助进行,端此。敬肃。顺请

钧安!

生 谢家荣顿首

附本处卅一年度工作计划一份

（南京：中国第二历史档案馆，全宗号二八，案卷号28828，第208—211页）

二月十七日 就钱昌照指示与矿业处商讨昆明铝土矿开发问题致函许粹士，指出在目下炼铝问题尚未解决之前，不必过事扩张，即行着手开采。

粹士兄大鉴：

顷接钱副主任委员来谕云："昆明呈贡一带铝土矿储量既富，自宜筹备开发，希与矿业处详细商讨，以期早日施工。至海口铝土矿，亦望提前探勘，如有开采价值，盼即绘具矿图，以便设权"云云。查铝土矿初步调查，敝处业已完成。若作进一步探勘，如施掘明槽，精计厚度，详测地形地质(一万至二万分一图)并扩展矿区等工作，所费在一二万元左右者，敝处可以兼办。至若正式施工开采，则不但敝处无此能力，而在目下炼铝问题尚未解决之前，就弟愚见，大会似亦不必过事扩张，即行着手开采。盖开采不难，而其难在炼。若采而不炼，则矿石堆置矿山，又将蹈易门之覆辙矣。敝处调查人员不久即将出发，尚望早为决定详示办法，以便遵行，否则奉令过迟，则人员一经出发，即将无法调派矣。专此。即颂
大安！

弟 谢家荣 顿首 二，十七

（南京：中国第二历史档案馆，全宗号二八，案卷号28828，第197—198页）

三月四日 许粹士函复谢家荣2月17日函，指示资源委员会对于昆明、呈贡铝土矿的复勘要求。

季骅吾兄大鉴：

奉读二月十七日手示，祗悉一一。关于昆明、呈贡一带铝土矿，会中之意请将该处矿床再予详细复勘，俾于储量及品质有更深切之认识，遇必要时并希实施掘沟，同时采集可以代表矿体之样品十数吨，分作三批，准备由黄海化学工业社、昆明炼铜厂、矿冶研究所分别化验并研究冶炼，诸希察洽办理为荷，此复。即颂
台安！

弟 许○○拜启

（南京：中国第二历史档案馆，全宗号二八，案卷号28828，第196页）

三月十六—十八日 为纪念中国地质学会成立 20 周年,在重庆"国立中央图书馆"举办地质展览会。展览分标本展览部和图件展览部,资源委员会西南矿产测勘处所作之云南东部地质图参展,"均为手工着色,亦于印刷困难中之一种艰苦表现"。

三月十九日 中国地质学会理事会会议在重庆沙坪坝举行,谱主与李春昱、黄汲清、翁文灏、杨钟健、尹赞勋等 6 位理事出席,理事长翁文灏主持会议,谱主被推选为《地质论评》和《中国地质学会志》编辑。

三月二十日 出席在重庆举行的中国地质学会第 18 届年会及 20 周年纪念会。会议于 20 日上午 9 时在重庆大学大礼堂开幕。到会会员、会友、来宾 136 人;理事长翁文灏主持会议并致开会词。向此次年会提交论文《云南祥宾弥蒙煤田地质》,因论文迟到,未列入会议论文会日程。

三月二十一日 主持中国地质学会第 18 届年会在四川省地质调查所举行的第 1 次论文会上午的会议,主题是普通地质及构造地质。

三月二十三—二十四日 参加学会年会组织的会后地质旅行。一行 53 人 23 日自小龙坎四川地质调查所出发,向西南,经桥铺至华严寺,下午循小岭南行,沿途为白垩系粗砂岩所成的峦溪,晚宿于冷水场巴江招待所;24 日由冷水场西行,直向白市驿东大山,考察白垩纪至二叠纪的地层,中午至山顶中国矿业公司矿场,由公司招待午餐,下午循山脊观察地质构造至山洞,下午 3 时搭资源委员会汽车返回重庆。

三月二十五—二十六日 资源委员会在重庆的资源委员会礼堂举行地质矿产会议。会议主席翁文灏。出席会议的有:中央地质调查所的尹赞勋、黄汲清、王曰伦、程裕淇、彭琪瑞,中央研究院地质研究所湖北矿产调查队的李捷,四川地质调查所的李春昱、侯德封、熊永先,湖南地质调查所的田奇㻪,江西地质调查所的高平,西康地质调查所的张兆瑾,河南地质调查所的张人鉴,中央大学地质系的张更,重庆大学地质系的俞建章,重庆大学采冶系和经济部采金局的何杰,经济部矿冶研究所的朱玉仑、马溶之、龙丕炎,经济部矿业司的李鸣龢,资源委员会西南矿产测勘处的谢家荣,资源委员会云南出口矿产品运销处的徐厚孚,资源委员会矿业处的许本纯(许粹士)、曹诚克、李庆远、沈渊儒。会议讨论了 9 个提案并分别做出决议。其中第 1 个提案是拟编纂全国重要矿产志案,决议采分编合辑志,自 1942 年 4 月起,花 6 个月收集资料,再用 6 个月汇编,由翁文灏主编,谢家荣、李庆远协助,分矿种、分区,由分编机关或个人负责收集资料,其中云南的煤铁矿产由西南矿产测勘处负责编送,铜、铅、锌、银、铝、明矾由谱主负责编送。[①]

---

① 地质矿产会议决议录、会议议程等地质矿产资料,藏于中国第二历史档案馆(南京),全宗号 4,案卷号 40313,第 2—3 页。

三月 矿产测勘处临时报告第 19 号《云南祥云宾川弥渡蒙化间地质矿产》编印完成。

四月十日 资源委员会致函谢家荣,称:"前拟具设立西南矿产地质陈列馆办法草案,业经呈请副座核示,奉谕'该馆仍以附设在测勘处之下为宜'等因,即请根据专项原则另拟草案呈核""兄另有其他意见亦盼速将理由函处,以便再行签请核示"①。

四月二十三日 与金耀华、郭文魁、王植、周德忠、王超翔等根据《地质学会简章》第 12 条发起组织的中国地质学会昭通分会在云南昭通成立,同时发布《中国地质学会昭通分会简章》共 9 条。

本会昭通分会成立

本会昭通分会已于本年四月二十三日成立,兹附录来函及会章于次。

敬启者:本会会员近散居滇北各地者为数甚多,为学术之研讨实有互相联络之必要,近由会员谢家荣、金耀华、郭文魁、王植、周德忠、王超翔等根据本会简章第十二条发起组织中国地质学会昭通分会,已于四月二十三日开会成立。通过组织简章并推选金耀华、郭文魁二人为本届干事。兹将简章一份附呈敬祈

查照为荷。此上

中国地质学会

中国地质学会昭通分会 启

(《地质论评》第 7 卷第 1—3 期,第 100 页)

是日 就设立矿产地质陈列馆及西南矿产测勘处改组事,致函许粹士。

粹士我兄大鉴:

五日离渝,沿途略有耽搁,于廿二日始抵昭通,接奉四、十惠书,敬悉一是。

副座谕之将西南矿产地质陈列馆"仍以附设在测勘处之下为宜"一点,本无不可,但陈列馆事关教育、文化及实业之开发,关涉多端,允宜各方通力合作,始克有济,且借此可作为滇中矿界一联络机关,于将来本会事业之推行,亦殊为有利,若由敝处独办,则昭通本已有陈列室,供本处同仁朝夕之研磨则可,为矿冶地质之宣扬,文化教育之灌输与补充,则究以声势太小而不能有何收获也。至若独办则敝处经费有限,难以负担一层,犹其小焉者也。基于上述理由,尚希代向副座婉为陈说,仍

① 南京:中国第二历史档案馆,全宗号二八,案卷号 28828,第 224 页。

照原草案办理,曷胜感荷。承询改组矿产测勘处办法,亦简列如次:

一、会令令改组"西南矿产测勘处"为"矿产测勘处",负责办理全国矿产测勘事宜。

二、会令公布:矿产测勘处组织章程。

三、颁发关防及官章。

四、会令公布:资源委员会测勘全国矿产办法。

五、本年度探矿工作拟订为:(1)昭通褐炭,(2)威水煤铁(此层须请先向韦度先生疏通),(3)昆明附近铝矿,(4)滇西汞矿。以上工作如(得)到核准,请分别以会令指派,俾名正言顺,得工作以痛快进行,否则散处仍拟调查地质,作不痛不痒之学术工作矣。

大驾何日赴黔?公外之暇,祈时赐教,俾便遵循,曷胜感荷。专此。即颂

大安!

弟　谢家荣顿首　四,廿三

再:前拟陈列馆草章此间已无底稿,请抄寄一份为感。

(南京:中国第二历史档案馆,全宗号二八,案卷号28828,第227—229页)

五月四日　资源委员会矿业处电告西南矿产测勘处速派员采铝土矿样,电文如下:

西南矿产测勘处:密。请速派员赴滇省铝土矿产地慎重选取可以代表全矿之矿样(1)吨,再按检样方法严密捡取矿样(5)公斤至(10)公斤,迅速寄会,以便化验。矿业处(9904)。

(南京:中国第二历史档案馆,全宗号二八,案卷号28828,第212页)

五月十一日　西南矿产测勘处就要求采铝土矿样事复函资源委员会矿业处:

案准

贵处九九〇四来电内开"请速派员赴滇省铝土矿产地慎重选取可以代表全矿之矿样一吨,再按检样方法严密捡取矿样五公斤至十公斤,迅速寄会,以便化验"等由;准此,查本处槽探昆明附近铝土矿计划正呈请委座核示中,一俟核准拨款即行派队出发,届时就便捡取矿样,以节人力财力。惟恐贵处急需此项样品化验,已请昆明炼铜厂就本处前次所采之矿样中严密选取五公斤至十公斤径寄贵处备用。除函托该处外,相应函复,即希查照为荷。此致

矿业处

资源委员会西南矿产测勘处　启　五月十一日

（南京：中国第二历史档案馆，全宗号二八，案卷号 28828，第 215 页）

五月十三日　地质调查所技正、古生物学研究室无脊椎古生物组主任计荣森逝世。

是日　资源委员会电告谱主，拟寄本会测勘全国矿产办法[①]。

五月二十二日　奉资源委员会令，与黔西南铁矿筹备处合作探勘威宁、水城和赫章一带的煤铁矿产，与边兆祥、颜轸、柴登榜一道乘矿产测勘处的旅行车赴威宁，与黔西南铁矿筹备处的程主任商定探勘办法。

五月二十八日　乘滑竿赴水城。黔西南铁矿筹备处派工程师李雄东同行。

六月一—五日　考察盐井坝、法起等地地质。

六月六—二十四日　测量观音山地质，期间测制 1：2 500 地质图一幅，剖面图 6 幅，矿区附近 1：50 000 地质路线图 1 幅。

六月十日　观音山铁矿的槽探正式开工。

六月二十九日　致函翁文灏，报告观音山铁矿勘探情况、工作日程安排及献身地质事业之志。

咏师钧鉴：

　　在威宁曾肃一禀，谅达记室。生于上月杪来水城即赴观音山详测铁矿，同时进行槽探。现测量已完成二千五百分一铁矿地形地质图一幅，对于铁矿矿床及其附近地质，调查甚详，槽探已开五个（预定共十三个）。每日工人约五十人。一时寂寞荒山，顿成热闹之场。预定八月杪槽探工作可以结束。据地质考察之结果，证明：（一）本矿绝非水成，如乐森璕、彭琪瑞诸人所述，乃属冷水或浅成低温交换矿床（证据为多，如 a. 不成鲕状或其他水成铁矿之结构，b. 层次不请，c. 铁矿中常多白色石质斑条，为石灰岩之残物交换之迹，灼然可见，d. 矿床虽具一定脉向，但细察其分布，常能自一种围岩越至另一种围岩，后成之迹象，不容疑义，e. 在它处石炭纪灰岩中从未发现水成铁矿，反之，在分布上、形式上，俱与威宁铁矿山之铁矿相似，后者则公认为低温矿脉也）。（二）铁矿长一千五百余公尺，宽自十公尺至二三十公尺，分布尚整齐。（三）除南部杉树林一带露头明晰外，其他露头俱属浑圆之大块，而为矿块棕土层 Rubble ore 所盖覆，因之常发生是否生根问题。目下五个探槽（各长约二十公尺）

[①]　南京：中国第二历史档案馆，全宗号二八，案卷号 28828，第 223 页。

中最深者已达四公尺,尚系矿块而未见生根之铁矿。(四)观上述情形及铁矿之成因,可见本矿之向下延深不能过于乐观。此问题槽探不能解决,当择适当地点开平坑以探之。现正勘定三个坑位,可探至五十公尺之深度,而平距总计不过二百公尺,轻而易举,不难即办。(五)基于上述结果,假定深度为五十公尺,粗探之,计矿量共约六百万公吨左右(精数俟槽探结束后详计),较彭君计算之浅藏矿量仅及一半。

生定明日率队赴大河边详测煤田,二星期后,拟先返威宁,视察铁矿山铁矿,以资比较。大概八月中可返昭通。

本处前奉有以测勘贵阳铝矿为急要中心工作之手谕,当即电询需否派员测探,并如何与省府合作之法,盼早日谕示遵行。十月中,生拟率队赴黔东湘西视察汞矿及湘南探矿(拟注意临武香花岭、郴县、安源及常宁大义山三锡矿)。所定工作日程,实已非常忙碌矣。生昔尝有志,以地质学者之经验及苦干精神,作成自调查,探矿,以至生产,一气呵成之工作为合理化开矿之一个佳例,乃自江华尝试成功以来,迄无机会再作冯妇。不得已,乃借合作方法,为人作嫁,俾得一试其技,自觉其志可嘉,但其遇不免可怜矣,质之吾师,不知以为然否?肃此。敬请

钧安!

生谢家荣顿首　六月廿九日

(南京:中国第二历史档案馆,全宗号二八,案卷号28828,第252—255页)

六月三十日　移驻大河边,边兆祥、颜轸、温钦荣负责煤矿测量事宜。

七月一日　计荣森的追悼会在中央地质调查所举行。谱主送挽联:"论学问辉煌同事少年谁最健,痛山河破碎如君美脊逝如斯。"

七月六一九日　返回水城,与燕树檀、陈庆宣考察水城附近地质。

七月十日　返回威宁。

七月十五一二十四日　赴妈姑铁矿山,会同燕树檀、陈庆宣考察该处煤铁矿产。

七月二十五日　返回威宁。

《贵州水城观音山赫章铁矿山铁矿报告》绪言:

民国三十一年五月,本处奉大会令,与黔西铁矿筹备处合作探勘威水赫一带煤铁矿产。在实施探矿之前,应先详测地形地质,爰于五月二十二日偕边兆祥、颜轸、柴登榜三君,乘本处旅行车赴威宁,与黔西铁矿筹备处程主任商定办法。廿八日乘滑竿赴水城,筹备处派工程师李雄东同行。六月一日至五日视察盐井坝、法起等地地质,六日抵观音山矿地,开始测量,廿四日完成。计测成二千五百分一地形地质

图一幅,剖面图六幅,又五万分一附近地质路线图一幅。卅日移驻大河边,测量煤田,此项工作由边兆祥、颜轸及温钦荣三君担任。七月六日荣返水城,会同本处所派燕树檀、陈庆宣二君视察水城附近地质。十日荣自水返威,十五日赴妈姑铁矿山,会同燕、陈二君考察该处煤铁矿产,廿四日返威。观音山探槽于六月十日开工,先开第一槽,十六日续开第三槽。十九日起,第二、第九、第十一三槽相继开工,迄今尚在进行中。探矿队办事处设在银炉沟田家。

(存全国地质资料馆,档号576)

八月三日　返抵昭通,历时两个多月的野外工作结束,随即筹划地质矿产座谈会。

八月八日　经济部令准谱主拟定的资源委员会测勘全国矿产办法备案。办法共12条,全文如下:

资源委员会测勘全国矿产办法
　　　　三十一年八月八日部令准备案
　　　　三十一年八月廿日部令公布

1. 大会为测勘全国矿产并邀请国内有关矿产调查机关合作俾资迅捷而利开发起见,特定本办法。
2. 测勘工作分调查、探矿两种。调查包括初步及精密之地质、地性测量,探矿包括槽探、钻探、坑探、井探及其他必要之开发工程等,以资确定矿床形态、储量及矿质优劣。
3. 本会为办理全国矿产测勘事宜,特设矿产测勘处,以便统筹而利联系。
4. 矿产调查工作,就地域之远近,由本会商请中央研究院地质研究所、中央地质调查所、各省地质调查所及其他有关机关与本会矿产测勘处分别办理之。
5. 探矿工作由本会矿产测勘处负责办理或商同生产或管理事业机关合作办理。
6. 应行探矿之区域,如已由本会设有生产或管理事业机关时,其探矿工作得由该事业机关办理,但应将所有探矿计划、工作情况及其所获结果,随时函送本会矿产测勘处研讨、比较,必要时得由该处提供意见,以资改进。
7. 进行探矿之区域,如与各省地质调查所或其他有关机关所在地接近时,其探矿工作得由本会商请关系机关就近代办,并请将所有探矿计划、工作情况及所获结果随时函送本会矿产测勘处,俾便联系,必要时得由该处提供意见,以备采择。
8. 本会探矿经费,应成立特别预算,遇有邀请会外机关合作或协助时,应在经济上予以种种便利。

9. 测勘所需一切器材得由本会购备多套交矿产测勘处,详按各方需要统筹拨用,用毕归还,以利流通。

10. 探矿结果如认为有开发价值时,应由本会独资或合资筹设事业机关,以利生产。

11. 本办法如有未尽事宜,由本会随时修正之。

12. 本办法自公布之日施行。

（南京:中国第二历史档案馆,全宗号二八,案卷号28828,第221—222页）

八月十五日 西南矿产测勘处成立的地质矿产座谈会举行第1次座谈会。作为召集人,主讲铁矿。《矿测近讯》第37期有如下报道:

《处中杂记》

成立座谈会 本处奉命致力探矿,业已制订计划,次第推行。处长近为使各同仁对矿床、矿业及测探方法咸得一明了观念起见,特举行矿产地质座谈会。先由召集人收集各项资料,作有系统之报告,然后由在座同仁各抒己见,以资补充。座谈结果由专人记录油印,作为将来实地测勘时之参考。处长当拟定召集人名单及讨论资料大纲各一份,兹照录如下:

（一）矿产地质座谈会名单表

次数	题目	召集人	记录人	日期	备 注
一	铁	谢家荣	柴登榜	八月十五日（星期六）	
二	银、铅、锌	金耀华	马祖望	八月十九日（星期三）	
三	煤	谢家荣	王植	八月二十二日（星期六）	
四	汞	郭文魁	业治铮	八月二十六日（星期三）	座谈会时间规定下午一时至五时,召集人谈话以二小时为限,其余时间由在座同仁自由发表意见
五	铜	郭宗山	金耀华	八月二十九日（星期六）	
六	铝	柴登榜,业治铮	郭文魁	九月二日（星期三）	
七	锑	马祖望,官景光	郭宗山	九月五日（星期六）	
八	钨锡	王植	官景光	九月九日（星期三）	

（二）矿产地质座谈会讨论资料大纲

一、矿床概况:(1)该项矿床之化学的及物理的特征,(2)该项矿床在中国之类别及其与世界重要矿式之比较,(3)中国矿床之个别讨论,特别着重西南各省之实例,(4)研究该项矿床之地质的及矿床的问题。

二、矿业概况:(1)该项矿质之分类,堪供采炼之最低成分及其所含杂质之影响,(2)矿质之应用及其制品,(3)世界之地域分布、中心产区及其产量,(4)中国之地域分布、中心产区及其产量,(5)开发该项矿产之地质的及经济的条件。

三、测探方法:(1)详测方法及应行注意之点,(2)探矿方法及应行注意之点,(3)测探方式(以上讨论资料仅系大纲,详细节目由召集人自行规定,如因参考书不敷时,其不克讨论之部可暂缺)。

第一次座谈会　第一次座谈会于八月十五日下午在地质课举行,由处长讲铁矿。柴登榜君记录。处长先就成因、分类,详论各式铁矿,并将中外实例相互比较,次讲钢铁事业,包括钢铁之种类、特性、制炼方法、杂质影响及世界钢铁产量等大概情形,又讨论威、水铁矿及易门、峨山等铁矿之成因,谓有同属浅成热液矿床而为海西宁运动产物之势,并谓可与朝鲜黄海道之安岳铁矿相比拟,倘矿脉延伸甚远,则其矿量必甚可观云。最后则介绍美国上湖铁矿之探矿方法,至五时始散。处长演讲时各人发有摘要一份,内容极为详尽云。

(《矿测近讯》第37期,1942年8月1—15日,第3页)

八月十七日　致函许粹士,择要报告测勘处近期工作:

粹士兄尊鉴:

返昭以后,公私稍感忙碌,孜未修笺奉候为歉。兹将本处工作近状择要报告如次(工作详情可参阅本处"近讯"):

一、观音山探矿正继续进行中,每月经费约二万元以上。前派柴君登榜为队长,因事返昭,现派燕君树檀代理。柴、燕二君皆本处助理工程师。已开五槽,最深六七公尺。其中一槽已得结果。预定再开三四槽即可告一段落,约九月杪可完工。为确定深度计,必须钻探或坑探,因钻机难觅,只好用较贵的坑探矣。大会探矿费拨到,本处即可进行,但黔西因经费不多,尚在踌躇,或者本年内不能开工也。据初步预算,如开三坑,共长250公尺,每月工料费约需十万元,需三个月至六个月完工。如先开一坑则可较省。应如何进行,祈盼指示。

二、大河边臭煤洞拉呼煤田五千分一地形地质详测工作正在积极进行,年内必可完成,惟如何钻探须视黔西工作方针而定,不能由本处单独主张。合作事业之困难大半如此。

以上威水赫工作进行尚算顺利,但近闻水城一带匪氛又炽,本处所派员工之安全颇受威胁,实堪焦虑。

三、本年派出之区域调查队共为六队,其中三队已事毕返处,一队已完成一半,因所经区域疫疬盛行,暂时结束返处休息。尚有二队大体完成,但尚未返处。以上各队工作时间自二个半月至五个月,调查区域约三万平方公里。

四、湘南探矿已派王晓青(湘所调用)、徐瑞麟为队长,各领一队。王徐二君现皆在湘,俟江局筹备就绪,至迟十月初可以出发。

五、贵阳铝矿,遵令缓探。为供参考,祈盼将李庆远君所著图报即日抄寄为荷。

六、易门铁矿 所余调查铁矿人员拟调往研究易门铁矿,已得董局长来函欢迎。

七、黔东湘西汞矿 约十月间可出发。

八、昭通褐炭 大会统筹探矿事务,是否仍照原议办法实行,□祈示知。探矿费望早赐拨,并希时赐南针,以资遵循为感。草此。即颂

大安!

弟 谢家荣 八,十七

(南京:中国第二历史档案馆,全宗号二八,案卷号28828,第264—267页)

八月二十二日 地质矿产座谈会举行第 3 次座谈会。作为召集人,主讲煤。《矿测近讯》第 38 期有如下报道。

《处中杂记》

第三次座谈会于八月二十二日举行,由处长主讲煤,王植君记录。处长就煤之种类、分类、成因及调查煤田应行注意之点,分条论述。关于煤之分类,处长谓目前当无一能兼顾各方(如成煤物质、沉积环境及形态、质性等等)之满意方法。翁氏之加水燃率分类法虽颇合用,但有许多特别煤类(如乐平煤等)即难适用。翁氏所定之加水燃率等级,似有修正之必要,盖有多种从形态上可断定为烟煤或半烟煤者(如云县之煤)而在翁氏之分类上却为无烟煤或褐炭也。关于调查煤田应行注意之点,处长谓除对于地质环境须彻底明了外,应将煤层或标准层详填于地质图上,对于煤之本身质性,如光泽、形态、夹层、夹石、顶底情形等,尤须详为观察记录。储量须精密估计。煤样须分层、分地,广事采取,借供分析。其他与采矿有关诸问题俱应注意。总之,以能确定该矿经济的价值最为重要云云。

(《矿测近讯》第 38 期,1942 年 8 月 16—31 日,第 2 页)

八月二十九日 致函许粹士,索要各工作矿区普通报告、附图及近年来每月工

程进展报告,以备必要之工作参考,并论及缅甸方向运输停顿形势下的探矿方针。函文如下。

粹士兄大鉴:

　　前肃一缄,谅达左右。本处为明了会属各矿情形及最近进展状况,拟请遵处将各矿普通报告、附图及近年来每月工程进展报告抄寄,以供参考。所以必须同抄普通报告及附图者,因非此不能知各矿之工程计划及矿场分布状况,而若无此种智识,则对于每月工作月报即无法看懂也。

　　目前本处亟须参考者为湘西黔东之汞及易门之铁。关于该二矿之探矿计划、目的及坑槽位置、探矿结果等等,皆为必要之参考材料,务希饬人从速抄寄。若因此工作而必需另雇一书记者,则本处尚可担负若干薪津(但不能全部担负,因本处尚拟向中央地质调查所作同样之接洽,如是则两方合起来即成一个书记,在本处尚不算甚费),如何? 希复示为感。现在水城大河边测量煤田之边、颜二君工作已告一段落,拟不久调往贵阳,详测铝土。至于昆明之铝矿,则暂不研究。此项计划不知亦荷赞同否? 专此。即颂

大安!

弟　谢家荣　顿首　八月廿九日

　　再启者,自缅运停顿,外汇矿产难以畅销,本会矿业方针不知有何更改? 便希详示,俾资遵循。盖本处之探矿计划理应依照大会方针随时转变也。就弟愚见,目前急需仍在煤、铁、石油以及铜、铅、锌等。在国内亟须应用之各矿,与以前情势恐已大为不同,故如昭通之褐炭应设法试验提油,以供采炼;威宁铜矿亦应施以探勘,以备小规模采炼;又如为钢铁事业所需之锰矿、钴矿、苦土矿及一切熔剂、耐火材料等,似均应注意搜求,相机试探。本处对于此项矿产,材料甚少。如承指示并委令测勘,似属当前要务,而与翁委座之"因时势定办法"之原则相符合也。至于观音山铁矿,自当积极施探。最近函程主任韦度,如该处经费不裕,则关于坑探工程之用费,敞处可以先行垫付或多担任若干,俾工作得以克日进行。槽探进行如常,其中一槽已见底石,其他尚未见底,而矿块大如桌子者甚多,诚属特殊现象。自开工迄今所得精美矿石共计已达千余吨矣。知注,顺以附闻。

　　(南京:中国第二历史档案馆,全宗号二八,案卷号28828,第269—272页)

　　八月　所著矿产测勘处临时报告第25号《贵州水城观音山赫章铁矿山铁矿简报》编印完成。简报讨论了观音山和铁矿山铁矿的异同,指出其矿石成分的差异——在观音山为褐铁矿,而在铁矿山为赤铁矿,此差异源于其出露位置的不同,

二者实际上属同一类型,并与朝鲜黄海道的安岳铁矿相比拟。

谢家荣《贵州水城观音山赫章铁矿山铁矿简报》:

观音山铁矿与铁矿山铁矿如何比较,颇饶兴味。就矿石论,两者迥乎不同。就地质论,则颇多相似之处。盖二者同属脉矿,且均产于石灰岩中也。

两矿在矿床分类上应属同式,其所以造成不同之矿石及露头情形者,实因位置不同,构造各异之故。观音山铁矿位置于高山之顶,山坡峻削,地层直立,故潜水深藏,风化易入,因之露头所见,皆属褐铁矿,而崩坠之铁矿,则造成广厚之矿块层。铁矿山铁矿则不然。矿脉平铺,位置低洼,冲积及风化残余之土,停积几满,潜水距地不深,故铁矿之水化者无几,所见者遂尽为原生之晶质赤铁矿矣。所不易解说者,当为围岩之蚀变。在观音山一带,从未见到大理岩或其他变质现象也。倘上说果确,则观音山矿脉之下部,必将渐变如铁矿山式之晶质赤铁矿,而附生矿物如重晶石等,亦必将渐次出现矣。惟究应至何深度,始能达到原生矿脉,颇难预定。盖就理论言,凡潜水面以上者,俱能深受氧化,而自观音山顶至附近河谷之高差达二百余公尺,矿脉如能达到此深度,皆可变为褐铁矿也。若氧化带未能达到如现在潜水之深,或原出矿质残留未变者,则将来施行坑探时(第一步坑探拟先从地面五十公尺之深度做起),必能获得合于以上理论之证据也。

在国外铁矿中,最能与本矿相比拟者,当推朝鲜黄海道之安岳铁矿。兹就加藤武夫著、张资平译之《矿床生因论》第二章第二七二至二七三页所述,节录如次:“安岳铁矿系沿中生代地层与片麻岩之断面发达,矿石为赤铁矿(辉铁矿),间有呈云母状者,含多少之石英,方解石及重晶石,向东作三十度之倾斜,厚自二三尺至三十尺,或涨或缩不等。沿层向有延长至四千公尺以上者,惟愈深则黄铁矿之量愈多。主脉上盘之硅质砾岩中,常有辉铁矿、重晶石、方解石之细脉。其成因系由上升热液,沿断面裂隙带交代砾岩而成。热液之来源恐系自侵入片麻岩中之闪绿岩或其他更新之深成岩中分泌而来。”据上所述,本矿与之相异者,仅在围岩之种类,盖一属石灰岩,一为砾岩也。

(全国地质资料馆,档号 576)

九月二日 资源委员会就西南矿产测勘处改组为矿产测勘处事宜再发训令。

资源委员会训令 资(卅一)秘字第一一七四四号

仰就西南矿产测勘处予以改组并将成立日期具报仰知照由

令矿产测勘处处长谢家荣

查矿产测勘处暂行组织章程业经本会呈准于三十一年八月二十日以资(卅一)秘字第一一二五五号会令公布,并另令派该员为处长暨经呈报在案。除关防官章另案颁发外,仰就西南矿产测勘处予以改组,并将成立日期具报备查。

此令。

中华民国三十一年九月二日

主任委员　　翁文灏

副主任委员　钱昌照

(《资源委员会公报》1942 年第 3 卷第 4 期,第 35 页)

九月九日　许粹士函复谱主 8 月 29 日函,并寄送易门铁矿管理局和汞业管理处 1941 年度工作月报。

季骅我兄大鉴:

顷奉八月廿九日大函,敬悉一是。兹先检奉汞业管理处及易门铁矿局卅年度工作月报本一份,以为参考,祈查收,并盼于两个月内用毕掷还本处。其他各种报告,俟本处无需用必要时,再行陆续寄奉。至于本会矿业方针,仍在注意煤、铁、石油、铜、锌、铅等,此外对于锰、钴、耐火材料及熔剂等,均在急需之列。再录用雇员一节,因现时生活高昂,薪水□□如何低廉,而津贴等有相当数目,倘贵处能整个担负,固无不可,但如只担负一部分,似成问题。又贵处改为全国探勘处后,处址究在何处,乞早决定赐知为荷。端发。即颂

公祺!

附易门铁矿局卅年度工作月报一份

汞业管理处卅年度工作月报一份

弟　许○○拜启

(南京:中国第二历史档案馆,全宗号二八,案卷号 28828,第 268 页)

九月二十日　收到许粹士九月九日函及寄来之易门铁矿管理局和汞业管理处 1941 年度工作月报后回复,索要彭县(今彭州市)及川康铜管处资料及申请教育贷金:

粹士兄大鉴:

顷接惠书暨易门及汞管处工作报告二册收到。谢谢。又李庆远君铝矿报告亦早经收到。惟彭□报告,迄今未来,故无详图,阅读不得要领。以上报告刻正摘录,二三日内即可寄还。俟上三报告收到后,请再寄关于四川彭县及川康铜管处之各

项报告,以供参考。敝处之址,本年内不动。如大会赞同,则拟迁贵阳近郊,惟运输困难,房屋亦难觅,不知兄有何善法促成否?兹附上申请要教育贷金之文集证件,请兄或□之符阶盖章保证,曷胜感荷。敝处其他人员子弟俱尚在小学,故不申请。专此。即颂

勋绥!

弟　谢家荣　九,廿

（南京:中国第二历史档案馆,全宗号二八,案卷号 28828,第 277 页）

九月　规划矿产测勘处秋季调查计划,派定各队人员及调查内容及湘南探矿人员,派马祖望前往广西八步,洽运钻机以钻探褐炭。《矿测近讯》第 39 期有如下报道。

《测勘工作》:

秋季调查　本处各队回处人员一俟编就简报即可开始秋季调查,约十月初或十月中旬即可出发。现已派定下列各队:一、易门铁矿队,由郭宗山、杨开庆二君担任,主要目的为代易门铁矿局调查新矿区地质并普遍研究易门附近铁矿之分布、成因及贮量等。二、湘西汞矿队,由郭文魁、业治铮、余伯良、杨庆如诸君担任,区域包括湘西之晃县、黔之铜仁、省溪,先详测该区地形地质,俟得线索再建议贵州矿务局着手钻探。三、贵州铝矿队,由边兆祥、颜轸二君担任,目的在复勘前人之调查,详测地形地质,以决定铝土矿之贮量及其价值,届时处长并拟亲赴各矿视察,并由王植君随同前往云。

湘南探矿　湘南探矿系与江华矿务局合作,分为两队,已由本处派定王晓青为第一队队长,徐瑞麟为第二队队长,其余队员均由江华矿务局委派,并由本处制定分队测勘实施办法。

(《矿测近讯》第 39 期,1942 年 9 月 1—15 日,第 1 页)

十月一日　西南矿产测勘处奉令改组为全国性机构,去掉"西南"两字。仍担任处长。矿产测勘处下面除行政单位外,设地质、测绘、化验等课,科技人员 22—31 人,工友 11—16 人。《矿测近讯》第 39 期有如下报道。

《处中杂讯》:

奉令改组　本处奉令(资(卅一)秘字第一一七四四号训令)改组为资源委员会矿产测勘处,旧处撤消。现定十月一日改组成立,启用关防。所有在外调查人员报

销等项目,自十月一日起,俱须用矿产测勘处抬头,省去西南二字云。

(《矿测近讯》第 39 期,1942 年 9 月 1—15 日,第 2 页)

《资源委员会矿产测勘处暂行组织章程》备载该处的任务及人员编制:

第一条　　资源委员会为调查测勘各省矿产,特设矿产测勘处。

第二条　　本处任务如左:

　　　　　(一)举办区域地质调查,勘定矿产分布概况。

　　　　　(二)详测各省重要矿产,加以探勘,估定矿床经济价值,准备开发。

　　　　　(三)蒐集有关矿产地质之一切资料,加以整理,借供参考。

第三条　　本处设处长一人,由资源委员会派充之。

第四条　　本处设总工程师一人,由资源委员会派充之。

第五条　　本处设总务、测绘、地质、工程、会计五课,每课设课长一人。除会计课课
　　　　　长及其佐理人员之任免,依经济部所属机关办理会计人员暂行规程办理
　　　　　外,余均由资源委员会派充之。各课视事实需要,得分股办事,每股设股
　　　　　长一人,由处长呈请资源委员会派充之。

第六条　　本处设工程师四人至八人,副工程师十人至十六人,均由处长呈请资源委
　　　　　员会派充之。助理工程师十八人至二十八人,由处长派充,呈报资源委员
　　　　　会备案。

第七条　　本处设工务员、课员、事务员各若干人,均由处长派充,呈报资源委员会
　　　　　备案。

第八条　　本处于必要时得招用雇员及实习员生。

第九条　　本处于必要时得呈准设立探勘队,其组织另定之。

第十条　　本处办事细则另定之。

第十一条　本章程如有未尽事宜,由资源委员会随时呈准修正之。

第十二条　本章程自经济委员会呈准公布之日施行。

(《资源委员会矿产测勘处三十一年度年报》,第 35 页)

十月九日　致函许粹士,索要川康铜业管理处及彭县铜矿筹备处材料及月报
表之"详细说明"。

粹士处长吾兄勋鉴:

　　前承惠寄李庆远著贵阳附近铝土矿报告一份、易门铁矿局及汞业管理处卅年

度工作月报各一份,业经参阅完毕,兹随邮奉还,至祈验收为祷。

敞处现须参阅川康铜业管理处及彭县铜矿筹备处材料,请赐寄全份,以供参考。敞处前以未经领到工作月报格式,故未能将重要事实逐项依式填写。自九月份起,当参照易门铁矿局及汞业管理处所用格式填写,借资一律,惟填表须知中第二项之"详细说明"尚希惠寄一份,俾便照办为盼。专此。顺颂

勋绥!

弟　谢家荣拜启　十月九日

（南京：中国第二历史档案馆,全宗号二八,案卷号28828,第283—284页）

十月十四日　致函许粹士,寄送《昭通褐炭田报告》。

粹士处长吾兄勋鉴:

顷奉手示,借悉一切。兹随函附奉《昭通褐炭田报告》一册,至祈验收。

褐炭田储量相当丰富,开采亦极容易。炭样已分送昆明利滇工业化学公司及光华实业社分析研究(该两处目前正从事低温蒸馏中),尚无结果送来。就外表及物理性质言,尚称不恶。此次赴昆尚拟带较多矿样前去,俾便决定如何利用也。余容后告。端复。顺颂

勋绥!

附报告一册

弟　谢家荣拜启　十月十四日

又该炭田曾经用物理方法探过,报告不日完成。据云,关于分布及储量方面与地质观察结果甚相吻合也。

（南京：中国第二历史档案馆,全宗号二八,案卷号28828,第285—186页）

十月十六日　复差测工许树清。

《处中杂讯》:

测工许树清复差　测工许树清前因不服调遣,出言无状,并表示不愿再干,自请辞差,尝经照准在案。处长最近又将该役(本处测工系普通工役,年久而工资较高者,并非技工)用回,并于本月十六日将该役派赴水城白党、龙场等处打听石棉(系一种Mountain leather)产地、产状,并酌量收买。处长之意,该役相随多年(二年半),亦并无了不起大过,最近该役生活颇苦。

（《矿测近讯》第42期,1942年10月16—31日,第5页）

十月二十三日　许粹士回复谱主10月9日函,并寄送大量资料。

季骅我兄大鉴:

　　十月九日惠书及附件奉悉。兹再检寄川康铜业管理处大铜矿厂、天宝锌矿厂、益门煤矿厂及益门炼厂三十年度一月份至十一月份工作月报各全份,又彭县铜矿筹备处三十年度一月份至十二月份工作月报全份。此外又附送本会最近颁发之工作月报填表说明及空白格式一份,并请察收为荷。专此。
顺　颂

公祺!

附件如文

弟　许○○拜启

十月廿三日

（南京:中国第二历史档案馆,全宗号二八,案卷号28828,第282页)

　　是日　文官处送出拟任谱主为经济部中央地质调查所简任技正(简任八级)审查书[1]。

　　十月二十四日　下午矿产测勘处举行第12次座谈会,由燕树檀主讲,述及水城观音山铁矿勘探中探槽的挖掘方法、工作效能及各探槽的现状,对铁矿的成因则未谈及。谱主认为应属低温热液矿床[2]。

　　十月　所著英文报告《贵州西部威水赫所属铁矿志略》和《湘桂交界富贺钟江砂锡矿纪要并泛论中国锡带之分布》脱稿。

　　十一月一日　各秋季调查队今起相继出发野外工作。《矿测近讯》第42期有如下报道。

《秋季调查》:

　　本处秋季调查人员,由谢处长亲自率领,原定卅一日乘本处卡车出发,因队员多名感冒,改定十一月一日出发……4.锰矿队,谢处长及郭文魁、业治铮二君到昆后,先赴易门、禄劝等处指示工作,约十一月底可赴贵阳、遵义等处调查。

（《矿测近讯》第42期,1942年10月16—31日,第5页)

---

① 中国地质科学院组织人事处:谢家荣人事档案,档号10-1。
② 《矿测近讯》第42期,1942年10月16—31日,第7页。

十一月六日　资源委员会矿业处函告谱主,请速详勘禄劝油页岩并复查锰矿,并称后方需锰不多,每年有一两千吨即足①。

十一月十日　率领矿产测勘处人员参观云南钢铁厂,晚8时应邀在该厂职员休息室作临时演讲,讲题为"中国金属矿资源之一般及主要铁矿区"②。

十一月十二—十四日　一行考察马家坡、谢家箐、王家滩地质。

十一月十五日　一行分两组工作:郭宗山、杨开庆赴三家村、易门考察,谱主与郭文魁、业治铮至草铺、邵官屯考察,后与易门矿局董局长会谈。

十一月十六日　自草铺沿滇缅公路行至河尾村,沿途考察震旦纪石灰岩、澄江砂岩、含铁千枚岩。

十一月十七日　考察羊街、鸡街、马街子、猪街、鹅头厂、迤纳厂地质及生铁生产情况,抵罗茨。

十一月十八日　自罗茨赴大猪街,沿途考察地质及铁铜矿产和炼炉生产情况。

十一月十九日　离大猪街,过上营,上百花山,经小营盘至武定,沿途考察地质。

十一月二十日　自武定至禄劝,考察地质,为禄劝矿物志做摘录。

十一月二十一—二十四日　自禄劝至保悟哈、老山街考察地质,返回禄劝。

十一月二十五—二十九日　自禄劝至硝井、嵩民,赴凤鸣村、可保村,考察地质,在凤鸣村遇张大煜,同到利滇公司,参观煤矿、蒸锅厂,在可保村上山至小松园,晤王德滋,至万寿山参观煤层,了解煤的生产与销售情况。

十一月三十日　由可保村返昆明。

十一月　派王子昌与北平研究院物理研究所所派顾功叙合作,测探云南会泽铜铅锌矿区,先后以自然电流法探测会泽矿山厂铅锌矿、迤碌黄铁矿、东川落雪铜矿、稀矿山磁铁矿、汤丹铜矿,工作至次年4月下旬。

十二月三日　赴昆明机场迎接钱昌照。

十二月十日　致函许粹士,称矿产测勘处人员,不论驻昆还是驻昭,所有平米代金、战时生活贷金等,一律照昆明之数目核发,并述种种理由。

粹士我兄大鉴:

弟于上月初率队来昆,历赴易门、禄劝等处调查矿产,于上月杪返昆,适逢副座来昆视察,遂恭候听训。本日承副座邀约个别谈话,决定本处在昆明设一办事处,

①　南京:中国第二历史档案馆,全宗号二八,案卷号28828,第287页。
②　云南省档案馆,全宗号1124,目录号1,卷号166,件号6。

将大部工作人员调驻昆明,以利进行,大概不久即可实现。但昆明与昭通,会定之平米代金及战时生活贷金,在数目上相差甚巨,若以驻昆人员照昆明数目,驻昭人员照昭通数目发给,则在同一机关之内,待遇悬殊,实非公允之道,况本处设在昭通,原系暂局,所以不即全部迁昆者,徒以处址难觅之故,此后为工作便利计,恐常有人员来往,调动既繁,何人驻昆,何人驻昭,殊难区别。因此种种,拟请大会对于本处人员,不论在昆在昭,所有平米代金、战时生活贷金等,一律照昆明之数目核发,以昭公允,而利进行。本处之此项请求,除上述种种之外,尚有下列理由:(一)昭通之米价、蔬菜、肉类等,虽较昆明为廉,但日常用品及布料等生活必须之品,悉自昆明运来,其价格自较昆明高出许多,故同仁等迁昭以来,除去每月伙食(最近每月亦达三百余元)之外,欲求制一袭之衣而竟不可得,其困难情形,有非皮相者所能察觉者。(二)照目前规定,本处专门人员薪津合计,每月少者仅八百元,多者不过一千二百元,而昆明联大新毕业学生之当助教者,月入悉在一千四百元以上,教授则悉在二三千元之间。人皆以为本会之待遇必优于大学,而本处人员之所得,则适相反,若不加调整,将使人心涣散,维系为难,影响工作,实非浅鲜。(三)本会之滇北矿务公司,宣明煤矿公司分驻会泽、宣威各地,其所发米代、战贷各金,悉照昆市数目办理。按会泽之生活费用,尚较昭通为低,宣威虽较高贵,亦难与昆市相比,今既一律待遇,可见必有其理由之所在。本处同处云南一省,援例要求,既属必要,亦甚合理。(四)驻昭之中央机关,如中国银行、航空站、驿运站等,其员□之津贴,悉照昆明待遇办理,事实俱在,可以覆按。本会素以提倡员工福利、安定员工生活为号召,似不能过于苛待,自失人心。上述理由,俱属事实,且甚正当。尚希我兄俯允所诸,并婉呈委座,先为核准示知,然后由本处正式备文呈准施行,公私同感。除另函公度兄外,特此函达,即希察照为幸。赐函请寄昭通本处。顺颂

勋绥!

弟　谢家荣顿首　十二月十日

(南京:中国第二历史档案馆,全宗号二八,案卷号 28828,第 303—306 页)

十二月二十五日　因与会计课长叶重庆相处不睦,致函资源委员会会计室主任张直夫,请求派人接替会计课长叶重庆之职。

直夫主任我兄勋鉴:

久疏问候,渴念奚似,近维文祺佳胜,公私咸吉,为颂为慰。敝处会计课长叶君重庆,自到职以来,办事尚属勤慎,惟个性不免怪癖,遇事动辄掣肘,因之同仁侧目,

争端时生。去夏中大助教章冠环等与本处合作调查,归途在叙永覆车受伤,所有医药等费已经大会核准由本处担任,而叶君则借口手续不全,靳不签出,经弟再三催促,始允于前日汇出。查章君受伤一事,翁主任委员极端关怀,曾函电再三,嘱为妥善处理。今以叶君之故,竟使章君负债经年,中大同仁对于本处及大会啧有烦言。类似之例,不胜枚举。至若浪费公物,态度傲慢,以特殊地位自居,犹其小焉者也。揣其原因,不外去秋弟赴祥云调查煤田时,叶君自任其妻为事务员,自批薪水,经弟来电阻止,遂生怨恨,时图报复。弟待人向主宽大,不事苛求,但如叶君者,似颇难与共事。为特函恳我兄设法另派贤能前来接替,以为计务,公私同感,冒昧上陈,务乞鉴谅苦衷,俯允所请为荷。专此。顺颂

公绥!

弟　谢家荣顿首　十二,廿五

(南京:中国第二历史档案馆,全宗号二八,案卷号 12369,第 89—91 页)

十二月　所著《贵州西部水城威宁赫章之铁矿》(On the Iron Deposits in Shuicheng, Weining and Heichang, Western Kueichow),刊于《中国地质学会志》第 22 卷第 3—4 期。文章概述了水城观音山铁矿床、赫章铁矿山铁矿床的地质和矿床特征,简述了水城、威宁、赫章地区的其他铁矿点,包括赫章的菜园子铁矿、水成的白马洞铁矿和威宁的零星产地。

是年　福建省土壤地质调查所宋达泉、俞震豫调查闽南土壤时,发现福建漳浦土壤中的铝土矿结核的灼失量达 27%。

一九四三年　癸未(民国三十二年)　四十七岁

提要　昭通——贵阳。矿产测勘处迁至贵阳。考察滇东北铅锌银矿。发现贵州云雾山高质量一氧化铝矿,测勘湘黔边区汞矿。著文《湘桂交界富贺钟江砂锡矿纪要并泛论中国锡带之分布》(Tin Placer Deposits in Fuhochungkiang Area, Northeastern Kuangsi and SouthernHunan,and with a Note on the Distribution of Tin Belts in China)。

二月二十五日　矿产测勘处本年1月工作月报编就,以处长名义于本日邮寄翁文灏和钱昌照共4份[①]。

三月三日　派总务课长王植前往贵阳寻觅矿产测勘处的新办公地址。

三月四日　翁文灏就石油地质问题致函谢家荣,主要论及中国石油之地质时代,以为西北的第三纪油田最为重要,次为四川的中生代油田,再次为贵州古生代油田,并述及西南矿产。信函全文如下。

季骅吾弟大鉴:

顷读大函及中国石油一文具见,有志精进,至为企佩。兄自甚愿竭诚商洽,共策进行。

请先言油矿。玉门附近之地质与苏联高加索之 Grozny(格罗兹尼)油田最为近似,原油成分如 Paraffin(石蜡)之多,以及融度等项,亦颇相近。至油田之分布,就今所知,新疆省内天山之北,如乌苏、绥来、沙湾、昌吉皆有踪迹,迪化附近亦见煤气,天山之南如库车、拜城皆有油泉,昆仑山北麓喀什区域亦闻可望有油;甘肃省内祁连山北玉门一带研探较详,但永昌之北亦有油田。

兄于天山北麓及玉门油田略观大概,大致形势天山及祁连山峰峦陡峙,极为崇高,其中有火成岩,有变质岩,其本身并非出油区域,但山之北部另有一带较低之山陵,悉为时代较新之砂岩、页岩所成,凡遇构造相宜之处,皆有储积石油之望。此其概状,虽在汽车驰驶,亦觉显然可见。就构造言之,陕北地层过平,因之积油不易特

[①] 南京:中国第二历史档案馆,全宗号二八,案卷号28836,第6页。

富，新、甘二省，则折曲较多，于矿业自较有利。

至地质时代方面，实为目前更宜进研之事。大致言之，中生代及新生代初期，在中亚尚闻有海侵逐步退出，其情形与高加索山脉较为近似。陕北则地位偏东，离海更远，此亦为甘新二省胜于陕省之一理由。黄汲清兄最初（近）赴甘调查，认为孙健初兄之鄂博系中藏化石，实即太原系。其言自极可靠。但因此即谓所有原油全由太原系所生产，则自不能尽信。诚如大著所言，"石油自生油层经过二次的造山运动，移积富集于其上不整合之地层"，事实上并非易事。黄君固亦并未否认较新时代之可能，但其思想趋向似颇注重中国之较古油层，因此彼在未往西北之前，曾著文发挥四川为中国希望最大之油田，且以为四川石油原生于二叠纪，由此上移至三叠、侏罗、白垩各纪。其主要论据殆专重纯粹海相之地层。黄君选定之威远探油井，即基于此种观念而指定。

兄对于油矿地质自愧并非专精，近数年来从事政务，学植（术）更多荒落，但就粗略见识言之，世界各地中惟美国有若干（为数似不甚多）古生代生成之油田，除此之外，重要油田莫不时代较新。巴库油田产量最丰，其时代殆在第三与第四纪之间。此外如高加索，如伊朗，如伊拉克，如缅甸，如东印度，如库页岛，殆皆属第三纪。缅甸及东印度之油，闻出于始新统及中新统为最多，上新统亦有其踪迹，此自因此一带地方第三纪海退较迟而致。然昆仑山、天山、祁连山等地，海侵较短，海退较早，但迄今所得中生代、新生代之化石，绝无仅有。苏联地质学者对于乌苏油田研究较详，谈话时曾告兄曾得小动物化石，其时代似属第三纪上部，但具体材料则因国际间交涉尚在进行，彼方虽礼貌，甚为谨敬，而事实不愿尽告。玉门方面孙健初、翁文波二君驻矿有时，用心研究。孙君赴美后卞美年君前往接任，迄今尚未得有确证时代之化石。翁文波上年与兄谈及，亦倾向于第三纪油田，惟因乏确证，故力持谨慎态度，以期与地质同仁精诚合作。由此种种，兄窃觉中国生石油者，当不止一个时代，志留纪、石炭纪、二叠纪、三叠纪、侏罗纪、白垩纪、第三纪，视海侵海退地位相宜，皆尝有之。至储聚层位，除极少数之例外地方外，虽与生油层并不相同，但因种种页岩层层之阻隔，以及不整合之相间，距离不致过远。复揆之世界成例，按之中国实情，时代较新之地层，更附以地史上新海略移之关系，如西北之第三纪油田，当为油量最多，希望最大。次之为四川油田，兄之愚见当作为中生代油田，宜列入第二等，尚有希望，但已大不及西北。更次为古生代油田，如贵州翁项者，外貌虽若尚丰，实际价值恐当远逊。兄此项观念一部分出自悬想，但上年往西北大略考察以后思之，似更觉不诬。黄汲清兄之学术精深，工作周志，兄自问万不能及，但终觉上述意见，尚有可为注意之价值。阅读大著，似对于各时代生油之价值，亦皆等量齐观，且认为翁项最老之油田，亦可大有希望，与兄总的意解不甚相符，因敢作此长函一为讨论。

至大驾往西北调查,兄自并不反对,惟愿商洽何时实行,处长任务如何处理,地质学会年会时大驾来渝,当可当面商谈。实则甘肃油田,弟为民国十年最初调查之人,不过当时对于西北初次问津,且为时匆促,以致未能尽窥底蕴耳。即兄在民国二十三年,由京汽车赴杭,当时计划原想在杭与主办长兴煤矿之人一为面洽,即行转往煤矿,以观当时相传甚盛之石油,不幸车行出险,几伤生命。若照兄目前意见,则二叠纪不像有重要油田也。

至于西南矿产,兄意中以为颇有前途者,一为威宁、水城一带之煤铁,一俟铁路开通,开发即可实行。二为滇东之磷石,将来可出大量磷肥,既供自用,又可出口外销。三为滇、黔二省铝矿,此皆战后应为努力发展之事业。在此战时,详细勘查,辅以化验,似为极有价值之工作,亦即贡献于重要建设之基础。弟辈认真经营,其价值并不定在于油矿之下也。

并颂

时绥。

翁文灏

三月四日

(张叔岩:《20世纪上半叶的中国石油工业》,石油工业出版社,2001年,第50—51页。标点略有修改)

三月六日 在重庆牛角沱25号举行的中国地质学会理事会上被推选为《地质论评》编辑。

三月七一九日 出席在重庆举行的中国地质学会第19次年会。所著《黔西威宁水城赫章之铁矿》列入3月8日下午举行的第3次论文会上宣布题目的18篇论文;在此次会议上还有因迟到而未及排入会程的论文8篇,所著论文《滇东黔西之成矿时代》列入其中。文章将滇东黔西的成矿时代划分为中震旦纪前、二叠纪和三叠纪间及三叠纪后侏罗白垩纪前。

谢家荣《滇东黔西之成矿时代》(节要):

本处近三年来在滇东、黔西调查金属矿产,为数日多,对于各矿之成矿时代有初步结论,可分为三个时期如次:(一)中震旦纪前之成矿时代,包括会泽、巧家、易门之铜及易门、峨山、玉溪、武定、罗茨、元谋、牟定之铁。该项矿产俱产于下震旦纪之千枚岩或石灰岩中,而与侵入于该系内之闪长岩、辉长岩等有成因上之关系。就东川铜矿中有电气石微晶及武定铁矿有多量磁铁矿二点观之,本类矿床应属高温至中温一类,而非如一般人所设想之尽属中温矿床也。在易门王家滩之东,在中震旦纪底砾岩内见有铁矿及铁矿脉石——石英——之块砾,足为成矿先于中震旦纪之确证。又本类矿产之分布,似以云南中部之震旦体为其范围,取略近南北之方向,向北则有延展及于西康古陆之势。(二)海西宁期成矿时代,为二叠纪后三叠纪前之一时期,造成滇东、黔西一带分布甚广之铅、锌矿(如矿山厂、乐马厂、富乐厂)等及铁矿(如观音山、铁矿山等)。此项矿床附近,除偶有小量之辉绿岩或其类似岩石之侵入岩脉外,往往不见其他侵入岩体,但大片之二叠纪玄武岩流则随处俱有。又产生本类矿床之围岩虽时代不一,可由震旦纪、寒武纪、石炭纪以达二叠纪,但鲜有及于三叠纪者。查铅、锌、银矿固亦可由于潜水之侵溶而成(如美国之密西西比式矿床),但就上述与玄武岩及其连带生成辉绿岩脉关系之密切,及围岩时代之限于三叠纪以前,吾人似不能不想到玄武岩为造成本类矿床之母岩,而以其成矿时代属于海西宁期也。又观于赫章铁矿山铁矿之纯为镜铁矿,及铅锌矿脉中多重晶石、萤石等附生矿物而言,本类矿床成矿时之温度似亦不能甚低,与其以冷的潜水沉积解释,毋宁以与玄武岩体析出之低温岩浆水解说为近是也。(三)燕山期之成矿时代,系指三叠纪后,侏罗白垩纪前之时期而言,重要矿床为锑汞,分布于滇东、黔西者亦甚广泛,其围岩悉为三叠纪灰岩、页岩,或上二叠纪之长兴灰岩,如兴仁、普安、平彝、师宗、安南各矿皆其例也。本类矿床悉属低温一类,但是否与何种火成岩有成因之关系,或竟纯属冷水浸溶矿床,今尚不能定也。

(《地质论评》第 8 卷第 1—6 期,第 167—168 页)

三月十八日 资源委员会会计室主任张直夫函告谢家荣,业已签准矿产测勘处会计课长叶重庆与黔西铁矿筹备处会计课代课长赵楫三对调,赵不久当可到职①。

四月十五—十九日 前往彝良,复勘长发洞锌铅矿。

《视察鲁甸乐马厂铅银矿及彝良长发洞锌铅矿》:

鲁甸乐马厂铅银矿为云南著名矿厂之一,清初开采甚盛,当时每年课银达四五万两,产量之丰,可以概见,其后屡经变乱,作辍靡常,民国二十年冬,由云南企业局设银铅锌矿厂管理处,从事开发。本处于民国三十年春曾派金耀华周德忠前往调查,测有详图并编印报告(本处临时报告第八号)。本处谢处长为明了该矿近年来开发情形起见,特于三月廿一日率陈庆宣,杨庆如前往视察,历时一周而返,虽为时

<hr>

① 南京:中国第二历史档案馆,全宗号二八,案卷号 12369,第 92 页。

甚短,但对于矿床成因,矿体形态,地面风化,以及次生富集之进行,探矿方法及将来展望之论断,颇多独到见解,已著有报告待印。彝良长发洞之锌铅矿,相当有望,本处王超翔君曾往调查,其结果具载于本处油印之临时报告第十三号中,本处谢处长复于四月十五号前往复勘,十九日返处。

(《资源委员会矿产测勘处三十二年度年报》,第 10 页)

四月十九日　资源委员会会计室主任张直夫函告谢家荣,黔西铁矿筹备处会计课代课长赵楫三因病暂难到职,现已改委寿公恕(即最初在江华矿务局任职的寿君)为矿产测勘处会计课长[①]。

五月二十一—二十九日　率陈庆宣、杨庆如等前往云南鲁甸乐马厂调查铅银锌矿[②]。

六月二十二日　率部分人员离开昭通前往贵阳。

六月二十七日　抵达矿产测勘处新办公处贵阳醒狮路 7 号。

《迁筑经过》:

查本处前在西南矿产测勘处时代、工作范围,注重滇、黔、康三省,而昭通适位此三省之中心,故奉准自昆明移至昭通,二年以来,在滇北、滇东及黔西一带,测勘地质矿产,约有八万平方公里之多,该区工作,粗已毕事,适奉令改组,范围遍及全国,僻处昭通,遂感不便,乃奉准迁设贵阳,于三月三日派总务课长王植赴筑觅址,以筑市人口繁密,房屋奇缺,觅址颇为困难,几经奔走,始前后租定办公处一处,宿舍三处,首批人员,由谢处长率领,于六月二十二日乘本处卡车及旅行车离昭,廿七日抵筑。二批人员于八月廿日离昭,至九月一日,始抵贵阳,其原因系在昭通附近,有一赶马乡人,自不谨慎,误碰车厢跌倒,为后轮碾伤,几酿成重大事件,故中途耽误云。办公处移设醒狮路七号,继迁威西门外北新区路九十号。

(《资源委员会矿产测勘处三十二年度年报》,第 2 页)

六月　资源委员会锡钨二处"为彻底明了南岭一带锡钨矿床及得一比较准确的储量起见,爰就钱副主任莅桂之便,商请组织南岭探矿队,请李仲揆先生就近主其事,锡管处徐处长宽甫以此项工作与矿产测勘处有关,乃函请"矿产测勘处"派员

---

① 南京:中国第二历史档案馆,全宗号二八,案卷号 12369,第 74 页。

② 《矿产测勘处工作月报》,1943 年 5 月,南京,中国第二历史档案馆,全宗号二八,案卷号 28836,第 41 页。《资源委员会矿产测勘处三十二年度年报》将此事记为"三月廿一日率陈庆宣、杨庆如前往视察,历时一周"(见前),显然有误。

图 72　2014 年的贵阳醒狮路。矿产测勘处 1943 年 6 月自云南昭通迁醒狮路 7 号办公

参加"，谱主乃派"徐瑞麟、陈庆宣二君担任。原定地点为赣南一带，后经李先生改为湘南常宁、新田等县"，陈庆宣于 6 月 16 日由昭通抵达贵阳，24 日抵达桂林，徐瑞麟则于 6 月 7 日抵达桂林"与李仲揆、徐宽甫二先生商计一切后，廿一日即自衡阳出发，开始工作"①。

是月　所著《湘桂交界富贺钟江砂锡矿纪要并泛论中国锡带之分布》(Tin Placer Deposits in Fuhochungkiang Area, Northeastern Kuangsi and Southern Hunan, and with a Note on the Distribution of Tin Belts in China)刊于《中国地质学会志》第 23 卷第 1—2 期。文章概述了 1937 年 11 月奉令到广西八步调查锡矿两个多月和 1938 年 7 月重返八步筹建江华矿务局以及后来赴云南收集资料的情况，萌渚岭、红花地区的锡矿分布，砂锡矿地区的地层、地质构造、砂锡矿床及锡矿工业。将富贺钟江地区的砂锡矿分为近代冲积型、古代冲积型、古冲积扇型、喀斯特盆地型和洞穴裂隙型 5 个类型。讨论了砂锡矿的时代。估算整个富贺钟江地区砂锡矿的储量约"10 万公吨"。在概述了富贺钟江地区的锡矿业后，论述了中国

① 《矿产测勘处工作月报》，1943 年 6 月，南京，中国第二历史档案馆，全宗号二八，案卷号 28836，第 46 页。

5 个锡矿带的分布：1. 湘桂边区大锡矿带，该带呈南北向，南起贺县，北达永明，灌阳和全县。富贺钟江地区只是其中一小部分。这个带中主要是砂锡矿，原生锡矿脉细小，常有黑钨矿伴生，见于江华的麻江源和永明。2. 香花岭—安源—大义山锡矿带，大体上也成南北向，湘桂边区大锡矿带的东部位于其中。这个带中的矿脉有毒砂—黄铜矿—黑钨矿的特殊矿物组合。3. 更东面是湘东南—赣南钨矿区，产少量锡，原生锡矿脉和砂锡矿都有。4. 桂北的河池—南丹带，有复杂的锡矿脉，含黑钨矿、辉锑矿、黄铁矿、磁黄铁矿、闪锌矿、方铅矿和磁铁矿。非常特殊的是，黑钨矿与辉锑矿紧密共生。与翁文灏、孟宪民等人认为的东西向相反，南岭地区的主要锡矿带都呈南北向。5. 超全国产量 80％的个旧锡矿是单独的产地；滇南文山东部有一个复杂的矿带，在石灰岩与花岗岩的内接触带中有浸染状的白钨矿，远离接触带的地方有铅、锌、铜毒砂矿床；再向东南，在高平地区有著名的钨矿床；所有这三个矿床构成一个大体上连续的北西-南东向的锡矿带。

七月四日　在重庆沙坪坝南开蕉园 1 号举行的中国地质学会理事会会议上，被推举为理事候选人(上届理事任期本年已满)。

八月十三—二十五日　偕同颜轸、杨开庆及贵州矿产探测团所派的蒋溶前往云雾山复勘铝土矿。此行共工作 12 天，发现贵州云雾山的高质量一氧化铝矿。

《贵筑修文铝矿之采样》：

为确定贵州铝土矿之经济价值，储量之外，成分尤为重要，本处有见于是，爰由处长偕颜轸、杨开庆及贵州矿产探测团所派蒋溶于八月十三日前往云雾山复勘，在汤家附近，掘一浅井，就约十公尺厚之铝土矿层自上而下，分层采样，共得九个试样，以 T_1 至 T_9 各字别之，又在其他各地亦采得分层试样若干。蒋先生至云雾山及王比后即返贵阳，荣等则更遍历修文各矿区，在野外共工作十二日。所采汤家附近最完整之矿样，捣碎研细后，用四分法作成平均试料，乃又分成三份，一交贵州建设厅，一交黄海化工社，一交经济部矿冶研究所。三个月之后，先后得到结果，三处分析之差别，至多不及百分之二，而自上至下，成分变迁极著，硅氧二最高可达百分之四十以上，最低仅百分之五，铝二氧三则在百分之四〇至七五之间，最佳之富矿层，即 T_8 层，位于全层之中下部，厚二、三公尺，色白略粗，有如白垩，其外表形式与贵州矿产探测团最初发现含硅氧二仅百分之三、五之所谓 Yg 层绝不相类，惟 T_8 以上之 T_5 及 T_7 则结构细致，色带灰黄，与 Yg 有多少相似。当在汤家探矿时，一直认定 Yg 式之矿为佳矿，故当挖至 T_8 层时，以其色白粒粗，殊感失望，于本年九月油印之采样报告(《临时报告》第四十号)中，曾有"本层白色粉状较粗，似多硅粒，恐已不能称为铝土矿矣"之语，殊不知经分析之后此白色层却为最佳之铝土矿也。又以当采样时,对此佳矿,既未认识,遂不注意,故除汤家之标准剖面外,在云雾山其他各地及修文王官等区,似俱未见及。故此富矿层之确实分布,尚需继续探勘也。

(《资源委员会矿产测勘处三十二年度年报》,第 11 页)

九月二十三日　经济部发布(卅二)总字第 57115 号训令,任命谱主署经济部地质调查所技正。

经济部训令　(卅二)总字第 57115 号

令中央地质调查所

案奉

行政院卅二年九月十三日仁人字第二〇三四〇号训令开"准国民政府文官处卅二年八月廿六日渝文字第五〇七七号公函开'准铨叙部三十二年八月十日简字第二一四号通知书为拟任经济部地质调查所技正谢家荣,经部审查合格,试署照叙简任八级,请转陈任命等由。当经转陈,奉国民政府八月廿一日明令开'任命谢家荣署经济部中央地质调查所技正,此令'等因。除由府公布及填发任状外,相应录令函达查照并转饬知照'等因。准此,合行令仰知照。此令"等因。奉此,合行令仰知照。此令。

中华民国三十二年九月廿三日
部长　翁文灏
(中国地质科学院组织人事处:谢家荣人事档案,档号 10－1)

九月　所著矿产测勘处临时报告第 40 号《贵州中部铝土矿采样报告》编印完成;撰写《测勘全国汞矿计划及经费概算》,指出全国汞矿集中分布在西南地区,尤其是贵州。将中国汞矿的分布划分为三区:川湘黔桂边缘区(又分为东、西、南三带),黔中滇南区和滇康边缘区。

十月六日　以黔桂铁路即将筑至都匀,沿线矿产,尤其是煤之供给,有初步调查的必要,派出杨博泉、余伯良于本日出发,前往都匀-独山调查,后又增派徐瑞麟加入工作。

十月七日　资源委员会前以准航委员会函请采取昆明附近铝矿样 2 种各 50磅,令矿产测勘处办理,后又奉资源委员会令,着矿产测勘处与昆明炼铜厂合作,探采安宁等处铝土矿,于是派杨开庆、沙光文于今日赴温泉、草铺、大板桥、一朵云等处调查铝土矿地质,工作至次年 1 月上旬。

十月十二日　中国地质学会理事会就第二十届年会地点问题由书记用通讯方法征求各理事意见,大多数赞同在贵阳举行,并择1944年4月1—3日为会期,推举谱主为年会筹备主任,乐森璕被推为副主任。与乐森璕就近聘请江山寿、张莘夫、许德佑、罗绳武、蒋溶、张祖还、王植、颜轸、郭文魁为筹备委员,加聘严慎予、姚世濂、萧蔚民、王亚明、林绍文、齐泮林、李宗恩、张孝骞、曹谟、夏坚白等为名誉筹备委员。经丁文江先生纪念奖金委员会互举,谱主当选为该委员会主席,尹赞勋当选为书记。

十月十七日至十一月底　奉资源委员会令,率杨庆如、王承祺前往晃县测勘湘黔边区汞矿。

《湘黔边境汞矿初勘》:

本处前奉会令,测勘全国汞矿,以迁筑繁忙,犹未办理。十月中旬迁处事告一段落,乃由处长亲率杨庆如、王承祺前往晃县,就湘黔边境产区,作初步测勘,荣等于十月十七日出发,十一月杪返处,历赴三雀湾,酒店堂,万山场等处调查,因治安关系,未能深入。此次测勘目的,系欲从地质研究,发现若干汞矿富集之线索,以作将来探矿之指南,因时间过短,未能得具体结论,仅发现小型构造如小褶皱,小断裂等,与成矿关系之密切,将来研究当注意及之,并须从详测窿道地质图着手也。

(《资源委员会矿产测勘处三十二年度年报》,第12页)

十月二十三日　经济部发出"资(32)"计字第15442号文,令资源委员会将江华矿务局1942年度经费剩余119 998.88元移作矿产测勘处经费。[①]

十月下旬　应资源委员会水力测勘队之邀,派王晓青调查湖南邵阳小淹间二六七公里沿河地质。

十一月八日　致函翁文灏和钱昌照,寄送本年2—9月工作月报,每月4份[②]。

十一月二十七日　答复翁文灏11月18日就战后建设所需地质资料来函,全文如下。

咏师钧鉴:

奉十一月十八日钧示,略以战后建设,甚需各地重要矿产概况之简说及总图,令饬支配筹划,随时寄会等因。查职处现正编制全国矿产分布及矿产分类分布各

[①] 《资源委员会呈请将江华矿务局一九四二年度剩余款项移作矿产测勘处经费有关文书》,南京,中国第二历史档案馆,全宗号四,案卷号16997,第3—4页。
[②] 南京:中国第二历史档案馆,全宗号二八,案卷号28836,第20—22页。

图,一部分可供设计之用,惟中央地质调查所及大会矿业处集有材料,职处尚未齐全,拟恳钧座手谕各该所处尽量供给,俾资协助。除由职处就需要之部开单函索外,理合据实呈明,仰祈

鉴核施行。崇此。肃复。恭请

崇安!

职　谢家荣　顿首

中华民国三十二年十一月二十七日

（台北"国史馆"藏,典藏号 003 - 010301 - 0232 - 0004a/005a。李学通提供）

十一月　派王子昌进行以铝土矿清滤甘肃油矿局所产深棕黄色灯油,得到与美孚油相似的无色纯清的灯油,并为甘肃油矿局所采用。

十二月十一日　为参加资源委员会将在重庆举行的资源委员会工矿产品展览会,遵照展览会的要求,矿产测勘处今日将其 8 种主要陈列品的说明书寄给陈列委员会:1. 中国汞矿说明,2. 钻探昭通褐炭说明,3. 中国铝矿说明,4. 槽探观音山铁矿说明,5. 贵州省威宁县德卓水炉上铜矿说明,6. 机探砂锡矿说明,7. 云南省鲁甸县乐马厂铅银矿说明,8. 贵州省水城县观音山铁矿说明①。

十二月　本月初,加派许瑞麟前往荔波,会同杨博泉、余伯良测量荔波煤田。

是年　应康黔钢铁事业筹备处之邀,派宫景光于 6—7 月赴威宁勘定煤田钻眼并调查耐火材料。

是年　应资源委员会锡管处和钨管处之请,派徐瑞麟、陈庆宣于 6 月 16 日至 11 月 22 日赴大义山之西南段及塔山(常宁之南)、阳明山(新田之西北)调查锡钨矿床地质。

是年　奉资源委员会令,派郭文魁、业治铮于 4 月 19 日—12 月 29 日前往会泽、东川、会理、攀枝花、盐边等地,调查西康矿产。

是年　著文《贵州矿产的新认识》,根据一年来测勘贵州矿产的经验,提出了对贵州几种矿产的新认识。贵州的煤除黔西一带外找不到适于冶金用的炼焦烟煤,全省的煤储量可望达 50 亿吨,其中烟煤占 80% 以上,对于将来的建设具有重大意义。《铝土矿——建设新贵州的新血液》认为贵州的铝土矿质、量俱优,有数千万乃至数亿吨储量,会成为太平洋沿岸轻金属原料的主要供给地;富有国防意义的赫威水铁矿,不仅处在大后方,而且质地优良,储量庞大,且有冶炼钢铁所必须的冶金焦煤,这种得天独厚、配合适宜的环境在大后方的各铁矿中是无与伦比的,因此一定

---

① 南京:中国第二历史档案馆,全宗号二八,案卷号 22159,第 333—334 页。

要全力开发它。辰砂是贵州的名产和特产。

是年　自创新法,用漆皮、松香等代替加拿大树胶磨制薄片。进行煤岩学研究,发现多种特种烟煤。

《资源委员会矿产测勘处三十二年度年报》第三章　室内工作:

(一)磨制薄片

本处谢处长自创新法,用漆皮松香等代替加拿大树胶,以磨制薄片,成绩优良,现已制成铝矿薄片二百余片,岩石薄片数十片,煤三十余片。铝矿薄片在显微镜下研究,可迅速鉴别其矿质之优劣。

谢处长又就煤薄片之显微镜研究,发现多种特种烟煤,如水城之"洋油炭",经薄片研究,知除含小孢子外,又含多量藻类植物,故为烟煤与 Boghead Coal 之一种混合煤;平彝后所之煤,则全体为大胞子所成,亦为一特种煤;禄劝之油煤,在显微镜下不见任何组织,故其成因,尚难判明。

(《资源委员会矿产测勘处三十二年度年报》,第 13 页)

是年　刚从重庆中央大学毕业的沙光文进入矿产测勘处工作。他对谱主用漆皮、松香等代替加拿大树胶磨制薄片的工作有下述回忆。

沙光文《我在矿产测勘处工作的回忆》:

1943 年夏我大学毕业。那年八月就到当时设在贵阳市科学路的矿产测勘处,作为一名地质实习员参加工作。抗战时期的机关多是简陋的,矿产测勘处又是新建立的单位,我到那里去时她才三周岁,其设施的简陋可想而知。物质条件差是战争形成的,不难克服。上班几天后经过自己的观察,看到老同事们,数人挤在一间房子里,严肃认真、兢兢业业地努力进行各自的工作情景,老同事们的精神面貌,使我原先感到物质条件差,工作困难一定多的错误想法一扫而光,并下定决心向老同事学习,当好一个地质实习员,做好工作。

记得上班不久谢家荣先生就给了我一项室内工作,同时给了我应用的工具和材料。主要的工具是一台显微镜和酒精灯;另外告诉我切割岩石的锯子、磨板和金钢砂存放的地方;应用的材料有制岩石薄片用的载片、盖片、松节油和陶胶片(一种固体棕色片状胶质物)等磨制岩石薄片用的器材。但是没有加拿大胶而多出来的是松节油和陶胶片。谢先生告诉我说:我们没有加拿大胶,市上也买不到,想用陶胶片溶于松节油中配成一种像加拿大胶那样的液体胶用以代替加拿大胶作磨制岩石薄片用。要我做试配这种胶的工作。

看到交给我的材料中有的载玻片上已粘有小石片,但胶呈棕色的,颜色深,显系先生试做过的痕迹,要我接着继续做。我想在一定量的油中投入不同量的胶片所形成的液体胶其粘结载片与岩片的性能就不同,投入胶片多粘性就强,少则差。我将这一想法请教了谢先生。他说:是那样,投入的胶片多形成的胶色太重不宜使用;但胶片份量少了形成的胶液颜色浅了,虽然能把岩片粘到载玻片上,但继续磨小岩片的上面以求其平滑后好粘盖片,小岩片就容易与载玻片脱离,不能制岩石薄片;胶片份量多时配成的液胶粘结力增强了,能以制岩石薄片用,而胶的颜色深,也不宜使用。要配制成颜色尽量的浅,粘结载玻片与岩片性能像加拿大胶那样的液体胶。基于这样的想法我先用少量的胶片溶于油中配成的液体胶粘结载玻片与小岩片后做磨小岩片上面的工作,若岩片脱落了,记下胶片与油的分量后,增加胶片的分量以增加胶的粘结力。这样反复的配制工作进行了十多天,配成的液体胶也能达到代替加拿大胶磨制岩石薄片的目的。用这种胶制成的岩石薄片作显微镜下的研究是有其不足之处,如矿物的干涉色就不能不受胶的浅棕色的影响。

在工作中由于缺乏物资而被阻不前,甚至放弃工作是平常人们的办法。抗战时期矿产测勘处缺加拿大胶,谢先生不是放弃镜下研究工作,而是想方设法以自制代用品去解决问题,先生的爱业、敬业、艰苦奋斗的精神,开创进取的工作作风就不能不使我永铭于心。

（郭文魁等主编:《谢家荣与矿产测勘处——纪念谢家荣教授诞辰 100 周年》,第 113 页）

是年　针对矿产测勘处自蒸酒精过程中无石棉封塞的漏气漏水问题,倡用烧石膏封固的方法,随漏随封,不需拆卸焊接,成效大增,获得日产浓度为 32%～35% 的酒精 30 加仑,供汽车使用。

一九四四年　甲申(民国三十三年)　四十八岁

提要　贵阳—重庆。矿产测勘处迁至重庆。详测云雾山铝土矿和都匀—独山煤田。测勘贵阳西部林东煤田。主编的《经济地质丛刊》(Contribution to Economic Geology)创刊。著文《中国铝土矿之成因》(矿冶研究所炼铝专刊,英文版 Origin of Chinese Bauxite Deposits)。许德佑、陈康、马以思三人在贵州遭土匪劫杀,遵翁文灏指示,促贵州省政府拘捕惩办罪犯。

一月十五日　资源委员会于 1944 年 2 月 15 日至 4 月 4 日在重庆曾家岩求精中学举行工矿产品展览会,矿产测勘处承担此次展览会资源陈列馆的陈列事宜,自 1943 年冬开始筹备。将历年所编制的矿产地质图 80 余幅重新清绘、裱糊,另制地质模型 5 具,绘观音山探矿及昭通钻探油画 2 幅,整理标本 400 余件。谱主今日偕陈列主任马祖望、测绘员蔡世民携带上述陈列品赴重庆布置陈列。

二月二日　所著《中国高级铝土矿的发现》(The Discovery of High Aluminous Deposits in China)在《重庆先驱报》(Chungking Herald)上发表[①]。

二月十五日　中国地质学会第 21 届理事会在重庆牛角沱资源委员会举行会议,与翁文灏、李春昱、黄汲清、王恒升、俞建章、张更、尹赞勋共 8 位理事出席,理事长翁文灏主持会议,研究确定第 20 届年会在贵阳举行;议决各案 20 项,第 3 项议决第 20 届年会除举行论文会外,另举行经济地质讨论会,由谱主主持;第 8 项议决谱主当选丁文江先生纪念奖金委员会主席,尹赞勋为书记,第 10 项议决为公推谱主和王恒升继任纪念赵亚曾先生研究补助金委员会委员。

是日　丁文江先生纪念奖金委员会在重庆牛角沱资源委员会举行会议,与委员翁文灏、李春昱、俞建章、尹赞勋等 5 位委员到会,投票决定第 3 次丁文江先生纪念奖得奖人选,黄汲清以 4 票当选。

二月二十七日　在重庆《大公报》第 3 版发表《泛论中国铝土矿》,论及 5 个问题:1. 铝之重要,2. 中国铝土矿之分布,3. 中国铝土矿之化学及矿物成分,4. 中国

---

① 谢家荣此篇文章最早见于曹国权辑《谢季骅先生著作目录》(《矿测近讯》第 78—79 期,1947 年 8—9 月号,第 28 页),后又在谢家荣于《矿测近讯》第 75 期(1947 年 5 月号)上发表的《本处发现三水型铝土矿》一文中提到,但我们始终没有查到 1944 年 2 月 2 日的《重庆先驱报》(*Chungking Herald*),故未能读其原文。

铝土矿之成因及型式,5.中国铝土矿之开发问题。

三月一日 中国地质学会理监事会在汞业管理处贵阳办事处举行,与李四光、王恒升(张席禔代)、张更、李承三、李春昱、俞建章(李春昱代)、孙云铸、尹赞勋、黄汲清(尹赞勋代)等理事到会,议决14项议案。第1项议案为书记报告选举理监事结果:理事尹赞勋、谢家荣、王恒升、杨钟健4人当选连任,候补理事袁复礼、张席禔2人。监事叶良辅、周赞衡、李学清3人当选,候补监事田奇瑞1人。在第5项议案中,谱主被推举为赵氏研究补助金委员会主席,黄汲清被推举为书记。在第7项议案中谱主被推举为会志编辑。第10项议案为年会募捐款未收到以前,年会费用由谱主设法垫付。

三月六日 中央研究院评议会2届2次到渝评议员座谈会于本日下午八时至十一时在重庆市中英文化协会举行,共25人出席:朱家骅、翁文灏、陶孟和、汪敬熙、李四光、吴定良、茅以升、周仁、庄长恭、何廉、傅斯年、姜立夫、张云、李济、吴有训、戴芳澜、陈桢、王家楫、丁燮林、李书华、谢家荣、张钰哲、唐钺、吴学周(曾昭抡、吕炯缺席),特约参会人叶企孙。朱家骅主持会议。会议讨论并议决于3月8日举行的本届年会是否选举名誉委员、是否发宣言、是否于此次会中决定本会战后工作大纲、是否改选评议员。讨论后决定:于大会时组织"名誉会员候选人推举委员会";此次年会不发宣言,将昆明评议员提出的宣言内容作为决议案,大会时组织审查委员会将宣言案内容及此次决议案重要之点合并,草拟对政府的建议书;评议员届期延长或改选暂不做决定,大会时再从长商讨。①

三月八—十日 出席在重庆两浮支路中央图书馆(开幕式)及中印学会(大会)举行的中央研究院评议会第2届第2次年会。此次会议讨论各种规程(中央研究院评议会条例、中央研究院评议会处务规程、中央研究院评议会议事规程、中央研究院评议会选举规程等)、审查委员会的审查报告和提案审查委员会的审查报告。评议员27人出席(以座次表为序):朱家骅、翁文灏、李书华、竺可桢、傅斯年、谢家荣、茅以升、丁燮林、吴有训、张云、陶孟和、陈桢、李四光、李济、吴学周、张钰哲、汪敬熙、戴芳澜、姜立夫、何廉、庄长恭、吕炯、曾昭抡、周仁、吴定良、王家楫、唐钺。在3月8日下午的第一次会议上,谱主被推定为2个审查委员会的委员:对政府建议案审查委员会委员(召集人吴有训、谢家荣、茅以升、陶孟和、曾昭抡、吴学周、陈桢、翁文灏)、丁文江奖金审查委员会委员(翁文灏、召集人李四光、竺可桢、谢家荣、

---

① 《评议会二届二次年会前后在渝评议员两次谈话会》,南京,中国第二历史档案馆,全宗号三九三,案卷号546,第6—7页。

图 73　出席在重庆举行的中央研究院评议会第 2 届第 2 次年会(后排左四为谢家荣

吕炯)。①

　　三月十六日　下午 6 时半至 11 时在重庆市两孚支路中印学会举行"国立中央研究院评议会第二届第二次年会闭幕后举行之在渝评议员谈话会"。出席此次谈话会的有：吕炯、张钰哲、陶孟和、汪敬熙、吴定良、李四光、吴有训、王家楫、吴学周、张云、茅以升、傅斯年、谢家荣、竺可桢、丁燮林、李书华、庄长恭、姜立夫、戴芳澜、朱家骅。朱家骅主持会议。会议讨论决定下届评议员增加 10 名,合原有数共 40 名;推选王世杰、何廉、李书华、竺可桢、王家楫及议长、秘书等 7 人为委员,组织"国立中央研究院第三届评议员选举筹备委员会",如决定改选,负办理选举事宜之责;决定延长第 2 届评议员为任期两年;吴有训报告审查 Member of Academia Sinica,决定请各评议员研究于下次会时提出讨论;傅斯年报告第五次院务会议决议。②

---

　　①　《中央研究院评议会第二届第二次年会记录》,南京,中国第二历史档案馆,全宗号三九三,案卷号 1556,第 3—5 页。

　　②　《中央研究院在渝评议员谈话会记录》,南京,中国第二历史档案馆,全宗号三九三,案卷号 546,第 9—12 页。

三月十七日　矿产测勘处会计课长寿公恕致函资源委员会会计室主任张直夫、主任委员翁文灏和副主任委员钱昌照：称因胃病复发，饮食不进，请留职停薪，派员接替①。

三月二十日　自重庆返贵阳，任即将在贵阳举行的中国地质学会第 20 届年会筹备委员会主任，与筹备委员王植、颜轸、郭文魁等开始筹备工作。

三月三十一日　中国地质学会理、监事会举行会议，与李四光、王恒升(张席禔代)、张更、李承三、李春昱、俞建章(李春昱代)、孙云铸、尹赞勋、黄汲清(尹赞勋代)等理事参会。监事叶良辅、乐森璕、许德佑、杨敬之列席。

四月一日　上午 9 时，中国地质学会第 20 次年会在贵阳科学馆举行开幕式及事务会。理事长孙云铸致开幕词。谱主作为年会筹备主任报告筹备经过。事务报告完毕后，举行第 3 届丁文江先生纪念奖金授予式，谱主以主席身份致辞并授奖，尹赞勋代表黄汲清受奖并致答词。

四月二日　上午在学会(于贵阳科学馆举行)年会第 3 次论文会(矿物、岩石及矿床)上宣读论文《研究中国铝土矿的几个问题》。《地质论评》有此文的节要。

谢家荣《研究中国铝土矿的几个问题》(节要)：

(一)矿物问题　分为两项：甲、含铝矿物之化学成分，主为一水氧化铝，但为 Diaspore 或 Boehmite，因其有关冶炼，需用 X 光精密鉴定，乙、钛之来源，聚集方法及钛矿物之生因。(二)矿层由上至下，硅氧渐减，铝氧渐增，在贵州造成在中下部厚二公尺半之富矿层，含硅只百分之五，铝氧百分之七十五，此垂直变化似由于铝氧下溶，沉淀于中下部，硅氧自上岩层下侵，积于矿层上部之所致，但详细变化尚需续究。(三)铝土矿之造成与红土化或红壤化作用有密切关系，当时气候应属潮湿，地形应属准平原状。(四)矿层沉积时之环境，似属浅海，且在宁静之状态下进行，致质细而净不含杂质。(五)中国铝土矿除福建属红土式外，余似为一新型式，与国外不同，而其要点，厥在时代之古老致结晶去水作用，垂直变化等，俱得充分发育。兹名此新型式为老化水成式矿床。(六)就铝矿成因及古地理关系，得约定滇黔铝土矿之可能分布范围，并预测在大定黔西毕节一带可能发现铝矿新产地。

(《地质论评》第 9 卷第 5—6 期，第 353—354 页)

四月三日　下午 6 时矿产测勘处及贵州省矿产探测团在冠生园招待年会代表。

四月五日　地质图符号讨论会晚 8 时在汞业管理处贵阳办事处举行，与李四

---

① 南京：中国第二历史档案馆，全宗号二八，案卷号 12369，第 49 页。

光、田奇瑀、刘之远、米士(Misch)、张文佑、李捷、杨敬之、李春昱、张席禔、尹赞勋等11人参会。议决地质时代、火成岩、断层、地质界线和地质图着色等5项议题。

四月八日　中国地质学会理事会在汞业管理处贵阳办事处举行会议。与李四光、尹赞勋、孙云铸、张更、李春昱、俞建章(李春昱代)、侯德封(杨敬之代)等理事出席，议决事项8项，其中第1项为赠送黔省各机关首长《地质论评》，交由谱主、乐森璕两筹备主任斟酌办理。

四月十九日　致电资源委员会会计室主任张直夫，因会计课长寿公恕肺病住院，请派员接替其工作①。

四月二十四日　率颜轸、杨开庆、沙光文、温钦荣前往云雾山详测铝土矿，槽探矿层，指示测勘区域、工作方法及槽探地点，于5月1日返贵阳，其余人员工作至6月26日。

是日　中央地质调查所技正兼古生物研究室无脊椎古生物研究组主任许德佑、技佐陈康和练习员马以思(女)，在贵州西部调查地质，行至普安和晴隆之间的黄厂地段，被土匪劫杀：许德佑被当场枪杀，陈康和马以思被缚至晴隆县马家岩至马路河森林中枪杀。《地质论评》第9卷第3—4期刊出《许德佑陈康马以思三先生遇难记》。

许德佑(1908—1944)，江苏丹阳人。省立苏州中学毕业后，于1927年考入上海复旦大学外文系，兼修社会科学，积极参加社会活动，经陈鲤庭介绍，加入田汉、洪深办的南国剧社。1930年大学毕业后留学法国，入蒙伯里大学攻读地质学。1935年毕业获硕士学位，回国入中央地质调查所工作，任无脊椎动物研究组主任，主要研究湖北的三叠纪地质。嗣后研究西南地区的三叠系地层。1940年获中国地质学会赵亚曾纪念奖金。翌年兼任复旦大学史地系教授。1942年任《中国地质学会志》编辑。1944年3月获丁文江纪念奖金。

陈康(1916—1944)，亦名永康，字励之，广东番禺(今广州市番禺区)人。1941年以优异成绩毕业于广东省立文理学院，受聘于两广地质调查所，随莫柱荪等调查乐昌九峰一带地质，著有《乐昌九峰地质矿产》。其大学毕业论文《广东连县东陂之地质》被校方送教育部审核，得杨钟健先生大加赞赏，1942年9月经杨钟健、黄汲清、李承三先生推荐入经济部中央地质调查所。同年10月，随许德佑赴贵州安顺、平坝调查。与许德佑合著《贵州西南部三叠纪》和《贵州青岩化石群之检讨》。1944年3月赴贵阳出席中国地质学会第20届年会。

---

① 南京：中国第二历史档案馆，全宗号二八，案卷号12369，第43页。

马以思(1919—1944),原籍成都,出生于黑龙江。九一八事变后随母回四川,于 1939 年春中学毕业于合川第二中学,入大学先修班,以成绩优异,半年后保送入中央大学理学院地质系,1943 年夏毕业,初出校门即兼通中、英、德、法、俄、日六国文字,以优异成绩考入经济部中央地质调查所,随尹赞勋、许德佑研究古生物学,工作井井有条。1944 年 3 月赴贵阳参加中国地质学会第 20 届年会。

五月八日 翁文灏致电谢家荣,谓李春昱所长已函告许德佑等确已为公牺牲,"丧我要员,悲愤之至",已致电贵州省主席吴鼎昌,对晴隆普安有关人员认真惩处,为周妥起见,已电令贵阳资委会,在 100 000 元以内,凭谱主或熊毅借垫支用。电文如下:

贵阳谢季骅转侯学煜兄

密。顷阅兄致李所长函,知许德佑等三员确已遇匪毙命,为公牺牲。丧我要员,悲愤之至。已加电吴主席,对晴隆普安有关人员,查明实情,认真惩处,并由省府另派专员,就地确查,以防推诿,而示重视,所有丧葬各事,省府不能苛责,为周妥起见,已电令贵阳资委会运输处,在十万元以内,凭兄或熊毅兄借垫支用。即希妥为洽办为荷。

翁文灏。辰。齐。

文灏 五.八.

(《中央地质调查所故员许德佑等被匪惨杀抚恤案》,南京,中国第二历史档案馆,全宗号四,案卷号 13817,第 205—206 页)

五月十三日 接翁文灏来电,请他(或偕侯学煜)面陈贵州省政府主席吴鼎昌,迅即拘捕惩办劫杀许德佑等 3 人的罪犯。电文如下:

贵阳谢季骅兄袍泽:

密据侯学煜函报,许、陈、马三员被劫杀死一案系由易仲三主使筹抢分赃。此人为普安易参议长之侄,恐地方官或有瞻顾,请兄即面陈吴主席,迅即拘捕惩办。侯君如在筑,请偕彼同往面陈为荷。

翁文灏
五月十三日

(《中央地质调查所故员许德佑等被匪惨杀抚恤案》,南京,中国第二历史档案馆,全宗号四,案卷号 13817,第 217 页)

是日　翁文灏并偕李春昱再电谱主,请他与侯学煜面陈贵州省主席吴鼎昌,请将罪犯迅速拘办。电文如下:

贵阳谢季骅兄并转侯学煜兄

密。许、陈、马三员遇匪被害后,兄在黔接洽处办理各事,甚为妥切。所有事实情形,恐吴主席或未尽悉,请兄偕季骅兄面向陈明,并请将罪犯迅速拘办。至仅有较轻嫌疑之人,自宜审查实情,以免冤屈。

翁文灏　李春昱

五.十三.

(《中央地质调查所故员许德佑等被匪惨杀抚恤案》,南京,中国第二历史档案馆,全宗号四,案卷号 13817,第 218 页)

五月十五—二十日　偕同燕树檀、杨博泉赴贵阳西部,测勘距贵阳仅 10 余公里的林东煤田。

《贵阳林东煤田》:

贵阳城西之煤田,统称为林东煤田,距城自数公里至十余公里,煤藏丰富,交通亦便,为供给贵阳市场之需要,尤处于优越之地位。本处为确定其经济价值,并进而研究探勘与开发之道,爰由处长亲率燕树檀、杨博泉二员前往详勘,以五万分一陆军地形图为底图,填绘地质。兹将重要结果,摘录如次:本煤田之总储量为九千余万公吨,可称为贵州中部之最大煤田。煤层皆以背斜层构造出露,而又为许多断层所切,因此可分为九区,即:梨木山、石牌坡、汤巴哨、翁井寨、五分田、林东、长鲊、高寨、小天龙、五里关是也。就煤层倾角论,石牌坡、小天龙、五里关等区,俱甚陡急,常达四五十度或更大;汤巴哨、翁井寨,倾斜不一,大致近断层处较陡,可达四十度,余则在二三十度左右;五分田、林东、长鲊三区,倾角最平,大都在二十度以下。就煤质论,梨木山、石牌坡俱为无烟煤,且多粉煤,家用尚为适宜,但不适于工业之用。汤巴哨、翁井寨,挥发分较高,可达百分之十四左右,含灰亦低,仅百分之四,为锅炉用似尚适合,但不能炼焦。五分田及长鲊二区,煤质最优,挥发分常在百分之十五左右,且多块煤,炼焦尤为适宜。高寨煤含挥发分亦高,但灰分稍多,达百分之九。五里关煤含挥发分最高,可达百分之二十六左右,且可炼焦,但灰分高至百分之十七。小天龙煤质稍逊,不能炼焦。由上所述,可知本煤田自北而南,或自西而东,挥发分俱有渐增之势,而灰分则以小天龙、五里关、高寨、梨木山等区为最高。五分田、翁井寨、林东、长鲊等区,位于全煤田之中部,含灰最低,挥发分亦高,而煤层又最厚,储量合计可达五千六百余万吨,允为最富经济价值之煤田。

我人既认定上述三区之质量为最优,则将来大规模开采,自当就此进行,毋容置疑,但三区面积广泛,应从何处着手,最为经济合理,值得从长考虑,而尤为棘手者,乃区内老窑林立,凡煤层平铺,位置在河面以上者,皆有悉被挖去,而发生洞老山空之虞。我人详测地形地质,及调查老窑之结果,特规定下列原则,为计划设井地点:(一)须交通便利,地形适宜;(二)须老窑较少,或竟未开到之地;(三)凡长兴石灰岩出露之地,尤其该岩为河流深切之处,可认为老窑未开到而又能用合理深度之直井采煤,盖煤层皆在长兴灰岩之下,从该岩近底部打井,不到六七十公尺,即可到煤,而从前矿工,不认识此点,且无大资本打较深之井,故凡此灰岩出露之地,其下煤层俱有完整保存之望也。但实行打井之前,必须钻探,以求万全,爰择定二区,一在格保,猫冲,十八块及五分田之西,彭官之东;一在光头寨、林家山、睹鲁及长鲊之西。每区又点定钻眼各四个,如各钻眼探得煤层,可再就交通适宜之地,开挖大井,以便用有计划之方法采煤。据初步观察,将来矿井似可分设在冒沙井,十八块,睹鲁附近三处。

目前本区运煤,概赖畜力,运输量极小,将来大规模开采时,必须改用铁路。查贵阳至矿区有河谷联系,将来可沿此河修筑铁路,先由贵阳至杭家桥,然后分为两支,一经开龙寨、小天龙、白岩寨、翁井寨而达冒沙井,一经麻窝寨、雪厂而达睹鲁及长鲊,由此再择适当路线,筑支路以达工固。如是则上述三区皆可得铁路运输之联系,而大量产煤不成问题矣。目前贵阳每日需煤约四百吨,而本会筑东煤矿所产日不及百吨,其余悉仰赖于五分田、凉水井、林东、摆勺及水西等土窑之所产,可见本会对贵州煤矿之建设,尚未尽最大之努力。将来贵阳工业发达,铁路贯通,则为供给工业用及铁路用煤,其需要量更必激增。为今之计,似应急起直追,迅速开发林东煤田,俾能供给此方兴未艾之需要也。

(《资源委员会矿产测勘处三十三年度年报》,第5—6页)

五月十八日 翁文灏再就许德佑等被害案,电告谢家荣,可勒令其叔负责指引,并面见代理主席周寄梅先生,电文如下:

贵阳谢季骅兄袍泽转侯学煜兄

密。易仲三自应请省府认真缉获,可勒令其叔负责指引交出。盼面见现在代理主席周寄梅先生。兄事毕可返渝面商。翁文灏。辰巧。

文灏 五.十八.

(《中央地质调查所故员许德佑等被匪惨杀抚恤案》,南京,中国第二历史档案馆,全宗号四,案卷号13817,第165页)

五月十九日　资源委员会会计室函告谢家荣,已签请调派郭伟为矿产测勘处会计课长①。

五月二十日　与熊毅联署致电翁文灏和李春昱,"三电奉悉,侯学煜十七日晴隆电话谓易仲三已缉获"。②

五月二十三日　与熊毅联署致电翁文灏和李春昱,告知已缉获劫杀许德佑等的匪犯20人,尚有9人在逃,主犯易仲三拒捕,已将之当场击毙。电文如下。

翁部长、李所长:

密据侯廿二日晚抵筑面告,先后共获匪犯二十人,尚有九人在逃,及嫌犯七人,主犯易仲三拒捕已格毙。

荣毅　辰漾

(《中央地质调查所故员许德佑等被匪惨杀抚恤案》,南京,中国第二历史档案馆,全宗号四,案卷号13817,第162页)

六月十四日　《贵州日报》第3版在"一周一人"栏目里刊出记者乔青的《谢家荣访问记》,全文如下:

资源委员会矿产测勘处处长谢家荣氏,从事地质工作垂二十年,成绩卓著,著作颇多,对地质工作之贡献极大。自测勘处成立后,对经济地质之调查,贡献尤多,该处迁筑以来对本省矿产测勘不遗余力。谢氏曾亲往云雾山等地作实地视察,对于本省铝、汞、煤、铁等矿有新发现,记者昨特趋车往访谢氏于其办公室,得与详谈,爰介绍其行略并记其谈话如次:

谢氏年四十四,精神饱满,衣着朴素,彬彬然十足学者风度。氏字季骅,上海籍。民六年在地质前辈丁文江先生主持之农商部地质研究所毕业,初立年,考入美国威斯康星大学理学院,毕业后,获理学硕士,学成返国,被聘为中央研究院评议员,任中央地质调查所技正,以迄于今。并曾兼任北京大学,清华大学地质学系教授及系主任有年。现供职地质界青年大多出自谢氏门庑。民国二十七年,任江华矿务局经理,旋任叙昆铁路沿线探矿工程处总工程师。民三十二年任矿产测勘处处长。

一九三五年万国地质学会开会,谢氏遍历湘、鄂、闽、赣、甘、陕等省,所测勘之

---

① 南京:中国第二历史档案馆,全宗号二八,案卷号12369,第44页。

② 《中央地质调查所故员许德佑等被匪惨杀抚恤案》,南京,中国第二历史档案馆,全宗号四,案卷号13817,第164页。

铁矿,分为五大类十七式,每式以一地名名之,开我国地质家对铁矿研究之创举,撰成有系统之精细巨著,寄万国地质学会,作论文宣读。又谢氏就全国煤样制成薄片及光片,置显微镜下研究,鉴定其中各种植物组织及结构,与化学分析比较,分别煤类及其应用,结果发现若干新煤类,如乐平煤(产江西乐平),即为世界少见之一种,含挥发性特高,可供炼油之用,并发明煤之偏光性及薄光片法等。谢氏将其办公桌上最近新制成之光片示记者,乌黑之煤能变为透明体,所含维质毕露,其研究之精神,殊堪钦佩。

谢氏对地质学之著过如《煤的显微镜下的研究》,《中国矿产时代及矿产区域》,《中国陨石》诸篇,均有极大之贡献。中国陨石甚少发现,谢氏首次研究甘肃导河陨石,江西余干陨石,实开中国地质家研究陨石之新纪元。

关于中国需要工业化问题,谢氏认为应在地质学理上用功夫,并须从事经济地质学之调查,发现大宗之铁,煤,铝,汞等矿,俾为将来采用。谢氏主持矿产测勘处即担负此项艰巨工作。

谢氏对中国地质界前途,异常乐观,谓许多矿产处女地亟待开发。我国不仅具备地大物博之优越条件,并已奠定地质研究之根基,从事地质工作者均能不避艰难险阻,为要达成目的冒险以赴。如最近许德佑,马以思诸君遇匪被害,为科学牺牲,此等事,地质学界屡见不鲜。建国需要地质学家之努力甚多,我国地质人才仅百余人,切盼教育当局为配合建国伟大事业,多培植地质人才。此系谢氏诚挚之希望也。

六月　在贵阳中央日报经建月刊 6 月号发表《贵州矿产之展望》[①]。

七月十五日　资源委员会会计室电告谱主,前派郭伟充任矿产测勘处会计课长,郭伟因病已就近签调运务处会计室,改派杨保安任矿产测勘处会计课长[②]。杨保安于 8 月 1 日到职。

七月　主编的英文刊物《经济地质丛刊》(*Contribution to Economic Geology*)创刊。序言云:"由于缺乏印刷和其它设备,尤其本处设在滇北的一个小城昭通的时候,除了临时性的专题报告和中国地质学会出版物中的几篇文章外,这些资料一直没有发表。随着本处办公地点迁到贵阳,能够利用该市的印刷设备,本处决心要推出几种出版物",《经济地质丛刊》便是其中之一,"本丛刊专门刊登所有经济和实用方面的论文"。《经济地质丛刊》计划出两期。第一期刊载了矿产测勘处成立后

---

① 谢家荣此篇文章最早见于曹国权辑《谢季骅先生著作目录》(《矿测近讯》第 78—79 期,1947 年 8—9 月号,第 28 页),但至今没有查到贵阳《中央日报》1944 年 6 月号的《经济月刊》。

② 南京:中国第二历史档案馆,全宗号二八,案卷号 12369,第 24 页。

5 年中的主要研究成果,共 10 篇论文,所著《滇黔康三省金属矿产述要并特论其分布与地质时代》(Note on the Ore Deposits in the Yunnan-Kueichou-Sikang Area with Special Reference to Their Distribution and Geological Age)和《云南鲁甸乐马厂铅银矿之研究》(A Study of the Lomachang Lead-Silver Deposit, Lutien, N. Yunnan)收入其中。

《滇黔康三省金属矿产述要并特论其分布与地质时代》将滇黔康地区按地质情况划分为 3 个带:前寒武纪变质带、古生代-中生代的褶皱中断裂带和晚古生代-中生代的平缓褶皱带,并指出每个带都有一套特殊的矿床,另外加上南岭带西延的钨锡矿带,将整个地区分为 4 个矿带。综合依据各方面的资料,得出结论:"晚中生代和早第三纪是中国大多数金属矿床的形成时期""贵州高原和滇西的汞、锑、砷矿床,个旧-文山的高温锡钨矿床以及南岭地区的矿床都是如此"。

《云南鲁甸乐马厂铅银矿之研究》认为,二叠纪的玄武岩喷发和侵入后不久,源自玄武岩浆的含矿溶液沿裂隙、节理和接触面上升,使阳兴石灰岩和威宁石灰岩重结晶和白云岩化,然后金属矿物形成交代矿床或充填不规则裂隙,之后发生地层的褶皱和断裂。矿床在三叠纪期间受到侵蚀和剥蚀,地形变得平缓,发生氧化和次生富集作用。晚第四纪发生大规模的隆起,急速的侵蚀和下切,造成地面起伏剧烈,已经形成的氧化和次生矿部分或完全被剥蚀掉。在现在的侵蚀旋回中,可能由于地形陡峻,致径流超过渗透,已经形成的氧化带和次生富集带没有发生什么变化。预计在深部有原生硫化物带。乐马厂过去有过大规模的开采,现在见到的只是剩余矿石。在打虎山可能有完整的氧化带、次生富集带和原生硫化物带的发育,以后应该进行认真探勘。弯腰树的次生富集银矿值得注意。

是月　与马祖望合著的《地质矿产陈列室矿产部分说明》由矿产测勘处印行。偏重介绍贵州矿产。

八月十四日　率杨庆如、余伯良前往贵筑县中曹司一带研究白垩纪地层,以确定有无产盐可能,发现红色层所成的向斜构造及岩层层序均颇适于盐卤的产生,同时在河边寨、大朱显等地白垩纪地层中发现多层洁白质纯的砂岩,可用作制造玻璃的原料。

八月二十八日　应黔南公司张总经理之邀,与燕树檀、杨博泉离贵阳赴都匀以详测都匀、独山煤田,于次日抵达都匀。

八月　与燕树檀、杨博泉合著《矿产测勘处临时报告》第 43 号《贵阳西部煤田简报》。

九月　详测都匀、独山煤田。

十月五日　结束历时 1 个月又 1 周的都匀、独山工作,返回贵阳,并于月内与燕树檀、杨博泉合著《矿产测勘处临时报告》第 47 号《贵州都匀独山煤田说略》。矿产测勘处 1944 年的年报对此次都匀独山的详测工作有如下记述。

《贵州都匀独山煤田》：

黔桂铁路沿线都匀独山间煤田，前经本处派杨博泉、余伯良测勘，编有报告及五万分一地质图（本处临时报告第四十二号）。自敌人侵湘，黔桂铁路军运频繁，且有若干工厂内迁都独一带，于是煤斤需用，更为急迫。本处应黔南企业公司邀请，研究该处煤田质量问题，由谢处长亲率燕树檀、杨博泉前往，于八月二十八日出发，十月五号返处。测勘结果，摘述如次：（一）含煤系厚二三十至四五十公尺，上下俱为石灰岩，因煤系较易剥蚀，故常成缓坡，山口，低地等地形，与石灰岩之陡峻山形，极易辨别。（二）可采煤层仅一，最厚一公尺，最薄仅十余公分，渐至尖灭。（三）煤层位于竹塘煤系之底部，层位固定，分布平均。此次测勘范围，北自冷水沟，南达普林，延长四十余公里，就相当层位采煤，几百无一失。（四）煤田成紧密褶皱，又为若干逆断层及斜向断层所切，构造殊为复杂。就地位及构造关系，可分为五个煤田，自北而南计有(1)冷水沟大塘煤田，(2)杨柳街马坡茶园卧龙寨煤田，(3)都匀城西王家司煤山大河街冬青树普林煤田。以上为大向斜层西翼。(4)七星山煤田，煤层出露于复背斜之两侧，西为白周院，凤凰坝煤田，东为甲第，大小窝塘煤田。(5)高基尧林煤田，成向斜层构造，煤层组成两翼。以上各煤田间常为断层所切或为冲积层所覆。自冷水沟以北，煤线尚延展甚远，可达马场坪及平越；自普林尧林向南，亦延长不绝，此次均未追索。（五）测勘范围内煤田面积约有三百余平方公里，储量概算约五百余万公吨。（六）煤质俱属半烟煤，含挥发分自百分之八九至十三四，各处成分，大致相仿，有人以为大小窝塘之煤质特佳者，乃揣测之词，实少分析根据。粉煤最多，块煤较少。（七）独山西北之拉莫拉红有含挥发分达百分之十六至二十三之烟煤，但含水分甚高，自百分之六至十二。煤不粘结，燃烧时发焰甚微，铂锅盖内面附着之煤烟极少，与其他烟煤，迥不相同，故实为一特种烟煤，其实用价值，刻尚难言。（八）都独境内尚有下石炭纪（如文德之毛栗坡）及阳新底部煤系，后者在文德场附近，开采尚广，煤质属半烟煤或无烟煤，其经济价值，尚不逮二叠纪之煤系。（九）都独一带，林丰草茂，薪炭供给，不虞缺乏，故煤矿自来颇少经营，因之浮面煤层，尚多保留，黔桂路及资委会最近采煤，只要层位不误，掘深五六公尺，常可见煤，开工四五日，即可有相当产量，此为开发都匀煤矿之优点，但层薄质亦不佳，真正之烟煤，几乎难得，在工业应用上实为无可如何之缺点也。

（《资源委员会矿产测勘处三十三年度年报》，第 9 页）

十月二十九日至十一月初　应盐务局技术处处长朱庭祜之邀,与他一同前往开阳洗泥坝,盐务局技术员袁见齐同行,视察洗泥坝盐井工程及附近地质。

十月　根据对中国铝土矿的研究结果,撰论文《中国铝土矿之成因》(载《矿冶研究所炼铝专刊》,并撰英文版 Origin of Chinese Bauxite Deposits)。根据对中国煤田的研究,撰文《中国煤田地质及煤矿业概述》(Coal Fields and Coal Mining Industry in China, A General Survey)。此 2 篇英文论文均发表于《经济地质学之贡献》(*Contribution to Economic Geology*)第 2 期。矿产测勘处 1944 年的年报有报道。

《黔滇铝土矿之显微镜研究》:

关于铝土矿之成因及矿层之垂直变化,谢处长另有专论,将由本处刊印之西文经济地质丛刊发表,兹摘述其要旨如次:(一)铝土矿系由附近古陆,深受红土化作用之剥蚀,经长途运输,沉积于浅海带中而成。(二)剥蚀时期约相当于志留泥盆二纪,因此二纪之海生地层,在黔中滇中,俱告缺少,为海侵未达到之明证。至于沉积时期,则在黔为下石炭纪,在滇或稍晚。(三)原生之沉积为一种水氧化铝之胶状细泥,中杂铁硅等质。(四)初经酸性潜水之浸溶作用,铝质下移,重行沉淀于潜水面下,造成次生富集带,此即目前所见之富矿层;继经上升或下降之碱性潜水,使硅质富集,造成上下胶结带之高岭石层,即现见之贫矿层也。矿层最底部之含铁层,或系由于海水之还原作用,使铁质还原,浸溶下滤,沉淀凝集而成,盖当铝土质料初沉积时,为海水所盖覆,其中铁质,逐渐下溶,乃发生下部铁矿层,而上部之含铁特少者,亦半由于此也。

(《资源委员会矿产测勘处三十三年度年报》,第 13 页)

《中国煤田地质及煤矿业概述》:

关于中国煤田之论文及报告,为数甚多,但迄今尚少一概括之叙述;即有若干通论文章,颇多剪拾诸家报告,依次编列,既鲜学理之背景,更无见解之表示,本处谢处长为此特从新的观点,编为概述,分为地理分布,地质分布,煤之种类,可能储量,产额,生产成本及效能,进出口及消费量等七章。在地理分布章,分全国为七大煤区,每区煤田之分布,储量、产量,地质时代,煤质及交通、矿业等情形择要论列。另附详表。地质章中则就时代详分,特别注重古地理之沉积环境,因而分为在煤质上,产状上及将来矿业展望上显然不同之二种煤系,即近海煤系与远海煤系(Paralic and limnetic phase)是也。煤之种类章中,于叙述中国之各种特种煤外,又详论煤之分类,并用三角图的分类法分煤为两大系统,即正常系统与油煤系统是也,中国之许多高挥发分特种煤皆属油煤系统。所列各项矿业统计,皆采取最近材料。该文将由本处刊印之西文经济地质丛刊第二期发表。

(《资源委员会矿产测勘处三十三年度年报》,第 14—15 页)

十二月三日　日军侵扰湖南、广西,继及黔南,贵阳形势紧张,贵州省政府公告疏散。矿产测勘处第 1 批疏散人员离开贵阳,于 12 月 5 日抵达遵义。

十二月六日　搭便车赴遵义,住浙江大学校内。

十二月八日　与竺可桢、叶良辅、易修吟、王劲夫、徐宽甫等在遵义大众餐厅聚餐。

十二月十二日　乘第 2 批人员疏散卡车抵达重庆,住资源委员会招待所。

十二月二十八日　矿产测勘处迁至重庆小龙坎,开始办公①。

《迁渝经过》:

本年九月间敌寇侵扰湘桂,继及黔南,不及二月,贵阳吃紧,省政府公告疏散,人民争相避难,本处乃暂作疏散遵义之计,向运务处租得卡车二辆,装运员工眷属及一部分公物,于十二月三号离筑,至五日先后到达,承浙江大学竺校长协助,惠借校舍,暂为停驻。是时大会已有贵阳各单位迁渝计划之令,本处谢处长遂于六日搭便车赴遵,继乘本处第二批人员疏散卡车赴渝,以便在渝租觅房舍,恢复办公。总务课长王植及事务员樊伯翔,工务员江镜涛留筑办理善后。处长等一行于十二日抵渝,时战局已有好转消息,但本处人员既已离筑,会方遂主张继续来渝。在遵员工眷属,首批北上,十二月二十八日王植等在筑善后各事,办理就绪,亦相继来渝,在小龙坎会拨房屋内开始办公,同时计划在沙坪坝重庆大学校址内建筑新屋,此本处因敌人侵黔被逼迁渝之经过情形也。

(《资源委员会矿产测勘处三十三年度年报》,第 3 页)

矿产测勘处在西南时期的工作范围,主要在云南、贵州、四川三省,工作内容除进行基础地质的调查外,着重派人分别进行水城观音山铁矿、攀枝花铁矿、东川铜矿、会理力马河铜镍矿、会理通安铜矿、黎溪等铜矿、天宝山铅锌矿、文山白钨矿、昭

---

①　但矿产测勘处 1945 年度的年报载,矿产测勘处在重庆开始办公的时间为 12 月 26 日:"本处于三十三年十二月敌寇侵扰湘桂,继入黔南,贵阳吃紧撤退至遵义,旋奉令迁往重庆,初往化龙桥本会招待所,十二月二十六日改迁小龙坎正街二四九号附一号先行开始办公。"(《资源委员会矿产测勘处三十四年度年报》,第 2 页)

通褐炭、水城赫章煤田、昆明铝土矿等的矿产普查。

向在矿产测勘处工作的叶大年学俄文,到重庆后又在中央大学俄文班听讲。由于刻苦学习,不久即能阅读俄文书刊。

十二月三十日　中国地质学会理事会在重庆小龙坎举行会议,与张更、侯德封、谢家荣、李春昱、李四光、俞建章、黄汲清、尹赞勋共 7 位理事出席。理事长李春昱主持会议,并报告本会的财务情况;黄汲清、侯德封分别报告《会志》及《论评》之出版情况。议决下届年会定于明年 3 月 11 日起分别在重庆、昆明等地举行。

一九四五年　乙酉(民国三十四年)　四十九岁

　　提要　重庆。考察四川长寿剪岗坝、巴县、隆昌的石油地质、云南中部的铝土矿。显微镜研究滇黔铝土矿。考察台湾的石油地质情况。发表《四川赤盆地及其所含油气卤盐矿床》等。

　　一月三日　留守贵州的矿产测勘处人员全部到达重庆小龙坎。
　　一月十九日　资源委员会工业处处长包可永函请谱主调查湖北硫铁矿储量及成分,函件全文如下。

季骅吾兄大鉴:
　　在渝获聆雅教,受益良多,近维公私迪吉,是颂是祝。近者有利川硫酸厂,以业务周转不灵,来请本会增资接办。本会以该厂设备简陋,交通不便,尚未同意。据闻该厂硫黄乃系来自民间。缘利川邻县恩施境内出产硫铁矿,乡民用土法蒸取硫黄。从前系售与硝磺局,借获微利。作此业者为数甚多。后经省府出资,设立硫酸厂,即以之为原料,附近且有硝石得以利用。本会对于该硫酸厂是否即时接办,自须顾及其他种种条件,惟于硫铁矿及硝石出产极感兴趣。为此函请吾兄惠加裁酌。是否需派人员一往调查? 如能知其储量及矿砂成分,会中虽一时不便接办,将来或可投资,增加设备,以益硫酸生产。不审高明,以为如何? 尚祈便中示复为感。专此拜恳。敬颂
公绥!

弟　包○○拜启一月十九日

(南京:中国第二历史档案馆,全宗号二八,案卷号22204,第3—4页)

　　一月二十九日　就湖北利川县团保寺附近硫铁矿情况回复资源委员会工业处包可永处长1月19日函,全函如下。

可永处长吾兄勋鉴:
　　接诵大函,借悉一是。嘱查湖北利川县团保寺附近硫铁矿情况等由,查,据湖

北建设厅李捷君调查报告,该处黄铁矿储量,就团保寺附近,木贡大庙间一带而言,约二百余万吨矿砂,含硫成分约在百分之三十左右。该矿分布虽颇散漫,若由民间开采而收买其矿砂或硫黄,尚有相当产量,足资维持一小规模之硫酸厂而有余。兹将参考材料乙份附送,请查照为荷。端复。即颂

勋绥!

弟谢家荣拜启 元,廿九

(南京:中国第二历史档案馆,全宗号二八,案卷号28845,第2—3页)

三月十日 中国地质学会理事会在位于重庆小龙坎的四川省地质调查所举行会议。与张更、黄汲清、李春昱、侯德封、李四光、俞建章、尹赞勋共8位理事出席。边兆祥、杨敬之列席。理事长李春昱主持会议。议决12项,包括:讨论丁文江先生捐款之处理;通过中国地质学会奖金委员会规则,李春昱(干事)、俞建章、翁文灏、谢家荣、黄汲清、尹赞勋当选为奖金委员会委员;通过中国地质学会许德佑、陈康及马以思纪念奖金规则;其他奖金规则相应修改;会议选举理事、常务理事、学会职员、编辑等,谱主与黄汲清(主任)、俞建章、李春昱、张更、王炳章、尹赞勋当选为会志编辑。

三月十一日 出席在重庆大学开幕的中国地质学会第21届年会。上午举行开幕式。到会会员、会友及政府机关代表、来宾200余人。理事长李春昱致开会辞。教育部部长朱家骅、中央大学校长顾毓琇、重庆大学校长张洪沅相继致辞。理事长李春昱演说。下午,在中央大学举行第一次论文会,主题是普通地质及构造地质。

三月十二日 在中国地质学会第21届年会第2次论文会(矿产、矿物、岩石、土壤)上宣读论文:与沙光文合著之《滇黔铝土矿之显微镜研究》。另有三篇论文在会上宣布题目:《贵州煤田研究并特论其与古地理及地质构造之关系》(与张兆瑾、王承琪合著)、《槽探贵州云雾山铝土矿》(与杨开庆、沙光文合著)、《中国几种高挥发分烟煤及其在三角图中之位置》。《地质论评》第10卷第3—4期刊出了《滇黔铝土矿之显微镜研究》和其他3篇论文的节要,《槽探贵州云雾山铝土矿》刊出时,仅署名杨开庆、沙光文。《滇黔铝土矿之显微镜研究》讨论了滇黔铝土矿的成因及分层。

谢家荣、沙光文《滇黔铝土矿之显微镜研究》之第二节"成因及分层":

滇黔铝土矿无疑地为一种浅成水成矿床,但其垂直变化即上下两部俱含高岭石甚多而为高硅劣矿,中下部不含高岭石而为富矿,最下部则富于铁质之现象,亟须解说。就作者意见,此种变化之成因,可分为下列数步:

（一）Anaerobic or redoxidic decomposition 即在为水掩覆之状态下发生之化解，使三价铁还原为二价铁，浸滤于矿层之底部；又有若干铁质，则属原始风化面上凝集而为水淹覆者，故同属一层之铁矿，尚有先成后成之别，如呈鲕状结构者，即先成之铁矿也。

（二）次生富集作用在酸性潜水之浸滤下成之，此时铝氧逐渐浸溶下移，沉积于当时潜水面上下不远之地带，造成次生富集带。此种作用可与土壤学上之灰化作用相比拟。

（三）再硅化作用则系在碱性环境下造成，此时下溶者俱为硅质，与铝氧相合遂成高岭石。在多雨湿季，潜水下降，在旱季则地下水反有上升之势，因之次生富矿带之上下，俱有高硅劣矿带。

（四）经过岩压及长时间之去水作用，胶性之氢氧化铝乃逐渐去水而成为一水氧化铝之微晶。

（五）又经过地面风化，造成深黄或褐色富于铁质之土状或蜂窝状之铝土矿，此项矿石，在昆明附近最为常见，黔中亦偶见之。

根据上述事实及理论，作者等特将滇黔铝土矿层分为三带：

（一）上胶结带（Upper cementation zone）；

（二）次生富集带（Secondary enriched zone）；

（三）下胶结带（Lower cementation zone）。

（《地质论评》第 10 卷第 3—4 期，第 98—99 页）

《贵州煤田研究并特论其与古地理及地质构造之关系》依据贵州境内煤的挥发分和硫含量变化，讨论了它与古地理及构造的关系。

谢家荣、张兆瑾、王承琪《贵州煤田研究并特论其与古地理及地质构造之关系》（节要）：

大致言之，威宁、水城、盘县、普安、兴仁、贞丰之煤，含挥发分常达百分之三十以上，水城且有含挥发分在百分之四十八之烛煤。自此向东，挥发分逐渐减少，至安顺、平坝、大定、毕节，俱为无烟煤，含挥发分俱在百分之十以下，低者仅百分之四，为贵州一大无烟煤区。再向东至贵阳、贵定、平越，挥发分又渐增加，平均在百分之十以上，多者可达百分之二十以上，惟向南至都匀、独山，挥发分又低至百分之十左右。东至荔波，挥发分始高至百分之二十或以上。至黔北桐梓、遵义，挥发分又低，常不及百分之十。

贵州之低硫烟煤，似限于威宁、水城、盘县、普安、兴仁一带，含硫常不及百分之一,此带之东,硫分渐增,此带之西,在云南境内如宣威、平彝各煤田,硫分亦低,有低于千分之一以下者。以上低硫煤,俱为理想之冶金用焦煤。

查煤质之变迁,大致有两种因素,一为原生的,由于成煤之质料不同,或成煤时上覆沉积之厚薄不一,致影响其性质,而此种因素又往往与成煤时之古地理环境有关。一为后生的,则地壳运动,火成岩侵入等等,俱足以影响煤质。就古地理研究,贵州当上二叠纪时,东部北至正安、绥阳,南迄三合、都江,为湘黔古陆,西部北自纳雍、织金,南迄普安,为滇黔沿海沼泽带,或准平原带,盖此带亦延及云南东部也。二带之间,则为浅海。沿海沼泽植物滋生,造成陆相煤层。海侵带中有孢子藻类聚集,或局部植物滋生,造成海相煤层。海水中常多硫黄菌,陆相沼泽中则否。今贵州中部煤田,俱属海相,西部及云南东部之煤,则俱属陆相,水城、普安适为海陆二相交界之区,故无怪此线以东,煤含硫俱高,西于此者,含硫俱低也。

至于炭分或挥发分变迁之原因,除若干原生因素外,要以后生之地壳运动为主,盖贵州未见火成侵入岩,故火成变质之作用,殊不重要也。安顺、大定及桐梓、遵义,似俱有弧形构造,或至少为变动剧烈之区,故各该带炭分之增高,亦即挥发分之减低,而造成贵州之大无烟煤区,当非偶然也。

明了上述煤质变迁情形,于搜探工业用煤,可资臂助。如黔西应为冶金焦及煤炼油厂所在地,黔桂沿线烟煤应在都匀以北或其东西两翼等等是也。

(《地质论评》第 10 卷第 3—4 期,第 160—161 页)

谢家荣《中国几种挥发分烟煤及其在三角分类图中之位置》(节要):

中国有多种烟煤,含挥发分特高,兹将主要数种之成分列表如次

产地	挥发分	定炭	水分	硫黄	灰分	蒸馏后得粗油重量
江西乐平	52.10	40.21	0.40	2.10	7.30	33.05%
山西浑源	37.29	14.04	1.01	1.12	47.66	18.20%
贵州水城(大河边)	48.80	38.82	0.76	0.42	11.62	
云南平彝	54.91	28.20	1.85	2.31	15.04	
云南禄劝大莫	56.39	12.35	0.72	4.04	30.54	10.115%
云南禄劝吴尖	43.55	23.16	22.59	2.03	10.60	同上

就煤之显微镜下组织言,山西浑源煤含藻类植物,为藻类煤(Boghead coal);江西乐平煤主含韧皮组织,为一特种煤;贵州水城煤含胞子及藻类,为烟煤与藻类煤混合类;云南平彝煤主含大胞子,禄劝煤含未经鉴定之组织,俱为特种煤,应各予以新名。此外各烟煤中所夹之浊煤状暗煤(durain or cannelloid),其例甚多,但纯粹浊煤尚少见。陕西肤施、四川彭县、湖南醴陵均颇近似,但含亮煤夹层,但恐均非纯烟煤也。四川赤盆地中,自流井层或广元层(重庆层)中所含之所谓沥青石,是否为一种高挥发分烟煤,颇值研讨。

据翁文灏先生之加水燃率分类法,常易将此项高挥发分烟煤列入褐性烟煤或褐炭,实则此类煤含水分既少,色黑质硬,绝非褐炭;其成因又与普通之煤类不同,故不应混为一谈。若用三角图分类法将此项煤之挥发分,定炭及水分(须改算成纯煤标准)绘入,则独占一区,与普通煤不相混淆。作者特名此项煤类为油煤系统(Sapropelic sequence)以别于普通自泥炭,褐炭,烟煤至无烟煤之正常系统(Normal sequence)云。

(《地质论评》第 10 卷第 3—4 期,第 161—162 页)

三月十四日 中国地质学会理事会下午 2 时在沙坪坝的重庆大学地质系举行会议,与俞建章、李四光、黄汲清(李春昱代)、侯德封、李春昱、张更、尹赞勋共 8 位理事出席,议决修改丁文江先生纪念奖金等 12 项。

三月十五—十七日 奉资源委员会令,偕马祖望自重庆前往长寿剪岗坝调查油苗。调查发现,剪岗坝油苗位于黄草山背斜之西北翼,在白垩系重庆层之底部。原油从青灰色砂岩裂缝中流出,流量甚少。

三月十八—十九日 赴黄角崖、大堰沟、永丰场、升平场之南楠木院等处调查煤矿。

三月二十日 赴长寿县城,参观各工厂。

三月二十一日 搭船返回重庆。

三月 著文《矿产测勘处临时报告》第 44 号《四川长寿剪岗坝油苗简报》,指出剪岗坝油苗值得施钻。

谢家荣《四川长寿剪岗坝油苗简报》:

长寿油苗流量甚小,似不易引人注意,但就其产状与地质构造之关系,尤其与最近在川中所发现之若干事实相参证,则实有深切注意之必要:盖油苗流量之多少,不尽与其储量有关,而上述构造理论之根据,确有一试之价值也。果能在此处翼部一钻得油,则四川油矿之谜或可解决大半,而此后不致再有彷徨歧路之苦矣。作者之所以敢作此建议者,除石油地质之根据外,尤以其他环境之优良,如交通之便利,电力低廉(该处水力发电每度五元五角,自剪岗坝至最近之线路仅三公里许),物料丰富,市场近便等等是也。故作者可断言,倘在长寿钻油,其所费之资金与时间必较其他偏僻之区为低,而产油之后,其运输与供应之能力,又必较其他区域为高,深望本会对此油苗不以其小而忽之,而亟须加以钻探也。

(全国地质资料馆,档号1937)

四月十五日　鉴于物价日涨,生活艰难,矿产测勘处同仁经与资源委员会保险事务所商议,合组一保矿生产合作社,于本日凑足股本150万元开始生产,并将办公室前之空地辟作一小农场,各种蔬菜已按时下种,并拟利用食堂渣水饲猪①。

四月二十日　矿产测勘处迁入在重庆大学农场内借地新建的办公楼内办公②。

四月二十三日—五月五日　赴四川巴县(今重庆市巴南区)、隆昌考察石油地质。

五月二十日　翁文灏当选为国民党中央执行委员会委员。

五月二十一日　自重庆飞赴昆明③,调查云南中部的铝土矿。

五月二十四日　移驻马街子昆明电冶厂。

五月二十五日　偕昆明电冶厂代厂长施家福及战时生产局顾问侯士赴个旧视察。

六月一日　自个旧返回昆明。

六月二日　矿产测勘处与昆明电冶厂签订合作勘探云南铝土矿的简约,呈报资源委员会备案。

六月五日　与6月4日抵达昆明的矿产测勘处派遣人员叶大年、杨开庆、沙光文同赴马街子后山,视察铝土矿。

六月七日　率叶大年、杨开庆、沙光文及昆明电冶厂所派殷维翰赴安宁之草铺考察4天,勘定铝矿层分布及详测范围。

六月十日　偕同殷维翰赴温泉考察铝矿,次日返回马街子。

六月十五日　应昆湖电厂桂代厂长约,偕明良煤矿公司工程师何塘及电厂主任陶立中赴富民县老煤山勘测煤田,于6月17日返回马街子。此行无意中发现大量高级铝土矿,且其储量为当时各矿床之最大者。

---

①　《资源委员会矿产测勘处近讯》,南京,中国第二历史档案馆,全宗号二八,案卷号28835,第3页。

②　《资源委员会矿产测勘处三十四年度年报》载矿产测勘处于4月20日正式迁入位于重庆大学内的办公楼内办公,而《地质论评》第10卷第1—2期(第88页)则说:"矿产测勘处迁渝后,已在重庆大学内新建办公楼一栋于三月十五日迁入办公云。"

③　矿产测勘处临时报告第50号《云南省铝土矿调查报告汇编》和《资源委员会矿产测勘处三十四年度年报》均有此次云南铝土矿调查行程的记载,尤以前者为详。谢家荣自重庆飞往昆明的日期,前者记为5月21日,后者记为5月20日,与矿产测勘处1945年8月的工作月报(南京:中国第二历史档案馆,全宗号二八,案卷号28840,第9页)所记相同,故当以5月20日可靠。

图 74　重庆大学校园内矿产测勘处旧址(上),被拆除后在原址新建的重庆大学幼儿园(下,摄于 2011 年 11 月 10 日)

六月十八一二十五日　率昆明电冶厂王述之(因殷维翰生病而改派的)赴马街子后山之白沙地、黑林铺、柴村、三清阁倒石头等石炭纪地层分布处考察,发现马街子后山之白沙地有高级铝土矿,但分布较狭,矿量不丰;柴村后山之妙高寺一带的铝土矿质、量均优,值得详测。

六月二十九日至七月三日 率沙光文赴大板桥、黄土坡一带做初步测勘,在大板桥一带及黄土坡北之槟榔山发现富矿。

七月四日 返回昆明。

七月五—十二日 赴水塘、一朵云、落水洞、可保村等地调查,在水塘东之五亩山至铁路线以南间、一朵云、落水洞等地均发现富矿。

七月十三日 返回昆明。

七月十四—十五日 赴昆明北之蛇山一带考察,见有似富矿之矿石,但恐成分不佳。后赴小石坝,发现富矿出露尚广。次日返驻马街子。

七月二十日 矿产测勘处 1944 年度预算为 5 200 000 元,实支 5 028 000 元,资源委员会对矿产测勘处 1944 年成绩的考核意见为:"该处在贵州完成铝土矿及烟煤之调查并决定矿藏之价值,对于工矿业前途贡献伟大。"[①]

七月二十二日 偕张兆瑾、沙光文、马子骥赴马街子后山复勘,决定详测范围及探槽位置。

七月二十五日 偕沙光文、马子骥赴大小红花园复勘,因其质量不稳定,交通不便,决定暂不详测。

夏 长子谢学锦由于参加浙江大学的进步学生运动被特务列入黑名单而在暑假期中逃到重庆,随后进入小龙坎的动力油料厂工作一年。

八月十三日 返回马街子。派马子冀赴小石坝、冈头村、柴村、红花园、石照壁、马街子、后山等处测勘,在小石坝发现佳矿甚多。在马街子候机,飞回重庆;留下沙光文陪同殷维翰赴辉湾、西光华街等处测勘,他们在辉湾发现佳矿。

八月十五日 日本宣布无条件投降。中国人民的抗日战争宣告胜利。

八月二十八日 在柴村开始掘槽探矿。

九月一日 在《资源委员会季刊》第 5 卷第 3 期"矿冶专号"发表《地质与开矿的关系》。文章指出,地质学家对于开矿工作可有 4 个方面的贡献:1. 根据地质学理论,在广大的区域内,搜寻有用矿产;2. 对搜寻到的矿产,进行详细研究或勘探以断定其经济价值,以便计划开采;3. 在决定进行开发的矿区内,选择首先探采的地点,以利经济;4. 在矿厂开办后,随时研究矿床的消长情形,以备有计划的开采。文章还指出,地质调查与矿产测勘表面看来一样,实际不尽相同。两者关系密切,"开矿固须地质学家的指示,而地质尤须开矿给予我们更多观察的机会来阐明

---

① 《资源委员会矿产测勘处卅三年度政绩比较表》(南京:中国第二历史档案馆,全宗号二八,案卷号421,第 8—9 页)。

或发扬大地的真理"。

九月二日 日本代表在无条件投降书上签字,中、美、英、苏等 9 国代表相继签字。至此,中国抗日战争正式胜利结束。

九月二十七日 矿产测勘处与四川油矿探勘处合作探勘四川简阳油矿,于是日派遣王作宾、颜轸、马祖望、温钦荣等赴蓉,遂即转赴简阳龙泉驿,开始野外测勘工作①。

十月三十日 召开矿产测勘处座谈会。在座谈会上除报告本处大事外,并检讨本年度之工作,称"测勘工作本年度完全注重于川、滇、黔三省铝、煤及石油的精密测勘及实施探矿,成就相当圆满",更在座谈会上宣布明年度之工作计划,称"将实行扩大组织,增聘国内外专家为技师,增添图书仪器及探矿设备,并增设化验及实验室,未来工作人员将增至百人以上,将有五个探矿队、十组以上之调查队,经常担任外勤工作,工作范围将及全国,且将先至各收复区如台湾、东北九省等地查勘"。座谈会席间,对处内同仁勉励有加,并为奖励进修起见,特嘱学术研究组定期召开研讨会,并提吴燕生、燕树檀、张兆瑾、王作宾等 4 人负责筹备推进,预定研讨范围为基础学科之准备及应用地质学科之精进。②

十月 完成《黔滇铝土矿成因图》。

十一月九日 出席矿产测勘处学术研究组的第一次例会,并在会上就石油问题发表意见,指出储油构造不限于背斜。

《地质近事》:

学术研讨会第一次例会纪 本月九日学术研究组召开第一次例会,谢处长及地质课全体同仁均出席,首由马祖望、王作宾、杨博泉、张有正、李志超五君报告阅读心得,尤以马君之石油探索方法及王君之编报石油储量之标准化引起热烈讨论,更由谢处长根据其近十年来研究心得详加指示,结论咸认储油构造不限于背斜。若照芮奇氏主张之 Flushing theory,石油似应集中于盆地中心,但沉积及渗透情形亦有特殊者,如 Trapped place 亦可得油。惟据谢处长意见,若在一套构造之中,有一低小背斜,其处最有希望,除轴部而外,两翼亦应试钻。此层竟与欧美其他专家不谋而合云。

(《矿测近讯》1945 年 11 月号,第 57 期,第 9 页)

---

① 南京:中国第二历史档案馆,全宗号二八,案卷号 28840,第 14 页。
② 《矿测近讯》1945 年 10 月号(第 56 期),南京,中国第二历史档案馆,全宗号四,案卷号 33751,第 21—22 页。

十一月二十八日 出席下午召开的矿产测勘处第2次月会,听取了总务、会计和地质等部门的工作报告,决定成立出版组,负责编印各种出版品,并在会上报告矿产测勘处迁回南京的计划。

十一月 《矿测近讯》从本月(第57期)起改为铅印,月刊。并在本期的《新知介绍》栏目发表《介绍亨佛来氏螺旋选矿机》。

是月 所著《四川赤盆地及其所含油气卤盐矿床》在《地质论评》第10卷第5—6期发表①。文章别创"行列背斜"之说:"以二个相距较远之高背斜为一行列,其两翼出露之透水层俱有水渗流,挟油下降,至适当地位,可资积聚;若于中心复有一低背斜层之隆起,则积聚更易,希望更大。"

吴燕生《谢家荣著〈四川盆地及其所含油气卤盐矿床〉节要》:

谢氏根据个人观察所得,参照四川各处产油、气、卤、盐区如石油沟、圣灯山、五通桥、自流井、江油等地探凿记录,以及其他地质学家如谭锡畴、李春昱、李悦言、林斯澄、陈秉范、芮奇、范密勒诸氏学说加以论断。先略论四川中生代各期盆地之概况,及地层层序,构造特征,次论油气盐卤等矿之产状,分布,形成与衍变之经过,逐一详加分析。根据古地理、地文之发育史,认为油气系海成,其原生层或为三叠纪,盐卤则陆成海成均有,但各矿因岩性、构造及潜水冲刷作用,地热蒸焙作用之关系,只要条件适合,可以富集于原生层之顶部,亦可上升或下沉潴集于储积层,如自流井层、重庆层、或城墙岩层中,作者并特别指出,产油气盐卤最适宜之构造,乃在盆地中"行列式低背斜层或穹形构造",凡两大背斜所夹大向斜中又有低小背斜层隆起,此低背斜轴部所在常为白垩纪、侏罗纪岩层发育最盛展布最广之区,区内虽油矿尚待考证,但均有盛产气、卤、盐之可能,宜广施测探,且钻井位置不必拘于背斜或穹层之轴心,因地下埋藏或且偏于两翼。谢氏更指出过去钻探纪录,或因所用回旋钻机,未能逐层隔离试探,可能穿越油气层而竟未察觉,故今后应注重分层隔离钻探云云。

（《矿测近讯》1945年11月号,第57期,第3页）

十二月三日 在重庆大学纪念周发表题为《四川矿业的展望》的演讲,论及四川的煤、铁、盐、天然气、石油及铜、金等矿产。其演讲稿后于1946年1月刊于《矿测近讯》第59期。

---

① 原文有如下的题注:"本文所述各节曾在矿产测勘处座谈会上研讨,其后又著英文论文一篇,将由该处经济地质丛刊发表。"由于《经济地质丛刊》实际上只出了一期,这里所说的英文论文后来并没有能在《经济地质丛刊》上发表,而于1947年11月改发在《中国地质学会志》第27卷上。

十二月十五日　自重庆飞赴上海,布置矿产测勘处迁返南京事宜。在上海期间,为大致了解敌伪时代日本人经营华中矿业公司的概况,曾约前该公司调查课课长筱田恭三谈话,特别注意于新发现矿床及研究新材料,后写成《敌伪时代华中矿产之若干发现》,刊于《矿测近讯》第60期。文章述及1944年发现的安徽铜官山铜矿、当涂向山的黄铁矿,江苏南京栖霞山及王山的锰矿,江苏凤凰山及安徽当涂大凹山、南山、东山、梅子山、钟山、小姑山、桃冲各铁矿,以及浙江萤石矿的勘查和发现、地质研究的情况。文末有如下评述:

华中矿业公司规模甚大,其附设之研究所,为矿物利用及化学分析之各项研究,设备尤为周密,有X光分光镜,及一般之矿物及化学研究之各项仪器,探矿部门有钻机十余架,熟练技师及工人多名;经费充足,组织严密,凡遇有望地点,即施钻探,新奇矿石,即加详密研究,故在短短数年之中,即有若干新发现,其成就实有赖于上下一心努力以赴之结果,殊非偶然幸致者也。但地质与学理方面之贡献殊少,所制图件仅注重矿体本身,而采矿计划与设备,亦不免有过于扩大而不切实际之处。

(《矿测近讯》1946年2月号,第60期,第2页)

十二月二十五日　自上海赴台湾考察石油天然气。此次考察历时3周,遍查竹东、锦水、出磺坑各产区,又赴新竹、台中及基隆等地,考察工厂及矿场。

十二月　在《矿测近讯》58期《专论》栏目发表《中国探矿计划之我见》,提出"中国探矿,必须国人自办,并须由专任机关办理"。

是月　与叶大年、张兆瑾、殷维翰等合著《矿产测勘处临时报告》第49号《云南省铝土矿调查报告汇编》。

是月　《矿测近讯》第58期刊发文《本处研究黔滇铝土矿之成果》,报道了矿产测勘处测勘云南、贵州铝土矿两年来所取得的重要成果:一、发现低硅高铝富矿层;二、解决铝矿矿物问题;三、研究铝土矿之成因:中国铝土矿系一新型矿床,主因在时代较老,故富矿层乃逐渐去水而结晶;四、铝土矿之矿量——现知黔、滇二省之富铝矿矿量至少当在五百万公吨以上;五、提出将来研究之途径。

是月　《矿测近讯》第58期(1945年12月号)报道《中国煤田地质及煤矿业概述》(Coal Field & Coal Mining Industry in China, A General Survey)和《中国铝土矿的成因》(Origin of Chinese Bauxite Deposits)印就发行[①]。

---

① 中国地质图馆所见论文(Coal field & coal mining industry in China, a general survey; Origin of Chinese bauxite deposits)的页眉上均印为"Contribution to Economic Geology, Mineral Exploration Bureau, N.R.C.No 2,pp.1—36,October,1944"。

一九四六年　丙戌(民国三十五年)　五十岁

提要　南京。发现淮南八公山新煤田。发表《再论四川赤盆地中之油气矿床》,提出"高背斜与低背斜及行列背斜说"。当选中国地质学会第 23 届(1946—1947)理事长。

一月十五日　返回上海。

一月十八日　自上海赴南京,主持矿产测勘处自重庆迁回南京的各项事宜。处址迁入南京高楼门峨眉路 21 号中国地质学会会所,并租妥唱经楼卫巷 26 号住宅 2 幢,与王作宾、马祖望、杨保安、詹文台等均寓是处。

图 75　南京峨眉路 21 号(现 12 号)中国地质学会会所,矿产测勘处自重庆迁回南京时的办公处

一月二十七日　向矿产测勘处员工报告自重庆迁返南京的情况和将来的工作部署。年内组织了 15 个小队,在北达辽、冀,南抵桂、粤的广大范围内,进行地质测量和矿产调查工作。

矿产测勘处迁南京后,在谱主的主持下,机关内不挂国民党党旗,不作纪念周,没有国民党党团组织。这在当时国民党统治下的南京,是一件很特别的事情①。

吴凤鸣《缅怀谢家荣先生——从谢老主编四本〈科学译丛〉说起》:

每到中午时候,我们都到西四的砂锅居共进午餐,谢先生和朱夏先生都要喝上二两,边喝边聊。谢老谈话直爽,别有风趣。有一次下大雨,在饭馆停留时间较长,朱夏问谢先生,矿产勘测处是国民党政府资源委员会的下属机构,却一直没有国民党的组织和活动,您是怎样顶住的? 谢老从容地说,"我一向主张专心搞矿产勘探,搞研究,不搞政治。""谢某敢冒天下的大不韪,也假借人员终年在边远的深山密林,难以集中为由,采取拖延、搪塞战术,但也倍感压力深重……"听后,我们深深称赞谢老的这种不屈的精神!

(张立生主编:《丰功伟识 永垂千秋——纪念谢家荣诞辰 110 周年》,第 69 页)

一月二十八日 因侯德封不日离渝赴平,在重庆沙坪坝中央研究院地质研究所举行的中国地质学会理事会会议上,被决议代理《地质论评》编辑主任,并决定会志编辑分门负责审查及修改稿件,谱主与王竹泉、徐克勤负责审查和修改矿床稿件。

一月二十八—二十九日 偕美国采矿专家拉夫罗夫(Lavrov)沿京汤公路至青龙山北段五贵山考察煤矿,再至龙潭考察煤田。

一月三十一日 自南京赴上海。

一月 在《矿测近讯》第 59 期发表《资源委员会矿产测勘处接受外界委托服务办法》:

一、宗旨 以普及地矿知识辅佐工矿发展为宗旨。

二、业务 分为左列各项:

甲、陈列矿产地质标本,举行通俗学术演讲。

乙、测量矿区,勘查地质,估计储量。

丙、计划工程,代办探矿。

丁、鉴定矿物、岩石、化石,代制岩矿薄片、矿山模型。

戊、绘印各项地图。

己、代编工矿统计及其他咨询及委托事项。

---

① 张以诚、王仰之:《谢家荣教授年谱》。郭文魁等主编:《谢家荣与矿产测勘处——纪念谢家荣教授诞辰 100 周年》,第 263—286 页。

三、办法　以上除甲项由本处自动办理并业已举办外,如有以其他业务相委者,请
　　函重庆沙坪坝矿产测勘处或南京高楼门峨眉路二十一号,或派员洽商,本处自
　　当竭诚接受办理。本处电话:南京三三四一九,电报挂号:二四一八。

四、费用　关于简单鉴定及统计调查概不收费,其他测勘、探矿、绘印图件、磨片、
　　制型等工作,当酌收费用,其需支旅费者,视路程远近者随时订定。

五、征集及交换标本　本处拟征集或交换各种岩石、矿物及化石标本,如需价让
　　者,当不吝重资收买。

二月二日　与美国专家鲁比(Ruby)及斯莫尔(Small)讨论台湾石油的问题。

二月二十六日　奉电飞赴重庆。

《本处工作概况》:

　　本处谢处长于去岁十二月十五日由渝飞沪公干,二十五日飞往台湾视察油矿,
一月十五日返沪,十八日赴京,主持复员迁京等事宜,二十八日偕美国采矿专家
Lavrov,沿京汤公路至青龙山北段五贵山考察煤矿,二十九日至龙潭考察煤田。三
十一日赴沪公干,二日与美专家 Ruby 及 Small 二氏讨论并报告台湾油矿情况。二
月二十六日奉大会电召返渝公干。

　　按南京近感煤荒,驻宁美军日需煤三十公吨,遂托本处代为搜集近畿煤矿资
料,并烦谢处长偕同 Lavrov 氏亲至矿区踏勘。五贵山所见煤层厚不及尺,夹于龙
潭煤系黑色页岩层中,恐非主要煤层。将来应辟一探巷贯穿煤系,向上下追求有无
其他煤层。至于龙潭,煤层厚约二尺余,储量亦丰,颇堪利用。本处对于近畿煤矿
调查工作,将继续进行,已派王作宾,马祖望二君办理云。

(《矿测近讯》1946 年 2 月号,第 60 期,第 10 页)

　　二月　矿产测勘处在《资源委员会季刊》第 6 卷第 1—2 期发表《抗战八年来之
矿产测勘概况》。文章概述了矿产测勘处的成立经过,略述了自 1940 年起的测勘
工作,包括:矿产调查,摘要分类略述了铁、铜、银铅锌、汞、金、钨、锡、砒、镍、锑、铝
及非金属矿产煤、石油、盐、磷灰石、陶瓷土、硫黄、硝石、石棉、云母、刚玉矿的调查
及区域地质调查。概述主要成果:滇黔铝土矿方面,发现了低硅、高铝的富矿层,
估算了富铝矿的储量,解决了铝矿的矿物成分问题,提出铝土矿的成因;对昭通的
褐炭进行地质填图和地球物理勘探及钻探,查清了褐炭的分布范围,求得 1.4 亿吨
储量;对贵州水城观音山的煤铁矿进行的勘探,查清了矿量及质量;详细研究了威
宁铜矿并拟定开发计划。5 年多来在矿产测勘方面的工作成果可概括为:

（甲）经本处调查而发现之新矿区

此项新发现之矿区颇多，其重要者如云南富民老煤山之铝土矿，及禄劝茂山乡保悟哈之油煤，威宁拱桥之煤矿等。

（乙）原知矿产区域而经本处详勘后予以扩大者。如宣威打锁坡煤田及贵州水城纳雍一带之以角、屯上、范哇、老婆场、归集等处煤田。

（丙）矿床经济价值久悬不决而由本处详勘并施以钻探后得以解决并认明储量丰富者。如水城观音山铁矿，威宁铜矿，云南昭通褐炭及黔滇之铝土矿等皆其最著者。

（丁）外间传闻产矿丰富之区而经本处调查后认为绝无或鲜具经济价值者。如滇北、兰坪及腾冲之石油，湖南郴县保和圩，板壁岭之银矿及铜矿。

（戊）矿区之经本处详勘后认为具有经济价值，并测绘矿区图呈请资源委员会核办者。如保山沙河厂铜矿，腾冲明光乡小辛街大洞厂铅银矿，兰坪澜沧江东岸水银矿等。

（《资源委员会季刊》第 6 卷第 1—2 期，第 84 页）

地质矿产理论研究方面取得的成就主要有：

（甲）滇黔康矿产区域及成矿时代

本处（几）年来在滇东、黔西调查金属矿产，为数日多，又参考其他机关及最近本处对于西康矿产之调查，觉就地质环境及矿产类别，有可分为三个矿产区域之可能即：1. 康南滇中带。2. 滇东黔西带。3. 黔西带。关于以上各带之成矿时代，另有专文详论之，兹不录。

（乙）贵州及江西煤田之研究

中国南方二叠纪煤田之层厚、分布及煤质与其当时之沉积环境及后来之地壳变动，具有密切关系，本处谢处长特根据此项理论研究黔赣二省之煤田，搜集已出版及未发表之各种分析成分，改算为纯煤基础（即将灰分减去后改算成百分数之谓），再填绘于各该省之煤田分布图上，由此乃得绘制煤田之等炭线及等硫线图，我人为明了各煤田之煤质变迁，预测一未知煤田中煤质之成分，或为计划某煤区之煤质利用，煤业管理等等，此项图幅，极富实用上之意义。本处并曾根据是项研究进而讨论黔省煤矿之计划开采及煤质利用，颇多阐明。

（丙）高背斜与低背斜及行列背斜说

本处谢处长曾根据个人观察之所得，并参照四川各处产油、气、卤、盐区如石油沟、圣灯山、五通桥、自流井、江油等地探凿记录，以及其他地质学者之报告及学说，乃创"高背斜与低背斜及行列背斜说"，此项学说之要点，乃指出产油、气、卤、盐最适宜之构造，乃在盆地中行列式低背斜层或穹隆型构造，凡两大背斜所夹大向斜中又有低小背斜层隆起，此低背斜轴部所在常为白垩纪侏罗纪岩层发育最盛、展布最广之区，区内油矿虽尚待考证，但均有盛产气、卤、盐之可能，宜广施测探，且钻井位置不必拘于背斜或穹隆层之中心，因地下埋藏或且偏于两翼也。谢处长曾著有《四川赤盆地及其所含油气卤盐矿床》及《再论四川赤盆地中之油气矿床》二文，分别刊载《地质论评》第十卷及矿测近讯第六十二期，研讨至详。

（丁）地质方面之研究

本处历年在滇、黔、康等省调查之结果，对于地层系统，地文情形，地质构造，地壳运动以及云南古地理各方面，颇多创见，足以更正或补充前人调查之所未及，详情分别载于本处出版之年报中，兹不赘述。

（戊）编制全国矿产分布图

为明了全国矿产分布之一般情形起见，本处曾编有全国矿产分布图，就目前已知材料，悉行编入，以曾世英等所编之全国三百万分之一挂图为底图，分为金属与非金属两大幅，并就相似型式矿床及同样矿质荟萃之区，划分为若干矿产区域。观此图者，不但于矿产分布大势，了如指掌，且于若干矿队上构造上之问题，亦可得一概念矣。

（己）加拿大树胶代用品之发明……

（庚）清滤灯油试验……

（《资源委员会季刊》第 6 卷第 1—2 期，83—84 页）

是月 所著《安南敦化砂铬矿报告节要》载《矿测近讯》第 60 期。文章简要介绍了矿区的沿革、地理位置及交通状况，指出矿区的基性火成岩蚀变成了蛇纹岩，原生铬矿呈浸染状，结晶细小，品位低，不值开采，但冲积砂矿含铬铁矿有 2%～5%。简述了各砂矿区的地质与矿业情况。

三月六日 派南延宗代为出席中国地质学会理事会会议。会议确定俞建章、王炳章、谢家荣、尹赞勋、王竹泉、张寻常、高振西、南延宗、斯行健、孙云铸、孟宪民、徐克勤、丁啸、杨钟健、李善邦、李承三等 16 人为会志编辑，分门负责审查修改稿件，再交编辑主任汇编，并确定王炳章、南延宗、孟宪民、徐克勤、谢家荣等为矿物、岩石、矿床等方面的审稿人。

是日 偕美国专家斯莫尔及四川油矿探勘处长王调甫赴巴县石油沟考察。晚，黄汲清、尹赞勋等来访。

三月七—八日 偕斯莫尔、王调甫及翁心源赴隆昌圣灯山考察石油地质。

三月九日 送吴镜侬飞南京，后返回沙坪坝，赴李四光的午餐之约。

三月十一—十二日　在重庆会晤或接待业治铮、常隆庆、李贤诚、刘祖彝、田奇㻒、周宗俊、李叔唐、孙健初、张宗瑾等。

三月十五—十六日　撰文《台湾金瓜石矿山纪要》。该文发表于《矿测近讯》第61期,记述了金瓜石金铜矿床的沿革、交通位置、地质、矿床、储量、成因、矿业,结论提出:

金瓜石为我国目下惟一最大现代化之金铜矿山,故我国必须审慎管理,以维持以往之规模,并力谋将来之改进。经济地质方面足供我人思考者厥有数点:(一)第三纪造成之中温浅温矿床,在中国大陆,较为少见,硫砒铜矿一类,尤为惟一之实例,故我人对于矿床及其关联之各项现象及问题必须详为研究,以补充中国大陆上经济地质之缺憾。(二)金瓜石矿山开拓甚大,尤其隆内工程巷道密布,在在足予我人以详密观察之机会,故为研究及训练经济地质人才计,实为一适宜而近便之地点。(三)日人所作以地质研究及探矿工作,固极详尽,但俱集中于已开发各矿体之附近,至于各矿体间之关系,及与一般的地质构造,火成岩等等之足以集生矿床的因子,尚少综合论述。我人以后应先收集日人已有材料加以实地引证,并须确切了解之后,再开始一有计划的长期研究,必要时佐以地球物理探矿之方法,如是则于聚矿因素,不难获得若干线索而发现新矿体,或非尽属无稽之谈。(四)金瓜石现存矿量铜四万二千余吨,金十五吨,以之供给年产万吨之计划,亦仅能维持四年之久耳,故继续施探以发现新矿体,仍为急需之图也。

（《矿测近讯》1946 年 3 月号,第 61 期,第 7 页）

三月十八—十九日　分析四川盆地的构造。

三月二十日　地质学大师、国际友人葛利普在北平逝世。

葛利普在中国从事地质、古生物研究和教学 26 年,对中国地质事业的发展做出了重大贡献。他是中国地质学会的创立会员之一,曾任学会理事和副会长。他奖掖备至,循循善诱,培养了一代中国地质学家。他热爱中国。日本帝国主义侵华时,他致书美国总统,要求支持中国人民的斗争,他曾站在中国地质调查所门口,阻挡日本侵略者,并始终不同侵略者合作。太平洋战争爆发后,72 岁高龄的葛利普被关进集中营长达 4 年之久,备受折磨,但仍孜孜不倦地著述。1946 年 3 月 20 日逝世。北京大学教授会遵照其生前遗愿,决定将他的骨灰葬于北大红楼(沙滩)旁的地质馆前。1982 年中国地质学会倡议移墓于北京大学校园内。

三月二十五日　中午宴请中英文化合作馆代表博尔顿(Bolton),下午中央大学地质系与矿产测勘处合请博尔顿到中大地质系演讲"非洲及波斯地层构造与地文演变",并论及波斯石膏、石油等问题。之后谱主到矿产测勘处与之晤谈;博尔顿在矿产测勘处参观。

三月二十六日　派马子冀、王承祺、温钦荣详测重庆沙坪坝穹窿层构造,是日开始工作,6 月中旬完成。

三月二十八日　经济部发出 5.5.11 号训令,通知资源委员会,经国防最高委员会第 184 次常会核定,矿产测勘处自重庆迁回南京的经费为 9 490.8 万元,租赁修缮费 500 万元。①

三月二十九日　自重庆经汉口飞赴南京。

三月　编著临时报告第 49 号《台湾之石油及天然气》,并在《矿测近讯》61 期上发表节要,论及台湾石油的分布、含油区地层与构造、各油气区概况、台湾的油气工业与展望。最后论及台湾石油开采成绩欠佳的原因,指出未来勘探台湾石油应以平原带为中心。

谢家荣《台湾之石油及天然气》(《本处临时报告》第四十九号节要):

从纯粹地质学理论之,台湾第三纪地层,俱属海生,砂岩页岩相间成层,于产油蓄油均颇适宜。其最感缺乏者,厥为经过之造山运动较为剧烈,致地层倾角,过于陡峻,于油气之积聚,容或不甚适合,且因褶皱断裂过分强烈之故,油气或多散失,目前开采成绩之欠佳,此或为最大原因。

其次则日人之钻油技术或未臻完善……

但我人如在此平原带中勘定为冲积层掩没之构造,而此构造因距山地较远,所受动力较弱,或可得较为平缓之倾角,且因掩盖较深,油气散失较少,如能钻探成功,则或可得较多之产量。

又观台中、台南第三纪地层中常有晶块状之石灰岩,有时可达三层之多,以其产状推测,至少一部应为古珊瑚礁石灰岩。晚近论石油地质者,咸以珊瑚礁质地疏松,常呈晶块形态,而为不透水页岩所包围,最合于油气之蓄积。今如能在平原带下设法勘定此珊瑚礁石灰岩之所在,则就此探油,希望极大。

由上所论,可知将来在台湾钻探油气,当以平原带为中心,在此带中勘定构造,只有特物理探矿之法,尤以地震法最为合适。此外详细研究山边地质与平原带之关系,常可探索山间构造倾没于平原带中之所在,如出磺坑背斜层向南延长,实倾没于台中县北之平原中。就此种从地面观察认为有构造希望之平原地点,详施物

---

①　《资源委员会矿产测勘处、全国水力发电工程总处还都经费概算案》,南京,中国第二历史档案馆,全宗号四,案卷号 17917,第 6 页。

理探矿,则可得事半功倍之效。

查研究并钻探平原带之油气层,当为开发台湾石油事业之最基本工作。但工艰费巨,非短时期内可望成就,且失败与成功,机会相等,故政府必须抱有持久与牺牲二决心,毅然为之,始克有济。

（《矿测近讯》1946 年 3 月号,第 61 期,第 2—3 页）

四月十六日　为调查川北合川、潼南、铜梁、遂宁、蓬溪一带的油气地质,派出杨博泉、孙万铨于是日由重庆出发,至 7 月 10 日告一段落。

四月二十二—二十三日　偕美国专家皮尔斯(Pierce)、伊顿(Eaton)二先生赴当涂、马鞍山、向山、南山、大凹山一带视察黄铁矿及铁矿,由资源委员会矿业处许粹士处长领导,华中矿务公司筹备处于瑞年先生招待。22 日 10 时许抵达,即参观日本人在马鞍山所建之小型化铁炉 10 座及仓库码头等,最后搭专用火车至向山,视察黄铁矿。

四月二十四日　偕王作宾及美国专家赴栖霞山视察锰矿,并至栖霞寺东之白绿泉煤井一带考察二叠纪煤系。

四月二十五日　偕同伊顿及马祖望、沙光文考察凤凰山铁矿。对于伊顿先生认为此富铁矿为红土化作用所成之观点立即表示异议,指出这里的矿产于闪长岩与石英岩之间,无疑为上升矿液所成。在山脚发现日本人所开之大平洞,在洞壁取得优良铁块,知其矿脉延伸至少可达山脚。

是日　为调查广西铀矿,两广之钨、锑、铋、锡等矿产,派出张兆瑾、霍学海会同中央地质调查所徐克勤、彭琪瑞和王超翔由重庆飞抵桂林,先后调查广西钟山黄羌坪、宾阳、岑溪、苍梧矿产,广东乳源梅花街锑矿、乐昌九峰山等地钨、铋、锡矿后,9 月 18 日抵达南京。

四月二十七日　中国地质学会、中央研究院地质研究所及中央地质调查所在重庆北碚中央地质调查所礼堂联合举行葛利普追悼大会。率矿产测勘处同仁拜送挽联:

皓首穷经,教后辈吐艳扬葩,青史居功堪慰老。
白头改籍,过数月归真返璞,北庭想象倍怆神。

谢家荣率矿产测勘处同仁拜挽

（《矿测近讯》1946 年 4 月号,第 62 期,第 12 页）

四月二十九日　致函资源委员会会计处张直夫处长,指会计课长杨保安"成绩平常,到京以来,日事跳舞,置公事于不顾""务请派遣大学毕业、学验俱优,且于中西文字有根底,富有修养者"接替杨保安①。

直夫处长我兄勋鉴:

沪渝晤一教,快慰良深,近维文祺,佳胜为颂。敝处人员已有小半来京,再一月或可大部到达。现一面复原,一面工作,川中两队业已出发。此间苏皖铁铜矿工作亦经弟先作概略视察,不久亦可分队出发矣。兹有请者,尊处所派会计课长杨保安,成绩平常,到京以来,日事跳舞,置公事于不顾。近弟有私人款卅万余元正在重庆,本处收账有会计课驻渝人员函弟报告,在京取款时,渠竟多方留难。经弟说明情由后,仍以恶言相向。似此粗暴成性,目无法纪,实难相处,拟请兄即日命令撤调,以维本处之秩序,公私同感。再者,本处扩大组织后,业务繁多,务请派遣大学毕业、学验俱优,且于中西文字有根底,富有修养者为合格,待遇不妨从优。诸希费神选派为荷。专此奉恳。顺颂

勋祺。

弟谢家荣顿首　四,廿九

(南京:中国第二历史档案馆,全宗号二八,案卷号 12369,第 16—17 页)

四月三十日　矿产测勘处会计课长杨保安函告资源委员会会计处处长张直夫,诉说对谱主的种种意见,请发遣散费,另谋职业,函件全文如下②。

直公处长钧鉴:

自谬蒙提携,奉派测处以来,素稔测处情形特殊,会计人员向受歧视,时在战兢中。早知在此环境中不容有法理与正义存在而仍抑制内心、苛责勉旃迄今者,岂能委曲求全,以勿负吾公栽培之恩也,奈近以下列数事有忤谢处长:

(一)对于新任事务员奚慕良起薪事,职以责任关系提出异议:缘奚原系其侄媳,于二月四日到职,同月二十五日离职。谢处长批自一月十日起薪,截至二月底止薪,职当以奚员在处工作为时仅二十日,二月份发给全薪已属宽厚,故曾签注"查该员系二月四日到职,同月二十五日离职,一月份未曾工作,一月份薪似不应发给",未曾发给一月份薪津。

---

① 会计处在此函件上批注:"参阅杨员四月卅日来函　五,廿二""可同意徐图调整,一时不易物色得更适宜之人选也。五,廿四。"
② 会计处在此函件上批注:"参阅谢季骅四月二十九日来函,五,廿二""函:诚多做工作少跳舞""又函陈各节本处当随时注意 五,廿四"。

（二）新任书记谢学钤系谢处长之侄，谢处长曾数次向职言及意欲令其在会计课工作，职以会计课名额仅及三人，而早已有其侄婿曹山岐派在课内工作，若由谢处长派用私人过多，则势将尾大不掉，工作困难更必加甚，故经婉辞推却。

（三）新任总务课长詹文台系谢处长之姊夫，纯属上海投机商之型式，因一向从事票据买卖交易，无政府机（关）服务资历，故对公文、人事及各项法规均属喤然，同事中不免啧有烦言者，迫于舆论而于本月十六日请假去职。詹君系去年十二月廿二日始自沪来京，于四月十六日即离职，而其薪津则自十二月一日起发至四月底止，计多发一月有奇，并有溢借款项数万元未曾清结。职对此事略有批评，因之大拂所愿。

（四）其余关于报核事项有忤谢处长之处谅亦甚多，因之怀恨在心，近忽借口向职谩骂侮辱之情，任何善于忍受者均不可堪。

敬恳俯察苦衷，准予辞职，俾能精神早获清新，用脱桎酷。惟职原籍鲁东，早为共党所据，一时无家可归，俯乞体念八年来追随政府，在会属机关服务数载，虽以鲁钝，无所建树，然素以耿介赤诚从公，尚无大过，发给遣散费三个月，俾资过渡时日，以便另觅糊口，则恩同再造矣。除陈布苦衷，呈请洞鉴外，另行缮就正式辞呈一纸，随函附呈，敬祈核准为祷。谨颂

钧安！

职　杨保安谨呈　四月卅日

（南京：中国第二历史档案馆，全宗号二八，案卷号12369，第10—13页）

四月　因公出上海，承淮南矿路公司当局之邀，讨论寻找新煤田之问题。公司方面颇注意于上窑舜耕山间平原下之深伏煤层，并拟委托矿产测勘处从详测地形入手。根据已有地质资料认为，深伏煤层的深度至少当在500米以下，在现况之下，仍难开采，故主张在附近详测地质，或有发现较浅易采的煤田之望。乃于回到南京之后，参阅百万分之一中国地质图南京开封幅，见舜耕山之西为八公山，其脉向与舜耕山成弧形构造，而山前又有奥陶纪石灰岩向东北之平原倾斜。倘煤系随弧形分布，而其位置又在奥陶纪灰岩之上不远者，则自山王集以迄蔡家岗一带之平原下，颇有赋生煤层之望。

是月　在《矿测近讯》第62期上发表《再论四川赤盆地中之油气矿床》《伊朗及中东油田》《视察苏皖矿产记》及《地质珍闻》。《再论四川赤盆地中之油气矿床》论述了侏罗纪白垩纪红层的研究方法，指出要注意沉积时的地位（盆地中心、边缘或其他部位）、红层的颜色、砂岩夹层变厚或变薄的方向，并指出"探勘石油当从详研

地质着手,而四川之石油地质,又泰半系于红层之上,盖若红层之层序不明,比定未立,成因质性,俱欠了然,则凡一切精密之构造研究及实用推解,皆无从说起矣";将盆地划分为4个部分,51个背斜,其中低背斜18个;认为在四川,凡两大背斜所夹大向斜中又有低小背斜层隆起,此低背斜轴部所在,常为白垩纪侏罗纪岩层发育最盛之区,是找油气最有希望的地区,此即其所谓"行列式低背斜层构造"理论;指出三叠纪顶部为重要蓄积层,其岩性、成因等应详加研究;提出用地震法探勘石油构造;主张选择经济条件好的地区,依据构造型式分别彻底钻探。

《伊朗及中东油田》报道苏联、伊朗冲突后经双方谈判,苏军自动撤军,双方于4月5日签订合约,同意组织苏伊石油公司,其条件有5个。介绍了中东(伊朗、科威特、伊拉克、沙特和卡塔尔)油田概况,称其无疑为未来世界产油之重心,简要叙述了伊朗及中东的石油地质及伊朗油田的产油情况。

《视察苏皖矿产记》简略记述了本月21—25日考察皖南铁矿、江苏南京栖霞山锰矿、凤凰山铁矿的经过情形。

署名"庸"的《地质珍闻》讲述日本东京以南的太平洋中因海底火山喷发产生的一个小岛尚在继续生长中,指出在不久的将来,该岛有可能又被海水淹没。

是月　长子谢学锦在重庆将妹妹谢恒送到红岩村的八路军办事处。谢恒从这里进入解放区。谱主对此表示支持。谢恒、谢学钫和谢学铮的文章《怀念敬爱的父亲谢家荣院士》有如下记述:

抗战胜利后,矿产测勘处于1945年底至1946年夏陆续从重庆迁回南京。父母坐飞机先到南京,我们几个孩子暂留重庆,随处里其他同仁和家眷一起,坐轮船回南京。这时,学镁从成都金女大来到重庆。她通过同学和八路军驻重庆办事处取得了联系,准备去解放区。但她没有告诉父母亲和其他几个弟弟,只告诉了大哥谢学锦。她对学钫和学铮说,她先坐飞机走,不和他们一起乘船走。等学钫和学铮到了南京以后,才发现学镁失踪了。母亲急坏了,后来听说女儿去了解放区,大哭一场,接着就生了一场大病。那时解放区和国民党统治区是两个世界,天晓得今生今世还能否见面。但又不敢声张,要是让特务知道谢家荣有个女儿在解放区那还了得。对外只能支吾说学镁在外地上大学。父亲倒是很坦然,他除了尽量安慰母亲外,只是淡淡地说了一句:"让她出去自己闯闯,也好!"直到1949年南京解放后,学镁(当时已改名谢恒)随后来曾任外交部长的黄华到南京接收国民党政府外交部,一家人才又重聚。

(郭文魁等主编:《谢家荣与矿产测勘处——纪念谢家荣教授诞辰100周年》,第141页)

五月三日 偕同王作宾和资源委员会技术室主任朱其清及南京金城银行经理王文山赴南京和平门外老山煤炭山一带调查煤矿。

五月六日 请美国地质调查所用X光鉴定的云南铝土矿照片寄到,即以之与此前由英国代摄的贵阳铝土矿的X光照片予以详细比较和研究。

五月十六—二十四日 自南京赴上海洽购仪器。其间曾拜访章鸿钊,会晤徐宽甫、周赞衡等。

五月三十一日 俞建章函谢家荣,推荐重庆大学毕业生周泰昕到矿产测勘处工作,并告担任重庆大学中国矿产课纯系义务,不拘时间长短。

季骅先生勋席:

前次赴宁,只以为先生仍留重庆,迫返渝之前晚晤庆远兄,方悉先生及尊夫人均已到京。惟为时甚晏,次晨又须早莅机场,致未克拜候,曷胜歉仄。曾托庆远兄代为转达下悃,并请代为致意,谅蒙鉴。弟昨晤延宗兄,得悉尊夫人曾赴沪就医,谅现已痊愈。内子至为念念,嘱代附笔问候。前二周曾往贵处探视令郎,适伊外出,闻有二位小弟弟搭轮赴京,谅现已安抵首都为念。

重大毕业生周泰昕(卅一年毕业)曾服务昆明徐厚孚先生处。伊原籍江苏,家有老母,十年未见,时思在宁服务,以便就近照应伊母。伊数年来成绩尚好,倘承先生推爱录用,则感荷深矣。专肃。即颂
公安。

小弟 俞建章顿首

五.卅一

中国矿产一科,弟于上星期已向注册组说明,先生担任此科,纯系义务,不拘时间之长短。本学期因公出外,无须计算学分。注册组业已明悉,奈未转告南先生,致南先生复函达先生,昨日已详告南兄,请先生勿以为念。

小弟 章又及。

(谢家荣学术成长资料采集工程资料,存于采集工程数据库,档号 XJ-001-027)

五月 在《矿测近讯》第63期上发表《水氧化铝系平衡状态之热液的研究》(节译)和《研究与建设》。后文指出,研究与建设,必须配合得宜,相辅而行。专顾研究,不讲建设;专事建设,不尚研究:都是畸形发展。

是月 在《矿测近讯》第63期刊张祖还《江苏东海磷矿述略》一文之后面加"编者按",对于东海磷矿的成因提出3种假说,并论及探矿计划和其中的放射性矿质。

谢家荣《江苏东海磷矿述略》"编者按":

本处在渝时曾有测勘东海磷矿之计划,以张祖还先生曾于民国二十三年前往调查,刊有报告,乃驰函相询,承张先生编"述要"寄示,惟原印报告,张先生手头已无存本,致数字方面,仅能就记忆所及,约为申述。本处迁京后承中研院地质研究所赵子明先生惠赠该所之出版品,遂得研读张氏报告(江苏东海县之磷灰石,载该所丛刊第五号七五——一一六页,民国二十五年出版),将重要数字,略谓补正。因该矿交通便利,质量俱佳,且不久将由我政府接办,爰将张先生所撰之述略,刊入近讯,以供有关人士之参考。

张氏报告,观察细密,论述深详,洵为重要之贡献,但编者窃有三点,愿提供讨论:

(一)矿床成因:东海磷矿之成因似有三种可能之解说:

(A)云台系中原有含磷较富之海生石灰岩层或磷灰岩层(与昆明昆阳之磷灰岩矿同为原生水成矿床),经花岗岩侵入时或其岩浆余汁之热液作用,乃变质交换而成为磷灰石矿,换言之,本矿乃原生水成磷灰岩矿之经变质者,故可称为矿层。

(B)花岗岩侵入以后之残余热液,挟带磷、氟、铁、锰等质沿裂隙上升,遇片麻岩与片岩之接触弱点,或云台系中之灰岩层,乃与之交换或填充而成,故应称矿脉,而不称矿层。本说与上说主要不同之点乃在磷质系自外加入,而非原含于灰岩之中者也。

(C)花岗岩侵入以后之岩浆余汁,挟带磷、氟、铁、锰,侵入云台系之底部,交换或填充而成,故本矿应为伟晶岩脉矿床。本说与第二说相差至微,纯为理论上观点之不同耳。

以上三说,究以何者为近似,编者因未实地考察,颇难臆测。细阅张氏报告,似第一说或不可能,但我人立论不妨从多方面着眼,以防万一之遗漏。且如云台系底部,原有含磷灰岩层,则意义极为重大。盖云台系在苏北(如东海以东之云台山)及皖东(如滁县明光间)分布至广,就此探索,或不难发现新矿区也,惟未经变质之磷灰岩矿,其成分如何,尚难预定。倘如第三说,则东海磷矿之成因,可与当涂大凹山之磁铁矿磷灰石阳起石之伟晶岩脉矿床相比拟,不过后者含铁特多,成为铁矿耳。准是而论,则东海磷矿区之铁锰矿层,应与磷矿有密切关系,不特同生同因,且可借是以作探矿之指针焉。

(二)探矿计划:张氏假定矿脉之深度为五十公尺,且仅就露头测计矿量,共得二百二十八万吨。但实际所含,或不止此,因各露头间为冲积层所盖覆之地带,磷矿床颇有连接之可能,如西矿区各露头相距不过五十至百公尺,其连续似不成问题,即西矿与顾庄、顾庄与东矿,甚至更东至桃李湾一带,矿床之连续,亦颇有可能。至于矿脉之实际深度亦颇可能在五十公尺以上。凡此皆须实施探勘以证明之。探矿工作可分为横的与纵的二层,前者探定矿脉之延长,后者测定矿脉之略度。横的探矿可先从许多切割冲积层之深沟(张氏报告上有一照片,示此项深沟颇为清切)中着手,应详细搜寻,有何磷灰石之漂砾,或含磷层中任何一部分之漂砾或露头。铁锰层与磷灰石矿关系至密,如发现铁锰,则距磷灰石,应不甚远,故可用为探矿之指针。俟地面观察探得磷灰石漂砾特为丰富之部,乃就此开挖探槽(十公尺左右为度,过此则槽探即不易从事矣),或可遇到矿脉,如矿脉位置,在槽探之可能深度以下,则只有施行钻探(百公尺以内之深度)以定之。至于纵的探矿,应先规定矿脉之可采深度,兹先暂定为百公尺,然后分为二列,一为五十公尺,一为百公尺,再就矿脉倾角之急缓,就露头上壁之适当地点,照一百或三百公尺之距离敷设钻眼,陆续施探。若全部露头范围以内俱含矿,而矿脉深度可及百公尺、厚达十公尺时,则可达最大储量一千五百万吨以上之巨大数字矣。或者曰东海磷矿,仅用露天法开采足矣。即有深矿,而开采费工,销路有自,亦无所用,故上述探矿计划,不免多此一举。殊不知磷之为物,关系农业、工业者至巨,台湾已感肥料荒,中国各地农民近亦渐感化学肥料之重要,故如能在东海证实巨大储量,则以其位置优越,交通便利,可供将来设计大规模磷肥工业之用,岂能任其湮没不彰,辜负此天赋之富源耶。

(三)放射性矿质:张氏报告及述要上俱述及东海磷矿有放射性矿物存在之可能,此于大规模开发该矿更予以莫大之鼓励。张氏报告第九十八页谓有一种红色物包于石榴子石之外,成一薄膜,疑系云母之风化产物,又八十七页谓西矿磷灰石层最下层白色,中夹红色石榴子石晶体甚多,且有黑色闪光金属细粒,含于其中,此部厚约半公尺,采矿者多弃而不取云。将来探寻放射性矿物时,于上述二节,似不可不加以注意也。(谢家荣)

(《矿测近讯》1946年5月号,第63期,第10—11页)

六月十八日 应淮南矿路公司之约,偕同燕树檀、颜轸前往淮南实地勘测。

六月十九日 收集图件。先后赴第二矿、第一矿(大通矿)、洞山考察。

六月二十日 赴山王集一带考察。

六月二十一日 一行直赴八公山,详细考察了1天,了解了大致构造,发现百万分之一地质图上所绘地质细节不但错误,且多遗漏;并且在山前平原地带发现了前人所未分之石炭二叠纪纺锤虫石灰岩,断续出露,分布整齐,长达3公里,毫无断裂痕迹。依据在舜耕山井下所见此纺锤虫石灰岩距底部煤层仅数十米这一发现判断,在此石灰岩的东北平原之下,除非有断层或褶皱等意外构造,极有可能存在煤层,于是建议公司与矿产测勘处合作钻探,全部工作委托矿产测勘处全权办理。

六月二十二日 下大通矿2号井考察,自180米向西,由暗井下至230米中段，再沿石门往南，见南1层至南7层各层煤，未见南8层（尚在开采）。后乘车返回南京。原与淮南矿路公司议定，先从详测入手，此次考察结果知，舜耕山上窑间已经测有详图，无需再测，但其他附近区域亟须研究钻探，遂与公司另立合约。

六月　矿产测勘处李庆远副处长在美考察时得悉美国地质调查所正考虑派遣部分人员来华与中国合作从事矿产测勘工作，除由李庆远致函布雷德利（Bradley）外，立即正式函告该所表示欢迎，并建议选派6位对于煤、铁、石油、金属、非金属及矿物学富有经验之学者来华工作。

是月　在《矿测近讯》第64期发表《新式岩心钻钻头》。文章介绍了各种钻头，尤其是金刚石钻头、熔铸式钻头和热结式钻头的特性，并透露矿产测勘处已经向美国订购大批钻机用于探矿。

七月三十一日　赴上海洽购汽车、仪器，于8月3日返回南京。

七月　淮南煤田测勘人员原定7月中旬前往，因该区治安恐有问题而决定暂缓出发。

八月三日　淮南八公山煤田测勘队于月初正式成立，任燕树檀为地质队队长，颜轸为地形队队长，队员有叶大年、韩金桂、申庆荣、谢学钤，是日全队离开南京并于当晚抵达蚌埠九龙岗淮南煤矿局。

八月六日　应华中钢铁公司之邀，探测大冶一带铁矿，派出马祖望、王宗彝、车树政、赵宗溥4人出发，15日开始工作，9月底竣事。

八月十日　派钻探人员杨文俊、成耀云赴淮南煤田。

八月十二日　美国地质调查所代理所长希尔斯（Aulian D. Sears）函告，言"该所经费须经国会通过，到目前为止，对于合作经费，尚仅限于泛美各地，故目前因缺乏专款及合法之根据，一时恐不克派员来华参加工作"，到明年国会通过相关提案后，"派员来华合作之事，不难实现矣"。

八月二十日　偕王作宾前往南京市东北郊宝华山勘察黄铁矿，并拟今后施以物探以确定其经济价值。

八月　台北炼铝公司委托矿产测勘处调查闽粤沿海铝土矿，派定殷维翰、沙光文前往。

是月　为适应工作需要，矿产测勘处在重庆沙坪坝原矿产测勘处址设立西南区工作站，委南延宗任代主任职。

是月　为配合即将开展的大规模矿产勘查工作，将原有的物探人员和仪器加以扩充。《矿测近讯》第66期载《本处物理探矿工作概况》：

本处谢处长对物理探矿工作，向极重视。前曾与北平研究院合作，在艰苦之物质条件下完成电探工作多种。兹以配合全国性大规模之矿产测勘,特就原有之物理探矿课大加充实,由本年四月份起,陆续增加工作人员六七人,并拨款千万余元,切实进行,以期向美订购之大批新式仪器到达后,即刻正式开始工作,并冀在所订仪器运到前作切实之准备及必要之试配,俾具时间性之地下记录不致失却。兹将物理探矿各项实际工作概况分志于下:

一、充实仪器,就国内可购到者现已具备电磁方面各种基本仪器(包括自配之阴极光仪一部),并有颇为完备之小型金工设备,如精密车床,刨床,电锯等各种小型而精密之修配工作,已可顺利进行。其他必要之化学设备如玻璃操作,抽气,压气设备等,以及种种物理探矿工作必需之进步设备,略具规模。

二、配制震波法探测仪器,正积极进行。

三、配制各种磁性探勘之校核仪器。

四、配制地面电探及油井电测各项仪器。

五、配制放射性矿物之检定及野外探勘仪器,并试配放射性测井仪,正积极进行。

六、协助石油探勘工作,配制必要之仪器,如岩样孔隙率及渗透率测定仪,岩心定向仪,显微照相,微量油气及水质鉴定仪,砂层之粒子分布,重矿物微粒之分布,井温及地温测量仪及泥浆分析测井仪器等。

七、试配地化法直接探油仪器。

八、试配自动连续不用电缆之油井电测。

九、为增进野外物理探矿工作之效率,除已由处拨用小型人工冲击钻机一部、二吨半卡车一辆外,现已配成业余无线电学术试验电台两部,并已领到中国业余无线电协会电台执照两张,核准设立。固定电台之呼号为 CUGP,移动台呼号为 COME,将用短波或超短波工作,并可与国内外其他业余电台取得联络。

十、配制可携之小型气象台,研究轻便可携之重力测勘仪器及其他基本工作。物理探矿之实际野外工作即将开始者计有下列各项:

一、大冶铁矿掩没部分之磁力测勘。

二、淮南深层煤藏之震波测勘。

三、四川石油测勘之各项物理探矿工作。目下各项工作因事多人少,极为忙碌,工作人员本年内已由处长核准增加,期能切实准备,追随并配合地质工作事实上之需要,以积极展开全国矿产测勘大业之实际工作焉。

(《矿测近讯》1946 年 8 月号,第 66 期,第 11 页)

是月 在《矿测近讯》第 66 期发表《我对于砂锡矿的经验》,详细论述了砂锡矿的锡源、沉积、丕变和袭夺等现象。文章说,1937 年作者在北平沦陷后奉翁文灏之命,只身离开北平南下,从香港飞长沙,接获调查富贺钟砂锡矿的命令,"与王植先生匆匆就道,在八步及湖南江华一带整整工作了二个多月,所有的矿厂和矿床,几乎都看遍了。因为要研究砂锡矿层的产状、成因和其藏量,必须详测层序,于是拿了一支画好尺度的竹竿,在湖埌(砂锡矿采掘场,本地人叫作湖埌)里到处奔跑,矿工们见了以为我们在发疯"。文章指出萌渚岭(或称姑婆山)的花岗岩体是产生富贺钟砂锡的大本营、富贺钟砂锡矿的沉积环境可分为地形的和构造的二类、富贺钟江区域内古河冲积和近代冲积自下至上的大致层序。特别论述了河流袭夺作用是富贺钟江地区砂锡矿分布和富集的重要因素,分析了白沙河、望高河和水岩坝河的袭夺过程与砂锡矿的富集。

九月七日　矿产测勘处与华中钢铁公司合作测勘大冶铁矿,于八月派马祖望、王宗彝、车树政、赵宗溥前往工作,是日晚间马祖望咳血十余口,但仍然坚持工作。谱主闻讯特致电嘉许,表示深切慰问。

九月九日　在上海《大公报》第 6 版发表《日人在中国侵占区内之探矿工作》,指出日本人在侵华期间从事大规模探矿工作,颇多发现,其资料应广为收集,以作设计复工的参考和继续探矿的准备,记录了其在大同煤田、海南岛铁矿、华中(铜官山铜矿、当涂向山黄铁矿、苏皖铁矿、大冶铁矿)、招远金矿、闽浙地区的铜钒矿产和东北稀有金属矿产的探矿工作发现,同时指出其虽有若干探矿成果,但地质理论贡献殊少。摘录于下:

日本三岛,资源欠丰,矿产方面,除出产大宗铜硫外,余均不足道,尤以煤铁不敷甚巨;故自维新以来,遂无日不以侵略中国,觊觎亚洲大陆之资源为事。迄抗战发生,东南半壁相继沦陷,日人以主人之地位,更得为所欲为,对于煤铁资源,掠夺最甚,各地矿厂均积极开发;并为设法增产,使之持续不断计,又动员全国地质人员,从事于大规模之探矿工作,数年以来,颇多发现。今日本乞降,一切事业皆由我国派员接收,整理复工,尚需时日;但此宝贵之发现资料,亟应广为搜集,精密研究,俾作设计复工之参考,与继续探勘之准备。作者职司探矿,责无旁贷,爰于复员之后,除就官书公牍中之探矿资料,悉心研读摘录外,更择近便区域,亲往视察,日人在中国侵占区内之探矿工作,遂得略窥大凡。惟详细论述,非兹短篇所能尽,且全部资料,整理匪易,爰择若干显著发现,分述如次。至于东北矿产,日人于战前已注意开发,战后掠夺更多,以材料未齐,暂不详论……

结论　以上所述,仅其大凡,我人览此,不禁重有所感。夫地质探矿事业在中国亦既提倡有年,理论之发扬,地表之观测,贡献甚多,但具有经济价值之发现,尚不多觏,尝考其理,厥有数端:① 我国地质采矿机关大多限于经费,拙于器材,致仅能作表面之观测,而未克深造研求,反观日人经营之华北,华中,各公司及大陆科学院等,不但实验设备,精密齐全,探矿器材,亦应有尽有,工具良钺,既差若天涯,成果之不同,无待言矣。② 中国矿业当局对于地质探矿,缺乏信心,仅作虚渺之提倡,并无衷心之支持,且矿业界与地质界尚少密切联系,驯至各行其是,漠不相关,地质学者只能独善其身,精研理论,以求其身心之慰藉,而问题之需要共同解决者,竟至无人愿问。③ 中国地质探矿人员待遇菲薄,且不为人所重视,有为之士,尝以一失足为地质学者,致终身潦倒不堪自拔为大憾,若是而欲求此事业之继起有人,盖亦难矣。反观日人所办之事业则不然,地质探矿人才同样视为生产之一员,待遇相等,地位相埒,其所受人之尊敬,或且过于其他人员,无怪工作之猛进,发现之日多也。

尝考日人在华之探矿工作,虽有若干成果,但对于地质理论之探讨,贡献殊少,足证其人才非尽臻上乘。我国地质界类多卓越有为之士,如能广备器材,优予经费,宽假时日,衷心鼓励,则他日无论在实用或学术方面,必俱有特异之贡献,盖无疑也。

（上海《大公报》1946年9月9日第6版）

九月十一日 中国地质学会理事会在南京珠江路942号举行会议。与赵金科、侯德封、翁文灏、杨钟健、李春昱、李承三(侯德封代)、尹赞勋等理事出席,边兆祥、杨敬之列席,尹赞勋主持会议并报告会务。由于学会负债已逾600万元,决议吁请各地质机关捐款。谱主当场代表矿产测勘处认捐400万元。

九月十二—二十三日 为勘定钻孔位置,再赴淮南,与燕树檀等详勘钻位,并到寿县、凤台等地考察。

九月十七日 鉴于福建省土壤地质调查所宋达泉、俞震豫1942年调查闽南土壤时发现的福建漳浦土壤中铝土矿结核的灼失量达27%,谱主疑它为三水型铝土矿,派出殷维翰、沙光文前往福建漳浦考察,于是日赴沪,候机前往。

九月二十七日 钻探八公山煤田所用 RL150 型钻机运抵新庄孜。

九月三十日 钻探八公山煤田的钻机开钻。

九月 在《矿测近讯》第67期发表《震撼铝业界之克鲁氏炼铝新法》和《矿测随笔(一)》。《震撼铝业界之克鲁氏炼铝新法》一文详细介绍了龙丕炎自美国带回的奥地利人克鲁(Osias Kruh)博士所发明之炼铝新法的试验经过、方法要点、炼炉装置及冶炼情形。《矿测随笔(一)》含7点:1. 美国的矿产资源,2. 地性矿区,3. 矿产品积储法案,4. 金刚石与战争,5. 伟晶花岗岩的神秘,6. 袖珍热解仪,7. 苏联矿物学家费司孟的贡献。

《美国的矿产资源》说,美国号称天富之国,其矿产资源尤为世人所艳称,煤、铁、石油以及铜、铅、锌等的生产都居于首要地位,但这次大战的经验,却显示了美国资源的不足。据专家估计美国矿产资源的储量,若照战前5年的消费率计算,铜够维持33年,锌18年,铅11年,铝土8年,钒6年,锑、钨各3年,汞2年。

《地性矿区》指美国参议员莫叶(J. E. Murry)提出在现行矿法内加"地性矿区"(Geophysical Claim)一项,不需有任何地面的显示,即可划领矿区,用地性法施探,有效后再正式开采。

《矿产品积储法案》报道,美国政府提出"矿产品储积法案"(Stockpiling Bill),由陆海军部设专管机关,向国内外购储矿品,其预算经费将达18亿美元。

《金刚石与战争》指出,寻常人都以为是奢侈品的金刚石,却不料也是重要的战争矿物(War mineral),是制造精密的仪器和飞机、坦克必不可少的。从1942年到1944年,全世界的金刚石产量共为29 038 000克拉,其中工业用23 055 000克拉,宝石用5 983 000克拉,列出了这三年中每年的产量。

《伟晶花岗岩的神秘》指出,伟晶花岗岩是稀有矿物的宝库,也是从岩浆期到热液期的锁链,值兹原子时代,人们正注意着放射性矿物的原子能利用。无怪美国的地质学家要尽力的探索它的神秘了。在中国,除东北外,山东、湖南等省及秦岭南岭的花岗岩或太古界变质岩区域内,伟晶花岗岩脉的分布也非常广泛。

《袖珍热解仪》报道,热解分析(Thermal analysis)是鉴定黏土类矿物和铝土矿的特效方法,美国矿物学家装配的袖珍热解仪可在野外使用,简捷而准确。

《苏联矿物学家费司孟的贡献》简略叙述了著名苏联矿物和矿床学家费尔斯曼的成就和贡献,他一生著述达679种之多,其中有不少精深渊奥,发人所未发的杰作,充分显示费氏除思想精博之外,还有过人的精力和毅力。

迄至1946年,在中国境内所发现的铝土矿皆为石炭二叠纪的铝土矿,被谱主称之为老化的、重新沉积的红土式铝矿,是低硅高铝的富矿,但是属于一水型铝土矿,尚不能用来炼铝,而只能用作耐火材料、研磨剂或炼油的清滤剂,因而认为应该到新地层中,到现代或近代属于热带性气候的低纬度地区去寻找三水型铝土矿。所以当他听到福建省地质土壤调查所宋达泉、俞震豫等在漳浦发现铝土矿结核的时候,便寄予莫大的希望,并根据报道其灼失量高达27%以上,断定它属三水型铝土矿无疑,且推测凡闽粤沿海玄武岩发育的地区,都有找到三水型铝土矿的可能,乃于本月派殷维翰、沙光文赴闽南漳浦一带进行初步测勘。

矿产测勘处留渝人员组成矿产测勘处西南工作站,由南延宗任主任,继续西南各省的矿产测勘工作。

秋　通过俞建章将长子谢学锦转入重庆大学化学系学习。《走向奥维耶多:谢学锦传》对此有如下的记述。

日本投降后,随着汽油的进口量逐渐增加,小龙坎动力油料厂也就逐渐失去了存在的价值。这时候他想应该去念书,完成大学的学业了。

他想进重庆大学。父亲于是去找俞建章——著名古生物学家,时任重庆大学教务长、训导长和国民党书记长;由于李四光力保,解放后任教长春地质学院。父亲对俞建章说,谢学锦在浙大已经念了两年物理系,两年化学系,就差毕业论文没做了,希望进重庆大学完成大学学业。俞建章听了笑笑,心想浙大那么有名的学校不上,却想跑这儿来;他心里明白是怎么回事。但他碍着谢家荣的面子,就说行吧,但对谢家荣说:"你叫他别闹了。"就这样,他在1946年秋天进了重庆大学。

(张立生:《走向奥维耶多:谢学锦传》,第38页)

十月六日　八公山钻探传来捷报,在距地面19米处的冲积层之下,即遇到3.6米厚之煤一层,可采煤至少有9层,总厚达25米。淮南八公山新煤田遂宣告发现。

十月七日　淮南路矿公司总经理程韦度、协理徐宽甫特发来贺电,祝贺淮南八公山新煤田之发现:

南京营运处,译转峨眉路21号谢处长季骅兄,淮沪密。顷得矿电,新煤田钻探见煤,无任兴奋。吾兄慧眼烛照,使宝藏得以启发,丰功伟识,永垂千秋。景佩奚如,特电申贺。弟程文勋,徐韦曼　十月七日。

(《矿测近讯》1946年10月号,第68期,第12页)

谢家荣发表在《矿测近讯》1947年1月号第71期上的《如何发现新煤田》一文概述了淮南煤田的发现过程,节录如下:

只要我们能根据地质学理,作有计划的钻探,这天然宝库的秘钥,终必为我人所获得,追踪老窑的时代,现在已经是过去了。

采煤在中国是一个很老的矿业,恐怕在一二千年以前,我们的老祖宗已经开始采用了。所以凡是煤层或其共生岩层——黑矸子——出露的地方,都有人设窑采煤,经过悠长时间的采掘,遂造成老窑密布,矸子遍地的现象,凡曾到过煤矿区域视察的人们,都能够领会到这种现象的显著。老窑的存在,对于采煤是不利的。因为:(一)许多煤藏,尤其是浮面的部分,已经被采去了。(二)老窑的巷道,错综复杂,这使有计划的探采,发生困难。(三)老窑又是蓄水最多的地方,一不小心穿透了它的领域,往往会发生重大的水患。

图 76　1946 年 9 月由谢家荣布设施工的勘查淮南八公山新煤田的第一口钻井位于照片中央
　　　倒伏的枯黄植物所在的地方,在今淮南矿业集团瓦斯电厂附近,照片背景即为该发电
　　　厂(上);新庄孜煤矿,当年发现的淮南新煤田近年新建的矿部(中);中华人民共和国
　　　成立后按照谢家荣的思路继续勘探,淮南煤田成为华东地区最重要的煤田,是我国八
　　　大煤炭基地之一。图为淮南矿业集团新开发的顾桥煤矿,它是当今亚洲最大的现代
　　　化煤矿,设计年产量 1 000 万吨,曾达 1 200 万吨(下)

从另一方面看,老窑对于中国的煤矿业,却也有重要的贡献.它指示了煤层的来踪去迹,分别了有煤和没有煤的地带。老于采煤的矿工们,从他们自己的记忆,或者从他祖先们一直遗留下来的传说,可以指出哪儿的煤层丰富,煤质优良,哪儿的煤层,尖灭减薄,或者被石压(压就是断层)压断了。这些从老窑遗迹,古老传说所得到的经验,有时竟能准确可靠,聪明的企业家和工程师就依据这些线索,来划定他们请领的矿区,或草拟他们伟大的计划。从出售,移转,或开发这些矿区,若干企业家获得了终身优裕的财富,而工程师也得到了设计上的荣誉。

我可以冒昧地说,中国的煤矿(其实其他的矿也何尝不是如此),至少在初期的开发时代,都是依据老窑的遗迹或矿工的指点来设计或探勘的。因为老法开矿,抽水通风,都有限制,所以不能很深,新式开矿有机器设备,就可畅所欲为,天赋优厚的老矿区,就能办成为一个大规模的矿场,若开滦,中兴,萍乡诸大煤矿,差不多都是经过这一番演变的。这种追踪老窑的方法,确是聪明有效,但从学术观点讲,这并不是唯一的好方法,因为合理的科学的探矿,必须依据地质,再施钻探,然后才能确切指示煤层的分布、厚薄,否则仅仅追踪老窑,不过是拾人唾余罢了,岂能发天之秘,穷地之利呢?

现在我们看看民国以来有没有依据地质学理发现新煤田的例子。我的答案是属于正的,并且已经有三个彰明的例子:

……

第三个例子是作者本人的贡献,那就是淮南的新煤田。民国三十五年四月间我道出上海,承淮南协理徐宽甫先生邀宴,同席有该公司的总经理程韦度及曾世英诸先生。谈及舜耕山上窑间淮河盆地下战前业经推想,沦陷期中日人亦予证明的深藏煤田,有施钻的必要。但是施钻之前,必须详测地形,宽甫先生拟请本处派员测量,并请曾世英先生主持一切,曾先生因开办印刷厂,不遑兼顾,程先生乃主张由本处全权处理。我当时却另有主张,因为淮河盆地的深藏煤田,据日人报告,距地面自五百公尺至千公尺不等,非目前力量所能开采,不如测勘附近地质,有何浅存的新煤田,可资开发。当时的结论就是先请我前往考察,但公司方面仍注重地形测量。返京之后,我参考百万分一的南京开封幅地质图,发现大通以西的八公山山麓,有奥陶纪石灰岩一条,与舜耕山成弧形构造,我当时就设想山王集东南的一带平原中,有赋生煤层可能。嗣于六月十八日偕燕树檀、颜轸二君前往淮南视察,细阅日人所著图籍,乃知舜耕山上窑间地形,业经详测完成,不需再测,抵矿的第二天就赴山王集一带研究,在奥陶纪灰岩之上又发现了一条含纺锤虫化石的石炭二叠纪灰岩,隐约出露于平原之中,延长达三公里,过此即尽为冲积盖覆,无露头可见。因为这层灰岩距煤层不过六十至一百公尺,所以在这灰岩东北的平原之下,除非有断层或褶皱等等的意外构造,煤层的存在,极有可能,乃建议公司与本处合作,关于这区域内的地形,地质以及钻探等工作悉由本处全权办理。自九月三十日开钻,不及三星期就发现厚达三·六公尺的煤层一层,施钻迄今,已发现煤层十层,其中厚五公尺以上的三层,二公尺以上的四层,总厚达二十余公尺,可能储量达二万万吨。煤量的富厚,较之舜耕山本部,尤有过之,这个惊人的发现,充分证实地质学应用的伟大,并且指示我们如何发现新煤田的一条崭新的合理的和科学的路径。

从上面所说的三个例子,可知依据地质学理来发现新煤田,并不是一件稀奇的事。以中国幅员之大,煤藏之丰,加以精密的地质测勘,尚未普遍,钻探工作,方在开始,所以未来的发现,更将层出不穷,就作者所知可能发现新煤田的地点,已有十余处之多,只要我们能根据地质学理作有计划的钻探,这天然宝库的秘钥,终必为我们所获得,追踪老窑的时代,现在已经是过去了!(民国三十五年十二月二十五日在杨家桥湘江煤矿公司讲演稿。)

(《矿测近讯》1947年1月号,第71期,第1—2页)

是日　从南京到九龙岗淮南矿务局和勘探队队部,到野外视察。

申庆荣《我在矿产测勘处的记忆片段》:

1946年10月的一天上午,阳光灿烂,微风轻拂。淮南八公山煤田第一个钻孔,冒出了黑水。人们喜逐颜开,奔走相告:"见煤了! 见煤了! 八公山煤田成为现实了!"当时,我作为钻机的地质编录员,尤其感到兴奋。

这个钻孔位于新庄孜东南方二百多米处,走出土围墙,就可看到高耸的钻塔,听到隆隆的机器声。见煤的消息传开后,人们从四面八方涌向钻机机场,争睹第一次从地下深处取上来的"乌金"。

消息传到矿产测勘处,谢家荣先生十分高兴,心情非常激动。第二天就从南京来到九龙岗淮南矿务局,又从九龙岗骑小毛驴赶到八公山勘探队队部。到达后,谢先生不顾一路疲劳,立刻去机场察看岩心,他在钻机旁用放大镜研究煤心结构,测算煤层厚度,边研究边对大家说:"这是一个大型炼焦煤田,交通方便,开采条件好,有很大的工业价值。"谢先生沉思了一会,又笑着说:"下次再来,就不用骑小毛驴了。我想淮南矿务局很快就会进行开采。到那时,汽车通了,火车也通了,这里将变成一座大城市"。说罢,谢先生哈哈大笑起来,大家也跟着笑个不止。

晚上,谢先生找到燕树檀队长说:"你的事包在我身上。我回去时就找矿务局长谈,我想没啥问题,你们耐心地等着吧,用不了多久,你们俩口和孩子就可以团圆了"。

谢先生总是那样关心下级。没过两个月，燕队长的爱人和孩子都调到淮南来了。

第二天，谢先生亲自带领地质人员，到沈家巷西边的山沟里，看一个含有蜓科化石的二叠纪灰岩露头。他指着露头，若有所思地说："别看这个露头小，当初，我预测这一带平原下面，埋藏有大煤田，就是根据它确定的。在野外工作中，任何细小的地质现象也不能放过啊！"谢先生言传身教，让人永志不忘。

（郭文魁等主编：《谢家荣与矿产测勘处——纪念谢家荣教授诞辰 100 周年》，第 118 页）

十月十五日　中央研究院评议会第二届第三次年会到京评议员谈话会于本日下午 6 时在中央研究院会议室举行。与朱家骅、翁文灏、吴有训、凌鸿勋、周仁、谢家荣、汪敬熙、罗宗洛、吴学周、李济、唐钺、傅斯年、萨本栋出席会议。主席朱家骅，秘书翁文灏。会议讨论事项包括：修正评议会组织法条例及评议员选举方法，评议会与教育部学术审议会的关系与分划，孔子诞辰 2500 周年，邀请联合国教科文组织会议在中国举行，筹备中央研究院建院 20 周年纪念以及组织全国科学会议。①

十月二十一—二十四日　出席在南京鸡鸣寺路 1 号中央研究院礼堂举行的中央研究院评议会第二届第三次年会。出席的评议员有（以席次为序）：朱家骅、翁文灏、萨本栋、王世杰、王家楫、何廉、吴有训、吴定良、吴学周、吕炯、周仁、周鲠生、林可胜、竺可桢、茅以升、胡适、胡先骕、唐钺、陈垣、凌鸿勋、傅斯年、张云、钱崇澍、谢家荣、罗宗洛。此次评议会讨论中央研究院院士选举、中央研究院评议会组织与任务修正等。在 23 日下午的全体大会上，讨论并修正通过了中央研究院评议会组织法，即在原组织法第 4 条后加入 6 条，其大意为：中央研究院设置院士，院士分为数理组、生物科学组和人文社会科学组，评议员须由院士选举，再经国府聘任。在讨论评议会与教部学术审议齐事权之划分及其他关系奖金等 4 案时，推定周仁、凌鸿勋、林可胜、张云、唐钺、谢家荣、吕炯、吴定良等 8 人组成小组审查委员会。②

十月二十五日　中国地质学会理事会在南京珠江路地质调查所举行会议。与黄汲清、李春昱、赵金科、翁文灏、杨钟健、李承三、张更、尹赞勋等理事出席。杨敬之、顾知微列席。尹赞勋主持会议，共决议 16 事，其中包括：理事会改选结果；改选奖金委员会 3 人；谱主被出席会议的理事选为下届理事长，并被推选为《地质论

①《中央研究院评议会第二届第三次年会到京评议员谈话会记录》，南京，中国第二历史档案馆，全宗号三九三，案卷号 587，第 10—12 页。

②《中央研究院评议会第二届第三次年会记录》，南京，中国第二历史档案馆，全宗号三九三，案卷号 1557，第 3—19 页。

评》编辑主任、被推举主持本届奖章、奖金之授予仪式;改选财务委员会委员。由于理事长李四光因病不能出席年会,推举尹赞勋、黄汲清、谱主、杨钟健、赵金科组成主席团,并轮流担任年会主席。

十月二十七—二十九日　中国地质学会第22届年会在南京珠江路地质调查所礼堂举行,书记尹赞勋代因病的李四光为主席。谱主向会议提交了《地质论评》编辑主任报告,并作为下届理事长主持奖章奖金授予仪式。

《本会第二十二次年会记录》:

各项奖章奖金授予仪式

奖章奖金照章应由理事长颁发,因李理事长未能到会,理事会推举谢家荣理事代表主持之。

(一)第八次葛氏奖章　谢氏致辞,略谓:本会最高之奖励为葛氏奖章,本届赠与章鸿钊先生。章先生为我国地质界之元老,清末即开始提倡地质学。民国初年创办最早之地质教育机关并为地质调查所之首任所长。章先生非但具推进之功,其本人对于研究工作之兴趣,数十年来从未稍减,在矿物岩石、地质构造及地质学史等方面均有重要贡献,涉猎之广,造诣之深,为后进所钦服。兹代表本会以葛氏奖章敬赠章先生,甚为欣幸云云。章氏接受后致答词,表示谦虚致谢之意。

(二)第四次丁文江先生纪念奖金　谢氏致辞大意称:此次丁先生纪念奖金给与尹赞勋先生,尹先生从事地质工作约二十年,研究范围颇广,对于地层学及古生物学造诣最深,自寒武纪以迄第四纪之化石均有描述讨论。此外于普通地质如火山、瀑布以及金属矿产,均有贡献。本会以丁先生奖金赠与尹先生允称适当云云。尹氏答辞引胡适白话诗"一半属父母,一半属朋友"之语,谓如微有成就,应归功父母朋友,末致谢忱。

(三)第十五次赵亚曾先生研究补助金　谢氏致辞略谓:此次以赵先生研究补助金给与程裕淇先生,表示本会对于程先生在矿物、岩石、矿床方面之贡献甚为钦佩。程先生研究地质垂十余年,足履十余省,经验丰富,治学勤慎,新近由美返国,百尺竿头更进一步,前途不可限量云云。程氏答谢盛意并示谦逊。

(四)第二次许德佑先生纪念奖金给与米泰恒氏,主席于介绍米氏对于新生代地层古生物之工作后,由李广源氏代为接受,并致答辞。

(五)第二次陈康先生奖学金授予顾知微氏。主席介绍顾氏铜街子三叠纪地层论文及其对于古生物学之兴趣后,顾氏答谢。

(六)第二次马以思女士奖学金授予郝诒纯女士　郝女士任北大助教,作有《云南宜良之地形与地质》与《云南志留纪之腕足类》二文,谢氏致辞后由顾知微代为接受。

（《地质论评》第 11 卷第 5—6 期，第 430—432 页）

十月二十八日 主持在南京峨眉路 21 号学会会址礼堂举行的中国地质学会第 22 届年会第 2 次论文会。尹赞勋首先报告，李四光的理事长演说原文甚长，口述论文节要虽已写成，但因疲惫不堪，未及修正，不及在大会公开发表。谱主作为会议主席提议由大会去电慰问，当经全体一致通过。

在会上宣布矿产测勘处张宗潢自制的盖革－米勒计数器（Geiger-Müller Counter）已初步成功，用广西采来的铀矿做试验，声响甚大，可略测其中铀含量，并当众宣示测定结果。会议午餐由矿产测勘处招待，谱主以矿产测勘处处长之身份致欢迎辞，书记尹赞勋答谢。

十月 在《矿测近讯》第 68 期发表《矿测随笔（二）》、与杨开庆合著之《中国陶瓷原料说略及测勘计划》、矿产测勘处 1947 年度工作计划、《资源委员会矿产测勘处业务一览》和《中国地质学会第 22 届年会献词》。

《矿测随笔（二）》含 3 篇短文：1.《一个成功的矿工程师》介绍贝蒂（Alfred Chester Beatty）的生平和业绩，他 23 岁毕业于哥伦比亚大学的矿业科，乃从业为顾问工程师，任哥根汉采矿公司协理，阿拉斯加，墨西哥，非洲各矿勘察殆遍，曾组织 3 个公司开采非洲的金刚石，获利 200 多万英镑，组织了三个矿厂开采赞比亚北部的铜矿，获利 320 多万英镑，还曾参与苏联西伯利亚东北铜矿和南斯拉夫铅锌矿的开采，在南斯拉夫获利 70 多万英镑。2.《中国铅锌银矿的分布》将湖南和云南、西康铅锌银矿的分布各分为 3 区（湖南分为湘中区、湘南区、湘西北和鄂西高原区，云南西康分为中区、东区和西区），将华中、华南铅锌银矿的分布分为 11 区：① 浙闽沿海区；② 仙霞岭武夷山区；③ 武功山区；④ 湘中区；⑤ 湘南南岭区；⑥ 湘鄂高原区；⑦ 桂中区；⑧ 粤中及粤西南区；⑨ 滇东区；⑩ 康南滇中区；⑪ 滇西区。3.《个旧锡矿的特点和它的前途》叙述了个旧锡矿的 9 个特点，论及它的前途，则说"个旧锡矿下面出现铜铅锌复杂矿脉的情形，在经济上有重大意义，常人以为这是个矿无所不产的好现象，作者却以为害多利少，因为这复杂矿脉的出现，显示着原生矿脉的到达和锡矿的没落，我们既没有确知这原生矿脉的储量究有多少，而又不能将一个已具规模的锡矿厂，任意改为一个锌矿、铅矿，或铜矿，那么经营这矿厂的人们，为了他们前途发展，就不免要大伤脑筋了"。

《中国陶瓷原料说略及测勘计划》分述各省陶瓷原料产地并分两期测勘，以苏、浙、皖、赣四省之初勘任务栏为第 1 期，闽、粤二省列为第 2 期。

1947 年度的工作计划，除继续测勘和钻探大淮南煤田、鄂西铁矿、湘中煤田和测勘四川油气构造及闽粤沿海铝土矿外,将测勘及钻探江西鄱阳湖煤田、浙江长兴煤田、江苏贾汪煤田、安徽及宣城一带煤田、海南岛铁矿、山东招远金矿,测勘江苏东海磷矿、全国铅锌银矿、华北矿产(煤、铁)、东北矿产(煤、铁及稀有金属)。

《资源委员会矿产测勘处业务一览》向社会展示了矿产测勘处对外服务的内容,包括测量矿区,勘查地质,估计矿量,计划工程,代办探矿,鉴定矿物岩石,代制岩矿薄片、矿山模型,绘印各种地图以及代编工矿统计和咨询等。

以"本处同仁"之名义发表的《中国地质学会第22届年会献词》,回顾抗战以来中国地质界所取得的各方面成绩,缅怀在抗战期间为地质事业献身的地质学家们的业绩。

本处同仁《中国地质学会第22届年会献词》:

离别了近九年的南京,大家又将在红叶黄花的深秋,举行第廿二届地质学会年会,时光易逝,往事历历在目,回想起来,不禁感叹丛生:在这九易寒暑的岁月中,地质界确有不少可歌可泣的事绩,虽不必比之于"丰功伟业",然而值得笔之史简,传咏千秋者,不胜枚举。当此复员逐渐就绪,地质界同仁又重履旧地,欢忻研讨的时候,兹扩陈数语,借表欢迎的意思。

地质学在中国,为期不过三数十年,却早声震寰宇,赢得国际间的好评,章丁翁三元老倡导于前,后起的英俊人才继之于后,如艳阳天气,百花怒放,成绩斐然可观。履迹锤痕,几遍全国。缅怀先贤往哲,心神辄向往之,民国廿五六年正是国内建设猛晋,地质界可以大显身手的时候,不料卢沟桥畔的枪声,掀起我国抗战的圣火,刹那之间,由华北而延及京沪一带,地质界始终守住自己的岗位,辗转迁移,中央地质调查所南下长沙,设立工作站,北大、清华,亦先后至长沙复学。翌年春天,正当炮声震彻云霄的时候,地质界仍赓续举行第十四届年会,这种临难不惧的精神,实在可以佩服。不久随着战事转移机关学校又相继西迁,中央地质调查所先后在滇川恢复,地质研究所在桂林,北大、清华在昆明,中央大学在重庆,中山大学在澄江均继续设立,此外湖南、江西、河南各省的省立地质调查所,亦俱经播迁流离,受尽辛苦,但不久俱能扬起大纛在崇山峻岭之间,不辞劳瘁,跋涉工作。新添设的机关,应抗战需要成立的,有西南矿产测勘处,其他如四川省地质调查所,福建地质土壤调查所,云南省、新疆省地质调查所及云南之地质调查组,如雨后春笋,陆续成立,颇极一时之盛。九年来国内物资如此匮缺,环境如此艰苦,尚能不顾一切,艰苦撑持,这正是说明了地质界同仁的奋斗精神。

不但机关学校能在抗战中茁壮起来,即学术研究,亦未因环境恶劣而稍感松懈,反而发扬蹈厉,承先启后,大有奇葩怒放之势。首先在云南有禄丰恐龙的发现,烟没不闻的骨头，一经品评，身价万倍，顿引起国内外人士的注意。继之有昆阳磷矿的发现，偏僻贫瘠的西南山地，正苦肥料不足，经此发现，始解决了农业增产的基本问题。甘肃玉门油田的开发，在广垠无涯的西北荒漠之中，建起了近代式的矿厂，这无疑地要归功于地质学家的冲寒冒暑，忍饥耐劳，才能确定构造，一钻得油，至今西北的动脉能够维持，不能不说是地质家的赐予。五通桥附近的深钻中打到黑卤，石油沟、圣灯山等处的发现巨量天然气，煤、金、锡、钨矿产的开采，是会员们的另一重要贡献。原子能的利用，是现时代的一大发明，此后为和平，为生活，为文化，它将有更多更大的贡献，当我们艰苦工作的时候，竟在若干地点，发现了原子能矿物——铀矿的存在，虽然它的经济价值，还不能确定，但这发现的喜讯，确予人们以很大的刺激和鼓励。最近数年来关于铝矿的研究，尤值称颂，在云南、贵州相继发现了大量的铝土矿，从此研究它的层次变化，矿物型式以及成因、储量，采冶方法诸问题，在理论及实际方面，均有灿烂辉煌的成就。对于政府的铝业计划上，尤给予了基本的提示和将来开发的方针。此外西南西北各省煤铁及其他矿产的精密测勘，发现了更多的储量，更好的资源，这都是地质家们不可泯灭的成绩。中国尚是一个偌大的地质界乐园，蕴藏之富，诸待我人研探；地大物博，大家此后更应具有信心。

除矿产方面有惊人的成绩以外，纯学理方面，也有特殊的进展。西南数省，本偏偏一隅，科学家来此观察调查的，寥若晨星。近九年来，地质家西及点苍、洱海，深入不毛，北至邛崃、贡嘎，探幽索奇，东南抵闽桂之间，以穷武夷大明之妙。地层方面，如福建坂头系之时代，川贵三叠纪之分层，云南寒武纪志留纪之研究，均为不可多得之成果。构造方面，关于各种型式之研究，更是向国际地质界挑战之工作，另树一帜，在广西及南岭两区，成就特多。地文方面，冰川遗迹之揭发已列举事实的铁证，十余年前尚为人疑信参半、聚讼纷纭的问题，至此已拨开云翳，成为公论。此外尚有许多研究的结果，正不难集腋成裘，蔚为巨论；这是地质家由博返约耗费一点一滴心血，得来的结晶。西北方面，在祁连、天山及帕米尔东麓一带均有宝贵的收获。出版品也是持续不断，并未因战争停辍。回顾这九年之间，以地质界两三百人的力量，在面积几与欧陆相埒的地面上工作，也可算为国家勉尽绵薄，足以自庆了。

我们在这抗战期间，所得的成绩，并不是幸致的。在地质界的阵营中遭受折磨，为学术牺牲者大有人在。丁在君先生为考察煤矿，竟至中毒，一病不起，失去了我们的导师，真是地质界莫大的损失。继之吴希曾先生、林文英先生前后遭覆车之祸。因学术界待遇菲薄，生活艰窘，五尺血肉之躯，实不堪疾病与恶劣环境的打击，先后因而赍志以殁者有朱子元、计晓青、胡伯素、张沅凯、刘庄诸先生。尤使我们悲悼的,是贵州晴隆许德佑、陈康、马以思诸先生死于土匪的惨剧。崔苻不靖,血洒黔筑,与赵亚曾先生死于云南,同样壮烈。虽说殉职牺牲有何怨尤,毕竟社会对待我们太残酷,把有希望有成绩的三位先生杀死了,我们要以悲愤的心情向社会控诉!战争甫定,大家正图欢聚的时候,葛利普先生又遽尔老成凋谢,地质界的中流砥柱,忽告崩拆,实予我们精神上一个重大的打击。褒扬馈赠,又何足以表尽我们崇敬的心呢?

过去抗战期中,也暴露地质界不少弱点,如矿床研究不能多顾实用,工程地质颇少为人注意,资源之缺乏彻底研究,以致有建设缺乏根据的毛病。此后工作,宜力求慎密深切。此其一。再者,理论与实用,相辅相成,二者不可偏废,抗战以前涉重抽象底理论的研究,而于实用方面,恒少注意,成不切实际的畸形发展。此后工作自应力矫此弊。最近在淮南发现新煤田,就是向实用方面迈进的一个征象。此其二。地质学之在中国,尚为一新颖的科学。在国外因学说纷纭,受传统的教条式之理论拘囿,出主入奴,恒不能自脱于成见之外,如玄武岩之水成学说,历数十年,成因始白。中国地质学者,如胎婴初生,具有良知之本能,务宜放开胆量,勇于接受新的理论。此其三。此次年会,同仁等躬逢其盛,曷胜荣幸;除略述抗战中中国地质学者的贡献外,谨举三义,借供采择。敬祝中国地质学会年会成功,并祝诸位会员健康。

(《矿测近讯》1946年10月号,第68期,第1—2页)

十一月一日　应中央团部之邀请,在南京中央广播电台发表题为《地质学的应用》的讲演。演讲分为3段:1.地质学是什么?2.我们为什么要研究地质学?3.地质学的应用,分矿业、农业、土木工程、军事、政治经济5个方面讲。《矿测近讯》1946年11月号(第69期)全文刊载了此演讲稿。

十一月二日　作为新当选的理事长,主持在珠江路地质调查所举行的中国地质学会理事会会议。与章鸿钊、赵金科、杨钟健、朱家骅、张更、黄汲清、李春昱、尹赞勋等理事出席。顾知微、关士聪列席。决议《会志》发刊葛利普先生纪念专号,葛利普先生遗赠本会的图书,函请中央地质调查所北平分所代为接收保管,并指定专人编目等9项。

十一月四日　派马子冀、王承祺由重庆出发,测勘遂宁、南充、渠县的石油地质。

十一月十日　派何塘、孙万铨、温钦荣于是日离开重庆,前往蓬莱镇,与杨博泉、李志超一起测绘蓬莱镇穹窿层。

十一月二十二日　矿产测勘处物理探矿课课长张宗潢奉谱主命,携自制的盖格-米勒计数器由重庆飞南京,测试自南岭和东北采集的铀矿石。

十一月三十日 出席在南京举行的中央研究院评议会第 2 届第 3 次年会。

图 77 1946 年 11 月 30 日中研院评议会 2 届 3 次年会与会成员合影(四排左二为谢家荣)

十一月 应英国选择投资公司之请,编著英文版《中国铅锌银矿记要》。

是月 在《矿测近讯》第 69 期发表《矿测随笔(三)》,含 3 篇短文:1.《石油成因新说》,2.《1945 年美国的油井统计》,3.《石油成因的几个基本观念》。

《石油成因新说》说的是,放射性元素在衰变过程中发出的粒子冲击在有机质上,可使之化解成为石油。首创此说的是 S. C. Linde,继有 C. W. Sheppard & W. L. Whitehead 的实验证明。实验表明,在一千万年内,每克的沉积物可产生 $6.8×10^{-4}$ 克的碳氢物,这就是说在每一英亩内每尺厚的有机沉积,可产生 208 桶石油,认为"这个崭新的理论,或竟有几分可信之处"。

《1945 年美国的油井统计》称,美国 1945 年共凿井 5 613 眼,其中 3 036 眼属于新油田(以前未经产油的构造或区域),1 364 眼属于新油层(这是已经产生的油区内,前未产油的新油层),1 213 眼属于半开发产油区域的延长线上的,总计成功井

1 214眼,失败井4 309眼,成功井占21.6%,成功井的尺数为5 501 702英尺,失败井的尺数17 528 564英尺,成功尺度占23.9%。

《石油成因的几个基本观念》介绍《美国石油地质会志》第30卷第5期(1946年5月)一篇文章的几个基本观念,包括:有及成因说,需要一个海成环境,生油时的"温度一般不超过100℃,岩层不能厚过5 000英尺,静水压力不超过过每平方英寸2 000磅",从寒武纪到第三纪上新统的地层内都有石油,但上新统以后没有石油,石油可由放射性的质粒冲击于有机质或脂酸造成,微菌确能化变有机质,使之成为碳氢化合物。

十二月一日　上午9时,主持矿产测勘处在中央大学科学馆礼堂举行的首次通俗科学演讲会,讲题为"用盖米二氏计数仪鉴定放射性矿物之方法",首先介绍张宗潢自制的盖米二氏计数仪,并对我国及世界放射性矿物的产状作了概略说明,然后由张宗潢作讲演和表演。

是日　为追迹开平盆地之边缘,详测煤层分布及煤田构造,以圈定矿区,准备施探,派出刘国昌、王宗彝、赵宗溥会同留吉林之王作宾前往测勘,王宗彝、赵宗溥于是日搭机赴北平。

十二月二日　奉资源委员会令调查东海磷矿,派赵家骧、张有正、董南庭飞青岛转赴江苏东海。出发前,嘱咐他们注意矿层是否往南继续延伸。

十二月五日　矿产测勘处与中湘煤矿公司合作钻探湘中煤田,所需钻机已于上月由贵州运抵矿区,钻探即将开始,为往矿区视察,于今日飞抵武汉。

十二月七日　偕陈华启乘车离武汉,9日晨抵长沙,后在长沙收集有关资料。

十二月十三日　与陈华启及3日先期到达长沙的曹国权一起前往湖南湘潭。

十二月十四日　在中湘煤矿附近进行初步地质观察,并发现褐炭一层。初勘中湘煤矿之后,转道至杨家桥湘江煤矿勘察。

十二月二十五日　在杨家桥湘江煤矿公司发表题为"如何发现新煤田"的讲演,以刘季辰1923年发现安徽宿县雷家沟煤田、谭锡畴和李春昱1931年9月发现重庆歌乐山的山洞煤田和1946年9月淮南新煤田的发现为例,指出:"只要我们能根据地质学理,作有计划的钻探,这天然宝库的秘钥,终必为我人所获得,追踪老窑的时代,现在已经是过去了。"讲演词全文刊于《矿测近讯》1947年1月号总第71期。

十二月　在《矿测近讯》第70期上发表《利用α放射线在磨光面上研究铀钍矿物法》(节译)和《矿产测勘处工作方针及预算原则》。后文称:"我们将毫不客气地说,以后的每一年,都将有在经济上或理论上重要的发现。我们从今年起的年报上,可以明白地用数字来表示出这一年中所发现的矿产品的价值,这个价值的数字,比之我们这一年中的支出,要大过数十百倍,甚至千万倍。"

谢家荣《矿产测勘处工作方针及预算原则》:

科学的、合理的和经济的采矿,应当先有详密的测勘,这已成为不易的定论。过去苦痛的经验,充分显示出这种工作的需要;每一个外国专家来华视察矿厂,几乎都感觉到测勘材料的不够,以致许多计划,不免空虚。日本人在侵占时代的若干成就,就因为能不惜工本地来注意这测勘问题的缘故。现当胜利建国之际,这个为重工业先驱的矿产测勘工作,似乎要格外重视,格外培植。

矿产测勘处虽然已经成立了五六年,但是局处西南,不易发展;并且为基础的认识,我们不得不先从面或线的区域概测着手。我们在云贵川一带测制了九七,九六四平方公里的矿产地质概测图,二,五○○平方公里的矿产详测图,出版临时报告五十三号,《矿测近讯》六十九期,西文《经济地质丛刊》二期,其他论文在中外报章杂志发表的不及备载。我们研究了若干经济地质的基本理论,明了了矿产分布的概况,这与我们以后的详测工作,有莫大的帮助。现在我们却已踏入了点的详测的阶段了,并将从地面的观测推广到地腹的钻探了。我们将毫不客气地说,以后的每一年,都将有在经济上或理论上重要的发现。我们从今年起的年报上,可以明白地用数字来表示出这一年中所发现的矿产品的价值,这个价值的数字,比之我们这一年中的支出,要大过数十百倍,甚至千万倍。换句话说,我们这机关不是纯粹研究学理的机关,我们也是一个生产机关,我们可用成本来计算盈余,并且这盈余要比任何的生产机关来得多。

欧美的矿产测勘是一种事业,更是一种生意,顾问地质师或矿师的从业者,多不胜计,他们可以自力更生。但在事业落后的中国,情形就不同了,我们不能不靠政府的力量来建立,培植和发展这种工矿建设的基本工作。矿产测勘处就是本会以远大的基本的眼光,来创立为国家、为社会、为本会服务的一个顾问机关,等到根基充实,这个机关也可自给自足,还可以盈余的利益,继续扩展。

上面所说的话,归纳起来,约有四点:(一)矿产测勘工作已从面或线的概测,达到点的详测。(二)矿产测勘每年可有实际的收获。(三)矿产测勘处不是消耗机关,而是生产机关。(四)矿产测勘处就是先由政府力量创立的顾问矿师,到了成熟的阶段,可以自给自足。

其次要说的是本处预算的原则。本处以往的预算,虽比其他机关为多,但因根基不充,物价波动,除了经常开支和简略的地面观测外,绝无余资来从事大规模的测勘。虽然如此,数年以来,我们也还举行了若干小规模的钻探和槽探,并且发现了若干矿床,如黔滇的富铝,水城、威宁的煤铁矿等。室内工作,除研究岩石、矿物,刊印报告等之外,最近仿制物理探矿仪器,颇多成就。现已制成了第一架国产的盖末二氏的计数仪(Geiger-Müller Counter)及静电计,可以灵敏地测验放射性矿物。为勘测油田的地震仪,也正在继续试制中。此外为购地建屋,租赁宿舍,以及订购图书、仪器,在在需款,一个根基薄弱的机关,一点一滴都非钱不办,这一切的开支,已使本处的预算非常窘乏。现在为应本会及各方所需要的实施探勘工作,就不得不另立预算。有些人以为这是额外要索,那就是因不明本处内情的误解。我想为避免这种误解,本处的预算,似可分为基本预算和事业预算两种。前者为维持机关及培植员工的费用,包括薪津、办公、图书、仪器和建房屋等等。后者才是实际工作所需的费用。因为工作的地点有时不能预为指定,所以最好的办法,还是逐项订立预算,譬如这次许处长给予的题目,一共就需要十八亿元,而本处的预算,却只二亿元,这如何能担负呢? 还有一个办法,就是临时与事业机关订约办理,如最近与中湘、大冶等的订约办法,倒是切实易行。所以本处所急切需要的,就是这个基本预算,将本处的基础建立起来,虽后才能为国家社会服务。

(《矿测近讯》1946 年 12 月号,第 70 期,第 1—2 页)

一九四七年　丁亥(民国三十六年)　五十一岁

提要　南京。发现安徽凤台磷矿。发现福建漳浦三水型铝土矿。当选为联合国教科文组织中国委员会委员。主持中国地质学会第 23 届年会,发表题为《古地理为探矿工作之指南》(Palaeogeography as A Guide to Mineral Exploration)的理事长演说。在中国首次使用勘探网进行矿床勘探(淮南煤田)。召开中国第一次石油地质座谈会。

一月十四日　在天津《大公报》(及 1 月 20 日上海《大公报》)发表《评述战时中国沦陷区内的矿业经营》,就参考所及,择要叙述了日人对中国煤、钢铁用金属、非铁金属及非金属矿产资源的矿业经营。节录如下:

日人处心积虑地想独占中国的矿产资源,抗战以前,在东北,在山东,已经劫夺了不少宝藏。自从侵略成功,统治伪府,更得为所欲为,无稍顾忌,北自黑山白水,南及西沙海南,都有他们经营的矿厂,并且成立了许多庞大组织,如华北开发公司,华中振兴公司之类,不惜竭尽智能,悉索财富,以遂其劫夺之野心,八年以来,颇有成效。现在胜利接收,所有日人的发现,计划,以及已成的规范,自应悉心检讨,以供借镜,但是资料浩繁,整理非易,并且散处各地,收集綦难。兹仅就参考所及,摘述大要,贻误的地方,还待将来补正。

"结论"说:

一、在日人侵占期内,东北和华北的煤产额,都自战前的 1 000 余万吨增加到 2 000 余万吨,几乎增加了一倍。东北铁矿的产额,增加更多,到 4 倍以上。其他各区的铁矿,也都积极开发,全部产量差不多增加了一倍。

二、新发现的重要矿产,有锦西的铜,滦平的钒,海南岛的铁,当涂的黄铁矿,铜陵的铜,山西的石膏,以及许多稀有金属矿物。积极开发的有铝土、苦土(镁)、萤石、黄铁矿、石墨、磷灰石等等,都造成了超前的产量纪录。我们在黔滇发现高级富铝矿,日人却在鲁冀发现 G 层富铝矿,可谓"东西辉映,异曲同工"。

三、积极探矿的结果,除发现若干新矿床外,在大同煤田,阜新煤田,鹤岗煤田,宣龙铁矿,白云鄂博铁矿,俱证实了巨大的矿量。大同将为华北最大的煤田,而阜新已经追踪抚顺，将为东北煤矿的巨擘了。

四、有些矿产，如铜、镍、钨、锑、汞等质，虽经日人认真探勘，终不能发现大量矿床，足证这些矿产在东北、华北天赋的贫乏。

五、日人的若干成就不是悻致的，他们动员了多数的地质学家，矿冶工程师和企业家，依据科学研究，订立精密计划，衷心合作，按步进行，而当局又能随时随地予以协助鼓励，这一切是值得吾人研讨和仿效的。

一月十九日 结束中湘、湘江煤矿及宁乡各煤田的考察后，搭轮返回南京。此次湖南之行中，对中湘及湘江煤田观察的要点及所提建议，载于《矿测近讯》。

《本处工作近况》：

谢处长对于中湘及湘江煤田之观察要点及建议，摘要缕述如次：

甲、中湘公司

一、三英塘附近石灰岩，经此次调查，似应属栖霞层，与东面地层成断层接触，此层是否南延达史家坳，甚为重要，因足以划定葛家大山煤层西延之限故也。已嘱留湘调查之曹国权，刘元镇等，在史家坳、瓦湖塘一带掘坑挖槽，搜觅岩石，以确定此断层之位置。

二、除碟子坳有三叠纪薄层灰岩出露外，刘元镇、廖士范二君复在长湾西北、清风亭，罗金塘，古三塘间及线塘冲之东，见浅坑掘出之石质，俱属薄层灰岩，足见该层在史家坳盆地中分布之广。此种从浅坑石屑推测地腹地质之方法，系刘廖二君，首先应用，殊足称道。

三、刘、廖二君图上所绘第三纪衡阳砂岩，大部系砾石层及红土之误，在蛇形咀附近砾石下黏土中所夹之黑棕色轻质物，刘、廖二君疑为凝灰岩，实为一种褐炭，经试燃发焰甚高，油味厚浓，惜旧洞闭塞，不克测其厚度，已嘱中湘公司施行挖掘，如层厚量丰，颇值开采。

四、炭杻里大马杻间煤系似自成一向斜层，其中恐无薄层灰岩，故煤层较浅。

五、本煤田之煤系层序，自上而下，大致如次：上覆地层三叠纪薄层灰岩。(a) 硅石层厚约七八十公尺。(b) 黑页岩夹煤一层，煤厚自半公尺至二公尺，全层厚约二十公尺。(c) 黄灰夹紫色斑块之砂岩，厚约三十公尺，此中是否含煤，尚难确定。下伏地层为含纺锤虫化石之茅口石灰岩，属二叠纪。据上述，可知本煤田之煤层数目，现尚未明，须俟钻探定之。

六、钻眼位置初步勘定如次：(a) 史家坳方面：在长湾西北三叠纪灰岩之底部，以探定煤层之深厚及层数，如此钻得煤，再逐渐西展。(b) 罗金塘方面：第一钻可设在古三塘,该处距现开斜井约五百公尺。

乙、湘江公司

一、侏罗纪煤系,自下而上,可分为四部如次:(一)J_1 为不含煤之砾岩层,未见其底,厚度至少在二百公尺以上。(二)夹煤系(J_2)为砾岩、砂岩、页岩及晶片状石灰岩薄层所组成,厚七十余公尺,其底部与砾岩层接触者,尚不明了。(三)J_3 为黄色砂页岩,厚约五十至七十公尺,似不含煤。(四)灰绿色、黑色及黄绿色砂岩、页岩(J_4),厚约一百至二百公尺,似不含煤。

二、现开之杨家桥煤田,在三号及四号井间成一向斜构造,三号井南之朱家山,又成一背斜构造,褶轴俱向东倾没。煤田西为木鱼岭断层,南为麻拐石断层,木鱼岭之西再经一大断层至大王岩,有大片之(J_1)砾岩出露。朱家山、木鱼岭一带,老窑密布,堪采煤层,大部采去,故仅杨家桥南向斜层中尚有残煤可采,但亦为量不多。

三、三号井东边石门,煤层忽告失落,据云石门中遇砾岩,现因巷道阻塞,未克往观。此次研究断定该处构造为一斜向断层,东壁下落,致煤上砾岩与煤层相接,查二者间直距至多为四十公尺,故已建议公司先清除石门,然后沿砾岩之倾向,向东南进掘约四五十公尺,即可遇到煤层。本断层走向为北北西—南南东,向北经过铁道后,断裂已不显著。查杨家桥已开发之部,存煤不多,解决此断层,以采取东边煤田,实为目前增产计划中最迫切之图。

四、杨家桥以东,新塘湾、宽头山、李家冲一带,俱为煤层以上之地层(如 J_3、J_4),因距煤较远,故绝少老窑,且断层繁多,构造复杂,究竟有煤与否,以及层厚、层数等等,须详密钻探后,始能确定。复查杨家桥本部煤田,贮量有限,将来发展,颇有恃于东区之煤,故本区之钻探工作,实至急迫。

五、湘江公司在宽头山所设之探窿,因似位于 J_4 层中,距煤甚远,已嘱停止。新塘湾探窿似位于 J_3 层中,距煤亦不近,尚可继续进行,以探明其下有何夹煤系之砾石层。

六、麻拐石大断层,东北延可达岩壁屋之大圣寺,断层之南复有黄色砂页岩,向东北倾斜甚平,并有老窑遗迹,大圣寺之东,同样地层,东延甚远。观此二点,足证侏罗纪煤系不但有东延之势,并可跨越断层,向南展布,将来详测地质时,当加注意。

七、鲤鱼岭有老窑,并有砾岩,因露出不清,故构造尚难明了。大致言之,沿杨家桥之河谷,或为一断层,其北于红土下尚有若干煤系,再北则为石炭纪湖田石灰岩,其接触为断层,抑为不整合,刻尚难定。

八、杨家桥侏罗纪煤田之南,为二叠纪煤田,成向斜层构造,北翼分布于癞子岭,王家山,石岭一带,倾斜甚急,且多倒转,而老窑密布,浮面煤层,恐已采掘殆尽。南翼露头,仅见于乐桥之东,此外俱为红土、砾石所盖,不见露头,故从未开采,将来如钻探得煤,则此部之希望最大。又因向斜轴向东倾没,故愈东愈深,在三叠纪薄层石灰岩之上,或有发现侏罗纪煤田之可能。

九、侏罗纪煤层可分为三组:顶层甚薄,仅一公尺,中层因夹石关系可分为数层,共厚三四公尺,底层最厚可达七公尺。二叠纪煤系在北翼业经老窑开采,据云含煤二三层,各厚二三公尺不等,南翼煤尚未采,凡此俱待钻探以证明之。

十、在夹煤系(即 J_2)之上部,于砂岩层间有灰色细质页岩一层(俗称砚台石),中含微小化石甚多,不悉属何种类,又于黑色杂质砂页岩中,采得鱼牙化石数枚。砾岩层为数甚多,大致可分为三组,俱位于主要煤层之上。各组岩性虽难分辨,但仍可用作标准层,为详测构造之用。

十一、钻眼地点初步勘定如次:(甲)侏罗纪煤田:(一)杨祠、新塘湾间背斜层顶部。(二)宽头山西南坡。(三)岩壁屋北山。其他地点,临时再定。(乙)二叠纪煤田,先在乐桥东硅质岩底部施钻,以定有煤与否及其层厚与层数。

(《矿测近讯》1947 年 1 月号,第 71 期,第 13—14 页)

一月二十八日　与王植、颜轸赴淮南煤田视察钻探工作,并赴蚌埠、怀远、凤阳、武店考察。

一月　《矿测近讯》第 71 期刊出《沦陷时期东北各省矿产矿业调查表》,年内分7 次连载(5 月号和 8—11 月号各期未载),于次年 5 月号(第 87 期)刊完。第 71 期的编者按云:"东北矿产,原甚丰富,沦陷期间,敌伪努力开发经营,颇多成就,胜利以还,本处即向各有关方面搜集资料,分类制表,自本期起,逐期刊登,以供关心东北矿冶工业人士之参考。"

二月四日　自淮南返回南京。此次蚌埠、凤阳、怀远之行中发现,凤阳九华山等地的大理岩为巨厚层状,决非五台系,并断定蚌埠附近的硅化岩石为强烈硅化的火山岩,该处有花岗岩侵入,乃为变质作用所造成的结果,并指出凤阳附近为研究接触变质之极佳区域。由此断定当时的百万分之一地质图上所标这一带的五台系是错误的,实为中生代火山岩分布区。

《本处工作近况》:

(一)探寻磷矿　本处沙光文、韩祖铭、董南庭三君自在津浦南段结晶片岩系中发现含磷层后,谢处长偕赵家骧君前往参加,并续赴凤阳考察,尔后沙君等三人又赴蚌埠、怀远一带考察地质,归途视察淮南新煤田钻探后,于三月十八日返京。

凤阳、蚌埠、怀远一带，百万分一之中国地质图上俱绘为五台系，实为一大错误。凤阳第一山九华山等之大理岩，成巨厚之层，决非五台系之物，而蚌埠附近之硅化岩石，虽尚未磨制薄片研究，但本处谢处长已可断定为火山岩之深受硅化者，盖该处有花岗岩侵入，乃变质作用之结果也。故知怀远、蚌埠、凤阳以至其南之武店（上月谢处长经其地时考察及之），俱为中生代火山岩分布之区。此种情形与当涂、南山、大凹山一带颇为相仿。凤阳亦多花岗岩，致石灰岩全部变为大理岩，二者接触处有石榴石、透辉石之接触变质带，稍远者硅质结核中则赋生线辉石，再远则矿物不多，仅有云母、石墨等散浸其间。按凤阳附近为研究接触变质之绝佳区域，前人不察，或以变质带为结晶片岩而列入五台系，致有此误也。

（《矿测近讯》1947年3月号，第73期，第14页）

二月十七日　根据江苏东海磷矿的分布及产状，谱主认为凡有五台系结晶片岩系分布的地区，尤其含有石灰岩夹层的地方，均有可能发现磷矿，并查得津浦铁路南段沿铁路线一带有五台系分布，为证实此点，乃派沙光文、韩祖铭于是日前往滁县、蚌埠一带调查。在东海县进行地质调查的董南庭后来也加入此项调查，并在行前勉励曰："万勿灰心，在变质岩区域内，仔细收觅，仔细试验，必须找到磷矿"。他们"每日上山拿了钼酸铵、硝酸、试管以及玻璃器皿一大套，随行随采标本，并随即试验"，果于五台系内发现了延长达数公里的磷矿层。之后，遂偕赵家骧前往参加，并续赴凤阳考察、视察淮南新煤田。

二月二十日　中国地质学会理事会在南京中央地质调查所举行会议。与章鸿钊、李春昱、杨钟健、俞建章、张更、赵金科、侯德封、尹赞勋、朱家骅等理事出席会议，作为理事长主持会议。会议决议本年年会于11月初在台湾举行，并通过《中国地质学会北平分会章程》等7项决议[①]。

二月　在《地质论评》第12卷第1—2期发表《中国经济地质界的新动向》，祝贺章鸿钊70正寿。文章将中国经济地质的发展分为3个时期，即初步测勘时期、踏入理论研究的时期和所谓新动向时期。

谢家荣《中国经济地质界的新动向》：

自从民国元年，南京实业部成立了地质科，地质二字始见于中国官书；自从民国二年北京工商部设立地质研究所，招收了一班学生，研习地质，到民国五年，这班学生毕了业，中国才有实地从事地质工作的斗士。这两件大事，一是创立地质的始

---

① 《地质论评》第12卷第3—4期，第310页。

基,一是训练地质的人才,都是章鸿钊先生所倡办的。章先生在他的《中华地质调查私议》一文中,将调查地质的用途,分为学理与实用二项,实用方面,将地质学应用于农、矿、工、商、水利、卫生诸端,详述靡遗;在四项计划的原则下,更有"树实利政策,以免首事之困"二语。地质研究所的课程,于民国四年四月,由章先生参酌缓急,呈请修改,除废去矿物学与古生物学分科之议外,另加采矿、冶金等应用科学。这一连串的史实,足示章先生不但是中国地质事业的倡造者之一,更是最先提倡地质应用的人。

从另一方面讲,凡百学术研究,不能尽以应用为依归,并且今日视为无用的,也许他日就能成为有用,所以学理和应用,应当等量齐观,不可偏废,这在地质学,也不是例外的。但当经济恐慌,物资匮乏的时候,为斟酌缓急权衡先后起见,好像应用问题,总要多被重视一些,我想章先生关于应用地质的见解,也不外如是。

为顾到现实,为争取经费,主管地质机关的历任首长们,也不能不重视经济地质,这可从这些机关的工作报告和工作项目上看得出来,因为这些机关,每年派出的调查队,差不多多为矿产而去;但是工作的观点,却有些不同,有的注重大区域的地质制图,有的注意构造的推解,化石的搜寻,还有研究其他种种的地质问题,这些工作的实用程度固然不同,但直接间接,都与采矿或其他工作有关,那是毫无疑问的。

从民国元年,中国地质事业开始到今,中国地质界已树立了相当稳固的基础,从仅仅几位地质教员和二十一个学生的局面,发扬到三个中央地质机关,七八个省立地质调查所和数百位地质工作者,这确是一件难能可贵的成绩。至于历年来用中西文发表的报告论文,地质图件,更是盈几累牍,美不胜收,虽在艰难困苦的抗战时代,仍能继续不辍,所以谈到学术界的成绩,国际间的声誉,至今还是众口一词的推崇中国的地质学。这种成就不是幸致的,是靠了许多书呆子不顾艰苦,不慕荣利地努力奋斗而成的,而章、丁、翁三位先生倡导的功劳,尤为成功的主要因素。

科学进步是日新月异的,地质学的研究和发现,更要随着时代的巨轮,积极迈进,所以我们对于已有成绩,不能沾沾自喜,认为满意,还要继续努力,以求大成。我现在想说的是关于中国经济地质方面的新动向。

尝考中国经济地质研究的过程,可以分为三个时期。第一个时期是初步测勘时期,当中央地质调查所创办的时候就开始了。那时候几乎拿全副精神和力量,去勘查矿产,对于实用方面的矿量问题,更是特别注意,浮面勘察之外,还用掘槽的方法,来测定矿层的延长厚薄,如龙烟铁矿,武安铁矿等等,都可称为这时期的代表作。但是理论问题,却太被忽略了,不要说岩石矿物的组织,矿床的成因,没有好好研究,就连地层构造,也不大弄得清楚。当时洋顾问如安特生辈,从来没有用过一次显微镜,就可证明他们工作的不甚精密了。第二个时期是踏入理论的研究时期,可以拿许多附有显微镜照相和详细论述岩石矿物的著作来代表,这些著作,对于矿物的鉴定,很费苦心,矿床的成因,也仔细推敲,至于实用问题的矿量形态诸端,也同样注意。正当这项工作蓬勃跃进的时候,忽然抗战军兴,政府西迁,在流离苦难中,仪器图书,俱感缺乏,这类工作,就不克继续进行了。

在这正常发展的过程中,经验告诉我们,尽管理论和实用的研究,如何精密,但仍不能得到为断定矿床经济价值的精确的矿量数字;这也不足为怪,因为地质学者究竟没有带着能透视地腹的神秘的眼镜啊!在欧美各国,一个矿区的开发,先要研究地质,再继以钻探、井探、坑探等等工程方式的试探,最后才计划开采;这办矿的三部曲,是缺一不可,勿容偏废的。探矿虽然是采矿工程的一部分,但是倘能由地质学家主持办理,可得事半功倍之效。由于器材供给的便利,技工训练的娴熟,这种探矿工作,在外国是轻而易举,随时随地可以举办的。但在中国,尤其在目前物资缺乏的时候,探矿却不是一件容易的事情。因为采矿工程师们大多数不十分了解地质,所以对于探矿,有些是根本忽视了,有些是虽有此心,而苦于摸不到门道,所以探矿工作,总是因循敷衍,绝难彻底推进,驯至伟大的计划,巨额的资金,竟悬在空中楼阁之上,岂不可叹。最近美国专家来华考察矿厂,都感觉到这种基本上的缺憾,所以他们的建议书上差不多众口一词的都要先有精密的探矿,然后才能谈到计划。反观日本人在中国侵占区内许多矿冶事业的计划,却多有相当可靠的根据。因此种种,中国的企业家人士,不能不发生警悟,而终于又照顾到一向认为是无用的,书呆子气味太深的地质学家了。这是一个合理的,前进的转变。不过,中国的地质学家们,从此却要肩起双重的负担,那就是地质测勘和施探工程,要全部归他们主办了。这种作风,在欧美先进国家,不无前例,但在中国却是格外需要;这就是我要说的"中国经济地质界的新动向"是一个合理的,前进的动向。

自从矿产测勘处在抗战时代用分层采样,详密槽探的方法,发现了黔、滇的高级水铝石;胜利复原后又用地质和钻探的方法,在淮南发现新煤田,在皖北、苏北等处发现大量磷矿,足证这个新动向的时代,已经开始了;苟能循此动向,继续迈进,我想未来的发现无穷,是可以预卜的。但同时我们不要忽略了理论,我们要用更新的设备,更精的技术,在理论方面彻底研求,以继续发扬因抗战而停顿的研究精神,这就是中国经济地质研究过程中的第三个时期。

今年是章鸿钊先生的七十正寿,我们做学生的除了庆祝之外,还应写些文章,以作纪念。章先生是最先倡导地质应用的人,对于研究经济地质者又能始终予以鼓励,他今天看到他的学生们仍能保守岗位,孜孜不倦的发扬他所要倡导的工作,必将莞尔而笑,深感自己教育学生的成功了。爰作此文以为先生寿。

（《地质论评》第 12 卷第 1—2 期,第 152—154 页）

是月　在《矿测近讯》第 72 期上发表《结晶片岩系中含磷层的发现》，论述此发现的重大意义。

谢家荣《结晶片岩系中含磷层的发现》：

本处一向秉着经济地质的立场，努力于测勘矿产的工作。抗战时代，局处西南，器材缺乏，但也有若干重要贡献，如黔滇富铝矿层的发现，就是一个例子。复员以来，范围扩展，增置钻机，不久就在淮南发现了总厚二十五公尺，储量可达二万万吨的新煤田。最近又根据地质理论，派队在皖北的古秦岭轴所谓五台系变质岩区域内，搜觅磷矿，结果发现了含磷层，它的经济价值，尚须再加搜探，详为分析，始能确定，但是学术方面的意义，却甚重大，我们证明了五台结晶片岩系中有含磷特多的征象，而东海式的磷矿，可见于皖北；在层位上这个发现又可与安南老街的磷矿相比拟，因为老街磷矿，亦属东海式，不过层位较高罢了。

在本刊六十三期（三十五年五月份）我于张祖还先生所著《江苏东海磷矿述略》一文之后，曾加若干按语，其中关于成因方面，提出三个解说，第一个解说是水成变质说，大意谓：

"云台系中原有含磷较富之海生石灰岩层或磷灰岩层（与昆明昆阳之磷灰岩矿同为原生水成矿床）经花岗岩侵入时，或其岩浆余汁之热液作用，乃变质交换而成为磷灰石矿，换言之，本矿乃原生水成磷灰岩之经变质者，故可称为矿层"，因为本人从没有到过东海，所以又取保留的态度继续说：

"以上三说，究以何者为近似……颇难臆测。细阅张氏报告，似第一说（即水成变质说）或不可能，但我人立论，不妨从多方面着眼，以防万一之遗漏，且如五台系底部，原有含磷灰岩层，则意义极为重大，盖五台系在苏北（如东海以东之云台山）及皖东（如滁县明光间）分布至广，就此探索或不难发现新矿区也。"

本处搜觅新磷矿区的动机，就包含在上述的理论之中。因为国内磷肥的急迫需要，而磷灰石矿的供给，就现所知，只有东海及西沙群岛数处。为了增加农产，改进民生，本处乃派沙光文韩祖铭二君驰赴津浦沿线滁县、明光、凤阳、蚌埠、怀远等地作初步勘查，经过了十余日的工作没有得到结果。刚好派赴东海磷矿队的赵家骧等一行返京，他们对于磷矿的认识，获有不少经验，乃派该队的董南庭君赶往参加，并勉以"万勿灰心，在变质岩区域内，仔细搜觅，仔细试验，必须找到磷矿"。他们获得这项鼓励之后，就格外兴奋，每日上山拿了钼酸铵、硝酸、试管以及玻璃器皿一大套。随行随采标本，并随即试验，结果发现了含磷层，沙韩董三君的勤奋工作，颇值称道。

此次本处在东海磷矿的测勘结果，赵君家骧将另有专文讨论。现在我要说的是日本人在该区的探矿工作，他们不但证明了西矿各露头间的连续（我在张祖还著的文后曾提出这个问题,并主张开槽施探),并且还发现了几个新地点,如所谓泰山及海州内陆十七英里等等,这些地点我们都已经确实勘定了,只因治安不靖,尚难前往考察。

末了我对于苏北一带磷矿的成因,还需稍加补充。在五台系的下部或中部有一层至数层的磷矿层,它可与石灰岩相间,也可单独成层,在东海的是属于与石灰岩相间的下层矿,在皖北却是属于中部的单生层,两处的矿床,层位不同,性质也各相异。后来经过区域变质作用,所以磷矿以及共生的岩层,都变质成为片岩一类的岩石,所以苏北皖北的磷矿,都可称为水成矿床之经过区域变质者。法人 J.Fromaget 在老街磷矿的报告上,也主张水成变质说,与本人的见解,可谓不谋而合了。

(《矿测近讯》1947 年 2 月号,第 72 期,第 1—2 页)

是月 在《矿测近讯》第 72 期发表《矿测随笔(四)》,含 4 篇短文:1.《美国上湖铁矿的展望》;2.《矿物工程学和矿物工程师》;3.《赶快编印地质图》;4.《铝土矿和高岭土的关系》。《美国上湖铁矿的展望》指,美国铁矿的供给大半靠着上湖铁矿,而上湖区域中,尤以密沙比山(Mesabi Range)的贮量最大,密沙比山已往产量共达 14 亿余吨,尚有 9.9 亿多吨,倘以每年产量 3 500 万吨计,可维持 30 年;倘以1942 年的最高产量 7 000 万吨计,那就只能维持 15 年了。但上湖区含有另一种几乎取用不竭的铁矿资源,即含铁 20％～35％的铁燧岩(Taconite),现正在试验用它炼铁,已有成功的迹象;如果试验失败,那么只有向南美或加拿大等地方开发新矿区了。

在《矿物工程学和矿物工程师》中,批评轻视地质人员的偏见说,"还有一小部分人,甚至以为只有工程出身的工程师才能有实际生产和效用人群的本领,至于地质学者,不过是一群书呆子,写写文章而已,这种偏见,不但存在于工程界,就是地质出身的达官显要,也何尝不作如是想""本处一向认为地质是探矿的先驱,经济地质学者,尤其为实际生产的一员,他们的贡献和技能,与工程师并无二致"。

《赶快编印地质图》指出"像地质事业发展到最高峰的美国,还感觉到地质图编印的不够。反观我国百万分之一的地质图幅仅仅出版三张,此外编好待印的倒有不少,因为经费困难,不能立付付印,这对于建国事业的推进,无疑的有重大损失,而对于本处的探矿工作,更有直接的影响,希望贤明的政府当局,宽筹经费,赶快编印全国的地质图幅才好"。

《铝土矿和高岭土的关系》说,美国阿肯色州的铝土矿直接由闪长岩蚀变而来,至于高岭土,则是铝土矿由加硅作用造成的。其最重要的根据是:(一)铝土矿中含有许多高岭土脉,粗细不一,纵横交错,从少数的稀脉到多数的网状脉,又从由于遗留未变的铝土矿块所造成的碎块状构造到完全变为高岭土的境界,莫不俱备。
(二)相反,从铝土矿变为高岭土的现象,却始终未见。

是月　所著《煤》(纳入工学小丛书)由商务印书馆出版第四版,所著《石油》(纳入新中学文库)由商务印书馆出版第4版。

三月十五日　中央研究院评议会召开京沪评议员谈话会,商讨是否举行院士会议。与朱家骅、翁文灏、萨本栋、吴有训、凌鸿勋、罗宗洛、李济、王家楫、赵九章、吴学周、吕炯、胡适、傅斯年、茅以升等出席会议。经过认真讨论,决议举行会议,并成立了由胡适、翁文灏、萨本栋、傅斯年、茅以升、吴有训、李济等7评议员组成的小组,草拟《院士选举规程》和《院士会议规程》①。

三月下旬　发现安徽凤台磷矿。谱主所撰的《安徽凤台磷矿的发现》记述了其发现经过。节录如下:

凤台磷矿的发现,是本处在发动全国勘矿计划中的又一重要贡献,它的发现,是本年三月间的事……

磷矿的形色变化万端,最难认识,在欧美各国,它曾经被误认为煤,火山岩,石灰岩以及其他种种不同的岩石。凤台磷矿的发现,也经过同样的历史。本处韩金桂、申庆荣二先生是凤台磷矿的发现人,但因旅中未带药品,没有试验,所以疑心它是玄武岩。后来标本寄回本处,我用扩大镜检视,颇有磷矿的嫌疑,乃请张有维先生用钼酸铵试验,立即发生黄色沉淀,再磨薄片,置显微镜下研究,就可见到许多Collophanite 和 Dahllite,前者是非晶质的磷灰石,充填于砂粒之中,或与砂粒相交换。后者则为微晶的结合体,与一种化石名 Hyolithes 的相交换,还有些 Dahllite,则成细脉,穿越全体。查 Hyolithes 化石首见于昆阳磷矿之中,由此可见两处磷矿,实属同层同式了。

凤台磷矿是深黑色致密坚韧的岩石,外表与玄武岩十分相似,有些是黑色砂岩圆砾的结合体,圆砾的口径自一公分至二三公分不等,在平行于层面的剖面上,圆砾高低凸出,造成如钉鞋状的结构,好像北方宣龙式铁矿的肾状构造,但是成因就大为不同了。用扩大镜仔细检视,在黑色中可以见到透亮的石英粒。纯粹的磷灰石呈深黑色,其成薄片或蓝皮的则呈半透明的棕黄色,并略带珠光光泽,有些夹杂泥质或石灰质的部分,则呈灰、黄、绿及浅红等种种不同之色。无论致密状或砾石状的磷矿中,常含若干矽石圆砾,口径可达六七公分以上,还有些泥质或石灰质的夹杂质。黑色的磷矿,久经氧化,常可发生白色的斑驳或薄皮。我人倘用浓盐酸散

---

① 　郭金梅:《中央研究院的第一次院士会议》,《中国科技史杂志》2007年第28卷第1期,第3页。

浸磷矿面上,使之急速变化,俟其干后,也可见到白色的薄膜。

我证明了凤台磷矿之后,乃于三月下旬偕赵家骧、燕树檀、李庆华诸君前往初勘,在寒武震旦纪的接触部分,紧接于下寒武纪底部紫砾岩之上,勘定了这层磷矿层,它厚达一公尺左右,本是一层砂岩,经过磷质的充填交换,才成为磷矿。此上还有厚达二三公尺的含磷质石灰岩,呈灰、黄、淡红诸色,其中富含 Hyolithes 化石,及白色方解石的充填体,一部经过硅化,则坚韧恰如石英岩。这层磷质石灰岩可能是原生的,磷质为潜水挟溶,下浸砂岩,直至在底砾岩的顶部,因为砾岩胶结坚密,不易渗透,而砂岩尤其是呈砾状的砂岩团结体,空隙较多,磷质遂充填其中或与之交换,而成为深黑色的主要磷矿层了。在紫色底砾岩的顶部,偶有磷灰石薄皮,为磷质曾经达到此部之证。上层含磷灰石中的方解石充填体,可能代表因磷质下溶,灰岩发生空隙,遂为碳酸钙充填的结果。磷矿层之上,为浅灰及黄灰色页状泥灰岩或灰质页岩,据赵家骧君等测计,厚达六七十公尺。以上自底砾岩至此共厚约一百二三十公尺,兹名之为下寒武纪底部含磷层,再上就是下寒武纪最常见的紫页岩与石灰岩的互层了。

(《矿测近讯》1947 年 7 月号,第 77 期,第 1—2 页)

三月 矿产测勘处与第三区特种矿产管理处合作测探广东、广西的钨锑锡矿,派贾福海(队长)、霍学海于 3 月 4 日出发,18 日到达广西,前往田东等县调查;派张兆瑾(队长)、杨开庆于 3 月 8 日出发,14 日到达广州,23 日起前往江门、阳江等县调查;派遣王本葵、高存礼参加海军部组织的西沙群岛考察团,着重考察西沙群岛的磷矿,3 月 12 日离南京经上海赴西沙。

派王植、杨庆如往湖南新化锡矿山、鸡叫岩勘探锑矿,嘱咐王植注意调查鸡叫岩。

《本处工作近况》:

(一)探勘湖南新化锑矿 王植、杨庆如两君自三月二十三日抵锡矿山后,即于二十四日偕湘所王晓青君作初步观察……王君等复于三月三十一日赴鸡叫岩之西南一带调查,填绘五万分之一地质图一幅。该区乃武冈新化安化大向斜层中,另一个紧密背斜之有上泥盆纪地层出露者,其构造型式与锡矿山颇为相似,前经湘所测绘,但未注意。此次本处谢处长在长沙时鉴于二者在古地理上及构造型式上之相似,认为有赋生锑矿之可能,故嘱王君等注意调查。

(《矿测近讯》1947 年 4 月号,第 74 期,第 9 页)

是月 在《矿测近讯》第 73 期上发表《矿测随笔(五)》,含 3 篇短文:1.《推测矿液流动的方向》,2.《闲话水晶矿》,3.《矿物磨光面的几种研究新法》。

《推测矿液流动的方向》：美国人 W. H. Newhouse 发明了几种方法来确定矿液流动的方向，可大别为 2 类：① 依据矿物在空隙中聚积的地位，② 矿物结晶的形态。最近 Richard. E. Stoiber 使用他的方法在密西西比河流域的铅锌矿区域内做了 159 个地点的测验，证明了这个方法的有效性。由此可以略窥美国经济地质学研究的新动向，即从细密的构造观察来树立奥妙的理论根据，而这些论据却是与实际探矿有密切关系的。

《闲话水晶矿》指出江苏东海或山东有发现水晶的可能：“第二次世界大战时，曾列为战争矿物之一，交战各国到处搜寻，我国也曾派地质家四出探觅，除了广西田阳一带稍有所产外，始终没有找到大量矿床。将来在苏北东海或山东各地，或有发现巨量水晶的可能。”

《矿物磨光面的几种研究新法》介绍 1946 年 12 月《经济地质学》（*Economic Geology*）上 Herman Yagoda 的一篇文章：利用紫外光，特别是属于短波部分（2 537Å）的紫外光来观察或摄取矿物磨光面所表现的荧光（fluorescence）或磷光（phosphorersence），用以辨察矿石光片中能发生荧光或磷光矿物的分布，它不一定能鉴定矿物，因为这二项特性，不尽与矿物分子本身的成分有关，但却对其中所含的杂质有重大影响。

四月七日　自皖北发现磷矿后，对苏、皖两省凡可能产磷区域均予深切注意，依据中央地质调查所刘季辰、赵汝钧所著《江苏地质志》、中央研究院地质研究所的《宁镇山脉地质》及刘季辰、赵汝钧、巴尔博、陈恺、程裕淇等对南京西南方山地质的描述中，均提到苏北六合等地的玄武岩之下有白土层，经试烧，熔度甚低，推测可能为含水磷灰石，乃派董南庭、韩祖铭于是日前往六合调查，果于北板桥附近之白土层中发现含磷。

四月十二日　派蓝葆璞前往，并于 28 日抵达锡矿山地区，详测该区地形。

四月十六日　派赵家骧、沙光文、车树政、倪青珩、龚铮前往凤台，详测磷矿及附近新发现的山金家煤田。

四月十七日　陇海区铁路管理局英豪煤矿管理处委托矿产测勘处测勘英豪煤田，管理局莫局长邀其亲往考察，谱主因工作繁忙，派刘国昌于是日前往工作。

是日　致函钱昌照，呈报海城铀矿调查报告及矿产测勘处所拟探采铀矿办法大纲，全文如下：

案奉

钧会三十六年四月十四日密京（36）业字第二五四号训令，尾开：饬本处先行派员前往东北测勘铀矿具报等因；奉此，经查本处已派副工程师王作宾、甲种实习员赵宗溥将辽宁海城铀矿区勘查完毕,并复令再往山海关环海寺矿区切实调查。去后奉令前因,理合先行抄附该员等所拟海城铀矿调查临时简报及本处所拟探采海城县属铀矿办法大纲各一份备文赍呈敬祈

鉴核备查为祷。谨呈

委员长钱

　　附呈　海城铀矿调查临时简报、探采海城县属铀矿办法大纲 各乙份

矿产测勘处处长　谢家荣

　　探采海城县属铀矿办法大纲

一、由国防部委托本处探采海城县属及其附近一带铀矿,时期暂定为一年。

二、以探矿为主、采矿为副,一年内希望能产精矿二三百公斤,如能多产则更佳。

三、为节省经费,暂从小规模土法着手,每日雇工人约百名,随探随采,另派职员三四人住矿督察。采矿用包采制,以日产粗矿十吨为度,即年产约三千六百吨。如以万分之一之精矿含量计算,可得精矿三百六十公斤。

四、在工地搭盖茅草棚为工人宿舍,在海城租赁房屋为职员办公之用。

五、包采粗矿一吨约需工资流通券八千元。每月三百吨需工资流通券二百四十万元。连同材料、薪津、运输、办公等费用需流通券约三百五十万元,即年需流通券四千二百万元。以每券合国币十二元伍角计,共需国币五万万二千五百万元。除第一次拨发二万万二千五百万元为开办各费外,其余每三个月拨发一万万元。

六、炸药由国防部筹发,由预算内扣除。如价值太高或缓不济急时,拟以黑药代用,其余钢条、引线及其他工具俱以土货为原则。

七、除上项探采工程外,矿产测勘处另派地质专家二三人、物理探矿家一人,携同该处自制之旅用盖密二氏计算器,在海城及附近区域详细测勘,或就有望之浮土盖覆区域开槽试探,以便发现新矿区。

八、所有铀矿区域拟请国防部转咨经济部全部保留为国营矿区,区内如有其他矿产亦一概保留,他人不得领采。

九、在矿产测勘处办理探矿期间,如有副产品(如长石)概属该处所有。

(南京:中国第二历史档案馆,全宗号二八,案卷号 136,第 167 页)

　　四月二十日　偕同李庆远、董南庭、韩祖铭等前往方山勘查,在火山砾岩层之下又见白土层,且经试验证明其中含磷。

　　四月　在《矿测近讯》第 74 期发表文章《本处继续发现含磷层》,概述了此一发

现的经过,并谓"按我国磷矿地层之已知者仅有五台纪之结晶片岩及寒武纪底部之两层,今有六合等处之发现,又加入一新的第三纪含磷层矣"。

　　鉴于凤台、六合等地磷矿的发现,为使更多的人了解磷矿地质知识,在《矿测近讯》第 74 期发表《安南老街磷矿》(节译自 Jacques Fromaget 1934 年及 Robert Gavard 1932 年的法文报告)。

　　五月二日　中央研究院评议会发出给全体评议员的"36 秘字第 738 号"函,称"为推选本院第一次院士选举筹备委员会委员,经于四月五日以(36)评字第十六号函分别请全体评议员通信投票在卷。截至四月三十止,计收到函票共二十六件,得票最少者亦有二十三票,已超过全体评议员四十一人之过半数;每组五人之当选者,已可决定"。数理组当选筹备委员会委员的五人为:吴有训(25 票)、茅以升(25票)、吴学周(23 票)、谢家荣(23 票)、凌鸿勋(23 票)。①

　　五月九日　中央研究院第一次院士选举筹备委员会于本日举行第一次会议,但因赴上海出差,不能出席,致函中央研究院评议会请假:

　　准　贵院函召于本月九日下午三时出席第一次院士选举筹备会等由。兹因赴沪公干,不克出席参加,深以为歉,用特复请查照为荷。此致
中央研究院

谢家荣启　五月九日

　　此次会议上推举决定了负责拟提各科目院士候选人名单的评议员。负责推举地质和自然地理科目院士候选人的评议员为翁文灏与谱主。②

　　五月十三—二十三日　偕同燕树檀、颜轸前往徐州、贾汪一带测勘地质。

《本处工作近况》:

　　(七)测勘徐州及贾汪地质　本月十三日谢处长偕燕树檀、颜轸二君前赴徐州、贾汪一带,测勘地质,历时十日,于二十三日返京。在贾汪曾详研日人所制之地质图,钻探记录及最近华东公司钻探所得之岩心,对于煤系层序及煤层比定,颇有心得,关于华东公司最近之采矿情形,亦调查綦详,下期本刊,将有专文报道。

(《矿测近讯》1947 年 5 月号,第 75 期,第 13 页)

---

　　①　《中央研究院评议会第一次院士选举筹备委员会组织及会议记录》,南京,中国第二历史档案馆,全宗号三九三(2),案卷号 134,第 5 页。

　　②　《中央研究院评议会第一次院士选举筹备委员会组织及会议记录》,南京,中国第二历史档案馆,全宗号三九三(2),案卷号 134,第 50 页和 63 页。

五月二十六日　在上海《大公报》第 6 版发表《淮南新煤田的发现》,文章在谈及发现淮南新煤田的计划时说"这个计划是依据古地理学、地层学、构造地质学上的许多理论演绎推测而来的;换句话说,是纯粹凭着地质学理再加实施钻探所得到的结果"。

淮南新煤田自 1946 年 9 月在新庄孜开始钻探至本月,沿地层走向以约 1 公里线距共布置了 4 条勘探线,已钻 13 个孔,已有预计半数以上的储量业经钻探证实。这是在中国首次使用勘探网进行矿床勘探的例子。谱主认为中国地质学家要肩负起双重的担子,那就是地质测勘和施探工程要全部归他们主办了。在这种思想指导下,大力开展探矿工作,先后在淮南探煤、广西探锡用 RLl50 型利根式金属岩芯钻机、先锋式金刚石钻机等。

五月三十一日　出席在南京珠江路中央地质调查所举行的中国地质学会特别会,在会上做报告《大淮南盆地之矿产资源》,论及八公山新煤田的发现经过、大淮南盆地的矿产(煤、磷、菱铁矿、一水硬铝石及其他非金属矿产)及地质勘查与钻探计划(报告后来作为矿产测勘处临时报告第 54 号在《地质论评》第 12 卷第 5 期上发表时,题目改为《淮南新煤田及大淮南盆地地质矿产》)。

《特别会记录》:

本会于三十五年五月三十一日假南京珠江路九四二号中央地质调查所礼堂举行特别会,到本京会员会友百余人,书记尹赞勋主席,请谢家荣演讲"大淮南盆地之矿产资源"。略谓大淮南盆地系指皖中淮阳山脉以北淮河流域的盆地构造,其中舜耕山与八公山构成一弧形构造,盆地的东西二方界限尚未确定,其中新发现之煤田在八公山前坡平原之中,本人根据地层构造推测其下应有煤层,经矿产测勘处与淮南矿路公司合作探钻,终于证实。共计先后发现煤层十九,最大总厚三十八公尺,堪采煤层之总厚二十五公尺以上。约计最低储量可达两万万公吨。煤层而外,复同时发现铝土页岩及菱铁矿,层序俱有一定,堪为煤田开采之附产品。此外又于寒武纪地层底部发现磷矿层,为前人所未见。讲毕,黄汲清、张更、王曰伦、苗迪青、李庆远、程裕淇等参加讨论,旋经谢氏阐述淮南煤系中煤层,铝土页岩及菱铁矿层重复出现所示之沉积循环。主席特别指出近年国内探勘非金属矿床,应用地层学,沉积学及古地理构造学,已有重大成就,深可庆幸。

(《地质论评》第 12 卷第 3—4 期,第 315—316 页)

五月　在《矿测近讯》第 75 期上发表《本处发现三水型铝土矿》,概述对中国铝土矿成因的看法,并根据殷维翰、沙光文在漳浦取样分析的结果,证实福建漳浦所发现的铝土矿为三水型铝土矿,并根据初步的研究结果,论述了漳浦三水型铝土矿的 5 个特点。

谢家荣《本处发现三水型铝土矿》：

漳浦铝土矿的分析和显微镜研究，正在进行之中，本处不久并将再派测勘队前往详密探勘，以便对于矿石的质量方面，作进一步的探讨，以供实际开发的根据。现在初步研究结果，可预为公布的有下述五点：(一)据显微镜检视，这种三水型铝土矿俱成微粒结晶的结合体，交换长石，并仍保持长石原来的柱状形态，至于其他矿物，俱经蚀变无遗，成为氧化铁。所以大致说起来，这类矿石是由许多柱状的三水型铝土矿的微粒结晶体散浸在氧化铁的基体中；有时三水型铝矿也能成为细脉，穿越全体，表示铝矿的后成生因，毫无疑义。(二)从上述的显微镜结构，可知铝土矿仍保持原来玄武岩的结构，不过长石俱已变为铝土，而其他矿物则俱蚀变无遗，连原来形态也看不见了。(三)从上述结论可知，铝土矿是由玄武岩直接风化的产物，他没有经过搬运，也没有经过结核化作用，现在矿石表面上好像是一种结核，实际上是因为其他矿物俱经变为红土，这种蚀变较浅的矿石，就残留成为结核罢了。(四)倘使这个解说是对的，那么不尽是红土中的结核才是铝土矿，在玄武岩与红土间的灰色或灰红色蚀变体，多少还保持玄武岩的产状的也可能是铝土矿。这类矿石也经制片研究，表示同样的构造，不过长石晶柱，多变成一种不结晶的结合体，可能是 Cliachite，也是重要的铝矿矿物。(五)在铝土矿中还有许多白色豆状的结核，质软而透明，这是高岭石，其生成当在铝土之后，它的出现，将增高硅分，而影响矿石的品质。

铝土矿是国防工业，航空工业和其他工业的基本原料，在从重金属时代进到轻金属时代的今日，它更是不可或缺的资源，我们现在发现了三水型的铝土矿，是可以用拜耳法处理的真正铝土矿。这真是一个至可欣慰的好消息，所以特为撮述梗概，以供国内工业界人士的参考。

(《矿测近讯》1947 年 5 月号，第 75 期，第 2 页)

六月六日　中国地质学会理事会在南京珠江路地质调查所图书馆举行会议。与李春昱、张更(李春昱代)、侯德封、章鸿钊、俞建章、赵金科、黄汲清、尹赞勋等 9 理事出席。关士聪、顾知微列席。理事长谢家荣主席，议决用通信方法由全体理事票选 2 人参加明年的第 18 届国际地质大会、推选章鸿钊等为中央研究院第一届院士候选人等 9 项①。

① 《地质论评》第 12 卷第 3—4 期，第 312—313 页。

　　六月十日　中央研究院评议会第一次院士选举筹备委员会第二次会议在南京鸡鸣寺路 1 号中央研究院总办事处举行。出席委员：秉志、吴学周、罗宗洛、陶孟和、谢家荣、王家楫、萨本栋、吴有训、翁文灏、傅斯年、李济。会议拟定了合于院士资格的候选人名单，其中地质组的 14 人名单为：翁文灏、朱家骅、章鸿钊、李四光、杨钟健、斯行健、谢家荣、黄汲清、孙云铸、尹赞勋、孟宪民、王竹泉、孙健初、南延宗。①

　　六月二十八日　出席中国地质学会南京总会在中央大学科学馆致知堂举行的第 2 次讲演会，由王曰伦讲演祁连山考察情况。在王曰伦讲演后，谱主与尹赞勋、黄汲清等参加讨论，对于山中山岭用西人人名命名一事讨论最多。

　　六月　根据上月与颜轸、燕树檀对贾汪煤田地质及矿厂情形的考察，回到南京后又参考了由颜轸摘译的日本人小贯义男和大山理隆所著《柳泉煤田地质调查报告》，写成《江苏贾汪煤田及华东煤矿公司近况》，发表于《矿测近讯》第 76 期。该文论及贾汪煤田的煤系层序、煤层及煤质、储量。据该文记载，华东煤矿公司当时有井下作业的工人约 3 000，地面工人 1 200～1 300 人，矿警 630 人，职员 300 多人，日产煤最高可达 1 800 吨。

　　在《矿测近讯》第 76 期上发表《矿测随笔（六）》，含 3 篇短文：1.《美国探矿事业的趋势和一九四六年新矿床的发现》，2.《中国地质学家都是瞎子么？》3.《美国战后的炼铝工业》。

　　《美国探矿事业的趋势和一九四六年新矿床的发现》指出，美国近几十年中发现的新矿床，显然比以前几十年少得多，道理很简单，近地表的矿产已经开发了，此后要找没有露头的矿了。这种矿床的探勘，需有详密的理论根据，以及现代化的工具和方法，不是短时间内就能发现的。为使矿产测勘工作更为精密合理，美国地质调查局定了一个需费 1.3 亿美金的长远计划，除详密测勘地形地质外，还要进行若干基本研究，其中之一就是地球化学的测验，将露头、土壤、潜水和植物中所含的微量金属精密测定，相信这种研究对探矿将有重大贡献。美国 1946 年的探矿工作取得了很大成就，在美国亚利桑那州发现的 San Manuel 铜矿有含铜 0.79%～1% 的矿量 2 亿吨左右。内华达州的 Yarington 铜矿有含铜 1.02% 的矿量达 5 000 万吨。Eureka 和 Pioche 将有近百年来最大的铅锌银矿发现。加利福尼亚州的 Darwin 矿不久将成为重要的铅锌银生产地，新墨西哥州中部发现了贮量达 150 万吨的大锌矿。

---

　　①　《中央研究院评议会第一次院士选举筹备委员会组织及会议记录》，南京，中国第二历史档案馆，全宗号三九三(2)，案卷号 134，第 81—82 页。

《中国地质学家都是瞎子么?》驳斥有人宣称中国的地质学家除了发现铀矿物的南延宗之外都是瞎子的谬论,指出"中国地质学家都不是瞎子,他们都能发现矿产,不过发现的多少,那就要看他们本人的兴味所在和工作的机会了",测勘矿产应当是工业化的先驱,是地质学家应尽的职责。

谢家荣《中国地质学家都是瞎子么?》:

有一位地质出身,但是没有做过多少地质工作的矿界红人曾经这样的对我说:"中国除了那位发现铀矿的地质学家之外,其余的都是瞎子,因为只有他才能认识矿物,发现矿产啊!"我对于中国铀矿发现人南延宗先生非常钦佩,但一定要说此外的都是瞎子,却未敢赞同。

从另一方面讲,地质学家的使命,是专为发现矿产么?假使没有发现矿产,他就是瞎子么?凡稍有科学脑筋的人们,对于这种看法,一定要加以否认的。要知地质学家自有其神圣的使命,就是以矿产为研究对象的经济地质学,也有它本身的许多理论问题,发现矿产不过是许多问题中的一个罢了。在我国矿业尚未十分发达,地质测勘尚未普遍的今日,要发现一个新矿地,似乎并非难事,民国以来,中国地质学家发现新矿地的例子,就本人所知,已有好几个。最近本处以职责所在,对此问题,稍稍注意,也就有若干重要的成就,可知发现不难;但是发现之后,我们还要精密研究,彻底探勘,那就需要更多的智识与技术了。假使经济地质学的目的,是专为寻找矿苗,那么从事工作的人们只要认识几块岩石和矿物就够了,而经济地质学也不能成为独立的科学了。所以我敢肯定的说,中国地质学家都不是瞎子,他们都能发现矿产,不过发现的多少,那就要看他们本人的兴味所在和工作的机会了。

中国另有一班提倡崇高理论研究的人们,却有相反的看法。他们以为经济地质不是科学,测勘矿产更是地质学中的末技,谈到现实经济问题,好像就要亵渎了科学神圣似的。这种见解不免偏狭,我们为研究而研究,固然不能顾到有何直接的应用,但是遇到实用问题,却故意避免不谈,岂非不近情理。在中国工业落后的今日,测勘矿产应当是工业化的先驱,那即使消耗些他们宝贵的光阴,冲淡些他们科学的思路,也是国民应尽的职责啊!

(《矿测近讯》1947年6月号,第76期,第11页)

《美国战后的炼铝工业》指出,二战后,所有炼铝试验厂都停止工作了,政府增设的厂也都改售民营了。1946年铝产41万吨,其消费量则约50万吨。较之战前,适及一半。新兴炼法大都不能继续使用,拜耳法还是最有效最经济的方法,只有从拜耳法的残渣"红土"中收取铝氧和曹达的新法有继续的价值,用此法后,铝土矿中二氧化硅的限度可大为放宽,而许多高硅铝土矿都能应用了。

是月 矿产测勘处原定每周末举行讲学会,自重庆迁回南京后曾一度中断,自本月起恢复,首由王本荚讲西沙群岛磷矿。

七月七—十三日 偕美国顾问楚昂夫妇赴淮南视察,到矿之后,偕燕树檀到各个矿井之下进行地质观察,并赴新矿研究岩心。此次考察在大通井下南七槽与南八槽之间发现了铝土页岩及紫色页岩层,由此解决了新矿之A组与南八槽的对比问题。结合与邻区煤层对比,断定淮南南八槽煤能够炼焦,经试验结果证实。其间曾于7月11日晚应淮矿工程座谈会之约,到会做学术报告。此次考察还发现,蚌埠、凤阳一带火成岩极为发育,有详细研究的必要,决定增派赵宗浦于7月18日前往工作。

《本处工作近况》:

(五)淮南煤田探勘队

七月七日谢处长偕美顾问楚昂夫妇赴淮南视察,到矿之后楚氏赴各矿参观地面设备,谢处长则偕燕树檀到一二三各矿井下作地质观察,并赴新矿研究钻心。十一日晚应淮矿工程座谈会之约讲述淮南地质矿产,对煤田发现经过,煤田地质构造及煤系分组诸问题,阐述颇详,对凤台磷矿亦曾论及。十三日公毕返处。

谢处长此行收获甚丰,在大通井下南七、南八槽间发现铝土页岩及紫色页岩层,新矿之A组与南八槽对比因以确定。又西矿八道石门内之认为南八槽煤层,经此次观察,位于铝土页岩及紫色页岩之上,当断定其不为南八槽而应属南七槽,倘无断层,此道石门再向前进,定遇真正之南八,此点已告矿局,日内或可向前试探,如有南八存在,不啻发现一新煤层,此对淮南之增产方面,关系极为重大。

谢处长最近综合研究山东中兴与江苏贾汪及安徽淮南各煤田,认为中兴之大槽,贾汪之小湖,淮南之A组及南八槽,依地层层位而论,均属同层。中兴之大槽既为良好之焦煤,淮南之南八槽亦当能炼焦。根据此点,谢处长乃建议淮南当局,取南八试验,结果成绩甚佳。吾人均知长江流域,焦煤凤缺,今淮南有焦煤发现,华南冶铁燃料遂告解决,贡献至为重大。尤于目前国内政局混乱,北方煤矿朝不保夕之情形下,其意义更不容忽视也。

......

此次谢处长赴矿视察,因感蚌埠,凤阳一带火成岩极为发育,有详细研究必要,又加派赵宗溥前往工作,赵君七月十八日由京出发,当日抵凤阳。

(《矿测近讯》1947年7月号,第77期,第14页)

观察淮南新煤田钻孔岩心时发现了菱铁矿及铝土页岩,遂嘱咐钻探人员注意,在新煤田和舜耕山老煤田中均发现多层。

图78　大通煤矿是两淮地区建设最早的矿井,它自1911年至1978年,生产了68年,计产煤2700多万吨。这里是谢家荣曾经多次下井工作过的地方,他在这里研究过淮南煤的炼焦性,发现了淮南煤田的铝土矿夹层。大通煤田闭坑后,其附属的小煤矿继续开采,图为2007年闭坑后的遗址(2014年9月摄)

七月十九日　出席矿产测勘处迁回南京后举行的第2次学术研讨会,由曹国权讲湖南湘中之史家坳、杨家桥煤田。谱主听完曹国权的报告后发表评论说,根据其在两矿的观察,详细阐述了基底砾岩的厚度、与其他砾岩的关系、地层划分、储量估计等问题。

七月二十四日　中国地质学会理事会在南京鸡鸣寺中央研究院地质研究所图书馆举行会议。与章鸿钊(尹赞勋代)、李春昱、黄汲清、张更、赵金科、俞建章、侯德封、尹赞勋等理事出席。关士聪、曾鼎乾、顾知微列席。谱主作为理事长主持会议,议决李四光、尹赞勋参加第18届国际地质大会代表等7项议案。

七月二十六日　出席并主持在中央研究院总办事处礼堂举行的中国地质学会南京总会七月演讲会,由程裕淇讲"江宁县方山地质"。讲毕,谱主与李庆远、陈恺、吴磊伯等参加讨论。

七月 在《矿测近讯》第77期发表《安徽凤台磷矿的发现》，除记述凤台磷矿的发现过程外，还详细叙述了它的分布范围、层位、产状、矿石成分和性质，并特别指出凤台磷矿的发现具有非常重要的意义，据此预测昆阳式磷矿可东延数千公里：凡是下寒武纪的濒海区域，尤其是两边为古陆夹峙的港湾区域，都有可能发现昆阳式磷矿。

谢家荣《安徽凤台磷矿的发现》：

凤台磷矿的层位、产状，和云南昆阳磷矿甚为相似，不过成分不同，形态各异罢了（昆阳磷矿是白色或灰白色的矿石）。凤台磷矿的发现，证明昆阳式磷矿可东延达数千公里，并且就古地理研究，凡是下寒武纪的濒海区域，尤其是两边为古陆夹峙的港湾区域，昆阳式磷矿的发现，最为有望。我现在已可大胆地指出贵州的遵义（金鼎山）金沙，湖北的宜昌，和江西的九江附近，俱有发现同样磷矿的希望。王钰先生记述石牌页岩底部的棕黑色砂岩，谓层面上有多数铁质小圆球（《地质论评》第三卷第二期一三六页）可能就是磷矿。刘之远先生在金鼎山所见的牛蹄塘黑页岩，和杨怀仁、施雅风二先生在金沙（本处简报第三十六号二十四页）以北在相似层位内所见到的黑页岩及俗呼为嫩瓜石的黑白相间的岩石，都可能是磷矿，我们倘能仔细搜寻，我相信中国的磷矿可能成为堪与钨锑媲美的特殊丰富的矿产资源了。

（《矿测近讯》1947年7月号，第77期，第2—3页）

是月 在第《矿测近讯》77期发表《淮南煤之炼焦性》，通过与贾汪之小湖及中兴之大槽对比，论述了淮南煤田南八槽的炼焦性。

谢家荣《淮南煤之炼焦性》：

据淮南矿局历年炼焦经验，大通矿井之煤，焦性最劣，西矿次之，东矿似最佳。

日人所著贾汪报告及中国南北型煤系比较表中，以贾汪之夏桥煤群属石盒子系，与中兴之柴炭相当，小湖煤群属山西系，与中兴之大槽煤相当，屯头煤群属太原系，与中兴之小槽煤相当，但与淮煤之比定，尚未见有何著述。作者近在淮南、贾汪一带考察，深觉日人之结论，颇有见地，并将上述比定，引用于淮南煤田，即淮南之南八槽亦即新煤田之A组煤，可与贾汪之小湖及中兴之大槽相当，同属于山西系，南八槽以上之各煤及新煤田之BCD各组，可与夏桥及柴炭相当，而属于石盒子系。至于太原系之屯头煤，在淮南或不发现，盖后者只有石灰岩而尚未发现煤层也。

上述比定，似颇恰当，由此遂联想到一实用问题。盖中兴之大槽煤为华中最佳之炼焦烟煤,今南八槽既与之相当,则后者之焦性是否亦可较佳,实有试验之必要。倘使南八槽果为甚佳之焦煤,则淮煤惟一之缺陷,可资补足,而扬子江下游钢铁厂之燃料问题,亦可借是而解决矣。作者乃建议淮南矿路公司,请以南八槽煤单独试炼。当作者于七月初赴矿考察时,此项试验已得初步满意之结果,盖南八槽之焦性,确较其他各煤层为优也。

(《矿测近讯》1947 年 7 月号,第 77 期,第 3 页)

八月五日　派赵家骧、王本荬飞青岛转至东海,工作一月,设计年产矿砂 25 000 吨的磷矿生产计划。

八月六日　矿产测勘处用因发现淮南八公山新煤田而申请获准的 20 万美元向美国长年公司订购的具有当时先进水平的 5 部金刚石钻机中的 3 部由刘汉监运到达上海,王植在上海迎接。

八月九日　出席迁回南京后的第 4 次学术研讨会,由张兆瑾讲广东南鹏岛钨矿。讲毕,谱主与李庆远、南延宗等对含矿率和储量计算等问题提出讨论。

是日　由长年公司派遣来华监钻的戴维斯(Frank F. Davis)飞抵上海,并于 12 日由刘汉陪同抵达南京。

本月内举行的其余几次学术研讨会是:第 3 次 8 月 2 日由赵家骧讲东海磷矿,第 5 次 8 月 12 日请孟宪民讲云南东川铜矿,第 6 次 8 月 16 日由杨博泉讲川北红层地质与蓬莱镇及江油穹隆构造及油田价值,第 7 次 8 月 23 日由刘国昌讲湖南锡矿山、鸡叫岩锑矿地质,第 8 次 8 月 24 日由张有正讲江西宜春宣风煤田地质。

八月二十七日　中央研究院第 1 次院士选举筹备委员会第 3 次会议全体会议在南京中央研究院总办事处举行。出席委员:朱家骅、翁文灏、吴有训、茅以升、李济、王家楫、吴学周、萨本栋、谢家荣、罗宗洛。会议听取了萨本栋和翁文灏有关筹备工作的报告,讨论了学科分类等问题[①]。

八月二十八日　中央研究院第 1 次院士选举筹备委员会第 4 次会议全体会议在南京中央研究院总办事处举行。出席委员:朱家骅、翁文灏、胡适、王世杰、吴有训、茅以升、凌鸿勋、谢家荣、王家楫、罗宗洛、吴学周、李济、萨本栋。交换各组分科人数意见,并讨论如何决定初步名单等事[②]。

[①]　《中央研究院评议会第一次院士选举筹备委员会组织及会议记录》,南京,中国第二历史档案馆,全宗号三九三(2),案卷号 134,第 112 页。

[②]　《中央研究院评议会第一次院士选举筹备委员会组织及会议记录》,南京,中国第二历史档案馆,全宗号三九三(2),案卷号 134,第 117 页。

是日 当选为联合国教科文组织中国委员会委员。

文教组织中国委会 委员名单已发表：

〔本报南京廿七日电〕联合国文教组织中国委员会，明在首都举行成立大会，委员一百十九人业经发表，名单如下：吴稚晖、沈尹默、李石曾、王世杰、田培林、李惟果、李济、胡适、马夷初、徐炳昶、徐鸿宾、辛树炽、周炳琳、陈天齐、陈垣、张伯苓、梅胎琦、于斌、王星拱、白崇禧、艾伟、傅斯年、蒋梦麟、钱新之、朱经晨、朱君毅、朱家骅、李书华、伍俶、任鸿隽、吴贻芳、吴南轩、吴兆棠、吴承洛、吴柏超、吴有训、吴学周、何清儒、余上沅、汪敬熙、林立、杭立武、竺可桢、金宝善、金岳霖、马客谈、周昌寿、周鲠生、郝更生、俞庆棠、茅以升、胡定安、胡焕庸、陈礼江、陈鹤琴、陈裕光、陈叔圭、陈立夫、陈炳章、陈之佛、陈和铣、陈源、陈岱孙、陈石孚、陈可志、陈桢、晏阳初、梁希、梁寒操、袁同礼、陆专韦、梁小初、凌纯声、翁文灏、陶孟和、孙本文、孙明经、程其保、程时烽、程希孟、常道直、张其昀、张道藩、张钰哲、张洪沅、冯友兰、黄钰生、黄忏华、喜饶嘉错、董任坚、雷海宗、邹树文、黎锦熙、赵连芳、赵元任、廖世承、熊庆来、熊芷、蒋复聪、潘光旦、潘公展、郑彦荼、蔡葵、鲁桂珍、罗廷光、顾颉团、顾毓琇、萧孝嵘、萧一山、刘瑞恒、刘敦桢、楼桐孙、卫士生、钱端升、檀仁梅、燕树棠、谢家荣、萨本栋、瞿菊农。今日为联合国文教组织中国委会委员报到之期，因值假期，前往报到者仅竺可桢、黎锦熙等廿余人。全体委员一百十九人，闻可出席者约三分之二左右，余因事与交通关系，不克与会。

（《申报》1947 年 8 月 28 日第 6 版）

《竺可桢日记》：

第一次联教组织中国委员会大会。

晨七时起。作《科学与世界和平》一文，至九点乘考试院车赴鸡鸣寺下之明志楼，开第一次联合国教育科学文化组织中国委员会第一届大会。计到委员六十余人，遇熟人甚多，其中有廿余年不相见之老友，如林卓然、燕树棠多人，此外咏霓、叔永、适之、润章、罗廷光、卫士生、季骅、唐臣、树文、梁希、一樵、鹤琴、瞿菊农、吴贻芳、董任坚、廖茂如、朱经农等等。骝先主席，到来宾戴季陶（立法院）、赵乃传、白崇禧、陈立夫等……

（《竺可桢全集》第 10 卷，上海科技教育出版社，2006 年，第 518—519 页）

八月二十九日 出席联合国教科文组织中国委员会第 1 届大会，推定联合国教科文组织中国委员会执行委员会人选,推举 20 人,选举 10 人。

八月三十日　出席中国科学社、自然科学社、中国天文学会、中国地理学会、中国动物学会、中国气象学会、中国解剖学会等 7 个学术团体在上海举行的年会。会议在上海的中央研究院大礼堂举行,到会 400 人左右。

是日　中午,蒋介石在其官邸宴请出席联合国教科文组织中国委员会委员胡适、梅贻奇、李书华、陈裕光、萨本栋、燕树棠、钱瑞升、于斌、熊庆来、蒋复聪、翟菊英、谢家荣、吴贻芳等,并请朱家骅作陪。[①]

秋　长子谢学锦从重庆大学毕业。谢学锦毕业后并没有立即参加工作,而是在重庆游玩了几个月,直到 1948 年才回到南京的父亲身边。

九月一日　出席年会地理组在上海医学院二楼举行的论文宣读会。林超、张晓峰主席。在听取了黄秉成、施雅风等 4 人合著的《成都平原之经济建设》、林超的《秦岭与大巴山对于四川与西北交通之影响》后,在会上宣读论文《大淮南盆地的矿产资源》。

《竺可桢日记》:

八点半至上海医学院二楼地理组宣读论文:林超、张晓华主席,黄秉成、施雅风等四人合著《成都平原之经济建设》、林超《秦岭与大巴山对于四川与西北交通之影响》、谢季骅《大淮南盆地的矿产资源》。谢文读毕,余即赴福煦路 740 弄十二号高平子寓参加天文学会理事会⋯⋯

十二点半至北站餐室,由上海地理家洪绂、许远超、王文元(暨南)、葛绥成、诸绍棠、孙宕越等六人为主人,到季骅、曾世英、张晓峰、任美锷等二十人左右,席间洪绂致欢迎辞词,余致答辞⋯⋯

谢季骅《淮南煤矿新发现》文:一淮南煤矿抗战前日出 4 000 吨,现可出三千吨。明清以来即知其地产煤,老煤田资源不过一万万吨,开滦有七万万吨。但老煤田已打至 330 公尺,因 Dip 大,不能再打,故不能不觅新苗。六月间谢始由地质调查所地质图上发现八公山与舜耕山可连成一弧,因料八公山可有煤,再加八公山发现有 Ordovician 奥陶纪石灰岩,遂去实测,料其有煤。于九月间择地在淮河南作钻井,未达 20 公尺即得煤,共 24 Seams 煤层,共厚 38.9 m 之厚,有十层可以有价值发掘,最厚者 7 m。矿区长六公里,贮藏量四万万吨,连其旁不下十万万吨。最下一层炼焦甚佳云云。

(《竺可桢全集》第 10 卷,第 522—523 页)

---

①　《申报》1947 年 8 月 31 日第 6 版。

〔又讯〕昨日(一日)上午。中国地理学会,假上海医学院举行第二次论文会,到竺可桢等三十余人,宣读论文十余篇。资源委员,矿产勘测处处长谢家荣会员,宣读大淮南盆地的矿产资源一文,略谓安徽淮南煤矿,据近年勘测结果,知其储煤量达十亿吨以上,超过开滦煤矿,为近年煤产方面最重要之发现,对长江下游工业化动力之供应,极为重要云。

(《申报》1947 年 9 月 2 日第 6 版)

是日 电告资源委员会吴兆洪主任秘书,所购钻机先待款分装西运,请垫发 5 亿,电文如下[①]:

吴主任秘书兆洪兄:密。日抵沪钻机业经材料事务所垫款二亿,全部提出。现待款分装西运,前请垫发五亿,务恳速为拨下,以资急用,曷胜感盼。弟谢家荣 0901 叩。

九月六日 是日为农历 7 月 22 日,50 周岁生日。矿产测勘处同仁及南京地质界为其举办了祝寿活动,《矿测近讯》第 78—79 期出特刊,其《编辑后记》说:"适逢本处谢处长五十寿辰,谢处长服务地质界垂三十年,其著作之丰,对中国地质贡献之大,本期有几篇文章叙述很详,不再赘言,我们趁这个机会将八九月合期出一特刊,篇幅比平时增加一倍,并且提前出版,以志庆祝。"合刊刊出李庆远《谢季骅先生与中国矿产测勘事业》、南延宗《季骅师五十祝词》、王本荿《步怀楚兄原韵恭祝季师五秩大庆粗成二章》、张兆瑾《谢老师在应用地质上的贡献和成功》、殷维翰《矿产测勘处七年来工作之回顾》及杨博泉《七年来对于谢师工作生活的杂忆》,祝贺其 50 寿辰,回忆矿产测勘处 7 年来所走过的道路和取得的成绩,颂扬谢家荣的业绩和品格。这期还刊出了曹国权所辑《谢季骅先生著作目录》,收录其 1922 年至 1947 年 7 月的著作共 178 篇(本)。

李庆远《谢季骅先生与中国矿产测勘事业》:

全国性矿产探勘事业的推动自资源委员会成立矿产测勘处始,至今无论公营私营,此尚是惟一的机构;而这机构自成立迄今,均由谢季骅先生主持,实是一值得庆贺的事。

任何事业的发展,创业期间为最难,所谓"前人种树,后人乘凉",开头成功,这

---

① 南京:中国第二历史档案馆,全宗号二八,案卷号 12365,第 37 页。

图 79　1947 年 9 月 6 日矿产测勘处全体同仁合影（自左至右前排：张放、杨保安、杨博泉、燕树檀、叶大年、刘国昌、赵家骧、郭文魁、Davis、谢家荣、李庆远、王植、南延宗、殷维翰、张兆谨、马祖望、颜珍、王本荧。中排：许司机、李司机、曹山岐、温钦荣、王宗彝、邹由基、李树铭、倪青珩、韩金桂、张有正、杨农白、张有维、杨庆如、杨开庆、□□□、□□□、龚铮、关肇文、曹瑞年、马子冀、王维屏、孙万铨、□□□。后排：□□□、曹国权、陈四箴、□□□、赵宗溥、申庆荣、李志超、车树政、霍学海、周志成、成跃云、刘斌、王承祺、沙光文、黄骅、周泰昕、高存礼、董南庭、□□□、□□□、谢学钤、吴以慰、巫昌友、□□□、梁司机）

事情已成功了一大半。当初翁（咏霓）钱（乙藜）二先生请谢先生来主持矿产测勘处，我们当然不能不佩服他们二位之有"知人之明"：但我与谢先生相处既久，过去且同住在一个楼面上，知谢先生用功之勤，真到了"手不释卷"的地步。现在一般青年人虽然常常因中国社会是非不明而感烦闷，但真正苦干的人迟早总尚为人所认识。谢先生实在也是"真金不怕火"，当之无愧的。

关于矿产测勘事业之重要，我在另一地方，已经说过："无论政治思想有何不同，谈到工业建设就不能不注意到矿产测勘……因工业建设最基本工作之一为矿产开发；而欲谈开发必需（须）先知道我们矿产在何地方，其质其量在今日情况下是否值得开采？这就是探勘问题。"（本刊六十三期）

这点看是简单，但在一很长时期内，未为国内负责人士人所注意，或误认为地质调查即是探勘。我们都是学地质出身的人，决不自己看不起自己，但亦深知我们的本领，有它的限度。虽凭地质调查的储量估计无法准确，虽然有少数的地质学家喜欢将本不准确的弄成非常准确样子，不但放到几百几十吨，或至于小数点以下，为人所诽笑；但引用的人若稍有审慎眼光知道地质估计是什么样一回事，这点本无足轻重。好多年来，国内地质学者与采矿方面相互轻视之风不是没有的，储量估计不过是其一端。我以为主要的原因，是地质与采冶中间脱了节——没有探勘工作。地质估计必须经探勘而确定其质量，而抗战期间有几种矿业组织（称公司也好，矿务局也好，筹备处也好）所做的不过是一种测勘工作，而有总经理、厂矿长各大部分，雷声大雨点小，组织与生产并不相配合，都是非必需的。

矿产测勘的方法，不能不根据于学理，要不然"茫然大海，何处去捞针？"矿产测勘的目的是生产，决定矿区是否值得开采，实是一种理论与应用并重的事业。我们不能只是在图书馆中或实验室内想题目，"龙骨"的研究，月球是否从太平洋飞出去等问题虽有关地质，我们不能不暂时搁置，就是某一区域我们确认为有含矿可能，但在目前交通或其他情况下无法利用时，也不能不忍痛牺牲，暂时不去管它；另外方面说，我们又不能离开研究的岗位，使给予一大范围，我们知道这大范围内应如何着手找矿；给予一小区域，在这小区域内应如何详细工作。

所以在学者们看来，我们并不清高，因为"经济价值"，我们看得很重；可是在国内一般从事生产工作者看来，我们又近于迂腐，因为我们不能抛开书本。要找这类工作者实际上比较困难，要找这样机关一个主持人更不容易。

谢先生无疑地是非常适合的人选。谢先生在学术上极有成就，主持过好几个国立大学的讲席，服务过地质调查所，跑了不少地方，看了不少矿，自己也负责办过矿，由叙昆铁路沿线探矿工程处而主持矿产测勘处，经验丰富。矿产测勘事业在今日中国逐渐为人所重视，谢先生的功劳是不能抹煞的。

当然，巧妇不能为无米之炊。矿产测勘处成立于抗战期中，一切物资均感缺乏；胜利以来，外汇结购（原文如此——编者）又种种困难。但就在这种情形外，我们基础总算逐渐打定，做到"麻雀虽小，肝胆俱全"的地步，关于钻探，化验，地质，工程，物理探矿各方面粗具规模，这些设备实际所需要的自然尚相距甚远，有待继续努力的。

谢先生今年五十岁了，中国人庆祝人家五十岁，说是"如日方中"，但我觉得这话不甚合理，因为如日方中者，过此即将西斜。但谢先生的事业，中国矿产测勘前途，仍将随大局之安定，而日益发扬光大。敬以此为谢先生贺，为矿产测勘事业贺。

（《矿测近讯》1947 年 8—9 月号，第 78—79 期，第 1—2 页）

南延宗《季骅师五十祝词》:

1. 赤日丽中天,称觞五十年,珠玑嘘累亿,桃李植盈千,

倚马惊才捷,屠龙叹技全,高山安可仰,当世一名贤。

2. 运际风云合,频年淑气催,英才关键硕,慧眼独崔嵬,

滇桂铝铜锡,江淮磷铁煤,千秋事业定,喜祝两三杯。

大科学家爱迪生说道:"天才是百分之九十九的汗血和百分之一的智慧所合成的",这句话充分地说明了任何人都有天才,只要他肯用些苦功,便会发扬出来,否则,便永远成为一个平庸之人而已。我对于谢先生,正是这种看法,同时相信谢先生本人也有这种看法,因为彼此通信之间,曾用一句"凡人不能虚此一生"的话来勉励我,这就可以看得出他是一个肯用苦功的人,凭他三十余年的坚守岗位,忍苦耐劳,他的所谓天才,便辉煌地发扬出来了,其成就之大,发表之多,真使人有望尘莫及之叹,举凡煤,铁,锡,铜,铝,石油,气,盐,磷等等问题,都曾做成广博严谨,独具见解底全国性的文章,使人读了得益不少。自从矿产测勘处的《矿测近讯》发行以来,他是每期赐稿,信手书成,不假思索,文词简练而有条理,意义渊博而很清楚,太有益于学术界和矿业界了。还都两年以内,从中国古地理和矿床学的关系上,更被他发现了淮南的大煤田,皖北的磷矿,和闽南的三水铝矿,这不能不说是他历年固守岗位所得的报酬和善果呀!

谢先生在北平地质调查所担任岩石矿物研究室主任的时候,所内的研究空气,最为浓厚,北楼研究室里经常有他和王竹泉,王恒升,王绍文,何作霖,杨杰诸位先生在用显微镜,年事较轻的像陈恺、程裕淇、高平、张兆瑾、熊永先和笔者诸人,跟他们学习,凡是镜下有疑问的矿物,向左右诸位先生请教一下,当场便可解决,即使一时不能解决,还可以借重分光镜,晶体测角仪,及显微化学等设备去解决它。很难得的化验药品,都是谢先生向清华和北大的化学系或向楼下的沁园燃料研究室去设法要来,所以那时候的环境,特别和谐良好,固然指导我们的不只谢先生一个人,但我们多半还是请教于他,而造成这种良好风气,和设法添置设备,更不能不说是他的功劳了。事情过去了十五年,现在彼此谈起来,除掉感叹着时光过得很快以外,各带着一种怃然神往的心情,所以我在庆祝谢先生五十寿辰的今天,特别提到这点,希望本处能够东山再起,互相砥砺,蔚然造成从前的良好风气,使抗战后的学术界,回复到战前同样或进一步的光明。

(《矿测近讯》1947年8—9月号,第78—79期,第2—3页)

张兆瑾《谢老师在应用地质上的贡献和成功》:

中国地质事业的发展不过近三十几年间的事,在此时期中,虽然产生了三四百名的学地质的人,而实际做本行工作的却还不多。就现在各地质机构和各地矿厂来说,做实地工作和专心研究的人,还不过总数三分之一。大多数的人或者为生活所逼,或者为体力所限,更有因为不愿耐劳吃苦,遂丢开本行,去做他们学非所用的工作了。在这百余名的实际工作者之中,专门研究应用地质的人,恐尚不及三分之一。以中国幅员之大,资源之丰,而亟待测勘开发的地方又如是之多,这数十名的应用地质学者实在少得太可怜了。

经过长期的中日战争和胜利后的动荡局面,生活一天比一天高起来,干地质工作的人,都有"朝不保夕"之感。因此陆续抛弃自己岗位,改就他业的人不在少数。能以地质工作为终身事业已觉难能可贵。更能从事于应用地质方面研究达三十年之久的人,要算领导我们做矿产测勘的谢季骅先生了。记得十四年前,谢先生在北京大学地质系当中华文化基金会所聘的讲座时候,他除了上课以外,都在地质调查所内工作。那时地质调查所在翁咏霓所长指导之下,大家苦干实干蛮干的风气极盛,谢先生始终为地质所努力,但他并不受调查所的津贴或补助,并且每逢春秋两季往往自愿领队出外调查,这是值得我们敬仰的。谢先生先后在北大、清华、师大、中大四个大学做过地质导师,产生了不少门徒,继续为应用地质而努力。他们现在大半可以独立研究,有的还可以训练后辈做实地工作了。这是他历年在地质教育方面的收获,也就是他在应用地质方面间接的贡献。

中央地质调查所自成立以来,为奠定地质的基础,特别注意地层与古生物方面的研究,在已故葛利普教授指导之下,人才辈出,成绩斐然,这是地质事业发展中必经的过程,但因此却有人把矿物、岩石和经济地质各部门的研究都看轻了。这时候在调查所指导岩矿和燃料研究的谢季骅先生,却并不见异思迁,趋炎附势,始终尽他最大的努力来鼓励同仁们研究应用地质方面的种种问题,所以才有不少的生力军,风起云涌,继起于后,打开一条灿烂光明的大道,这是谢先生三十年来领导后辈的精神,也值得称道。

为适应抗战建国的需要,谢先生于民国二十七年暂时离开地质调查所,由资委会调用,担任江华矿务局的总经理。他事前先在桂湘边境富贺钟江的砂锡矿区内详细调查,认识了砂锡的来源,矿层的层次以及富集、丕变等等的许多道理;同时对于采矿、选炼各方,也不厌求详,虚心学习,所以才能用最少的经费,最短的时间,创立了在湖南唯一用机器产锡的矿厂。这个成功充分表示地质学家的苦干精神,竟有无坚不摧、无往不利的力量的。

民国二十九年的秋天,他离江华矿务局担任叙昆铁路沿线探矿工程处的总工程师,领导同仁从事探矿工作。由于诸同仁的努力苦干,不到半年功夫,就完成一大幅昆明叙府间十万分一的地质矿产图。这在当时确是一个相当重大的贡献。后叙昆探矿处因日寇侵越,环境恶化,暂时停办,另由资委会设立一个西南矿产测勘处,谢先生担任处长,继续工作。到民国三十一年十月,资委会命令将"西南"两字删去,从此就成为全国性的矿产测勘机关了。

从民国二十九年到三十四年的秋天胜利之日为止,矿产测勘处虽在日祸弥漫,生活高涨,并且在几度迁徙,从昆明到昭通,从昭通到贵阳,再从贵阳到重庆的不安状态之下,却还能沉着工作,完成任务。在此时期中,有几项工作值得称道,那就是水城、威宁煤铁矿床的详勘,昭通褐炭的钻探,和滇黔高级铝土矿的发现及详勘。此外西康及滇东、滇西的概测,川中各地石油的探勘,也有若干成果。这一连串的工作,谢先生或者是亲自参加、指导,或者是由他计划,派同仁担任工作,但是重要的结论和实用的意义,大多数是由他指出,或提供许多意见的。谢先生对于水城观音山铁矿的成因,黔滇铝土矿层垂直的变化以及四川油田构造的分类,俱有独到的见解。中国大多数铝土矿之属于一水硬铝矿型,而不适于拜耳法的处理,也是谢先生首先看到,并请国内外专家协助研究,加以证实的。

胜利复员,矿产测勘处奉命迁京,谢先生先赴台湾考察油气矿床,返京之后,就一面复员,一面工作,先从测勘南京附近煤矿做起,继应淮南矿路公司之邀,于民国三十五年六月间赴矿地视察。未去之先,谢先生就有一个见解,从舜耕山及八公山之弧形构造及八公山附近之有奥陶纪石灰岩,就推想八公山附近的平原地带有赋生煤层的可能。实地视察之后,又找到距煤层更近的乌拉统石灰岩,于是对此隐伏煤田的存在,更具信心,乃建议公司,实施钻探,由谢先生勘定了第一钻眼,不到一个星期,在距地面十九公尺之下,就是紧接冲积层之下,发现了厚达三·六公尺的厚煤层。以后继续钻探,一共发见了二十四层厚薄不同的煤层,总厚达三十八公尺以上,至于堪采的煤层至少有九层,总厚可达二十五公尺,全部储量应在四万万公吨以上。殷维翰先生在本刊第七十六期论《淮南新煤田之价值》一文里说得好:"在那一望无垠的盆地里面,地面上丝毫没有煤的露头可寻,而地下却埋储着量竟达四万万吨的煤,这种惊人发现,看了确实令人兴奋,令人惊叹"这个凭着地质学理不折不扣的新发现,虽也是靠着许许多多人的努力叠积起来的成果,但是谢先生却是首先看到,首先提议的一个人。现在该矿已经开采,挖出来的煤,堆成一大堆,任何人都能看到,任何人都能了解它意义的重大,这总是"老老实实的东西,而不是自己骗自己的鼓吹"(引用《科学时代》二卷五期卷头语)了罢。

紧接着淮南新煤田的发现,矿产测勘处又发现了安徽凤台的磷矿和福建漳浦的三水型铝土矿,这是本处韩金桂、申庆荣和殷维翰、沙光文诸位先生的功绩,但是首先认识这些矿石的真实性质和经济价值的,却又是这位谢先生。此外还有许多由谢先生倡导的矿产测勘事业,如湖南的锑矿等等,在没有得到成果之前暂不详论。在胜利复员以后短短一年之中,在谢先生领导之下,矿产测勘处的发现,竟有接二连三,层出不穷之势,粗看起来,好像有些过分鼓吹,但其实还都是些老老实实的东西啊!

谢先生在战前发表过许多学术论文,在战时也继续发表,本刊载有曹国权先生所编的谢氏论文目录可以覆按。大致说起来,谢先生在战前的贡献,约有下述数项:

(一)煤岩学的研究。为探讨煤之性质,分类以及比定煤层的良法,从此研究,谢先生除描述各地煤类外,特别提出若干高挥发分煤如乐平煤等等之特性及其在三角图分类中之地位。

(二)扬子江下游及闽南若干重要铁矿的研究并提出一个中国铁矿分类法。

(三)北平西山地质的重新测勘及构造单位的新认识。这项工作是由许多人实地工作,谢先生不过负着计划指导之责,但是关于构造的见解和双泉统的划分,谢先生却有许多卓见。

(四)湖南中部铅锌矿的研究,在地质上、矿床上颇多贡献。

(五)华北地文期及黄河成因的研究,陕北盆地和四川盆地的比较等等,却有言人之所未言,知人之所未知的地方。

(六)关于中国地壳运动,岩浆活动和矿产生成的综合的研讨。

(七)若干煤田的测勘如贾汪煤田等等。

(八)几种陨石之研究和中国陨石的探讨。

(九)南京地下水之测查。

(十)编著民国七年到十四年的第二次中国矿业纪要,创立体裁,增加篇幅。谢先生能熟悉中国的矿业情形,并对采冶事业发生兴味,就在此时开始。

今年是谢先生五十大寿,同时又是他服务地质界三十周年,我们不能不为这位发扬测勘事业的地质学家致其热烈庆祝之诚!

三十六年八月七日于首都

(《矿测近讯》1947 年 8—9 月号,第 78—79 期,第 10—12 页)

殷维翰《矿产测勘处七年来工作之回顾——为谢季骅先生五秩寿辰作》:

一、献词

谈起了中国矿产测勘的事业,就不能不提到矿产测勘处,更不能不谈到现任矿产测勘处的主持人谢季骅先生。

　　矿产测勘处的前身是叙昆铁路沿线探矿工程处，诞生于民国二十九年六月十五日，后于同年十月间奉命改组为西南矿产测勘处，到了卅一年十月复奉令改组为现在的矿产测勘处。前后共计，到现在刚好是七年零两个月了！历史不能算长，但也不算太短，尤其是创立于抗战期间，它也曾站在它的岗位上对国家有了不少的贡献。而在抗战胜利、工业建国的今日，它更是在不断地勘测了并且发现了很多重要的资源，来供给国家的需求。这点实在不得不归功于七年来本处的主持人谢季骅先生。

　　矿产测勘处由一条铁路沿线探勘处的发轫，扩充为西南各省的矿产测勘组织，再进为一个全国性的矿产测勘机构。它的重要性也随着它的工作范围一天一天的扩大，一天一天的加强，而它却始终只抱着一个目标，一个决心，那就是学理与应用并重，干着沟通地质界与矿冶界的工作。这个目标，这个决心，也就是谢先生一向所抱的目标，所抱的决心。若干年来，因为一部分矿冶界人士不大明了地质学的应用，对于一个既经开采而实在并未经过详细勘测的矿床，不愿意或不好意思就商于地质学家，这实在是一个严重的错误，虽然这样做去，暂时的开采，是不会成为什么问题，可是终非久远之策，而一切工程设施，更常因此遭受到重大的损失；对于这种种原因，谢先生就尽了最大的努力，凭着他丰富的经验和学识，一方面作着学理的推敲，另一方面则借着各种探矿的方法来实地证明地质学的推论并不是没有根据而凭空捏造的，结果逐渐和矿冶界取得联络和信仰，这一个转变就是谢先生在《地质论评》纪念章演群先生七十寿辰专号《中国经济地质界的新动向》一文里所说的新动向！也就是矿产测勘处成立以来所抱的最大目标之一。而这个新动向的先锋以及这个目标的实行人，却正是谢先生。

　　在谢先生主持之下的矿产测勘处，工作的目标虽然始终如一，但是因为过去受了抗战的影响，一切的工具、仪器、药品、图书，往往不能随心所欲地得到，以致若干方面的工作，也就不能随心所欲地去做。所以现在谈起矿产测勘处过去七年的工作，很显然地可以分做两个时期来讲。第一个时期是从廿九年起至卅四年胜利之日为止，这是一段颇为艰难困苦的时期。因为矿测处是在抗战期间成立的，一切设备毫无，完全凭着忍苦耐劳、为国忘己的精神去奋斗，去工作，去开拓。自胜利之日起可以算是第二个时期的开始，在这时期的最初一年间，忙着复员，忙着计划，忙着向国外订购仪器、图书，也很少机会去干实际的工作，可是这以后，我们的工作便开始活跃了！

　　二、抗战期间的五年

　　在这五年之内，我们调查的区域遍及黔、滇、川、康、湘各省，所制西南各省矿产地质概略图，面积将近十万平方公里，其中所制一千分之一至五千分之一的矿产详图也有二千余平方公里。现在我把这五年的工作先作一个综合的介绍：

（一）煤矿——经过调查的煤矿共有六十处，计在云南境内四十一处，贵州境内十八处，西康境内一处。其中储量超过一万万吨的，如云南昭通盆地的褐炭是以电阻系数法测探并用班加钻机钻探加以证实的；宣威倘塘查格区，及宣威近郊与打锁坡一带的烟煤质量皆佳，并可炼焦；曲靖次营的褐炭，火力虽然不高，但是似可提取油质，也是颇可值得注意的；贵州水城大河边、小河边的低级或中级烟煤，经本处数度详测，得悉储量共约二亿四千万吨左右，实属不容忽视；至于贵筑林东煤田，贮量亦达九千万吨，多数且为可以炼焦之烟煤，当可推为贵州中部最大的煤田了。

（二）铁矿——经过调查的铁矿，除叙昆沿线外，在云南境内有十二处，贵州境内三处，西康境内一处。其中以云南罗茨、武定、易门一带，贵州水城观音山，赫章之铁矿山，及西康盐边攀枝花等处为最重要。观音山的铁矿经本处与黔西铁矿筹备处合作探勘，根据槽探、坑探以及分析的结果，认为确系西南罕见的优良铁矿。

（三）铜矿——在云南境内有十三处，贵州境内三处，西康境内二处，湖南境内二处。这中间自然要以云南会泽及贵州威宁德桌铜厂河一带的铜矿最为著名。但是会理各属的铜矿分布宽广，矿层整齐，它的经济价值，也是不容忽视的！

（四）银铅锌矿——云南廿一处，贵州一处，西康二处，湖南一处。这中间会泽矿山厂及麒麟厂的铅锌矿，鲁甸乐马厂的铅银矿，西康会理天宝山的铅锌矿，皆是颇具经济价值的重要矿床。

（五）汞矿——云南四处，贵州六处。其中保山的大田头，及施甸的何元寨，贮量皆相当丰富，是颇值得试探一下的！

（六）金矿——云南三处，皆限于腾冲境内。

（七）钨矿——云南一处，湖南一处。

（八）锡砒矿——云南一处，湖南四处。其中当以临武香花岭及常宁大义山南段之锡为著，又湖南桂阳一带之砒矿，也颇有详探价值。

（九）锑矿——云南五处，贵州两处。其中以云南平彝所产者比较重要。

（十）镍矿——该矿之经调查者仅有西康会理之力马河、小官河及天全一带，系产于橄榄岩中，有详勘之价值。

（十一）铝矿——贵州五处，云南廿二处。在这里，本处对于黔、滇二省的铝矿，曾应用系统的科学方法，发现了低硅高铝的富矿层，并以化学分析，三酸不溶性试验，折光率之鉴定及 X 光各种方法解决了铝矿矿物之谜。虽然结果确定了两省所产之富矿概属 Diaspore，而仅有一部分的高硅矿是 Boehmite，但是矿物问题既获解决，冶炼的问题却就不难循此途径加以研究改良了！何况它的贮量是这样的丰富，单就富矿一项计算，云南的贮量约四百余万吨，贵州只云雾山一区，即有五百余万吨,总贮量至少在一千万吨以上,倘就低级矿石一并计算,则总储量当可达数万万吨。

(十二)石油——云南一处,四川两处。其中四川长寿剪岗坝及简阳龙泉驿均可能有含油希望。

(十三)盐——云南二处,贵州二处。情形皆不见佳。

(十四)瓷土——云南三处,其中以曲靖潦浒镇之瓷土质地最优。

(十五)磷灰石——云南五处,其中以昆阳中谊村最为重要。

(十六)硫黄——云南四处,贵州一处。其中以保山沙河厂之黄铁矿贮量最丰。

(十七)硝石——硝石之经调查者,仅云南禄劝硝井一处,含硝石层厚可达二公尺。

(十八)石棉——云南二处,西康五处。其中以西康会理、越西等处为最有价值,尤以越西所产者,纤维长达四十公分,质柔且软,分布亦甚宽广。

(十九)云母——云南二处,西康三处。西康越西所产,大可八寸见方,只是交通不便,为惟一的缺点。

(二十)刚玉——云南一处。在龙陵之镇安坝子,分布尚广。

除了以上的实地调查以外,谢先生复综合各方资料,研究黔、滇、康矿产区域及成矿时代,贵州及江西的煤田,并创立石油理论"高背斜与低背斜及行列背斜说",又编制全国矿产分布图两大幅。凡此种种皆为悉心精构之作,对于实地工作的人有着莫大的帮助。

三、胜利之后的两年

在胜利之后短短的两年内,本处工作的成绩几乎超过了过去五年的记录,虽然我们有的仅仅是几架日本式的旧钻机,以及少数药品、仪器、图书,但是比较前五年等于赤手空拳地去干,究竟是略胜一筹了!现在且把这两年的工作情形,简略地向诸位介绍一下。

(一)磷矿——我国的磷矿产地,本来只有江苏东海、西沙群岛,以及抗战期间所发现的云南昆阳中谊村数处。昆阳及滇中各地的磷矿本处已曾派员勘察。复员以后,因为国内磷肥的急迫需要,于是又派员到东海及西沙群岛各地详细调查,同时谢先生根据东海磷矿的分布及产状,认为凡五台纪地层分布之区,尤其含有石灰岩夹层者均有发现磷矿的可能。并为证实此项理论起见,陆续派员至滁县、蚌埠、凤阳、六合、凤台等地详细测勘,并随时随地拿着钼酸铵、硝酸等等药品,一遇着可怀疑的标本,即分别加以试验,结果果然在不少地方都发现了磷矿。其中凤台最好的标本含磷二氧五可达百分之廿九,平均亦在百分之二十以上,并经用百分之七的硫酸处理之,可得含能溶于柠檬酸盐之磷二氧五百分之十一·六之产物,而现在台湾肥料厂所制磷肥,其中所含可用磷量亦不过百分之十二,可知凤台磷矿实已极富经济价值。且据学理推测,下部的磷矿或可更好,现在正准备着更进一步的钻探,料想这个问题不久便可以得到解决了!这一个发现,不但在经济价值方面有着重大关系,就是理论方面也是颇堪重视呢!

(二)铝矿——中国的铝矿,一向是一个未能解决的问题。战前山东博山的铝矿为了含硅过高,无法应用。抗战期间,滇、黔两省的铝矿经过本处系统的测勘,虽然发现了硅分极低的大量富矿,可是再经过详细的研究,证明这种铝矿矿物却为Diaspore,难以应用最经济的拜耳法处理,至于那种可用拜耳法处理的 Boehmite,则又同样因为含硅过高,一时亦尚未能遽予利用。复员以后,本处乃急急地派员赴福建沿海一带调查,因为在这里,谢先生曾根据了种种的事实和理论,认为福建省地质土壤调查所在漳浦所找到的铝矿极可能是一种最合理想的三水型铝土矿(Gibbsite)。结果除了在闽所所找到的地方以外,另外又发现了一个希望较大的区域。从这几区的标本分析以及在显微镜下研究的结果看来,证明福建的铝矿确是Gibbsite。其中 C7A 的分析结果为灼失量百分之二八·一〇,硅氧六·七〇,铝氧五二·六二,铁氧一二·五八。这是在中国首次发现的适用拜耳法处理的铝矿,不管在理论方面或是经济方面皆是极堪重视的。

(三)煤矿——在这里,我们第一应该提到的,自然是淮南新煤田的发现,关于这煤田的发现经过,各种报章杂志,多已为文详述。至于这煤田的经济价值,笔者也曾经在七十六期的本刊写了一点。总之,这是复员以来一个很令人兴奋的发现,而对于闹着煤荒的今日,更是一个莫大的贡献。现在该处已开斜井采煤,最近的将来,即可予以应用了!此外关于煤矿方面的工作,计有湖南中湘煤矿之测勘及钻探,南京附近的煤矿调查,河南英豪煤田调查,浙赣铁路宜春一带煤田调查,开滦煤区附近国营矿区之测勘以及徐州与贾汪煤田地质的测勘。而在谢先生调查贾汪煤田之后,更以之与中兴及淮南的煤系次序仔细研究比较,结果发现了贾汪之小湖煤及淮南之南八槽(亦即新煤田的 A 组煤)皆可与中兴之大槽煤相比拟,而中兴之大槽煤乃黄河以南最好的炼焦烟煤,故建议淮南矿路公司用南八槽煤单独试炼。结果所得焦炭,光泽很好,硫、灰皆低,不过坚固性稍差,但是作为小型化铁炉及铸钢之用,那是毫无问题的。这项烟煤的储量约略估计,至少可得二千万吨。诚为淮南公司继续新煤田发现以后的又一巨大收获!

(四)铁矿——还都以来,本处曾视察了两处铁矿,那就是日人在沦陷期间所经营的安徽当涂马鞍山铁矿及南京附近的凤凰山铁矿。在湖北大冶铁矿,则应用了 Dip needle 的方法试测象鼻山龙洞间的磁性差异,就所得结果推解,象鼻山至龙洞间,可能有潜伏之铁矿体,并拟定钻眼之位置。至于在淮南新旧煤田内所发现含铁可达百分之三十五的菱铁矿,据谢先生最近的观察,共有六七层之多,最厚可到一公尺,普通也在三四十公分左右,分布的范围很广,常呈晶片状或大结核,储量极为可观。这在铁矿虽多,常苦硫、铜为患的长江一带,也是一个令人欣慰的好消息!

(五)石油——本处在四川的油矿调查,除了在沙坪坝香国寺一带测了一张五千分之一的地质图外,另外派了三个调查队出去详测地质构造,计遂宁蓬莱镇一队,绵阳江油间一队,遂宁南充间一队。三队工作皆已先后告竣,并拟定各处钻眼位置。此外在刚刚胜利的时候,谢先生并曾亲赴台湾视察了一次油矿。

(六)铀矿——铀矿调查了两处,一为广西钟山黄羌坪,一为辽宁海城。前者经探勘后,认为该项矿物乃生于受动力扭转之长英岩脉中及其云英岩之一部,并证明该项矿物确系中温矿床的原生矿物,沿长英岩的扭转面而存在,分布极不均匀,厚自五公厘至六·七公厘,经风化后常常变为许多次生矿物。后者则经调查以后,对于矿物及储量方面,也皆有新的认识与估计。

(七)钨、锑、锡矿——两广方面的钨、锑矿,去年和今年一共调查了三次。钨矿方面,当以阳江南鹏岛,云浮大金山为最好,其次要算新会的九笃螺了!至于乳源梅花街的锑矿,据张兆瑾先生的观察,就在国内所见到的锑矿说,除了湖南新化的锡矿山外,当要推此区为第一,如果依照精炼锑分析结果,含锑竟达百分之九九·八而言,则其质之佳,更当为全国之冠了。湖南新化的锡矿山,经过本处详细的测勘以后,也颇多新的发现。此外李副处长曾赴滇、湘、赣各地视察了一次钨、锡、锑等矿,对于各矿最近的矿业情形,以及工程方面,应行改进之点,也极多阐发与建议之处。

其余尚有许多零星的调查,或多或少的收获,则因篇幅的关系,不及一一在此详述了。

四、尾声

丢开了以前的不说,单是在矿产测勘处的七年,谢先生的工作成绩已经是够琳琅满目了,然而在谢先生自己看来,也许还认为距离他的理想境界尚远,这点只要以后我们的工具渐渐的充实起来,凭着他超人的智慧以及实事求是的精神,惊人的发现一定是会叠出不穷的。在这里,我们还可以报告诸位一个消息,就是本处向美订购的五部钻机以及其他许多仪器、图书,均将在最近陆续运到,届计时日,大概正是谢先生五十寿辰的那几天,我想谢先生看到那份高贵的寿礼,一定要比看我们写这些庆祝的文章,更要来得万分高兴哩!

(《矿测近讯》1947 年 8—9 月号,第 78—79 期,第 12—15 页)

杨博泉《七年来对于谢师工作生活的杂忆》:

一种事业的成功,是有它的成功因素;一个人的成名,亦有他的成名条件,绝非偶然幸成之理。尤其像我们这班研究地质的人,成名立业既属不易,工作条件更较繁复,除掉具备现代科学的知识和研究的精神以外,并须有强健的身体及吃苦耐劳的毅力,方能胜任。这并非说学地质的都是神圣,而其他各界都是懦夫,但至少学地质的是比较吃苦,这是不容否认的事实。

九月六日(农历七月二十二日),为余师亦即本处处长谢季骅先生五十寿辰。余随谢师工作已经七年了,在这七年中,除直接领受谢师在学术上及工作上的恳切指导外,而间接受其"不言之教"的感化颇深,余愿将先生的生平略历,与领导本处同仁的工作情形,以及近年来对于矿产发现之成功,向大家介绍一下。在这里可以看得出先生历年生活的严肃,工作的紧张和他吃苦耐劳的毅力,而得到了学术与事业上的成功。这一切的一切,不独令人钦佩,而且可供吾们晚辈做一个好榜样,使不久的将来,能有成百成千的谢季骅先生出现于吾国的地质界,这也是先生另一贡献呀!至于先生在学术上的著作及其对于地质界和国家之贡献,除有南、殷、张诸君为文叙述外,更可于本处历届出版之近讯,年报等刊物上见及一般,兹不多赘。

谢氏为吾国地质界前辈翁咏霓、章演群、丁在君三氏之高足,民国五年夏毕业于工商部创办之地质研究所,旋即赴美入威斯康星大学深造,彼时年仅十九,在学业上已树立了好基础。民国九年毕业于威斯康星大学,得硕士学位,返国后初则任职于农商部地质调查所,担任吾国地质界之先锋工作,继则被聘为北大、中大、中山大学等校的地质系教授。民十八年复至欧洲研究地质,十九年回国任教于清华,二十一年秋返北大,并兼师大地理系教授及实业部地质调查所技正和该所燃料及矿物岩石二研究室主任。民二十四年复兼北大地质系主任及实业部地质调查所北平分所所长之职,故地质界的同仁多半出自氏之门下。民二十六年,日寇入侵,抗战军兴,我国资源亟待开发,氏遂被任命为湖南江华矿务局总经理,主持开采湘南锡矿,颇有收获;是为氏自学术机关转入工矿界之始,亦是以学术研究置诸应用之开端。民二十九年夏,复调任为叙昆铁路沿线探矿工程处总工程师,该处系本会与有关机关依据叙昆路合作合同而组成者,旋因国际局势变化,该合作合同无法进行,乃于同年十月改组为资源委员会西南矿产测勘处,氏任处长。三十一年复改组为资源委员会矿产测勘处,仍由氏任处长,从此本处工作不受地域的限制了!

本处系成立于战时,图书、仪器不易购置,设备至为简陋,同时又经两次改组,经费每有不继之势;然本处工作并未中辍,同仁工作志趣,亦未因此而有丝毫的动摇与松懈,相反地,仅凭简单的仪器与图书,在云、贵、川、康一带作了面积广达十万余平方公里的矿产地质概测图及二千五百余平方公里的矿区详测图;按西南各省,地处边陲,荒僻多山,交通不便,不独地质、矿产鲜有调查,即地方情形亦多隔阂;本处乃不顾一切艰难,初则作普遍的区域地质调查,继则注重有经济价值的矿区详测;在初成立的短短几年间,以少数的经费,而有如此之成就,不能不说是领导者的成功了!记得民国二十九年冬,本处第一次改组之后,经费至为困窘,彼时余在处兼庶务职(按本处初成立时,庶务人员甚少,故地质人员出差返处后,大半兼事务方面之职),氏曾嘱余曰:"吾处经费甚少,一切消耗费用务须尽力节省,工人亦应尽量减少,必要时一切事可由我们自己来做,剩下的钱,我们要留作野外调查之用,万一公家一时不给我们款子,那我们只有吃饭不拿薪,我们学地质的应有这种苦干精神"等语,并曾一度令余停止一切购置,当时的艰苦情形可见一般(斑)了。想当时本处人员之少(尚不足二十),经费又是那样的拮据,然而我们每年至少有六队左右的人员在外调查,为期又多在三月以上(参阅本处年报),我们并没有因为环境不良而跑开了自己的岗位,这种吃苦耐劳的精神,完全是谢师以身作则领导督励的结果。

我们所作的区域地质调查,多系有系统和有计划的工作,同时所派出的队数又甚多,为考核激励竞赛效能计,谢氏曾拟一表面效率比较表,这表系以各队的出差日数,调查面积,及所用旅费等项作一部分考核比较的根据,至于真正的效能,还要看观察的精粗,结论的当否,一时不能确定,所以称为表面效率就是这个缘故。有此鼓励,我们在野外调查时,惟恐他队占先,故有时雨天也是照样爬山。记得我第一次同郭文魁君参加叙昆铁路沿线调查时,起码三分之一以上的工作,系冒雨调查的;夜间整理标本或填制周报,有时常过午夜方能上床;又为节省旅费起见,我们吃得相当俭省,虽然乡下生活很低,一只鸡的时价仅一至二元,可是我们吃一次鸡总要加以相当考虑,结果平均每天三人(工友一名)共享膳宿杂费仅八元左右,我们三人每天的出差费共为二十四元,所余的款完全交回公家收账,其他各队也是一样。至于每日出外工作的路线,是在未出差前早已计划好的,但是我们根据的地形图,不十分精确,故在图上所算之距离比实际上有时差的很多(有时要较实际距离远20%—50%),因此我们下午九十点钟以后才回到住的地方,那是家常便饭不足为奇的。此种竞争心理,直至今天本处同仁仍在保守着。

氏对于野外工作人员的周报,是特别注重的,每有稍具经济价值的矿产,必函令就地详勘,并指示应注意各点,以供参考。民三十一年余被派调查昆明以北至金沙江边一带地质时,曾于禄劝县保悟哈附近泥盆纪岩层中,发现油煤一层(初误以为油页岩),当时以层薄量微,颇少经济价值,故未详勘。但周报寄到处后,氏立即电余速反保悟哈详细测勘,并令即行详测一矿区图以备开采之用。盖以彼时抗日战事方酣,国家需油孔急,正在分头注意找寻中,惟恐遗漏也。但余当时未曾接到该项电报,乃先行返处,俟余面述一切详情后,氏深觉该油煤层颇有延展及增厚之可能,除令余即作一报告并绘一地质及剖面图以呈大会外;旋即亲率郭文魁、业治铮、宫景光、江镜涛四君前往复勘,并派宫江二君详测该带地形地质图,惟终因储量不丰,未克开采。然氏之对于野外测勘工作之注重可见一般(斑)了!后来本处发现滇黔高级铝土矿,皖北磷矿,以及储量达四万万吨之淮南大煤田,这种伟大的发现,均足征谢氏的应用地质学原理随时随地都不放松,绝不是偶然的成功。

氏为明了地质矿产实际情形及指示野外人员工作方针,常亲率人员至野外实地工作;民三十三年秋,黔桂铁路需煤迫切,氏曾率余及燕树檀君赴都匀、独山一带复勘煤田,每日早出晚归,非大雨不停,那种苦干精神,有时为吾等所不能及,上山跑路向在前面,设你稍行耽误则大有跟不上之势,那次跟我们一同走的锡业管理处工务室主任杨锡祥先生,是相当吃力的。氏不独能跑路,饮食方面也很节俭,青菜白饭即能果腹。这种苦干实干的精神,在目下中国主管首长中恐怕是不大容易有的。

氏的室内工作,甚为紧张,不但每日做足八小时工作,有时还要早来晚退。假使同仁们迟到早退的话,他是不大高兴的。记得我们机关在贵阳时,同仁们住的稍远一点,早晨上班时多半晚到一刻钟左右,然而他总是准时到值,整理公务,研写论文,有时为找各种材料或档案、仪器等物,常等候保管人员,若到了办公时间保管人员仍不到时,便非常着急,并为此定下过时即算旷职,旷职三次即予以停薪处分的严厉条例,以致同仁们来不及吃早点或未盥洗而上班者大有人在,这种守时精神颇足为人家所取法的。

氏除在办公室整整工作八小时外,晚间多半是在看书,除吸烟品茗外,偶尔带同家人看一两场电影,舞会是绝不参加的。又氏写文章的技能,是少有人能及的,速度之快捷,见解之周详,尤其专长,除英、法、德三国文字为其所能外,民三十二年又向本处同仁叶大年君学习俄文,卅三四年本处在重庆时,氏又到中大俄文班听讲,足至达到听阅能力而后已。这种艰苦不挠的毅力,实在令人钦佩而值得效仿的。

氏之待人,向以宽大为怀,这一点是我特别体会到的,因我个人将出校门时,血气方刚,说话做事是不晓得有何顾忌的;记得有一次为了琐事,发了一点小脾气,氏将我当面申斥了一番了事;后来我自己回想一下,所说的话,实在不当而有过分之处,因此更感氏对人之宽宏而仁慈,这是我永远不会忘记的一件事。对于其他同仁也是一样,平时和易相处,不大管束,但是在工作方面,若有疏忽或不认真之处,那是毫不客气,一定要加斥责的,但绝少加以严格的处分。所以大家都有亲爱敬畏之心。这种待人的宽宏,做事的认真,恐怕是很少机关可能相比的。

回想本处成立虽仅七年,工作范围几遍全国,对于国家资源的勘探,已有相当的成果(见本会季刊第六卷一二合期第七二—八五页《抗战八年来之矿产测勘概况》)。复于胜利后,正值全世界大闹煤荒之际,本处竟以不数月的时间,发现数达四万万吨以上的大煤田,博得国人一致的赞誉。这是说明了谢季骅先生领导本处同仁工作的成功。也达到了名副其实的矿产测勘的目的。今值谢师五十寿辰,余躬逢其盛,为文追述过去一切,或能将吾师历年的贡献及其苦干实干硬干的精神,树一楷模以供同仁学习。最后敬祝先生长寿。

(《矿测近讯》1947 年 8—9 月号,第 78—79 期,第 15—17 页)

九月十一日　中国地质学会理事会在南京中央地质调查所图书馆举行会议。与黄汲清、杨钟健、张更、俞建章、李春昱、侯德封、章鸿钊等理事出席。毕庆昌、关士聪、顾知微列席。理事长谢家荣主席,会议议决 7 项,其中第 23 届年会于 11 月16 日在台北市举行,会期 3 日,会后分 3 组做地质旅行。年会筹备委员会除常务理事 3 人外,并推荐毕庆昌、马廷英、翁文波、汤元吉、林斯澄、袁慧灼、李春昱、李庆远为筹备委员[①]。

九月十三日　矿产测勘处举行迁回南京后的第 9 次学术研讨会,由赵宗浦讲辽宁海城铀矿。

九月十八日　中国石油公司为研究四川石油问题邀请英伊石油公司英籍石油地质学家斯特朗(又称宋迈田,M. W. Strong)及琼斯(Jones)来华工作。派遣郭文魁、杨博泉、董南庭参加,郭文魁等于是日陪同斯特朗由南京飞重庆,郭文魁、杨博泉于 12 月 7 日返回南京。此行入川历时 80 天,除在嘉陵江灰岩中发现硬石膏普遍分布于川中,可能为油气盖层外,还详细研究了南川、华蓥山、峨眉山、灌县、江油等地三叠纪以前的地层剖面,认为四川石油之主要原油层非为三叠纪的嘉陵江系,而为二叠纪灰岩,至泥盆奥陶纪之白云岩及灰岩亦可能出产一部分石油。

九月十九日　率沙光文、王承祺和龚铮去福建勘查漳浦三水型铝土矿,与王承祺晚上乘火车由南京到上海,沙光文、龚铮由上海飞往厦门。

九月二十二日　从上海飞抵厦门。此前两天,台铝公司所派之乔振离、黄真之已经抵达厦门。在厦门略事接洽后,即换乘小火轮至白水营,再步行 60 里至佛昙镇,在那里一起进行了几天的野外观察后,又与沙光文和乔振离赴赤湖东吴山一带考察,留下王承祺、龚铮和黄真之在佛昙详测。此行结果甚为圆满,计勘定东吴山三水型铝土矿二三十万吨,成分甚佳,平均含二氧化硅不超过 6%,其余各区亦有佳矿,但须施探后才能确定矿量。

---

① 《地质论评》第 12 卷第 5 期,第 500—501 页。

九月二十五日 《申报》报道《工业专家编著基本工业丛书(翁文灏、简贯三等主编)》,这套丛书有 21 册,将由商务印书馆印行,其中有谱主的《中国之矿产资源》①。

《工业专家编著基本工业丛书》(翁文灏、简贯三等主编)

〔本报讯〕翁文灏、简贯三、陈伯庄、吴兆洪等,为促进中国重工业之研究,以协助经济建设起见,特约请专家,编辑"兹本工业丛书",将由商务印书馆印行,其书名及作者如下:㈠《中国之矿产资源》,谢家荣编;㈡《中国之水力资源》,黄育贤编;㈢《中国之森林资源》,唐耀编;㈣《中国之畜牧资源》,顾谦吉编;㈤《钢铁工业》,严恩棫编;㈥《石油工业》,金开英、邹明合编;㈦《电力事业》,陈中熙编;㈧《机械工业》,顾毓琭编;㈨《锡锑锡矿业》,杨公兆、王宪佑、陈大受合编;㈩《铜铅锌矿业》,胡祎同编;⑪《轻金属工业》,阮鸿仪编;⑫《酸碱工业》,时昭涵编;⑬《有机化学工业》,徐名材编;⑭《肥料工业》,潘履洁编;⑮《煤矿业》,孙越崎编;⑯《水泥工业》,徐宗涑编;⑰《电器工业》,恽震编;⑱《航空工业》,钱昌祚编;⑲《造船工业》,周茂柏编;⑳《车辆工业》,程孝刚、刘史攒合编;㉑《建筑工业》,杨廷宝福。

(《申报》1947 年 9 月 25 日第 9 版)

九月 在抗日战争期间所编之中国矿产分布图缺少沦陷区,尤其是东北地区的资料。抗日战争胜利后,收集了大量有关资料,于是决定编制中国矿产之产量、储量及分布图,乃指定王承祺编制煤、石油、天然气、油页岩部分,孙万铨编制铁、锰、铜、锌、银部分,高存礼编制钨、锑、锡、汞、铝、镁等及磷、硫、石膏、硝、氟石、石墨等部分,耗时月余,于 10 月完成。

为参加中国地质学会第 23 届年会,矿产测勘处确定谱主、南延宗、张兆瑾、殷维翰、赵家骧、马祖望等人参加,提交论文 9 篇,分别为:

谢家荣:《古地理为探矿工作之指南》(理事长演说)[Palaeogeography as a Guide to Mineral Exploration(Presidential address)]

谢家荣、殷维翰、沙光文:《福建漳浦三水型铝土矿之发现》

谢家荣、赵家骧:《中国磷矿纪要》(英文)

南延宗:《中国伟晶花岗岩内钶钽矿与钨锡矿之关系》

张兆瑾:1.《西太平洋盆地几种放射性矿物之产状及类别》(英文)

2.《华南几处白钨矿产地》

---

① 未见出版。

刘国昌：1.《河南英豪煤田内本溪系与奥陶纪灰岩之不整合》(英文)

2.《湖南锡矿山之地质构造及其与锑矿沉积之关系》(英文)

马子骥：《论钻探重庆沙坪坝油田》

十月七日　矿产测勘处函告中央研究院评议会,谱主因赴福建,20日左右方能返回南京,不能出席定于本月12日下午举行的第1次院士选举筹备委员会第5次会议全体会议。①

十月九日　结束在闽南的野外考察,自东吴山返厦门。

十月十二日　自厦门飞上海,转回南京。

十月十五—十七日　中央研究院评议会第2届第4次年会在南京中央研究院礼堂举行。出席评议员(以席次为序)：朱家骅、翁文灏、萨本栋、王世杰、王家桢、吴有训、吴定良、吴学周、李济、李书华、秉志、周仁、周鲠生、林可胜、胡适、胡先骕、茅以升、陈垣、陈桢、陶孟和、凌鸿勋、庄长恭、赵九章、钱崇澍、谢家荣、罗宗洛。会议分组讨论通过了各组的院士候选人名单。会议决定,先由在南京的评议员拟具《国立中央研究院院士会议规程草案》,再分寄各评议员征求意见,再在第5次年会上讨论。②

十月二十二日　中央研究院第1次院士选举筹备委员会将筹备委员会第5次、第6次全体筹备委员会议的记录送交各筹备委员。

十月二十五日　有关方面拟与地质学会合作开采新竹煤田,谱主乃派刘国昌、赵宗浦于是日乘船赴台,于次日抵台北。

十月　编著矿产测勘处临时报告第68号《福建章浦县铝土矿复勘报告及探采计划》。

十一月八日　中国地质学会理事会在南京珠江路地质调查所举行会议。与俞建章、侯德封、黄汲清、杨钟健、章鸿钊、李春昱、赵金科、尹赞勋等理事出席。关士聪、顾知微列席。谱主作为理事长主持会议,决议理事改选结果,理事互选俞建章为理事长,尹赞勋为书记,推举编辑,共计11项;决议第5项称：矿产测勘处租用本会会址于年终满期,应函请该处于满期前迁出,或另定满期,以后租金数目并请于十一月底前答复③

① 《国立中央研究院第一次院士选举筹备委员会第五次全体委员会议记录》,南京,中国第二历史档案馆,全宗号393(2),案卷号一三四,第185页。第一次院士选举筹备委员会第6次会议于同年10月13日下午在南京举行,谱主也未能出席。在第五、六两次会议上,审查了全部院士候选人提名510人,删除了108人,尚余402人。

② 《中央研究院评议会第二届第四次年会记录》,南京,中国第二历史档案馆,全宗号三九三,案卷号1558,第18—25页。

③ 《地质论评》第12卷第6期,第611—612页。

十一月十二日 与夫人吴镜侬偕南延宗、张兆瑾、殷维翰、赵家骧及机关会员30余人乘车赴上海,分两批下榻岳阳路的中央研究院及江宁路的资源委员会招待所。

十一月十五日 中央研究院发布公告:"兹经本院第二届评议会第四次大会依法选定第一次院士候选人,数理组四十九人,生物组四十六人及人文组五十五人,特为公告如后。"数理组中的地学部门候选人为:尹赞勋、王竹泉、朱家骅、李四光、李善邦、孟宪民、俞建章、孙云铸、翁文灏、黄汲清、杨钟健、谢家荣。①

是日 下午4时乘中兴轮(原定13日起程,因受台风影响而延期)离沪,赴台湾。

十一月十七日 晨8时在大雨中抵达基隆港,台湾大学地质系主任兼海洋研究所所长马廷英、台湾煤矿公司基隆煤矿矿长林斯澄、工程师王锡爵、资源委员会台铝公司筹备处主任孙景华、台湾铜矿公司总工程师李洪谟、台湾地质调查所所长毕庆昌等到码头迎接。是晚出席由台湾铝业公司、台湾肥料公司、台湾铜矿筹备处及台湾电力公司在新中华酒馆联合举办的欢迎宴会。

十一月十八日 中国地质学会第23届年会在台湾大学法学院礼堂举行开幕式。参加此次年会的有来自南京、上海、北平、南昌、兰州、康定等地的会员48人,台湾会员31人,共79人,收到论文113篇。

上午9时,谱主以理事长身份主持开幕式并发表祝词,说明此次会议在台湾举行的意义,介绍中国地质学会25年来的历史和取得的成就。讲毕宣读教育部部长朱家骅、中国科学社、中国工程师学会、中国水利工程学会、中国地质学会兰州分会、中英文化协会等机构发来的贺电、贺函。在尹赞勋的书记报告,来宾及会员致辞,侯德封的会计报告(关士聪代读),李春昱的财务委员会报告,黄汲清、孙云铸的地质学会会志编辑报告(程裕淇代读)之后向会议提交了《地质论评》编辑主任报告。最后主持各项奖金授予式。

谢家荣《中国地质学会第二十三届年会祝辞》:

中国地质学会今年在台湾举行第二十三届年会,也就是还都后的第二次年会。本来去年的年会,前任理事长李四光先生提议过,就要在台湾举行,因为各地质机关,复员尚未十分完成,后方会员无法赶到,同时交通也有问题,于是改在南京举行,但大家总觉得这久别归来的台湾,应有亲切认识的必要,所以去年年会闭幕的时候,大会一致议决今年依旧选定在台湾开会,以补前次的缺憾!

---

① 《中央研究院评议会第二届第四次年会记录》,南京,中国第二历史档案馆,全宗号三九三,案卷号1558,第30页。

台湾脱离了祖国,已经是五十一年了,彼此对于地质情形,非常隔膜,这次选定台湾举行年会,一方面可以使国内的地质人员,得到一个观光的机会,另一方面,也可以趁此和台湾的地质界同胞,互相联络,共同讨论,使得学术方面,完全打成一片,所以我们这次对于年会的祝词,除掉表示愉悦的心情以外,更愿把中国地质学会的历史和中国地质调查的事业,作一个粗略的介绍,让台湾地质同仁以至全台同胞,知道祖国地质事业的一般情形。

中国地质学会成立于民国十一年,由章鸿钊、丁文江、翁文灏以及其他许多先生们所发起,最初的基本会员,都是北京农商部地质调查所的职员和北京大学地质系的教授,以后逐年扩展,遍及全国和国外,到现在中外会员,共达七百人左右,因为二十多年来所表现的成绩,甚为优良,而且每年陆续出了一个英文的《中国地质学会志》和中文的《地质论评》,很受各国地质界人士所重视和赞许。甚至一部分外国的学者,也乐于参加,觉得做一名中国地质学会的会员,是很为荣幸的事情。事实上,这个学会的声誉,已经和世界各国的地质学会,等量齐观,毫无愧色了!

自从中国地质学会成立以来,因为有了一个发表论文的好机会,所以一般地质人员,对于研究的工作,也觉得特别有兴趣,大家都抱有一种进取之心,更因为能够得到和国外的地质学者互相砥砺的缘故,使它进步得飞快。在这二十余年中,像章鸿钊先生的《石雅》和震旦运动,丁文江先生的西南调查报告,翁文灏先生的燕山运动和中国矿带学说,李四光先生的弧形构造学说和冰川地质,葛利普先生的脉动学说,谢家荣先生的中国矿床分类,黄汲清先生的中国构造单位,杨钟健先生的脊椎古生物研究,孙云铸先生的三叶虫研究,裴文中先生的北京猿人发现,许德佑先生的三叠纪分层,斯行健先生的古植物研究,马廷英先生的古气候研究,以及俞建章、尹赞勋、计荣森、朱森诸先生的珊瑚类、腕足类古生物巨著,这种种地质学上的成就,都说得上堪为祖国争光,世界媲美。抗战以还,国府西迁,真所谓多难兴邦,地质界的同仁,对于调查工作,尤其是矿产探寻,更加认真,除掉把西部各省的地质,调查研究得非常清楚以外,更发现了甘肃玉门的石油,宁夏的铬矿,滇、黔、闽的铝矿,云南和安徽的磷矿,淮南的煤矿,广西的铀矿,再加以日本人在东北占领区内所发现的铀、铬、矾、钽、钼等矿,可以说都是受了抗战的赐予。

以我国幅员之大,北有煤、铁、钼、镁,南有锡、锑、铝、汞,西有油、气、盐、铜,现在加以台湾的铜、金、油、气,这种种国防的宝藏和工业的原料,或原封未动,或所采有限,拿一句地质学上的名词作譬喻,我们的古老祖国,完全还是幼年期的地形,只要大局安定,同心开发,将来的富强,是可以想象得到的。只可惜胜利以还,已经两年,政局依旧动荡,使我们的地质研究和调查工作,受到重大的影响,这真是异常痛心的。

现在科学进步,日新月异,工业建设,突飞猛进,我们的地质研究,更要迎头赶上,以期与其他部门的研究,配合得上。还要希望中国的地质事业,理论实用,并重不偏,地质界同仁,彼此和衷共济,互相策励,讨论研究,切勿故步自封,不相合作,或专重理论,忘了实际,同时希望这个动荡的局面,早日安静下来,好让吾们着手开发,来建设一个新兴完整富强伟大的国家。

(《矿测近讯》1947 年 11 月号,第 81 期,第 1—2 页)

各项奖金授予仪式

本年葛氏奖章及丁文江纪念奖金照章停发,其余奖金均由理事长谢家荣氏主持颁发。

(一)第十六次赵亚曾先生研究补助金:谢氏致辞大意谓:此次赵先生补助金,经奖金委员会决定授予陈恺先生,陈先生过去对中国地层、岩石、构造之研究均有贡献,对于福建地质之了解,所成犹多,最近复对构造地质作更深一层之研究云云,陈氏未到会,由吴磊伯氏代为接受。

(二)第三次许德佑先生纪念奖金授予赵家骧氏,谢氏致辞大意谓:赵先生曾对四川三叠纪地层有充分之综合研究,现在对于经济地质,特别是非金属矿产之研究,很有成就,新近有磷矿之发现云云。赵氏接受并致谢意。

(三)第三次陈康先生奖学金授予谌义睿氏,谢氏介绍谌氏对地质工作之努力及兴趣后,谌氏接受。

(四)第三次马以思女士奖学金授予秦鼐氏,谢氏介绍秦氏对于地质工作之努力及贡献后,由姜达权氏代为接受。

(《地质论评》第 13 卷第 1—2 期,第 118 页)

中午出席台湾大学校长陆志鸿举行的招待午宴,并代表全体会员答谢。

下午,在尹赞勋主持的第一次论文会上,发表题为《古地理为探矿工作之指南》(Palaeogeography as a Guide to Mineral Exploration)的理事长演说,用英文演讲,历时 40 分钟(后于 1948 年 6 月刊于《中国地质学会志》第 28 卷第 1—2 期)。这篇论文根据作者多年来的探矿经验,全面叙述淮南新煤田的发现、中国煤田类型、铝土矿之分布、磷块岩之形成条件以及沉积型铁铜矿床与古地理研究的关系等,对我国沉积矿产普查找矿工作起了非常重要的指导作用,至今仍然具有重要的理论和现实意义,在我国的成矿规律研究史上具有重大意义。中国科学院院士程裕淇和孙枢对此均有评价。

程裕淇《怀念恩师谢季骅》:

图80　1947年11月出席中国地质学会第23届年会(右一马廷英、右五谢家荣、右六吴镜侬、右七许杰、右八李春昱、左一章熙林)

　　值得提到的是在1946年下半年,可能在当年地质学会年会前夕,谢先生同我谈起他和矿产测勘处申庆荣同志在安徽凤台寒武系底部找到一层黑色致密"岩石",怀疑它是磷块岩(同我和黄汉秋、王学海于1939年在昆阳发现的磷块岩层位相当,但颜色差别很大)。他知道我于1945年秋曾到美国西部爱达荷州考察过二叠纪磷块岩,谈到该处矿石黑色致密品位高,他们一般用浓盐酸滴试,在标本上立刻产生白色沉淀,即可肯定P_2O_5含量在20%左右,而钼酸铵对含有少量的磷即可有明显反应,在野外无法作定量测定。不久他就到我在地质调查所的东楼二层办公室,带来一小块凤台标本,经浓盐酸试验立即产生白色沉淀小点,说明含磷较高,这同后来的化学分析结果是一致的。抗战期间他主持西南矿产测勘处时,对川滇交界一带区域地质情况十分熟悉,结合他在安徽凤台的发现和对该地区岩相古地理研究,随即他就在《中国地质学会志》发表了预测该地区有早寒武世含磷建造分布的文章——《古地理为探矿工作之指南》(英文,《中国地质学会志》第28卷第一、二期合刊,1948),后为50年代勘查工作所证实,这在中国矿产预测研究史上是值得大书特书的地质史绩。

　　(郭文魁等主编:《谢家荣与矿产测勘处——纪念谢家荣教授诞辰100周年》,第98页)

孙枢《怀念谢家荣院士》：

1945 年抗战胜利之后,宝岛台湾重新回到祖国的怀抱,中国地质学会特别选择 1947 年 11 月在台北市举行第 23 届年会。谢家荣先生在会上以《古地理为探矿工作之指南》为题发表了著名的理事长演讲(1948 年在《中国地质学会志》发表)。他在演讲中开宗明义地指出,古地理是各种沉积岩形成的基本条件,而煤、石油、铝土矿、磷矿、沉积铜矿和沉积铁矿等都不过是沉积岩的一部分,因此古地理学知识在这些矿产的研究与勘查中非常有用。他强调指出,当时的中国经济地质文献尚未对这一有意义的领域给以特别的关注。谢家荣先生在他的演讲中用我国的实例阐述了煤、铝土矿、磷矿以及沉积铁矿和铜矿分布的古地理规律。1957 年初,我在苏联列宁格勒访问时有幸见到苏联著名沉积学家鲁欣,他还特别提到谢家荣先生的这篇文章,后来我见他 1958 年出版的《普通古地理学原理》一书中引用了谢家荣先生文章中的图件。谢家荣先生在这篇文章中提出的学术思想,在新中国成立后的沉积矿产普查找矿工作中起了重要的指导作用,例如原地质部地质矿产司非金属矿产处部署磷矿普查时引作重要依据。这种古地理、沉积环境和岩相分析的原理,在当今沉积矿产分布预测和普查勘查工作中仍是必须应用的准绳。

(张立生主编:《丰功伟识 永垂千秋——纪念谢家荣诞辰 110 周年》,第 11—12 页)

理事长演说后宣读了 15 篇论文,其中第 10 篇为谱主与赵家骧合著的《中国之磷矿》。

晚上出席台北市市长游弥坚在中山堂举行的晚宴,在游弥坚市长致欢迎词后,代表会员致谢。

十一月十九日 主持在台湾大学图书馆二楼举行的第 2 次论文会(上午)和第 3 次论文会(下午)。

第 2 次论文会宣读构造地质和区域地质方面的论文 12 篇。在早坂一郎宣读《海南岛地质简述》后,询问早坂一郎在海南岛是否见到福建漳浦式铝土矿,早氏答复未曾见到。中午出席由农林处徐庆钟处长和及林产管理局唐振绪局长所设的招待午宴。

第 3 次论文会宣读地史古生物方面的论文 10 篇。在早坂一郎宣读《台湾层序之概要及几个层序上之问题》后,与何春荪、林朝棨、马廷英、陈秉范等询问讨论,对砾岩、珊瑚礁石灰岩与油田之关系尤为注意。在路兆洽宣读《关于甘肃及青海境内之第三纪红色地层》后,讨论谓:最下层中曾获化石,并经安特生看过,应属始新统。

下午5时半,在马廷英、川口四郎宣读《台湾现生造礁珊瑚》后暂时休会,全体会员赴台北宾馆,出席魏道明的茶会招待。魏道明致辞后,谱主致答谢词。茶会后返回会场,继续论文会。

在尹赞勋、王尚文宣读《甘肃玉门县"南山系"中志留纪笔石之发现》后,尹赞勋答复谱主与张锡龄等听众的询问,谓回回沟系大概属白垩纪,岩性变化甚大,似与古地理有关;南山系产中志留纪化石,上部800米厚之石英岩尚难确定其时代。

十一月二十日　主持年会在台湾大学图书馆举行的第4次和第5次论文会。

上午的第4次论文会宣读金属矿床方面的论文12篇,另有9篇宣读题目。在宋达泉宣读《福建漳浦铝土矿之发现及我国东南部可能发现铝矿之区域》后,宣读与殷维翰合著之《福建漳浦三水型铝土矿之发现》,宣读后并谓其对于铝土矿之定义与宋氏有异,而与王竹泉的分类相同,指出宋氏所说之结核实际上是玄武岩的风化残余块粒而已。宣读宫景光、张瑞锡的《广西灌阳海洋山钨矿种类及其成因》后,指出此处钨矿与重晶石共生,颇为特异。

中午出席由交通处陈清文处长、公路局华寿嵩局长举行的招待午餐。

下午举行第5次论文会,宣读论文12篇,另有5篇宣布题目。在谌义睿宣读完《关于我国地质图之比例尺》后,与李春昱一起提出:各机关测制的地质图的比例尺,有相互联系取得一致规定的必要,但路线地质图的比例尺可较自由。

论文读毕,与会员何春荪报告21—27日的会后旅行安排。后致闭幕词,指出本届年会宣读论文113篇,包罗化石、地层、构造、矿产各个方面,唯结晶矿物学及区域地质方面的论文最为稀少,希望以后的年会能有补充,并对台湾各界给予的招待和协助及会员马廷英、毕庆昌、何春荪等有关筹备人员表示感谢。

晚上出席建设厅在中山堂举行的招待晚餐和高山族歌舞晚会。

十一月二十一日　原定赴台北近郊乌来的地质旅行因下雨改作参观台北各机关、学校。上午参观台湾大学地质系、结核病研究所、图书馆及海洋研究所和气象台,中午参加蓬莱阁台北市农工商会、煤业公会和科学团体的午宴,下午参观博物馆、动物园、植物园、台湾大学附属医院和台湾工业研究所,晚上出席由资委会水泥、机械、造船及纸业公司在中山堂举行的招待晚宴。

十一月二十二日　由台湾大学陆志鸿校长及张定钊教授陪同,偕赵宗浦前往调查桃园以北竹围一带的独居石矿,并采矿样10多公斤。

十一月二十三日　年会举行会后的分组参观旅行。与殷维翰、赵家骧等先往日月潭游览,继赴高雄参观炼铝厂、磷肥厂及炼油厂。

十一月二十七日　自高雄乘火车返台北,晚间在台北市中山堂举行年会聚餐,并答谢台湾各界及新闻记者;席间,谱主以理事长的身份,尹赞勋以助理理事的身份,先后致辞,深致感谢之意。餐后,魏道明在中山堂请全体会员听台湾交响乐团的交响音乐会。

十一月二十八日　全体代表自台北到基隆,赴台湾煤矿公司基隆煤矿在基隆凌峰阁举行的公宴。席间,在林斯澄矿长致辞后,谱主以理事长身份作答。餐毕即登中兴轮。

十一月二十九日　晨 6 时起航,离开台湾。

十一月三十日　下午 5 时抵达上海。

图 81　与妻摄于 1947 年 11 月

十一月　在《矿测近讯》第 81 期发表《本处发现漳浦东吴山铝土矿的价值和意义》,叙述了漳浦东吴山铝土矿的发现经过,指出其发现具有重要的经济和学术意义。

谢家荣《本处发现漳浦东吴山铝土矿的价值和意义》:

福建漳浦铝土矿,是福建省土壤地质调查所宋达泉、俞震豫二先生于民国三十一年调查闽南土壤时,首先发现,并经著文论述。但宋、俞二先生的发现仅仅是红土中的几颗结核状的物质;他们虽然估计矿量可有十万吨,要是实际开采起来,恐怕连一吨也得不到,因为这种结核状的物质,是要像采集化石似的去仔细搜觅的,并且成分优劣等等,不可捉摸,所以他们的发现,与其说是矿产,毋宁说是一种矿产的指示罢了。

宋、俞二先生的指示,虽然没有实际的经济价值,但其意义却甚重大。我于民国三十三年在贵阳听到这个消息,并看到它的分析表上含灼失量达百分之二十七以后,我就非常注意,因为这可能是三水型铝土矿,是可用拜耳法提取铝氧的真正铝土矿啊!

胜利复员之后,我想到漳浦铝土矿的重要性,就向台铝公司孙景华先生提议合作调查,由该公司资助旅费,于去年九月间派殷维翰,沙光文二先生前往漳浦一带,作初步测勘。就携回的许多矿样中加以分析,发现有三种矿样成分优良,含硅甚低,其中之一就采自赤湖区的东吴山(矿样号数为 C_7)。我又将各矿样磨制薄片,置显微镜下研究,发见这些矿都是属于三水型的 Gibbsite,也真是中国地质学家所多年祈求不到的宝贝!

殷、沙二先生的发现,证明了我三年来预料的不谬。漳浦一带由玄武岩风化的产物中,的确有真正铝土矿的存在,但是这类矿的产状如何,储量若干,还需我们继续测勘,以求确实。为了解决这个问题,我就于十月十九日亲率沙光文,王承祺,龚铮三君飞厦转矿,实地勘查。

在佛昙看了一星期,见到玄武岩的风化程序,从新鲜玄武岩经过球状剥蚀,以至灰色泥土状而含白色微晶的极端风化物。我当时想:这种风化泥土可能是铝土矿,就采取六种矿样,专人送厦,航邮寄台,以便分析,但后来知道这些矿含硅高达百分之三十以上高,不堪应用,它是一种富含不结晶高岭土的 Lithomarge。

后来我又赴赤湖及东吴山一带勘察。在东吴山,就是 C_7 的产地,我们获得了圆满的答案。那儿有三个山头,地面遍覆径达二三吋的矿石块砾,在沟谷中见到这种矿是为与红土相杂的砾石层,斜铺于山坡之上;从山顶到半坡,砾石层的厚度,可自数公寸以至四公尺。砾石层中矿块与红土的比例,至少是六与四之比,在山顶地面上所露出的,却是纯粹的矿块,因为所有红土,业已洗刷净尽。在山顶矿石层之下,尚见有一公尺许的风化玄武岩,再下就是白砂层,黏土和含石英及石英岩的砾石层,此层直至山脚,厚达二三十公尺。据约略估计,这种地面上显露的净矿块,约有二三万吨,连同地面下的矿砾合计,全部储量可达二三十万吨。

我从厦门飞返南京之日,就将东吴山矿样磨制薄片,用显微镜研究,发现它含着许多的 Gibbsite。同日将矿样交本处张有维、陈四箴、孙剑如三君分析,现在得到结果,含硅氧自百分之三·五二到七·四七,灼失量则俱在百分之二十六七间(详表列后),成分合格,堪供炼铝之用,那是毫无疑问的了。

在野地工作时,我们虽不敢决定东吴山矿石成分的合格,但从去年 C_7 的分析观之,似无多大疑问。由此我们才认识漳浦的铝土矿是夹在红土中的砾石层,是一种再沉积的矿床。从显微镜下见到 Gibbsite 微晶交换长石,而仍保存长石的形态,及玄武岩型结构的大部保存,更可证明本矿是一种块砾,而不是结核。矿块外表呈黄、褐、紫等色,面上凹凸不平,表示剥蚀冲刷的痕迹。打开来看,内部俱呈黄色,致密坚实,比重约在二·三四左右。

从东吴山的经验,我们才认清了铝土矿的形态和产状。等到我们重看赤湖和佛昙二区时,我们又发现了若干夹在红土中的矿块,其成分之合格,亦经分析证明。但因显露不清,必须广施槽探、井探,才能确定它们的矿量。

至论采矿条件,东吴山的地面矿石,俯拾即是,其他部分的矿,也因距地不深,开采亦易。矿地距海滨不过三四华里,用小船驳至大船的距离,亦不过数里之遥,所以交通运输,极端便利。

从上面的叙述,可知我们所发现的矿,才是实际可以开采的矿。它的矿量虽不甚大,但因台铝公司每年所需矿石至多不过三四万吨,东吴山一区的储量,就够台铝数年之用而有余。现在台铝开炉在即,矿石来源尚无着落,如向南洋采购铝矿,固然物美,或者还要价廉(用官价外汇计算),但是耗费国家宝贵的外汇,总是一件不合理的事。我们这个适时代的发现,正可解决台铝公司的需要,希望资委会迅定方针,予以开发才好。

漳浦铝矿的发现,可以解决台铝的需要,可以节省外汇的消耗,它的意义已够重大了,但尚有更重大的意义,那就是:从此发现,我们认识了华南铝土矿的产状,我们此后可指出如何探觅及向何处探觅铝矿的方针。在雷州半岛及海南岛一带,有广大的玄武岩和红土分布的区域,那儿的地质、气候和地形的环境,比漳浦还要适合于铝土矿的生成,所以我们现在敢大胆地断定那儿必有大量的铝土矿,只待我人前往证实罢了。

至于学理方面的意义更多了,从铝土矿的时代及分布,我们可以推断第四纪以来华南气候的变迁,以及热带或半热带气候的范围,这是一个重要而与多方面有关联的问题,而铝土矿的发现和研究,却可予我人以强有力的证据。

(《矿测近讯》1947 年 11 月号,第 81 期,第 2—3 页)

是月　著文《中国铀钍矿的找矿远景区》(Some Promising Regions for Searching Uranium and Thorium Deposits in China)[①],指出了在中国寻找铀钍矿产的 7 个远景区。它们是:Ⅰ. 前寒武纪地块中的伟晶岩脉,Ⅱ. 成矿作用复杂的

---

① 　北京大学档案馆,档号 1RW0172002 - 0066。

南岭地区,Ⅲ.湘西黔东地区,Ⅳ.滇中康南地区,Ⅴ.玄武岩铜矿区,Ⅵ.沉积建造中的产地,特别是四川、西康、云南和新疆中生代盆地沉积中的铀矿产地,Ⅶ.海滩砂和海岸沉积。

十二月一日　自上海乘火车返回南京。

十二月六日　出席在南京珠江路经济部中央地质调查所召开的中国古生物学会理监事联席会议,被推选为常务监事。

十二月二十三日　中国地质学会理事会在南京中央地质调查所举行会议。与侯德封、章鸿钊、杨钟健、程裕淇(李春昱代)、赵金科、黄汲清、李春昱、俞建章、尹赞勋等理事出席。关士聪、顾知微列席。理事长俞建章主持会议。会议议决 11 项,第 6 项谓"矿产测勘处最近来函谓租用本会会址"之租约于本年年终期满,不予续租。决议由常务理事积极负责接洽出租事宜,并由理事长面请谢、李两理事协助进行。第 7 项谓"顷接古生物学会来函,定于十二月二十五日召开复活大会,请本会派代表参加,决议推谢理事代本会出席致贺"。

十二月二十五日　出席在南京中央研究院地质研究所召开的中国古生物学会复活大会,并代表中国地质学会致贺。贺词内容大致如下:本人代表中国地质学会向贵会恭贺。地质学与古生物学之关系很密切。中国古生物学之研究甚早,尹先生曾为文叙述。中国古来对古生物学早已注意,而对地质学尚少言及。自中国地质事业萌芽以来,即注意古生物,最早的地质人才训练所——研究班,曾拟分两部:一为矿物,一为古生物,已可看出对古生物学之重视。当时是以看矿的招牌做事,但实际上对古生物研究推进不遗余力。地质调查所出版刊物以古生物者为多,各种奖金的得奖人亦以学古生物者为众,足见古生物学成就之大。抗战期中学古生物者亦不少,出国深造者亦以古生物门为多,可见中国一向注意古生物学。也就因此使中国地质事业得一基本。中国地质事业之成功,非表面的而是根本的,其所以如此,古生物学乃最得力的一门。今天是圣诞节,同时也是行宪日。行宪对古生物学会之复活很有意义,即今后化石要一切守法规,对地层给一个严格的规律。

十二月二十七日　在矿产测勘处召开四川石油地质座谈会——中国历史上第一次石油地质座谈会,并在座谈会上就四川石油地质发表意见。在座谈会上发言的有赵家骧、马祖望、杨博泉、马子冀、郭文魁等。《矿测近讯》第 83 期记述了此次石油地质座谈会的概况,兹摘录如下。

《本处工作近况》:

(五)四川石油地质座谈会记录　中国石油公司为明了四川石油情况,曾先后约请中外地质学家前往勘察,最近复聘请英国石油地质家宋迈田(M. W. Strong)

图 82 1947 年 12 月 25 日中国古生物学会复活大会成员合影(前排右二为谢家荣)

入川作普遍之调查。其结果仍认为四川有油,值得继续钻探。石油公司据此而咨商本处,俾便决定下年度四川油矿探勘之计划。谢处长为慎重并听取各家意见起见,乃于十二月二十七日下午假本处地质课召开四川石油地质座谈会,出席人除该处曾在四川工作各员外,并有中国石油公司陈贲君。首由谢处长报告开会之意义,复详论四川石油之探勘,其要点如下:(一)就一般地质环境论,相信四川有油,其所以未见大量油者,实因为:a) 钻探未周,b) 钻井地点不当,c) 回旋钻可能穿过油层未及觉察。(二)原油层可能为三叠纪亦可为二叠纪。(三)储油层应同时注意侏罗纪及白垩纪之砂页岩。(四)构造方面,四川共有背斜层五十六个,而低背斜层仅只十九个,此低背斜层具有适合石油聚集之侏罗纪或白垩纪地层,分布于四川盆地之边缘、中心以及行列背斜层之间,宜分别先在不同方式之低背斜层中,各探一钻,以决定何种低背斜层最适合于石油之聚集。(五)应探求背斜层之两翼是否含油。(六)就已知侏罗纪煤系炭率(Carbon ratio)论,知四川中部应较边际产油之可能性为大,且应继续研究二叠纪煤系之炭率,以便推测可能产油之区域。(七)就古地理,变质现象以及地史三方面观察,四川可能产油之区域似亦应在盆地之中部。最后复特别指出,勘探四川石油必须详细研究红色地层,其研究之方法,请参阅本刊第六十二期。

次由赵家骧君报告四川三叠纪地层,对岩相之变化多所论述。

第三由马祖望君讲述四川简阳龙泉驿之地质构造……

第四由杨博泉君报告四川合川、遂宁、绵阳、江油间之油田地质……

第五由马子骥君报告四川重庆沙坪坝及遂宁、广安间油田地质……

最后由郭文魁君诵读宋迈田致翁委员长之英文报告书,以便大家讨论……

各人报告完毕,遂开始热烈之讨论。(一)谢处长对宋氏之原油层及盖油层首先发生疑问,谓四川之原油层并非一层,除二叠纪外,三叠纪嘉陵江灰岩,亦可能为产油之地层,至云盖油层为硬石膏则实欠妥,盖硬石膏一则易溶于水,一则常变为石膏,其体(积)增大,二者均易致破裂,而散失油气也。(二)杨博泉发言……(三)陈君见解颇有独到之处……

综合上论各节,可纳入数条,用为此次座谈会之结论,并借作钻探四川石油之建议,(一)四川原油层似有多层,诸凡奥陶纪、泥盆纪、二叠纪、三叠纪之海相沉积,甚至白垩纪之谈水灰岩均可能出产石油。(二)三叠纪为储气层已确切证明,可能亦为储油层。(三)侏罗纪与白垩纪之页岩,应可构成良好之盖油层,如二叠纪为原油层,飞仙关页岩,亦应为良好盖油层。(四)完成石油沟地质构造之测量,以确定该背斜层南去是否合口。(五)龙泉驿构造良好,且交通方便,应尽先详细测量,并定出钻井位置,以便开始钻探。(六)遂宁蓬莱镇之调查,应扩大面积,以明该所谓穹隆层是否合口,必要时亦须以地球物理法测探其地下构造。(七)深钻以达二叠纪为原则,但仍须注意三叠纪,侏罗纪以及白垩纪之含油层。(八)普遍调查三叠纪未曾出露之背斜层,即所谓低背斜。

(《矿测近讯》1948年1月号,第83期,第13—15页)

十二月　写成《中国之独居石矿》。该文简述了桂东北湘南之富贺钟江地区砂锡矿尾砂中的独居石及含量、辽宁海城之铀矿的独居石含量及台湾西北部砾石层中的独居石含量。根据相关资料,计算出富贺钟江地区砂锡矿尾矿、辽宁海城、台湾西北砾石层中的独居石储量分别为214.75吨、4.4吨、859.3～1388.95吨。

1945年11月所著之《四川赤盆地及其所含油气卤盐矿床》的英文版本(A Review of the Stratigraphy, Structure and Geological Histry of the Szechuan Red Basin and the Occurrence of Natural Gas, Oil, Brines and Rock Salt Contained Theirin with Special Discussins of Their Origin and Future Prospects)刊于《中国地质学会志》第27卷。

是年　向资源委员会提交了到美国做访问学者的报告,但未获批准。

是年　任教于中央大学地质系,为三、四年级学生讲授《中国矿产》和《非金属

图 83　南京马台街 141 号矿产测勘处旧址

矿产》两门课程。

段承敬《薪传火种话磷矿》：

约在 1947 年先生在主持矿产测勘处公务之余，再次到中大地质系授课，先后为我们三、四年级的同学讲授《中国矿产》和《非金属矿产》两门课程。虽说这两门课程属选修课，每周只有两个学时，且处于当年学生运动如火如炽期间，由于同学们集体罢课或因先生出差外地，致上课时断时续，前后虽不及一年，却以先生的广博深厚学识，亲身实践经历，授课既有学理的阐述，亦有典型矿床实例的论证分析。概略而言，讲授的两门课程涵有：

（1）中国的煤矿及煤岩分类。其中最突出的是，此时以先生的亲履实践新发现了淮南八公山前的新庄孜隐伏煤田，不仅解救了淮南煤矿（公司）九龙岗和大通两矿资源濒于枯竭的境地，同时也为后续的淮北和其他地区大量隐伏煤田的发现和勘查开发开导了先河。

（2）中国的铝土矿。首先是华北地区山东、山西、河北及辽宁等几省的石炭、二叠系的 G 层和 A 层铝土矿或黏土矿，次为滇东、贵州中部和四川的泥盆系、石炭系、二叠系的，以上均为一水型（水铝石）铝矿石。还有当时新发现的福建漳浦玄武岩经红壤化形成的三水型铝土矿（解放后五六十年代在海南岛北部继有所发现）。

(3) 中国的磷矿。当年已发现的有海州式(下元古代)、昆阳式(寒武纪——解放后确定属梅树村组)、凤台式(北方寒武纪)和产于西沙群岛的鸟粪(堆积)式磷矿。对海州磷矿经勘测研究后获得的新知为：① 由前人的磷灰石热液成因说创立沉积—变质说；② 磷矿区锦屏山地质构造属西翼(该矿西矿段所在)倒转的向南南东倾没的倒转背斜。这两则解说为解放后 50 年代正确地部署矿区勘探和扩大找矿远景提供了地质依据。至于凤台磷矿应属继 20 世纪 30 年代后期发现和地质调查昆阳——昆明地区寒武纪磷矿之后,远具识见地扩延于中国北方华北地台南缘的一项新发现,有利于其后的扩大找矿,同时也为建立地质找矿学说提供了资讯依据。

(4) 中国的油、气、盐、卤矿。着重讲述了四川盆地的石油、天然气、石盐、石膏和卤水矿及其共伴生关系,兼及陕北、甘肃玉门油矿和山西太原西山石膏,运城解池硝盐矿。

(5) 非金属矿产还论及耐火黏土、高岭土(瓷土)、斑脱岩、蛭石等矿产。讲述昆阳磷矿时,就提及抗日战争时期,约在 1939 年昆明冶炼厂(炼铜)寻找耐火黏土,于昆阳中谊村附近(歪头山、风吹山)在采集(夹于上、下磷矿层中的)黏土试样,经测定,以其含磷高,经程裕淇先生现场调查从而发现了该磷矿。其后又有王曰伦、王竹泉几位先生的调查勘测,进而扩大了该磷矿的远景,广泛分布于昆阳、昆明、晋宁、澄江数县境。

(6) 金属矿产。综述了其时中国已发现的铁、铜矿床诸多类型或模式,其中有 20 世纪 30 年代前期先生调查勘测过的长江中下游的铁矿(群),还论及广东云浮的沼铁矿(60 年代前期经勘查,发现形成这一湖沼型铁矿的物质来源乃是当今中国最大的云浮大降坪硫铁矿的"铁帽"堆积)……此外还分别讲述了中国具有资源优势和特色的钨、锑、锡、汞矿产,抗日战争时期曾以这些矿产换取外汇和军援,为我们开启了矿产经济和外经贸的视域。

(7) 在研究并总结中国某些沉积矿产成矿地质特征和规律的基础上,先生撰写了《Paleogeography is the Guide for Mineral Exploration》(古地理为探矿之指南针)的论文。记得这篇文章是先生作为地质学会理事长于 1947 年在台北举行年会的理事长演说词,也为我们授课时作为重要课题进行宣讲。当时没有料及的是这篇论文竟为我 20 世纪 50 年代供职地质部地质矿产司非金属矿产处部署磷矿普查时引作箴规依据和导引,个人受益匪浅,且影响及于大片国土和若干地质队众多同志的野外生涯与实践,并终有所获。

(8) 最令我们这些学子惊异钦敬的是先生的授课,既没有教科书,亦无讲义,似也未见讲课提纲,而于中国矿产确属胸怀珠玑,历数无尽,侃侃道来,珠联璧合,自成篇章。即如关于海州磷矿,它是20世纪早期由日本人利用该矿区产自地表的锰矿石("锰帽"——软锰矿、硬锰矿)以其含磷高,从而发现了该磷灰石矿。约在20年代刘季辰先生曾进行地质调查,载所著《江苏地质志》。30年代前中央研究院地质研究所张祖还先生等曾进行地质调查研究。40年代日本人占领期间曾进行露天开采。抗日战争胜利后,先生关注此矿,曾派员调查研究,提出如前述两项新解认识。此外先生还征引了由法国人进行调查研究并著文论述过的与海州磷矿属同类型的越南老街磷(灰石)矿(约在五六十年代,据援助越南的苏联专家著文,老街磷矿成矿于寒武纪或泥盆纪)。这样,就使得我们对海州式磷矿的发现始末或源流及矿床成因、类型研究、国内外的产出,有了不限于单个矿床或一式一地的了解,认知的视域更为广阔和深邃地解悟,裨益于其后的普查找矿实践。

先生讲授中国矿产和非金属矿产两门课程,在50年后的今日看来自然已不觉"新鲜",但在当年的岁月里,确属中国地质教育界的一项创举和滥觞。

（郭文魁等主编：《谢家荣与矿产测勘处——纪念谢家荣教授诞辰100周年》,第191—192页）

一九四八年　戊子(民国三十七年)　五十二岁

　　提要　南京。当选中央研究院院士。发现栖霞山氧化铅矿。发表《江南探油论》，批判"油在西北"之说，第一次明确指出黑龙江可能有油。

　　一月二日　回复翁文灏1947年12月25日来信，并就广西田阳的油气远景发表意见。复信全文如下：

咏师钧鉴：

　　二十五日赐谕承示英人Strong调查四川石油意见，敬悉一是。陈贲君来京后，为集思广益见，当即召开一座谈会。兹将座谈会记录及结论连同测勘预算附呈。

　　钧阅计划中有测勘广西田阳一带之可能油田，生于数年前曾往该区考察，及今思之，尚有继续研究并加以钻探之价值。盖油源可能产自三叠纪下部，其上部砂页岩夹层及不整合于其上之第三纪湖积层(邕宁层)即现产油砂之层，俱可能为蓄油层。邕宁层厚约二百公尺，三叠纪总厚约八百公尺，其上部可能之蓄油层厚约三四百公尺，故探油深度约为五六百公尺。只须觅得构造适宜之处即可进行钻探。且此二种地层在桂西一带分布极广，希望似尚不小也。本处有两架钻深五百公尺之钻机不日可到。如能移往一架施探则需费不多，轻而易举。如探得油源，再设法另掘产油之井，以便大量生产。以上计划，不知钧意以为何如，尚希核示遵行为祷。
敬请
钧安！

　　　　　　　　　　　　　生　谢家荣(盖章)谨上　三十七年一月二日

　　(台北"国史馆"藏，典藏号003-020100-0587-0079a/80a。李学通提供)

　　一月七日　矿产测勘处受台湾肥料公司的委托，代采20吨凤台磷矿，以资试验，乃派淮南钻探队的燕树檀、申庆荣就近前往雇工挖采，于是日采完，交淮南矿路公司代运。

　　一月三十一日　淮南矿路公司发来谢函，感谢矿产测勘处发现淮南煤田。

《淮南矿路公司对本处发现淮南新煤田之谢函》：

敬启者查三十七年一月三十一日本公司董监联系会议，报告八公山新煤田之开拓一案，佥以该处新煤田之发现，全仗台端大力，现在初步钻探结果，已发现煤斤总储量达四亿吨之巨，此举不但本矿蒙受利益，对于国家建设前途，亦将大有裨助，为公为私，厥功至伟。当经一致决议，对于台端之伟绩，应由董事会专函申谢。又以贵处拟办一化验室，一切设备，因限于经费尚未置办。本公司为扶助学术酬报有功起见，自应予以协助。业经决议，所需款项，拟俟将来本公司淮南铁路水裕段修复通车后，经济稍微宽舒时，陆续拨付，俾观厥成等语记录在卷。谨特录案奉达，并致最诚挚之谢忱。至祈
察照为荷。
　　此致
资源委员会矿产测勘处
谢处长家荣

淮南矿路股份有限公司董事会
董事长　　　　　　霍宝树谨启
（《矿测近讯》1948 年 2 月号，第 84 期，第 21 页）

一月　在《矿测近讯》第 83 期发表《本处三十六年度工作检讨》，全文含 11 节：① 双重使命下的工作；② 淮南煤田的新贡献；③ 磷矿生力军；④ 我们再不需要南洋的铝矿了；⑤ 锡矿山的秘密；⑥ 湘中煤田的钻探；⑦ 四川石油之谜；⑧ 稀有元素矿产的探觅；⑨ 两广的钨、锑、锡矿；⑩ 其他煤田的测勘；⑪ 我说的话都兑现了。其第 11 节全文如下。

我说的话都兑现了：

我在本处三十五年度年报的《前言》上，曾说过下列的一段话：

"本处工作，已由面或线的概测，进而达到点的详测，从地面的地质观察，进而达到地腹的工程钻探，淮南一钻得煤，更使国人对于地质应用，具有信心，从此树立钻探工程之模范，指示科学勘矿之途径，苟能宽筹经费，充实设备，并予以更大之鼓励，更多之机会，则明年度之发现无穷，更可预卜。"

在本刊第七十期《矿产测勘处工作方针及预算原则》一文里，我还说过几句更切实更具体的话：

"我们将毫不客气地说，以后的每一年，都将有在经济上或理论上重要的发现。

我们从今年起的年报上,可以明白地用数字来表示出这一年中所发现的矿产品的价值,这个价值的数字,比之我们这一年中的支出,要大过数十百倍,甚至千万倍。换句话说,我们这机关不是纯粹研究学理的机关,我们也是一个生产机关,我们可用成本来计算盈余,而且这盈余,要比任何的生产机关来得多。"

现在事隔一年,当我仔细检讨过去一年间的工作情形时,我觉得我所说的话竟是一一的都兑现了。这一年中我们总共打了三千多公尺的钻眼,其中一个最深的钻眼是四百多公尺,我们对于钻探工作无疑地是已经获得了相当的经验了。我们又详究岩心,推解构造,提出了煤系分组的新方法和地史过程的新认识。又从地质理论的研究,指示出若干有望地带,作为进一步探勘的计划,而这些计划已有好多个业经实施,并已获得了满意的成果了。所谓"树立钻探工程之模范,指示科学勘矿之途径"的两句话,可谓正在身体力行,当之无愧。

间接的贡献或建议的价值,暂且不谈,单就直接的发现来说,我们在本年度发现了四万万吨的煤,二百六十万吨的磷矿和五十万吨的铝土矿,倘以每吨价值国币一元,并以最低的十万倍的物价指数来计算,这三项发现的总价值就可达到四○三,一○○亿元。我们三十六年度的经费是十五亿,加上追加预算,行政院生活津贴以及其他业务收入,至多也不过三十亿元。照此计算,我们这一年中发现的矿产品的价值,不是要超过全年支出在一万倍以上么?这是一本万利的生意,是要比任何生产机关来得多的盈余!

一个工作性质不大为人们所了解,而在政府组织中又小得像芝麻绿豆般的机关,如果有些微的建树或贡献,我们是不得不详为指出以争取人们的同情和了解的;尤其当我们听到有人谈到中国地质学家的成就,仍在弹那几年前禄丰龙、三叠纪和玉门石油的一套老调,而抹煞了最近最新的发现时,我更不得不冒着卖膏药的嫌疑,自家来作这个坦白,直率而真切的介绍。

(《矿测近讯》1948 年 1 月号,第 83 期,第 4 页)

是月　在《矿测近讯》第 83 期上发表《矿产及经济地质发现年谱(民国三十六年度)》,列举了中国 1947 年发现的津浦南段结晶片岩系及六合方山一带湖成沉积中的含磷层、凤台磷矿、长沙岳麓山的锑矿及白钨矿、淮南煤系中的菱铁矿及铝土页岩、淮南南八槽煤的炼焦性、福建漳浦的三水型铝土矿、江西南丰广昌的钨矿、广西八步锡砂尾矿中的独居石、浙江诸暨的斑脱岩、江西乐平的海泡石、湘潭湖湘煤矿钻孔中的油迹、柴达木盆地西缘的油层、四川三叠纪顶部的硬石膏层、淮南新煤田新增储量 2 亿吨和甘肃玉门老君山的天青石。

二月上旬　春节后,决定组织 4 个队进行本年春季调查工作,大致安排如下:

广西右江流域队(郭文魁、高存礼),调查含油气远景;广西八步队(南延宗、赵家骧、霍学海、赵宗浦),研究铀钍矿产;四川队(杨博泉、贾福海、李志超、何瑭、董南庭、温钦荣),调查石油,集中在成都以东的龙泉驿(由何瑭、贾福海、李志超三人进行)和重庆以南的石油沟(由杨博泉、董南庭、温钦荣三人进行);浙赣铁路沿线队(刘国昌、马子骥、韩金桂、孙万铨),测勘浙赣铁路沿线的煤田。

二月十六日　朱家骅、翁文灏致函谱主,通知他参加即将在南京举行的评议员谈话会:

敬启者查院士会议规程前经第二届评议会第四次年会决议:授权在京评议员拟具草案分寄各评议员征集意见,提出下次评议会讨论记录在案。兹以院士候选人名单制定公告后,将于本年三月十五日期满,并拟定三月二十五日举行本届评议会第五次年会以选举院士。此项院士会议规程亟待制定。谨订于二月十九日(星期四)下午四时邀请在京各评议员在本院会议室举行谈话会,共同商拟。附奉初步草案一份,借供

参考届时至祈

莅临出席为荷

此致

谢评议员季骅

附草案一份

朱家骅　翁文灏　谨启

（南京:中国第二历史档案馆,全宗号三九三,案卷号547,第8—9页）

二月十九日　在京评议员拟定院士会议规程草案谈话会在中央研究院会议室举行。与朱家骅、翁文灏、萨本栋、吕炯、吴定良、李济、凌鸿勋等人出席会议。朱家骅主持会议。翁文灏和萨本栋对院士会议规程草案做了说明。修正通过了院士会议规程草案。[①]

二月二十六日　随广西八步队一行6人,自南京飞抵汉口,后因飞机故障及桂林天气原因,改乘火车赴桂林。

二月二十九日　抵达桂林,住在资源委员会第三区特种矿产管理处。

二月　派杨开庆、高存礼整理标本,布置陈列室。月内所有标本已重新编号整

---

① 《中央研究院在京评议员拟订院士会议规程草案谈话会记录》,南京:中国第二历史档案馆,全宗号三九三,案卷号547,第23页。

理,布置出一间陈列室,并标本盒多套,每套精选国产矿石标本108种,每种皆附简要说明。

三月一日　往广西大学拜会陈剑修校长、广西大学矿冶系主任白玉衡等①。

三月二日　上午10时赴广西大学作题为"中国可能油田的分布及其特征"的学术报告,历时40分钟。

三月三日　驱车赴平桂矿务局,上午10时抵白沙,赵家骧不慎翻车,幸未受伤,乃返回桂林。

三月四日　乘卡车抵达平桂矿务局,晤时在广西之孟宪民。

三月五日　赴立头,考察尖峰岭地质,至水岩坝考察独居石,再赴烂头岭考察白钨矿。

三月六一三十日　会同南延宗、赵家骧、霍学海、赵宗溥等在平头山矿区调查锡矿数日后,对西至白沙,东达半路圩,包括花山在内的各处砂锡矿和脉矿及黄羌坪的铀矿、贺县半路圩的铁矿、桂平和武宣的锰矿等进行了25天的野外调查。3月12日考察黄羌坪铀矿时,认为露头颇佳,还有钻探的价值。26日考察半路圩的铁矿时,和赵宗浦、赵家骧都认为这里有一部分石灰岩掉在花岗岩里,成为顶盘状构造(Roof-pendant structure),这种石灰岩的四边底盘和里面,可能都有矿。认为桂平和武宣地区广泛分布的页岩应属于前泥盆纪之龙山系。

三月三十一日　抵达平桂矿务局。

四月一日　在中央研究院第2届评议会第5次大会上,当选为院士。地质界同时当选为院士的还有翁文灏、李四光、黄汲清、杨钟健和朱家骅。

中央研究院公告　卅七年四月一日:

兹经本院第二届评议会第五次大会依法选定院士,数理组二十八人,生物组二十五人,人文组二十八人,特为公告如后。

　　　　数理组　二十八人

姜立夫　许宝骥　陈省身　华罗庚　苏步青

吴大猷　吴有训　李书华　叶企孙　赵忠尧　严济慈　饶毓泰

吴　宪　吴学周　庄长恭　曾昭抡

---

①　据谢家荣1948年3月1日日记:"上午谒曾所长(建所)并至西大,晤陈剑修校长,白玉衡主任(矿冶系)蔡□□教授。午曾所长在思豪请客。下午三时谒黄主席,晚陈校长请客,同座有雷殷主任。"查陈剑修1946年3月—1949年4月任广西大学第10任校长,日记中的所谓"西大",乃指在抗日战争中屡经迁徙而在1946年9月迁到桂林的广西大学,广西本地民间习惯将广西大学称为"西大"。

朱家骅　李四光　翁文灏　黄汲清　杨钟健　谢家荣①

竺可桢

周　仁　侯德榜　茅以升　凌鸿勋　萨本栋

　　　　生物组　二十五人

王家楫　伍献文　贝时璋　秉　志　陈　桢　童第周

胡先骕　殷宏章　张景钺　钱崇澍　戴芳澜　罗宗洛

李宗恩　袁贻瑾　张孝骞

陈克恢

吴定良

汪敬熙

林可胜　汤佩松　冯德培　蔡　翘

李先闻　俞大绂　邓叔群

　　　　人文组二十八人

吴敬恒　金岳霖　汤用彤　冯友兰

余嘉锡　胡　适　张元济　杨树达

柳诒徵　陈　垣　陈寅恪　傅斯年　顾颉刚

李方桂　赵元任

李　济　梁思永　郭沫若　董作宾

梁思成

王世杰　王宠惠

周鲠生　钱端升　萧公权

马寅初

陈　达　陶孟和

　　　　（南京：中国第二历史档案馆，全宗号三九三，案卷号 2926，第 231 页）

四月二日　自平桂矿务局抵桂林。

四月五日　抵田东，与在那里的郭文魁汇合，进行田东地区的石油地质调查。

四月二十日　返回桂林。

---

①　1948 年 3 月 26 日上午数理组分组讨论投票结果（通信票数＋分组票数）：李四光 22(11＋11)，翁文灏 20(9＋11)，谢家荣 20(9＋11)，朱家骅 19(9＋10)，杨钟健 17(8＋9)，黄汲清 16(7＋9)，其余尹赞勋 9(6＋3)，孙云铸 8(4＋4)，孟宪民 7(4＋3)，王竹泉 5(5＋0)，俞建章 3(3＋0)，李善邦 2(1＋1)。(《国立中央研究院评议会第二届第五次年会记录》，南京，中国第二历史档案馆，全宗号三九三，案卷号 2926，第 228 页)。编者按：此投票结果被放在评议会二届五次年会记录中，但却记为"三十六年三月二十六日上午"，疑其三十六年应为三十七年。

四月二十一日　自桂林赴长沙。离开桂林前,留函告郭文魁、高存礼,结束广西的工作后,转赴湘江调查煤田。

四月二十八日　偕由南京飞汉口的美国钻探顾问戴维斯抵锡矿山,商谈和解决锡矿山的钻探问题。锡矿山矿区在杨庆如的主持下,第 1 号孔和第 2 号孔先后于 1947 年 12 月 17 日和 28 日开钻。至 4 月 10 日,1 号钻孔深达 610 英尺,因矿层岩性坚硬,裂隙发育,进度甚慢,钻具磨损太快,而不得不停钻;2 号孔遇到同样的问题,且于 2 月 13 日开钻时王达舜右眼受伤,进展甚慢,乃于 4 月初电请戴维斯来矿矿山指导。谱主与戴维斯到矿后,经多次试验与商洽,决定锡矿山 1 号孔暂时停钻,2 号孔改用手镶金刚石钻头钻进,并于 5 月 6 日重新开钻。

五月十日　偕戴维斯由锡矿山赴湘中煤矿视察两天,并会晤郭文魁、高存礼,派高存礼随王植赴广东办理钻机接运及调查英德黄铁矿事;受长江水利工程总局的委托,派郭文魁赴资兴东江市测勘水坝地质。5 月 16 日,王植、高存礼即由长沙赴广州,5 月 25 日抵达英德,26 日抵硫黄山开始工作;郭文魁则于 6 月 4 日离长沙,6 日抵达郴县,8 日到东江,9 日开始工作。

五月十八日　偕同戴维斯到达武昌。

五月十九日　应武汉大学工学院曹诚克院长之邀,前往土地堂煤田调查煤田,并应矿冶系周则岳主任之邀在工学院做学术报告"如何探寻铀钍等放射性矿产"。《武汉大学周刊》于此有如下记载。

《如何探寻铀钍等放射性矿产　谢家荣先生在工学院讲演》:

本校工学院院长曹诚克先生前赴湘省考察矿业,在长沙曾与资源委员会全国矿产测勘处处长谢家荣先生,及打钻专家 Davis(美籍)会晤。曹先生以武昌土地堂一带煤田,有打钻测勘必要,当面约谢处长一行来鄂,乃于同往新化锡矿山考察锑矿钻探后,曹先生先行返校,谢处长偕同 Davis 于五月十八日应约到达武昌,十九日遄来本校,复应矿冶系周则岳主任之邀在工学院作短时间之学术性演讲,讲题为"如何探寻钍铀等放射性矿产",谢处长以专门之研究,作系统之分晰,内容充实,讲解详明,听众甚多,颇饶兴趣,理学院亦有多人参加听讲,据谢处长云:中国已发现铀矿多处。至十九日矿冶系张德仁先生乃陪同谢处长等前往土地堂一带考察煤田,同行之美籍人士,系加拿大一制造钻机公司之代表,对于本院规模宏大备极称道,并允将来赠送本校若干机件云。

（《国立武汉大学周刊》第 383 期,1948 年,第 3 页）

五月二十二日　回到南京。

五月三十日　偕戴维斯、刘汉前往淮南煤矿大通矿场 4 号井西之洞山 A 孔视察。

五月　完成《矿产测勘处临时报告》第 73 号《广西钟山县黄羌坪铀矿苗简报》、第 74 号《广西富贺钟区独居石矿简报》。大约同时,写成了《关于开发广西独居石意见》。

《广西钟山县黄羌坪铀矿苗简报》简述了此次考察的目的、黄羌坪铀矿苗的交通位置和地质产状,详细描述了铀矿苗的特征,指出:黄羌坪铀矿苗只是一种铀矿化指示,还不能称为铀矿床,但此种指示非常有力,因为除次生铀矿物外,花岗岩中的长石特红有墨水晶和发绿色荧光的石英及硫化矿脉,凡此均指示此种花岗岩较一般花岗岩含铀量高,与葡萄牙及英国康沃尔的铀矿颇为相似。因此值得钻探。

《广西富贺钟区独居石矿简报》概述了富贺钟地区独居石发现史。独居石产于花山区、姑婆山区和恭城灌阳区的花岗岩中,详细描述了花山花岗岩区和姑婆山花岗岩区的砂锡矿和独居石的产出情况,结论是:由花岗岩风化而成的残积矿床含独居石最多,占砂锡矿毛砂的百分之二三十,古河冲积岩缝及洞穴冲积含独居石俱少,近代河流冲积则因地而异,水岩坝各矿床含独居石最多,约占砂锡矿毛砂的百分之十。以各矿区毛砂平均占五成计算,毛砂含独居石以平均百分之十五计算,共有毛砂 40 万吨,独居石总储量约为 6 万吨。

《关于开发广西独居石意见》指出,据已有分析结果,广西独居石含氧化钍约 6％,共有独居石储量 6 万吨,若将含独居石高之花岗岩风化区域一并计算,其储量可数倍或十倍于此数。照当时八步一带的锡产量计算,每年可从尾砂中获得独居石 540 吨。全区现存尾砂约三四百吨,纯独居石储量约一二百吨。按照美国的市价,每吨独居石纯砂 100 美元,照官价折合国币 5 亿,而每吨独居石纯砂的生产成本为 20 亿,加上运费更贵。如何使成本与销价不致相差甚巨,作者提出了 3 种办法。

六月四日　与戴维斯和刘汉自淮南返回南京。

六月十七日　中国地质学会理事会决议第 24 届年会定于 10 月 24—26 日在南京举行。

六月二十三日　受煤业总局委托,测勘安徽宣城水东及宁国港口一带的煤田,派出杨博泉、董南庭由南京出发前去工作,两人于 7 月 14 日结束工作回到南京。

六月二十五日　福建漳浦三水型铝土矿发现后,推测凡闽粤沿海玄武岩发育的地区,都有找到三水型铝土矿的可能,乃于完成漳浦铝土矿测勘后,决定派赵家骧、沙光文到海南岛和雷州半岛考察,两人由厦门经香港到达广州,7 月 7 日飞海口,10 日开始工作。

六月　所著《矿产测勘处临时报告》第 84 号《福建漳浦铝土矿》出版，载《资源委员会季刊》第 8 卷第 2 期《矿产测勘专号》（与沙光文、王承琪合著）。报告概述了福建漳浦铝土矿发现的经过、矿区的地形及地质、矿床地质概况、矿石的矿物成分、矿床的成因。报告结论云：

> 为中国地质学家多年搜求之真正铝土矿，至今日始行发现，并已充分认识其产状及成因，由此认识，我人敢大胆指出将来搜觅更大储量之地点及探勘之方法，故漳浦之发现，储量虽不多，而意义却甚重大，尤以当兹台铝公司开炉在即，需矿孔亟，有此发现，即可不必向南洋购矿，以省许多外汇，为更富有现实经济之价值。深望本会及台铝当局，对此发现，倍加珍视，及时开发，及时利用，以供当前之急需也。

> （《资源委员会季刊》第 8 卷第 2 期《矿产测勘专号》，第 86 页）

是月　在《矿测近讯》第 88 期发表《转变中的八步锡矿业》，记述 3 月考察八步锡矿之行，略述了八步锡矿的类型和八步锡矿抗战前后的变化，盛赞平桂矿务局总经理黄旭芳和八步专员李柏林在日寇侵占桂东时妥筹疏散的功绩。八步是谱主 10 年前担任江华矿务局总经理时常去的地方，此次就地重游，感触良多，撰写此文，也为纪念陈书馨和俞肖彭："当我搭汽车经白沙到可达公司的路中，我看到我们从前督造的江华矿务局的公路，据说涵洞半已毁坏，不能通车了。我不禁想起那年坠车惨死的陈书馨和客死赣南的俞肖彭先生，俞、陈两先生都是江华矿务局的工程师，经营擘画，建树独多，现在江华已成陈迹，而二先生也墓木已拱，不堪回首了，人事沧桑，悲怆无既，敬草此文，聊志纪念。"

是月　在《矿测近讯》第 88 期上发表《资源委员会矿产测勘处处理新发现矿区办法》《资源委员会矿产测勘处业务一览》及《美国原子能委员会奖励国产铀矿办法》《美国需锑孔亟》。

《资源委员会矿产测勘处处理新发现矿区办法》共 9 条，充分体现了谱主的地质经济思想，全文如下：

> 一、资源委员会矿产测勘处（以下简称本处）就学理技术及经验自动工作所发现之新矿区，其处理办法依本办法之规定行之。
>
> 二、本处如发现有望矿区时，应即报由资源委员会申请设立国营矿权，进行探勘。
>
> 三、探勘上项新矿区所需经费，由本处编具预算，呈请资源委员会核拨。
>
> 四、探勘工作包括（一）地形测量，（二）地质详测，（三）物理探矿，（四）槽探，

（五）坑探，（六）钻探，（七）显微镜研究，（八）采样化验，（九）小规模选炼等项。探勘目的以能确定矿量，详列成分，以及将来在选炼或应用上所应注意之点，并能草拟一初步之开采计划。如矿体复杂，成分变迁过巨，本处并得施行若干开拓工程，或试采若干时期，以能彻底明了矿体之形态变化，而能作有计划之开采时为度。

五、经过详密探勘，证明新矿区确具经济价值，并能供大规模开采时，该新矿区连同若干建筑及不便移动之器材，全部作价移转采矿机构接收。前项建筑及器材之移转作价，应参考原价，但如当时市价与原价，变动过大时，得临时洽议办法，呈请资源委员会核定。

六、采矿机构除照价接收本处移转之建筑及器材外，并须一次或经常给付本处探矿辅助金，其数额及期限得视所发现矿量之多少，双方临时洽议，呈由资源委员会核定。

七、建筑与器材价款及探矿辅助之收入，除归还资源委员会原拨探勘经费外，余款由本处拟定用途，呈请资源委员会核定之。

八、新矿区发现人，除保留在发现上之一切荣誉外，并由本处呈请资源委员会予以奖励。

九、本办法自呈准资源委员会公布之日起施行。

（《矿测近讯》1948 年 6 月号，第 88 期，第 78 页）

《资源委员会矿产测勘处业务一览》是一则广告，它体现了谱主的研究为地质找矿服务的思想。全文照录如下：

甲、测量矿区勘查地质估计矿量

乙、计划工程代办探矿

丙、鉴定矿物岩石代制岩石薄片矿山模型

丁、绘印各项地图

戊、代编工矿统计及其他咨询或委托事项

新式设备　熟练钻工　委托服务　毋任欢迎

总处：南京马台街三十三号

电报挂号：〇五二二

电话：三三八九八

是月　所著《中国磷矿略记》（Note on the Phosphate Deposits in China，与赵家骧合著）发表于《中国地质学会志》第 28 卷第 1—2 期。文章首先概述了中国磷矿的矿床类型及其分布,将中国磷矿分为 3 个主要类型:磷灰石矿床即东海式,下寒武磷块岩矿床即云南式,南海诸岛的鸟粪磷矿。分别叙述了江苏东海地区的磷灰石矿床、安徽凤台地区的磷块岩矿床、滇中地区的磷酸盐矿床及南海诸岛的鸟粪磷矿的分布、产状、厚度、品位及储量等。指出:如果东海磷矿真是沉积变质成因的,那其分布应当比现在勘探的范围要广,在津浦线南段的滁县和明光之间以及皖北的淮阳山脉中许多地方的石英片岩和角闪石片岩中都有可能发现东海式的磷矿;凤台磷矿的发现表明,在安徽凤台与云南之间 2 000 公里的距离内都有可能发现此类矿床。

七月十二日　应彭镇寰(时任立法委员)之邀,由彭镇寰及资源委员会专员雷孝实陪同,率郭文魁赴镇江勘测镇江西南 20 多公里的煤田(乐平煤系)。

七月十五日　受南岭煤矿公司之委托,代办该矿钻探工作,派马祖望和戴维斯前往,两人于是日飞广州,18 日乘汽车至狗牙洞煤田开始工作。

七月二十三日　资源委员会顾问钱昌照到矿产测勘处参观,召集本处高级人员听取钱昌照的讲话,致辞感谢钱先生对矿产测勘处的支持。

《钱顾问莅处训话》:

大会前委员长现任顾问钱乙藜先生于本月二十三日上午十时莅处参观,并假二〇八室召集本处高级人员训话。钱顾问对本处在经济困难中,犹有若干发现,颇表奖勉。次谓本会应作到:(一)不仅注重现实,亦须注重理想,(二)集中人才,培植人才,(三)使人人有具体的工作可做。末以极诚恳态度勉励同仁应以求实求是之精神,为探求真理而工作,得失与否,均可不计。探矿苟有发现,自足令人兴奋,即无所获,亦不必气馁,盖事之成败,并非完全人力所可左右也。钱顾问情词恳切,同仁聆之,感动殊深。旋由谢处长致词,略谓钱先生对于本处爱护备至,今日本处获得若干设备,皆为当日钱先生于万分困难之中拨付本处一部分外汇购得者。末由各人发表意见,至十二时散会。(翰)

(《矿测近讯》1948 年 7 月号,第 89 期,第 87 页)

七月二十五日　与徐厚甫在琅琊路见翁文灏,遇竺可桢来访。
《竺可桢日记》:

晨七点起。打电话与琅琊路翁咏霓约会晤,八点三刻往,遇谢季华,徐厚甫亦在座。厚甫两年来主持大同煤矿公司,据(云)大同煤为全国储量之最大者,计四百亿吨,为 Bituminous [coal]烟煤,较之抚顺之七亿吨、淮南之六亿吨相差甚巨。煤层在 70 公尺之地面下,惟 Dip 倾角甚小,初为 3°,后几平云。

(《竺可桢全集》第 11 卷,上海科技教育出版社,2006 年,第 166 页)

七月 矿产测勘处受中元公司之委托,钻探武昌附近煤田,拟拨新自美国运到的先锋式钻机 1 台,由公司自行设法将钻机运到矿区。派杨博泉、董南庭前去办理。

是月 自美国订购的 4 台先锋式钻机于 3 月运抵上海,6 月底办完手续自海关提出后,派刘汉前往上海分箱改装,于本月底完成。

是月 和杨开庆一起用紫外光灯检查矿产测勘处贮藏的标本,查出湖南汝城和安徽铜陵铜官山两地铜矿标本中有白钨矿的存在。

是月 在《矿测近讯》第 89 期发表《铀矿浅说》一文。文章概述了铀的矿物、铀矿物的检测识别及铀矿的勘探方法、世界铀矿概况(含加拿大大熊湖、刚果的凯达纳、捷克的圣岳金谷、美国科罗拉多和犹他、葡萄牙、英国康沃尔、苏联、澳大利亚、马达加斯加等国的铀矿)、铀的应用和铀矿矿业。这是国内详细介绍铀矿知识最早的文献,"是中国铀矿地质学研究的起点"[①]。

八月十二日 受台湾糖业公司的邀请,特派郭文魁、刘汉偕戴维斯调查地下水,三人于是日飞台北,14 日赴新营开始工作,历时两个多月,足迹涉台南、台中、台东及屏东一带。

八月二十二—二十九日 偕王植与中国石油公司的汤任先赴无锡、江阴实地考察油气苗。事出 1946 年 10 月,矿产测勘处曾接上海空军第二大队方文藻函告江阴东北 40 余里的德顺乡溪流中有天然气冒出,可供燃灯炊茶之用,1948 年 7 月 17 日又有上海《申报》刊登无锡北门外一徐姓家挖沟时发现油苗的消息。此次考察结果认为,无锡油苗甚少,且离地仅 3~4 英尺,来源如何,尚难解释;江阴天然气征象明显,但压力远不如四川隆昌,可能为浮面之沼气层。但附近构造条件甚佳,如其下有生油层,则储积石油应无问题,但也可能所发现的油气苗与构造毫无关系。

八月二十五日—九月一日 以个人名义参加在英国伦敦召开的第 18 届国际地质大会,并提交论文《中国的铅锌银矿床》。

八月 在《矿测近讯》第 90 期发表《闽南的一角》和《喷火钻(Jet Piercing)在美国试验成功》。前文描写福建漳浦赤湖东吴山一带的风土人情和漳浦铝土矿的发

---

① 吴凤鸣:《谢家荣》,收入郭文魁等主编《谢家荣与矿产测勘处——纪念谢家荣教授诞辰 100 周年》,第 209 页。

现于当地的经济意义,后文介绍在美国几经试验而在 1947 年取得圆满成功的喷火钻的工作原理和使用方法及其优越性。

在《地质论评》第 13 卷第 3—4 期发表对章鸿钊著《中国分省历代矿产图录》①述评。述评云:

> 此书为章鸿钊先生于抗战期内完成之一种,共分十卷,约廿余万言。专就国内历代已知之矿产,并能详其产地者,分次行省;择要摘录,汇为是书。其前代郡县地名,悉以今地名附志其下,不烦再考。其所引书,上自史汉,下迄各省方志,无不搜罗,并道里方向一一毕载,即实地勘查亦极方便。所录矿产,不仅五金玉石举为当今重要资源,即如龙骨石鱼石燕等化石及一切矿物,以其有关地质考证,亦搜罗无遗,详细列入,俾供学术界之参考,洵为有用之书也。
>
> (《地质论评》第 13 卷第 3—4 期,第 245 页)

是月　矿产测勘处与平桂矿务局合作探勘广西钟山县平头山锡矿,钻孔位置由清华大学孟宪民教授指定,钻探工作由矿产测勘处派燕树檀主持办理。

九月六日　受资源委员会一公司的委托,调查镇江附近的地质,派刘国昌、李伯皋于是日赴镇江,于当日返回南京,后又于 9 月 18 日前往吴兴、宜兴及长兴一带考察地质。

九月十四日　在资源委员会第二十七次会报会上报告矿产测勘处 1948 年度的业务概况②。

九月十八日　为研究南京郊区地质矿产,率领杨开庆、高存礼及孙万铨前往金陵煤矿公司至幕府山勘查,用定 pH 值的方法试验石炭二叠系和奥陶系灰岩的性质。

是日　奉资源委员会调查浙江绍兴铁矿令,派赵家骧、马子骥及王宗彝赴杭州,前往绍兴及浙西地区工作。

九月二十二日　中央研究院第 2 届评议会临时会议于下午 4 时在中央研究院大礼堂举行,到会评议员 26 名:朱家骅、翁文灏、萨本栋、吕炯、吴学周、吴定良、李济、李书华、秉志、周鲠生、周仁、林可胜、胡适、茅以升、姜立夫、陈垣、陶孟和、庄长恭、张云、张钰哲、凌鸿勋、傅斯年、赵九章、钱崇澍、谢家荣、戴芳澜。朱家骅主持会议,研讨《评议会选举规程》第 4—6 条关于聘任评议员选举程序及具体要求的条

---

① 章鸿钊此著后于 1954 年由地质出版社出版,书名易为《古矿录》(编者注)。
② 《九月十四日第二十七次会报记录》,南京,中国第二历史档案馆,全宗号二八,案卷号 146,第 200 页。

例,商定院士会议和中央研究院成立 20 周年纪念仪式的程序,通过傅斯年临时提议"本届评议员均应为下届评议员之候选人案"等。①

九月二十三日 出席上午 10 点在南京鸡鸣寺中央研究院礼堂开幕的中央研究院 20 周年纪念会和第 1 届院士会议开幕典礼,并在开幕式后合影。下午出席预备会②。

图 84　中央研究院 20 周年纪念会和第 1 届院士会议与会人员合影(自左至右第一排:萨本栋、陈达、茅以升、竺可桢、张元济、朱家骅、王宠惠、胡适、李书华、饶毓泰、庄长恭。第二排:周鲠生、冯友兰、杨钟健、汤佩松、陶孟和、凌鸿勋、袁贻瑾、吴学周、汤用彤。第三排:余嘉锡、梁思成、秉志、周仁、萧公权、严济慈、叶企孙、李先闻。第四排:杨树达、谢家荣、李宗恩、伍献文、陈垣、胡先骕、李济、戴芳澜、苏步青。第五排:邓叔群、吴定良、俞大绂、陈省身、殷宏章、钱崇澍、柳诒徵、冯德培、傅斯年、贝时璋、姜立夫)

九月二十四日 出席继续举行的院士会议,议程为选举中央研究院第 3 届聘任评议员,谱主为数理组 38 名候选人之一,在第三轮投票中得票 14,在数理组中名

---

　　①　南京:中国第二历史档案馆,全宗号三九三,案卷号 220,第 15—17 页。
　　②　《中央研究院院士会议记录》,南京,中国第二历史档案馆,全宗号三九三(2),案卷号 136,第 4—13 页。

列第 4 而落选。会议决议本届院士会议不选举名誉院士,推举名誉院士选举细则起草委员会,设置论文及学术讲演两个委员会,论文委员会负责筹备下届年会宣读学术论文事宜,谱主与姜立夫、吴学周任数理组委员。

九月二十五日　院士会议授权朱家骅、翁文灏、萨本栋等中央研究院一级领导会同胡先骕、竺可桢、杨钟健等负责推定出席第 7 届太平洋科学会议的代表。当晚萨本栋召集会议,推定谱主与伍献文、郑万钧及沈宗瀚[①]等人作为代表前往出席1949 年 2 月 2 日在新西兰举行的太平洋科学会议。当晚蒋介石在其官邸宴请全体院士。

九月　《矿测近讯》第 91 期刊发了余伯良 8 月 26 日寄自加拿大的《加拿大探测铀矿近况》。

是月　发现栖霞山铅矿[②]。《矿测近讯》第 92 期的《本处工作近况》和第 93 期所载谱主所著《南京附近的矿产》中对此曾有相关报道。申泮文也有对此事的回忆。

《本处工作近况》:

1. 栖霞山发现铅矿　栖霞山为京郊名胜,沦陷时期,日人发现锰矿颇多,当时开采,规模甚大。本处最近曾先后三次派员调查,从发现绿黄色之柱状矿物结晶起,屡经试验分析,始知为次生之磷酸铅矿及碳酸铅矿,第三次调查时,更发现露头数处及原生方铅矿若干,又寻获厚逾一公尺之重晶石脉一条,堆露地面之次生铅矿储量,估计约二千吨,其下尚应有原生铅矿床,希望较大,但须试探后,始能定其储

---

①　中央研究院院士会议记录载"经决定,请伍献文、谢家荣、郑万钧及沈宗瀚等四人参加"〔南京:中国第二历史档案馆,全宗号三九三(2),案卷号 136,第 12 页〕,矿产测勘处的《矿测近讯》1948 年 9 月号(第 91 期)的《首都几个盛会》也报道"推定代表出席太平洋科学会议各案,经由小组会推定伍献文、郑万钧、沈宗瀚及谢家荣四位院士前往出席",但郭金海的《中央研究院的第一次院士会议》以《竺可桢日记》为依据,指"萨本栋在 9 月 25 日院士会议结束的当晚就召集了会议,并推定谢家荣、伍献文、朱树屏、沈宗瀚、郑万钧等人作为代表参加"太平洋科学会议(《中国科技史杂志》2007 年第 28 卷第 1 期,第 16 页)。

②　关于栖霞山铅矿发现的时间,谢家荣在 1950 年 8 月发表于《矿测近讯》第 114 期的《栖霞山一钻成功》一文中说"栖霞山铅矿的发现是南京解放前一年的事,从我偶然地发现了一种黄绿色的磷酸铅矿结晶起(铅的存在还是经本处化验科陈四箴首先指出的),就一连串地证明了许多其他氧化铅矿的存在",这里没有说明是南京解放前一年的什么时候。殷维翰先生在《谢家荣先生的远见卓识》一文中说是冬天"1948 年冬,谢先生又在锰矿废石堆中发现了一小块黄绿色六方柱状的晶体,当时并未予以重视,后经化验室分析,才知道是一种含铅的矿物,再经研究,始确定为磷氯铅矿"(郭文魁等主编:《谢家荣与矿产测勘处——纪念谢家荣教授诞辰 100 周年》,第 23 页)。而严济南和马祖望先生在《栖霞山铅锌矿的发现》一文中又说是春天"到 1948 年,谢教授春游栖霞山,特地到平山头察看日本人侵华时所开采的锰矿坑,从石堆中捡出黄绿色结晶矿物,经过鉴定证实是磷酸铅矿"(郭文魁等主编:《谢家荣与矿产测勘处——纪念谢家荣教授诞辰 100 周年》,第 63 页)。但申泮文在《我和矿产测勘处》一文中又说是"在夏天清闲的时候"(见后文)。从申泮文的文章看,夏天应该是可靠的,而从《矿测近讯》第 90 报道这年 8 月 28 日李庆远等赴栖霞山考察时并未提及铅矿一事看,8 月份时并没有发现栖霞山有铅矿存在,而《矿测近讯》于 1948 年 10 月报道发现栖霞山铅矿。因此,栖霞山铅矿的发现应该是在这年大约 9 月。

量。现已由本处拟具试探计划,呈会核定后,交由本处办理云。

(《矿测近讯》1948 年 10 月号,第 92 期,第 121 页)

谢家荣《南京附近的矿产》:

栖霞山为京郊名胜,公路铁路俱可到达,北距长江亦不过二三里,所以交通异常便利。在栖霞寺北有一条东北西南向的小沟,沟北的山坡上,日人开了十多条明沟来探采锰矿,分为五级,筑有运矿铁路,计干线一条,现尚保存,分级支线多条,现多拆除,仅留若干遗迹。在矿区东段御花园之上三十余公尺有四五个土石堆,其中含有许多黄色和白色而比重甚高的石块,这就是磷酸铅矿 Pyromorphite 和碳酸铅矿 Cerussite,含铅平均在百分之二十以上,最高的可达百分之四十。发现的经过是这样的:有一次本会钢铁组严冶之、邱玉池及袁子英诸先生邀我同往栖霞山勘查锰矿,本处李庆远、南延宗、张兆瑾、沙光文、杨庆如、杨开庆诸先生,也一同参加。在上述土石堆的附近,我于无意中发现了一块含有黄色六角柱状结晶的标本,异常精美。在石堆上又采集了许多黄色并含有铜绿的矿石,这些矿石,本处李庆远、南延宗诸先生于前一次赴栖霞山旅行时也已采到,而中大教授徐克勤先生也经注意,但都没有认出它的经济价值。我最初疑心这种黄色结晶含有铀钒等稀有元素,但用吹管和各种试验,都没有反应,又请本处化验室陈四箴、申泮文、孙剑如三先生作定性试验,最后才知道是磷酸铅矿。同时我又磨制若干薄片,在显微镜下研究,见到许多屈折率特高而重屈折率特低的黄色矿物,至此才恍然大悟知道这些黄色石头都是含有甚多磷酸铅的铅矿石。在这些黄色矿石中,又有许多白色细脉,我在野地时以为是重晶石,后来铅矿性质确定了,南延宗先生提醒我说这恐怕是碳酸铅(亦称白铅矿),因为它具有特殊的金刚石光泽;我用薄片研究和吹管试验,证明了南先生的话,至于有否硫酸铅 Anglesite 或氧化锌的矿物,那要待继续研究来决定了。栖霞山含有成分优良的铅矿,既成事实,其次要解决的就是矿床的产状和储量的多少,因此,我又约了本处的南延宗、王植二先生同往复勘,驻山四日,对于地质、矿床,作了一个初步的研究。在矿堆附近,至少找到两处铅矿床的露头;我又侥幸地在为许多白铅矿散浸的含铁硅石中找到了一些风化残留下来的原生方铅矿结晶。我们又测定矿堆的面积,并约略估定其中氧化铅矿的储量达二千吨左右。我认为这矿堆是代表铅矿风化部分的松石,日人为修筑运矿支路,将这些松石就地堆叠,成为平台,所以这些石堆之下,恐怕就是主要矿床的露头。至于它的产状如何,厚薄大小,以及原生方铅矿的情形,那都要待详细探勘之后,才能知道,所以我又拟了一个探勘的计划,俟资源委员会拨到款项,就可实施。

(《矿测近讯》1948 年 11 月号,第 93 期,第 124 页)

申泮文《我和矿产测勘处》:

在矿产测勘处化验室的工作并不紧张,刚去的时候是夏天,地质队的人员都下到野外去作矿产调查去了,所以化验样品很少。据说到了临近冬天,地质队的人们大批回来,带回的矿样很多,那时就忙不赢了。但实际上,到了这年近冬天正逢淮海战役之后,南京都乱了套,我也没有碰上化验工作紧张的时候。我也不能详细回忆起在马台街我共化验了多少矿样。但有一份矿样化验印象很深,那还是在夏天清闲的时候,谢家荣先生从野外回来,带来从南京郊外栖霞山采集的矿样交给陈四箴,要求定性分析所含的主要金属,陈就把它交给我来化验。矿样是一块棕黄色石头,在石隙中夹杂着少数黄色小晶粒。将矿样粉碎后,我用硝酸来溶解它,发现可溶。在溶液中加入氨水,发现有白色沉淀,较重,全部沉到试管底部,不像铅或锌的氢氧化物之为白色凝胶状沉淀。在沉淀上加些氢氧化钠溶液,白色沉淀溶解了。这说明该金属是一种两性元素。在这个碱性溶液中我偶然滴进几滴硝酸银溶液,意外地发现产生一种鲜黄色沉淀,这样反应在书上未见讲过,是什么呢? 正在沉思的当儿,谢先生大概急等结果,走进化验室来问询,我说肯定是一种两性金属,但现在碰到一个未见过的反应现象,还得往下作。谢先生说你看看它是不是铅,我这就恍然大悟了,没错,接着做硫化物和铬酸盐试验,证明果然是铅! 我用的反应如下:

矿样＋HNO_3——$Pb(NO_3)_2$

$Pb(NO_3)_2+NH_4OH$——$Pb(OH)_2$

$Pb(OH)_2+2NaOH$——Na_2PbO_2　$Pb(NO_3)_2+(NH_4)_2S$——黄色沉淀,这个
反应未见过
PbS 黑色沉淀

$Pb(NO_3)_2+K_2CrO_4$——$PbCrO_4$黄色沉淀

南京栖霞山发现铅矿的事,不久就见报了,若是说化验室谁参与发现,不如说就是谢家荣先生直接发现的。他从矿体的地质地貌和矿石的形态,早已知道是铅矿了,找化验室化验只不过是要我们用化学方法给予另一方面的证实就是了。

(郭文魁等主编:《谢家荣与矿产测勘处——纪念谢家荣教授诞辰 100 周年》,第 121 页)

十月九日　出席中国科学社、中华自然科学社、中国天文学会、数学会、物理学

会、地理学会、地球物理学会等 10 个科学团体在南京中央大学礼堂召开的联合年会，到会员 300 余人。由周鸿经主席，名誉会长翁文灏，会长朱家骅及来宾沈怡相继致辞，沈其益报告筹备经过，任鸿隽演讲《十字街头的科学家》。为促进科学发展，此次年会还在南京举办了 50 多个单位参加的科学展览会，矿产测勘处应邀参加，列为第 4 区，于 10 月 10 日起开放 3 天。展览项目有矿产品陈列室、岩矿实验室、化验室及钻机储藏室等。其中陈列室陈列了矿产测勘处 1 年来新发现矿产的标本，如淮南之煤、凤台之磷、福建之铝及刚发现之栖霞山次生铅矿等。此外尚有淮南煤田的模型，展示了所有地面地质、钻孔位置、地下煤层等，内容丰富，光彩夺目[①]。

　　十月十日　在中国地理学会举行的学术年会上，宣读题为《江南探油论》的论

图 85　《江南探油论》(载《矿测近讯》1948 年 10 月号，第 92 期)

文。文章批判了中国无油的观点,是中国地质学家第一次明确批判"油在西北之说"的观点,认为中国必有油,而且不一定限于西北,并且首次明确指出黑龙江有油。

谢家荣《江南探油论》:

石油虽为重要资源,但据近年来世界各国探勘的结果,知道它在地域上和地史上的分布,却甚广泛。就美国论,油的踪迹,几乎遍及各州;自寒武纪以迄第三纪,几乎每一个地质时代,都有石油的产生。中国这片广大繁复的土地,大量石油的蕴藏,自是意中之事,不过探勘未周,所以至今还只开发了西北玉门的一个角落。回想民国初年,当美孚公司在陕北探勘失败后,若干敏感之士,就断定中国无油,幸经翁院长咏霓先生力排众议,继续探勘,先在陕北获得若干成果,继又在甘肃玉门奠定了西北石油的始基。现在问题又来了,另一部分的敏感之士,又提出"油在西北之说",好像除了西北,中国的其他地域都是没有油的。这种议论的地质根据,非常薄弱,自不容说,何况川、陕、浙、黔等地的若干油苗气苗自有其不可抹煞的证据呢。

我的比较乐观的看法是中国必有油,而且不一定限于西北,四川陕西的希望固然很大,就是贵州,广东,广西,东北(热河及黑龙江)甚至江南的江、浙、皖、赣、湘、鄂等省,也未必全无产油的希望。最近四川五通桥的永利油井钻到石油及天然气,报章宣传,令人兴奋,虽然油的产量多少,还未定局,但我们似已可指出在三叠纪顶部气包之下,并且在翼部或向斜层的部分,可能产油。这个解说,如果属实,那么,在四川其他各地钻不到油的原因也许可以得到答案了。我们的结论,固须严谨,但是观测和推想的范围,必须广大,庶免挂一漏万之讥。尤其对于石油这神秘的东西,它的成因和产状,还在地质家们研讨之中,现在地质家所能确定的无油区域,仅仅是变质岩或火成岩,其他广大的水成岩地带,在理论上讲,都有产油的可能。至于储油构造如背斜层、穹隆层的有无,也渐成问题,因为地层上的圈闭(Stratigraphic trap),断层、珊瑚礁以及向斜层的翼部等地,也能成为良好的构造。我们以后推断油的有无,必须在多方面的理论与证据之下,仔细推敲,俾得一结论,然后再用实施钻探的方法来作事实的证明。

(《矿测近讯》1948年10月号,第92期,第114页)

十月十五日　应中国10个科学团体联合会的邀请,作为中国科学社第26次年会的安排之一,当晚在广播电台做题为"矿产与建设"的演讲。演讲中指出:"倘使没有矿产,就没有建设""要建设,就一定要有足够的矿产",并批判了中国"地大而物不博"的论调,指出:"照目前所知,中国的钨、锑、煤、铁、锡、盐、石膏、镁等矿产是非常丰富的,铝、磷、硫、汞等可能有重大矿床,就是石油、铜、铅、锌,倘使详加探勘,也未始没有发现大量矿床的希望。"

谢家荣《矿产与建设》(10月15日的演讲稿):

诸位先生:今天晚上本人应中国十科学团体联合年会的邀请,在这儿作一个简短的广播,今天所讲的题目,是"矿产与建设"。矿产对于建设的关系太密切了,太重大了,倘使没有矿产,就没有建设,我们要建设,就一定要有足够的矿产。大家都知道建设的要素是动力,原料和人工。动力的源泉是煤,石油和水力,煤和石油都是矿产。水力好像不是矿,但我们学地质的人还叫它为矿,因为水也是地上和地下组织的一分子呀!何况水力建设,还需要许多其他的矿产来辅助它呢。将来的动力可能要靠原子能,但要使原子分裂,我们先要有铀矿或钍矿,这是十足道地的矿产。讲到原料,大部分又是从矿产中制造或提炼出来的,钢铁五金是矿,水泥灰石也是矿;若干化工,食物及纺织工业的原料,虽然不是矿,但它们的机器,燃料和油料还是从矿产中炼制出来的。人工是有机体,当然与矿无关,但我们倘使想一想为维持人类生活的衣食住行,就没有一样不是与矿有直接或间接的关系的。衣靠纺织,要有钢铁和燃料已如上述;食靠肥料和农具,住靠建筑材料,行靠飞机、火车、轮船,都是由许多矿产品制造出来的。所以没有矿产,不但没有建设,就连人类的生命,也不能维持了。上古人类最低程度的文化用石器,石就是矿,其次用铜用铁更是矿了,倘使我们说没有矿就没有人类,也非过分之谈。

铁路是一种大建设,它不但需要钢铁来制轨,煤觔来行车,它还需有大宗矿品来维持路运的收入。水力发电也是一种大建设,它必须先有水泥,石料,钢筋来筑坝,钢铁器材来安装机器,而尤其重要的,附近需有大工厂、大矿场来消费这庞大的电力。无矿产即无建设,这句话是不错的。

美国矿产丰富,甲于全球,所以她能建设成为头等的强国。苏联的矿产,不亚于美,她的建设也就突飞猛进了。现在世界之所以成为美苏二国争雄的局面,人为的努力,固然有很大的影响,而天赋所予矿产资源的独厚,却是决定的因素。意大利,瑞士以及北欧各国,矿产甚为贫乏,所以即使人民如何努力,终不能称霸世界。反之,矿产丰富的地方,如果民族不努力,政治不改良,反将怀璧伤身,召致祸害,非洲就是一个最佳的例子。

中国抗战八年终于得到最后胜利,原因很多,但是西南和西北矿产的及时开发,以供战时建设的运用,却是一个不小的因素。我们开发了煤矿,石油矿和天然气来供给动力燃料和维持交通。我们又开发了铁矿、铜矿、铅矿并设立钢铁厂、炼铜厂、炼铅厂来制造军火、机器、农具及各种器材。我们又大量生产钨矿、锑矿、锡矿、汞矿,源源不绝地输出国外,争取外汇,以作抗战的资本。还有一种最重要的矿,那就是四川、云南的盐矿。那时海岸封锁,海盐断绝,倘使没有矿盐,人民将有淡食的恐慌,又岂能维持抗战到八年之久呢！在这里我们要感谢中国地质学家们对于西南和西北矿产的调查早有初步的准备；又要感谢中国矿冶工程师们的经验有素,苦干硬干,所以随着政府的西迁,而后方的工矿业,也就在最短时期之内,逐渐建立了。倘使没有这些矿产,或者没有这班开矿的斗士,那末,抗战不成,建国也无从说起了。

现在大家不是在闹着煤荒么？钢铁五金的供给,也常感到不足么？台湾又时常闹着肥料荒,这种种荒都是矿产不够供给的表现,它的后果,将造成工厂关门,水电断绝,运输停顿的严重局面,也就是没有矿产,将没有建设的最现实最明显的例证。

中国向称地大物博,后来有识之士,又提出地虽大而物不博的论调。我本人的看法却有些不同。照目前所知,中国的钨、锑、煤、铁、锡、盐、石膏、镁等矿产是非常丰富的,铝、磷、硫、汞等可能有重大矿床,就是石油、铜、铅、锌,倘使详加探勘,也未始没有发现大量矿床的希望。抗战时代国人在后方的经营和日人在沦陷区内若干发现,可为例证。胜利后本人主办的矿产测勘处,稍稍努力,就发现了淮南的新煤田、漳浦的铝矿、凤台的磷矿,最近又发现了栖霞山的铅矿,这都足证明天赋的优厚,只要努力探寻,随时随地,都可发现。有志建设的人士们,赶快努力罢,我们有着丰富的矿产,又何患建设不成,中国地大物不博的论调,恐怕要感到动摇了！

(《矿测近讯》1948年10月号,第92期,第113—114页)

十月三十日　派王植、赵宗浦前往南京、上海继续调查。此时抢购风起,食宿不便,承龙潭水泥厂供给食宿；在下蜀车站西略偏南5公里之龙王庙附近的接触变质带中发现辉钼矿后,于11月3日返回南京。

十一月七日　在王植、赵宗浦的陪同下,偕郭文魁、刘国昌前往下蜀考察,并采得辉钼矿样一包(分析结果含3.939% MoS_2),认为下蜀钼矿与杨家杖子同属一式,极有进一步勘探的价值。

十一月十六日　面允自湖南返回南京的曹国权辞去湘中煤田队队长职,并指派李志超继任。

十一月二十日　晚在国民酒家设筵饯别自锡矿山回到南京的戴维斯。戴维斯夫妇于次日离开南京赴上海,候轮回国。

十一月二十七日　野外工作人员相继返回南京,矿产测勘处每周一次的讲学会恢复,是日由赵家骧讲"浙江江山萤石矿及绍兴漓渚市磁铁矿"。

图86　一家人摄于1948年(前排：谢家荣、吴镜侬夫妇。后排自左至右：谢学钫、谢学铨、谢学锦、谢学铮)

十一月　在《矿测近讯》第93期发表《南京附近的矿产》和《矿测随笔(七)》。

《南京附近的矿产》除略述栖霞山铅矿的发现经过外，还概述了下蜀的钼矿以及铁矿，指出"南京附近包括宁镇山脉、茅山山脉以及当涂一带应当是一个适宜于造成各种金属矿床的矿产区域，至于非金属矿产像煤、磷灰石，各种黏土、萤石等等，如详为探觅，也未必无发现的希望"，并略论了南京附近矿产的分布与地质构造的关系。

《矿测随笔(七)》含4个短篇：《美国的油井统计》《美国开发新油源的两个动向》《利用矿物的酸碱性为野地鉴别矿物之助》《电气石的新用途》。

《美国的油井统计》表列了1945—1947年美国石油钻井眼数和石油钻井进尺的统计数字。据1947年的统计，成功井的成数，就井的数目来讲是20.3％，就凿井的尺数来讲是22.9％，即需要3.9眼的失败井，才能得1口成功井，需要3.28英尺的无结果的钻探，才能得到1英尺的成果。此外，有科学根据的钻探比盲目钻探的成功要大三四倍。

《美国开发新油源的两个动向》指出，美国石油事业突飞猛进，几臻登峰造极之境，为增加生产，他们又朝着两个新动向发展：第一是用深钻(12 000英尺以上)来采取深油层的油;第二是在 100 英尺深度以内的浅滩带海水中设井取油。

《利用矿物的酸碱性为野地鉴别矿物之助》指出:最近美国地质调查所(Rollin E. Stevens & Maxwell K. Carron)在野地迅速鉴定矿物的 pH 值来辨别若干矿物的种属。我们近来如法炮制,发现仅用一个小铁锤,在矿石上研磨,加水一滴,用试纸试验,也可得到同样的结果。这种方法在分别方解石(pH8)和白云石或苦土(pH9,10,11)、印章石 Pyrophyllite(pH,6)和滑石(pH,9)以及黑云母锂云母(pH8,9)和金云母(pH10,11)时最为灵敏。

《电气石的新用途》指出利用电气石的压电反应将电气石用作在空气中或水中测量爆炸压力的压力表的方法。此种工业用的电气石,口径须在 1~4 英寸(偶然需要较大的尺寸,如 6~7 英寸的),长度最好比口径大;须少含裂缝及孔隙,平行排列的细长结晶颇不适用。颜色却不拘,内部有无瑕斑均无妨碍。

十二月四日　举行本月第 1 次学术演讲会,由郭文魁讲"台湾之地下水地质"。

十二月十一日　举行本月第 2 次学术演讲会,由申庆荣讲"淮南盆地之地质及构造"。

十二月十八日　举行本月第 3 次学术演讲会,由刘国昌讲"江西丰城乐平间之二叠纪煤田"。

十二月二十五日　举行本月第 4 次学术演讲会——中国锑矿讨论会:杨庆如讲"湖南新化锡矿山锑矿",张兆瑾讲"中国锑矿之分布及构造与火成岩之关系",贾福海(郭文魁代讲)"广西之红锑矿"。

十二月　在《矿测近讯》第 94 期上发表编译文章《与美国经济合作诸国的矿业情况》,介绍德国、奥地利、意大利的矿业情况。

年底　胡适竭力动员去台湾,并给提供机票。谱主拒绝了。

是年　矿产测勘处在谱主的领导下,1948 年组织了 7 个钻探队,在安徽(淮南煤田、凤台磷矿)、湖南(湘中煤田、锡矿山锑矿)、广西(八步锡矿)、湖北(武昌煤田)、台湾(台南地下水探区)等 5 省 7 矿区内开动 16 台钻机进行钻探,全年共完成4 877 米的工作量,并发现栖霞山铅矿、下蜀钼矿等。